U0534981

天津市中小学"未来教育家奠基工程"第四期学员论文集

探索与创新

——迈向教育家成长之路

天津市教育科学研究院 编

中国社会科学出版社

图书在版编目（CIP）数据

探索与创新：迈向教育家成长之路 / 天津市教育科学研究院编 . —北京：中国社会科学出版社，2020.4

ISBN 978 - 7 - 5203 - 5676 - 3

Ⅰ.①探… Ⅱ.①天… Ⅲ.①基础教育—师资培养—研究 Ⅳ.①G635.12

中国版本图书馆 CIP 数据核字（2019）第 252081 号

出 版 人	赵剑英
责任编辑	陈雅慧
责任校对	王 斐
责任印制	戴 宽
出　　版	中国社会科学出版社
社　　址	北京鼓楼西大街甲 158 号
邮　　编	100720
网　　址	http://www.csspw.cn
发 行 部	010 - 84083685
门 市 部	010 - 84029450
经　　销	新华书店及其他书店
印刷装订	北京君升印刷有限公司
版　　次	2020 年 4 月第 1 版
印　　次	2020 年 4 月第 1 次印刷
开　　本	710×1000　1/16
印　　张	42.75
字　　数	676 千字
定　　价	168.00 元

凡购买中国社会科学出版社图书，如有质量问题请与本社营销中心联系调换
电话：010 - 84083683
版权所有　侵权必究

目　录

中国与瑞典学校可持续发展教育实施途径的比较研究 ……蔡利云（1）
教育信息化时代背景下个性化学习指导策略及
　　案例简析 ……………………………………………曹焕京（7）
高中美术教师专业素养提升的有效方法 ………………曹申德（13）
乐高EV3应用于"简单结构的设计"的实践探索 ………曹寿荣（19）
立足数学核心素养　培养学生创新思维 …………………陈宝茹（26）
小学音乐听唱相伴教学初探 ……………………………陈　喆（32）
初探计算思维：从价值定位到培养方式
　　——以信息技术教学为例 …………………………程建娜（38）
移动学习APP与初中语文教学融合的实践思考 ………崔立红（46）
从音乐课例分析谈信息技术与教学的整合与深度融合 ……崔　岩（52）
北辰区实验小学大课间体育活动现状的调查研究 ………董百芬（59）
在体育与健康教学中实践立德树人的策略研究 …………董红艳（70）
在优化课堂教学设计中培养学生思维能力 ………………董　岩（76）
小学英语课堂教学中信息技术的应用研究 ………………段玉秀（81）
初中语文长文"短教"的策略与意义分析
　　——以《太空一日》教学为例 ……………………付凤英（87）
"两线融合"数学课堂教学模式的探讨实践 ………………付　涛（92）
基于网阅系统的高中数学试卷讲评研究 ……………高俊欣（100）
幼儿园艺术活动游戏化的实践策略研究 ………………贡　然（106）
利用乡土资源开发美术课程实践研究 …………………郭　浩（111）
体验式班主任校本培训研究
　　——基于大港第二中学的个案分析 ………………郭　蕾（118）

小学课程体系改革刍议 ………………………………… 韩洪涛 （123）
"爱悦教育"的理论与实践 ……………………………… 韩　颖 （128）
谈高考地理教学培养学生区域认知核心素养的途径 …… 何　洁 （137）
天文教学与小学科学课程的整合 ………………………… 纪宝伟 （145）
集团化办园背景下青年教师专业发展策略研究 ………… 季学欣 （151）
基于技术实践的通用技术情境教学浅谈 ………………… 姜　腾 （157）
小学美术课堂评价环节细节研究 ………………………… 焦丽茜 （164）
"群星闪耀育人体系"星级评价的实践探索 ……………… 鞠知达 （170）
建构体现"人文素养"的化学课堂
　　——以"化学与飞天梦"主题性教学为例 …………… 李春盛 （178）
绘画、摄影、电脑美术在高中生美术鉴赏课中的
　　综合运用 …………………………………………… 李　矛 （185）
整本书阅读：由理念走向构建
　　——以《林黛玉进贾府》的教学为例 ………………… 李善玉 （191）
区域特色课程开发的实践与思考 ………………………… 李淑丽 （198）
巧用蔬菜造型培养学生综合素养 ………………………… 李树军 （203）
初中生物教学培养学生核心素养的五种路径 …………… 李延雨 （208）
新课程标准下高中立体化作文教学模式初探 …………… 李　媛 （215）
小学美术国家课程校本化中版画教学研究 ……………… 李　中 （222）
群体动力学视角下集体教育机理的探讨 ………………… 林　茂 （228）
移动学习环境下基于数据诊断的精准教学研究 ………… 刘　蓓 （234）
航空科技课程中的多元化教学方式创新 ………………… 刘　超 （241）
农村学校教师自我成长策略研究 ………………………… 刘福颖 （250）
小学生语文学习主动探索的培养策略例谈 ……………… 刘光月 （258）
"目标主线"体育教学反馈模式构建研究 ………………… 刘国龙 （264）
初中数学课堂教学中学生核心素养培养策略研究 ……… 刘红红 （272）
中学生感恩意识缺失的原因及培养路径探析 …………… 刘红杰 （280）
义务教育阶段体育教学质量评价体系构建要素的
　　探讨分析 …………………………………………… 刘会宾 （286）
语文教学中语商教育初探 ………………………………… 刘立宏 （293）

| 基于互联技术的"微翻转与问思行合一"教学模式探究 …… 刘秋蔚 （299）
| 宽松式教学策略在小学科学课教学中的应用研究 ………… 刘树鑫 （305）
| 打造"互联网＋书法"新模式　构建师生发展新平台 …… 刘　伟 （311）
| 初中数学中核心素养的培养与实践 ……………………… 刘豫川 （318）
| 让"纠错"成为学生进步的阶梯
| 　　——基于初中数学教学的探讨 ………………………… 刘志华 （324）
| 语文教学如何培育"思维发展与提升"学科核心素养 …… 龙祖胜 （331）
| 在体育与健康课中对学生合作能力培养的实践与思考 … 陆文娟 （337）
| 基于核心素养的美术教学思考 …………………………… 吕金亮 （342）
| 撕纸画校本课程开发过程与实践 ………………………… 吕金云 （347）
| 让生物课堂成为学生心灵的养成之所 …………………… 吕　炜 （357）
| 中小学语文个性化阅读平台构建探索 …………………… 孟凡云 （363）
| 数字化环境下区域特色课程资源建设的实践研究 ……… 孟广学 （369）
| 小学数学课堂实施"润物教学"理念的课例解析 ………… 孟庆阳 （376）
| 依托"小发明设计"创客空间建设的科普教育实践 ……… 祁永成 （383）
| 视觉观看转换对创作力培养的意义 ……………………… 秦晓明 （389）
| 培养学生语文自主学习能力的几种教学模式刍议 ……… 任　虹 （394）
| 历史学习的学情分析探微 ………………………………… 任洪来 （400）
| 理解教学视角下的高中化学观念建构教学的实践探索 … 商桂苹 （406）
| 类比探究在"角的比较与运算"的实践 …………………… 沈德辉 （415）
| 高中学生体育生活方式研究 ……………………………… 苏宝明 （422）
| 提高数学课堂效率落实学生核心素养的策略 …………… 苏　蕊 （429）
| 微课在研究性学习辅导中的优势及其应用 ……………… 孙腊梅 （435）
| 利用数学错题提高高中生解题能力的策略研究 ………… 孙　琳 （441）
| 构建有利于高中学生理性选课的校内策略 ……………… 孙　苗 （448）
| 浅谈核心力量练习在初中田径教学中的应用 …………… 唐广训 （454）
| 学科素养导向下"初中历史项目式学习"情境创设策略 … 田红彩 （461）
| 新课改下的初中语文拓展阅读教学刍议 ………………… 田　勤 （467）
| 基于学情的阶梯式项目教学模式研究 …………………… 王国强 （473）
| 关于中学语文课堂"寓德于教"的调查研究 ……………… 王　杰 （481）

整合式中学美术课程的实践研究 …………………… 王　津（487）
小学科学课培养学生问题意识的策略 ……………… 王　娟（494）
浅谈初中数学教学中培养学生反思能力的策略 …… 王凯歌（501）
信息化背景下进阶式教师教育资源的开发与实践 …… 王　立（508）
优化初中京剧欣赏教学的实践探索
　　——以《梨园金曲》单位教学为例 …………… 王　倩（514）
浅谈基于语文学科的校园文学建设 ………………… 王　蕊（519）
高中生物学概念教学实践研究 ……………………… 王　霞（524）
浅议微写作训练在培养初中生议论表达方式
　　轨范中的作用 …………………………………… 王　鑫（531）
教育信息化背景下如何演绎精彩思想品德课堂 …… 王雪萌（536）
初中化学课堂培养学生学科核心素养的实践研究 …… 魏建颖（541）
基于 STEM 和创客理念的实践项目研究
　　——以通用技术教学应用为例 ………………… 吴连江（548）
现代信息技术在学校体育教学中的应用 …………… 信　岗（554）
美术教学中以视觉传达发展小学生的视觉素养 …… 严　瑞（560）
从"差异教学"原则出发推动音乐教学改革 ……… 阎　宏（568）
初中物理拼切式教研的研究与实践 ………………… 阎学辉（574）
小学语文群文阅读教学刍议 ………………………… 杨丽萍（581）
浅析"语篇型语法填空"答题分析在提升高中英语教学
　　效果中的作用 …………………………………… 姚卫盛（588）
以多途径读写活动培育语文核心素养的实践研究 …… 于金倩（594）
统编语文教材"1+X"阅读策略研究 ……………… 袁小园（600）
培养学生自主健体能力有效教学模式的研究 ……… 袁秀华（607）
小学原创水墨画教学的探索与实践 ………………… 轧乃君（614）
浅谈小学美术教学中如何培养学科核心素养 ……… 张海涛（619）
智能手机在小学科学教学中的应用 ………………… 张　晖（625）
提升教师对幼儿发展评价能力的策略研究 ………… 张　丽（631）
例谈新课程理念下高中物理概念规律的教学策略 …… 张绍桂（637）
小学美术创意思维导学方法三论 …………………… 张玉杰（644）

幼儿园生态文明教育课程研究 …………………………… 张长燕（650）
初中学生地理实践力培养存在问题及实施策略探究 …… 张　震（656）
小学数学"四性"课堂的思考与探索 ……………………… 赵　琳（662）
高中生物"智美生命"校本课程群建设实践研究 ………… 赵　焱（667）
现代信息技术在中学生物课堂教学中的应用 …………… 朱　丹（672）

中国与瑞典学校可持续发展教育实施途径的比较研究

天津市复兴中学 蔡利云

【摘要】中国可持续发展教育的研究尚处在起步阶段,对瑞典实施可持续发展教育的先进经验进行分析,对于完善中国的可持续发展教育具有一定的理论意义和实践价值。

【关键词】可持续发展教育;中国;瑞典;比较研究

可持续发展教育以跨学科活动为特征,培养学习者的可持续发展意识,增强个人对人类环境与发展相互关系的理解和认识,培养他们分析环境、经济、社会与发展问题以及解决这些问题的能力,树立起可持续发展的态度和价值观。笔者曾赴瑞典参加"正规教育中的环境教育和可持续发展教育"国际研修,系统学习了可持续发展教育的相关理论,亲身体验了瑞典的环境和可持续发展教育。笔者将中国学校与瑞典学校实施可持续发展教育的情况进行比较,借鉴国外经验,尝试提出具有中国特色的学校可持续发展教育实施策略。

一 中国与瑞典学校实施可持续发展教育的比较分析

(一)教育立法的重视程度存在差异

中国环境教育和可持续发展教育起步相对较晚,1973年首次提出环境教育，并主要由环保部推行。1994年《中国21世纪议程——中国21世纪人口、环境与发展白皮书》发布后，跨学科项目"环境、人口与可持续发展教育（EPD）"项目落地。2003年，《中小学环境教育实施指南（试行）》发布，标志着中国可持续发展教育指导战略正式出台，课程改革一直缺乏的可持续发展教育政策指导得以完善。

瑞典的环境教育最早可追溯到20世纪60年代。1985年，瑞典政府就将环境观念正式列入其教育法律中。随后，中小学进行了两次课程改革，将环境教育置于优先发展的重要地位。1997年，瑞典政府把学校作为实现可持续发展的重要"社区行动者"和推动地方21世纪议程的关键。2003年颁布《瑞典可持续发展策略》，可持续发展的原则已经整合到各级教育课程和教师教育项目中，并建立了一个专门委员会负责调查和评估各级教育系统在可持续发展过程中做出的努力。可见，瑞典对可持续发展教育的落实更为系统和周密：国家制定可持续发展的战略，继而出台教育法规，课程改革随之实施，环环相扣，步步深入。

（二）教育理念存在差异

长期以来，中国的环境教育更多地强调环境问题，学生的可持续发展意识局限于保护环境的较低层面上。教师以传授知识为首要目标，频于说教，忽略了对学生环境观、价值观和道德观的培养，学生只能被动接受，缺乏学习乐趣，缺少实践行动。

瑞典的可持续发展教育渗透在孩子们的生活中，它不是说教、不是传授知识，而是一种改变观念的教育，最终结果是行动的转变。在瑞典，无论在课程中，还是师生交流中，都没有刻意谈环境。一切存在的事物都是进行可持续发展教育的有效资源，教育是一种潜移默化的行为。

（三）地理课程内容的关注点存在差异

问卷调查显示，中国地理教师首选的可持续发展教育主题是环境保护，强调保护多、关注发展少，可持续发展未能很好地融入教学，教师缺乏可持续发展教育与学科整合的意识。

瑞典的高中地理课、公民课、历史课和宗教课都属于社会科学，但是这几门课程都有独立的体系。一方面，教师可以根据地理教学内容，设计与可持续发展教育相关的专题，例如"气候变化引发的全球变暖问题"；另一方面，也可以跨学科设计可持续发展教育的主题，不同学科从同一主题的不同角度进行研究。

（四）对隐性课程重视程度存在差异

中国的校园环境建设、文化建设等隐性课程资源对学生可持续发展教育潜移默化影响较少，校园只是进行知识学习的场所，地理教师也缺乏对校园环境教育功能的挖掘。

在瑞典，学校的水、空气、食品、能源、教室、建筑等都能成为可持续发展教育的课程资源，一段树根、一捆麦穗，甚至一个鸟巢，都可以摆在教室，营造人与自然共生的和氛围。学生无时无刻不被一种可持续发展的环境意识潜移默化，良好的环境氛围促使其环境素养的形成。

（五）教育教学方式方法存在差异

在中国，教师常用讲授法教学，课堂教学是开展可持续发展教育的主渠道，教师重于知识传授，学生自主思考、探究分析、小组合作的时间少，亲身体验的少，动手实践的少。

瑞典更强调让学生在体验中感悟，在实践活动中有所发现并行动。教师运用案例、启发、合作、探究、讨论、角色扮演、体验等多种生动、有趣的教学方法，使学生乐于学习、善于学习。例如，斯德哥尔摩市 Varmdo Gymnasium School 学校的老师指导学生编演了一台情景剧，主题是模拟 OPEC 的会议。学生们扮演来自不同国家的代表，他们站在各自扮演国家的立场上，申诉他们对于能源、环境等诸多问题的意见。讨论中，学生们都共同认识到全球面临能源危机这一严重问题。师生、学生之间的交流没有唯一的、结论性的论断，教师引导学生关注环境问题，并学会运用可持续发展观点思考和解决问题。

（六）实践活动在课程中的比重存在差异

中国学校课程中实践活动所占比例较小。除了课堂教学，中国中小学主要通过环境宣传教育中心、教研室等组织相应的竞赛、主题活动拓展可持续发展教育。这样既难以兼顾所有学生，又使学生在行动落实上还有所欠缺。

瑞典重视在课程中开展形式多样的特色实践活动，给学生充分的时间动手实践。在乌普萨拉市 Upper Secondary School 中学，学生们开展了名为"废弃物的新生命"主题实践活动。通过讨论、设计、动手制作，学生学习了废弃物再利用的相关知识，提高了循环发展的意识；在废弃物再创造的过程中，发展了批判性、辩证性思考问题的能力，有助于养成良好的行为习惯。

（七）评估结果实效性存在差异

学生层面，中国学校主要是以成绩高低来评价学生，或单独举办与环境、可持续发展相关的竞赛，实效性往往不大。瑞典学校从意识、认知、技能、态度、观念、行动等全方面、多角度评估可持续发展教育的实施效果，尤其重视教育行动。教师把学生的学习过程划分为经验、观察、知识、态度和行为五个阶段，逐层递进教育、提升。

学校层面，近年来，中国绿色学校的建立和发展较为迅速，制定了绿色学校的评估标准、量化细则等。但相对来讲，理论上、形式上的东西还是略多，而系统性、实用性较差，师生的可持续发展意识不强，未能真正落实在行动上。瑞典的"绿色学校奖计划"由瑞典国家教育局发起，"生态学校计划"则由民间环保组织推动建立，政府机构和非政府组织共同致力于可持续发展教育。可持续发展教育已经成为贯穿在学校各方面的一种整体性的工作方法。目前，可持续学校奖（the Sustainable School Award）已经取代了原来的绿色学校奖。

（八）对教师培训力度的差异

问卷调查显示，中国只有27%的教师直接或间接受过可持续发展教育的培训，加之自身学习不够，可持续发展教育的有效实施明显不足。

瑞典政府将环境和可持续发展教育的教师培训与教育计划相结合。高中教师每学年的寒暑假都要进行可持续发展教育的培训。采用的方式多为学校或学区与大学相互合作，在大学里进行相应培训。培训内容涉及可持续发展教育理论、教育内容、课程渗透、实施方法、评估手段等方面，针对性较强。培训后，教育部门分阶段进行跟踪反馈，评估培训内容在实际教学中的效果，为进一步完善培训内容、提升培训效果做好准备。

（九）可持续发展教育的社会资源存在差异

中国学校与环保宣教部门、教研室合作较多，大多从理论层面探讨可持续发展教育，未能在实践层面有效利用社会资源和深入社会各个层面。另外，与非政府组织（例如民间环保组织）合作也较少，推动可持续发展教育发展成效不大。

瑞典依托波罗的海国际合作组织和欧盟，通过波罗的海计划（BSP）、北海计划（NSP）、北欧国家的环境教育（MNVIN）和全球环境与学校动议（ENSI）等网站，共享教育资源，开展国际合作。瑞典国际合作开发署（SIDA）从2003年开始全额资助国际教育项目"正规教育中的环境教育与可持续发展教育"研究，从政府官员、各级教育机构、非政府组织（NGO）到学科教师，多层面、多角度帮助全球更多的国家实施可持续发展教育。

二 思考与展望

（一）将可持续发展教育放在国家发展的战略地位

这一举措需要相应的政策支持和实践保障。不能仅仅在理论层面出台一些文件，而要将可持续发展教育纳入相关的国家政策和教育法规。同时，一定要在教育界实施相应的教育教学改革，以保证其顺利实施。

（二）可持续发展教育是系统工程

从时间层面上，可持续发展教育要贯穿于人的一生，从幼儿教育、小学教育、中学教育一直到高等教育。从空间层面上，可持续发展教育要渗透社会各个领域，而绝不仅仅是教育部门的责任。从内容层面上，可持续发展教育不能脱离社会生活、人类发展的实际，观念变革是根本，行动落实是关键，不能将其理解为简单的知识传授和技能培养。

（三）要找准可持续发展教育与学科教育的契合点

以高中地理教育为例，要从理念、内容、方法、评估等各方面将可持续发展教育融入教学中，地理教学是实施可持续发展教育的途径，可持续发展教育为地理教学指明方向。二者相互影响，相互渗透，整合为一体。

（四）可持续发展教育在实践中进行

可持续发展的思想在实践中提出，教育也要在实践中进行。这远比一切说教更为真实和有效，可持续发展教育也在实践中不断发展和创新。

（五）要突出"全球思考，本地行动"

可持续发展教育既要体现以区域为重点，解决发展中的问题，又要注重全球合作，共同进步。其中发达国家要肩负起更多的责任，发展中国家也要转变观念，落实行动，为人类美好的明天一起努力。

总之，可持续发展教育在中国还任重而道远。但是，毕竟我们已经出发，相信，经过不懈的努力，中国的可持续发展之路一定会通向美好的未来！

参考文献

［1］［英］John Huckle，Stephen Sterling 主编：《可持续发展教育》，王民等译，中国轻工业出版社2002年版。

［2］宫作民、仲小敏等编著：《国内外地理教育研究》，科教文出版社2004年版。

［3］王丽：《论可持续发展与中小学环境教育》，《学科教学》1996年第3期。

［4］王民主编：《可持续发展教育评估探索》，地质出版社2005年版。

［5］钱丽霞主编：《教育促进可持续发展——国际研究与实践的趋势》，教育科学出版社2005年版。

［6］《21世纪议程》，国家环境保护局译，中国环境科学出版社1993年版。

教育信息化时代背景下个性化学习指导策略及案例简析

天津市宝坻区大钟庄镇初级中学　曹焕京

【摘要】个性化学习指导，指的是教师以学生个体差异为依据，通过对学生的学习进行全方位评价，发现和解决其存在的学习问题，为其量身定制学习策略和学习方法，指导学生进行有效学习的过程。在教育信息化时代背景下，教师充分利用教育信息技术，对学生学习进行个性化指导，促进学生的个性化学习，显著提升了教学的有效性。

【关键词】教育信息化；个性化学习指导；个性化学习

个性化学习指导，指的是教师以学生个体差异为依据，通过对学生的学习进行全方位评价，发现和解决其存在的学习问题，为其量身定制学习策略和学习方法，指导学生进行有效学习的过程。在教育信息化时代背景下，教师充分利用教育信息技术，对学生学习进行个性化指导，促进学生的个性化学习，显著提升了教学的有效性。

一　个性化学习指导的有效策略

（一）运用大数据全面分析，促成个性化精准学习

学情分析是教育教学的基础。每个班的每位学生受其智力水平、学习习惯和生活环境等条件的限制而表现出来的学习能力不尽相同。教师

只有对每一位学生的认识更清楚、更透彻，才能准确设计出适合其学习的教学方式。教师运用 spss 软件，统计分析每一位学生的学习情况，了解每一位学生的优势、劣势、兴趣点、思维方式及潜能所在。

（二）践行"互联网＋翻转课堂"模式，实现个性化自主学习

"互联网＋翻转课堂"模式，通过课前与课中个性化协作学习环境的创设，重新定义并划分了课堂教学要素，改变了传统教学中的师生角色。该模式体现了"教师为主导，学生为中心"的新课程理念。学生是学习的主体，学习是学习者的活动，教师"教"的目的是引导学生"学"。学生在课前借助互联网平台自主学习，学习的内容、进度、难度及速度、知识掌握程度等方面都完全由学生根据自身情况进行自主选择。教师在课上主要是通过一系列合作探究活动，根据每个学生知识内化程度，分层引导学生进行个性化学习并进行自我反思与改进。例如，课前学生在观看学习视频和做练习题过程中遇到问题，共性问题由教师统一解答，对于个别疑难问题，先进行分组讨论，组内相互探究讨论并答疑，对于组内讨论仍无法解决的问题，可与其他组共同商讨。

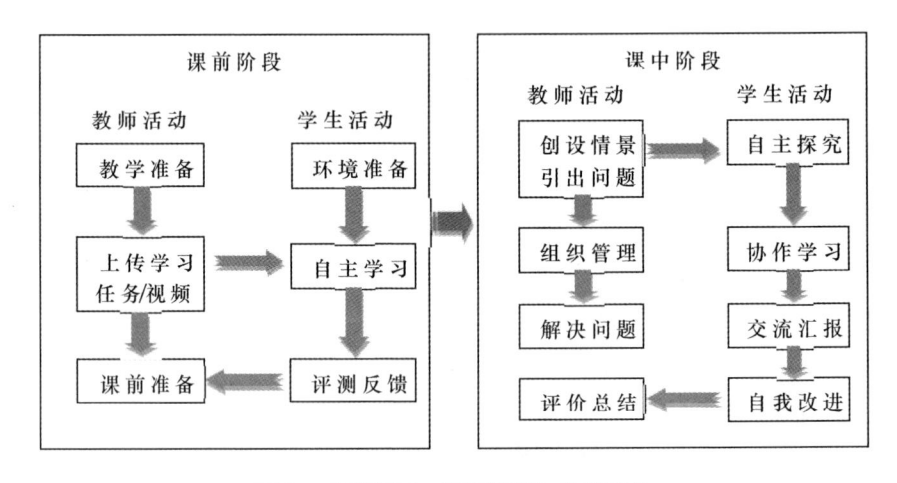

图1 "互联网＋翻转课堂"教学流程

教师可及时跟进学生学习进度，有针对性地进行个性化辅导和评价。例如，对于那些学得快的学生，建议他们从网络平台获得更多练习资源

自主学习，并根据大数据自动处理的结果进行改进；对于那些学得慢的学生，建议他们通过网络平台重复观看微视频等教学资源，并对其进行更多有针对性的辅导，以免他们丧失学习兴趣；对于个别缺课的学生，建议他们及时通过网络平台共享资源、班级课堂大数据分析情况，跟进课程学习。

（三）利用 Smart 电子白板 + Pad（或智能手机）交互式教学，构建个性化深度学习

深度学习是一种基于理解的学习，强调对知识批判性理解，注重解决原始情景问题构建自己的知识网络，关注对学习和自我认知的反思。伴随"班班通"工程的推进，以 Smart 为代表的交互式电子白板已经走进教室，打破了以 PowerPoint 为主要平台的传统投影方式下重视预设的线性思维教学模式。在 Smart 电子白板 + Pad（或智能手机）学习环境下，可以创设参与度高、生成快捷、自然真实的人机交互课堂模式，使课堂教学重心由重视预设转变成重视生成、由重视知识传授转变为重视互动参与，真正做到以学生为中心。

学生对知识的接受能力存在很大差异，利用 Smart + Pad 与教学内容、学科特点有效结合，对不同层次学生采取不同的教学方法和策略，可以有效改善课堂教学，提高学生学习的主动性与参与度，激发学生跳跃性思维，引导各层面学生共同提高。例如，利用 Pad 或智能手机与电子白板建立局域网并结合同屏技术，不仅可以在电子屏上筛选出有代表性的学习小组与全班分享，而且能在教室内进行个别分层指导，同时，师生均可通过操作 Pad 来控制大屏幕进行交流互动。借助 SeewoLink 软件可以实时上传图片、音视频，还可以就上传内容进行修改、讲解、备注等操作，实现零距离多边互动。

（四）设计开发多样化的微课资源，满足个性化学习需求

微课是指根据新课程标准及教学实践要求，以直观视频为主要载体，展示某些知识点或教学环节的简短、完整、不受时空限制的一种视频授课方式，它是为了解决某些教学重点或难点问题所录制的小视频。它的特点，首先是"微"，时长一般保持在 5—8 分钟，属于碎片式学习，可以高度集中学生的注意力，吸收效果要远高于连续长时间学习；其次是"课"，而且是可以延伸到课堂之外的课，包含完整教学过程各个要素（如图2所示）。学生利用微课能更好地满足自己对不同学科知识点的个性化学习。学生根据自身需求选择学习资源，不受时间、地点、环境、心理因素的影响，既能提前预习某个知识点，也可以对所学知识点进行查漏补缺、巩固强化。

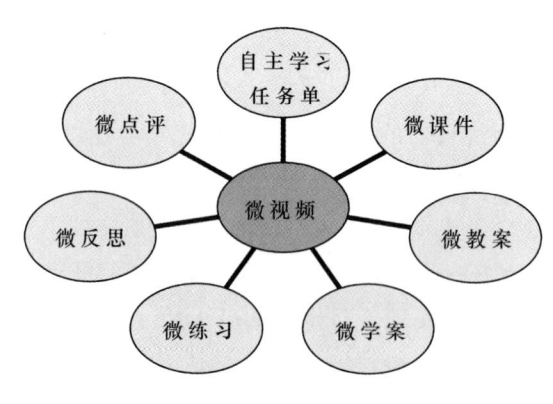

图2 微课图解

（五）开创"一对一"数字化网络平台，进行个性化数字学习

数字化学习，又称"网络化学习"，是信息化时代一种重要的学习方式。首先，要借助移动终端设备创设一对一数字化、个性化、交互性强的智能学习环境，既包括"一对一"，即指学生每人拥有一台数字化学习设备，又包括"数字化"，即指教学活动要建立在数字化基础上，比如教学资源、学习资源、交流共享、活动任务等方面要实现数字化。其次，注意学习活动始终以学生为中心，充分发挥学生主观能动性，为学生提供创造、选择的机会，根据自己的想法和需要选择学习方法、途径以及一定的内容，并通过个性化的方法去评价学习结果。"一对一"个性化数字学习，不仅可以培养学生的探索精神、创新精神和协作能力，同时也可以提高学生的数据意识、信息素养、网络思维素养及人文素养等。此外，在条件允许的情况下，我们还可以借助虚拟现实技术搭建平台进行个性化VR数字学习。

（六）通过 APP 等软件多功能驱动，推进个性化移动学习

移动学习是伴随互联网信息技术发展而产生的，是一种全新的适应新时代个性化需求的学习方式。移动学习不同于传统课堂教学，学生可以随时随地学习自己感兴趣的内容或是自己不擅长的内容，根据自身特点和需要来设计学习内容和进程，没有时间、地点、方式和环境的限制，教师也可以随时随地利用移动终端指导学生解决各种问题。当前支持移动学习的终端 APP 有很多，而且功能强大，可以实现零距离的网络互动。

二 教育信息化时代下个性化学习的案例简析

（一）课内个性化学习实例

"密度与社会生活"是笔者参加教育部"一师一优课，一课一名师"活动的一个课例，课堂教学充分体现了信息化背景下个性化学习模式，设置了人、机、网交互同步教学，展现了教育信息化与学科课程内容的深度融合。教师利用学校多媒体网络教室局域网及互联网资源组织学生自主进行个性化学习，以计算机网络为最大辅助手段，将实时动态交互控制引入教学过程。具体教学流程如图 3 所示。

（二）课外个性化学习实例

各种"教育云"平台为学生进行人机网交互同步学习提供了便利条件，基础教育信息化"三通两平台"的启动、连接 Internet 的云服务，更是为师生教与学提供了存储无限的交流空间和共享资源。"云课堂"教学系统、"一睹先知"在线浏览等提供资源聚合式服务。教师将自己在教育教学中的教学设计、学案、教育案例、经典作业、读书日志、业余创作、综合性学习成果、微课等都挂在"云课堂"，学生可随时进入"我的班级"查看作业，实现了个性化的师生互动、班级互动、家校互动。这种独特的人、机、网同步交互模式，真正体现了信息化时代个性化学习的意义和价值。

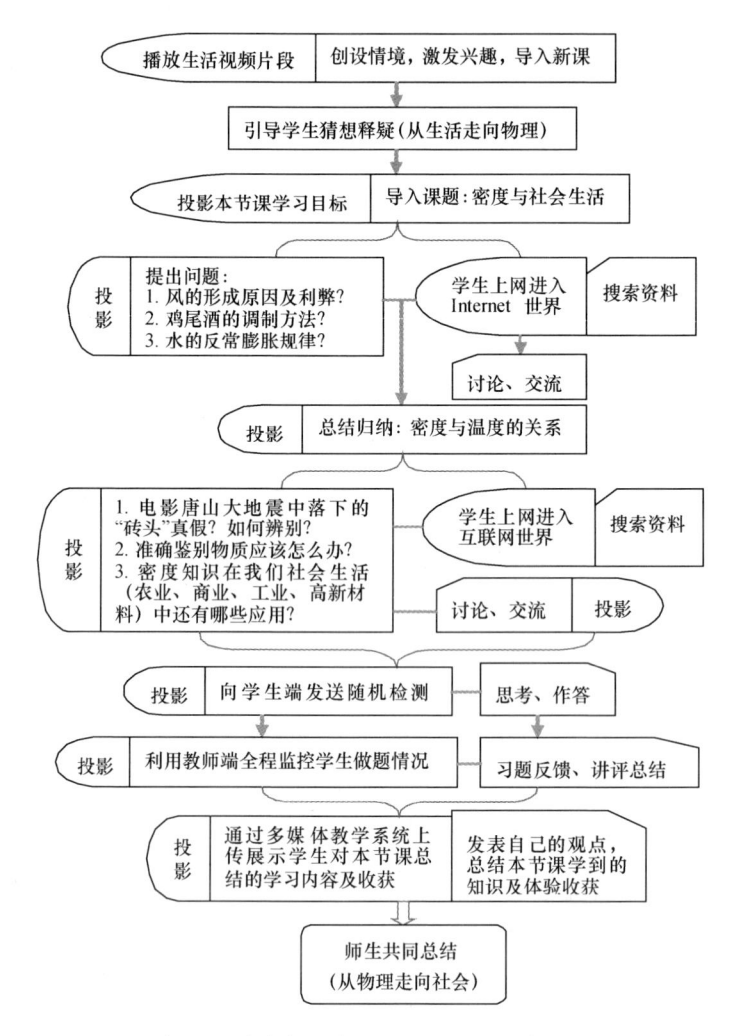

图3 "密度与社会生活"个性化教学流程

参考文献

[1]马颖峰、陶力源：《信息技术环境中的个性化学习探索》，《中国教育信息化》2008年第16期。

[2]清茶：《微观点：教育信息化的融合创新》，《教育信息技术》2016年第3期。

[3]马仲吉、李汉斌、刘思来：《教育信息化时代下的个性化学习研究》，《中国教育信息化》2017年第6期。

高中美术教师专业素养提升的有效方法

天津市瑞景中学　曹申德

【摘要】 在信息技术迅速发展的时代，学生核心素养的培养日益受到人们的重视，高中美术教师只有具备相应的专业素养才能成功培养出时代需要的美术学科人才。这就需要高中美术教师具备扎实的专业基本功，以及较强的社会能力，善于运用现代化教学手段，这些专业素养都可以统一归为教师的基本功。为此，作为一名高中美术教师，要提高专业素养，就需要触类旁通，做一个杂学家；打破常规，随机应变，应对教学中的不确定性；全面提升自己的社会能力，相信"亲其师信其道"。

【关键词】 专业素养；核心素养；社会能力；现代化教学手段；课堂效果

随着时代的发展，作为一名高中美术教师，我一直在反思：在这个互联网飞速发展的时代，我们要怎样与时俱进，跟上时代的步伐进行教学呢？新的高中美术课程标准中提出："普通高中美术课程要体现普通高中课程方案提出的时代性、基础性、选择性和关联性，充分发挥美术学科独特的育人功能，引导学生通过观察、感知、体验、思考、探究、创造和评价等具有美术学科特点的学习活动，形成美术学科核心素养，促进学生全面发展。"美术教育在落实立德树人根本任务和发展素质教育方面具有独特的育人功能与价值。要达到培养学生核心素养的目的，就要对美术教师专业素养提出更高的要求。那么，作为一个高中美术教师，应该如何提升自己的专业素养呢？

一　基本功与现代化教学手段相结合

（一）课堂教学的需要

美术课堂教学需要高中教师将基本功与现代化教学手段相结合。例如，中国花鸟画新授课环节，我先是以大屏幕展示大量的古代、近代以及现代花鸟画名作的图片，边放边介绍花鸟画发展的简史。展示图片时，师生间有问有答，交相呼应；如果发现学生对花鸟画发展的进程和风格的演变没有听清楚，可以选择有代表性的几张图片进行回放和补充说明；然后在实物投影仪上铺好画毡、宣纸，为学生演示绘制一幅花鸟画。演示绘画时，笔墨丰富自然、直观概括；学生们感叹色彩的丰富，一枝一叶、一花一鸟的生动自然、写意传神。这种既需要基本功又要运用现代化教学手段的课堂能够轻松激发学生的学习兴趣，形成互动的课堂学习氛围，拉近教师与学生之间的距离。教师根据学生的课堂反应，决定课堂教学的节奏。而在第二环节演示绘画时，如果学生对笔墨效果理解不深，教师可以当场再画一幅，甚至让学生亲自体验调墨和运笔；师生成为课堂上共同的学习者、知识的研究者与获得者，学习手段的选择者和学习方法的决策者。学生有收获感，教师有成就感。而这种基本功与现代化教学手段相结合的教学方法，在其他美术教学模块同样适合，而且同样会收获颇丰。

（二）提升教师教学水平的需要

时代的发展需要教师终身学习。无论是美术专业的学习还是现代化教学手段的学习，莫不如此。我们要努力学习高中美术教学的各个模块，这样才能在教学中做到心中有数，这种心中有数构成了学科自信力。具有扎实的专业基本功是教师的基本要求，只有善于灵活运用现代化教学手段，教师才能在课堂有限的时间内，以快捷简单的方法解决纷繁复杂的问题。

美术教学中是存在技术教学的，我们不仅教学生认知美术类的作品，学会作品分类，总结其特点、风格、流派，还要教会学生去尝试制作以及创作作品，从而运用于生活，美化生活或在生活中实现其实用价值。怀特海在《教育的目的》中说过："如果要避免思维的呆滞，就要对知识进行应用、验证和实践，这就是教育保持其鲜活生命力的应用之意。"这也正是我们高中新课标对学生核心素养的要求。

二 更新认知和创新实践

新的高中美术课程标准提出美术学科应设有以下几门课程：美术鉴赏、绘画、设计、工艺、中国书画、现代媒体艺术。这些课程除美术鉴赏是必修课程之外，其他为选择性必修课程。此外还有美术史论基础、速写基础、素描基础、色彩基础、创作与设计基础，学生选择课程之后就要采取走班制教学，这就需要美术教师在教学中更新认知，创新实践。正如罗振宇在《我懂你的知识焦虑》中所说："互联网时代，每个人都越来越自由，每个人都可以把自己的禀赋和优势发挥出来。这个时代唯一限制我们的是什么？是认知。认知差距的本质就是我们能不能顺应这个时代的发展，完成思维方式的切换。我们需要什么样的思维方式呢？关注事实，升级认知。世界上的事实远比我们看到的复杂，我们只有带着这种思维方式，尽可能地去认知更多的实事，才有可能成为一个高手。"

随时代的发展，高中美术学科的范围和内容已经发生了很大的变化，美术教师要顺应时代的发展，完成思维方式的转变，固守上大学时所学的专业知识进行课程教学显然是不够的。我们国画专业的老师，要尝试学习与探索油画、版画、雕塑、工艺设计以及现代媒体设计与运用等学科。这样才能满足学生选择性教育的时代要求。基于此，我作为学校美术学科组长，带领所有美术教师，在美术课程开设上进行选课走班实验，结合课程资源与师资力量，在国家课程基础上进行拓展，将高一欣赏课与高二选修模块相结合，创建出七个美术工作室，涉及七方面内容，有书法、中国画、版画、陶艺、剪刻纸装饰画、粮食画和模型制作。这七个工作室的教学内容涵盖了美术中的书法、中西绘画、雕塑、设计、建筑，等等，将欣赏与实践相结合，用欣赏来指导实践，用实践来提高欣赏水平，从而提高学生欣赏美、发现美、创造美的能力。

三 触类旁通，做一个杂学家

我在教学工作中通过引进与美术作品有联系的事物或知识，引导学生对美术作品进行理解，以达到欣赏的目的。事实证明，这是一个行之有效的教学方法。这样不仅能提高学生对美术欣赏课的兴趣，而且也便于他们加深对美术作品的理解，还可以加强学科之间的联系和扩大他们的知识面。

教师要完成这样的教学任务，不仅要运用美术知识，还要有其他学科的知识积累。比如，"礼仪与教化"这一课的青铜文化部分，除了为学生讲解青铜器的产生与作用，还要认识很多的通假字和不常见的字，如饕餮、斝、瓿、卣、夔等。壸与壶的区别，两字虽只差一笔，但前者是盛酒的器皿，后者是皇宫中的小路。美术教学中对这些文字的讲解是必要的，因为这样既能让学生了解必要的知识，又有利于后面其他知识的学习。所以我们美术教师应注意自己在日常生活中对知识的跨界应用，并把美术知识渗透于社会生活、生产的各个领域，在美化生活、提高物质产品的文化品质等方面广泛应用。美术欣赏课除了能为学生提供美术知识和技能之外，还应重视培养学生终生爱好美术的情感，在生活当中拓展他们的审美空间，以利于学生的个人发展。

四 打破常规，随机应变，应对教学中的不确定性

正如鲍传友所说，教学是一种有组织的、持续进行的并以引发学习为目的的交流活动，所以，教学过程是确定性和不确定性的统一。我们在美术课堂上所进行的教学活动，都不能是一成不变的，美术课堂上的内容应该是与时俱进的。

我们在课前备课时，要尽可能发掘教材中的知识点，确定教学方向和方法，准备好突破重点和难点的一切手段。教师教学时面对的学生，对课堂内容的认知程度、接受程度不同；鉴赏作品时的思考角度又各不相同。此时课堂上就会出现一些不确定性，教学过程的不确定性不仅表

现在教学内容上,而且表现在教学方法和教学手段上,随着选修课和走班制的产生,教学时间、场所和对象这些原来被认为确定无疑的教学要素也不再是固定不变的了。美术教师要学会打破教学常规,随机应变,提升教学效果。例如,我在美术专业班教授色彩专业课时,发现个别学生还没有解决素描的问题,那就必须先把素描知识给学生梳理清楚,再继续色彩内容。上课时间是有限的,这要求教师解决问题要快捷准确,才能不影响正常课程的进行。

五　全面提升社会能力,相信"亲其师信其道"

一个具有较强社会能力的美术教师,能够产生一种"名师效应"。这种"名师效应"能使学生对其更加尊敬,教学也会更容易深入学生的内心。

社会能力就是社会交往能力或社会活动能力。人在社会群体中生活,人的社会生活是复杂的多面体,没有社会交往和活动能力,不善人际交往很难融入社会、适应社会。作为一名美术教师,我们要交往的人群最主要的就是学生。他们与我们有较大的年龄差距,不可避免地存有代沟。我们要有一颗年轻的心灵,用这份年轻与学生交流共享。我们需要处理好和学生的关系,要树立一个信念:教育就是让学生深刻体会知识的伟大力量、知识的迷人魅力、知识的基本条理,以及让学生掌握某种专业知识,并让学生将其应用到自己的生活之中。这种信念能缩小师生距离。美术每个模块的教学,都是一种技能、一种理论、一种常识、一种审美,诸多要素之间是相互依托、共同生长的。所以,无论是对传统知识的基本技能还是对与新生事物相关的知识体系,我们都要持与学生共学习同进步的态度,这样我们与学生之间的代沟就会缩小,教学也会精彩很多。

美术教师社会能力还体现在与社会上的人或群体接触上。作为一名美术教师,我喜欢的与社会接触的方式和进行社会活动的方法是以作品为媒介的交流。一名美术教师不应止于课堂教学和课下的临摹,要努力创造出自己的艺术作品,并使这些作品让更多的人认识和了解。作为一名美术教师,要创造出形式和内容完美统一的作品,就必须有熟练精湛的艺术技巧和高深的艺术修养。

  因此，美术教师都应努力在苦练专业基本功的同时，将提高自身的艺术修养放在首位，以自己的作品与社会交流，艺术创作步伐紧跟时代，只有这样我们才能具备较强的社会能力。这种社会能力也会使得教师被学生敬仰、崇拜。学生在更加亲其师的同时，亦会更加信其道。总之，身处全新时代的美术教师，要不断地更新认知，分析和解决复杂的教学问题，这是我们教师专业成长的必由之路。

参考文献

  [1][英]阿尔弗雷德·诺斯·怀特海：《教育的目的》，靳玉乐、刘富利译，中国轻工业出版社2016年版。

  [2]罗振宇：《我懂你的知识焦虑》，中国友谊出版公司2017年版。

  [3]鲍传友：《做研究型教师》（修订版），教育科学出版社2009年版。

乐高 EV3 应用于"简单结构的设计"的实践探索

天津市滨海新区汉沽第一中学　曹寿荣

【摘要】 为了提高学生动手能力，潜移默化地提高学生的技术核心素养，在通用技术教学过程中融入设计实践环节势在必行。本研究选择乐高 EV3 作为实践载体，学生通过合作、探究等学习方式进行构思、制作、试验、优化等实践活动，亲身体验设计制作手机支架。结果表明，设计实践活动拉近了技术理论和实践应用的距离，调动了学生参与实践的积极主动性，使学生熟悉产品从市场需要到制作成品所经历的过程，了解核心技术在产品设计中的重要性。

【关键词】 乐高 EV3；技术；设计；核心素养

普通高中通用技术课程以提高学生的技术核心素养为目标，以设计学习、操作学习为主，是一门立足实践并注重创造，渗透科技与人文的必修课程。学生在一定的任务情境下，通过老师的有效引导，积极负责任地参与技术活动，通过层层建构的方式获得知识，逐步形成通用技术学科核心素养。虽然，学生中只有很小的一部分将来会成为专业的技术人才，但所有人都要处理生活中与技术有关的问题，通过学习使学生具备适应未来技术社会的能力势在必行。通用技术课程是在学生掌握一定理论后，通过技术实践活动强化学生动手制作动脑思考，实现知识的融会贯通，培养学生技术创新能力，使学生融入并享受技术创新带来的便利。

目前，通用技术课程选用的案例大多贴近生活，学生通过自学基本能够了解蕴含于技术中的原理。在教学过程中，应以实物模型、动画和虚拟现实的教学方法诠释理论和技术的完美融合，在此基础上进行动手实践，实现技术课程对学生发展的积极价值。但在实际教学过程中，基于课时的局限性，教师往往采用以技术理论为主，实践为辅的本末倒置教学方法，学生逐渐失去了学习技术的兴趣，甚至会扼杀学生的技术创新能力。为了挖掘通用技术课程蕴含的独特的技术知识迁移作用，本研究在实践项目选择时注重生活情境的创设，搭建通用技术和生活之间的桥梁；关注实践项目的目标达成度，让学生能够举一反三的同时尝试学以致用。学生通过亲身体验、不断地实践和探索，学会从技术的角度去思考，循序渐进地形成一定的技术思想和方法，并用其解决问题。通用技术课程就是要使实践真正成为学生自身的一种素养、一种习惯。

一　手机支架设计项目的选择

选择实践项目时，既要综合考虑学生已有的知识与技能，还要兼顾学校通用技术专用试验室的设备、材料以及项目实现的难易程度，提升学生对知识的应用和对方案的物化能力。随着智能手机的出现，手机以破竹之势取代了一些音频和视频播放设备。因此，手机支架的需求也应运而生。基于这个需求，本研究设计了与简单结构设计的教学内容相契合的"手机支架的设计与制作"实践项目。学生以必修1学习的设计的一般过程为理论指导，结合结构的稳定性和强度等知识，围绕手机支架展开创造性设计，将已有的知识进行整合并综合应用。虽然手机支架随处可见，但是在学生设计时，从人机关系角度出发，给学生具体、专业化的引导，使手机支架设计向"私人定制"转变，满足个性化需求，享受"私人定制"的产品制作成功的喜悦，激发学生主动参与实践的热情和乐于设计的兴趣。

二　实践载体的选择

选择制作手机支架材料是该实践项目能否成功的关键。乐高EV3具有搭建简单、易于组合、种类繁多的零件；在动力传动和连接方面也非常方便，具有良好的操作性，有利于控制功能的实现，这与通用技术的课程理念和学科特点非常吻合。学生熟悉各零件后（比如直梁、角梁、框架梁的适用范围，各种销、轴的连接方式，各种齿轮的特点等），结合已有的物理和通用技术知识，能够通过结构创新、机械传动的巧妙设计，方便、快捷地呈现设计方案。选用乐高 EV3 制作手机支架开展实践活动，丰富了通用技术教学的手段，使通用技术教学载体多样化，有利于学生感受、体验技术设计活动，深化对技术知识的认识，促进知识的迁移，从而真正地提高学生的技术核心素养。

三　手机支架设计方案的制定

在教学中，以手机支架这一问题作为载体，学生通过信息收集处理、设计分析、讨论交流、实践探索、评估优化等一系列探索活动，创新探究的热情被点燃，获得知识与技能的同时，产生热爱技术的情感，形成积极上进的态度。

（一）收集信息

学生通过查阅图书资料、浏览互联网、用户调查（亲戚朋友、家人、同学）、走访超市等渠道进行信息的收集，了解大家对于手机支架的需求，比如便携、易折叠、有个性等，并且把收集到的信息按照功能、结构、外观等分门别类，为后续的设计提供借鉴。

（二）设计分析

针对设计的要求，周密考虑结构设计应关注的各种因素：基础功能和附加功能、结构的稳定性、使用寿命、安全、个性化设计、实用、美观等，对收集的信息进行处理，分析人、物、环境的关系，针对设计要解决的问题，讨论形成解决的途径和寻求合适的方法。为了使学生设计手机支架更有针对性和方向性，提出手机支架应满足的设计要求有：支架有足够的稳定性和强度，支架构件连接牢固，可靠性高；适用于多种机型，横竖放置均适宜，支架能稳固支撑，增加防滑设计，防止手机滑落，能体现人机工程学的舒适、健康、安全目标；支架至少可以调节两种不同的倾斜角度；支架设计美观、便于收纳。

（三）方案构思

手机支架的设计应以结构精妙、功能多样、造型美观为目标。在调查研究和设计分析的基础上，把各要素架构起来，充分考虑影响结构稳定性和强度的各要素，采用草图的形式呈现设计思路。在学生绘制草图时，要标注使用的乐高零件种类、尺寸（用乐高单位来标注）和数量。注重引导学生从结构设计的角度，通过比较和权衡方案，能够做出理性地选择，进一步体会结构设计的思想。

四 制作原型

学生按照设计的草图把各个部件有序连接，形成一个有机的整体，具有支撑手机的功能。制作时以小组为单位，将学生的亲身实践作为重点，要求在活动的每一个环节，学生都要积极参与，针对出现的问题，集体讨论寻求解决的办法。在制作过程中，会发现设计存在的缺陷，比如连接销无法加固，齿轮传动比不合理等情况，需要集体讨论来修正。最后，通过环环相扣的梁、销、轴、齿轮、交叉块等的有序连接，实现了由设计草图到实物的华丽转变。学生在手机支架的设计制作过程中，参与技术活动的积极主动性得以激发，丰富了自身的学习体验，加强了技术思想领悟和技术方法运用的能力，体验了结构设计的乐趣，收获颇丰。

五 测试评估优化

设计的过程是一个动态的过程，在结构设计过程中，需要不断地进行调整和优化，探索寻找无限的可能性，推陈出新。课上，教师展示一个有缺陷的设计，让学生找出其中的问题并指出解决的方法，现场测试，检验学生提出的改进思路的可行性。然后，学生小组合作，用手机对自己小组设计的支架进行测试，针对存在的问题，进行改进，优化已有的设计，并完成"手机支架设计介绍"。通过对不同方案的比较、权衡，优化实践和交流讨论等活动使学生亲历设计制作过程并有所感悟。

手机支架测评过程中，乐高 EV3 部件连接的牢固性和手机支架稳定性都能满足设计的要求，但是手机支架倾斜角度的设计让学生体会到了设计的艰辛，尤其是攻克可随意调节角度手机支架这一难题。为了实现该功能，学生首先需要考虑改变手机支架角度的方式和传动方式，而传动方式改变会影响手机支架的结构，结构的改变又会影响手机支架的稳定性，大有牵一发而动全身之势，这就是一个产品的核心技术。

六　设计的交流与评价

（一）学生自评。每个小组派代表来分享他们手机支架的设计和制作的经历和感受，小组分工情况以及方案的调整完善过程和体会。

表1　　　　　　　　　　　设计评价表

分数设置	评分标准	分组							
		一	二	三	四	五	六	七	八
制作精度、功能实现情况（70 分）	手机支架稳定性与强度达标（20 分）								
	手机横竖放置，均不易滑落（10 分）								
	手机放在支架上，横、竖划屏，支架均能保持稳定（10 分）								
	支架至少有两个倾斜角度可调整（10 分）								
	支架适用手机型号通用性（4—6 寸屏）（10 分）								
	美观、便于收纳（10 分）								
附加分（30 分）	附加功能（10 分）								
	设计方案表达（20 分）								
	总分								

（二）组间互评。每个小组以设计评价表中的评分标准为参照，听完

其他小组代表陈述后，可现场提问，对设计的过程完整性、设计作品的实用性与个性化创意进行评价，互相学习借鉴。待所有小组展示成果完毕，为每组的手机支架进行打分。

（三）教师评价。老师看到了同学们对结构设计的热情与兴趣。同学们在传动连接部分科学地设计，设计的作品有足够的强度，稳定性也达到了预期的目标，不但携带方便而且实用。学生体验 DIY 乐趣的同时，体会到了结构设计的无限可能。作品的结构各有特色，都达到了基本的设计要求，横向纵向切换灵活，小结构蕴含大智慧。

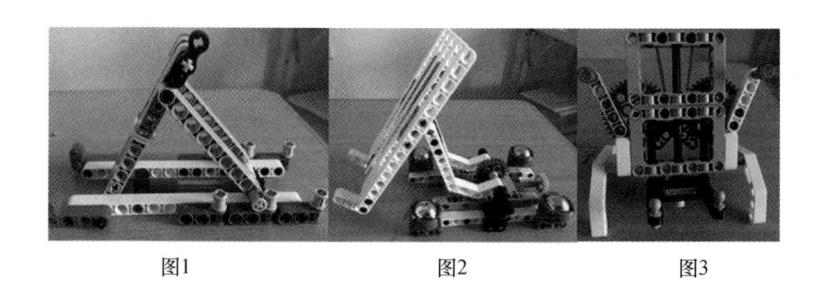

图1　　　　　　　图2　　　　　　　图3

作品展示（图1、图2是学生作品，图3是教师作品）

七　交流提升

为了让学生体会结构设计的无限可能，展示教师自制的重力感应手机支架（图3），利用重力能自动把手机夹住，自动适应手机宽度。让学生探究其原理，手机放到支架托板上，托板下降到底时启动了内部的传动结构，左右两边向中间聚合后夹住手机，从而实现对手机的固定，且三角的形状稳固，可靠性高。

进行通用技术实践教学活动时，教师要给学生足够的探索空间，适时对学生加强思想和方法的指导，培养学生的技术意识、设计思维、动手实践的能力，使得学生在设计制作、测试、优化、交流和评价等不同环节中，获得专业的知识和技能，产生正确的技术价值观，实现知识与技能的迁移，并提升自身运用技术来解决实际问题的能力，增强学生对日新月异的技术社会的适应能力。

参考文献

［1］中华人民共和国教育部：《普通高中通用技术标准（2017版）》，人民教育出版社2017年版。

［2］刘海青：《以生成技术学科核心素养为目标的通用技术项目教学实践探析》，《中国教育技术装备》2018年第1期。

［3］广东省教育厅教研室：《高中新课程——通用技术优秀教学设计与案例》，广东高等教育出版社2005年版。

［4］岳云霞、韩英魁、施轶群：《项目实践教学：为技术课程实施解困》，《人民教育》2014年第6期。

［5］卓凌颖：《STEAM在"简单手机支架设计制造"项目学习中的运用》，《福建基础教育研究》2017年第8期。

立足数学核心素养 培养学生创新思维

天津市西青区逸夫小学 陈宝茹

【摘要】 创新意识是现代数学教育的基本任务，应体现在数学教与学的过程中。数学作为小学生学习的主要学科，其知识内容灵活、富于跳跃性，因而，数学课堂担负着培养学生创造力的重任。本文立足数学教学，从"激发创新意识、营造创造激情、发展思维方式"三方面，探讨如何培养学生数学方面核心素养，对学生进行创造思维培养。

【关键词】 数学课堂；创新意识；核心素养

数学核心素养的培养作为小学数学教育的重要任务之一，在小学教学中显得尤为重要。"数学核心素养"即《义务教育数学课程标准》中提出的"数字、符号知识、空间概念、几何抽象、数据分析、应用化、计算能力、理解能力、创新培养和模型思想"做出了具体的解释。当数学核心素养与我们的《义务教育数学课程标准》联系在一起的时候，一线教师就有了"在数学教学中培养学生的核心素养"的条件。

培养学生数学核心素养，发展创新意识是重要基础。《义务教育数学课程标准》中规定："创新意识的培养是现代数学教育的基本任务，应体现在数学教与学的过程中。学生自己探索和发现问题是创新的条件；学生进行自己思考，学会自己思考是创新的基础；归纳概括得到假设和规律，并进行检验，是培养学生创新教育的根本方法。"数学教师应积极探究以培养学生创造力为目标的教学方法，深挖教材，为学生搭建自主开放的学习平台，多多构建有利于学生创新思维的活动情境，进而来培养学生的创造能力。

一 激励学生提出自己的分析方法，发展学生的创新意识

其一，创设互相尊敬、平等的学习环境，激发学生整体的创新意识。创设平等宽松和谐的课堂环境是学生活跃思维、主动思考的前提。在教学中，教师应创设一定的问题情境，给学生留出足够的学习和思考的时间，让学生展开想象的翅膀，创新意识才能得以展现。比如，我在"长方形面积计算"练习课上，提出"要给我们的教室铺瓷砖需要怎样做?"小组快速合作后，学生汇报要先测量教室长和宽，计算教室面积。我给出数据让学生测量结果，卧室长 8 米、宽 5 米，厨房有宽 0.6 米、0.7 米、0.9 米三种型号让学生自由选择。学生们有的画一画，有的算一算，还有的拿学具做瓷砖摆一摆，我给大家留出思考的时间，结果，不同的解决方案在看似复杂的问题面前迎刃而解，学生们在解决问题的过程中，开发了创新思维能力，增长了自信。

其二，激励和赞扬不同的分析方法，培养学生创新创造品质。教师应鼓励学生亲自参与到丰富而生动的数学活动中，体会学习的快乐。学生的学习应该是敢于发表见解的，是一个实践和创新的过程。作为一名教师，应建立和学生共同学习、共同成长、共同促进的教育理念，发表民主的教学作风，鼓励学生积极思考问题，大胆发表意见，这样有利于发展学生的创造性和个性。在讨论问题时，要创设问题情景，而不是设置框框，让学生积极主动地说出自己的想法。

例如，在教授分数除法的应用题时，让学生分析应用题，画线段图列出关系式：儿童体内的水分约占体重的 $\frac{4}{5}$，小明体内有 28kg 的水分，小明的体重是多少千克?

老师在巡视过程中大部分同学列的关系式是：

$$小明的体重 \times \frac{4}{5} = 小明体内水分的质量$$

同时，也发现有几个孩子列的是：

小明的体重 ÷ 5 × 4 = 水分的重量

水分的重量 ÷ 4 × 5 = 小明的体重

虽然这个关系式不方便学生列方程解答，学生也有按照老师预想的那样解决问题，而学生通过自己动脑，认真思考，列出了反映数量关系的其他关系式，这是值得肯定的。看出了这几位学生思考的独创性，老师不能否定，硬性的让学生接受自己的方式，而是让学生说清这个关系的意义，让其他同学一起来思考。这种做法丰富了教学方法，培养了学生的个性，让学生有机会发表独立的见解，激活了学生们的创新意识。

二 营造氛围，唤起学生的创新激情

首先，让学生在质疑提问中萌发创新热情。小学生对于未知事物常常抱有极高的好奇心和探索欲，常常有各种各样的问题和想法，作为教师，应当充分认识到从某种程度上讲，这些问题正是创新精神的萌芽。因此，教师要特别注意鼓励小学生勇于问"为什么"，多表达自己的想法，并提出不同的质疑，培养他们的思维求异性和创新性。例如提问学生一个问题是否有多种解答方法，训练其发散性思维；多多布置开放性的作业；注意引导学生的质疑，鼓励他们自主求证，并适当给予表扬，促进他们学会自主探索与创新。

质疑是激发学生创新的一个好的学习方法，也是培养学生创新思维最为有效的途径。如教师在传授新知识时，让学生先要想想：这节课我想弄清什么问题。学生对于新问题的思考，也是一个创造的过程。如，在讲授分数除法时学生问："老师，有没有书上介绍以外的计算方法？"老师抓住此机会引导学生大胆创新，探索用多种方法来解决分数除法的计算方法，学生经过研究得出：

$$\frac{3}{4} \div \frac{1}{2} = \frac{3}{4} \times 2 = \frac{3}{2}$$

$$\frac{3}{4} \div \frac{1}{2} = \frac{3 \div 1}{4 \div 2} = \frac{3}{2}$$

$$\frac{3}{4} \div \frac{1}{2} = \left(\frac{3}{4} \times 4\right) \div \left(\frac{1}{2} \times 4\right) = 3 \div 2 = \frac{3}{2}$$

虽然有的方法是已经存在的计算方法，但对于学生来说却是新鲜的。学生通过自己的思考研究出来的方法，洋溢着创造的激情。这样的创造使学生的思维能力得以提高，为他在遇到问题时发散思维，大胆假设，勇敢求证，打下良好的基础。

其次，在数学活动中力求为学生寻求创新的机会。有效的数学学习活动不能单纯地依赖模仿和记忆，动手实践，自主探究和合作交流是学生学习数学的重要形式。苏霍姆林斯基认为，知识要与活动紧密联系在一起。这时，学习自然而然地成为学生精神生活的一部分。教师在教学中，如果能从学生的年龄特点、熟悉的生活情境和感兴趣的事物出发，精心设计教学活动，学生在活动操作过程中，始终处于积极的思维状态中，就有助于他们将抽象的数学知识变为实际的活动过程。学生在这个过程里就会闪现出创新的火花。

例如，在教学《三角形的三边关系》一课。三角形的三边关系是在学生知道了三角形有三条边基础上学习的，但"边"的研究是首次接触。因此教师提出"任意三条线段能不能围成一个三角形"，让学生进行小组合作，实际操作，通过提供的3厘米、4厘米、5厘米、8厘米四根不同长度的小棒进行小组研究，通过记录和实践探究发现有两组不能围成三角形。教师再引导学生质疑：我想知道，为什么这样三根小棒不能围成三角形？给学生操作和想象的空间，激发他们大胆设想，亲自尝试，得出"任意三角形两边之和大于第三边"结论。

再次，挖掘教材，激发学生创造性思维。数学学习和数学思维密切相关，这是由数学学科知识本身的特点所决定的。数学学习不是让学生一味地吸收课本里呈现出的知识或教师总结好的现成结论，而是让学生亲自参与其中，感受学习中渗透出丰富的、生动的概念活动或思维活动的过程。学生应该从教学、教材出发，在教师的帮助下自己动手、动脑做数学。因此教师为了便于学生在这个过程中拓展思维空间，教师应多深挖教材，创造性地使用教材，教师用教材去教，而不是去教教材。如：在教授"圆的认识"时当学生掌握了用圆规画圆的方法之后，可以让学生去探索，如果不用圆规如何去画圆？让学生大胆探索，有的说可以用抹布蘸上水抻长，一只手固定一点，另一只手旋转一周就成了一个圆；还有的说在操场上用铁锹放上白灰，脚为圆心，挥动铁锹旋转一周就成了一个圆……学生打开了思维勇于创新。还如：在教授应用题时，当学生掌握了解题方法后，可以让学生自己亲自编一道应用题，学生在编题的过程中，会积极思考，把数学知识和周围的生活实际联系起来，培养学生的多种能力。

三 采用多种学习方式，搭建创造思维的平台

创造能力综合了一个人多种心理品质，又包含了各种学习能力，是一种复杂、高水平的学习能力。小学生的数学创造能力蕴含在多种学习活动中，学生运用已经获得的知识、经验，通过自己的独特思维活动，去发现和掌握新知识，在这个过程中锻炼了分析和解决问题的能力。教师是学生创造力的发展方面的领路人。教师在教学中应采取多种教学形式，为学生搭建创造思维的平台。教师在课堂教学中可引导学生思考、探究，给学生思考的时间和空间。在课堂这个特定的环境中，学生的精神易于集中、利于思考，老师的引导、启发、鼓励，伙伴的想法都可以激起他们的创造的灵感，学生在探究学习过程中可以大胆质疑与猜测，提出不同见解，勇敢假设，探讨解决问题的多种方案。学生要树立超越教材、老师、自我的观点，在自由的空间中大胆创新；在课前，可让学生在预习时多查阅资料、多思考、多实践，敢于创新，带着自己的见解和老师、同学交流，养成良好的学习习惯；在课堂上，教师组织学生进行小组合作的方式学习，引导学生在学习过程中协同活动，意在通过学生之间的互动，使学生看到问题的多个角度，对自己和他人的观点进行反思，建构起更深层次的理解，同时在讨论学习中刹那间会闪现出创造的火花；在教学时教师可大胆让学生到讲台上来讲解对知识的理解，学生的积极性提高，课堂的气氛轻松、活跃，人人都想发表自己的想法，使学生的思维开出五颜六色的智慧花朵。

总之，基于核心素养培养的课堂教学不仅是传授知识、培养技能，更应多重视启迪学生的创新意识，培养他们的思维能力，更主要的是改善学生的思维品质。学生的思维能力不是教师手把手教出来的，而是通过学生自己不断探究而自动生成的。从学生的生活实际出发设计问题情

境，让学生自发提出所要探究的问题，用自己的思维方式大胆地提出猜想，对自己的猜想进行验证。在这个过程中既需要发散思维，也需要聚合思维；既需要抽象思维，也需要形象思维；既需要直觉思维，也需要分析思维。教师从多种角度，全方位来训练学生的思维，有效地发展了学生的创新思维能力。教师在教学中，运用科学的教学方法和有效的学习途径，让学生在和谐、宽松的教学情境与氛围下进行学习，在传授知识、发展能力的同时，培养学生的创新能力。

参考文献

［1］教育部：《义务教育数学课程标准（2011年版）》，北京师范大学出版社2011年版。

［2］［苏］苏霍姆林斯基：《给教师的建议》，杜殿坤编译，教育科学出版社1984年版。

［3］钟启泉：《基础教育课程改革纲要（试行）解读》，华东师范大学出版社2001年版。

小学音乐听唱相伴教学初探

天津市南开区中心小学 陈 喆

【摘要】唱歌教学始终是小学音乐教学的重要组成部分，也是学生们音乐基础性技能学习的一项重要内容。在小学音乐唱歌教学中，聆听是唱歌的基础，唱歌是聆听的升华。因此，小学音乐唱歌教学必须注重聆听，以听助唱做到听音准，唱准音；听发声，仿位置；听风格，唱情趣。必须聆听情感，以情带声。必须听唱相随，从听到唱，做到以聆听为本，在唱中学，在唱中进；以体态辅助，在动中听，在动中唱。

【关键词】小学；音乐；聆听；唱歌；听唱相伴；教学

音乐是听觉的艺术，人们通过聆听感受音乐的美好，走进音乐世界，展开音乐的想象，学习音乐的艺术。

一 注重聆听，以听助唱

（一）听音准，唱准音

第一步是要引导学生在学习中通过聆听，培养音准概念，要会听钢琴伴奏、录音伴奏、录音范唱等歌曲学习中辅助伴随的各种形式的音乐。在聆听中逐步地引导学生唱准歌曲旋律。例如：教师在教学中针对某一个难点乐句或小节，先清晰的单音弹奏，让学生明确旋律的音高变化，再用模唱旋律填词的方法逐步唱准音高。或者，有些时候，教师可以示范两个不同的演唱或演奏，其中一个是正确的，让学生来选择，找准旋律的音高。再有，低年级音乐书上的听音乐画乐谱旋律线也是一个有效的方法，利于学生直观的分辨和感受旋律的高低变化。

第二步是通过默唱和空唱，在听中唱。其中默唱时，要求学生要手指歌词，眼随谱动，跟随歌曲范唱或伴奏，在心里做无声的演唱跟随。这样多次的训练，会有效地形成学生的心里演唱，使他们初步的形成旋律音准。

空唱时，简单地说就是只张嘴，不出声。引导学生在听歌曲范唱时，随音乐做不出声的假唱，这样有利于歌词节奏的准确跟随，也利于旋律音高的音准建立。

其实，默唱和空唱都是在保证音乐聆听的基础上，做歌曲演唱的心里跟随，以一种创设的参与模拟中，巩固了音乐的聆听基础。也就是有要求的聆听，这个要求是细化到耳（听旋律）、手（指乐谱）、眼（看歌词）、脑（模拟唱）。这样的长期训练和要求，不仅仅在小学唱歌教学中颇有效果，对音乐欣赏教学也是事半功倍的。

第三步是通过轻唱和清唱，在唱中听。轻唱就是轻声演唱，是有要求的有条件的轻声歌唱。条件是：要在能够保证清晰地听到伴奏音响的基础上，轻声地演唱。学生年龄小，就容易情绪激动，容易兴奋，一时高兴就不会控制自己的声音了，喊唱就会出现。向学生提出这个听音乐伴奏轻唱的要求，孩子们就会努力地去听，为了能够听得清晰，他们就会同时控制自己的演唱音量，既帮助了歌曲演唱中音乐旋律的准确度，又避免了喊唱。

还有清唱，这是在学生学会歌曲演唱之后，学生主体表现学习效果的一个好办法。在没有任何音乐伴奏的帮助下，让学生自己完成歌曲的演唱。教师作为聆听者，指导和反馈学生哪里还有不足，哪里还需要注意节奏或音准。清唱是学生完全自主的控制气息，发声和演唱，这也是需要学生有了一些基础之后进行的，更要求他们的听觉系统在不断的检查，监督自己所发出的声音是否准确，所以是在形成良好的聆听基础上提高了演唱技能。

其实，聆听和演唱从来都是相伴而行的，只是小学生年龄小对自己的发声系统和听觉系统的控制如何协调还没有形成良好的习惯和方法，需要教师在教学中不断地提出精细化的要求，从听到唱，是一个循序渐进的过程，需要教师循循善诱的悉心指导，长期坚持的训练。

（二）听发声，仿位置

在小学音乐教学中，专业的讲发声方法，讲发声位置，很难让孩子们理解。而引导孩子们去聆听、去模仿的学习过程中，孩子们的声音位置就会发生变化，逐渐地形成良好的歌唱状态。例如，人音版五年级教材中《雨花石》一曲，全曲音位都比较高，如果没有演唱位置的引导，普通的学生是难以唱好的。在教学中要多听，尤其是音高比较高的乐句，如："我愿铺起一条五彩的路，让人们去迎接黎明迎接欢乐。"在聆听中要多引导学生，教师要做单音或小乐节的示范，尤其是音位比较高几个词"我愿""铺起""一条""迎接"，等等。"怎么样才能唱出来？""需要打开口腔""像大吃一惊的样子""用模仿假声来到达音高""听听老师的声音怎样发出""请你模仿一下我的声音"（注意这里的示范和模仿近于假声和嘘声演唱，因为大部分的学生是没有演唱基础的，而且演唱天赋不同，为了让所有的孩子都能够找到发声位置，唱准音高，假声和嘘声是必需的台阶）。这样的方法可以帮助孩子们形成统一的声音，为班级合唱打下基础。

其实，在小学阶段，发声练习、发声位置的训练是听唱相伴中进行的，因为这样更生动，更有针对性，对于年龄小的孩子来说，直观的模仿，夸张的启发会更有效果，会记忆深刻。

（三）听风格，唱情趣

确定音准，找到正确的发声位置，还需要培养学生对音乐作品不同风格表现的体验与理解，从作品风格入手，从情绪体验和表达出发，学习每一首歌曲都会有趣而生动，快乐而高效。

在小学音乐教材中，有许多风格迥异的歌曲，各个民族，各个地区，多彩的音乐为孩子们打开了一片新奇的世界。例如，人音版五年级教材《雏鹰之歌》一曲，是借鉴了新疆地区的音乐元素而创作的，作品中运用了许多的"上滑音""下滑音"，如果直接运用音乐知识和识谱教学来学习，那么教学过程会很枯燥和机械，而先引导学生聆听，教师范唱典型乐句，让学生感受到歌曲旋律所表现的特殊的色彩，异域的风格，再明确之所以这首歌会有如此特别的情绪色彩,是因为创作者借鉴了新疆地区的音乐风格。再结合几段有代表性的新疆音乐,那么接下来的歌曲学习也就会自然流畅了。

音乐的创作是为了抒发情感,是为了表达情绪风格,所以在歌曲的学习伊始,就首先引导学生明确作品的风格、特点,情绪表达,在一个创设好的情境里开始一首歌曲的学习,围绕着准确地表达作品情绪这一目标,从聆听和体验开始,进行所有的教学活动,那么歌曲的学习就会更高效。

二 聆听情感,以情带声

"言为心声,乐由心发。"音乐是人类表达情感的途径,人们在音乐表达中抒发情感,并感受音乐带来的丰富情感。同样这个情感的体验应该在小学生的演唱学习中贯穿始终,要引导孩子们体验到音乐的快乐,音乐的忧伤,音乐的深情,音乐的激昂。而我们以往的唱歌教学中,都是先唱准,唱对,再进行歌曲处理,强加给孩子们,这里要"渐强"那里要"渐弱",这里要充分打开,放声歌唱。这样的学习会使孩子们越唱越无趣,越机械,有些孩子的演唱成人化,失去了天真的童趣。因此,从音乐的情绪创设开始,引导孩子们感受音乐,表达自己的情感体验,为了准确的表达内心的情感而歌唱,这就显得更为重要了。

在教学实践中,有许多歌曲蕴含着深厚的情感,歌词具有诗一般的意境,这时候就可以先引导学生读歌词,声情并茂地读,抑扬顿挫地读,像读诗一样去读,读到情感迸发,读到情不自禁,读到难以自已。这时候再唱歌,前期的情感铺垫就产生了巨大的效果。为了在演唱中抒发这份情感,演唱状态,演唱气息,位置,甚至于强弱的变化,激情地处理,都很自然地解决了。这其实是一个人抒发情感的自然状态和过程,从教学引导到自然抒发,目的与结果达到了协调和统一。《诗·大序》曰:"情动于中而行于言。言之不足,故嗟叹之;嗟叹之不足,故咏歌之;咏歌之不足,不知手之舞之足之蹈之也。"

这个做法也在著名的作曲家宋小兵先生的讲座《用心灵去歌唱》中得到了验证。有许多孩子因为童声的特点,在演唱中高音就是上不去,百般训练，各种方法都试过了，孩子和家长几乎放弃。在宋先生的儿童歌唱培训中，半天的时间里，这些问题就解决了。宋先生并不给孩子们练发声，讲方法。而是给他们讲情感，读诗歌。当对妈妈的深情，感染到孩子时，这份深情也让孩子的歌声达到了从未完成的高度，什么气息、位置等问题，瞬间都解决了。以情带声，就是如此吧。

另外，小学歌唱教材中还有许多富于童趣的歌曲，虽然没有那么深厚的情感体验，但是，"童趣"是这些歌曲的特点。在这样的歌曲学习中，创设情境，讲故事，扮演角色，就十分的有效。或许是"嘻嘻哈哈"的歌唱，或许是模仿角色的扮演，走进音乐情境的孩子们都会用带着充满着童趣的歌声表达自己的乐趣，同时，潜移默化的形成了良好的歌唱习惯。

至此，情感的激发是歌唱教学中重要的一环，要"用声达情"必须"以情带声"，有了情感的表达需要，才能够运用歌声表达内心的情感，激情才能激发真正的演唱。

三　听唱相随，从听到唱

（一）以聆听为本，在唱中学，在唱中进

聆听与情感的激发都是为准确演唱而服务的，但是演唱得是否准确，标准之一就是音准和节奏的准确，这也是演唱的基础性要求。

音准和节奏的准确，需要长期的练习，也需要教师的即时反馈，平时练习时听到学生不准确的地方要及时地指出和纠正，更需要不断地重复和巩固。

在音准和节奏的训练中，唱谱是重要而有效的工具。在音乐课堂上识谱教学是帮助学生建立良好音高概念的最佳途径。但是小学生年龄小，音乐教材的复杂变化（不是识谱用的专用教材，许多课例不方便孩子们识谱），不能每一首作品都从识谱开始。所以，许多时候采用唱会歌曲之后再唱谱，把乐谱作为下一段歌词来演唱，这样降低了难度，也逐步培养了孩子们的音高概念，这个做法是有效的。

另外，还可以进行难点识谱。也就是在学习难点乐句时，让学生以模唱的形式演唱难点乐句的曲谱，对旋律进行有准确把握之后，再填词

演唱。孩子们"心中有谱"自然会演唱准确。

当然，不管什么方法，目的都是逐步培养识谱技能，最终让孩子们能够自己通过识谱，学习歌唱，不断提高音乐技能与唱歌水平。

（二）以体态辅助，在动中听，在动中唱

歌曲演唱中情不自禁的动作会增添许多表现效果，同时也会更充分的表达情感。在小学唱歌教学中，运用手势和动作，会使学生更好地理解音乐和表达情感。

例如，人音版三年级《甜甜的秘密》一课，在唱"悄悄地，悄悄地"时，引导孩子们真的悄悄地走两步，师生共同表演的情景，让孩子们的演唱真的表达出小心翼翼，悄悄地走进老师办公室的情景，休止符也不用再强调了。

在教学中，许多动作简单而有效：歌曲中的连线，我们就一起画个弧；上滑音我们向上划；下滑音我们向下划；八分休止符我们处理成小小的换个气；重音记号我们挥挥拳；上行旋律我们的身体随音乐从低往高向右，下行旋律我们再反过来。这样边动作，边歌唱的方法，非常适合于小学生，让他们在动作中放松歌唱，加深记忆。

总之，聆听是唱歌的基础，唱歌是聆听的升华。在音乐的学习中，每一个环节都离不开聆听。只有在聆听的基础上，小学音乐唱歌教学才能取得一定的实效。

初探计算思维：从价值定位到培养方式

——以信息技术教学为例

天津市滨海新区塘沽教育中心　程建娜

【摘要】随着学科核心素养的确立和高中课程标准的修订，信息技术学科的教学目标正逐步从工具应用走向思维培养。"计算思维"作为学科核心素养四要素其中之一，承担着培养学生特有的学科思维品质和能力的作用，意义在于实现学科价值定位的转变。但计算思维究竟是什么，它在学生发展中有何作用以及如何培养计算思维等问题是当前信息技术老师们需要关注的首要问题。本文笔者结合自己多年来的教学思考和实践，对计算思维概念、关键特征以及培养方式等进行解读和分析，以进一步明晰其价值定位，为教师培养学科核心素养提供一些实践性的参考方法。

【关键词】计算思维；学科核心素养；信息技术学科；

作为一门"年轻"且实践性较强的学科，信息技术学科课程思想和价值的研究表现薄弱，教师在教学中缺少对学生思维进行训练和培养方面的关注。这使得信息技术学科表现为较强的工具性，缺少作为独立学科应有的价值内涵。本文将结合自己的思考和实践，围绕对信息技术学科核心素养中计算思维的解读，探讨学科的价值定位以及学科思想的培养方法。

一 追问关键问题，探寻信息技术
学科的思想方法

虽然《普通高中技术课程标准（实验）》中提出课程目标是培养学生的信息素养，也提及要培养学生一些学科特有的思想方法，但却没有具体描述出这些思想和方法是什么以及如何培养。因此，老师们在教学中只能"简单化"处理教学内容，或是单纯的操作训练或是步骤的"概念化"学习或是纯粹的编程设计，更有甚者将这些等同于学科的思想方法，具体的对学生解决问题能力的培养流于形式，被肤浅化处理。显然如此"简单粗暴"的定位是错误的，这也进一步致使学科价值的"模糊化"。

有关学科思想方法和价值的追问是这几年信息技术同仁们关注的核心，只有确定了学科思想，才能明确信息技术学科的价值定位、思维培养取向与实现途径。而在这不断的追问中，2016年教育部颁布了学科核心素养，确定了学习者通过特定学科的学习应达成的反映该学科特质的重要思维品质和关键能力。学科核心素养强调每个学科应具有独特的思维方法。信息技术学科核心素养是由信息意识、计算思维、数字化学习与创新、信息社会责任四个核心要素组成。相比其他三个要素，计算思维无疑是其中唯一能反映信息技术思维品质的内容。而正是计算思维这一"新名词"的出现，定位了信息技术学科的价值转向，即从"应用行为"走向了"学科思维"。也可以说自此开始，信息技术学科终于具有了自己的独特的思想方法——计算思维。[1]

二 理解计算思维，定位信息技术
学科的核心价值

计算思维是用一种独特的、信息技术学科特有的思维方式解决问题，它既是信息技术学科价值的核心体现，也是落实学科核心素养的关键。[2]

（一）计算思维相关概念

周以真教授认为计算思维是运用计算机科学的基础概念进行问题求

解、系统设计，以及人类行为理解等涵盖计算机科学之广度的一系列思维活动，是能够将一个问题清晰、抽象地描述出来，并将问题的解决方案表示为一个信息处理的流程。

而在信息技术学科核心素养中，计算思维主要是指个体运用计算机科学领域的思想方法，在形成问题解决方案的过程中产生的一系列思维活动（如图1所示）。并强调具备计算思维的学生，在信息活动中能够采用计算机可以处理的方式界定问题、抽象特征、建立结构模型、合理组织数据；通过判断、分析与综合各种信息资源，运用合理的算法形成解决问题的方案；总结利用计算机解决问题的过程与方法，并迁移到与之相关的其他问题解决中。[3][4]

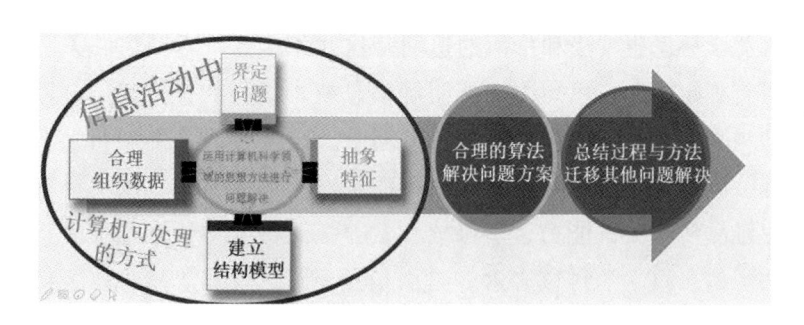

图1 解决问题的一种过程

（二）定位信息技术学科核心价值

我们可以从这些概念陈述中总结共性观点，以全面理解计算思维，定位学科核心价值。

第一，无论是"计算机科学的基础概念"还是"计算机科学领域的思想方法"，都印着信息技术学科本位的标签，信息技术作为一门独立学科有无可取代的地位。

第二，发展学生计算思维，需要在学生解决问题过程中逐步培养。"问题解决""计算机解决问题"等相关描述出现频繁，这进一步确定信息技术学科中培养学生问题解决能力的价值，也明确了计算思维只是一种问题解决的切入角度[5]。

第三，计算思维是当今每个社会成员必备的学科思维品质。学生在应用信息技术解决生活实际问题过程中，其思维方式、思维习惯和思维品质逐渐被重构。培养计算思维可以提高学生在信息世界中处理问题的能力，促进技术与真实世界相联系，同时也能让学生更有品质地生活在信息社会中。

三　计算思维的教学方法和培养过程

（一）计算思维的教学方法

信息技术学科核心素养中强调计算思维的形式化、模型化、自动化和系统化，周以真教授则将其本质论述为抽象和自动化。其中，形式化和模型化正是抽象的表现形式，而自动化则是对抽象结果的一种处理方式。另外，自动化离不开算法，它是计算机根据设定的问题解决方案的自动执行。因此，在提炼计算思维时，我们可以从"抽象""算法""自动化"等关键特征入手展开分析；同时，还要考虑其在问题解决中的价值，因为前面定义描述中也多次强调计算思维主要是一种问题解决的思维方式，需要对问题进行界定、表述以及迁移处理。

1. 与"抽象"有关的教学方法

在计算思维中强调的抽象是指把现实中的事物或解决问题的过程，通过化简等方式变为计算设备可以处理的模型。所涉及的主要方法有约简、转化、仿真、建模等。

例如，在"设计运动图标"任务中。首先，通过不同类别运动图引发学生思考（如图2所示），并请学生模仿其中动作，理解图标的抽象作用，引出可以用线条构造相应模型（如图3所示）。最后，教师抛出新的绘制问题并引导学生研讨解决方案（如图4所示），分解为画头、四肢以及躯干，绘制躯干是本课的新知，其他都可以应用已学的图形画法实现。教师将问题解决的抽象过程逐层剥离给学生，学生通过仿真、化简、建模等方法逐步完成任务，提升问题解决中的思维参与。

2. 与"算法"有关的教学方法

算法是对问题求解过程的一种描述。在对问题进行算法设计时，通常需要考虑算法的多样性与优化性。因此，与"算法"有关的计算思维方法可以包括一题多解、程序优化等。

图2 不同类别运动图   图3 抽象构造模型   图4 运动图标

例如，在"Scratch 创意编程——角色移动"一课中：教师首先由学生熟悉的典型小学数学问题（两点运动路径），转入从 A 点到 B 点的程序设计基础任务。期间允许学生可以尝试多种指令实现；随后在学生展示不同方案时，注意引导他们思考不同的方法在不同价值取向上的优劣，对解决方法和思路进行分类和总结，初步感受一题多解的思想；最后布置"回家"情景任务，要求学生根据不同需要选择不同路径到达目的地（如图5所示）。在完成任务过程中，教师指导学生根据问题需求，选择最佳方法，以提升问题解决的质量和效率，从而促使学生的思维从发散回归到收敛，过程中感受算法优化的思想。

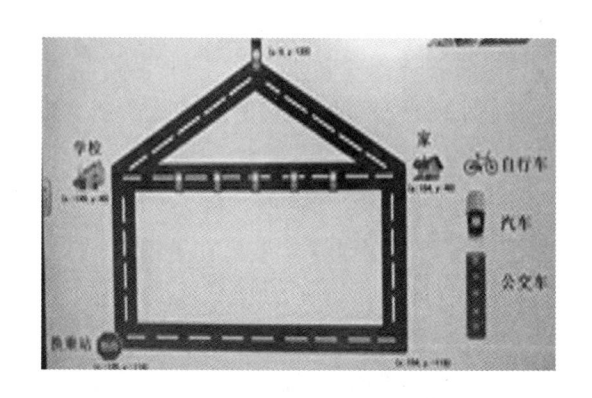

图5 角色移动不同路径设计

3. 与"问题描述"有关的教学方法

用计算机对复杂问题求解，通常采用对问题进行分解、模块化处理、汇总的方法，即将一个难以直接解决的大问题分割成若干规模较小的子问题，这些子问题应能很容易直接求解，最后再将子问题的解合并为一

（如图 6 所示）。

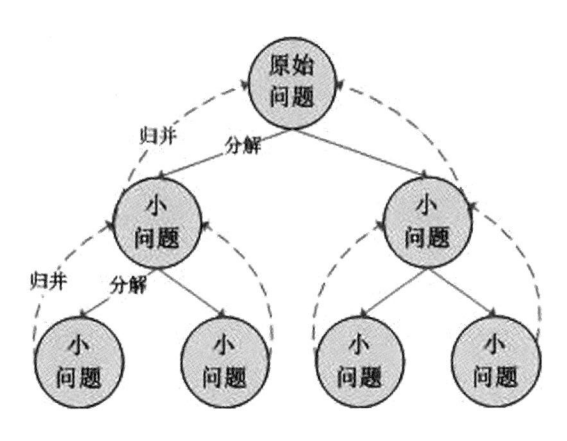

图 6　结构化解决问题的方式

这种结构化思考问题的方式，可以作为一般性的问题解决策略。它除了应用在程序设计学习中，还可以应用到作品创作过程中，帮助学生规划制作步骤，指导任务的有效完成。例如，在"小熊敲鼓趣味表演节目"一课中，教师首先引导学生分析表演节目的一般过程，随后分解出三个任务。学生通过复习旧知很快完成任务一；而任务二涉及本课重难点的学习，需要师生进一步分析，并将其二次分解为两个子任务；随后，学生再完成任务三。本课通过任务的逐层分解，引领学生学习新知（如图 7 所示）。

（二）初探计算思维的培养过程

第一，要培养学生的计算思维，教师必须探索与总结相应的方法。除了从其概念特征解析上分析相应方法外，也可以对数学和工程维度上的方法进行归纳。在信息技术学习过程中，其本质就是运用技术解决实际问题，因此，我们也可以从学生的课堂学习过程中归纳计算思维方法。我们建议可以先从程序设计单元入手挖掘课程内容，总结典型的方法，然后再逐步将其过渡迁移到其他单元学习中。

第二，计算思维是一种思维方式，需要在具体问题解决过程中，经历分析、思考、实践、求证、反馈、调适等环节。因此，教师一方面可

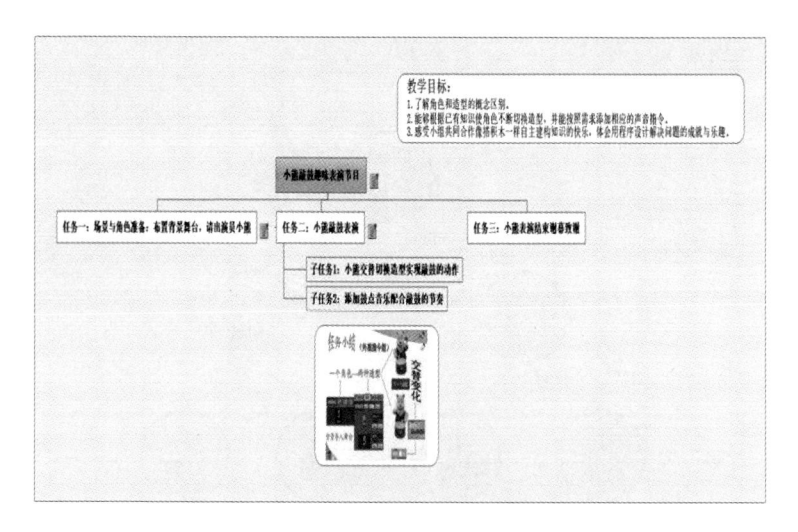

图 7　任务分解教学案例

以通过对问题或任务的引导分析，帮助学生掌握相应的方法；另一方面，教师要引导学生要经历问题解决全过程，实际体验相应方法，并逐步内化为思维。

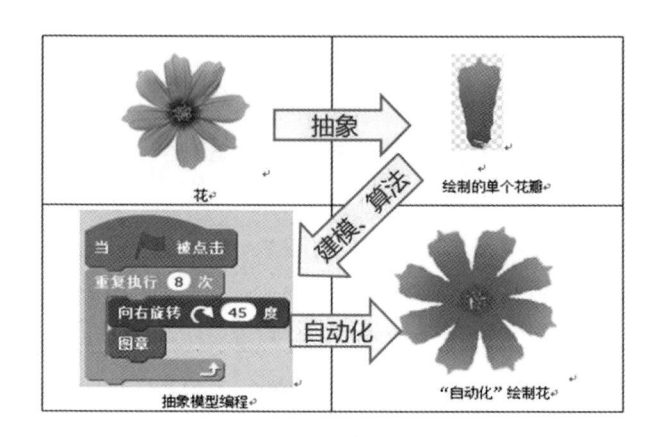

图 8　用 Scratch 绘制花瓣

第三，程序设计可以作为培养学生计算思维的最佳方式。因为，计算机科学的基本思想方法大多存在于程序设计中，如常见的解题方法：分治法、逐步求精、枚举法、贪心法、动态规划等都是算法与程序设计的核心内容。例如，在一节最基础的编程课"用 Scratch 绘制花瓣"中，要让学生通过编写程序完成花瓣绘制的效果，实际上就是培养学生用计算思维思考解决问题的过程（如图8所示），其中包括了分解简化、抽象建模、算法设计以及编程实现等方法与环节。

计算思维作为信息技术学科核心素养之一，是信息技术学科特有的对信息化问题解决的思想方法，起着提升学科思维品质的作用。实际上，计算思维不仅仅可以应用在信息技术学习中，还能在我们解决日常生活中复杂问题时，帮助我们分清工作的主次，对问题进行抽象和计算性描述，从而提升解决问题的效率。

参考文献

[1] 祝智庭、李锋：《面向学科思维的信息技术课程设计：以高中信息技术课程为例》，《电化教育研究》2015年第1期。

[2] 李锋、王吉庆：《计算思维：信息技术课程的一种内在价值》，《中国电化教育》2013年第8期。

[3] 任友群、隋丰蔚、李锋：《数字土著何以可能？——也谈计算思维进入中小学信息技术教育的必要性和可能性》，《中国电化教育》2016年第1期。

[4] 钟柏昌、李艺：《计算思维的概念演进与信息技术课程的价值追求》，《课程 教材 教法》2015年第7期。

[5] 李艺、钟柏昌：《基础教育信息技术课程标准：起点、内容与实施》，《中国电化教育》2012年第10期。

移动学习APP与初中语文教学融合的实践思考

天津市河东区盘山道中学　崔立红

【摘要】 随着社会的发展和科技的进步，移动学习成为人们普遍应用的学习方式。作为年轻的一代，中学生使用手机的时间和频率往往超出了大部分教育者的预期。教师可以把移动学习巧妙地融入教学环节中，引导学生借助音视频APP积累写作素材，提升写作素养，激发写作灵感，突破教学重难点。借助答题APP课前预习，先学后教；课堂研讨，以学定教；当堂反馈，巩固强化，实现个性化指导。

【关键词】 移动学习APP；写作教学；阅读教学；融合

天津市小升初政策改革后，初中校际生源差距逐渐缩小，班级内学生的学习基础差距逐步加大。同一个班级的学生学习基础不同、兴趣爱好不同、对课程掌握程度不同，导致他们知识需求的差异化。与此同时，在推进学习型社会进程中，人们越来越重视自由、灵活、个性化的学习方式。因此，基于智能手机、微型平板电脑等手持终端设备的移动学习开始引起人们的重视。移动学习除了具备数字化、多媒体化、网络化、智能化的特征外，还有其独特的优势：学习者不再局限于教室或电脑前，他们可以随时、随地、随心所欲地进行学习。在初中语文教学实践中，我尝试将移动学习APP、网络资源与语文教学有机融合，在促进学生自主学习、加强个性化指导、提高学生语文素养等方面探索出一条新的路径。

一 音视频 APP 与写作教学的融合

写作教学离不开日常积累和练笔。积累，以往多是引导学生积累好词好句或名家名篇；练笔，往往是写随笔、日记、周记。学生对于这样的写作训练非常头疼，一是认为没有可写的素材，二是训练形式枯燥单一。因此，学生多是机械化地完成作业，很少发挥自己的主动性。笔者尝试使用移动学习 APP 将网络资源与写作教学进行融合，取得了良好的效果。

（一）借助音视频 APP 获取最新信息，积累写作素材

"喜马拉雅"是一款整合了大量音频栏目的手机 APP，学生可以借助它听到不同领域的深度声音，例如"百家讲坛""逻辑思维""朗读者""在清华听演讲"等。又如"网易公开课"APP，拥有大量的国内外公开课视频，也有大量的 TED 和专题研讨会的视频。视频比音频更能让人投入，有利于学生利用碎片化时间摄取大量深入的观点和知识，并在听取的时间静静思考。学生可以选择 10—20 分钟长度的音频，也可以选择 40—60 分钟的音频分几次听完。这些视频都可以缓存在手机、iPad 等移动设备里，便于学生随时随地进行学习。在学习的过程中，学生了解了社会热点，积累了写作的素材。

（二）借助音视频 APP 享受文化浸润，提升写作素养

"喜马拉雅"中以"朗读者""见字如面"为代表的一系列音视频将个人成长、情感体验、背景故事与传世佳作进行有机结合。选用的文本都是由国家顶级文学家、出版人、专家、学者组成的文学顾问团精心挑选的经典美文。教师引导学生借助移动 APP 收看（听）这些文化节目，有利于学生将自己的阅读趣味由网络小说逐渐转变为经典美文，将阅读功能由消遣娱乐转变为促进个人成长，阅读由读文逐渐扩大到读人、读社会、读历史……在朗诵、演讲、背景音乐的助力下，学生可以在 45 分钟的语文课堂之余更好地实现"沉浸式"阅读。经典文化对他们的感染、

鼓舞、引领作用，远远超过了单纯地写作技能的提高和好词好句的积累，有利于学生整体写作素养的提升。

（三）借助音视频 APP 丰富情感体验，激发写作灵感

"朗读者""见字如面"等节目所邀请到的嘉宾多是来自社会各个领域具有影响力的人物，有些是影视明星，有些是学生不甚熟悉的航天英雄、美术家、科学家……学生收听（看）节目时可以透过这些有血有肉的真实人物遇见大千世界，感受文学之美、情感之美、生命之美。收看（听）节目的同时，学生的心灵与作者、朗读者（演讲者）、主持人进行"对话"和"交流"，感受他们的言语和人格的双重魅力，有助于学生积累间接生活经验。无论是由佳作内容生发的联想思考，还是与作者、朗读者、演讲者、主持人产生的情感共鸣，都有利于激发学生的创作灵感。教师可以借助音视频创设的情境组织学生写作练笔。如看完"见字如面"后，给某位亲人、朋友写一封信，在课堂上由本人或其他同学进行朗读，师生进行讲评。又如，欣赏过"朗读者"倪萍《姥姥语录》片段后，请学生结合倪萍的经历和《姥姥语录》中的句子谈一谈对"挫折"的感悟，等等。

教学开始，教师可以通过"微信群"向学生发送"朗读者""网易公开课""见字如面""开讲啦"等节目链接，然后布置相关练笔作业；或者让学生下载"喜马拉雅"等音视频 APP，全班同学收听（看）同一音（视）频，完成练笔作业。待学生养成习惯后，可以引导学生自主搜索适合学习的资源推荐给其他同学，帮助他们逐步养成主动学习的意识和能力。

二 音视频 APP 与阅读教学的融合

当今时代，真正缺少的不是资源，而是"喜欢"。无论教育还是学习，都是一种循序渐进的力量。好的音（视）频节目（课程）会在一开始就深入浅出地带领你走进一个全新的世界，让你想跟着它一起不断深入。在阅读教学的不同环节引入音视频资料可以起到事半功倍的作用：授课前引导学生收听（看）与课文内容相关的音视频资料，可以激发学

生的学习兴趣，并为新课的学习做好知识和心理上的准备；授课中收听（看）有助于促进学生对文本的理解，更好地突破教学重、难点；授课后收听（看）有利于文本的拓展与延伸，有助于学生更好地完成知识建构。

例如，学习小说文体前引导学生收听陈雪的《小说家的两个世界》，学生可以较为深刻地认识小说的文体特征；学习培根的《谈读书》、邓拓的《不求甚解》前，引导学生收听赵丽宏的《阅读改变人生》、麦家的《读书就是回家》，可以使学生更好地认识读书的意义，明确读书的方法；学习《孔雀东南飞》《钗头凤·红酥手》前，引导学生收听蒋方舟的《女子无才便是德》，学生就很容易理解焦仲卿之母难容刘兰芝，陆游之母不喜唐琬的思想根源；收听席慕蓉的《原乡与我的创作》，有利于学生更好地了解作家的创作动机，加深对席慕蓉作品内容的理解；收听张大春《如果还让我写作文，我再过十五辈子也当不了作家》、严歌苓的《我笔下的一手生活和二手生活》，有利于学生领悟写作真谛而不仅仅是作文技巧……

三　答题 APP 与语文教学的融合

近几年出现了很多辅助学生答题或学习的 APP：如辅助英语学习的"盒子鱼"，偏向理科的"洋葱数学""物理大师"，涵盖综合学科的"作业帮""作业盒子""一起做作业""猿题库"等。每款 APP 都有其独特的优势，教师应加强比较，选择最利于学生自主学习的 APP。经过笔者和学生的试用体验，认为"猿题库"对于语文学习的辅助作用更为明显，使用也更为便利。

（一）"猿题库"的应用优势

1. 海量题库，灵活选题

相比而言，"人人通"平台尚处在建设过程中，其中的练习题目题型少，难度低；"作业盒子""一起做作业"等 APP 题型较为全面；"猿题库"的题目资源最为丰富，分类更为精细，便于师生的使用。"猿题库"的题目既有教材同步练习，又有对应中考考点的总复习练习，还有天津地区近几年中考真题，可以满足学生不同阶段的练习需求。

2. 自我诊断，个别指导

除了课堂上面向全体授课，课后一对一辅导对学生的帮助作用最大。然而，即使教师利用大量的课余时间也难以保证辅导到每个学生。"猿题库"很好地解决了这一难题，它具备大数据分析能力，可以对学生的答案进行分析，让学生明确自己的知识遗漏。无论师生想要哪个知识点的练习，都可以点选进行。师生可以利用程序进行自由组卷、错题收集、查看详细解答。不仅如此，它还可以结合学生做题中出现的错误给学生自动推送相关题目强化练习，提高了学习的针对性。

3. 人性设计，方便使用

"猿题库"有很多细节都体现了方便师生使用为中心的人性化设计理念。所有文言文练习题目都配有"参考译文"，方便学生查阅。"参考译文"制作成"隐藏菜单"形式，既节省空间，又可以避免学生无意中看到译文的情况。教师可以借助"分享作业报告"功能，把作业报告及时发布到学生群或家长群，便于大家了解练习情况；可以通过"再次布置作业"功能将错误相对集中的题目再次发布给学生进行练习，还可以在原作业单上对题目进行增删和调序，便于知识的巩固和强化。可以使用"分享"功能把布置的作业题目分享给其他教师，资源共享。可建多个"作业群"，便于教师根据学生的学习基础和学习需要发布不同的练习。

（二）"猿题库"在语文教学中的应用

1. 用于课前预习，先学后教

教师根据预习目标在"猿题库教师端"选择相应题目，定时发布给学生。学生按要求完成课文预习后，登录"猿题库学生端"完成教师推荐的检测题。提交答案后，学生可以直接看到答案解析。教师可以及时看到全班同学的正确率以及每个同学的答题情况，从而调整教学的重难点，教学更有针对性和实效性。

2. 用于课堂研讨，以学定教

对于课前检测中反映出的问题，教师可以借助"导出"功能把题目转换成 PDF 文件，在课堂上利用交互式电子白板展示给学生。先由学生小组互助解决，小组解决不了的问题由全班学生共同解决，全班学生都不能解决的问题由教师进行讲解。

3. 用于当堂反馈，强化巩固

学生完成相应内容的学习后，教师将手机 APP 中提前选好的题目通过交互式电子白板展示给学生，学生进行作答，检验学生课堂吸收率，及时巩固所学新知。为学生配备 iPad 的学校，教师可以现场发布练习，学生完成后，教师进行反馈讲评。

语文学习是个慢功，于永正老师曾提出过"熏锅屋"的说法。农家新砌的"锅屋"（即厨房）墙是白白的，经过三五年的烟熏火燎就变黄了；再过个三五年，又变成褐色；几十年后，甚至变成黑色的了。语文学习跟"熏锅屋"的情形类似。学生使用移动学习 APP 开展语文学习最大的变化在于让学生真正接触一个超越教材和教室的学习空间，并且在更大的时空里常态化地使用。倘能日日坚持，稳步推进，定能起到"熏锅屋"的作用。

参考文献

[1] 杨晓哲：《五维突破：互联网＋教育》，电子工业出版社 2016 年版。

[2] 吴军其、李智：《移动微学习的理论与实践》，北京大学出版社 2015 版。

从音乐课例分析谈信息技术与教学的整合与深度融合

天津市河东区教育中心　崔　岩

【摘要】 信息技术与学科教学深度融合的观点，信息技术在音乐教学整合的优秀课例，引发思考，深度融合是不是要取代整合？本文分析了教学实践的五个案例，认为信息技术与教学整合实现了信息技术与音乐两个学科的优势互补，提高了课堂效益，要广泛合理地应用；深度融合是推动课堂转型的催化剂，对师生角色、教与学的教学结构改变意义深远，实践中要理解整合与深度融合的内涵，根据教学内容恰当选择，并积极探寻适于学生多样化、个性化学习音乐的方式。

【关键词】 音乐教学；信息技术；整合；深度融合

在教育信息化不断推进的过程中，信息技术普遍应用于教学实践中，"信息技术与音乐学科的整合""信息技术与音乐学科的深度融合"经常出现在教师的教学设计、教学反思及论文中，成为高频词。两者之间有什么区别与联系？信息技术深度融合的观念提出是否就可以取代整合？这里从几节音乐课例中分析信息技术与音乐教学整合、深度融合之间的差异，探索适合音乐学科和信息技术共同发展的教学之路。

一　信息技术与学科教学整合、深度融合的概念

信息技术与学科教学的整合，是指在教学过程中把信息技术、信息

资源、信息方法与学科教学内容有机结合，以完成教学任务的一种新型的教学方式，这一概念是《基础教育课程改革纲要（试行）》中提出来并推行的。信息技术与学科教学深度融合，是指为学生营造富有个性的学习氛围，创设方便学生多渠道学习的环境，实现以学为主的教与学方式，培养学生的高阶思维能力，这一概念始于《教育信息化十年发展规划（2011—2020年）》。

在信息技术与学科教学整合的基础上提出了信息技术与学科教学的深度融合，"深度融合"与"整合"的根本区别就在于："整合"重视教学方法和手段的应用；"深度融合"强调变革教学系统的结构性。"深度融合"不是一般的技术应用，是信息技术与教育教学的相互促进，共同发展。

二　整合课例对提升课堂效率的积极作用

课例1：唱歌教学《拉库卡拉查》

七年级《美洲乐声》这个单元中有一首拉丁音乐风格歌曲《拉库卡拉查》，为了能让学生有针对性地体会拉丁音乐特点，教师从网络搜集了大量拉丁音乐，使用截取合并软件制作了一个《la cucaracha》的几种不同音乐风格的串烧对比音频，通过对作品的聆听，凸显出拉美音乐风格特征，体现了信息技术与音乐学科整合的优势，学生既能迅速感知拉丁音乐风格，又能体会各种拉丁音乐风格的异同，其间学生们还自发地用一些肢体动作跟随音乐自然律动，可以反馈出资源整合能够让聆听和学习变得更加有趣、更加有效。

课例2：唱歌教学《我的祖国》

歌曲《我的祖国》是根据捷克作曲家斯美塔那的交响诗《沃尔塔瓦河》主题填词创作而成，这首旋律优美的e小调作品不易学唱，引导学生感受旋律的起伏特点对学唱有着重要的作用。教师使用ppt动画功能将乐谱中的符头连接在一起，乐句旋律的起伏一目了然地展现在课件中（见图1），制作简便。形象的旋律线条让枯燥的读谱变得简单有趣，在琴声和流动的旋律线的帮助下学生较快地学会了演唱这首歌曲。

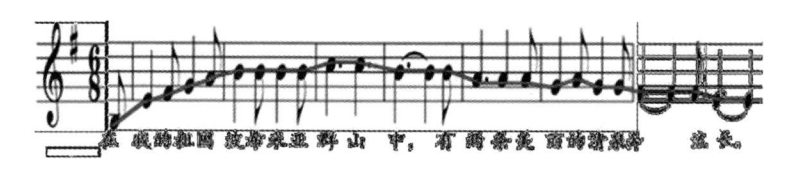

图 1　歌曲《我的祖国》第一乐句符头连接图

课例 3：欣赏教学《仲夏夜之梦》

完整欣赏门德尔松《仲夏夜之梦》等较长的音乐作品时，教师不便用过多的语言打断学生的听赏，但又担心学生有些段落不能听懂，这时，信息技术的应用为音乐欣赏课提供了前所未有的便利条件。比如：premiere 软件，它是一款常用的视频编辑软件，教师根据音乐作品的变化，在适当的位置加入文字和乐谱对视频进行编辑，形成音乐背景下用滚动字幕提示音乐的段落的效果，并配上乐谱，在交响乐队演奏的视频和流动的字幕中学生能更深入地感受全曲。信息技术的应用帮助教师实现了把要说的语言通过画面传递给学生，媒体信息量很大，在有限的时间内确保了高效的聆听，实现了"此时无声胜有声"的教学效果。

信息技术与音乐教学的整合中，信息技术不再是辅助的教学工具，而是现代化教学不可缺少的要素，成为提高课堂教学效率的现代化教学手段。它的优势体现为：

（1）创设情境，提高音乐感知力

中小学生的思维方式对直观、形象、动态的信息接收较容易，运用信息技术在音乐教学中综合处理和控制声音、图像、影像等方面具有很强的能力，课例 1 中音乐教师在导入环节整合了几首拉丁风格的音乐作品，快速地让学生感知拉美地区音乐特点，调动学生的视觉、听觉感官，创设情境，为新课展开做好了铺垫。

（2）激发兴趣，提高音乐表现力

信息技术特有的声像一体，图文并茂，动静结合的特征，能激发学生的学习兴趣，使整个教学过程变得生动高效，对于学生较乏味和冗杂的音乐知识和技能学习同样可以发挥化繁为简的功效。课例 2 中视谱教学证实运用信息技术手段将复杂读谱环节变得更直观、易学，对提高学生演唱能力有着重要的作用。

（3）整合资源，提高音乐理解力

音乐文化的理解是学科核心素养的重要内容之一，在音乐鉴赏教学中如何让学生完整聆听篇幅较长的音乐作品，是困扰教师的一个难题。课例3中对视听作品的编辑，不仅让学生能在课堂中通过边听边看去感悟和理解音乐作品，更能实现课外反复聆听的音乐学习，这是信息技术在音乐教学中创新的应用。

上述列举的三个课例是信息技术与音乐教学整合的常用方法，类似的应用很多，主要运用信息技术直观性和形象性的特点，信息技术成为音乐教学手段，创设较好的学习情境，激发学生的学习兴趣，促进学生从被动学习变为主动学习。

三　深度融合课例对课堂变革的重要意义

信息技术与学科教学深度融合的实质与落脚点是要变革传统课堂"以教师为中心"的教学结构，让信息技术不仅仅停留在教学方法和教学手段的应用上，而是营造一种理想的教学环境，实现学生自主探索，师生、生生、学生与资源之间多重互动，改变为既能充分发挥教师主导作用，又能突出体现学生主体地位的"主导—主体相结合"的教学结构。

课例4：欣赏教学《辛德勒的名单》

在影视音乐欣赏课《辛德勒的名单》中教师运用了移动终端技术，在导入环节听赏了几首耳熟能详的音乐片段后讲解了影视音乐分类的概念，随之通过ipad让学生完成对作品的分类，移动终端快速反馈了学生作答的情况，教师根据课堂反馈适时调整教学的内容，在这里学生的主体地位凸显。在深入学习阶段教师同样采用了ipad快速反应系统了解学生对作品理解的程度，该系统同时发挥了自主搜索网络信息学习和自主选择聆听音乐并分析等信息技术功能。移动终端不仅是教学中设备的提升，而且还帮助教师迅速了解课堂的反馈，给学生提供更多主动思考、探究实践的机会。

课例5：唱歌教学《噢，苏珊娜》

这是一节小学三年级的教学内容，教师在解决了发声练习，识读乐谱等学唱环节后展开了富有个性化的音乐学习。运用了微信群指导学生吹奏竖笛，群视频展示促进学生的日常练习和巩固，在编创教学中教师安排了几种不同音色的打击乐器，学生通过 ipad 选择合适的乐器，分析与歌曲相符的节奏型，教学过程中孩子们的想法虽然不一致，但都能说出编创的理由，真正实现积极思考的个性化学习。

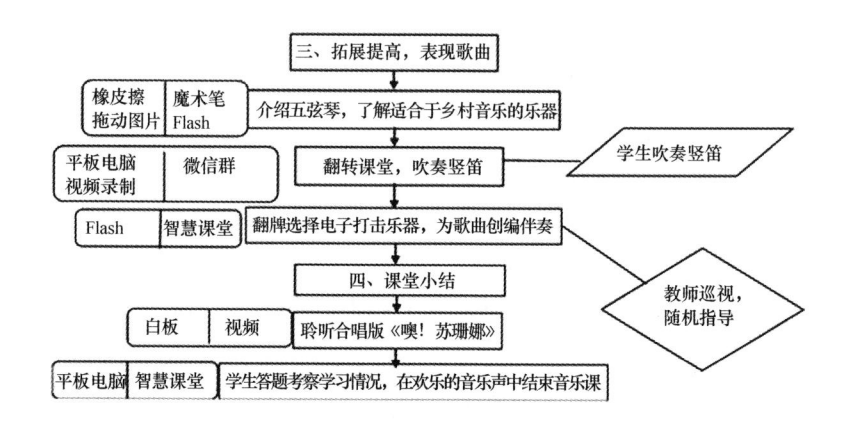

图 2　歌曲《噢，苏珊娜》主要教学环节

从上述两个课例不难看出，信息技术与音乐教学的深度融合更强调教学结构的变化，对学生思维发展、探究能力的提高，教师指导学生进行个性化学习都有着重要的意义。

（1）信息技术与教学的深度融合能引发更积极的思考和主动的探究

课程改革强调教育理念的转变，传统的教师主体的教学模式必将被取代，学生由被动接受者变为知识和技能学习的主体，推进教与学的转变是信息技术与音乐教学的深度融合的根本意义。课例 4 中移动终端作为课堂设备能够实现每一个过程的一对一互动学习，对学生的反馈在短时间内形成数据分析，并根据学生理解的情况调整教学内容，对音乐作品的赏析既有统一的聆听又有选择性的自主听赏，学生的主体地位、教师的主导作用基本呈现。

（2）实现个性化学习，促进课堂教与学真正变革

移动终端作为教学设备应用于音乐教学发挥着个性化学习的优势，

学生可以通过自己对音乐的理解选择、编创，再结合移动终端 APP 输出，用最便捷的方式展开个性化的音乐学习。在课例 5 中教师运用微信群这一信息技术进行课外的竖笛教学指导，可以说是在打开音乐个性化教学的一扇大门。音乐技能类的学习在传统的授课模式中基本沿用教师教方法、做示范，学生课堂练习和课外巩固的方式。其最大的弊端是教师教的内容学生容易遗忘，出现演奏的问题不能得到适时的指导。这也是影响技能类音乐学习主要的难题。通过微信群的建立，学生可以在课外随时查看，随时上传自己演奏的视频与同伴、教师交流、学习。

四 信息技术与音乐教学整合、深度融合的应用策略

信息技术与音乐教学的整合提高了课堂效率，信息技术与音乐教学的深度融合助推了课堂的转型，实现了个性化的音乐教学。在日常的教学工作中如何借力信息技术打造更富活力的音乐课堂？

（1）从音乐学科特性正确理解整合与深度融合的内涵

音乐具有非语意性和非具象性的人文学科特点，其教育核心是审美教育，音乐教学中强调实践，提升学生对音乐美的感知、创造美的能力是音乐教学的根本。从音乐学科特性和中小学生思维特点分析，在音乐教学中发挥信息技术的形象性、直观性的优势对音乐感知和理解有着重要的帮助，通过大量的信息技术与音乐学科整合的课例可以印证，整合是将信息技术与音乐学科的特征优势互补，实现课堂效益的大幅提升。但整合没有从根本上改变教与学的方式，深度融合是在整合的基础上强调教师与学生在教学结构中的改变，信息技术是构成教学的要素之一，实现了学生主体的积极思考，引出问题，教师引导解决问题的新型教与学模式。

（2）根据教学内容合理选择信息技术的应用

运用信息技术与音乐整合或是深度融合要取决于音乐教学的内容。音乐教学从课堂类型上可以划分为唱歌课、欣赏课、创编课等类型；从学习内容上可以划分为乐理知识，演唱技能，演奏技能等领域。中小学生在演唱、演奏技能性学习中模仿是重要的学习方式，需要教师示范

（或者媒体资源的示范），因此，这种课堂类型应突出整合。在音乐编创、乐理知识的学习中应积极探索运用信息技术深度融合的教学模式，鼓励学生积极思考、探究，教师在备课中应做好指导教学的方案，避免整齐划一的教学环节。

（3）积极开发适合学生个性化学习的课程

实现个性化的音乐学习根本上要有适合学生随时、随地学习的音乐课程。目前针对中小学生音乐知识微课的系列课程已经编写完成，微课视频短小，易学易记，极大地方便了学生随时、随地的自主学习。随着"三通两平台"信息资源不断完善，提供给中小学生音乐赏析、演唱、演奏等项目的网上展评活动越来越丰富，网络平台将音乐课堂延展到更大的空间和时间，给了学生更多的音乐实践机会。

（4）探索多样课内外音乐学习的新模式

随着慕课、翻转课堂、智慧课堂等新一代课堂模式的建立，音乐教育必将要探索多样的学习方式，满足学生音乐学习的需要。平板电脑互动学习体验是学习方式的革命性改变，开发移动终端的APP，尝试推出适于学生音乐学习的APP的内容，发挥出更多移动学习的优势，这将是信息技术未来在音乐教学领域开拓的方向和研究的课题。

信息技术与音乐教学整合有助于提高课堂的效益，信息技术与音乐教学的深度融合助推课堂的转型，中小学生对音乐形象具象的感知和体验依赖信息技术的支持，在深度融合的教学中，课堂角色的变化对引发学生主动思考，发展创新和实践能力上有着非同寻常的意义。在信息技术飞速发展的时代，相信有更多样的符合学科特性的音乐学习方式，愿与老师们共勉，深入研究探索。

参考文献

[1] 何克抗：《如何实现信息技术与教育的"深度融合"》，《课程 教材 教法》2014年第2期。

[2]《信息技术与学科教学的整合与融合有什么区别》，https：//zhidao. baidu. com/question/242228581346044164. html。

北辰区实验小学大课间体育活动现状的调查研究

天津市北辰区实验小学　董百芬

【摘要】 大课间体育活动是学校体育工作的重要组成部分，是增强学生体质，养成学生体育锻炼习惯的重要活动课程。笔者通过对北辰区实验小学大课间体育活动的现状调查，分析影响学生参加大课间体育活动的因素，发现其存在的问题，并有针对性地提出建设性意见，帮助体育教师更有针对性地开展大课间体育活动，为学校和有关部门提供有参考价值的第一手资料，为进一步落实小学生大课间体育活动改革提供参考依据。

【关键词】 大课间体育活动；现状；调查研究

一　问题的提出

《中共中央国务院关于加强青少年体育，增强青少年体质的意见》中明确指出要"全面实行大课间体育活动制度"。《学校体育工作条例》中也规定"要保证学生每天一小时体育活动时间"。大课间体育活动是学校体育工作的重要组成部分，是增强学生体质，养成学生体育锻炼习惯的重要活动课程。为了使大课间体育活动能在学生的身心全面发展上发挥积极作用，为学校和有关部门提供有参考价值的施政资料，更好地实现小学生大课间体育活动的目的，笔者对北辰区实验小学大课间体育活动的现状进行了调查，进一步分析影响该校学生参加大课间体育活动的因素，对现有问题进行调查研究，以期提出可实施的改进建议。

二 研究对象

在天津市北辰区实验小学抽取 400 名在校学生为研究对象，随机发放问卷，男生 200 人，女生 200 人，对其进行研究。

三 研究方法

（一）文献资料法

通过上网查阅和收集大量关于大课间体育活动的文献资料，如富嘉贞撰写的关于大课间体育活动的研究和建议等，为本文撰写工作提供了较充分的研究资料。

（二）问卷调查法

1. 问卷设计

根据本课题研究内容，设计了学生问卷。

2. 问卷的发放与回收

问卷现场发放，现场回收。

表1　　　　　　问卷的发放、回收情况统计表　　　　　　（份）

	发放问卷数	回收问卷数	有效问卷数	回收率（%）	有效率（%）
学生	400	400	360	100	90

（三）数理统计法

对所得有效数据，按照体育统计学原理和基本方法，运用 Microsoft Excel2003 应用软件对数据资料进行常规统计学处理，并生成研究所需的各种图表。

(四) 访谈法

为本课题的研究，在发放问卷的同时，向所填问卷的学生进行访谈，同时也对学校部分体育教师、学校领导进行访谈，从中获得大量有价值的信息和富有启迪性的见解，为研究提供理论与事实依据。

四 结果与分析

(一) 关于大课间体育活动的次数与时间

1. 每周大课间体育活动的次数

表2　　　　　每周参加大课间体育活动的情况　　　　　（人）

内容	总人数	5次	%	4次	%	3次	%	2次	%	1次	%
人数	360	334	92.78	12	3.33	10	2.78	4	1.11	0	0

表3　　　　　每天下午安排大课间体育活动情况　　　　　（人次）

内容	总人数	安排	%	不安排	%
人次	360	331	91.94	29	8.05

从表2和表3中可知：我校基本上能够按要求上、下午都开展大课间体育活动，表明了我校非常重视大课间体育活动，积极贯彻了《关于加强青少年体育增强青少年体质的意见》中规定的："保证学生每天有一个小时的体育活动时间"的要求。有时由于天气、突发事件等原因影响不能保证开齐大课间体育活动。

2. 每次大课间体育活动的时间

表4　　　　　每次参加大课间体育活动的时间　　　　　（人）

内容	总人数	40分钟	%	35分钟	%	30分钟	%	25分钟	%	20分钟	%
人数	360	354	98.33	2	0.57	3	0.83	0	0	1	0.27

从表 4 中可以看出我校每次大课间体育活动的时间都在 30—40 分钟，占到了 99.73%，而每天两个大课间体育活动所用的时间超过一个小时，保证了学生每天都有充分的时间锻炼身体和有组织的参加各项体育活动。如果大课间体育活动的强度和密度适当加大，锻炼效果会更好。

（二）大课间体育活动时经常参加的体育项目

表 5　　　　　大课间体育活动项目的参加情况　　　　　（人）

练习内容	人数	经常	%	有时	%	没有练习过	%
广播操	360	313	86.94	42	11.67	5	1.39
学校自编操	360	31	8.61	35	9.72	294	81.67
队列练习	360	102	28.33	159	44.17	99	27.5
身体素质练习	360	167	46.39	152	42.22	41	11.39
舞蹈	360	21	5.83	43	11.94	296	82.23
体育游戏	360	167	43.39	156	43.33	37	10.28
跳绳	360	174	48.33	161	44.72	25	6.95
长跑	360	272	75.56	61	16.94	27	7.5
踢毽	360	98	27.22	170	47.22	92	25.56
其他	360	119	33.06	171	47.5	70	19.44

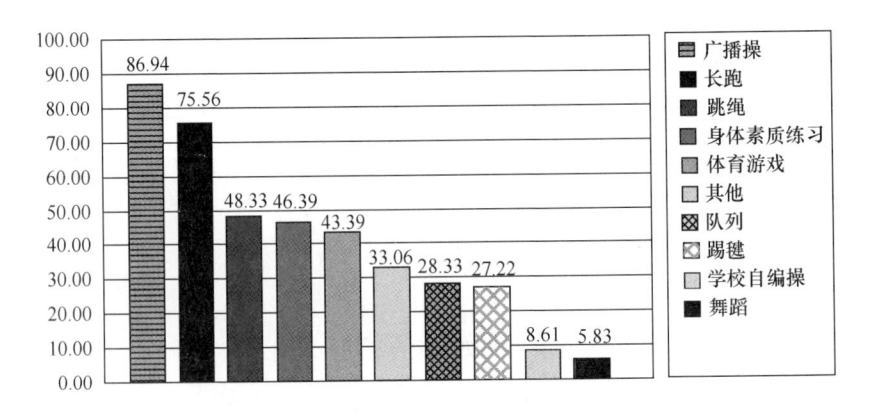

图 1　大课间体育活动项目参加人数对比（%）

由表5和图1可以看出我校大课间体育活动经常安排的活动项目以广播操、长跑为主，分别占到86.94%和75.56%，其他安排则少一些。学校大课间体育活动组织形式的好坏直接影响到学生的兴趣，学校高质量地组织大课间体育活动，有助于提升学生参加活动的积极性和主动性。同时，形式多样，内容丰富的大课间体育活动对促进学生的身心健康发展更为有利。

（三）关于大课间体育活动的方式

表6　　　　　　　　大课间体育活动的方式　　　　　　　　（人）

活动方式	人数	经常	%	有时	%	没有练习过	%
1. 广播操、校操先做，后做跳绳、游戏等活动。	360	161	44.72	131	36.39	68	18.89
2. 广播操、校操后，再做身体素质练习，再其他活动。	360	136	37.78	142	39.44	82	22.78
3. 先做广播操，学生按班级自主活动	360	161	44.72	131	36.39	68	18.89
4. 各班级自主活动，再做广播操、校操，再按班级其他活动。	360	140	38.89	131	36.39	89	24.72
5. 跑操后，统一安排活动	360	153	42.5	101	28.06	106	29.44
6. 跑操后，各班安排自主活动	360	126	35	104	28.89	130	36.11
7. 广播操、校操，跑操，各班其他活动。	360	91	25.28	71	19.72	198	55
8. 其他	360	111	30.83	124	34.44	125	34.73

由表6可以知：学生参加大课间体育活动的方式主要是校内组织的各种活动，以第一种和第三种活动方式为主，占到了44.72%。大课间体育活动方式长期固守一种形式，学生就会感觉单调乏味，只能被动地接受，这样不仅得不到较好的锻炼效果，而且还限制了学生的个性发展，导致学生参加活动不积极和敷衍了事。

（四）参加大课间体育活动的情绪与态度及满意度

1. 参加大课间体育活动的情绪状况

表7　　　　　参加大课间体育活动的情绪状况　　　　　（人）

内容	很愉快	%	愉快	%	一般	%	不愉快	%	很不愉快	%
男	73	40.56	58	32.22	39	21.67	4	2.22	6	3.33
女	65	36.11	59	32.78	54	30	2	1.11	0	0

从表7中看出：有40.56%的男生和36.11的女生表示参加大课间体育活动的情绪是很愉快的，有32.22%的男生和32.78%的女生表示是愉快的，表现出强烈的情绪欲望，这是一个十分可喜的现象。培养学生对体育活动产生兴趣，是大课间体育活动的重要作用之一，只有产生了兴趣，才能促使学生经常参加体育活动，养成锻炼的习惯，最终达成学生身心健康的可持续发展。

2. 参加大课间体育活动的态度状况

表8　　　　　参加大课间体育活动的态度状况　　　　　（人）

内容	很主动	%	主动	%	一般	%	不主动	%	很不主动	%
男	91	50.56	52	28.89	34	18.89	1	0.56	2	1.1
女	63	35	50	27.78	54	30	7	3.89	6	3.33

由表8可知：有79.45%的男生和62.78%的女生，主动和很主动参加大课间体育活动，只有1.66%的男生和7.22%的女生不主动和很不主动参加大课间体育活动，不难看出学生参加大课间体育活动的态度是积极的、比较高涨的，说明学生参加大课间体育活动的积极性与自身需要密切相关，他们已经充分认识到体育的价值和功能，这也正是他们参与体育活动的主要原因，体现了知与行的统一。

3. 参加大课间体育活动的满意度

由图2和图3可知：绝大多数学生对大课间活动是满意的。其中，有38.33%的男生和34.44%的女生很满意，有31.67%的男生和37.78%的女生满意学校开展的大课间体育活动，但是还有7.22%的男生和2.78%的女生不太满意和很不满意现状，造成这种状况的原因见表9。

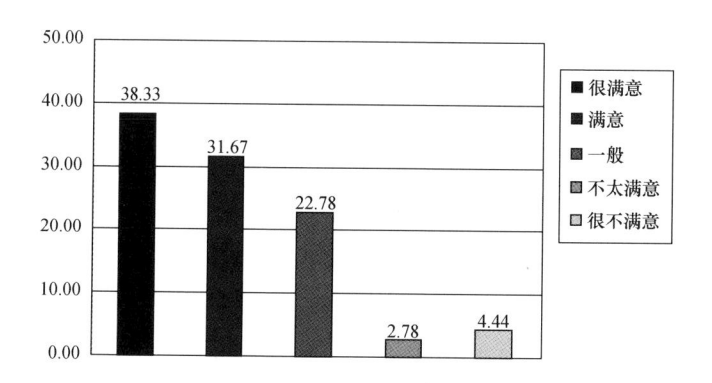

图2　男生参加大课间体育活动的满意度（%）

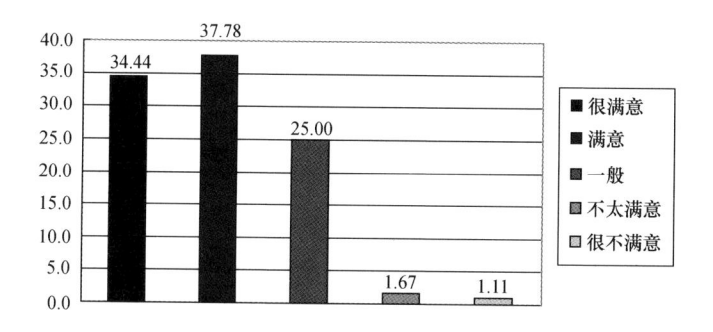

图3　女生参加大课间体育活动的满意度（%）

表9　　　　　　对学校开展的大课间体育活动不太满意的原因

内容	人数	百分比（%）
设施不齐全	118	32.7
场地不足	104	28.9
缺少指导	132	36.7
其他	6	1.7

由表 9 可知，器材设施不足和缺少指导等因素直接影响学生的兴趣，体育场地、设施是学校开展大课间体育活动的基本物质保证，如果没有保障，学生的活动有时就无法进行，受到阻碍，无法发挥锻炼的积极性。所以学校要注重器材场地设施建设，给学生创造更好的活动空间，发挥他们的积极性。

（五）关于参加大课间体育活动后体能、体育技能与身体健康状况

1. 参加大课间体育活动后体能与技能状况

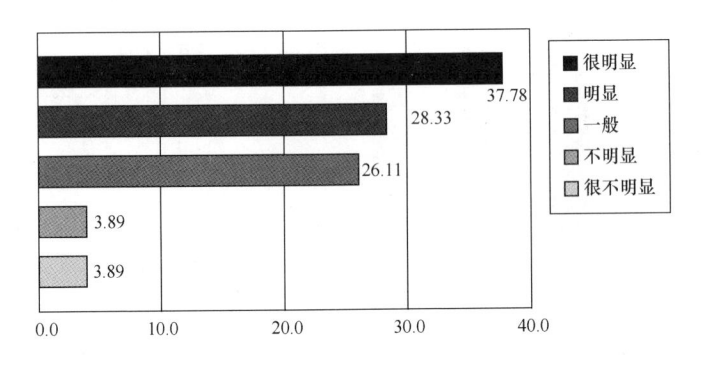

图 4a 男生体能状况（%）

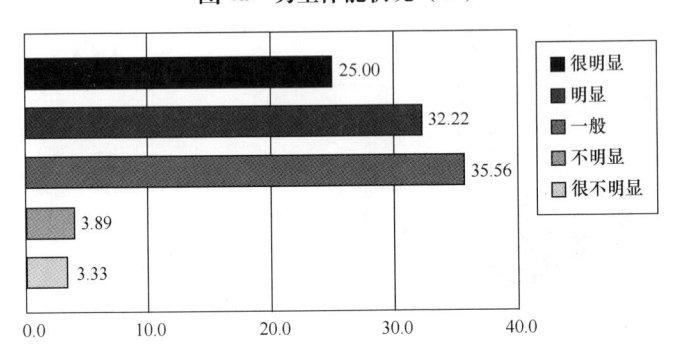

图 4b 女生体能状况（%）

由图 4 和图 5 表明：参加大课间体育活动以后有 66.11% 的男生和 57.22% 的女生认为自己的体能有了很明显和明显的提高，54.45% 的男生和 56.11% 的女生认为自己的技能水平有很明显和明显的提高。说明学生参加大课间体育活动后，不但有效地抑制了学生普遍存在的体质健康指标下滑现象，而且达到了育技的目标，从而证明我校实行的大课间体育

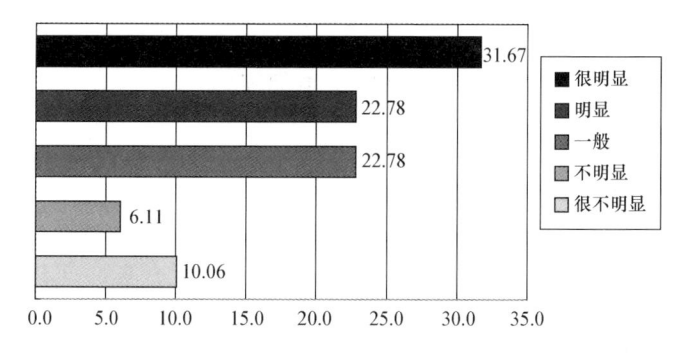

图5a 男生技能状况（%）

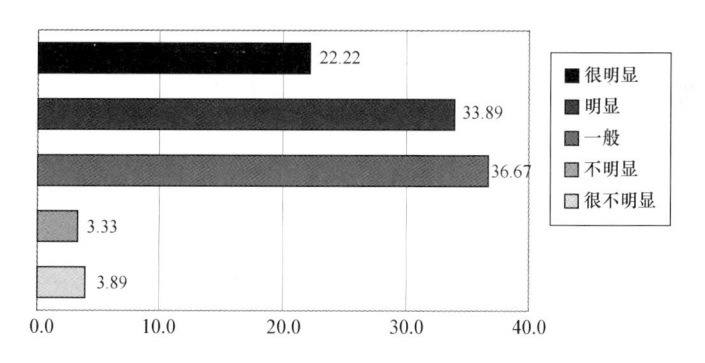

图5b 男生技能状况（%）

活动是科学的，可行的。

2. 参加大课间体育活动身体健康状况

由表10可知：学生参加大课间体育活动后身体健康状况明显改善，69.44%的男生和63.33%的女生参加大课间体育活动是全勤，学生请病假的减少了，只有2.78%的男生和6.66%的女生经常生病，这说明通过大课间活动喜欢体育运动的学生越来越多，学生的身体强健了，身体素质明显提高了。

表10　　　　　　参加大课间体育活动身体健康状况　　　　　　（人）

性别	全勤	%	有时生病	%	经常生病	%
男	125	69.44	50	27.78	5	2.78
女	114	63.33	54	30	12	6.66

五　结论与建议

（一）结论

1. 大课间体育活动内容过于贫乏，方式过于单调，经常安排的内容还是以广播操、长跑为主，分别占到 86.94% 和 75.56%，活动方式以先做广播操、校操、再做游戏、跳绳等活动和先做广播操、学生按班级自主活动这两种方式为主。

2. 绝大多数学生认为参加大课间体育活动是必要的，有 79.45% 的男生和 62.78% 的女生主动和很主动参加大课间体育活动。极少数的学生不主动和很不主动参加，女生占 7.22%，男生占 1.66%，女生超出男生 5.56%，问题比较严重。

3. 大部分学生参与大课间体育活动态度比较明确，主要目的是促进身心健康，调节紧张情绪，丰富生活等。

4. 多方面的因素影响学生参加大课间体育活动的质量，37% 的学生认为大课间体育活动缺少指导，33% 的学生认为设施不齐全，29% 的学生受到场地器材的影响。

（二）建议

1. 学校和全体教师要树立"健康第一"的指导思想，进一步明确大课间体育活动的目的与意义。学校应从培养学生兴趣出发，增强学生参加大课间体育活动的自觉性与主动性，进而养成锻炼的良好习惯。特别是毕业班的学生，学校更要倍加关注他们的健康，给予他们更多的活动时间参加大课间体育活动，保证定期检查，确保活动的效果。

2. 学校要丰富大课间体育活动的组织形式和活动内容。小学生虽然喜欢体育活动，但由于目前学校大课间体育活动开展的项目较少，无法调动学生学习的积极性，所以学校要在大课间体育活动的组织形式和活动内容的丰富性上下功夫，提升大课间体育活动的吸引力，让更多学生主动参加大课间体育活动。

3. 为满足学生参加大课间体育活动的需要，各级行政部门和学校要加大对体育设施的投入，体育场地设施的建设、体育器材的配备应符合并满足学生大课间体育活动的需要。

4. 为保证学生参加大课间体育活动的时间与质量，学校要建立完善的大课间体育活动制度和大课间体育活动评价方案。只有建立完善的大课间体育活动制度和大课间体育活动评价方案才能有效保证学生大课间体育活动的时间与质量，大课间体育活动才能有效地促进学生的全面发展。

5. 适当减轻学生的学业压力是我们每位任课教师的责任，各任课教师要做好协调工作，减轻学生的学业负担，给予学生更多的时间参加大课间活动。

6. 家长要认识到孩子积极参与体育运动的重要性，经常跟孩子一起参加体育活动，培养孩子良好的运动习惯，支持孩子参加大课间体育活动，这样不仅有利于孩子身体健康，也有利于建立良好的亲子关系。

7. 促进学生全面发展，从兴趣、适合为出发点，学校应不断更新学校大课间体育活动的模式。兴趣是最好的老师，教师要不断激发学生的兴趣，才能保证学生高效率的参与到大课间活动中。同时只有创设适合不同气候和地域特点、适合学校场地器材的利用、适合学生身心发展规律的学校大课间体育活动的模式，才能真正促进学生身心健康成长。

在体育与健康教学中实践立德树人的策略研究

天津市第一中学　董红艳

【摘要】 体育与健康作为学校素质教育不可缺少的组成部分，除担负着提高青少年身体素质的主要任务外，还承担着立德树人的根本使命。学校体育与健康是加强学生思想品德教育，促进智力发展，磨炼坚强意志，培养审美素养和健康生活方式的重要途径。开发多形式、多方位的课堂实施方式，在课堂教学常规、不同教材和活动内容以及课堂组织和教学方式上落实立德树人的要求，渗透关键的德育素养。

【关键词】 立德树人；体育与健康课；德育素养

体育教师在体育课的教学中始终要努力践行立德树人的根本任务，培养学生的德育素养。这要求教师在体育教学中要始终融入德育教育，要在锻炼学生身、心素质的过程中，更为注重学生的心理素质，培养学生爱国主义和集体主义精神；培养学生严格的组织纪律性、集体责任感和荣誉感；培养学生自尊、自爱、自强不息的精神；培养学生互相信任、团结协作、助人为乐的精神；培养学生吃苦耐劳、坚韧不拔、持之以恒的意志；培养学生的竞争意识和合作精神；培养学生胜不骄、败不馁的品质，以及争取胜利的信心和勇气与承受失败和挫折的能力，等等。

一　开发多形式、多方位的课堂实施方式

（一）在课堂教学常规中融入立德树人的要求

课堂常规是保证教学顺利进行，向学生进行德育教育的基本途径，应该根据不同时期、不同班级的具体情况，有重点地把课堂常规与讲礼貌、讲道德、守纪律、善合作等公民必备的核心素养结合起来，践行立德树人。如集合整队、队列、队形练习等，培养学生的遵守纪律、听从指挥的良好习惯。在体育与健康课的常规教学中时时处处渗透德育，久而久之，学生的行为、意识就会开始转变。在课堂中养成良好习惯，不仅能使课堂教学提高效率，也能为学生自身的发展打好基础，真正达到立德树人的目的。

（二）以不同教材和活动内容为载体实践立德树人

在整个体育与健康教学过程中，教材以及活动的内容和特点本身就在不断地实现对青少年学生的思想品德及个性的培养，如体育比赛培养学生竞争与合作意识，集体游戏培养学生的集体责任感和荣誉感等，它们都是践行立德树人的重要载体。

（三）开发不同的课堂组织和教学方式

在体育与健康课课堂中，选择合理、科学的组织教法，是教师教学能力的体现，也是践行立德树人的有效途径。我们要善于把学生的心理活动和身体活动结合起来，通过直观法（动作示范）、语言法（动作讲解）、练习法（重复练习法、分解法、循环练习法、变换练习法）、比赛法、游戏法、自学自练法、预防与纠错法、电化教学法来对学生进行全方位的教育。另外，在各环节的教学中，教师还可以利用同质分组、异质分组、友伴结组、帮教结组等组织方法对学生进行立德树人教育。

（四）把偶发事件作为教育契机

体育与健康教学中，偶发事件时有发生。如：比赛时的合理冲撞、练习时的无意影响、比赛后的成绩认定等因素都会对学生产生一定影响，

会发生一些偶发事件,通过我们的教育,要使学生明辨是非、提高学生的判断辨别能力,提高自身修养,最终达到立德树人的教育目的。教师要善于观察,把偶发事件当作宝贵的教育契机,因势利导对学生进行表扬或批评,提高学生对是非的判断能力,达到立德树人的教育目的。

二 体育与健康课中渗透德育素养

德育素养,就是要在"以学生为本"、充分尊重学生身心发展的前提下,把德育本身的目标与体育和健康课的教材所含的德育因素自然、有机地结合起来,使德育内容潜移默化地落实到体育与健康课中,内化为学生个体的思想品德。

在新一轮新课程改革的背景下,探索出在体育与健康课中如何更好地进行德育渗透,探索新的教学思路、方法、手段,通过创设良好的教学环境、教学情景,使学生通过教育教学过程,在自身的"德行"方面有所提高。

(一)培养学生爱国主义和集体主义精神

现在的学生都是独生子女,在家中娇生惯养,条件优越,爱国精神逐渐减弱。因此,教师在课堂上应注重针对学生爱国主义精神的培养,告诉学生牢记总书记提出的八荣八耻和社会主义价值观。教师应告诉学生爱国主义应该从我们平时生活和学习中的点滴小事做起,严格要求自己。在教学中,教师应认真开设武术教学,在课堂的教学中,介绍武术的由来,把整个套路的动作每一招每一式都做得形神兼备,攻防兼备,让学生体会到我国传统体育的内涵,从而增强爱国主义精神。

现在的学生大都以自我为中心,在课堂上,教师应注重培养学生严格的组织纪律性、集体责任感和荣誉感,我在课堂上经常告诉学生:"如果你是鱼儿,就必定不能与水脱离,如果你要生存,就必定不能与社会脱离,如果你上体育课,就必定不能与集体脱离。"学生开始还不太理解,落实得也不够好,后来日积月累,同学们渐渐懂得了集体的重要性,渐渐懂得了一个人不能脱离集体,不能脱离朋友,懂得了如果一个人生活那将是一件很孤独和痛苦的事情。也正是那句话一直鞭策着学生,课前的集合站队这一环节，就充分能够体现学生已经真正将自己融入集体当中，每一位学生都以精神饱满、面带微笑、队形整齐的状态准备上课，这点我感到很骄傲和自豪。队列队形练习，也非常能培养学生组织纪律性和集体主义思想，所以教师的每一节课都应该有这项练习，也正是通过这项练习，同学们渐渐做到了步调一致、整齐划一，做到了个人利益服从集体利益，从而形成了班集体的凝聚力。

（二）培养学生吃苦耐劳、坚韧不拔、持之以恒的意志

体育与健康课的教学要求参加者要全身心地投入，尤其是在耐久跑的教学中，教师应经常鼓励同学们疲劳时要克服困难，坚持到底；困难时要坚韧不拔，超越自己。大家都知道这是一项比较枯燥的项目，教师在练习之前应给学生讲解进行耐久跑的益处，告诉学生耐久跑能够很好地提高心肺功能，能够提高身体的抵抗力，更能锻炼顽强的意志品质，等等，教师还要举很多以前教学的例子，有学生的失败与成功，也有学生的经验与收获，还有学生的心得体会，等等，学生听完后，都一定会大有启发，都会感到受益匪浅。从此学生都能抱着一种持之以恒的态度，自发地进行练习，都能变被动为主动，也都能在练习中找到乐趣，快乐的进行练习了。

（三）培养学生胜不骄，败不馁的品质

通过体育与健康课使学生形成胜利时不沾沾自喜，失败时不灰心丧气，要增强学生承受失败和挫折的能力与争取胜利的信心和勇气，这一点也非常重要。现在的学生心理承受力差，抗挫折的能力差，在教学过程中，教师不仅要运用赏识教育还要运用挫折教育，根据学生的不同性格、不同特点，不同的练习内容和突发不同的事情，而改变教学方法和措施，做到因人而异，因事而异，区别对待，循序渐进，发展个性，发挥特长，最终达到培养学生心存一个坚定的信念："我能行，我一定能成功，我是最棒的。"

（四）培养学生的竞争意识和合作精神

现在的学生都是独生子，他们最大的优点是竞争意识非常强，但团

结合作的意识比较差，教师应经常给学生讲解"以团结互助为荣，以损人利己为耻"的道理。在体育与健康课中，教师应重视培养学生团结合作的能力，经常组织各种小型多样的游戏和球类比赛等集体项目的活动，培养学生团结协作、奋发进取的精神，并通过比赛规则来培养学生的行为规范，增强自觉遵守规则的意识，明确遵纪守法是每个人的社会义务等。由于对抗激烈，常有学生在比赛中摔到的情况，此时有同学上前拉一把，那么教师应及时给学生以表扬，因为这样对培养学生互相帮助、团结协作、关心他人的良好品质具有巨大的作用。同样在比赛中，身体接触频繁，常由于动作过大而造成相互的摩擦和争吵，此时教师应及时分析原因、指出要害，并给以适当的批评教育，从而增强学生对是非的判断能力，培养学生忍让、宽容和善待他人的优良品质。对教学中的偶发事件，教师更应认真对待，分析学生的思想动态，抓住典型事例进行德育教育。还有，在借还体育器材时，教师要经常告诉学生爱护公物，培养学生轻拿轻放的意识，整理有序，并与学生一起拿、放器材，给他们作以表率，渐渐的学生都能做得很好了。

三 体育与健康课践行立德树人的几点建议

（一）营造良好的学习氛围

在教学的过程中，教师首先要要求自己做到真心实意地热爱学生，体贴入微的关心学生，深入细致的了解学生，在课堂上，时时刻刻都用自己的情感去感染学生，因为，情感是影响教学质量的一个重要因素。教师应该非常重视营造师生关系融洽、课堂气氛和谐的教学环境，因为只有这样才能让学生乐于学习，学得有味，欲罢不能，才能让整个课堂沐浴在和煦春风之中。

（二）用高尚的精神去塑造学生

体育教师是教学的执行者，而教学的对象是一群正处于长身体、长知识，逐渐形成正确的世界观、价值观、道德观的青少年，教师的行为举止也是青少年学生的模仿对象。因此教师应具有良好的教态、端正的教风、文明的谈吐和勤勤恳恳的工作作风，在学生中塑造一个积极进取、健康向上的形象，以优秀的品质、丰富的情感、渊博的知识和良好的行为规范，为学生树立榜样。

教师要始终用习近平总书记的"四有教师"的标准来严格要求自己。教师的言行举止直接影响和感染着学生，而作为一名新时代的教师，必须要加强自身修养，提高自身素质，具备一种奋发向上、积极进取的精神，使学生潜移默化的受到影响和熏陶。总之，教师要使学生感到一种灵魂的升华和渲染，使他们明白做人的原则和处事的道理，让他们懂得如何做人，如何做事。

（三）身教重于言教

在教学中，向学生进行思想教育的关键在于言传身教，而身教更重于言传，因为体育与健康课有它的特殊环境——室外授课，和学生的直接接触较多，不论刮风和酷暑，教师都必须带领学生去完成锻炼身、心的任务。酷暑中，教师要微笑着面对着太阳站立；寒风中，教师要毅然地迎着风口站立；如有一点小病、小伤，教师不会休息，会依然精神焕发的给学生上课等。这是一种无声的教育，它会化做浓浓的师生情感和对美好事物的评价，使学生潜移默化的受到教育和熏陶。记得有一次，我生病面色苍白，但还坚持上课，这时有位学生向我请假，过了一会儿，只见远处端着一杯热饮的女孩走过来，刹那间，我的眼睛湿润了……

在优化课堂教学设计中培养学生思维能力

天津市实验中学　董　岩

【摘要】 英语教学是语言教学，其本质离不开"交际"（communicate）。而使得交际不断进行下去，并且在其过程中不断有新的火花生成的根本保障是"思维"。因此，我们所追求的英语高效课堂，应以"重导、重学、善交、善润"为核心，注重学生思维能力的训练，优化学生学习方式，使每一位学生在课堂上不断思考、主动习得。

【关键词】 教学设计；课堂教学；思维能力

英语教学是语言教学，其本质离不开"交际"（communicate）。而使得交际不断进行下去，并且在其过程中不断有新的火花生成的根本保障是"思维"。因此，我们所追求的英语高效课堂，应以"重导、重学、善交、善润"为核心，注重学生思维能力的训练，优化学生学习方式，使每一位学生在课堂上不断思考、主动习得。

一　重导：巧引导，以"导学"为核心激发学生积极思考

（一）诱发动机、创设情境

课前播放英文歌曲已成为很多教师教学常规的一部分，这种方式既

能营造轻松愉快的学习氛围，同时也为引领学生进入学习状态创设了情境。例如，牛津英语高二上册 Unit 3 Fashion 一课，教师选择课前播放歌曲 Forever Young。优美的旋律使学生进入期待英语学习的状态，寓意深刻的歌词引发了思考与共情——学生思考如何才能保持永远年轻？教师顺势进入新课导入环节，播放录像"时装秀"切入本课"Fashion"话题。

（二）设置问题、发散思维

培养思维能力总是从问题的产生开始。教师根据文本内容，设置真实情景、开放式的问题串，使学生带着兴趣在师生交际中逐步深化学习思考。再以 Fashion 一课为例，在播放视频之后，以"What will come to your mind when I say fashion?"（提到"时尚"你首先会想起什么？）提问，采用 brainstorm（头脑风暴）的形式激发学生自主表达个人看法。学生的回答不拘泥于形式，可以是一句话、一段话甚至一个词，只为引发对话题的关注，从而使教师了解他们的语言水平与学习需求。教师接着提出一系列"What's in fashion among women/ men/celebrities/teenagers?"等学生喜闻乐见的问题，配以图片、视频，逐层推进话题，再次点燃他们对该话题的兴趣，激发思考。在愉悦的状态下，学生运用教师示范的词汇句型如：It is fashionable to do…进行真实的交际，大胆运用语言，培养发散思维能力。

（三）设计学案、支架导思

新课程标准要求教师在教学过程中加强学法指导，帮助学生形成自主学习的能力。教师作为促进者、指导者，为学生知识和能力发展搭建的最好的支架便是学案。在设计学案时，教师应遵循学生认知发展规律和心理发展水平，立足学法指导，充分考虑思维训练的强化，始终围绕"导"字，进行隐性的学法指导、心理暗示，给学生以积极的引导，使其自然而然地主动参与活动，即"读、听、思、做"。首先，利用"听录音"的方式，引导学生在听的过程中关注文章体裁，了解演讲稿的格式。接着，利用学案中的表格提示，学生自主略读，寻找细节，填充表格。最后，在小组合作中讨论确定全文主旨。这样的设计，一方面使学习能力和水平不同的每一位学生有了更充分更自由的思维时间，另一方面，教师根据文体的特点，有意识地进行阅读策略方面的指导，关注培养学生的自主思维。

二　重学：重探究，以探究式学习强化思维训练

（一）在问题探究中培养发散和聚合性思维

发散思维则具有寻求变异，探索多种答案的特点。研究表明，具有良好发散思维的人，一般对新事物都很敏感，而且具有创新解决问题的倾向。在日常教学中，duty 是每节英语课必不可少的环节，借此教师可以评价学生是否完成课前探究式学习任务，同时收集不同学生自主学习思考的素材，以便有针对性进行随后的教学设计。例如，外研版教材必修二 Module 3 Music 的阅读教学中，学生根据 classical music（古典音乐）这一关键词搜集相应资源，在课前大量采集相关信息后，在课上为大家呈现异常精彩的演讲。这充分体现了自主学习的成果，既丰富了教师的教学资源，又开阔了学生视野，更为师生开拓了看待同一事物的不同视角。在英语教学中，培养聚合性思维能力的具体方法很多，常见的有抽象与概括、归纳与演绎、比较与类比等。

（二）在话题延展中培养批判和开放性思维

教师在教学中，通过激发学生思考，让学生真正理解和体会文本蕴含的丰富情感内涵及教育因素，以此培养学生的批判和开放性思维。Fashion 一课的阅读材料提到 Never judge a book by its cover.（不要用封面来判断一本书的好坏）。教师利用这一谚语，点燃学生兴趣，引导他们利用分析比较的方法，挖掘深刻寓意，仿写类似句子。学生在热烈讨论研究后，成功写出 Never judge a person by his appearance.（不要以貌取人）。课上，有的学生提出，在物质文化高度发展的今天，外在美也很重要。教师因势利导，让学生继续思考"外在美重要"的相关例子以及"内外美兼修"的例子。学生在积极的讨论中，将陈述转为辩论，同时也激发了在课后继续搜索素材的兴趣。他们主动寻找、互相推荐阅读材料，为接下来的独立创造性学习奠定了良好的基础。

（三）在文本理解中培养对比思维

教材中提供了一些可以作为泛读的文章。这类文本内容简明，层次清晰，非常适合学生自主学习。教师可以利用这类文本学习的机会，培养学生对比思维——即通过对两种相近或相反事物的对比，寻找事物的异同及其本质和特性。这种学习方式有利于学生对阅读内容的理解与深化，极大调动了学习的积极性。例如，在 Music 一课的设计上，鉴于 Reading 部分本身文本内容相对容易，为提高课堂实效性，教师大胆整合教材，把 Cultural Corner 的阅读文本加到一节课中。要求学生在精读 3 位欧洲作曲家的生平介绍后，在小组中阅读中国作曲家叶小刚的故事，并模仿导学案的范例，设计出叶小刚的生平大事记。同时，教师还可提出更高层次的要求，学生们可以自由组成小组，选取不同的国内外音乐家，对他们进行归类比较，这样的活动明显激发了学生的学习兴趣，培养了他们的对比思维的能力。

三 善交：促交际，"师生、生生互动"推进思维高效深入

（一）师生互动保障思维训练的有效

良好的课堂氛围，是每一位学生能积极参与课堂思考与活动的前提。教师要注意 Classroom English 的交际性特点，以拉近师生的距离，降低学习者的焦虑。在小组合作学习中，教师要注重发挥作为课堂监督者、帮助者的角色作用，及时适度地给予小组成员提醒或帮助。例如，当看到有学生游离于活动之外时，要引导其在小组中积极思考主动发言；对于冲动急躁的学生，教师要提醒其注意使用英语的规范。

（二）生生互动激活思维训练的多样

由于学生之间客观上存在能力和水平的差异，教师在课堂上强化生生互动，激发思维碰撞，以促进学生个体的充分发展。教师通过创设多种活动情境，例如英文歌曲人人唱、英语辩论比赛、自编课本剧大赛等，让学生在活动中积极思考、竞争合作，不仅提升了思维能力，融洽了人

际关系，而且，还培养了创新合作能力。

四 善润：悟文化，文化教学唤醒学生思维深刻性

英语教育是语言教育，更是文化教育。教师要让学生在学习语言中感悟文化，在感悟文化中深化文化理解、感受家国情怀。笔者在教学设计中运用 experience—enquire—enjoy—enrich 的文化教学策略，引导学生在学习探究中了解世界文化，用批判性思维分析比较中西方文化，在不断地辩证思维中享受多元文化。

教师充分利用和挖掘教材中真实的语言素材开展文化教育。Fashion 一课 Mother Teresa 的引用，就是一个非常好的文化教学案例。当学生初步了解了这位阿尔巴尼亚修女被认为是世界上最美丽的人之一，教师随即布置拓展问题，要求学生"走近 Mother Teresa"，搜集更多关于她的事迹，思考她美在何处。通过课后探究学习，学生们了解其终身致力于帮助印度穷人，并获得诺贝尔和平奖的事迹。还有一位学生找到了戴安娜王妃与特蕾莎修女的合影照片，并利用该图比较了两位"世界上最美丽女人的相似与差异"，娓娓道来，思考深邃。这种用文化元素激发学生思考分析的教学活动，不仅帮助学生拓宽国际视野，而且赋予了课堂教学更深刻的思考和意境。

参考文献

[1]［美］J. P. 吉尔福特：《创造性才能——它们的性质、用途与培养》，施良方、沈剑平、唐晓杰译，人民教育出版社1991年版。

[2] 郝晓倩：《思维训练在高中英语阅读课堂中的实践》，《英语教师》2016 年第 6 期。

小学英语课堂教学中信息技术的应用研究

天津市宁河区教育教学研究室　段玉秀

【摘要】《英语课程标准》（2011年版）强调小学英语教师要充分利用现代教育技术和广泛的教育教学资源，其目的是为了培养学习者具有良好的信息素养，并具有创新精神和实践能力，将信息技术，信息资源与英语学习有机的结合。现代化教学中信息技术在课堂中的恰当运用对教学效率的提高有极大的促进作用，就小学生身心发展特点而言，小学生的认知活动随意性强，他们经常转移自己的注意力，不能长时间地坚持一项活动。这就要求教师在教学过程中，应该尽可能地去引导，带动，吸引其注意力，运用有效的教学方法和手段进行兴趣教学。因此，合理有效的利用信息技术，恰好符合这一特点，从而达到提高课堂效率的效果。

【关键词】小学英语教学；信息技术；英语素养

当今，随着信息技术的快速发展，越来越多的多媒体设备出现在了小学英语课堂上。Forclass、科大讯飞、一起作业的出现更是打破了传统的教学模式。合理巧妙地运用信息技术教学，不仅能使课堂变得丰富有趣，更能调动学生们的学习兴趣，提高学生自主学习及合作学习的能力，从而提高教学效率。如何在小学英语课堂中合理有效地运用信息技术，促使教师的"教"与学生的"学"双向有益发展，是英语教师应当不断思考、实践和探索的问题。

一 利用信息技术教学所遵循的原则

（一）设计内容要有趣味性

当教学能引起学生兴趣时，就可使学生在学习时集中注意力，更好地感知，记忆，思维和想象，从而获得较高的，较牢固的知识和技能，表现出对学习的渴望。因此，在教学中要研究学生，从学生兴趣出发，巧妙恰当地设计教学内容，例如，在进行三年级下册 Unit 3 This is my father 的教学时，我首先利用实物投影等多媒体技术，选用学生们的全家福照片，把学生的注意力一下吸引到课堂中来，学生非常兴奋，迫不及待地想展示一下自己的幸福的一家人，所以争先恐后的尝试用英语表达。此时，巧妙地设置一些问题，把学生想表达的职业单词，句型写在黑板上，适时训练，让学生既学会了新知，又培养了自己的用英语表达，用英语做事情的能力。

（二）创设真实的语言环境

真实性材料通常指为学习语言而搜集到的真实情境中所用的材料，如报纸，照片，图表，火车时刻表，录音和录像片断，新闻报道，通知等。严格地说真实材料是不作任何改编的。但实际上，为了便于教学，人们总是因材料的质量、篇幅的长短以及其他教学因素而对材料作一定的调整。如有的录音材料质量不好就要重新录制，有的材料超出学生能力范围也要进行必要的改编，从而降低材料的难度，有的材料需要删减原有内容，等等。在语言学习中，尽可能创设近乎真实的语境，可促使学生产生学习的动力，学生认为可以学以致用，与实际相结合，产生"我要学"的欲望。

在教学中，笔者以教材为依托，找到合适的切入点，把身边的，世界发生的大事情通过图片、录音、录像等多种方法引入到课堂教学中，用信息技术在课堂上创造真实的情境，加深学生对所学内容的理解，培养学生用英语思维的习惯，用学过的语言表达自己的思想感情，提高英语综合运用能力。

(三) 要体现全员参与性和合作性

英语新课程标准强调面向全体学生，关注每个学生的情感，要促进所有学生的全面和谐发展。学生不敢说英语，关键是怕出错，怕被人笑话，这就造成不利于学习的沉闷气氛。因此鼓励学生敢于参与，积极实践。千方百计创造发言机会，给学生以自信。不断增强学生的成功感和自信心，努力创造一个轻松愉快，生动活泼的课堂气氛。

在课堂教学中，笔者利用小学生喜欢动画片的特点，依据课本内容（每单元最后一课的 Fun Story 尤为适用），制作出生动的 flash 动画训练学生的听说能力。具体做法如下：把学生分成几组，让其中一组学生描绘一个动画内容。本组同学可以不断补充内容，以使动画内容描绘得更生动，更清晰。其他组同学猜出所指动画，猜出组的同学给予加分并获得机会描绘其中任意一幅动画内容让其他组继续竞猜，以此来保证竞赛的公平性及全员参与和合作的原则。此外对于语言表达好的同学，也适当给予一定的奖励，以鼓励同学参与的积极性。学生们在学习过程中不仅掌握了知识，而且增强了团结协作的集作荣誉感和成功感，对以后的学习及自身发展都有很大帮助。

二 信息技术在课堂上的使用

(一) 学习课文

在小学高年级学习课文时，由于单元教学容量大，信息多，要想让学生对整篇文章主旨大意，文中细节都有所了解，只让学生去听，阅读课文是远远不够的，也不会调动学生的积极性。因此需要教师准备大量的材料，帮助学生学习，保证学生在最短的时间内获得更多的知识，这时信息技术提供了很大帮助。例如：背景知识，网上有现成的资料可供学生学习，以便学生扩大阅读量。此外，为加深对课文细节的理解，教师也需制作幻灯片，以表格形式，讨论形式，帮助学生提取有用信息。

(二) 写作训练

可利用学生喜爱收发电子邮件与朋友联系这一特征，鼓励学生用英语发送电子邮件，介绍自己的家庭、学校、身边发生的故事，描写要好朋友，等等，发送 e-mail 给老师，给同学，每周六日，笔者腾出时间接收，阅读同学们的邮件，给予回复。慢慢的，这种形式也成为我与学生交流沟通的平台。

（三）记忆单词

对于刚入门的小学生来说，最大的困难莫在于对单词的发音及其拼写的掌握。个别学生因记不住单词，导致学习成绩下降，最终产生厌学、弃学的心理。由此看来，掌握单词是学好英语的关键。我们教师教单词时，可以利用多媒体显示、色彩、动画、声音牢牢地抓住孩子的心。

例如：在教动物类单词时，先播放动物声音让学生听猜，而后由动画结合呈现单词，很受学生喜欢。在教家庭成员时，运用多媒体课件先呈现一幅家庭成员的画面，老师用鼠标点着人物，在人物的旁边就会显示单词的拼写，并且会发出标准的读音，这样只教一个单词后，剩下的其余家庭成员单词就让学生自己通过计算机查找它们的发音和拼写，一次学不会可以再点击反复学，直到学会为止。教师只是在旁边起着指导者的作用，使课堂教学过程高密度、快节奏，提高课堂教学效率。

让学生一味地背单词效果不好，笔者合理使用多媒体技术整合课堂教学，利用多种方式帮助学生记忆单词。

1. 用 match 的方法，把 A 项与 B 项联结，即用 B 项解释 A 项，如果在黑板上写会浪费很多时间。若利用电脑制作幻灯片，既能节省时间，提高课堂效率，又直观清晰

2. 用一段文字，包括所学新词，在幻灯片上制作出来，把所学新词给出首字母，学生回答正确点击鼠标，给出正确答案，以免学生听错、写错。

（四）听力训练

利用网上及配套光盘中课文录像带，听、读课文，注意语速、发音、培养学生语感。选取学生感兴趣，并有实际意义的话题，让学生边看画面、边听材料，然后删去材料，对照画面让学生尽力模仿所听内容，由于所听材料生动有趣学生更乐于学习和模仿。

三 信息技术为教师提供丰富的教学资源

教师在教学过程中,需要大量的资料及信息源。在传统的教学中,这些资料主要是通过书本、教科书等各种参考材料获得,来源有限,而且缺乏灵活性、方便性和交互性。现在计算机的集成特征与网络化和存储技术相结合,为教学提供大量的信息资源以及各种教学软件,如光盘、录像带、幻灯片、多媒体课件等,有利于教师开展各种引人入胜的教学方法和手段。《全日制义务教育英语课程标准》明确指出:小学英语,兴趣第一。正如一句英语谚语所说的:"你可以把马引到河边,但是你不能逼着它喝水。"只有当学生对学习产生兴趣和渴望,他才愿意学。

信息技术的应用,可以根据教学内容呈现教学情景,使教学过程变得形象、生动、活泼,营造良好的学习氛围,使学生乐学、爱学,激发求知欲望。例如在课堂导入时,我们可以灵活运用以下几种利用现代教育技术的导入方式:

1. 播放歌曲,情趣导入。优美的音乐、欢快的节奏,既愉悦身心,又陶冶情操,还能激发学趣。新教材为我们提供了大量孩子们爱唱、乐唱的英文歌曲,有的歌曲还可以配上与歌词相对应的动作,一则活跃了课堂气氛,激发了学生的学习情绪,二则为本课的教学定下基调,做好铺垫。

2. 利用幻灯片等电教手段导入,利用课件教学新单词也是一个很好的教学方法,能收到预想不到的教学效果,如教学单词"clothes"时,我们在制作课件时利用计算机的特殊效果让单词中的 7 个字母 c-l-o-t-h-e-s 逐一"飞入"屏幕,让学生把熟悉的字母"串"起来,达到轻松拼写单词的教学目的。再如:课堂中的热身活动、短暂休息等,我尝试用多媒体设置歌曲、游戏、韵律操等让学生唱一唱、跳一跳、乐一乐。这样不但消除了恐惧心理、疲惫之感,而且又激起学生兴奋点,保持了学习兴趣的持续性,使其在轻松愉悦的氛围中获取知识。

总之,多媒体辅助教学为我们的英语课堂教学改革提供了契机,注入了活力。使用计算机多媒体教学系统,能把英语学习的情景设计得生动活泼,富有创意,能将学生置身于一定的语言环境中,让学生在一定的语言环境中去领悟语言，操练语言，运用语言。图、文、声、像并茂，形式活泼，学生在英语学习的过程中，各种感官受到刺激，更有利于他们语言能力的提高。而信息技术应用于小学英语教学不仅仅是教学手段的改进，更重要的是对教育教学的观念产生了巨大冲击。我们要进一步学习现代教育教学理论，根据英语课程标准的要求，寻找信息技术与英语教学的最佳结合点，探索小学英语教学规律，优化小学英语教学结构，为促进学生在技能、知识、情感、策略以及文化等方面的综合发展，为提高学生综合运用语言的能力而不懈努力。

参考文献

[1] 杨勉之：《浅析信息技术与小学英语课堂教学的融合》，《发明与创新（教育信息化）》2017年第2期。

[2] 崔红娟、彭祺《多媒体课件在小学英语教学中的应用》，《教育实践与研究（小学版）》2009年第11期。

[3] 朱敏：《小学英语课堂教学中有效利用多媒体的方法研究》，《考试周刊》2011年第44期。

[4] 栗娜：《超越与重构：新课程改革实践中的教师教学自由——以英语教学为例》，《教育理论与实践》2017年第12期。

[5] 刘英、张燕：《微课程与翻转课堂相结合的档案培训模式研究》，《浙江档案》2017年第12期。

[6] 陈东海：《立足细节，追求高效——小学英语教学若干环节的把握》，《新教师》2014年第6期。

初中语文长文"短教"的策略与意义分析

——以《太空一日》教学为例

天津市华辰学校 付凤英

【摘要】 长文短教要力求做到充实而不烦琐，简约而不简单。长文短教的实质是在教学内容的选取与设计上要做到"少即多"，尽可能地挖掘文本的魅力，删繁就简，去粗取精，主要途径有三个：一是根据课程标准和单元要求确定教学目标；二是把重点放在学习任务的设计上；三是着力设计好引领课堂教学的主问题。此外，课堂上还需同时注意平等、友好、鼓励氛围的营造以及善于倾听、乐于合作等核心素养的培育。阅读教学，绝不仅仅只是教学，它同时必然也是生活，彰显的是学生的生命特质。

【关键词】 阅读教学；长文短教；教学设计

"厚重、简约"应该是语文教学的追求。厚重指的是以中华上下五千年的文化为背景，每一个文字的背后都有着鲜活的生命与生动的故事，都有作者与编者的沉甸甸的历史责任与认知。但在具体的语文课堂教学中，这种厚重的文化和历史又必须以简约的方式，让学生易于接受、消化与吸收。能够感知文字背后的力量，尤其面对中小学衔接的关键时期。因此，对于语文老师来说，在教学设计和教学实施时，就必须努力寻找有效的切入口，引领学生们行走于语言的大花园，徜徉于其中，感受、体验和总结其中的味道。

《太空一日》是部编版七年级下第六单元的一篇长文。本单元是以探险为主题，是人类对未知世界的探索，也是对自身的挑战。设计意图是希望通过浏览的方式，迅速提取字里行间的主要信息，希望学生能够从中触摸到探险者的精神世界，并激发出探索自然世界和科学领域的兴趣与想象力。本文四千五百多字，属于长文，而且文中涉及一些专业的术语，学生初读虽兴趣十足，但不乏一些陌生感；虽内容抓人眼球，但语言平实，信息量丰富。《语文课程标准》中又明确提出，初中学生每分钟阅读速度不少于500字，按此速度，学生读完本文，至少需要十分钟左右，一节课45分钟，要想在短短的30多分钟内，浏览概括全文，感知内容；理解组织材料的特点，梳理结构；通过平实的字词句，感悟情感，激发兴趣与想象力，使学生具备能够适应终身发展和社会发展需要的必备品格和关键能力，尤其是面对七年级的学生实属不易。因此长文短教，十分必要。

　　长文如何有效实现"短教"，进而减负增效呢？长文短教要力求做到充实而不烦琐，简约而不简单。长文短教的实质是在教学内容的选取与设计上要做到"少即多"。那么如何精简教学内容呢？如何尽可能地挖掘文本的魅力，删繁就简，去粗取精？基于此，笔者结合《太空一日》的教学简要分析长文如何实现有效的"短教"。

一　根据课程标准和单元要求确定教学目标

　　叶圣陶老先生说过：教材无非是个例子。在实际语文教学当中，一堂课的优劣高下之根源不在于教师驾驭课堂的能力上，而是表现在教师对教材的使用是否得当。不能处理好、用好教材，教学就会犹如大海捞针，费力、费时、低效，很难引导学生学好语文。

　　实现长文短教，首先第一步要根据课程标准和单元要求确定教学目标，这样长文教学就有了定位。语文教师以前容易以考定教，把教材上的所有文章都按照精读课的要求教，因此导致学生阅读量偏低，学习负担重，语文阅读素养提升缓慢。解决这个难题的关键是根据课程标准的要求和单元设计的要求，确定某篇文本的教学目标。《太空一日》这一课在第六单元，本单元的导读中明确写道："本单元重点学习浏览。浏览时，可以一目十行地扫视文段，迅速提取字里行间的主要信息。"从课标和这节课所在单元的导读来看，这篇长文应该定位为泛读，即浏览概括，梳理结钩；精读个别细节，感知人物；细读文本，感悟情感。教师的教学设计应该聚焦引导和任务驱动板块式学习，学生通过自主探究学会浏览、精读、细读文本的方法，感知课文、人物，感悟情感。

上课伊始是通过浏览概括，梳理结构这一任务，旨在教会学生通过扫描和跳读的方式来感知课文内容。本课与《邓稼先》一课在结构上极为相似，都采用了小标题的方式，而且小标题都是从内容的角度加以概括。我想学生在前文学习的基础上，通过问题的引导，"请你用四句话概括全文"，在有限的时间内，学生通过抓关键句——小标题，浏览、筛选、概括，能够准确感知全文。再通过"请你用三句话概括全文"，教会学生合并概括的同时，探究发现这篇文章的结构特点之所以结构清晰，原来是作者按照时间顺序在组织材料，第一和第四部分是纵向组织，第二和第三部分是按照时间顺序横向组织材料。这一特点一目了然。在此基础上，"请用一句话概括全文"整体感知课文。这样定位教学目标就做到了定位准确，从而做到把握本质，减负增效。

二　学习任务的设计是实现长文短教的重点

长文具有篇幅长的特点，，要教会学生说话、表达、书写……还要让他们受到情感的熏陶。文学的解读、知识的建构、文化的重组与建构要在一节课中实现很不容易。余映潮老师曾指出，长文"无论怎样处理，无论运用什么手法，长文短教都重在一个'短'字，这个'短'字，又主要表现在'点'上。"也就是说，长文短教的主要技巧在"选点"。

要实现短教，根本是抓住重点，教学过程简约，但是"简约"不是简单。要在课堂上把最核心的知识化繁为简，化难为易地传授给学生，教师在教学中要删繁就简，凸显朴实的品格，彰显简约之美，促进学生的和谐发展。教学内容精当，重点应在教什么的"点"上，处理好教与学的关系、取与舍的关系，避免面面俱到。所以，在思考长文"如何教"之前，有必要从学生出发，对"教什么"做出正确的选择，否则谈如何教就无从入手。让课堂的进程清晰明白流畅，学生在学习中感受到清晰的思路。

《太空一日》课文中，课后习题有一道这样的题：《太空一日》充满紧张和意外。阅读课文，找找看，杨利伟遇到了哪些意外情况？他相应地又有怎样的心理活动或举动？这个问题提纲挈领，统领全篇。一个关键词"意外"，将五千来字的长文连缀起来。受这个课后问题的启发，可以设计这样一个精读任务：把"意外"作为关键词，引导学生精读"意外"，通过筛选关键句，圈点勾画有关"意外"的场面，旁批杨利伟遇到了哪些意外情况；筛选杨利伟是怎么做的和怎么想的，旁批杨利伟的性格特征。这样，学生就可以通过自读、生生群读、师生的对比读和对文字的品读来精读课文，感知人物性格，进一步加深对英雄杨利伟"英雄"二字的分量。

　　在我上这节课的时候，学生们紧紧围绕"意外"大谈特谈杨利伟所遇到的意外，处处惊险与紧张，透过文字，杨利伟不怕牺牲、临危不乱、沉着冷静等中华民族优秀品质一一展现在我们的面前。这种感知不是浮于文字表面，而是学生深入文本近距离地感受着杨利伟的"意外"，因此此时的人物形象是鲜活的，充满血肉，立体地展现在学生面前。

三　问题的设计是实施长文短教的途径

　　在阅读教学中，立意高远、能起到提纲挈领的问题才是有分量的好问题。它能够引爆学生的思维，使得文章既不被肢解得七零八落，又能够带出新的思考。教师在教学设计时，应该把设计有价值的好问题和主问题放在重要地位。这样的好问题要少而精，能起到主导作用和支撑作用，从而能在整体上引发学生积极思考、讨论、理解、品味和欣赏阅读内容。

　　天津市特级教师赵福楼在讲《背影》时，一开课把主问题抛给学生："这个父亲真丑"，起到了"一石激起千层浪"的效果，让学生在这个问题的引领下自己主动提出新问题，将学生提问的焦点始终引领到教学重点上，形成开放而有活力的语文课堂，提高了课堂教学效率。

　　在《太空一日》一课中，我也努力寻找有价值的主问题。在感知文章人物形象的基础上，我在思考，如何让学生走进航天人，感悟情感呢？因此在细读文本，感悟情感这一任务驱动中，我设计了主问题"起飞、返航本是十分激动人心、惊心动魄的时刻，杨利伟为何却如此客观冷静的叙述？"这个问题引导学生细读文本的开篇和结尾的不同与相同之处。透过数字我们除了感受到杨利伟科学严谨的精神外，还感受到了这次飞行对于中国的非凡意义。我们是全世界第三个依靠自己的实力飞入太空的国家。杨利伟身上肩负的责任与重担可想而知。开篇的数字"几秒"、"上千"与结尾的安心、放心形成了情感的张力。虽是原路返回但意义不同，因为他向世人证明了我们中国人拥有了"控天权"，可以为世界的和平与发展尽己之力。

结尾的最后一句也意味深长。我设计了换字比较的学习任务，向学生提出这样一个问题：能否将"他们"改为"他"或者别的称呼？通过比较阅读，学生咬文嚼字，认为"他们"二字，不仅能让人深切地感受到杨利伟的队友深情，还能感受到千千万万英雄在背后默默付出、甘为人梯，正是因为有许许多多的"他们"，我们才能实现上天揽月，下洋捉鳖，成为科技强国。杨利伟只是其中的一个代表，此时此刻杨利伟是一个群体的代表，他代表了千千万万的航天英雄，代表了台前幕后千千万万的航天人，他们才是新时代的真正英雄，我们应向他们致敬。

对于初中学生来说，这篇文章很长。但是使用长文短教的方式，学生们在有限的时间内，达成了预期的学习目标。因此，长文的教学要紧扣课标设计教学目标，聚焦学习任务和主问题的设计，课堂上要同时注意平等、友好、鼓励氛围的营造以及善于倾听、乐于合作等核心素养的培育。阅读教学，绝不仅仅只是教学，它同时必然也是生活，彰显的是学生的生命特质。

"两线融合"数学课堂教学模式的探讨实践

天津市南开区宜宾里小学 付 涛

【摘要】 为进一步促进课堂教学效益的提高和学生数学核心素养的提升，在多年实践的基础上，形成了"两线融合"的数学课堂教学模式。论文首先深入阐释了"两线融合"数学课堂教学模式的核心框架；其次，分析了该模式的实施流程。在此基础之上，以手机在"两线融合"数学课堂教学模式的一个课堂实例进行分析，探讨了该模式的优势和实效。

【关键词】 两线融合；数学；教学模式；探讨与实践

科技在进步，教育在发展，信息化时代"扑面而来"。学生获取知识的方式形成了跨空间（课堂内外）、跨时间（线上线下）、跨学科（学科整合）的跨界发展，传统的"模式"和现代化元素的碰撞、融合为我们带来了广阔的探索空间。

一 "两线融合"数学课堂教学模式的核心框架

"两线融合"数学课堂教学模式是指以教师的教与学生的学为两条主线，探讨"课堂内外""线上线下"，形成合理融合的模型，实现快乐有效、减负提质的目的。其中，"两条线"包括教师的教和学生的学；"融合"是指探讨"课堂内外""线上线下（微课、app、研修平台等）"等。

"两线融合"数学课堂教学模式按时间分为课前(搜集、整理等)、课上(突出两条线关键节点和学科整合、信息技术融合等)、课后(拓展性微课程等)三个部分。按空间分为课内学习、网络空间(微信公众平台、学科资源库、手机学习app、微课、问卷星等)、校本课程拓展、学生活动等。将"教师教和学生学"的二维课堂模式拓展为"跨越时空"的多维模式,使课堂教学由"扁平"走向"立体交互",并根据学科特点不断形成合理融合的范型。

"两线融合"数学教学模式的目的是融合传统与现代、中国与西方教育,为教师的课堂教学提供"抓手"和"模型",培养学生善于发现问题,提出问题、分析问题和解决问题的能力,发展其创新精神和实践能力,不断形成和具备数学学科核心素养,使课堂教学"快乐高效",符合教育发展的时代要求。

二 "两线融合"数学课堂教学模式的实施流程

本模式的研究不仅关注教师的教也对应研究学生的学,如同两条"龙骨"架起教学活动的结构框架,而"融合"拓展研究了"课堂内外""信息技术""学科整合"等内容,使模式的研究跨时间、跨空间、跨学科,拓展了研究的"视域",与时俱进,更具研究的意义和价值。其中,"教师的教"与"学生的学"两条线的流程如图1:

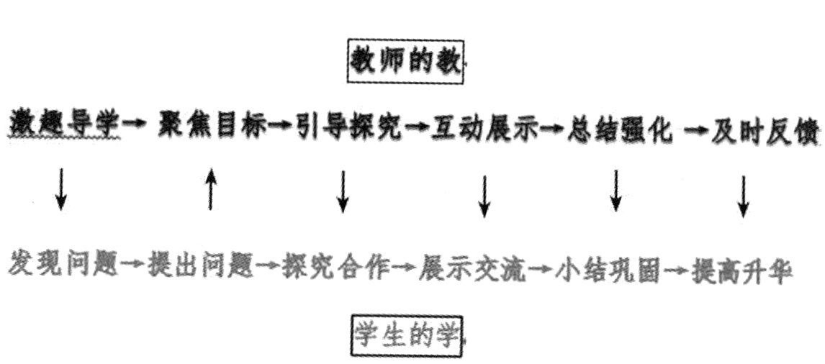

教师的教

激趣导学→聚焦目标→引导探究→互动展示→总结强化→及时反馈

↓　↑　↓　↓　↓　↓

发现问题→提出问题→探究合作→展示交流→小结巩固→提高升华

学生的学

图1 "两线"流程

"激趣导学"是课堂教学的起点，更是学生主动进入学习的"动因"。实践发现，如果学生能在不知不觉中有兴趣的进入预设情景，数学教学任务就容易实现的多。

教师梳理学生提出的问题，与学生一起聚焦学习目标，提出研讨的要求，为学生主动探究指明了方向。

在探究合作中，教师不断引导、调试、对比、优化等过程，根据学习任务层层引导，"勇敢地推、适时地进"。

在展示交流中，教师引导小结巩固，不断尝试应用，引导学生知其然并知其所以然，不断升华对新知识的认识。

最后一个环节是及时反馈，解决学生差异问题，查漏补缺，及时解决共性和个性问题。为了实现高效，学生可以融合"问卷星"扫码答题，及时批阅和统计反馈。

当然，微课、app 等巧妙的植入课堂内外，合理融合，让模式更加丰满，让课堂教学更加有生命。

三 手机辅助教学实用 app 的实践探讨

手机的摄像功能、app 功能、搜索引擎功能、扫码答题或看微课等，不仅能突出重点、突破了难点、实现寓教于乐，而且可以联系生活实际，提高了教育教学的效益，具有一定的时效性。因而，在信息技术和教育教学的融合上，手机辅助教学因其功能的强大，如同为教育教学研究推开了新的一扇窗，提供了广阔的研究空间。

（一）手机在"两线融合"数学课堂教学模式中的应用

在日常教学中，手机比 ipad 等更具便捷的优势，"机不离手"已成为几乎所有人的特点。因而，利用手机辅助数学教学更具操作性、便捷性。"两线融合"数学课堂教学模式针对如何利用手机上课做了如下的探索和尝试，收效显著。

首先，在课前预习中，通过"问卷星"、"微课"等生成学习资源二维码，学生通过扫码答题或看资源实现预习目的。其次，在课堂教学中，通过手机无线同屏技术可以实现播放资源、及时反馈、家校互动、信息提取、app 的调用等。最后，课后的复习和作业，学生既可以借助手机扫码完成作业、看微课等，也可以完成实践性的特色作业等。当然，学生对作业中的问题可以拍照通过微信发送给老师或在线视频交流，教师也可以通过快讲 app 等录制简单的微课，通过微信或 qq 及时反馈给学生，实现了跨越时空的及时教学，提高了教与学的效益。

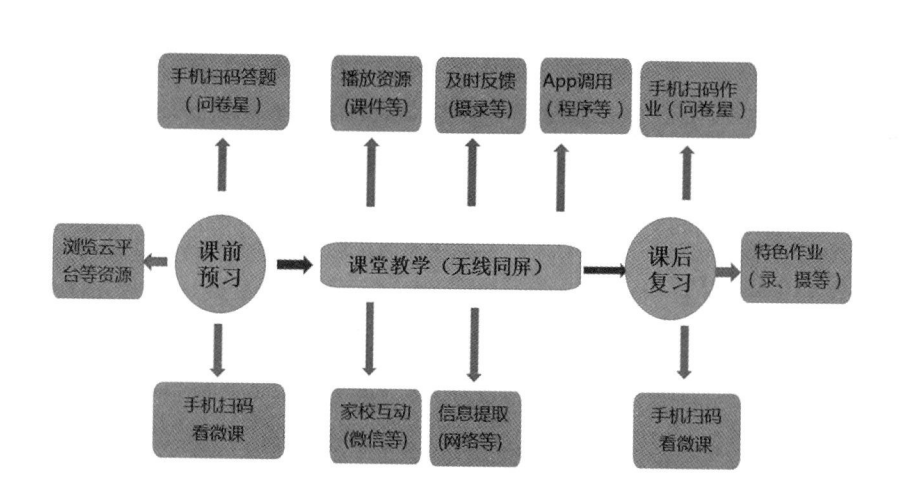

图2 手机在"两线融合"数学课堂教学模式中应用流程

（二）手机在"两线融合"数学课堂教学模式实例分析

人教版五年级数学《位置》教学设计第一课时

【教学目标】

1. 能在具体的情境中，探索确定位置的方法，说出某一物体的位置。会在方格纸上用"数对"确定位置。

2. 通过形式多样的游戏与练习，让学生经历探索及简化的过程，熟练掌握用数对确定位置的方法，发展其空间观念，初步体会到数形融合的思想，提高学生运用所学知识解决实际问题的能力。

3. 体会生活中处处有数学，体会数学的价值，培养对数学的亲切感。

4. 让每一个学生在合作学习、汇报展示、课堂互动交流中，都体验到学习带来的喜悦，培养学生的学科兴趣和学习能力。

【教学重点】

使学生经历确定位置的全过程，从而掌握用数对确定位置的方法。

【教学难点】

创造性地在不同情境中用"数对"确定位置

【教法】

情境教学法、探究发现法。创设打地鼠的游戏情境，激发学习兴趣，引导感知并发现确定位置的方法。

【学法】

积极参与法、合作交流法。在学习过程中积极思考、探索创新、合作交流，理解用数对确定位置的方法。

【教具准备】

多媒体课件、板贴方格纸

【教学过程】

教学环节	主要内容	设计意图
激趣导学	游戏引入、发现问题 1. 猜图游戏（巧用ppt课件触发器功能，4×4矩形纸片后盖着一位同学照片） Sh：猜一猜，16块纸片后面是谁？看看我们同学最少翻几块纸片就能猜出来？谁来告诉我先翻那一块呢？为了节省时间，请尽量准确地告诉我翻那一块。（学生猜，教师边引导学生将位置说准确，边点击对应方块，不断扩大露出的照片。） 2. 出示知识树，明确知识地位。	了解学生已有生活经验和认知水平，充分调动了学生的学习兴趣和积极性，为学习新知奠定了基础。

"两线融合"数学课堂教学模式的探讨实践 / 97

续表

教学环节	主要内容	设计意图
聚焦目标 引导探究	二、引导发现并提出问题 Sh：在生活中，我们还在那里找过位置？ 欣赏：投影出示剧院、场馆等图片。 Sh：如果每个人不知道自己的位置，会有什么后果。 板书课题：位置 投影出示例1图片。 Sh：图中（作课班级真实同学）同学坐在什么位置？还有不同的描述吗？ S：…… Sh：你对如此之多的描述有什么看法吗？ S：太杂乱了。 三、探索新知、合作交流 1. 统一列行概念 投影统一列和行的概念及先后顺序，并引导确定（作课班级真实同学）××、××的位置。 板贴：×× 第3列，第4行 Sh：你能说出自己在教室里的位置吗？ 2. 合作创新、简化并统一写法 (1)游戏"藏"疑、发现问题 sh：玩过打地鼠游戏吗？ 出示游戏规则： ①前后两人一组，后面同学趴在桌上闭上眼睛，前面同学按地鼠出洞的先后顺序逐一记录好位置。 ②地鼠出完后，前面同学迅速将记录递给后面同学。 ③如果后面的同学能准确有序说出地鼠出洞位置，则该组获胜。 ④游戏过程中，后面同学不许偷看，前面同学不许交头接耳，否则视为弃权。 播放，动态地鼠出洞图。（学生必定跟不上地鼠速度，教师令小组交换分工，再试。在抱怨太快声中，教师表示无奈，因为地鼠跑慢了会被打，所以地鼠不会减速。）	明确确定位置的重要性。 通过快乐的游戏氛围，诱导学生发现问题、提出问题，激发了学生的求知欲。促使学生明确简化来源于实际的需要，数学来源于生活并服务于生活。

教学环节	主要内容	设计意图
互动展示	（2）提出问题、合作突破 Sh：前后四名同学研究研究，有没有好办法呢？（合作交流、想方设法） 再次游戏，统计个性成功案例，只要是学生自己想出来的方法，尽量表扬。 如：第1列第3行的写法：1 3 或 1，3 或①③等等 将学生简化的个性写法板贴表扬 （3）统一写法、明确优势 观看投影，更改板书写法。 移动板贴： （3，4） 列　行 Sh：它用了几个数据？这样写有什么好处？	经合作探究、创新实践，发展学生的合作意识、创新精神和实践能力，让每一个学生都能体会成功的快乐。
总结强化	四、小结应用 1. 基础练习。（学生完成小卷，教师投影订正） （1）给图片，写数对 （2）给数对，点位置 2. 联系实际、排异解惑 Sh：由于我不清楚同学们的姓名，所以在提问过程中总是不好准确的点名，谁能利用今天所学，帮我解决这个问题？ S：用数对点名。 Sh：好吧，我试试。（1，3）同学请起立。 （可能3，1或x，3也起来了，教师引导学生说理由，学生之间辩论得出从观测者的角度确定位置） 3. 游戏接龙 请用数对准确说出自己在教室的位置：先让第2行从左往右一次报数对。如（1，2）；（2，2）；（3，2）…… Sh：这一行同学的数对有什么特点？为什么？谁能用一个数对表示这一行呢？（x，2） Sh：（2，x）起立 Sh：（x，x）起立 4. 灵活运用 板贴如右图 Sh：在什么位置上再添上一块，使组合图形成为轴对称图形？（点名用数对）	使学生体会生活中处处有数学，体会数学的价值，培养对数学的亲切感。解决因观测者角度不同所产生的歧义问题，体会字母数对的作用。

续表

教学环节	主要内容	设计意图
及时反馈	五、小卷反馈	问卷星扫码答题，提高课堂效率，便于及时分析反馈
课外延伸	六、布置作业 1. 观看"数对的应用"微课 2. 创造性地使用"数对"	微课作为课外延伸，及时复习巩固，也拓宽了学生的知识。

综上所述，"两线融合"数学课堂教学模式的实践与探讨既关注了教师的教，更关注了学生的学；既关注了线下教学，也融合了线上资源融合互动。

参考文献

[1] 曹培英：《小学数学问题解决的教学研究（一）》，《小学数学教育》2013年第6期。

[2] 中华人民共和国教育部：《全日制义务教育数学课程标准（2011版）》，北京师范大学出版社2011年版。

[3] 朱海霞：《刍议小学数学教学中实施启发式教学的策略》，《学生之友》2012年第1期。

[4] 姜乐仁：《小学数学启发式教学实验报告》，《教育研究与实验》2012年第8期。

[5] 陈琦、刘儒德：《当代教育心理学》，北京师范大学出版社2011年版。

基于网阅系统的高中数学试卷讲评研究

天津市西青区杨柳青一中　高俊欣

【摘要】 传统的试卷讲评方式已越来越不能适应高中数学试卷讲评的现实要求，导致教师教学方式简单，讲评针对性不强，效率不高，效果不明显。网阅系统的引入能够很好地应对这一困境，通过大数据分析，充分挖掘考试价值，更加快捷、准确地进行试卷与学情分析，同时减轻教师成绩统计和试卷分析负担，为教师有更多时间和精力深入分析学情，精心设计讲评，并进而推动课堂教学模式的转变提供了有力支撑。

【关键词】 网阅系统；高中数学；试卷讲评

试卷讲评是高中数学教学的一个重要环节，不仅能够帮助学生订正错误，查漏补缺，而且能够帮助学生了解自己对所学知识的掌握情况，学会主动探索解题规律，提高解题思维能力，提升数学核心素养。将网阅系统应用于试卷讲评中，能够帮助教师进行更加便捷的试卷成绩统计，更加深入的学情分析，更加高效的课堂教学，更有针对性的学生辅导，更有力地引导学生主动学习。

一　高中数学传统试卷讲评策略的一般流程及主要问题

传统的高中数学试卷讲评，往往是教师核对答案，演示正确解法，偶尔让学生谈谈想法，但也无法充分展开。究其原因，主要是教师缺少足够的时间和精力对考试信息做全面分析，对学生掌握情况难以做到全面了解。

（一）传统试卷讲评的一般流程

试卷讲评课是习题课的一种，目的是帮助学生认识自己产生错误的原因，掌握并优化正确的解题方法或策略，巩固所学内容，完善个人的认知结构。一般而言，试卷讲评主要包括以下四个环节：

1. 自评环节

首先，在考试后，教师要及时将试题答案告知学生，要求学生进行自评和分数预估，尽量解决通过自学可以解决的问题。其次，在阅卷后，教师要让学生把实际得分和预估分进行对比，自主分析分差产生的原因。若能自主解决问题，就达到了自我诊断、自我纠正、自我提高的目的；若不能自主解决问题，就形成了疑问，创造了良好的学习情境。第三，在上课后，下发答卷时，教师展示试卷中出现的高频错题，让做错的同学说明出错的原因及正确的解法。

2. 互评环节

互评环节主要在讲评课上完成。学生讲述个人错误和改正方法时，如学生不能找出错误原因和正确解法，就发动其他同学进行讨论，让做对的同学说解法，通过师生共同分析讨论，找准出错的原因，明确正确的解法。即使学生说出了正确答案和解法，也要鼓励其他学生思考，这个解法是否正确，是否还需要补充一些内容，解法是否还可以优化，是否还有其他解法，这种解法是否具有一般性，还可以应用到哪些问题，等等。必要时，教师要加以点拨、指导。

3. 巩固环节

在充分探究讨论辨析的基础上，教师再给出错题的变式或相关问题，引导学生当堂演练，检验教学效果。

4. 辅导环节

一方面，由于课堂教学时间有限，教师可对个别跟不上课堂节奏或钻牛角尖的学生进行课后个别辅导；另一方面，由于许多学生的问题是个性化的，只有通过师生面对面的细致交流，才能真正暴露出学生错因，有针对性地解决。

（二）传统试卷讲评的主要问题

虽然传统试卷讲评方式有其长处，但现实困境也越来越突出：高中阶段数学考试非常频繁，而且主观题比重较大，教师往往因为阅卷工作量大，成绩统计、分析任务繁重等问题，在没有充分分析试卷和学生的情况下就进行试卷讲评，导致教师教学方式简单，讲评针对性不强，效率不高，效果不明显。即使做了深入的分析，教师也很难在频繁的考试中准确把握学生的每次考试情况，做到对每个学生的个体跟踪分析，而往往只是记住了某某同学考了多少分而已，并进而导致了学生间的知识结构差异性被相同或相近的考分所掩盖，不利于促进学生学科核心素养的形成。另外，从学生层面看，虽然很多学生都能认真保存试卷，通过错题本认真做错题积累，但要在大量的错题中归类统计分析也不容易，很难准确发现自己在学习过程中的优势与不足，不利于学生自我纠正、自我提高。

二 网阅系统在试卷讲评中的功能优势

（一）考试阅卷功能优势

现代信息技术的发展为我们解决上述问题提供了更加便捷、高效的工具。以智学网为代表的网阅系统能够通过大数据分析，充分挖掘考试价值，更加快捷、准确地进行试卷与学情分析，为数学的发展性教学与反馈评价提供了数据支持，同时减轻教师成绩统计和试卷分析负担，为教师有更多时间和精力深入分析学情，精心设计讲评，并进而推动课堂教学模式的转变提供了有力支撑。阅卷教师凭自己的账号通过电脑、pad、手机等设备登录智学网，直接进行网上阅卷评分。全部教师阅卷结束后，智学网后台会进行成绩统计和分析，并给出学业报告与学情分析。

（二）学情分析功能优势

网阅系统最重要的功能是通过对学生考试数据的搜集、统计和分析，发现学生知识掌握情况，为有针对性的指导提供支持。主要包括以下几个方面：①班级的总体情况。包括班级平均分、最高分、优秀率、合格率、班级排名，等等。②学业等级分布。包括各个不同等级的学生名单，对学生初步分层。③需关注的学生。分别列出大幅进步、大幅退步、临界生、波动生，通过与以往成绩的对比，提炼出特殊的学生，为进一步的指导提供帮助。④高频错题。列出每一题的得分率，可以按题号顺序或是按错误率进行排列，掌握学生的共性错误。⑤试卷的总体情况。主要是试卷的难度、难度比例、信度、区分度，这些数据对于教师手工统计来说往往比较困难。⑥答题分析和小题分析。对答题和小题分类统计以及与其他班级的对比，可以通过雷达图和表格形式呈现。⑦作答详情。统计每一小题的作答信息，如果上传试卷，还有知识点的分析。⑧成绩单。统计列出全班学生的成绩、在年级和班级的排名及与以往考试成绩相比的进退步情况，同时还可以随时调阅学生的学业报告和查看原卷。

通过这些功能，教师可以很方便地得到学生和班级成绩统计以及变化趋势，比较准确地诊断班级和学生学习存在的问题，为进一步的深入分析奠定了基础。

三 网阅系统对高中数学试卷讲评的主要影响

可以看出，以智学网为代表的网阅系统集合了计算机技术、互联网技术、扫描识别技术、移动互联技术、人工智能技术等多项最新成果，是学校教育与社会服务相结合的产物，能够对高中数学试卷讲评产生以下几方面的影响。

（一）帮助教师更加便捷地进行试卷统计

电脑和网络代替了人的手工操作，数据统计分析更加科学、准确、翔实，既节约了时间，也解决了一般教师专业统计分析能力不足的问题。而且，统计分析的结果都存储在网上，使得教师可以随时随地借助各种网络终端（电脑、pad 或是智能手机）调出学生考试成绩信息，突破了时空限制。

（二）帮助教师更加高效地进行学情分析

教师可以全面掌握本班和其他班级的各类统计数据，如试卷的难易区分度，学生的作答情况、对比情况、变化趋势，学生的数学学习行为与成绩的关系，等等，可以实现快速诊断和精讲精练，引导学生主动探究，提升教学效果。

（三）帮助教师更有针对性地进行个别辅导

教师可以清晰掌握每个学生的成绩和知识点掌握情况的变化，更准确地找出共性和个性问题，尤其是每位学生存在的薄弱知识点和特殊问题。有助于教师在面对面的交流过程中，分析原因，对症下药，更有针对性地予以个别指导。

（四）引导学生更加主动地学习

学生可通过查询成绩、试卷答案以及成绩位次等信息，全面认识自己的考试情况；通过网上错题本积累错题，进行阶段性的回顾复习；通过购买增值服务，获得定制化的试题推送和网络课程，提高复习效率，实现自主学习。

（五）网阅系统的不足

任何事物都是有两面性的。尽管网阅系统的应用会给学校教学带来显著变化，但也会引发一些问题，如①教师阅卷过程中的批改痕迹在答卷上很难体现。②过分依赖数据容易忽视学生的精神状态和集体环境的影响，影响学生的学习信心。③由于知识点相互间有关联性，所以网阅系统虽然能分析当前试题所涉及的某几个知识点，尤其是对于错题的原因还有待深挖，等等。所以，虽然信息技术功能强大，但教学需要教师与学生、学生与学生之间的相互沟通、相互启发，绝对不是简单的复制粘贴。在这个过程中，学生和老师需要更多的交流与互动，这是新的信息技术无法代替的。

参考文献

[1] 李莉：《信息技术在高中数学教学中的应用研究》，硕士学位论文，陕西师范大学，2013年。

[2] 何克抗：《如何实现信息技术与教育的"深度融合"》，《课程 教材 教法》2014年第2期。

[3] 何克抗：《教育信息化发展新阶段的观念更新与理论思考》，《课程 教材 教法》2016年第2期。

[4] 陈茂盛：《基于信息化环境的高中生物教学设计的研究》，硕士学位论文，华中师范大学，2015年。

[5] 郝水侠、杨帆：《基于大数据分析的教学模式创新与探索》，《软件导刊（教育技术）》2016年第12期。

[6] 周燕华：《基于数字化混合式学习的翻转课堂教学设计与案例研究》，硕士学位论文，江西师范大学，2017年。

[7] 赵萌萌：《高中数学试卷讲评课的认识与探究》，硕士学位论文，信阳师范学院，2017年。

[8] 陈楠：《面向个性化学习的高中数学微课程设计研究》，硕士学位论文，南京师范大学，2017年。

[9] 王文敏：《智学网下的数学阅卷分析与实施》，硕士学位论文，山东师范大学，2018年。

幼儿园艺术活动游戏化的实践策略研究

红桥区第一幼儿园 贡 然

【摘要】我们力图以幼儿艺术游戏作为幼儿园艺术教育新的生长点，创新组织具有游戏精神的游戏。以游戏的方式与幼儿的生活、艺术环境发生相互作用，幼儿园的艺术空间、设施、活动材料和常规要求等要引发、支持幼儿自我表现、自我创造，最大限度地将游戏与艺术教育元素融合在一起，在幼儿的一日生活中以游戏的方式激发幼儿艺术学习的主动性、积极性，使幼儿艺术教育的形式、内容贴近幼儿的生活和幼儿的兴趣，使幼儿能建构一个完整的经验体系，最终实现将游戏还给幼儿，让幼儿充分地感受美、表现美和创造美。

【关键词】幼儿园；艺术游戏；策略研究

随着《3—6岁儿童学习与发展指南》的深入推进，我们越发地感受到幼儿艺术教育应顺应幼儿发展的特点，寓教育于美的享受之中，始终把对幼儿的个性、情感的尊重放在首位，强调在幼儿精神获得满足和愉悦的同时，培养其对美的感受能力，提高他们的审美情趣，以形成完整、健康、和谐发展的人格为终极目标。以游戏的方式与幼儿的生活、艺术环境发生相互作用，注重艺术游戏活动的生活化、游戏化和常态化，体现幼儿的自主、自愿和游戏精神，让幼儿在艺术游戏中尽情体验"我的游戏我做主"，幼儿在自由选择、自我管理、自主掌控、自我挑战和自我超越的过程中获得审美和创造的愉悦。

一 生活环节中的艺术自主游戏

（一）发现美与表现美的分享游戏

在餐前环节中，我们开展"金话筒播报""美丽播种"游戏活动，引导幼儿将生活中感受到的美的事物、事件，用语言表达出来，这是幼儿自我表现的场所，活动帮助了幼儿树立自信，最大限度地将游戏与艺术教育元素融合在一起，培养幼儿拥有发现美的"眼睛"、描述美的"语言"。利用餐后户外活动的时间，教师带领幼儿欣赏四季的美景，采用拍照、写生等方式捕捉风景的美，用生活中的材料装扮活动室。和幼儿一起玩《有趣的影子》的游戏，引导幼儿发现树木的影子、器械滑梯的影子、小朋友的影子、旗杆的影子等，激发幼儿创意绘画的兴趣，使幼儿充分地发现美、表现美、分享美。

（二）合作玩与创意玩的音乐游戏

在幼儿一日生活活动的衔接环节，教师根据不同时间和空间为幼儿选择不同的音乐游戏。《动物园里有什么》让幼儿在节奏的伴随下，通过拍手拍腿的方式，以问答的方式说出动物园里有什么。同时边做动作边说出动物园里有XX，直到说出重复的动物时结束游戏。《榨果汁》的音乐游戏，让幼儿跟随音乐模仿榨果汁的动作，如洗水果、切水果、榨果汁，让幼儿在情境中进行律动创意表演。《拍蚊子》的音乐游戏，让幼儿在长短音的部分来表现拍蚊子的动作，将音乐知识蕴含到音乐游戏中，提高了幼儿的音乐素养，使他们快乐游戏中获得发展，让有趣的音乐游戏活动充满一日生活中的等待环节。

二 多变奇异的艺术游戏材料

多变的游戏材料给幼儿提供了了艺术创造的空间，满足了幼儿自由创作与自主探索的愿望。

(一) 随处可见的生活材料"大变身"

我们在美工区中投放了幼儿从生活中以及身边搜集来的各种小瓶子、瓶盖、纸卷、各种大小不同的纸盒、小海绵、彩纸团、彩泥、纸条、纸袋、鸡蛋壳、贝壳、毛线、葫芦、扇面、纸盘、脸谱、花生皮、不同大小、颜色、花型的扣子、彩色沙子、线描笔、水影颜料、运用水枪和针管的滴流游戏，草帽等生活材料。幼儿结合自己的想法，自由选择材料让废旧物变成一个个精美的艺术作品，如：纸盘创意作品中，幼儿采用棉花作为小羊的毛；用毛根作为昆虫的腿、用小线头作为长颈鹿的角等等，十分形象与童趣。幼儿还创作出了葫芦娃兄弟组合、海洋贝壳的一家、石头画、扣子彩绳等作品。多种材料相结合的创作可激发幼儿的想象力与创造力，满足幼儿的好奇心，每一次的尝试都会带来不同的效果，使幼儿体验自由游戏成功的喜悦，不断萌生新的艺术创造的想法。

教师利用纸杯这一熟悉的生活用品作为艺术游戏的演奏素材，和幼儿一起开展《杯子畅想曲》的音乐游戏。我们精心设计按音乐节奏轮流套杯、间隔套杯等不同的游戏，有意识地引导幼儿进行两种节奏型结合演奏，体验2/4变奏方式，同时尊重幼儿对游戏玩法自发的表现与创造，让幼儿用喜欢的方式去组合与创作，游戏中感受节奏变化，体验合作演奏的快乐，激发幼儿自主游戏、自主学习、自发创造。

(二) 随处可见的多变奇异"创意作"

幼儿是班级环境创设的"主人"，新学期开始，教师不急于布置墙面，而是将"问题"抛给幼儿，请幼儿共同策划"怎样布置？"鼓励幼儿发表自己的见解，师幼共同创设既有想象空间又充满艺术色彩的室内环境。如，有的班级开展平面蛋壳画装饰，每个幼儿从家中带来两个蛋壳，前期家长已经帮助幼儿把蛋壳清洗、晾干。在装饰时，教师为幼儿提供彩笔、乳胶、各种颜料等，幼儿根据自己的想象大胆创设，在已有创设画面的基础上进行蛋壳画粘贴，待画晾干后进行涂色，随后利用幼儿创设完成的蛋壳画作品布置环境。

各班根据幼儿的年龄特点和发展水平，创设"班级自主艺术空间"，如，小班《有趣的纸盘》《纸袋中的小世界》，中班《百变彩泥坊》《草帽旅行记》《趣味蛋壳》，大班《盒盒美美》《创意彩绘》《玩出创意来》等，幼儿的创意作品随意愿张贴悬挂在班级里，用自己的作品布置墙饰和美化属于幼儿自己的、驻足欣赏的生活环境。

三　自主多元的艺术游戏展现

艺术自主游戏作为一种让幼儿"全神贯注"的活动，是生理、情感、认知、社会性等身心要素的整体卷入，其中孕育着幼儿"整个未来生活的胚芽"。他们对艺术自主游戏中的学习也因喜欢而快乐，因快乐而主动。

（一）畅想灵动的音乐童话剧

音乐童话剧是集音乐、歌曲、舞蹈和对白结合的一种戏剧表演，含有很多的音乐元素，可以让幼儿在过程中获得多领域的综合发展，特别是自主的艺术感受、艺术表现和艺术创造。

童话剧游戏活动前，首先采用谈话的方式，听取幼儿的想法，鼓励其积极参与童话剧游戏环境设计与制作的全过程；二是发挥家园教育合力，共同参与童话剧角色服装、道具的制作。三是重视三维空间的有效利用，借助多媒体设备为幼儿创设一个生动、形象、直观、视听结合的游戏情境，在游戏中播放符合情节需要的音乐、形象生动的背景画面等，形成形、声、色、光的综合冲击效果，充分调动幼儿视、听、说等多种感官，增加童话剧表演的游戏魅力。四是创新童话剧宣传展示形式，宣传册、海报、主打情节宣传片、立体展示牌等，突出游戏主题。五是提供具有开放性的非成品玩具或游戏材料，让幼儿敢于并乐于自主表达与表现。如，在《绿野仙踪》童话剧中，初次遇到铁皮人时，需要桃乐丝和稻草人用扳手为铁皮人紧紧螺丝，幼儿就想到用Y形的积木替代扳手。幼儿在游戏中发展了想象力，学会了以物代物，参与游戏的积极性、主动性、创造性更加高涨。

（二）创演自如的艺术表演游戏

艺术表演游戏使幼儿潜在的能力得以主动的释放与激发，大班幼儿艺术表演游戏《冰雪奇缘》充分尊重幼儿意愿，师幼商定"剧场守则"，由幼儿进行规则制定和布置，随后商榷表演内容、人物与情节。每个幼儿性格不同、能力不同，在活动中充分尊重幼儿的意愿，发挥幼儿的主动性和创造性，让幼儿自己来选择、自己来设计、自己来表演。

　　基于大班幼儿发展水平及年龄特点，让具有一定语言表达能力、表演能力以及组织能力的幼儿先担当主要角色和队长，以后再轮流进行表演，使不同能力的幼儿都得到了参与游戏的机会，并提高表演技能。幼儿分为两组：第一组为星星组，第二组为小花组。幼儿分组完成后，由每组队长带领组员讨论今天所要表演的剧本内容、角色分配、剧情顺序等，幼儿在这个环节畅所欲言，他们会根据今天参加游戏的幼儿数量等实际情况进行商量，教师在这个过程给予幼儿充分讨论空间，多蹲下来倾听幼儿想法，帮助他们梳理表演细节。幼儿协商好后，根据表演内容在音乐的伴随下自主选择服装配饰并摆放场景道具。在游戏中，加入表演者与观众角色切换模式，让幼儿在体验表演的同时也感受欣赏与评价。幼儿不仅获得了表演的愉悦，同时在观看同伴表演的过程中也提升了评鉴能力，更是对自我的提升。当星星组第一次表演《冰雪奇缘》之《幼年》片段以后，同伴赞赏了她们演绎父母去世的情节，很感人、很悲伤；同时提出建议，唱歌时如果加些舞蹈，表演会更精彩。在听取同伴的建议后，两人在第二次表演时自由加入了韵律动作，使整个表演都更丰富了起来。当小花组第一次表演《冰雪奇缘》之《加冕日》片段以后，同伴表示当女王加冕为王时，她在观看的时候很兴奋，并提出建议，庆祝的舞蹈如果加些乐器伴奏，场面会更热闹。于是在听取建议后，小花组请来了他们的好朋友进行乐队演奏，以至第二次的表演更加精彩。幼儿园艺术游戏活动是绚丽的、富有生命力的、更是幼儿向往追随的，我们要支持幼儿的自主表达表现，调动幼儿参与活动的内驱力，激发幼儿的自由创造。

利用乡土资源开发美术课程实践研究

天津市静海区实验小学　郭　浩

【摘要】 美术教师更新教育教学观念，开发利用乡土资源对于学生的美术素养培养具有重要的现实意义，特别是对于农村学校来说更是如此。天津市静海地区乡土课程资源丰富，通过遴选分析、实践活动、课堂教学、总结反思来探索有效利用乡土美术资源，开发乡土美术课程的合理路径，并在此基础上进一步探索美术乡土资源开发的原则，对于有效提升农村学生的美术素养具有一定的借鉴意义。

【关键词】 美术课程；乡土资源；美术素养

在核心素养教育的大背景下，作为一名农村美术教师应如何更新自己的教学观念，运用符合核心素养的理念进行教学，是我经常思考的问题。在农村学校，学生由于受到学校师资条件和学习生活经验所限，他们在美术表现能力上，和城市里的孩子相比存在一定差异。为了更好地培养农村孩子的美术素养，农村美术教师需要根据当地的实际情况，在美术乡土资源开发方面进行更为具体深入的教学研究。

一　乡土资源美术课程开发实践

在日常生活中，我们周围环境中的自然资源很多，但它们并不是都能直接作为课程使用，它们只是课程开发的原材料，只有经过多次的选择加工并付诸课堂实施才能成为课程资源。鉴于此，我们从遴选分析、实践活动、课堂教学、总结反思四个方面，对于乡土美术资源在教育教学中的开发和利用，进行了多年的实践探索。

（一）遴选分析

一般情况下，农村地区的乡土美术资源非常丰富，并且种类繁多，其中尤以农作物居多。可是究竟哪些资源才有真正的开发利用价值，能够成为有效的课程资源？这就需要经过认真筛选，合理开发利用，以符合美术课程所要实现的教学目标，适合课堂教学的需要和学生的年龄及兴趣需要。

我们遴选了一些学生日常生活中非常熟悉的乡土资源，如高粱、玉米秸秆、瓜子壳、鸡蛋壳，等等，引导学生通过运用这些材料，来创造出大量精美的艺术作品。遴选这些材料的目的，一方面是提高学生观察日常生活、美化生活的能力；另一方面加强学生对身边材料开发利用的意识。通过一段时间的实践，学生们树立了自信心，体验到了成功感，同时促进了他们发现美、创造美和欣赏美的审美素质全面提高。

（二）实践活动

经过乡土资源的遴选，我们开展一些活动把可利用的乡土资源进行进一步加工。比如，在教学中可以设计一系列的探索活动，利用农村自然风光资源，让身边的美走进课堂；以我们当地的老房子、古迹为载体，开发当地文化资源，带领学生进行传统文化的研讨；发展民间工艺美术，彰显民族艺术特色；充分利用身边的废弃物进行开发和研究。

这些活动可以使学生轻松地掌握美术知识，提高动手能力，通过参与此类的探索活动,可以激发学生上美术课、学习美术的兴趣,审美情趣和审美水平相应也会得到提升,从而努力实现通过教育实践活动充分开发乡土资源,培养学生美术素养。

(三) 课堂实践

在开发乡土美术课程资源的过程中,经常会遇到的问题是如何处理乡土美术资源与现有美术教材内容之间的取舍。我们尝试对原有美术教材进行调整,把同类型的课程进行统筹,在动手实践课程中增加一些我们开发的美术乡土资源的内容,引导学生把美术学习与日常生活、周边环境相联系。

例如人教版美术三年级上册第11课《巧巧手》,教学内容就是收集各种可利用的材料,如树叶、豆类、铅笔屑、棉花、易拉罐、吸管等,发挥想象力进行制作,纵观这些材料的使用以及教材中的范画,我们身边的乡土资源应该说是更为深入且更符合我们当地的实际。在上这类课时,教师应充分利用当地的乡土资源,引导学生收集他们身边唾手可得的材料进行制作。

在上课指导的过程中,教师应注意让学生体会每种材料的质地和特点,发挥材料的长处,并且引导学生运用其他材料与主料结合进行设计造型,这就能够促使每个学生都用内心去体悟和感受并主动参与美术学习过程。在学生制作过程中,我不给他们做统一的要求,不搞固定格式,而是给学生更多的自由去选择;给学生一个制作要求,让他自己去实践;给学生提出一个问题,让他自己去设法解决;有目的地给学生创设一点困难,让他自己去攻破。

乡土美术资源开发的一个突出特点就是变废为宝。在日常生活中,

有很多废弃物品，我们农村最常见的就是各种农作物秸秆，掉落的树叶，等等，这些最常见的废弃物经过我们巧手制作，摇身一变就会成为漂亮的艺术品，达到变废为宝、美化生活的神奇效果。更为重要的是，学生们制作完成后，自信心和成就感都得到了很大提升，激发了他们继续进行创作活动的热情。

当学生作品积累到一定数量后，教师应创造机会充分展示这些作品，比如利用学校集会、节日庆典、校园活动等来举办"美术乡土资源开发利用作品展"，通过展览让学生获得更多的反馈和欣赏，进一步调动学生们不断尝试的积极性和参与的热情。在潜移默化中，提升学生的绘画水平、动手能力，增强他们的自信心、想象能力和创作思维。

（四）总结反思

农村学校的美术乡土资源开发通常是难以靠某位教师个人独立完成的，需要教师团队的相互协作、共同探讨；同时也需要在教学后及时组织团队教师共同总结和改进。在这个过程中，应灵活运用各种途径与方法，比如课程资源开发如何深入课堂教学这个具体问题，教师们可以先分别上一堂研究课，并利用学校的录播系统进行录制，然后结合教师们的教学实录，大家坐到一起进行分析，查找优点和不足，这样可以非常直观地让教师们互相发现问题，共同针对问题进行分析和改进。还可以充分利用每次教师集体教研的时间，教师们相互之间探讨交流，一名教师提出开发的思路，大家一起帮着分析和研究，从各个不同的角度探讨充分开发利用每一项乡土资源。

二 开发农村小学艺术课程资源的原则

（一）教育性原则

教育性原则是首要原则，美术乡土资源开发的目的是培养学生的美术素养，促进学生的全面发展。农村小学在开发美术课程资源时，一定要符合小学生身心发展规律，充分考虑学生的年龄特征和动手能力，不能盲目地只追求作品效果。

（二）经济性原则

农村学生家庭收入本来就不是很高，美术乡土资源开发不能为学生带来额外经济负担，所以对材料要精心选择，尽量少花钱或者不花钱，充分利用学生身边大量乡土资源。尽量以自然环境中的物品，甚至是废弃品的材料，不用花钱去购买的材料为主，降低经济负担，便于随时随地开发利用。

（三）乡土性原则

乡土性也是一个重要原则。在开发过程中，教师应尽量选择那些学生最容易找寻，又经常所见的材料作为美术资源。乡村是学生生活、成长的地方，用他们最熟悉的材料，创作时更容易融入自我的感受，因而创作出的作品具有很强的影响力和感染力。

三 乡土美术课程资源开发的意义

（一）增强美术课程对地方、学生的适应性

对于课程开发，过去认为只是课程专家的事情，离一线教师很远。其实不然，我国疆域广博、资源丰厚，不同地区之间有着很大的差异，课程专家在进行课程设计时不可能做到面面俱到，比如设计对学生开展"美术馆教育""博物馆教育"，而生活在偏远乡村的孩子们可能从未去过美术馆、博物馆，难道他们就远离美术了吗？他们面对青山绿水，穿行于民宅小巷，孩子们长期受到乡土艺术氛围的熏陶，他们对自己身边的

美术资源更有兴趣,把这些乡土美术材料引入到教学中,具有很强的操作性,学生的兴趣很高,适应了不同地区、学校及学生间的差异。

(二) 有利于学生学习方式的转变

传统的美术教学,侧重于美术专业知识、技法的传授,而相对忽视对学生审美能力和创新性的培养。当前提倡核心素养的培养,美术教育应将以往以技法为主体的教育转化为以人为本的教育,把知识、社会和人有机融合在一起的教育。知识技能来源于生活,让学生在体验中,在探究的过程中学习,化学生被动地接受知识为主动地搜集资料去解决问题。将生活引向艺术,再用艺术表现生活,提倡学生审美方式多样化。

乡土美术资源的课程开发提倡通过师生活动的方式进行美术教学,以期改变传统教育以学科为中心、教师为中心和课堂为中心的种种弊端。在活动实践中,学生从材料的选择收集,到亲自动手制作美术作品,再到最终作品的展示,都是在自主学习、主动探究、合作交流。学生这种学习方式的转变,也可以引导他们从被动知识接受者转变为知识的主动建构者。

(三) 引导学生树立传承民间艺术的意识

现在我们所处的世界看似很大,实则联系很近,尤其是信息时代的到来,中西方文化出现融合的趋势,在流行视觉艺术的冲击下,现在的学生对本民族的民间文化的情感逐渐冷漠,对美的感受性普遍下降。生活在农村的孩子对身边的艺术往往视而不见,认为那是太"土气",不值一提,造成很多珍贵的民间艺术项目被冷落,许多非物质文化和传统工艺也正面临后继无人的窘境。"传承民间文化,保护我们的精神家园"已成为很多有识之士的心声。作为一名有良知的美术教师也有责任改变这种状况,引导学生开发利用乡土资源,设计美术作品,引导学生欣赏周围的乡土艺术之美,感受乡土艺术所具有的价值,从而树立起保护家乡文化遗产,传承家乡传统文化的意识。

(四) 有助于促进教师成长和发展

将乡土资源引入美术教学,教师是最核心的因素。教师必须对乡土资源的历史、文化以及涉及的民间艺术的技法、艺术风格进行深入的学习和了解，合理整合教学内容，优化、利用乡土资源，努力提高教学效益。教师之间通过互相学习、认真思考、积极探索与实践，能够大力提升自己的教育理论水平和研究能力，从而也有助于形成科研型的教师团队。

实践证明，美术乡土资源开发与利用不仅激发起学生学习美术的热情，又在活动中提高了他们的观察能力和审美水平，使美术教学充满生机和活力。作为农村美术教师，要充分利用当地的乡土资源，不断去发现、研究、实践和思考，要善于在日常生活当中发现美，充分感受乡土美术资源"取之不尽，用之不竭"的魅力。

参考文献

[1] 钱初熹：《美术教育的新源泉——美术教育的改革与课程资源的开发》，《中国美术教育》2001年第6期。

[2] 徐建融、钱初熹、胡知凡：《美术教育展望》，华东师范大学出版社1970年版。

[3] 崔允漷：《校本课程开发：理论与实践》，教育科学出版社2001年版。

体验式班主任校本培训研究

——基于大港第二中学的个案分析

天津市滨海新区大港第二中学　郭　蕾

【摘要】基于学校发展实际，基于班主任工作性质及特征，提出和探索构建体验式班主任校本培训模式。体验式班主任校本培训注重班主任的真实经验，突出培训活动的目的性、侧重班主任的参与体验，突出培训活动的主体性，注重班主任的差异需求，突出培训的多元化。在实践中，我们从"一个目标""两个主体""三个分层""四种载体体验"开展班主任校本培训。

【关键词】体验式；班主任；培训；校本

一　问题的提出

随着社会大众对教育越来越重视，群众对基础教育提高质量的需求越来越高，我们发现，作为学校中与学生接触最频繁，对学生影响力最大的班主任群体感到了前所未有的压力。而学校规模的增大，班主任需求量增多更加重了这一现象。我校共有40位班主任。他们中有刚刚走上工作岗位的年轻教师，也有教龄25年的中老年教师。年龄、教育背景、工作经验、人生阅历等的差异使得每个人面临的问题不同。有的班主任不知如何与家长沟通，有的班主任有倦怠心理，有的则遇到了工作瓶颈……问题各异，班主任的需求不同。

通过实践研究和文献梳理，我们发现已有的班主任培训多为教育研究部门组织进行，从上至下的培训。具体到学校班主任校本培训鲜有人涉及。学校有自己的文化氛围和运行机制，地方性的培训形式、内容无法直接套用，这就需要我们思考并实践有学校特色的符合学校特点的校本培训，真正为本校班主任私人订制。同时，愈发感受到班主任作为教师，作为一个生命个体，不单单需要职业性的成长，也需要作为一个生命的成长。因为教育的对象是人，面对鲜活的生命，教师需要用更加鲜活和美好的内容和方式来影响他们。因此我们认为班主任培训的着眼点不仅仅是专业成长，不仅仅是以教育需求为导向，还应把教师个人生命成长作为一个目标，提升班主任自身幸福感。

基于此，我校在积极心理学研究的基础上，提出了体验式班主任校本培训，基于体验培训，帮助班主任更好地发现自身潜能，更新教育观念，提升班主任自身职业幸福感，树立积极的人生态度，促进师生良性互动，无论是教育者还是受教育者都体验到积极的情绪和人格完善的幸福，实现学校在更高平台上发展，师生在更高品位上提升。

二 体验式班主任培训的特征

一是注重班主任的真实经验，突出培训活动的目的性。我校体验式班主任培训以积极心理学为培训理念，以班主任面临的各种问题为着眼点，通过培训解决问题，促进教师向上向好发展是培训的目的。如我校《家庭教育指导》班主任校本培训教材就来源于班主任的困惑与实践需求，解决家校沟通，家教指导专业性的代表。

二是注重班主任的参与体验，突出培训活动的主体性。在体验式班主任培训过程中，组织者和班主任不再是培训者和受训者的定位，而是合作伙伴，互相促进，共同成长。班主任也可以称为培训的主导者和代言人。在以往的培训中班主任的角色是听众，是容器。培训者与受训者没有交流沟通。让班主任互相分享经验，由受训者变成培训参与者，甚至是培训者。一个班主任抛出的问题，可能有几个班主任提供不同的解决方案，某个观点可能引起不同的争论，其结果是，班主任们得到的资讯就比较丰富全面。

三是注重班主任的差异需求，突出培训的多元化。班主任按照担任年限和成熟度可以分为：新手班主任、熟手班主任和专家班主任。培训依不同阶段的不同需求分不同层次。新手班主任应学习班级管理基本知识和技能，并在实践中注意积累和学习。

三　体验式班主任校本培训的实践探索

大港第二中学始建于1987年，因地区教育规划曾经历过2001年、2004年两次分校。因生源结构、经费来源、师资配备等方面有过较大调整，在办学过程中曾出现了困难的局面和严峻的挑战。经过师生数年的努力，大港二中位居我区名校之列，受到了社会各界的认可和赞誉。声誉的提高伴随着社会各界对教育更高的期待。班主任的压力感也有所增加。随之而来的压力和倦怠影响了班主任的工作效率，同时也束缚了班主任个人的成长。

我校有10%的班主任是新手班主任，他们正处在自身从学生到教师的角色转换的时期，缺乏实际经验，对基本工作处于了解熟悉的过程，在教学和教育任务的双重压力下，很多人感到手足无措。有17.5%的班主任处在从新手班主任逐步成长为合格班主任阶段。这时的他们能够基本胜任班级管理工作，但缺少班级管理经验，处理问题不灵活。37.5%的班主任处在从合格班主任成长为成熟的个性化班主任这一阶段。这时的他们开始有自己的工作特色，有一定的经验积累，但有很多人处在瓶颈期，难以突破自我。我校有三分之一的班主任担任班主任10年以上，这个年龄段正是从个性化班主任成长为有影响力的专业班主任的最佳时期。虽然他们常规工作较突出，日常管理都可以应对自如，但是离有专业影响力的班主任还有一定距离。

为班主任成长助力，将危机转化为契机，校本培训是非常重要的途径。根据以上情况，学校经过分析认为：基于需求的培训目标定位要符合不同阶段班主任的不同需求，要体现层次，不能眉毛胡子一把抓，要分层，这样才能满足班主任最基本的心理需求，激发他们的积极情绪，从而让培训效果更佳。在长期实践的基础上，我校探索构建"一二三四"体验式班主任校本培训模式。

"一个目标"：我校班主任培训以符合班主任专业发展为基本前提。在班主任发展的大背景下关注培训的内容和方式。既考虑班主任的自身需求来统筹规划，又避免一味迎合班主任的所有需求，站在班主任专业化、个人生命成长的高度来设计培训。

"两个主体"：在传统的班主任培训中，培训者一般被视为培训的主体。而在体验式班主任校本培训中，突出了班主任在培训中的主体性。每位班主任都撰写论文、案例，思考并实践自己的带班理念。将自己最为得意的带班之道整理出来，通过研讨、争论、交流，使班主任实现自我教育，从而体悟教育和学习过程的真谛。学校将这两年班主任的思考搜集整理成册——《智慧录》，人手一套，这成为自我教育的又一套校本教材。

"三个分层"：班主任按照担任年限和成熟度可以分为：新手班主任、熟手班主任和专家班主任。培训依不同阶段的不同需求分不同层次。一是"基"。新手班主任是这个层次的主要人群，我们开设了"青年班主任成长训练营"。以沙龙的方式，通过案例解析来帮助新手班主任打好"基础"。成长营开营以来邀请书记、校长、熟手班主任、科任教师分别就价值观、工作目标、突发问题处理、与家长的沟通艺术等基本问题与青年班主任做了思想碰撞，因为及时、解渴，受到班主任的欢迎。二是"新"。对于处在瓶颈期和倦怠期的班主任，我们尝试提供任务菜单，以新方式、新手段来激发兴趣，触动思考。如：课题组布置班主任采访其他班主任，以录制微视频的方式呈现，并把自己的思考也收录其中。录制过程是向他人学习的过程，思考并总结是反思自己的过程，用新技术新手段是保持好奇心的途径。三是"专"。我们开展"我的策略我的班"班主任论坛活动，每位班主任都是培训者，让每位班主任的"策略闪光"。在研究过程中，我校有两名班主任被滨海新区确定为"百优"班主任候选人，两名班主任在新区述职打擂，脱颖而出，所带班集体被评为市级优秀班集体。

"四种载体体验"：班主任的培训可以从载体上分为四个载体，分别是：一是以沙龙、论坛、微信、qq群交流型载体来体验。二是以竞赛、基本功大赛、班会评等竞技性载体来体验。三是以工作室、课题组、研究团队等研讨性载体来体验；尝试运用团体心理辅导模式进行班主任培训。我们邀请了德育科长、天津社会心理学会会长贾晓波做现场指导。带领者运用自我开放技术，接地气的话题让班主任们在活动中敞开心扉。在审视自我的多重角色中，捕捉到自己积极向上的一面。同时，工作伙伴对工作、对生活的感悟也启发了倾听的班主任的思考。四是以其他活动为载体来体验，如班主任微信群的建立、每学年的班会课评比展示等。我们邀请北师大陈飞星教授带领班主任率先体验了多种拓展项目；在教师对活动形式初步了解之后，由心理教师根据本校情况和师生需求设计活动方案，并对不同角色教师分层培训，以达到"全员育人，各司其职，各得其所"的效果。在培训过程中，我们特别要求教师关注学生在各环节中体现出的合作、开放、互助、理解等"乐享精神"，陪伴引导学生在互动分享中将感受与思考转化为内心的成长。另外，带领班主任到杭州、济南、北京等地参观学访、组织开展新生班主任点名大赛、设计班级心育活动等多种载体体验成长。

我校体验式班主任校本培训不仅促进了学校班主任素质的提升，还取得了积极的社会效果。我校《家庭教育指导校本教材》经过天津市中小学心理健康教育指导中心张嫦主任、心理特级教师马丽莉的指导，经修改被编入滨海新区中小学心理健康教育区本教材《陪孩子走成长之路——家长心理健康教育指导方略》中，供全区班主任使用。我校家长学校项目参加天津市西青区"私人定制——实现您的社区梦想"西青公益创新项目大赛荣获优秀奖。我校被评为"天津市心理健康教育特色校"，被评为滨海新区心理健康教育科研基地，滨海新区德育工作特色校。并多次接待来自内蒙古、山西、广西等地的校长、教师挂职、学访。广西柳州6位德育校长、主任在我校三个月的挂职期间，对我校的班主任培训模式进行了观摩研讨。

小学课程体系改革刍议

天津市河西区恩德里小学　韩洪涛

【摘要】课程是培育和发展学生核心素养的载体，是一所学校区别于其他学校的根本特质。恩德里小学在完善课程体系的过程中，坚持立德树人的价值导向，努力满足学生发展需要，不断丰富课程的内容，不断创新课程的形式，形成了科学合理的课程结构及相应的课程内容，使课程成为激活潜能、开启智慧、丰富精神的杠杆，成为学生接受品质教育的载体。

【关键词】校本课程；核心素养；课程体系；素质拓展

学校改革，如同徒手攀岩，课程就是岩石上的一个个着力点。只有融合、创设适合学生未来发展的课程，才能踏上课程改革的着力点，攀上学校内涵发展的光明峰。

一　学校 5 + n 课程体系

破冰，从思考开始；春天，在实践中到来。课程是学校最重要的核心竞争力，是一所学校区别于其他学校的根本特质。几年来，"课程"已成为我校发展的主旋律。我们将"恩·德"文化融入教育，从而树立了"无处不课程，无事不课程，无时不课程"的大课程观。学校打破原有的课程壁垒，有效整合国家课程，补充相应的校本课程，开发课程资源，拓展课程领域，完善课程结构，构建起基于校情、学情的较为完善的 5 + n 课程体系。5 指所有的国家课程，根据学科属性、学习规律及学习方式，整合为五大领域，即"语文与实践""数学与科学""外语与生活""艺术与审美""体育与健康"。n 指恩德里学校特有的校本课程，其中有八大系列必修课程，即"生命教育""养成教育""传统文化""人际交往""研学旅行""家校共育""翰墨书香"以及"STEM"；选修课程中包含艺术（13门）、体育（8门）、科技（5门）、文学（3门）、心理（3门）五类32门课程。该体系集课程整合与教育创新之大成，指向学生核心素养和未来发展。

二 课程的活力在于丰富可选

一所优秀的学校，必须能够提供丰富的可选择的课程。恩德里小学的校本课程以本校学生生活经验为基础，以学生兴趣爱好为中心，以尊重学生自主选择为主旨，最大限度地满足了不同特长、不同兴趣、不同层次学生发展需要。

恩德里小学在一年级和四年级开设了《新生命教育》课程，引导和帮助学生更好地认识生命现象，掌握生命知识，习得生存技能，提高生活能力，感悟生命的意义，实现生命的价值。学生通过自我测评、互动体验、走进生活、拓展延伸、"牵牵大手"等系列活动，了解校园安全、自我自护、环境保护、生命的诞生等方面的生命知识，从而为获得生命技能奠定基础。课堂上，老师们引导学生发现家中隐藏的危险，通过创设情境，让学生在争辩中懂得安全知识。

STEM 教育提倡个性化和创造力的发展，同时也特别提倡学科之间的整合和融合，它可以锻炼学生的思维能力，来保证他将来的可持续性发展。学校投入资金，建设了 STEM 专用教室，组建了 STEM 课程实验小组，全体数学、科学、音乐、信息技术教师形成团队，探索学科整合，培养学生新的思维能力和动手能力。学生们在多样可选的课程中学习了扎染艺术，亲手制作了水晶玫瑰，还了解了很多课外知识，如丝绸之路、图爷爷的故事等，感受到了大千世界的微妙变化，提高了学习科学、探究世界的兴趣。

三 开发博物馆课程资源

博物馆是人类智慧的集合，其专业性、直观性和趣味性是教科书所无法呈现的。恩德里小学便利用自然博物馆这一极佳的社会资源，以主题任务单为形式，开展饶有趣味的主题学习活动。学生们以记录、绘画、作文、摄影、海报等生动的形式记录他们在博物馆中的收获。每个孩子的学习状况都将收录在自己的《走进博物馆》成长册中。

为了上好博物馆课程，老师们早早准备，到博物馆调研，并学习相关专业知识。大家分低、中、高三个年级段来进行课程设计，密切联系教材，找准契合点，最终确立活动方案和预案。自然博物馆内资源丰富，教师通过图片和视频是无法呈现给孩子的。到了现场课的时候，每个学生都拿着属于自己年级的学习任务单，例如"蝴蝶一生分为几个阶段""昆虫有什么特征""翼龙有没有羽毛"等，学生们意识到，这不同于以往走马观花地去参观博物馆，而是要带着任务去学习和探索。

每次走进博物馆，学生们被分去不同的场馆，开始自己的"博悟之旅"。四年级一个女生在蝴蝶馆观察时，一只小蝴蝶悄悄地飞到了她的手上。她睁大了双眼，屏住呼吸，生怕惊扰了这只可爱的小蝴蝶，并仔细观察蝴蝶身上的每一个细节。她小心翼翼的样子和平时那个粗心活跃的她判若两人。低年级学生选择的是恐龙馆，为了写出任务单上恐龙的名称，几个同学手拉手查找答案，每当找到一个，他们都高兴得跳了起来。

回到学校，在老师的组织下，学生们把自己的所学所得以情景剧、手抄报、剪纸等形式进行了总结和回顾。四年（1）班几个女生自己动手制作头饰，写剧本，编话剧，充分体现了博物馆学习的无穷乐趣。

博物馆课程是课堂的延伸、学习的场域、探究的空间。课本中相对枯燥的文字与博物馆课程巧妙结合后，学生对学科知识有了更生动的体验，更加乐于和同伴在合作学习中分享探究学习的愉悦，真正让学生思考"是什么，为什么，该怎样做"。

为了让课程教学更好地与学生发展核心素养衔接，使孩子们的智慧实现"无限可能"，恩德里小学一直致力于新课程体系的研发规划。已渐成系统的"博悟之旅"课程体系，凝聚了全校众多学科老师的心血。教育部等 11 部门发布关于推进中小学生研学旅行的意见后，恩德里小学将研学旅行做成了蕴含核心素养提升的"大文章"。已连续两年，满载着师生的十几辆大巴车分别奔赴自然博物馆、人民公园、杨柳青木版年画博物馆、静园、十八街麻花文化馆等 12 个场所，6 个年级的学生带上图文并茂的学习单、分工明确的任务表、内容翔实的讲解词，亲身参与实践，开展研学旅行，获得知识。社会是学生的教科书。学校每周组织学生外出参加活动，学生回校后上课时精神状态非常好。

四 研发家校共育课程

在新时代，学校继续进行课程创新，研发了"亲子志愿服务""亲子共游""亲子共读"等"家校共育课程"。

在"亲子志愿服务"课程中，学生走出课堂，走进社会，融入生活，开展了公益服务、环境保护、感恩教育等多种形式的"恩德志愿"活动，为孩子们的成长添上浓重的一笔。学生们走进困难家庭、儿童福利院、老人院、社区居民之家、社区课外活动基地、社区健身中心等，倾情奉献，感悟人生。在"亲子共游"课程中，学生由家长带领，走进杨柳青木版年画博物馆、泥人张美术馆、十八街麻花文化馆、元明清天妃宫遗址博物馆等，深切感受中国非物质文化遗产的魅力。二年（1）班一位家长感慨地说："'家校共育课程'使孩子有了充足的时间拓展视野，了解自然，完善自身，感悟人生，家长也跟着受益。"在"亲子共读"课程中，学校向家长、学生推荐了适合各年级阅读的书目，倡导家长与孩子制订出学期共读计划，并逐步在班级和学校两个层面开展"家庭好书推荐会"和"亲子共读交流会"。学期末，邀请全校学生及家长，召开"书香中的蒲公英"读书阶段总结会。一路走来，人们惊喜地发现，亲子共读使许多家庭有了共同的语言、共同的生活密码。

"家校共育课程"促进了家校共建，融洽了家庭关系，培养了学生坚忍的意志、敢于担当的责任和对美好生活的向往，培育了学生的核心素养。

学校课程建设是学校整体发展与形成特色的核心。恩德里小学以课程体系构建为杠杆，构建起课程的"新景观"，从而撬动整个学校的发展。几年来，恩德里小学在破解难题中前行，在课程建设中绽放活力。面对所有孩子，成功破解了"真空时段"的难题；每名学生至少会唱3段天津时调和3段快板；每天坚持晨诵、午读、暮省课程，为良好生活习惯奠基；每名学生每年至少参加6次志愿者服务，在他们心田播撒下关心他人的种子。

教育创新从课程改革开始，需要勇气和底气，更需要魄力和实力；彰显的是学校全心全意办人民满意教育的情怀和理想。河西区恩德里小学以课程改革为杠杆，持续变革课程理念，扩展课程能力，升华课程境界，构建起学校课程的"新景观"，撬动了整个学校的发展。将课程根植于实践之中，透过它为学生搭建起成长的舞台，让每一个孩子都能在舞台中央炫舞。

"爱悦教育"的理论与实践

天津市河东区六纬路小学　韩　颖

【摘要】 河东区六纬路小学"爱悦教育"是在延续学校"生命教育"的基础上，依据新时代、新教育在学校教育中的要求，进行的新定位。"爱"的四个层次和"悦"的三个层次均被广大师生所接受，具有可持续发展性。文章从打造"爱悦教育"的四个层次、核心思想、具体举措等几个方面进行阐述，均来源于学校实际，有利于学生、教师、学校的发展。

【关键词】 生命；爱悦；教育

一　"爱悦教育"的提出

2004 年，我校领导班子在梳理历届校长的办学思路与学校发展轨迹的基础上，着眼于师生的健康发展，提出"生命教育"的办学理念，关注师生的生命质量，之后"爱"文化一直浸透在学校各项工作中，用爱启迪智慧，用爱拓展思维，用爱实现师生生命的相互影响，共同成长。

2013 年"六一"儿童节，习近平总书记明确提出对少年儿童进行"爱学习、爱劳动、爱祖国"的教育。我们敏锐地认识到，用"爱"文化培育小学生的思想情感，陶冶小学生的道德情操，核心是教育和引导小学生"爱学习、爱劳动、爱祖国"。

生命之间是有相互影响的，新时代的教育要求我们构建师生生命教育同步发展共同体，在相互的生命关爱中，为老师和学生的心底都留下爱的印记，实现师生的教学相长。所以我们要有"悦纳"的情怀，这是在彼此接纳中实现生命的同步发展，是对"生命教育"的延伸，符合新时期教育的发展。

基于此，2016年10月，我校将"爱悦教育"作为学校持续发展新阶段的办学特色。可以说，创建学校"爱悦教育"的过程，也正是我们不断增强对学校文化理性认识的过程。今天看来，我们不仅使"爱悦教育"融入并改变着学校教育的现实，而且还使我们坚信它将会成为引领六纬路小学教育未来发展的巨大原动力。

二 "爱悦教育"的理论

（一）理论价值的确立和精神核心建设

研究之初，我们将爱悦教育进行溯本析源，从教育者的认知层面将它输出为两部分来看待：即爱与悦。海纳百川，论"爱"之道；兼收并蓄，展示爱己、爱人、爱岗、爱国之风采。诸流汇往，扬"悦"之帆；乘风破浪，尽显自悦、他悦、能悦、乐悦之魅力。

"爱"是挥洒教育的沃土。爱是人类最美好的情感，是人精神生活的重要构成部分，对人的生存、发展有着极其重要的价值。在教育中，爱是教育的灵魂和生命，是架构师生心灵的桥梁，是教育成功的基石[1]，旨在培养人，成就人。小学教育的目的在培养学生德智体美劳全面发展。它不仅仅是教育手段，更是教育目的，教师要用自己的爱引发学生体验丰富、健康、积极的情感，激励学生去爱悦自己、爱悦他人、爱悦社会、爱悦自然，这是"爱悦教育"的核心，也是我们从逻辑层面上所划分的四大部分。在此处，我们以"我"为逻辑起点，从"我"出发，与家人，其他人，与学校，与家乡，与自然，与社会，与世界进行交互，由近，方可期远。

"悦"是"悦纳成长"的悦，"悦纳"[2]出自人本主义心理学家罗杰斯的理论体系，"悦"是一种积极向上乐观开朗的心态；"纳"引自现代国际教育理念"全纳教育"，即不放弃任何一个孩子。[3]悦纳能激发人的自主性和幸福感，有了"悦"感，才能激发教师与学生的责任感、使命感和成就感。在教育的逻辑关系上，我们将其归纳为"爱悦自己，爱悦他人，爱悦社会，爱悦自然"。帮助师生愉悦地接纳自己、愉悦地接纳别人、愉悦地接纳环境，尤其处在当今社会，学校的发展和课堂的文化建设对于师生来讲都处于转型期，能够愉悦地看待转型期的变化与变革是十分重要的。同时，我校也更加关注如何实现学校、教师、学生的共同成长，实现生命价值的高质量，正如我校办学理念所述"一切为了老师与学生的共同发展"。而针对我校的目前治学基础，将执行教育教学的重心切合于曾有的"生命教育"，加以爱悦教育理论、角度、观念、文化的倾注，以爱统领悦，以爱悦定品牌，定能打造属于我们新时代校园自己的教育核心。

对于爱悦教育的出发点，我们选在了由爱而悦的四层次，整个过程并非脱离、独立的，而是有着因果关系，我们从老师和学生共同的爱悦出发，爱悦自己、爱悦他人、爱悦家乡、爱悦自然，由此产生愉悦的情感，而这时完全水到渠成，自然自愿发自内心地向往，使自己感到快乐和愉快，正可谓之因爱而悦。

（二）打造爱悦教育的四个层次

1. 爱悦自己

悦纳自己，从爱自己的身体，爱自己的表现，到爱自己的生命，从思想上打通学生和教师，欣然地悦纳自己，接受自己。而这也正好切合我校一直以来践行推广的"生命教育"，正如"悦纳教育提倡面向所有学生，主张关注每一个学生的发展"[4]。随着一些网络上负面内容的流传，信息时代产生的聒噪效应深入人心，很容易让处于极强可塑期的未成年人，尤其是青少年建立不当的世界观、人生观。学生的行为表现，其实是内心世界向外输出的一种程式，也是学生所受教育和环境的缔结成果。[5] 而我校的爱悦教育，主张从内心深处帮助学生正视自己，爱自己，悦纳自己，旨在为孩子的世界注入一剂良药，温暖成长，拓宽出路。而其中，还包括对自己的表现，对自己的作为，对自己的理想目标的悦纳。

2. 爱悦他人

基于上述逻辑层面，我们的爱悦教育在"爱自己"的基础上生长、萌芽，此处我们也采取由"我"出发，进而到对父母、长辈、家人、老师、同学的爱,这是心中自觉的爱。从教育者的角度思考,人在一生中的成长都少不了与"人"的沟通和交互,如果只是停留于悦纳自己,不能接受别人,就会形成孤芳自赏、自以为是的作风,陷入自我的怪圈,久而久之则易形成孤僻的性格。观念错了,所以愈走就愈入歧途。[6]他们在接受外界刺激后,往往会把这些刺激与自身特点结合起来,转化为内在的动机世界,然后再作出反应。也就是说,发展的过程,即是逐渐摆脱外在世界的直接影响,建立一个内在动机世界的内化过程[7]。而恰恰在爱悦教育中,我们强调由己至他,由近期远。悦纳的逻辑层次,同时也对应了在终生发展的过程中互酬性的特点,即你尊重、接纳别人,别人也更会尊重、接纳你。悦纳他人是爱悦教育的必要准则之一,更是有意识地自我成长的基本步骤。

3. 爱悦社会

由爱产生的喜悦,不止于物或人,通过学生自我意识的愈发稳固和自主意识的觉醒,更可以把层面蔓延到新的高度,那就是对我们现在所共处并建造之社会的欣喜和悦纳。社会性是人的基本属性,当它发展到一定程度时,我们可以将爱悦教育中的爱社会认定为一种超越人与人,而到人与社会之间的相互作用和互相影响[8]。悦纳社会,便是在爱他人逻辑层面之上,更进一步的提升。美国心理学家马斯洛曾提出"人只有在社会中并通过社会来获得自己的发展"[9],让学生建立"爱社会"的爱悦层次,更是映照于此理论的提炼和融汇。通过接纳自我,接受现实,将自己密切地关联于社会,帮助学生个体实现在学习、生活、交往等方面顺利发展,从而实现人的社会性发展,以自己的学习和提升,促成对社会的爱,而从社会的爱里,再次反馈于自身,让自己得到进一步前进的愉悦动力,二者相辅相成,还会促成师生建立更广的认知与拥有更深的见地。

4. 爱悦自然

"金山银山不如绿水青山。"我们的爱悦教育希望孩子能够达到的是,从自我出发,从个体出发,达于大众,续于环境的"爱的延伸和悦的迸发"。逻辑体系是事物发展过程的本质在人们头脑中的反映,是客观事物在理论思维中的再现形式。[10]基于逻辑体系,当学生设身处地地从教育中获得实践、体验、经历和思考,并将它分享于所行之路的时候,那便是爱悦的种子生根发芽的时刻。爱自然，更可以理解为对世界、对生存环境、对现实的一种悦纳和肯定，唯有心有所系，方可志有所倚，更能行有所笃，爱世界，才能去接纳它，建设它，维护它。

如此一来，自我之爱悦、人人之爱悦、社会之爱悦、自然之爱悦，每个层次之间都是按照逻辑思路去做的深入递进，而每一方面，又都是一种由爱而悦，以近期远的联结，爱悦之行，其实如同呼吸般自然。

（三）我校爱悦教育的核心思想

"生命教育"一直以来是我校得天独厚的教育基调，也是我们发展爱悦教育的沃土和源泉，形成了深厚的文化积累，在地处天津市发源腹地的大直沽独树一帜，在学区内起到了重要的人文影响。而多年以来，社会深刻的进步和教育形态逐渐的转变，将生命教育延续拓展至爱悦自己、爱悦他人、爱悦社会、爱悦自然的爱悦教育中，成为我们的艰巨使命和终身任务。在创造性地结合我校办学特点、治学理念后，我们提出爱悦教育，培养能够自悦、他悦、乐悦的爱悦学生。面向未来，并将爱悦进行向外延伸与向内沉淀，将六纬路小学建设成师生理想的爱悦家园。教育实效性的前提是动情，爱是人类的一种高级情感。爱的教育，会让师生在被爱中学会爱，这也是我校"爱悦教育"的核心思想。让爱悦之于校园，成为文化之本、立学之根、发展之由。而爱悦的陪伴，也将承载着我校的育人目标和价值追求，是落实学生核心素养与终身发展的基本载体，最大程度上地还原我们教育生涯中的共同愿景。

（四）"爱悦教育"的精神体系

从爱悦教育的思想出发，我们一路走来，励精图治，并始终坚持为学校打造极富爱悦内涵理念的具象画标志，如校徽、校歌、吉祥物等，将六纬路小学校园文化与爱悦教育相结合，打造"爱悦宝宝"，以吉祥物的形式，向学生、家长，乃至外界舆论输出学校理念，例如在校门口、操场上、教室旁，以不同动作、不同活动勾勒"爱悦宝宝"的形象，让它作为教育的一种客观存在，时刻伴随着师生的成长。

三 "爱悦教育"的实践

（一）学校的发展愿景和具体的发展目标

教育自产生之日起，就是为了人的发展和完善而存在，它引导个体向善，帮助人们走向幸福。但并不是什么教育都可以培养出幸福的人，只有幸福的教育才可以培养出幸福的人，让人感受到教育的幸福[11]。让教师争做爱悦老师，让学生成为爱悦学生，将学校打造为爱悦环境，将家长引导为爱悦家长，紧扣爱自己、爱他人、爱社会、爱自然的核心，做让"家长满意，质量过关"的优秀教育。而"爱悦教育"的目标指引，便是能够让学生与教师欣喜地接纳，包含文化、心灵、思想等多个层面。其中，不仅有老师对学生的悦纳，也有学生对自己的悦纳，我们希望借此为每一个孩子打造自信、从容、充满希望的未来。滋兰树蕙，郁郁青青，我们培养的不一定是天之骄子，但一定是乐于合作、善于奉献、不忘初心的栋梁之材。

（二）践行爱悦教育的具体措施

1. 在学生层面

梁启超曾说过："春秋万法托于始，几何万象起于点，人生百年，始于幼学。"艺术大师丰子恺自己也多次在文章中称自己为"儿童的崇拜者"[12]。儿童应该享有健康、安全、精神充实的童年，爱悦教育无疑是美好的选择。我们要给儿童创造温暖快乐、和平充实、积极向上的成长环境，用爱心、耐心，以一颗包容的智慧之心给予儿童的成长和进步无声的滋养，为孩子的成长服务！陶行知先生也曾提到过："你的教鞭下有瓦特，你的冷眼里有牛顿，你的讥笑中有爱迪生。"[13]所以，我们每一个教育者要爱早慧的儿童，更应当呵护特殊儿童和特别儿童，用微笑、欣赏、尊重点燃他们求知的愿望。将我们的心献给每一个学生。生活即教育、社会即学校、教学做合一。[14]为此，教育的责任绝不能放弃和轻许，不仅要对他们今天的成长负责，更要为他们明天的幸福负责。让学生从认识生命，到保护生命，最终达到悦纳自己，接受自己，最终转化为对自己的满意和欣然，对自己进行正确、积极的认知。让悦纳社会、悦纳自然、悦纳世界的种子从娃娃心里就开始萌芽。

2. 在教师层面

争做爱悦教师。从师德建设、师能培训、评价制度三方面着手。为了提升教师队伍的水平，打造高素质的爱悦教师队伍，学校特别注重营造积极向上的干事创业氛围，结合教师自身，协调与同事、学生、环境、家长间的关系，为促进教师互相发现闪光点，学校每月的"好人好事记录"为老师们搭建了构建和谐关系的桥梁，让每一位老师感受到为学校发展做出过努力与贡献的价值与幸福。将教师的事迹通过自我宣讲、同伴介绍等形式放大宣传，有效启迪和助推了教师师德建设、专业发展的自觉追求，这是"他悦"；从教师能力的培训上，以赛代培，并且我们定期召开反馈的"分享会""总结会"，教师分享教育与教学中的实例，在分享中进行反思，找到自我反省、解决问题的途径，挖掘自我的价值，让教师做会自豪、有自信、有才能的爱悦教师，悦纳自己，这是"自悦"；从评价的原则上激励老师，包括校内评选的优秀荣誉称号，以类似"爱悦之星""爱悦领导""校园十佳爱悦教师""优秀党员教师"等形式为老师们补充自己的幸福感，悦纳自我提升的过程，悦纳自我启迪的成就，这是"乐悦"。

3. 在爱悦环境的层面

着眼于锻造爱悦教育环境，首先是对青年教师的培养和打造，我校为全校十七名80后、90后正值教育教学工作能力提升最佳时期的青年教师成立了"青年教师工作室"。开展了一系列诸如读书分享、"青年志愿者服务队"、信息技术使用技巧分享交流会、家委会组建模式交流会等活动，既促进青年教师进行技术交流分享，又创新教师互学新机制，改变以往师徒结对帮扶模式，由徒弟将学习的新技术教给师父，解决学校自查清单中"有循规蹈矩的思想，不善于捕捉信息学习新的方式和方法，采取固定模式"的问题，促进教师队伍整体素质的提高，让老师们享受到接受教育新技术带来的幸福感，打造出了我们校园中教师团队一心向前、悦纳收获、悦纳成长的教育氛围。

4. 在爱悦评价机制层面

以教师庆生活动、组间互动互助、好人好事通报等形式，为老师们搭建爱悦的大环境；以优中选优的学生担任班级绿植给养工作，用"护花使者"的职责激发学生心中的爱悦,在平时的校园生活中,以儿歌、漫画的形式灌输爱悦理念,既向孩子们输送了我们的思想,又用有趣丰富的形式便于学生接受。在课程文化上,用爱心、感恩的实践活动和主题班会增强学生的代入感,拓展爱悦教育的具体形式。在课程文化中,主抓爱悦学习,提升孩子的核心素养,利用"直沽文化"这一校本课程的开发让学生有自己讲课的平台,以学生讲、学生学、学生分享的形式进行操作,更可以根据学生不同学段的特点,采取一系列艺体活动。

5. 在引导爱悦家长层面上

我校发挥家委会功能,争取家长的力量,对接家校教育,促进师生之间的悦纳成长。面对家长队伍的年轻化以及受教育者成长多元化的现状,学校将加强家委会建设纳入议事日程。发挥家委会的重要作用,增进家校之间的交流互通,提高家长参与学校、班级管理工作的意识,调动家长的积极性,充分体现家长的参与权、知情权、发言权和评价权,真正达到家校合作的目的,充分利用学生作为切入点发挥家长潜能,唤醒激发学校隐形资源[15]。例如让退休赋闲的才艺老人带校园社团,既丰富了老人的生活,也让老人的生活继续陪伴学生,放飞希冀,发挥余热。

6. 爱悦教育的师资培养

参照国内优秀名师工作室的工作手段,建立以爱悦教育为核心的协作团队,建立教师团队自己的微信群、微信公众号,打造自己的品牌力量,采取"五个一"策略,促进教师成长,即一节优质课、一个好的教学模式、一次不忘初心的演讲展示、一次引领导航的专家点评、一篇总结收获的精华文章。并利用三级人才链的策略,即一级人才统领二级,二级人才带学生统领三级,以此类推,启动教育辐射效应。

爱,使我们充满感情而专注地从事着教育事业。六纬路小学一直拥有良好的社会认可度,证明了一个道理:"爱悦教育"的办学特色使师生间传递着爱、浸润着爱、发展着爱;使个人、学校、家庭、社会培育着爱、激发着爱、传播着爱。充满爱与悦的六小,这个集体,有一种神奇的力量,由众多朴实的六小教师打造而成,大家无私奉献,敬业爱生,舍己为人,追求卓越的精神浸润着每一位六小师生,无论早晚,不分先后,都被涂抹上一层温暖灿烂的、爱的底色。

参考文献

[1] 陈艳华：《论爱与爱的教育》，《山东教育科研》2001年第5期。

[2] 卡尔·罗杰斯、杰罗姆·弗雷伯格：《自由学习》，北京师范大学出版社2006年版。

[3] 王忠玲：《教育、从悦纳开始》，《高等教育》2016年第10期。

[4] 马建明：《悦纳教育与儿童生长》，《江苏教育》2015年第27期。

[5] 梁惠权：《梁惠权与悦纳教育》，北京师范大学出版社2016年版。

[6] 卢梭：《爱弥儿》，商务印书馆1978年版。

[7] 普莱尔：《儿童心理》，中国人口出版社1997年版。

[8] 关颖：《社会学视野中的家庭教育》，天津社会科学院出版社2000年版。

[9] 赵海涛：《人的社会性发展与自我悦纳——社会性发展的新解析》，《文教资料》2016年第27期。

[10] 赫尔巴特：《普通教育学》，北京师范大学出版社2010年版。

[11] 莫汉祥：《我所憧憬的幸福学校的三个"愿景"》，《新教育》2015年第14期。

[12] 丰子恺：《给我的孩子们》，海豚出版社2014年版。

[13] 陶行知：《行知诗歌集》，大孚出版公司1947年版。

[14] 陶行知：《中国教育改造》，吉林出版集团股份有限公司2017年版。

[15] 关颖：《社会学视野中的家庭教育》，天津社会科学院出版社2000年版。

谈高考地理教学培养学生区域认知核心素养的途径

天津市第五十七中学　何　洁

【摘要】 通过高三教学实践，笔者总结归纳了提升学生区域认知素养的途径：利用图文信息，让区域空间具体化；确定区域主题，让知识内容系统化；控制区域要素，让原理规律情境化；比较区域差异，让特征表现鲜明化等实践方法，供大家参考。

【关键词】 区域认知；核心素养；途径

区域性是地理学的一个突出特征。区域认知是学生理解地理过程、地理规律和人地关系的重要方法。在课堂教学过程中，教师应注重区域认知教学过程的实施，引导学生了解该地区的地理位置和地理特征。帮助学生建立区域相关的知识结构，加强区域综合分析、区域比较、区域联系等应用。如何通过感觉、感知、想象和理性思维形式，促进学生区域认知能力的提升。在高三教学实践中，笔者总结归纳了一些做法供大家参考。

一　利用图文信息，让区域空间具体化

近年来，高考的地理考试问题往往从地理空间开始，要求学生正确定位考试题目中给出的地理信息。然后根据该地区的基本特征分析或推理其他特征或解决实际问题。如果判断空间不正确，则会影响答案的正

确性。例 2017 年文综地理卷 13（2）题 a 点以上河段河流水文特征的分析，考生首先要从图中获取判断的依据：支流较多、流经山地（这两点是通过读图获得）、森林覆盖率高、地处我国长白山区（这些知识需要考生从试题信息中获取空间定位）等，并由此推断出该地位于温带季风气候区，气候湿润，降水季节变化大等，再结合所学知识，正确概括出该河段的水文特征。因此，正确回答地理问题的前提是正确判断地理事物的空间位置，掌握地理事物的空间结构特征和空间连接规律。

区域空间定位的方法有很多，例如，绝对位置定位法、相对位置定位、根据区域形状轮廓特点加以定位、根据区域特征综合定位等方法。在上述各种定位方法中，最常见和最重要的方法应该是使用纬度和经度定位。近年来，高考试题的命题呈现出区域的微观化（大比例尺地图）、定位精确化的趋势，且大部分地图显示区域经纬度，如何帮助学生利用经纬度较准确、快速地建立空间概念，对学生来说面临着新的挑战。

经纬度是地球上地理事物空间的坐标，"记交点"是帮助学生利用经纬度空间定位的很好的方法。所谓"交点"就是重要经纬线的交点，以这些交点附近的地理事物为基准，辐射周围的区域。下面以中国为例，中国是我们的祖国，高考中对中国地理的要求比较高、比较细。10 度一条经纬线，找其主要交点，以地形为骨架，识记主要交点附近的地理事物。例如：30°N 和 100°E 交点附近是横断山脉，30°N 和 110°E 交点附近是巫山；巫山以东则是长江中下游平原，一直到 30°N 和 120°E 交点附近的钱塘江河口，而 30°N 和 120°E 交点附近又明确了沪宁杭的相对位置。再如，通过 20°N 和 110°E 交点识记海南岛，通过 23°26′N 和 120°E 交点识记台湾岛，通过 40°N 和 100°E 交点识记祁连山脉和河西走廊这一高考高频次出现的重点区域，通过 40°N 和 120°E 的交点识记渤海及京津唐地区，等等。通过这些交点再辐射到周边，达到对中国地理区域的识记。

世界地理区域位置的要求低于中国。可以依据的主要纬线有赤道、南北纬 30°（23°26′）、南北纬 60°（66°34′）、40°N（这条线上重点区域及主要国家城市集中），经线 30°一条，然后找其主要交点帮助识记，要明确各大洲、大洋的相对位置，最终要达到能够根据经纬度及其他信息判断区域的位置。世界区域的识记侧重自然，一定要结合自然要素（大气环流形式、气候类型、自然植被类型、洋流等)的分布规律加以认识,逐步让学生脑海中形成地球上的海陆及其他地理要素分布概况,并尽可能落实到具体的地形区和国家。

高三地理复习过程中鼓励学生多读多看,甚至自己动手多画多练,逐步在学生心中构建经纬网的地图。教学实践证明,让学生按照"记交点"的方法,在10°一条经纬线的中国经纬网图中,仅绘制交叉点附近的地理位置,与查看地图相比,事半功倍。当然,空间定位方法不是孤立的,往往需要多种方法综合运用,同时要注意把试题的"微空间"还原到中国和世界的"大空间"中,培养地理的整体定位意识和能力,使学生能够不断总结规则,在反复实践中实现快速准确的定位。

二 确定区域主题,让知识内容系统化

高考命题的特点之一是学生对于区域认知能力与高考试题紧密结合。通过分析近几年的高考试卷,我们可以看出,综合题的命题思路往往会选取一个专题特征较为明显的区域,以区域内的某一地理事象作为线索,用链式设问的方式设置系列问题,各个问题之间要联系紧密,层层深入,表现出"小切口,深挖掘"的特点。

在地理教学过程中,可以针对某一个具体主题,例如水土流失、荒漠化等,寻找典型区域,精心设置探究问题,引导学生进行区域认知。同时,我们也可以将这种教学思路倒置过来,在区域地理复习的过程中,寻找每一个区域最突出的特征以及主线或逻辑关系等,确定不同的区域专题进行研究。以《高考天津卷考试说明》中义务教育课程考试内容的部分条目要求为例,我们可以把这些条目的主题要求分散到近三十个复习备考的世界地理和中国地理区域当中,突显每个区域的人地关系主题。如在进行澳大利亚区域地理复习的过程中,可以突出落实"能够运用地图和其他资料,评价某一地区的自然条件对人类活动的影响"这一条目的主题要求;在进行美国区域地理复习的过程中,可以突出"能够利用图文资料,说明某一国家的主要产业部门及其形成与发展的主要地理条件"这一条目的主题要求。由此利用"方法论",将知识迁移运用于不同空间尺度的区域认知过程之中,并在新的认知过程中"查缺补漏",完善

知识内容体系。

我们在进行二轮专题复习备考阶段，可以把这种主题式区域教学模式拓展延伸为"特殊——一般——特殊"的模式，第一个"特殊"应当选取该主题的典型区域或区域的典型特征作为探究对象，然后按照"什么特征——在什么位置——表象的原因——产生什么影响——怎样促进人地关系协调发展"这一主线展开区域探究过程，由表象总结规律，由特征思考原因，层层深入剖析原理，多视角、综合性地进行区域问题的探究，从而形成分析此类问题的一般方法或流程。第二个"特殊"则应当选取探究过的同一主题下，并不典型的区域或区域特征不典型的、区域特征带有复杂不良结构的或其他连锁性问题以及干扰信息的区域，让学生运用已经掌握的先前总结归纳出的一般方法或流程，再次进行同类问题的分析与解决。在解决问题的过程中，拓展并延伸相关原理和规律，修正并完善知识结构和体系，提升原理、规律的迁移应用和随机应变等能力，提升学生的综合思维水平。

三　控制区域要素，让原理规律情境化

不同特色的区域内地理事象的时空动态发展变化是多个要素综合作用的结果，所以对各个地理事象的发生、发展以及演变的规律性研究和发展趋势的判断预测就变得相当复杂和困难，然而这又是我们更加深入地进行区域认知所要面对的问题，因此研究出现上述问题的解决方法就显得十分重要。对于真实区域内多要素影响同一地理事象的发生、发展以及演变的问题，教师常常会采用控制变量的方法，即把多个要素的问题变成多个单一要素的问题去进行分析，每次只改变其中某一个影响要素，而控制其余几个影响要素不变；或让一些影响要素暂定为固定值，控制剩余那个影响要素的变化，看单一影响要素对地理事象产生什么影响，从而研究被改变的这个影响要素对整个区域地理环境产生的影响。

例如，在分析堪察加半岛地形对降水区域差异的影响这一问题的时候，我们可以首先确定影响该区域降水的因素包括地形、风、海洋等，然后采取上述介绍的控制变量法，对确定的影响因素进行逐一分析。我们让风、海洋等影响要素保持不变，山地发生改变（海拔高度、起伏、

走向、位置、地形空间排列状况等），要求学生分析该区域降水会产生的变化；其次，我们让山地、海洋保持不变，风发生改变（风向、风力、风的持续时间、风的类型等），要求学生分析该区域降水会产生的变化；再次，我们让山地、风保持不变，海洋发生改变（海洋的位置、面积大小、性质、轮廓、封闭程度等），要求学生再次分析该区域降水会产生的变化。通过上述分析过程，学生可以更加清晰地了解影响该区域降水的每一个特征是受何种因素影响的，影响过程是怎样的，影响结果为何如此（见图1）。

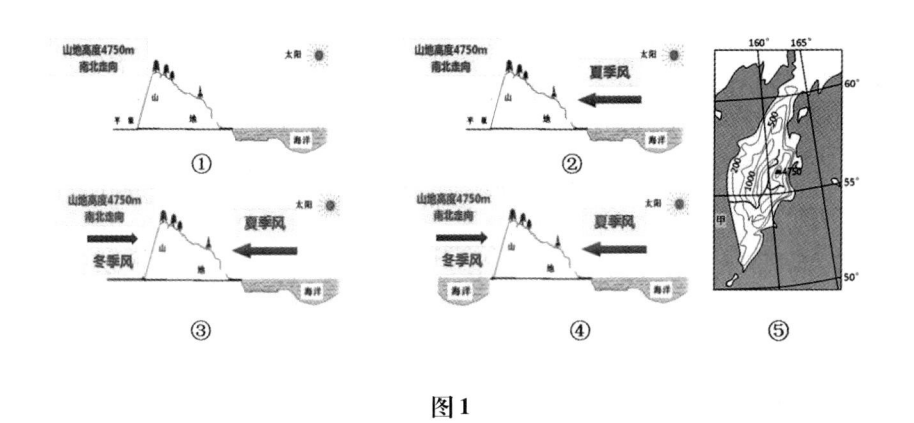

图1

新课改的地理教学更注重过程和方法，而进行区域认知过程中控制变量法的应用，不但可以让学生体会原理、规律的形成过程，同时还可以让学生掌握区域地理事象的分析研究方法，也就是让学生在过程中体会方法，从而学会运用方法去更好地进行区域认知。通过教师的有意引导，学生不但能够用控制变量的方法解决地理问题及生活中的实际问题，同时还能在运用的过程中主动思考，提升学习能力。

四 比较区域差异，让特征表现鲜明化

比较法是了解和认知地理事物整体性与差异性的一种常见思维方法，即通过对不同地理事物列表比较、对比观察、类比推理、归纳总结等手段进行研究分析。区域内部和区域之间，不仅存在着大量的差异，也会

存在各种各样的联系，采用比较法对区域差异、区域联系进行分析更能直观地、深刻地认知鲜明的地域特点。

区域比较着重对地理要素的现象与本质、类型与结构、状态与过程等方面进行比较，找出差异最明显、最突出的现象或性质。在备考复习的过程中，我们将不同区域同一地理要素现象或本质进行比较。区域尺度可以是大洲之间、两国之间，也可以是部分河流、山脉之间，通常是大比例尺的局部区域。例如在进行气候特征描述比较与成因分析的专题复习过程中，我们可以选取亚欧大陆同纬度东西两岸代表城市伦敦和北京的气候统计资料（见图2），让学生通过已经掌握的描述和分析方法进行活动探究，让其在探究中理解"大气环流"这一影响气候的因子，在大尺度区域空间范围内对气候形成产生的影响及其表现；我们也可以选取马达加斯加岛东西两岸代表城市甲和乙的气候统计资料（见图3），让学生在描述表现和分析成因的过程中，领悟"地形迎背风坡"这一影响气候的因子，在小尺度局部区域空间范围内对气候特征造成的明显差异。

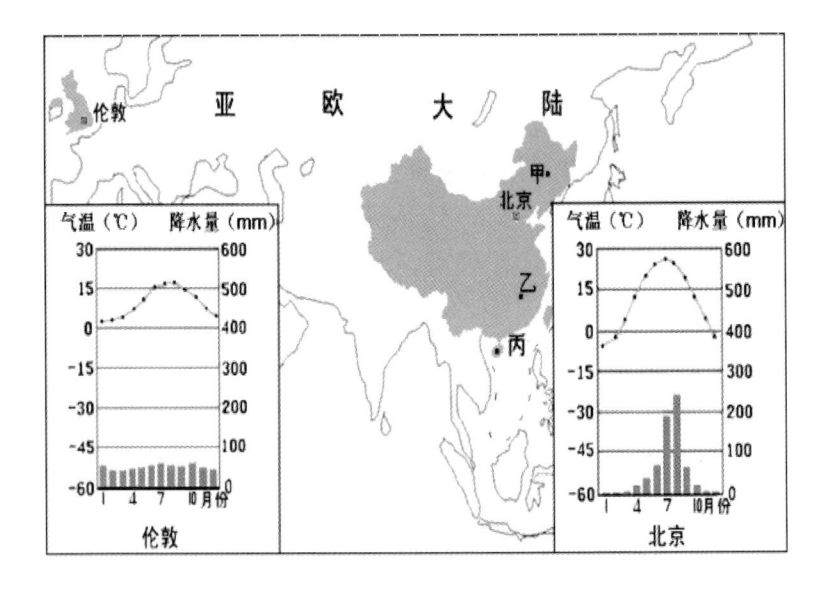

图2

图3

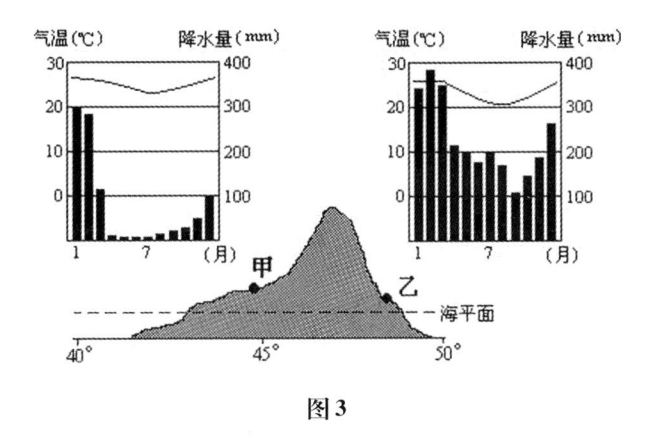

地理学科的核心素养中提出培养区域认知能力,采用比较法,对区域比较找出研究对象与其他区域要素之间的联系,从而进一步加深对具体区域地理事象的认知。同时,在区域比较的过程中,对已认知的区域认知结构进行重构与整合,在此基础上促使认知结构本身条理化、清晰化。通过比较分析了解区域之间的自然环境条件、社会经济条件、文化背景等存在的差异,以区域与区域间相互联系作为基础,就能得出区域间存在的不平衡性的结论,更进一步理解差异性的准确内涵。因此采用比较法,熟练地比较区域差异,认识区域联系,对培养学生认识地理事象之间的差异性和整体性具有重要的意义。

参考文献

[1] 天津教育招生考试院:《2017年普通高等学校招生全国统一考试·天津卷说明》,天津人民出版社2017年版。

[2] 袁孝亭:《区域认知及其培养重点解析》,《地理教育》2017年第1期。

[3] 李云娇、白舟:《浅议区域认知素养及其培养策略》,《地理教育》2017年第Z1期。

[4] 张春艳、许祥东:《区域认知与其他核心素养的联系》,《南北桥》2017年第7期。

[5] 王民、邱怡宁、蔚东英:《高中地理核心素养水平划分标准研究

（连载三）——"区域认知"水平划分标准与案例研究》，《中学地理教学参考》2017 年第 8 期。

［6］李琳：《谈"区域认知"素养的落实途径》，《中学地理教学参考》2016 年第 12 期。

［7］赵生龙、侯美娟：《基于"主题式"区域地理教学培养学生区域认知能力》，《中学地理教学参考》2017 年第 7 期。

［8］刘玉英：《控制变量法在地理教学中的应用》，《大连教育学院学报》2011 年第 6 期。

天文教学与小学科学课程的整合

天津市东丽区丽泽小学　纪宝伟

【摘要】 在新的《义务教育小学科学课程标准》的指导下，以天文知识为主的地球与宇宙科学领域的内容，越来越受到重视。本文通过如何整合小学科学学科与天文教学入手，从问题的提出、整合的路径、整合的效果三个方面进行阐述。在文章中含有我校近十年的天文教育实践经验，形成了一系列切实可行的天文教学与小学科学教学整合的路径与方式。以我校的实践为出发点，对课程进行课内与课外的整合，培养学生对天文知识的兴趣与能力，达到促进科学教育创新发展的目的。

【关键词】 小学；天文教学；科学课程；整合

一　天文教学与小学科学课程整合问题的提出

（一）课标的要求

2017 年，教育部印发的《义务教育小学科学课程标准》明确指出，小学科学课程是基础性、实践性和综合性的学科。课程内容包含物质科学、生命科学、地球与宇宙科学、技术与工程四大领域。对于其中的地球与宇宙科学领域的知识，在科学课程标准中也提出了"了解太阳系和一些星座，认识地球的面貌，了解地球的运动，认识人类与环境的关系，知道地球是人类应当珍惜的家园"的目标。天文知识作为地球与宇宙科学领域中极其重要的组成部分，其相关知识在小学科学教学中，变得越

(二) 天文类课程在小学阶段的发展现状

天文课程作为小学科学课程的一个重要组成部分，具有宏观性、前沿性、专业性等特点，对师资、设备、自然条件等因素要求很高。这种课程特点导致天文知识的内容，往往是很多科学老师不愿甚至不敢去研究和开展教学活动的。这直接影响了素质教育的要求，让我们在实际的教学中出现教学目标难以达成，难以满足学生和大众对于天文知识的需求的情况。

作为我们传播天文知识主渠道的科学课堂，如何让我们的课堂变得生动有趣，让枯燥遥远的天文知识被我们所理解，是摆在我们面前值得深入研究的问题。让天文知识在科学课程中丰富化，深入化，提炼天文学内容，采用一些先进的教学手段使天文知识更易被掌握，将天文教学与小学科学课程进行有效的整合，是进行天文教学和组织天文活动的有效途径。

二 天文教学与小学科学课程整合的路径

(一) 课内整合

1. 教学内容的整合

除了课标中要求的拓展科学日常教学中的天文知识，我们在小学阶段的教学中，提炼出更多的内容，进行课程的融合。

（1）物质科学的拓展

在《空气和水》这个单元教学中，讲到大气组成、二氧化碳等知识时，加入关于金星的知识其实是再好不过了。和地球比，金星的体积质量以及行星的构成，都是极其相似的，很多人甚至称它们是孪生兄弟，可是现实的结果却是金星480度的高温，使它成为地狱一样的地方。金星中的二氧化碳含量达到了百分之九十八，强大的温室效应使它成为太阳系中温度最高的行星。我们的地球不善加保护，那么金星就是我们的未来。

（2）生命科学的知识拓展

在《植物》单元，讲到植物的生长，可以讲讲太空种子与转基因食物、光合作用、太阳能。讲到《动物》单元，可以讲讲候鸟迁徙依靠地磁感应，给学生讲讲"第一只登上太空的小狗"，"在太空实验室征集实验进行蚕的孵化"等科学技术与发展的内容。

（3）技术与工程领域的拓展

在教学中，讲授如何观测星空的运动，设计方案和相关器材；研制火星车；用北斗导航的组件记录卫星过境以及导航定位，等等。

2. 教学方法的整合

（1）充分利用网络资源

此方法特别适合讲授教学科技史类和操作性较少的内容，如在教学《人类认识地球及其运动的历史》《地球的卫星——月球》《探索宇宙》时，教师在课前指导学生以小组合作方式运用网络、书籍搜集相关资料，或在网络上下载《斗转星移》《星际旅行》等视频资料，在课堂上学生进行汇报，这样的教学活动可以锻炼学生分析、概括的能力和辨别真伪的能力。也为科学教学储存丰富的资源，更充实了学生和教师自己的知识领域。

（2）充分利用辅助工具上好天文课

天文课程的教学中，我们经常会用到一些传统的教具，如月相演示仪、地球仪、三球仪、太阳高度测量器，这些是小学实验室中必须配备的材料。除此之外还有月球仪、天球仪、太阳结构模型、全天星图、星座雨伞等也是我们辅助教学的一些非常好的教具，都可以适当购买一些。

（3）借助多媒体技术来辅助教学

我们常用的 ppt，已经不能满足教学的需要，这时我们需要引入一些教学辅助软件，例如：Stellarium（虚拟天文馆）、Google 地球、WinStars 2（天文地理）、微软太空望远镜、Starry Night（后院星空）、sinosky（观星台）……这些软件各有其优缺点，只要我们扬长避短，合理使用软件，就会有事半功倍的效果。例如我们经常使用的 Stellarium（虚拟天文馆）是一款免费开源的 GPL（自由软件）软件，它使用 openGL 技术对星空进行实时渲染。这款软件可以模拟现实的大气层等，按时间模拟出任何时间任何地点星空的样貌，图片美观真实，非常适合讲授星空观测内容使用。课上将课件时间调至当天晚上,引导学生亲历找夜空中最亮的星,连线,星座标识,星座图绘,想象起名字的过程,学生了解了春季代表星座。通过探究,动手动脑,参照课件,知道了天体是运动着的,是有规律的,达成教学目标。

(二)课外整合

1. 让学生动手制作,加深对天文概念的理解

在课程之余,利用社团活动来开展一些动手做的内容:如制作活动星图、星座演示仪、太阳光谱仪等,让孩子们自由动手制作,教师指导得法,方法简单,学生动手动脑,还能固化知识,加深对概念的理解。对于古代仪器,例如日晷、象限仪等原理的理解和复原,增加孩子们的兴趣,加深他们对中国古代的科技史的理解。用这些仪器开展天文观测,效果也十分不错。

2. 基于大数据的万维望远镜项目

利用云计算,大数据来使我们的天文教学具备时代的需求和技术的升级,其中 China-VO 虚拟天文台是通过先进的信息技术将全球范围内的研究资源无缝透明连接在一起形成的数据密集型网络化天文学研究和科普教育平台。基于虚拟天文台开发的万维望远镜是基于云计算和大数据技术融合国内外海量天文数据,为科学研究和科学普及提供信息化支撑。万维望远镜项目因其直观性强、先进的可视化功能、互动操作性强、海量的天文数据支持等优势,成为越来越多科学教师的选择。与其相关的宇宙漫游比赛也是孩子们交流天文知识,开展天文活动的平台。

3. 请专家到学校讲天文

第一次邀请科技馆天文专家来给孩子们上天文课之后,学生一直询问我,老师什么时候还来?我还想听……于是我校的大师讲堂项目,根据学生的需求,相继邀请航天五院的专家、天文爷爷赵之珩、星空摄影师 PK 陈、中科院老专家张厚英为我们的孩子们带来一场场精彩的大师讲座,让学生能够站在这些专家和巨人的肩膀上,来思考天文,感悟世界,让孩子们能够以这些专家为榜样,不断探索科学的新知。

4. 组织参观学习的研学活动

学校承揽天文科普宣传展,将展牌放到学校的走廊里,供学生业余

时间观看，并定时为学生讲解相关的天文知识。在节假日，组织学生去科技馆、天文馆参观学习，有系统地学习天文知识。

5. 观测活动，践行身边的天文

最初我们观测金星凌日的时候，没有观测设备，我在全校范围内只征集到一个双筒望远镜，只能用 X 光片覆盖在镜片上，学生们排着队观看。后来我们每个月都会开展校园天文夜活动，内容包括开观月、泛彗星、铱星、国际空间站、木星、土星等观测活动。邀请学生家长一起开展观测活动，使我们的天文活动扩展到校外，拉动天文普及。

6. 建立基地，专家支持

环境建设是天文教育的一项重要内容，可以通过营造星空环境，达到使学生身临其境的效果，从而激发学生的学习意识。我校通过申请活动资金，建立天文体验室，为学生天文活动设立固定的活动场所。

7. 研发课程，制作软件

在天文课程开展到一定阶段，研发适合本校使用的天文校本教材，制作教材配套的课件、VR 与 AR 的软件，以及基于万维望远镜项目的宇宙漫游。在教学中，先进的设备可以弥补课程中操作困难、空间感过强，导致难以达成教学目标的缺点。

8. 以各类比赛为契机，成立天文爱好者社团

组织我校在天文项目上有兴趣的孩子开展丰富的社团活动，如天文摄影、天文制作等活动，丰富孩子们的能力和眼界，这些孩子也是我们备战各项大赛的主力人选。

三　天文教学与小学科学课程整合的效果

（一）开设天文教学校本课程

应用校本课程和拓展活动来补充科学课程的内容与所学，小学生学习天文知识不仅能够更好地理解科学知识，更能扩大知识领域和提高各方面素质，开阔眼界和胸怀。因此我们除了进行常规教学之外，在课后开展了《我爱天文》校本课程，通过讲授和实践两种授课方式，带给学生形象生动的天文知识。实践证明，常规课程教学和校本课程教学两者相辅相成，实践与讲授相结合，大众普及与特长生培养相补充，都起到

了很好的教学效果，也激发了更多学生的求知欲望和探索精神。

（二）学生的收获

自古以来，我们都爱以"上知天文，下晓地理"来形容一个人博学多才。这句话的含义是一个有足够智慧的人要懂得包括天文和地理在内的所有知识。通过一系列的教学内容为学生撩起了星空的神秘面纱。这些内容的教学重点是点燃小学生的求知欲，这远比告诉他们太阳直径、温度更重要。

在长期的实践中，我们发现在小学阶段，天文教育是孩子们所乐于接受的，天文活动是他们积极参与的。天文领域包含自然科学、技术、工程、数学等多门学科，这些知识在该领域有效整合。通过一系列天文整合的课程，我校培养了一大批热爱天文学的孩子。他们在各级各类的比赛中获奖，通过撰写论文、参加擂台赛等活动，他们进一步展现了自己的才华。

（三）教师的发展

搭建教师成长平台，组织青年教师参与到天文知识的普及和教育中来，让他们积极听天文课，积极参加天文培训，开展与天文有关的教科研课题研究，完善我校科技团队建设。教师自身得到良好的发展，才能推动天文教育、科技教育的发展。

集团化办园背景下青年教师专业发展策略研究

天津市河西区第一幼儿园　季学欣

【摘要】 随着办园规模的扩大，青年教师数量急剧增加。青年教师的大量涌入，在解决了幼儿园师资短缺问题的同时，也带来了教师培养与发展的诸多问题。青年教师是教师队伍中一支最活跃的生力军，是幼儿园教育教学工作的重要力量。如何根据青年教师的成长规律，探寻其成长的策略与方法，造就一支思想道德高尚、专业理论知识扎实、专业技能突出的高素质教师队伍，是我们研究的重点。在集团化办园背景下，我们探索了多元化的园本培训，多渠道的园本教研，师带徒结对帮带等策略。

【关键词】 青年教师；专业发展；园本培训

十九大报告明确提出优先发展教育事业，办好人民满意的教育。推进教育现代化，建设教育强国，是新时代赋予教育的新使命。2018年2月，中共中央、国务院印发了《关于全面深化新时代教师队伍建设的意见》，这是新中国成立以来党中央提出的第一个专门面向教师队伍建设的里程碑式的政策文件，也让我们全体教育人感到责任在肩，备受鼓舞。教师是教育发展的核心力量，决定着教育的品质。青年教师又是教育的希望和未来，是实现教育现代化的主力军。为此，青年教师队伍的成长与发展，受到全社会空前的关注与期许。

目前河西一幼教集团四址园区，随着办园规模的扩大，教师数量急剧增加，青年教师占全体教师比例一半以上。青年教师的大量涌入，在解决了幼儿园教师短缺问题的同时，也带来了青年教师培养与发展的诸多问题。如，青年教师性格特点各异、综合素质参差不齐；教师新老交替的比例扩大，青年教师的成长速度急需加快等。因此，我们开展了青年教师培养模式的研究，旨在发现和总结青年教师的成长规律，探索青年教师的培养策略，促进园所的可持续发展。

一　多元化多路径园本培训模式

园本培训是紧密结合园所实际，以现实的教育教学实践需要为本，对教师进行的有针对性和个性化的培训。园本培训是提高在职幼儿教师专业化水平的重要渠道，在集团化教学管理中，我们尝试建立多元化、多途径、多通道、多策略的园本培训模式。

（一）归属关爱型园本培训

新教师作为教师队伍中的新鲜血液，不管在师德修养还是在教育教学中，都要经历成长羽化的过程，因此我们要通过多种培养方式帮助其递进成长。新职加油会是新教师在全体教师面前的第一次亮相，自我介绍，展示才华；暖心对话会是领导班子和新教师的谈心会，外省市新教师越来越多，回归家的温暖是爱的起航；园规园纪是入职第一课，承载着教师的师德底线，为新教师建立必要的规约；榜样示范会让骨干教师分享个人专业成长历程，让新教师产生共鸣和感悟，激励励志再出发；保教并重是新教师上岗第一课，是幼儿教育的原则和基础；家长工作是新时代教育工作的特点，也是新教师的工作难点与困惑点。归属关爱型园本培训增强了青年教师的集体融入感，提升了教师的专业技能。

（二）需求量化型园本培训

依据差异管理原则，针对青年教师发展特点的差异性，教育需求的差异性，我们本着各取所需、统筹安排的思想，运用需求量化式园本培训方法，将培训内容和参与培训的自主权交给老师们，激发教师学习的积极性和主动性。学期初，对各层级教师，尤其是青年教师的培训需求进行调研，由教学园长将教师们的需求汇总、归纳、分析，列出青年教师成长需求菜单，包括教育教学、家长工作、课题研究、环境创设、信息化微课等主题。我们汇总青年教师培训需求，制定园本培训计划，确立培训形式。共性问题进行全园培训，个性问题进行各园区或者各团队培训。培训方式灵活多样，集体培训、领域组培训、平行班培训、教师个人自主学习相结合。如：微课制作、主题环境创设进行了全体青年教师集体培训；家长工作的方法与策略进行了青年新班长的岗上培训；教学计划的制定是新教师上岗的必修课等。需求量化型园本培训，实实在在解决了青年教师工作之初的需求，高效整合了青年教师集体孵化的有效路径，满足了其专业成长的需要。

（三）小专家团队型园本培训

河西一幼教师人才辈出、各具特色、智能强项、优势领域非常突出，拥有众多市区有影响力的专业化教师，为此我们为这个集体命名为"小专家型教师团队"。由小专家型教师轮流担任培训学习的组织者，教学园长和教学主管轮流组织集团教师培训，小专家型教师轮流组织园区内培训或领域组专题培训，如阳光体操培训、绘本教学培训等，各抒己长、各显其能，推广经验、辐射全员。我们的青年教师也跃跃欲试，一展风采。特别是信息化多媒体的运用技巧培训，让老教师们自叹不如。小专家团队型教师培训，帮助青年教师树立了专业发展方向，锻炼了青年教师的表达能力和反思能力。

（四）层级推进型园本培训

依据河西区七层级金字塔形教师发展结构，我园将青年教师梯队分为新职型教师、发展型教师、骨干型教师三个不同层级。我们实施层级园本培训，实现分层培训、分层练兵、分层展示、分层评价。如，针对新职型教师，我们采取多师制培训模式。新青教师说课、巡课、展示课采取师傅和教学园长一对一的培训指导模式。新青教师巡课，对于青年教师是基于实践的学习与培训，对于师傅和教学管理者则是发挥示范引领和再提高的过程，也是一个互相研讨、互相促进的培训机制。骨干型青年教师则是压担子、给任务，让她们在参观接待活动中崭露头角，在市区竞赛中小试身手，在集团化培训中抒发感悟。在层级推进型园本培训下，青年教师的发展得到了团队的帮助，得到了师傅的引领，实现了快速发展。

二 多角度全方位师徒结对模式

"师徒结对"是河西一幼长期坚持的师资队伍培养模式，面对新问题，我们尝试新型的师徒结对方式，即双师制、多徒制、亦师亦徒制，让青年教师在智囊团帮扶下集众家之所长。

（一）师徒结对互促共赢

师徒是教育教学实践的合作者，是教育教学经验的共享者。徒弟要学师傅高尚的师德和精湛的业务，师傅看重的是徒弟的敬业精神和优势特长。在隆重的拜师仪式后，师徒双方共同制订师徒协议，互相取长补短、优势互补、求同存异、互促共赢。如新班长张硕老师出现家长工作问题，首先想到的是师傅马老师，主动请教，化解矛盾，问题迎刃而解。新职教师陈晨在磨课中邀请张冠珠师傅观摩指导，手把手指点迷津，从计划的制定，到有效策略的运用，透彻分析，亲身示范，受益匪浅。

（二）师徒结对层级发展

我们从青年教师的综合素质和基本能力为出发点，确立一年起好步、两年立住足、三年渐成熟、四年创特色、五年能示范的培养目标，也是为青年教师量身定制的发展规划。对于入职 1 年内的教师，师傅帮其进行学生到老师的角色转换，基本完成教育教学工作，做好班级管理工作。对于工作 2—4 年的青年教师，不仅要提升自我综合素质，师傅还要帮其积极胜任教育教学工作，提高班级管理水平，并趋向于骨干教师发展。对于工作 5 年以上的青年教师，师傅引导其高质量完成教育教学工作，总结提炼个人独具特色的教学风格，趋向小专家团队发展。

（三）师徒结对阶段递进

师徒循序渐进的教学策略研究，是完成新青教师从青涩到趋于成熟或成为骨干教师的必经之路。第一阶段是模仿式学习。主要让新职青年教师观看经典课例录像，观看骨干教师组织的教学活动，了解教学目标和组织过程之后再组织教学，然后自我反思，接受师傅建议再跟进，不断积累教学经验。第二阶段是经验积累式学习。徒弟自行设计教案组织活动，反复磨课与跟进，师傅帮助其修改与调整。通过一课多磨，在反思调整中提高，实现螺旋式提升与进步。第三阶段是自主研究式学习，徒弟自主选择教育内容、采取适宜的教学方法和教学策略。师傅适当点拨，研讨共促，互动引领。

三 研培一体的园本教研模式

青年教师的成长不仅需要师傅引导，更需要团队引领。在教研组团队中，教师间思维的碰撞、经验的互补能够实现教学相长、合作共赢。为此我们构建了适合我园青年教师专业发展的研培一体、点面结合的园本教研模式。即聚焦共性的问题点、思维碰撞的生长点、解决问题的突破点和推广延伸的价值点，形成研培一体、共研共促的研究共同体。如，家园共育是幼儿园工作中的重要环节，由于教师和家长教育观念、思考角度不同，常常会发生一些误解或矛盾冲突，如何与各类型家长沟通交流，巧妙处理各种家长问题，时时困扰着新任班长和青年教师们。为此，青年教师的家长工作问题应运而生，确立了集体化幼儿园教研的基本点；组织全园班长开展教研研讨，思想碰撞，集思广益，总结了溺爱型、放任型等各类型家长特征，老班长介绍与各类型家长的交流沟通方式和处理问题的经验，新班长说出自己的困惑与疲于应对的问题，激活了教研的生长点；有些班长切入突破点，开展了家长工作科研课题，将家长工作问题向纵深研究方向发展；教研成果通过园本培训方式让更多的教师得到提升。理论落地必须回归实践，每届新任班长、新职教师职前培训、外聘人员入职培训等，都将家长工作、家园共育作为培训与教研内容之一，并在教师实践中逐步丰实，形成无限延伸点。

由此可见，在研培一体的园本教研中，群体智慧得到了充分激发，个体的行动智慧得到了催生和积淀，形成了重实作、重反思、重研讨、重分享、重分担的新型教研氛围。

参考文献

[1] 田志敏：《浅谈幼教集团多元化的园本教研培训》，《早期教育》2014 年第 4 期。

[2] 夏宇虹：《论幼儿教师园本培训》，硕士学位论文，华中师范大学，2006 年。

[3] 夏宇虹：《理性看待园本培训的利与弊》，《学前教育研究》2006 年第 Z1 期。

[4] 王丽：《论促进青年教师专业成长策略》，《现代教育科学：小学教师》2014 年第 5 期。

[5] 许卓娅：《幼儿教师在岗自我培训模式初探》，《学前教育研究》2002 年第 2 期。

[6] 刘东尚：《深化师徒结对，促进青年教师成长成才实践与理论研究》，《中外企业家》2016 年第 7 期。

基于技术实践的通用技术情境教学浅谈

北京师范大学天津附属中学 姜 腾

【摘要】 创建基于技术实践的通用技术情境教学，有利于促进学生的形象思维，有利于发展学生的工程思维，有利于提高学生的技术意识和创新设计能力。界定基于技术实践的通用技术情境教学的定义，剖析其"技术美""师生情""学中思""做中学"等特征，并在实际教学中坚持遵循目的性原则、适用性原则、趣味性原则、生活性原则，能够提高通用技术教学效果，实现通用技术课程的目标和价值。

【关键词】 通用技术；技术实践；情景教学；创设原则

当下的通用技术教学需要开展基于技术实践的通用技术情境教学，要面向学生生活和生存空间，在学生日常生活环境中发现、挖掘潜在的情境素材，合理地创设螺旋式上升的、不断变化的技术实践任务情境，指导学生通过自我的技术活动和体验，将情感、知识、技能等维度的逻辑融合在一起。

一 基于技术实践的通用技术情境教学的意义

（一）发展学生的形象思维

中学生阶段学生思维有其特殊性，这一期间形象思维逐渐向抽象思维转变。中学期间形成的抽象逻辑思维，初期形象性占有很大比例。感性认识与思维有着直接的联系，感性的认识活动包括形象思维，当学生置身情境，感觉器官充分调动工作，感官的神经细胞就不断接收信息，大量刺激信息传递给大脑，从而产生感觉。例如"追溯技术的历史"任务中，可以创设学生置身野外，为了生存需要取火的情景，学生动手体验钻木取火，讨论发现新的取火方式，总结取火技术对人类生活的影响。以上技术实践的情境蕴含了丰富的感官信息，学生的眼睛、耳朵、皮肤和四肢等器官受到强烈的刺激，大脑中对情景的认知逐渐加强和清晰。技术实践情境自身的特殊性，自然而然加强了感官的刺激，能够带动学生感知情绪变化，从而促使大脑兴奋状态保持得更加长久，特别是在教师精心设计的讲述中，学生的形象思维活动更加主动。

（二）提升学生的工程思维

工程思维表现为一种筹划性思维，其核心是系统分析和比较权衡。通用技术课技术实践情境教学中，"情"与"境"恰到好处地呈现出工程技术设计的内容，自然而然地吸引学生主动发现明确问题，构思设计方案，在方案的比较权衡中逐步领悟系统分析原理，这个思维过程有利于学生工程思维水平的提升，也是学生由感性思维向工程思维转变的重要途径。例如针对水资源的匮乏，提出"校园雨水收集和利用系统设计"任务情景，一方面需要规划校园集雨面，收集雨水，另一方面要考虑雨水的存储和净化，进而提出合理利用收集雨水的需求。在这种复杂的情境中，学生对系统与工程的多样性有了充分认识，开始选用系统分析的方法，对"雨水收集""雨水处理""雨水利用"等要素进行分析、整体规划。再有，学生可运用简易的模型进行设计，例如建立"储水桶大小与降水量"的数学模型，合理规划储水空间，从而进行简单的风险评估和综合决策。因此，强调创设工程性实践任务情境，学生能更好地领悟基本思想和方法，其核心是系统和控制的思想，同时，这也对发展学生的工程意识和思维能力有极大的帮助。

（三）增强学生的技术意识

技术意识主要是指能主动感知与体悟身边的技术现象及技术问

题。基于技术实践的情境教学在营造问题情境的同时，调动学生技术学习的主动性，引导学生融入技术情境，在技术任务解决的体验中，不但产生学习动机，而且随着情境的不断发展，学生的学习动机能够不断加强。例如在"体验技术与人的关系"任务中，围绕学习主题，从模拟原始人"搭建户外庇护所"模型，到体验原始人衣食住行，再到"我是爱迪生"的时代畅想，创设不同基点、不同形式的情境，这些真实、开放和形式多样的情境，学生可以自由地选择体验，完全按照自主的方式感悟技术问题。在这种自然亲切的技术情境中，学生心里没有陌生感，相反会因为心理的成就感而产生正诱发力，更加积极地进行技术问题的深入思考。学生品尝到解决技术问题的乐趣，将有助于保持持续的学习动机，逐步形成对技术现象的主动感知欲望。这将有利于引导学生形成对人造世界、人和技术关系的基本观念、技术的规范与标准意识，这也为学生提供了集合熟悉的技术领域对人、社会、环境的影响做出一定的理性分析的机会，有利于学生形成技术的安全和责任意识、技术伦理与道德意识，逐步加深对技术文化的理解，提高主动适应能力。

（四）提高学生创新设计能力

基于技术实践的情境教学突出设计学习情境，具有"形真、情切、意远"的特点，十分有利于提升学生创新设计能力。通用技术课技术设计任务情境的创设，丰富了学生对设计对象的感知，为形成新的设计方案提供基础，同时极大延展学生的想象空间，为创新能力培养提供不竭的动力。例如"为贫困山区学生设计一款台灯"的设计任务情景，情境中展现了山区电力不足，时常停电，学生要经常赶夜路去学校的现实。这样的情境将激发学生对山区学生和生活环境的再认识，能促进学生运用技术语言分析山区学生的需求，明确技术问题的技术要点，为提出多种台灯方案打下基础。学生也能在不断试验、评价中优化设计方案，从而形成更具新意的台灯方案。

二 基于技术实践的通用技术情境教学的定义与特征

(一) 基于技术实践的通用技术情境教学的定义

"基于技术实践的通用技术情境教学"是指基于学生生活和现实社会，在学生日常活动中创设技术任务学习情境，学生在解决技术问题、完成技术任务的过程中构建程序性知识和默会知识。基于技术实践的情境教学最大限度地将"技术实践""情""境"三者融为一体，情境教学凸显出技术实践的特色。

(二) 基于技术实践的通用技术情境教学的特征

1. "技术美"是切入点

情境教学为展现优美的教学内容，"技术美"被确定为切入点，通过图样、工具和材料之中优美的元素，创设技术设计任务情境，呈现出技术学科工艺、方案、功能之美，引导学生在技术设计中发现其中所蕴含的美，运用智慧去挖掘结构、系统和功能之美。学生在美的技术实践情境中，表现出显著的变化，学生不但能够收获良好的情感体验，而且会产生源源不断地技术设计的冲动，技术学习欲望无比强烈。

2. "师生情"是基础

为吸引学生主动参与学习，需要老师与学生之间，全情地深度交流，学习伙伴全身心地协作，用好"情"的桥梁，充分激发学生的学习主动性。技术实践情境教学有赖于实践场景，调动学生主动的学习愿望，加之教学的内容、教师的个性化语言以及技术课堂热烈的氛围成为一个广阔的心理空间，学生置身其中，不知不觉地投入技术课学习活动，达到学生全身心和谐发展的目的。情感是促进学生发展的动因，情境教学正是立足这一点，开展教学活动的设计。情感已经超越一种教学手段，成为情境教学追求的一种境界。

3. "学中思"是核心

思维活动，是学生智力活动的核心，学生的图样表达、工具使用、方案构思等活动，都是在思维活动的控制下有序进行的。通用技术课情境教学提出基于技术实践，发展"工程思维"的目标，建议教师无论是教学设计，还是课堂教学，应始终把"发展学生工程思维"作为首要任务，通过精心设计技术实践情境，合理安排设计技术任务，引导学生积极进行工程技术思维，保持积极的心理状态，维持思维的稳定性，以便在工程思维空间中提高方案的构思能力，从而达到有效提升学生思维能力的目的。

4. "做中学"为途径

在通用技术课堂教学中，"做中学"是发展学生学科核心素养的有效途径，强调学生的学习要在技术实践活动中进行。通用技术情境教学立足技术实践，在优化的情境中整合了知识、活动和情感，课堂教学展现出系统性、操作性、愉悦性的特征。这既可以实现技术原理学习和能力培养并重，同时在很大程度上避免了单纯活动课程的短板，有效杜绝了无知识体系的弊端。学生带着积极主动的情绪、面对真实有挑战的情境，自然而然产生学习动力，从而保证全情投入地参与技术体验，主动参与设计构思、方案交流和权衡、模型制作、作品评价等一系列活动，不但构建了技术原理知识的体系，而且凸显了学生的主体地位。

三　创设基于技术实践的通用技术教学情境的原则

（一）目的性原则

技术实践教学情境是否有效，应以是否满足教学目标来衡量。例如在技术试验内容教学中，创设"交通三角警告牌引发交通事故"的特定情境，这个情境的设置不但引出学习内容，而且在下一步对警告牌功能的调查和检测任务中，更加有效地激发学生参与学习的主动性，很好地发挥了指挥棒的作用，明确了学生学习的目标。因此，教师对设置情境的缘由要说得清，情境和教学目标要建立对应关系。

（二）适用性原则

设置基于技术实践的情境教学情境时，要精选技术实践任务，一方面要考虑学生的心理特征，提前调查学生的接受能力，要依据学校技实践活动实施的条件。另一方面应注重发挥教师自身的技术领域专业和地区实践特色。另外，设置情境一定要充分挖掘有内涵的技术设计载体，给学生提供多样化的设计制作辅助信息，这样将有助于学生提高形象思维，保证他们顺畅地融入情境。再有，设置技术实践情境应强调情境任务的开放性，这将有利于学生工程思维的初步形成，这也就是常说的技术问题情境应有"技术味道"。学生置身这样的情境中，将会更加主动收集技术设计信息，进而总结出设计问题。

（三）趣味性原则

兴趣是最好的老师，中学生年龄特点和认知规律有其规律性。因此，技术实践情境的创设要找到学生的兴趣点，将技术设计问题融入一些学生校园或家庭生活情境里，调动学生进行探究技术的主动性。另外，由于现代社会信息技术手段的发展，信息传播渠道多种多样，因此在教学中情境的创设要运用信息化、网络化、数字化的形式，要充分运用时代发展元素、挖掘现实生活中发生的新技术的素材，以增强教学的时代性、趣味性。

（四）生活性原则

技术现象蕴藏在现实生活的各个角落。因此，技术实践情境的创设要走进学生的生活实际，符合学生的生活特点。教师一定要把自己设计的生活化情境，与学生生活环境和思维相比较，经过"学生生活化"处理后再呈现在课堂上，以此缩小技术现象和生活实际的差距，帮助学生深入理解技术原理内容。同时注意所选情境事例的科学性和完整性，力争反映技术显现的全貌，这将有助于学生完整地认识问题，多角度提出问题。总之，创设情境前要深入观察学生生活，仔细推敲，精心设计有说服力、学科化的技术问题情境。

参考文献

[1] 教育部：《普通高中通用技术课程标准（2017年版）》，人民教育出版社2018年版。

[2] 顾建军：《高中通用技术课程实验存在的问题分析及对策》，《人

民教育》2014年第3期。

［3］马开剑：《国际视野中的高中技术教育——基于课程与史实的研究》，科学出版社2010年版。

［4］周小山、严先元：《新课程的教学设计思路与教学模式》，四川大学出版社2002年版。

［5］欧阳芬、文学容：《新课程下教师课堂教学情境创设能力培养与提升》，新华出版社2005年版。

［6］李秀伟：《唤醒情感——情境体验教学研究》，山东教育出版社2007年版。

［7］祝辉：《情境教学研究》，硕士学位论文，上海师范大学，2005年。

［8］郑勇等：《情境探究建构——课堂教学的最优化》，山东教育出版社2007年版。

小学美术课堂评价环节细节研究

天津市红桥区跃进里小学　焦丽茜

【摘要】美术课堂评价环节是美术教学中非常重要的组成部分。通过评价环节既可以对教学目标的达成度进行鉴别，对教师教学效果进行反馈，对学生学习状况进行检验；还能够激励教师改进教学方式，激励学生在下一阶段学习中更加努力。从美术课常用的评价方式、美术课补充使用的评价方式、美术课中促进学生主动学习的评价细节三个角度，对促进小学生美术学习主动性的课堂评价环节进行研究，通过多元化设计和多形式的合理评价，达到促进学生主动学习、个性发展、综合素质不断成长的目标。

【关键词】美术课堂；评价；细节

随着素质教育的不断深入，美术教学价值取向的改变把原有的教师中心模式转变为师生互动模式已成为人们的共识。我们在目标制订、课型设计、现代技术与美术课教学的整合等方面取得了一定的成果。但学习活动是一个动态变化的过程，包含的内容相当广泛而且复杂。大多数教师在美术课程结束时采用的学生自我评价、生生互评或教师评价的方式无法完整地反映一名学生的学习表现和综合素质。为了更好地促进学生美术课学习的主动性，有必要对课堂教学环节中的教学评价环节进行进一步的研究。

一　美术课中常用的评价方式

合理地使用评价策略对促进美术课堂的良性运转，提升课堂效率、发展学生的综合素养益处颇丰。审视小学美术课堂教学，按照评价基准，通常教师们使用的评价方式可分为相对评价、绝对评价和发展评价三类。

（一）相对评价

相对评价是把评价对象与基准数值相比较，确定在集合中每个评价对象所处的位置，并通过对学生成绩的测验，划分发展的相对等级。这种方法常见于收、判美术作业环节，老师们通常会将作业分为优秀、优、良、合格、不合格这几个等级。这种评价方式的优点是能够清晰地检测到评价群体的平均水平，能够较为客观地对学生之间的差异，或是对学生的总体表现进行评估，对比较不同群体之间发展的优劣也具有较大的合理性。不过，它的缺点也较为明显，因为基准会随着群体的不同而发生变化，因而评价的结果易偏离教学目标，不能做到客观完整地反映教学中的得失，所以不能充分地调动学生主动学习的积极性。

（二）绝对评价

绝对评价是指在实施评价时以客观标准为参照物，将评价对象与其相比较，从而判断其优劣，因而又被称为标准参照测验。绝对评价中的标准一般是教学目标或教学计划。这一评价方式常见于美术课实践环节之后的作业点评，在公开课中我们常看到，学生作业贴满黑板。通过教师引导学生对展示的作业进行评价的方式，评价的标准总体上是课中教师强调的重点部分，如色彩鲜艳、构图饱满、创意新颖等。这种评价方式的优点体现在评价客观，能够让每个被评价的学生明确自己与客观标准的差距，从而确定努力和进步的方向。它的不足之处在于进行评价的学生会受到自身原有经验和主观意愿的影响，很难做到客观。且由于美术课堂评价环节时间有限，评价往往不够全面和充分。

（三）发展评价

这种评价的基准是评价对象本身，所以也称自身评价，是将被评价个体的过去和现在作比较，或和他的若干侧面作比较。例如，美术课中较为推崇的"成长袋"形式，即学生自一年级起购买带有透明插页的册页夹，按照时间顺序每堂课后将作业依次插入透明袋内保存，直至六年级。这一方式的优点是：保留的全部作业可以完整地展现成长的过程，具有直观性的优点且为学生留下童年成长的足迹；缺点是由于美术用具本身较多，再加上册页夹，学生每次上课携带较为不便，如果教师统一管理留在教室内，每班40名学生，册页夹存放需要的空间较大；如果让学生回家操作，监管不能做到及时，多数学生难以坚持。因而这种方式具有一定的推广难度。此外，将学生的若干侧面作比较是指某学生的手工作品和他的绘画作品、欣赏评价能力的对比（对比的作品大致难度相等）。

二　美术课中补充使用的评价方式

美术学科教学中除了常用的教学评价方式外，还可以按照评价目的以诊断性评价、形成性评价和总结性评价三种方式进行补充评价。

（一）诊断性评价

此种评价方式即教学前评价或称前置评价，它的作用是摸清现有的教学基础或学生现实状况。例如在一年级《漂亮的瓶子》一课中，教师没有按照常规教学讲述对称型花瓶的折、剪方法，而是引导学生观察瓶子的外形特征，自己尝试剪一个花瓶。通过这个试剪的过程，学生自诊出在剪花瓶过程中存在的问题，教师通过诊断性评价了解了学生的整体情况。这一阶段评价的运用，不仅达到了摸底、调整教学方案的效果，也引导学生了解主动学习的过程，激励更多的学生参与进来。

（二）形成性评价

形成性评价是在教学过程中引导教学前进或使教学更完善而进行的学生学习结果的判定。它的作用是及时了解阶段教学的结果和学生学习的进展情况、存在的问题，及时反馈教学信息，为调整和改进教学方案提供条件。在教学中，形成性评价运用的情况相对频繁，站在提高课堂质量的角度上看，重视形成性评价比重视总结性评价更有实际意义。形成性评价既可以对应整个学期的美术教学工作，也可以对一节课而言。例如在五年级《翻一翻 挪一挪》一课中，为使学生更积极有效地掌握本课知识，教师以学生喜欢的"闯关"游戏为教学主线，看似学生在层层通关的游戏中积累知识，实则教师不断地在进行形成性评价，根据评价结果，或引导、或鼓励、或增减难度，促使学生不断地主动学习，当连闯三关成功的同学获得"小讲师"的荣誉证书时，这种评价方式既是对学生的肯定、对教学效果的反馈，也能够成功地激发学生的学习热情，使得学生创作思维的形成水到渠成。

(三) 总结性评价

此种评价方式一般情况下是在教学活动结束时，为判断最终活动成果而进行的评价。例如通过学期末的考核，检验学生是否达到了教学目标要求。美术教学评价一方面要通过美术作业，评价学生美术学习的成果；另一方面要通过学生在美术学习过程中的表现，对他们在美术学习能力、学习态度、情感和价值观等方面的发展进行评价，从而突出评价的整体性和综合性。美术活动表现评价需要通过观察记录，分析学生在美术学习中的客观行为，从而对学生的参与意识、合作精神、操作技能、探究能力、认知水平和交流表达能力进行全方位的评价。因此，我校推出了星级考核方案，评价结果通过"十颗星"的形式进行记录，同时给予学生反馈，从而鼓励多样化学习方式。

三 美术课中促进学生主动学习的评价细节

在探索促进学生主动学习的评价细节的过程中，从课堂评价与作业评价入手，通过对小学生美术作业的评价实践分析，深化教学改革，从单一阶段性的"优""良""及格"等评价，转变为多角度、持续性、可调整的评价方式，促使美术教学评价的个性化发展，逐步形成一个较为科学的更积极的作业评价体系。

(一) 重视评价语言的指导性

每个人都有一种希望别人肯定、称赞自己的心理，正处在求知阶段的小学生，这种心理更为强烈，这种心理若得到满足，便会形成愉悦的情感，产生巨大的精神力量，使自己那些受别人肯定和称赞的言行迅速得到强化。所以,及时、到位的课堂评价,能形成良好的教学循环,是实现教学目标的重要手段之一。而无论评价的内容是什么,评价的及时、到位都体现在课堂评价的语言上。

在课堂教学中,评价语言有其必须遵循的基本要求:一是准确、明晰;二是有指导性;三是简洁、流畅。对学生活动的评价,要注意尽量表扬学生的行为,而不表扬智商;表扬学生努力探究的过程,而不是结果。教师语言既要简洁又要直指中心,因为评价不是目的,只是手段。

(二) 突出评价的激励性

1. 多方评价

对于学生较为满意的作品,先自己评价,再邀请老师、家长和朋友分别对画面进行评价,使作品变得更具有收藏价值。对于满意作品较多的同学则每月由其自己挑选一幅作品,三方为她执笔书写。

2. 鼓励性评价

在教学中笔者常会为学生开画展,除了每班有班展,楼道里还常有年级展,学校大厅中还会有校级美术展,每一位认真完成美术作业的同学都有机会参展,甚至作品较多的孩子还会开"个展"。以"展"为评,鼓励孩子们在美术学习中迸发出更多的热情。

3. 可调整性评价

有了思考,孩子才会拥有自己的思想。为了促使孩子们主动学习,对自己的美术作品有更多的思考,笔者让学生根据自己的努力程度和满意度先自评等级,再结合学生的表现进行相对评价。评价的结果一方面以文字形式写在作业上,另一方面,每个学生准备了一个印章本,教师会把相应等级的印章印到印章本上。如"优秀"等级是两个印章、"优"为一个印章,两个"良"可兑换一个印章,"合格"等级无印章。对于评价等级不满意的同学,可以重新完成作品,重新判成绩。重画作品的期限在一学期内,美术期末成绩登统前长期有效。这种评价方式实施以来,学生从被动听取教师评价应付完成作业,到主动思考,自主衡量作业的满意度,作品的质量有了质的飞跃。

(三) 增加评价的趣味性

美术学习活动不仅是忙碌的也是有趣的，笔者在评价环节还开展了许多有趣的后续活动。如在低年级每五个小印章可以获得一枚小粘贴，贴到班级树属于自己的树叶上，比比谁的小树叶得到的奖励最多，老师予以奖励。中年级每五个小印章可以兑换到一次抽奖的机会，可以到老师的百宝箱中抽奖，奖品从各种小的文具到大的速写本、色卡纸不一而足。高年级同学则自己掌握着主动权，五个印章可兑换"特色书签"、七个印章可兑换"竹节笔"、十五个印章可兑换速写本，等等，学生积累印章后自主兑换。作为活动关键环节的小印章，自然是来源于上面所述的作业评价环节。同时为确保印章的真实有效，评价作业后笔者会在小印章下标注日期或签字。评价活动的趣味性使学生逐步行进在美术学习的知之者到好之者再到乐之者的过程之中。

德国教育家第斯多惠说："教育艺术不在于传授本领，而在于激励、唤醒、鼓舞。"教育是培育"人"的事业。美术评价，作为教学中的一个环节，源于对儿童心智的科学认识与把握，它不再只有选拔和甄别的功能，而是把教师和学生感情连接起来的纽带，是为了促进学生的全面发展、顺应规律的教育。

"群星闪耀育人体系"星级评价的实践探索

天津市铃铛阁外国语中学　鞠知达

【摘要】 义务教育均衡发展的背景下以实现学生全面发展为目的，以全面提高人的基本素质为根本方向。学校，是学生的教育之地，是培养学生成才之处，现实意义上的全面之才，应使学生德智体美全面发展。我校为培养全面素质人才构建了"群星闪耀育人体系"，通过实施评选"允德之星、尚智之星、健体之星、博艺之星"方案，对学生进行多元星级评价，取得明显成效。

【关键词】 全面发展；允德；尚智；健体；博艺

为了在教育工作中做到因材施教、多元评价、全面发展，天津市铃铛阁外国语中学结合学情、校情进行了"群星闪耀育人体系"探索，展开"允德、尚智、健体、博艺"四个维度的星级评选，将学生在学校期间相关德、智、体、美的现实表现给予星级评价，用学生精美照片和获星情况装点校园，以此唤醒学生内在自觉。

一　群星闪耀育人体系多元星级评价的构成

（一）允德之星

"允德之星"在于全面评定学生德的综合素质，并在潜移默化中使学生高标准要求自己。"允德之星"的评定分为五个维度：文明礼仪之星、遵规守信之星、劳动奉献之星、合作进取之星、科技创新之星。

1. 文明礼仪之星

具体培养目标：校服整齐，符合学生身份，不佩戴饰物，发型符合规范，不染发，不烫发，男生不留长发，女生不化妆，不穿高跟鞋；孝父母敬师长，见面主动问好，使用礼貌用语，不说脏话，乐于接受师长的教育和指导，知错就改；了解社交礼仪的基本规范，尊重他人的民族风俗习惯，掌握与异性同学交往的礼仪。

评选细则：校服整齐，拉链拉好，无乱写乱画；发型符合规范，不染发，不烫发，男生不留长发，女生不化妆，不穿高跟鞋；使用礼貌用语，不说脏话；尊敬师长，知错就改；尊重他人，与同学友好相处。

2. 遵规守纪之星

具体培养目标：自觉遵守国法校纪班规，遵守中学生日常行为规范，上课不使用手机；待人真诚，言而有信，言行一致，不说谎，不弄虚作假，不欺凌；不戏弄他人，和同学友好共处；遵守交通规则，安全出行，不涉足未成年人不宜的活动场所。

评选细则：校内不使用手机，文明上网，不玩网络游戏；待人真诚，不说谎，不欺凌；不戏弄他人；做好人好事；文明休息，课间不追跑打逗；遵守交通规则，安全出行。

3. 劳动奉献之星

具体培养目标：树立劳动光荣的观念，认真值日，尊重他人劳动成果，积极参加集体劳动实践活动；爱护粮食，节约用水用电，爱护花草树木，自觉保护生态环境；积极参加家、校、社区志愿活动。

评选细则：认真值日，尊重他人劳动成果；珍惜粮食，午餐不剩饭，节约用水用电；爱护学校公共财物；积极参加实践课堂活动；积极参加社区志愿活动。

4. 合作进取之星

具体培养目标：团结友爱，互助合作，主动为集体服务，自觉维护集体荣誉和利益，参加学校主题月活动；获得三好学生、文明学生、最美中学生、十佳少年等称号；代表学校参加区级以上比赛。

评选细则：团结友爱，主动帮助他人；主动为集体服务，自觉维护集体荣誉和利益；积极参加学校主题月活动；获得三好学生、文明学生、最美中学生、十佳少年等称号；代表学校参加区级以上比赛。

5. 科技创新之星

具体培养目标：获得市区科技活动奖项；申请发明专利，获得校级以上认定或荣誉；申报科技创新项目，获得校级以上认定或荣誉。

评选细则：积极参加科技创新活动；获得校级认定或荣誉；获得区级认定或荣誉；获得市级认定或荣誉；申报科技创新项目，申请发明专利。

（二）尚智之星

智育培养可以促进生产力、科技发展、社会进步，传承和促进人类智慧发展。我校将"尚智之星"分为文明勤学之星、专注之星、未来之星、博彩之星、拓展之星。

勤学之星旨在培养学生试卷纠错表现，在具体评定之中应知应会知识巩固率高，善于通过平日的集错、反思提高知识的灵活运用能力；认真迅速地自主分析问题，自主发现错误原因，认真修改，纠错质量高，达到试后 100 分；善于合作，虚心听取别人的意见，积极交流讨论，与他人取长补短；正确认识自我，敢于面对困难，克服困难，探索创新，建立信心，在班级中有影响力。

专注之星旨在提高学生课堂表现能力，在具体评定中认真听课并思考，认真独立书写笔记，没有走神、讲闲话等现象；积极举手发言，敢于发表自己的见解，不断提升自己的表达能力；善于与人合作，虚心听取别人的意见，积极交流讨论；认真迅速地完成课堂训练，课堂作业质量高。

未来之星旨在呈现学生课程学习的表现，在具体评定中学习目标明确，善于主动学习获取知识，自主感悟领会重点知识，有浓厚的学科学习与探索精神；有效自主预习和复习，课上效率高，充分利用笔记提升能力，善于自我反思、归纳适用方法；能够按时完成作业，书写整洁，条理性强，乐于帮助他人；善于自我管理，自我教育，成绩优秀，情商高。

博彩之星旨在完善学生个性发展，在具体评定中，活动前构思完整，能够结合所学知识、实际情况，科学规划时间，设计合理，主旨鲜明；积极参与活动，敢于发表自己的见解，善于动手动脑，乐于同伴互助；积极主动不断完善作品、成果，成果立意新颖，成果水平优秀；读书按时续借、归还，爱护图书，乐于撰写读书笔记、读后感，读书活动竞赛获奖级别高；积极自主学习，合作探究，观察能力提升幅度大，责任心强。

拓展之星主要结合英语形成特色，在具体评定中，参加英语特色活动态度积极向上，赛前准备勤奋认真；积极参与各项英语特色活动；各项英语特色活动竞赛均取得高等级奖励。

(三) 健体之星

我校根据中学生不同阶段的发展程度，将"健体之星"分为体健之星、健康之星、健美之星、强健之星、群耀之星。

体健之星旨在促使学生初步形成体育锻炼态度、掌握基本运动技术和保健知识、良好的意志品质。学生自觉参加体育与健康课及课外体育锻炼，基本掌握科学锻炼身体的基本知识方法和习惯，具有较坚强的意志品质和体育道德，体育与健康课综合评估达合格标准。

健康之星督促我校学生初步形成体育锻炼的习惯，掌握基本科学锻炼身体和卫生保健的基本知识和方法，良好的意志品质。使学生自觉参加体育与健康课及课外体育锻炼，基本掌握科学锻炼身体的基本知识方法和习惯，具有较坚强的意志品质和体育道德，体育与健康课综合评估及《国家学生体质健康标准》均达合格标准。

健美之星能够让学生基本形成良好的体育锻炼的习惯，基本掌握科

学锻炼身体和卫生保健的基本知识和方法，良好的意志品质和体育道德。极力推促学生积极参加体育与健康课及课外体育锻炼，掌握一定体育锻炼的基本技术和技能，形成良好体育锻炼习惯，具有坚强的意志品质和良好体育道德，体育与健康课综合评估及《国家学生体质健康标准》均达良好标准。

强健之星推动学生培养良好的体育锻炼的习惯，掌握并运用一定的运动技术和保健知识，具有良好的意志品质和体育道德。我校旨在使学生积极参加体育与健康课及课外体育锻炼，掌握一定体育锻炼的基本技术和技能，形成良好体育锻炼习惯，具有坚强的意志品质和良好体育道德，自主参加校内外文体活动，体育与健康课综合评估达良好以上标准，且《国家学生体质健康标准》达优秀等级标准或在教育主管部门组织的区级体育竞赛活动中获二、三等奖（四—六名）获得者。

群耀之星使学生培养良好的体育锻炼的习惯，掌握并运用一定的运动技术和保健知识，具有坚强的意志品质、良好的体育道德和高度的集体荣誉感。积极参加体育与健康课及课外体育锻炼，掌握一定体育锻炼的基本技术和技能，形成良好体育锻炼习惯，具有坚强的意志品质和良好体育道德，自主参加校内外文体活动，体育与健康课综合评估达良好以上标准，且在教育主管部门组织的市级体育竞赛活动中获奖或在区级体育竞赛活动获一等奖（前三名）获得者。

（四）博艺之星

我校针对培养学生"美"的情操推出评选博艺之星，分为美育之星、才艺之星、青春之星、风采之星、闪耀之星。

美育之星旨在按时参加艺术课程的学习，理解和掌握基本艺术课程标准要求的基础知识。要求学生认真、自觉参加学校音乐、美术等艺术课程的学习，按时完成相关学习任务，课程学习达合格标准。

才艺之星旨在积极参加艺术课程的学习，基本理解和掌握艺术课程标准要求的基础知识，且能够运用自己喜爱的艺术手段反映生活和表现生活。要求学生认真、积极参加学校音乐、美术等艺术课程的学习，较好完成相关学习任务，课程学习达良好标准；且积极参加学校组织的艺术兴趣小组、艺术社团和各类艺术活动，在艺术活动中获校级二、三等奖。

青春之星旨在使学生积极参加艺术课程的学习，理解和掌握艺术课程标准要求的基础知识及技能，能够体验生活中的艺术文化乐趣，较好运用自己喜爱的艺术手段反映生活和表现生活。要求学生认真、积极参加学校音乐、美术等艺术课程的学习，较好完成相关学习任务，课程学习达良好以上标准；且积极参加学校组织的艺术兴趣小组、艺术社团和各类艺术活动，在艺术活动中获校级一等奖。

风采之星旨在培养我校学生积极参加艺术课程的学习，掌握和运用艺术课程标准要求的基本知识、技能，能够创造性地表达、交流自己的情感和思想。要求学生认真、积极参加学校音乐、美术等艺术课程的学习，较好完成相关学习任务，课程学习达优秀标准；且在自主参加校内外教育主管部门组织的文化艺术活动中，取得区级以上荣誉者。

闪耀之星旨在能够让学生积极参加艺术课程的学习，掌握和运用艺术课程标准要求的基本知识、技能，能够创造性地表达、交流自己的情感和思想，形成健康的审美情趣和价值理念。要求学生认真、积极参加学校音乐、美术等艺术课程的学习，较好完成相关学习任务，课程学习达优秀标准；且在自主参加校内外教育主管部门组织的文化艺术活动中，取得市级及以上荣誉奖项或较好社会影响者。

二 "群星闪耀育人体系"评价的具体操作

我校将每类星均设五个星级，对育人目标和评价细则进行细化，形成四个维度、二十个教育目标的多元评价体系，调动学生的主动性和积极性，达到因材施教、多元评价、全面发展的育人目标。

班级层面，每个班级通过自行的评比选拔出属于这个集体的荣誉之人，并注重培养学生的多方面素质，不断推动学生全面发展，使班级中的每一名学生都能够养成自我督促的有效成果。

校级层面，我校实施年级评选，使学生不局限于班级选拔，能够让学生更加增强荣誉感，从而形成潜移默化的自我约束力，不断提高自身的要求，不断取得进步，不断完善自我。

我校实施多元星级评价取得了明显的积极作用，学生更加具有集体荣誉感，并且能够确立正确的人生观、世界观、价值观，不断提升自身的各项素质。教师能够深切体会到学生的进步、班级风气的正导向以及前进的不竭动力。学校校风以积极发展势头前进，形成了浓厚的全面发展氛围。

建构体现"人文素养"的化学课堂

——以"化学与飞天梦"主题性教学为例

天津市津南区教学研究室　李春盛

【摘要】本文以"化学与飞天梦"一课的教学活动为案例，按照"诗词蕴化学—社科明化学—艺术赏化学—化学筑航天"四个角度进行教学实录，以培养学生的人文素养为落脚点，对教学设计予以分析和反思。

【关键词】人文素养；化学教学；核心素养

一　背景介绍

人文素养是学生必备的基本素养之一。《义务教育化学课程标准》明确提出了人文素养的内涵和理念。化学与社会、文化等密切相关，为学生全面发展，尤其是人文素养的培养提供了丰富、多角度、有感染力和充满底蕴的学习情境，在增强学生的审美情趣、道德情操和提高社会责任感方面发挥了重大作用。由此，怎样在人类文化、民族底蕴、科学精神、化学发展史等多角度背景下，有效实施义务教育化学课程，发掘相关素材使其与教学有机融合，充分展现化学课程的人文内涵和育人功能，从而起到"润物细无声"的效果，这已成为化学教师的重要使命。

本文以《化学与"飞天梦"》一课的教学为例，对在化学课堂教学中如何培养学生的人文素养做一简析。

二 教学实录与设计意图

(一) 诗词蕴化学,古人飞天梦——蕴民族文化培养于物质变化之中,以提高学科兴趣

[导入] 中国人民自古就有"飞天梦"。提到"飞天"一词,大家就会与我们耳熟能详的神话故事"嫦娥奔月"相联系。而且,在诗词中对此也有描述。比如唐代诗人李贺在《梦天》中说道:"玉轮轧露湿团光,鸾珮相逢桂香陌。"

[问题1] 诗中讲道"我要飞升上天,在一个桂树飘香的路上,偶遇了一位鸾珮叮当的仙子"。诗句充满了浪漫主义色彩。在我们赏析其美妙意境的同时,我的化学问题是:"闻到桂香"是什么变化?

[生] 物理变化。

[问题2] 为什么在离桂树很远的地方,闻到了桂香呢?

[生] 分子在运动。

[过度] 李商隐的《嫦娥》一诗中对"嫦娥飞天"也作了叙述:"嫦娥应悔偷灵药,碧海青天夜夜心",诗中所说"灵药"与帝王梦寐以求的"仙丹",密不可分。

[问题3] 炼丹中用到"红丹",俗称"铅丹"。在一定条件下铅丹(用 X 表示)与硝酸发生反应:$X + 4HNO_3 = PbO_2 + 2Pb(NO_3)_2 + 2H_2O$,则铅丹的化学式_____。

[生] Pb_3O_4。

[问题4] 在神话中还有"钟离点石成金度吕祖"的故事,那"点石成金"有没有可能实现?为什么?

[生1] 不能。

[生2] 化学反应前后元素种类不变。

[问题5] 以上两个问题是依据什么解答的?

[生1] 质量守恒定律。

设计意图:本设计从诗词、成语开始,使枯燥的化学基本概念的复习蕴含在富有情趣的赏析活动中,渗透了正确认识事物变化的内外因关系,在蕴含了丰富的人文元素的同时,也帮助学生树立正确的科学观念。

课堂教学伊始,看似是在师生间的"快问快答"中度过,但却起到了"激发兴趣,开阔思维"的精美效果,让学生耳目一新,而问题与民族文化的有机融合,可将微观粒子的直观显现与故事情境相融合,使之生活化、情感化,提高学生学习化学的兴趣。

(二)社科明化学,古人创造力——明古科技进步于物质制备之中,以培养创新精神

[过度]"点石成金"根本不可能。可是,"智慧高超"的人就炼出了金灿灿的东西。

[问题6]古代的药金外观似金,常误认为是金,冶炼方法如下:将碳酸锌,赤铜(Cu_2O),木炭混合加热至800摄氏度得到药金(铜锌合金)。

[引导]提到合金,大家不陌生,在《金属》中学到了铜的合金。我们怎样才能得到单质铜和锌呢?第一步我们需要把碳酸锌高温分解,提示大家:分解成两种氧化物。

[生]板书:$ZnCO_3 \xrightarrow{高温} ZnO + CO_2\uparrow$

[问题7]CO_2为什么有气体符号?(生齐答)。

这里也没有铜和锌啊?碳在高温下体现出什么性质?还原性(生齐答)。那么接下来的两个方程式应该是什么?

[生1]$2Cu_2O + C \xrightarrow{高温} 4Cu + CO_2\uparrow$

[生2]$2ZnO + C \xrightarrow{高温} 2Zn + CO_2\uparrow$

[问题8]假金子——即"药金"。外观与金相似,什么方法可以鉴别?

[生1]咬。

[追问1]很好,这是利用金属的什么性质?

[生1]"硬度",金硬度小,铜硬度大。

[追问2]其他同学呢?

[生2]稀盐酸,"药金"中的锌是活泼金属,有气泡产生。

[生3]灼烧。"真金不怕火炼",而"药金"里的铜会与O_2反应,生成黑色固体。

[生4]硫酸铜溶液。锌排在铜之前,能置换出硫酸铜中的铜。

设计意图:本设计大胆将民族语言的另一精粹——"成语"运用于释义化学原理,并将"古人科技创造"与探究物质制备方法的模型认知教学有机融合。

化学教学中科学探究任务类型之一"物质制备任务"的关键思路是:通过目标产物的元素组成寻找反应物,根据反应条件及其他产物特征确定制备原理,通过装置设计使产物与杂质分离。该设计依据以上关键思路,以"我国是最早掌握冶炼铜技术的国家"这一设计要素,搜集与化学相关的"人文素养"情境,以制备"药金"为切入点,与上一环节的"点石成金"自然衔接,并形成鲜明对比。问题设置中注重对学生的社会责任和发散性思维的培养,设计鉴别"真假黄金"环节,在鉴别中也建立了探究物质制备程序模型,既培养了学生的创新精神,同时也增强了学生的民族自豪感,使整个环节相得益彰。

(三)艺术赏化学,民族丹青美——赏民族艺术创作于物质性质之中,以美育德

[过度]中华民族不仅把飞天梦想寄托在文字上,也会把情感流露于民族艺术里。这是莫高窟的"飞天"壁画,色彩艳丽,栩栩如生。在古代,这些颜料都来源于哪?和化学有关系吗?

[阅读材料]敦煌壁画,赭石颜料的来源是化学成分为Fe_2O_3的矿石。石绿是用孔雀石磨制而成。朱砂是HgS,是古代炼丹术炼制而成。藤黄是植物提取色,胭脂是动物提取色。

[问题9]我们重点介绍"孔雀石",它和铜锈主要成分一致,是碱式碳酸铜。大家再看一个和"飞"有关的文物——马踏飞燕,中国震惊世界的十大国宝之一。它周身呈现出绿色,这是一件古代的青铜器,那么我就要问了,古代的青铜器是不是制作出来就是这个样子?

[生]铜生锈了

[解释]青铜器在古代称之为"吉金",吉利的意思,周身呈金黄色。保存不当,表面就会生成一层锈。

[问题10]碱式碳酸铜的化学式为$Cu_2(OH)_2CO_3$,铜生锈需要空气中的哪些成分?

［复习］回忆一下铁生锈的条件？

［生1］水和氧气

［追问1］大家能否推测铜生锈的条件？

［生2］还需要 CO_2

［追问2］为什么？谁能解释？

［生3］铜锈中含有碳元素，空气中 CO_2 含碳元素。

设计意图：本设计将民族文化中的"艺术"要素——敦煌壁画和马踏飞燕，植根于铁生锈的复习之中，充分体现了以旧引新、学以致用的建构主义教学理念，有助于培养学生的证据推理意识。在物质的学习中，研究性质的同时，更要深入认识物质的用途，而分析推理与生活实际相结合则是学习物质性质用途的重要手段，有助于学生建构"性质决定用途"的这一化学思维模型。

著名教育家蔡元培先生曾说过："美育可以代替宗教，美育是最重要、最基础的人生观教育。"中华民族五千年的灿烂文化，博大精深，独步世界，我们要以古鉴今，以美育人、以美育德，培养学生自觉的文化自信和美好品德。

（四）化学筑航天，首尾相呼应——筑航天强国梦于化学的多领域发展，培养社会责任

［过度］从古至今，飞天梦不只寄托在神话中，流露在艺术里，更付诸探索实践。在党的领导下，中华民族实现了伟大复兴，中国梦一个又一个的实现，其中也包括飞天梦。

［视频］这是神舟飞船的升空画面——壮观，激动人心的时刻。

［问题11］最理想的燃料是什么？

［生］氢气。

［追问］氢气一般是什么状态？如何制成液态呢？利用了分子什么性质？（生齐答）

［过度］科学家对事业的追求是无限的，他们正在研制一种新的燃料。

［问题12］科学家经过确认，存在一种化学式为 N_5 的分子，这一发

现可能开辟世界能源的新领域，成为未来发射火箭的新型燃料，关于 N_5 的说法正确的是_____。

［生1］ C 正确

［追问］ 其他选项错在哪里？

［生2］ 它是一种单质。所以，A 是错的。

［生1］ N_5 分子是由氮原子构成的。B 选项是错的。

［生3］ 一个 N_5 分子是由 5 个氮原子构成的。D 错误。

［总结］ 本节课我们畅想在"化学与飞天梦"的故事中，故事的主要脉络是："嫦娥飞天"蕴"微粒"观；"得道成仙"释"守恒"观；"点石成金"辨"物质"观；"丹青美育"话"用途"观；"筑梦航天"创"组成"观。描绘出一幅"化学与飞天梦"的精彩蓝图。我们要理清故事的发展，不仅要建立物质制备的基本模型，还要构建以物质为核心的知识网络，更要回归化学的本质特征：见微知著，见著知微。总之，化学是"美"的，不仅有现象"美"，还有文化"美"，更有责任"美"，我们需要有发现美的眼睛。

设计意图：本教学设计，以故事叙述的形式梳理总结本节课的知识框架和思维方法，并且融入化学之"美"，更是以"航天梦"牵动同学们"少年强则国强"的拳拳爱国之心，与开篇的"嫦娥飞天"神话形成呼应，培养了学生"学科学，用科学，科学创新"的学习素养。

三 总结与反思

（一）做"核心素养"视域下，有赏析、有温度、有创新的"情趣课堂"

德国教育家第斯多惠认为："教育的艺术不在于传授知识，而在于激励、唤醒和鼓舞。"笔者广泛搜集与"飞天梦"相关的史实素材，涵盖了"神话故事、诗词丹青、民族创造、文物古迹、科技创新"等方面，并将其与化学知识相融合，架构起以物质为核心的知识脉络，分别从物质的"分类、组成、构成、制备和鉴别"五个方面，能力由低到高，循序渐进地展开教学，用知识的内在联系架构模型，着眼于学生关键能力的提升，用知识人文的魅力，致力于学生人文素养的培养。

（二）化学不仅是化学工作者的专业知识，更是一种文化，兼具科学素养和人文素养

作为化学教育的启蒙教师，要善于发掘本学科研究中的认知方法、价值观念、哲学思想、创新精神等人文素养，并将其与富有时代特征、民族意识、科技前沿、艺术赏析等因素有机融合，以化学知识为载体教育学生、感染学生、启发学生，帮助学生形成物质观、元素观、微粒观、变化观、绿色化学观等在内的科学素养观。

参考文献

［1］郑胤飞：《化学是一种文化》，《中学化学教学参考》2014年第11期。

［2］徐睿：《学变化之理 修格致之道——中学化学学科育人价值概述》，《现代教学》2013年第7期。

［3］陈盛：《化学素养教程》，厦门大学出版社2006年版。

绘画、摄影、电脑美术在高中生美术鉴赏课中的综合运用

天津市第二十中学　李　矛

【摘要】教学是通过一定方法和手段帮助学生获得知识和技能，并形成特定情感、态度、能力和素养的过程。在新课程改革背景下，美术教学应该努力避免单向度的甚至是"非人性"的强制过程，尽可能营造出一种平等交流、互动关系，让学生在相对宽松的环境中"畅所欲言、天马行空"。并且依靠各种感官体验：如触觉、视觉、听觉来感受艺术之美，这样对于知识的传授和吸收才能更加行之有效、事半功倍。同时美术各种门类的综合运用，以及让学生通过"以用代学"的方式加深对于艺术的理解，使得"创造发现"得以产生更好的效果，达到更好的艺术体验。

【关键词】高中生；美术鉴赏课；综合运用

一　对于当代高中美术课程的思考

（一）美术课程对于当代高中学生的实际意义

普通高中阶段是学生人生的一个重要转折点，学生将面临人生重要的"分水岭"，一部分学生将直接面向社会，开始从事某种职业和工作，而另一部分学生将进入高一级的学习阶段去开始接受更高层次的教育。而通过对美术课程的学习，学生将获得许多美术技能，比如美术欣赏、

鉴别能力；基本造型能力；色彩使用能力；以及现代数码技术的应用能力，等等。这些能力的获取将为他们未来的工作和继续学习提供帮助，帮助他们完善和塑造更好的人生蓝图。在这个过程中整合课程资源，提高学生的学习兴趣也就成为高中美术教学中的核心内容及发展趋势。

（二）目前高中美术的开课情况

大部分学校都面临着高一美术课程能做到保质保量（就是开齐每周一课时），但是到了高二年级，由于升学的压力，高中美术的其他模块，如绘画、摄影与摄像、工艺美术、电脑美术、书法篆刻等模块很难如期开展或不能保证每周一课时的教学内容（当然这其中也包含师资问题）。所以在现有的环境下，如何让美术在高中的学习中占有一席之地，并且对学生以后的美术综合素养的建立也就成为我们每个高中美术教师要解决的"头等大事"！

（三）美术课程整合的目标

力求通过高中美术课程的教学与校本课程及社团活动的开设，把美术教学的手段多样性充分进行展示，使学生通过各种媒介和表现手法去理解和认识美，在实践的过程中享受美术给每个人带来的乐趣。从而使学生养成一种新的思考方式，并且激发其对新生事物的探索精神，不断完善个人发展轨迹，鲜明地体现学校理念和学校特色，进而完善其人格健全发展。

二 现代信息技术在美术鉴赏课上的运用

利用现代交流平台，整合学生与教师的交流方式，沟通渠道多元化、多样化、立体化，最终达到"沟通无极限"。由于网络发达，和学生的交流可以通过各种渠道如：微博、微信、QQ、电子邮件等媒介，建立起新的平台，让孩子们更多更好地进行交流，畅所欲言。由于高中学生的生理特点，有时候会羞于表达、阐述自己的观点和理论，我和学生之间就通过社交软件进行沟通，交流想法和创意，在虚拟的世界中学生们的表达是真实的。我把大家出现的一些共性和个性的问题进行收集、整理，然后在班级授课中进行讲述，渐渐地，学生们觉得有时候看似"不着边际的奇思妙想"是可以表达，甚至是可以实现的。这其实就反映出当下高中生的心理状态，有畏难心理。通过这种"线上——线下；虚拟——真实；课上——课下"的沟通方式的整合，让美术课堂成为学生们畅所欲言、奇思妙想的舞台。

三　教学内容、活动设计，展示等全方位进行整合

（一）教学内容的整合

文字的描述有时候是抽象的、枯燥的，而艺术的感觉描述起来又很难用语言表达准确，所以在教学内容的呈现方式上需要进行整合，即对于不是很熟悉的风格流派找到同时期或不同地域且大家耳熟能详的风格流派进行对比，在对比中碰撞出新的"火花"。俗话说"有比较才有鉴别"，在讲美术的历史沿革过程中，经常要借古喻今，但是当下的很多新的艺术表现形式都是依托于历史的积淀。因为现在的学生对于西方美术更加感兴趣，而我不反对、不驳斥，而是继续引导，给大家看西方艺术界两位非常有影响力的大师：凡·高和毕加索，当学生们对毕加索崇拜的"五体投地"之时，引用毕加索的一句话"如果把东方美术比喻成面包，那么西方艺术充其量只能称为面包屑"让学生们大吃一惊。这时再把中国画，尤其是大写意的代表人物：八大山人、齐白石等大家比较熟悉的绘画大师的作品进行展示，就会发现西方的后印象主义、立体主义等都或多或少的受了其中的影响，很多艺术流派都非常崇拜东方艺术。其实艺术的发展也是相互学习和揣摩的过程，艺术没有好坏之分，关键在于观察和思考的角度。在整个过程中资源的整合就显得尤为重要：比如引入绘画模块内容，让学生们脱离传统的铅笔、橡皮，素描纸，而改为T恤衫为"纸"然后使用丙烯、布艺彩绘笔及化工染料为材料进行绘制，并且每个班确定一个主题，大家围绕这个主题去表现和表达，通过艺术语言—形状、色彩、线条等元素，表达自己的态度及情绪情感。

（二）活动设计的整合

对于美术教学活动进行充分的思考、设计以及整合，让整个活动每一个环节都是为教学目标而服务，但又不露痕迹。如"绘舞飞扬"手绘体恤大赛，各班虽然有主题，但具体到每个同学设计就会有一些选择障碍，网络虽然发达，但由于太多，都想放在衣服上，但又太多不知道该如何选择，这个时候我觉得给大家一些建议可能会更重要。我在课上和同学们讲到"靠山吃山靠水吃水"，我们守着"万国建筑博览会"还需要找什么其他元素，就在我们身边，同时也是我们学校周围所特有的，而且在我们学校内部就有"百年礼堂"，这是在 2015 年被命名为国家级文物保护单位，简称"国保"啊！这画起来多么具有特色，多么独一无二！而且每个班每个人看它的视角又不一样，我希望追寻你们的视线去发现这些"小洋楼"、这些百年建筑，又是凝固的音符，将来大家在进行舞台表演时或拍摄小视频时加入音乐可以好好设计一下。当有了方向，学生们找到了感觉，并在设计中能体现出"旧元素新组合"，把一些经典的造型或者大家熟悉的形象"颠覆、拆解、再造"，进行了很多方式改造，设计热情空前高涨，上网、查资料，眼前的各国的"小洋楼"，成为最熟悉的"陌生人"。在设计的过程中还要运用过往已有的设计知识，各种构图方式"不规则三角形、S 形、对角线"，等等，越钻研越发现自己知之甚少，这时候大家才能体会到对于艺术一直要保有敬畏之心。虽然设计是烧脑的，但又充满了魔力，像解一道几何题，越设计越有感觉就越上瘾。同时学生们的状态也影响到了班主任和课任老师们，老师们都奇怪"一次美术活动居然让孩子们如此着魔，简直像准备春晚一样"。诚然，其实"绘舞飞扬"手绘体恤大赛时至今日已经走过了七个年头，每年的这次活动学校上上下下就像是过年一般热闹。买衣服、设计主题、T 恤设计、写脚本、拍视频、做后期、设计海报、招贴，采购表演物品，设计舞蹈动作、写串词，音乐剪辑及合成，拍摄照片及后期处理，林林总总，千头万绪，而且不能占用正常课时，都是牺牲自己的业余时间，但同学们乐此不疲，班主任们也被学生们这种精神所感动，纷纷给学生们"开绿灯"，而且也参与其中，有的班主任在视频里或剧本里还扮演一些重要角色，而且很多老师还在课余时间咨询我如何进行绘制 T 恤衫，整个学校掀起了"艺术热潮"。这项活动在高一年级进行其实也在影响着学校的各个年级的学生们，初中阶段学生们羡慕，高二高三的学生期待着学弟学妹们有哪些精彩的奇思妙想。

（三）展示活动的整合

通过对展示活动环节整合达到学习、理解美术的意义和价值。这次持续近一个月的活动，虽然是一节美术鉴赏课的延伸，但整个活动又可称之为一次"行为艺术"，在这次活动中学生们在设计的前前后后了解了历史，学会了设计，激发了潜能，加深了了解，学会了配合，懂得了团队，凝聚了集体，明白了付出，明确了目标，更加深深地热爱了艺术，同时也让自己增强了民族自豪感，热爱自己的家乡和学校，升华了精神，学会了统筹。

四 启示

我觉得题目不仅仅是"摄影、绘画、电脑美术在鉴赏课中的综合运用"，这其中还包含着：文学、历史、地理、政治（哲学）等各学科的重新整合，一门课程都不应该是独立存在的，在自己的小小世界中是没有发展和提升的，应该博采众长、广种薄收。其实在这个教学过程中越来越感受到自己的能力有限、需要不断地充实和丰富自己，时常有种敬畏之心，在这期间也切身体会到"教学相长"这个词的含义。当然仅仅是横向联系，理论依托还是远远不够的，我也通过如讲座、校本课程、社团、兴趣小组活动等形式，将新的教学方式具体实施于课堂教学，展示学生在自主研究中的成果经验，展示教师在引导学生自主探究、学以致用的具体方法。让学生在亲身体验中学会多角度观察事物、善于发现和捕捉生活中美的瞬间、能学会鉴别真正的美是什么，慢慢学会运用多种媒介和手段创造美，享受自主创作的乐趣，体验成功，享受成就感，并培养出良好的思维方式、方法，养成良好的审美情操，为其未来的发展奠定良好的能力基础。

因此，在美术鉴赏教学中，可以利用对艺术作品仁者见仁、智者见智的多义理解语境，而有意识地鼓励、引导学生的感性直觉力、想象力和用具体论据支撑自己质疑观点的能力。教师在其中的作用，一是尽量不要限制学生提出问题的可能；二是要引导学生有根据、有分析、有逻辑地表述自己的新感觉、新观点。同时美术各种门类的综合运用，以及让学生通过"以用代学"的方式加深对于艺术的理解，使得"创造、发现"得以产生更好的效果，达到更好的艺术体验。

整本书阅读：由理念走向构建

——以《林黛玉进贾府》的教学为例

天津市滨海新区大港第一中学　李善玉

【摘要】本文以《林黛玉进贾府》的教学为例，探讨"整本书阅读"在由教育理念走向课程构建过程中的一些做法和经验，包括对新课程理念的理解，新课程理念下课堂教学的准备和实施，以及在课程建设的过程中需要面对和解决的问题。

【关键词】整本书阅读；理念；构建

2018年1月，随着《普通高中语文课程标准（2017年版）》的发布，一个熟悉而又陌生的概念进入了广大语文教师的视野，那就是"整本书阅读"。

说它"熟悉"，是因为"整本书阅读"的概念由来已久，是叶圣陶语文教育思想的重要组成部分。1941年，叶圣陶先生在《论中学国文课程标准的修订》一文中，提到整本书阅读是教学的重点，能够扩大阅读空间，养成良好习惯，发现阅读方法，提高阅读能力。而说它"陌生"，是因为"整本书阅读"教学的推进与研究，一直没有得到很好的重视和落实。"整本书阅读"研究，过去基本上停留在部分专家、学者的零星的阐述中，并没有广大一线教师的普遍实践参与。

而今，"整本书阅读"被课程标准作为"学习任务群"明确提出，就成了广大语文教师无法回避的命题。随着课程改革的深入推进，"整本书阅读"必将由过去的理念，走向现实的构建！为了更好地完成这个命题，我们有必要对课程标准进行认识和思考，对课堂教学进行探索和尝试。

一　新课标在教育理念上的变化

1. 教材从选本走向整本

"学习任务群"概念的提出，是新课标的一大特色，而"整本书阅读与研讨"，又是 18 个学习任务群之一。新课标对这项内容提出了明确而具体的要求。

> "课时可安排在两个学期，宜集中使用，便于学生静下心来，集中时间和精力，认真阅读一本书。学生在反复阅读过程中，每读一遍，重点解决一两个问题，有些地方应仔细推敲，有些地方可以略读或浏览。阅读要有笔记，记下自己思考、探索、研究的心得。"

在这样的理念指引下，教师的"教材视角"要由"选本"转向"整本"。《林黛玉进贾府》选自《红楼梦》第三回，按照"选本"视角，这一回的主要目的是借林黛玉的眼睛表现"荣国府"这个特定的环境，以及主要人物的关系。传统的教学目标会被确定为展现特定环境、了解人物关系，以及重要人物出场等几个方面。但是，在"整本"视角之下，传统的教学目标显然已经不能满足新的教学理念的要求了。

2. 教师从讲桌走向课桌

新课标的第二个明显的变化是对教师角色的定位。

> "阅读整本书，应以学生利用课内外时间自主阅读、撰写笔记、交流讨论为主，不以教师的讲解代替或限制学生的阅读与思考。教师的主要任务是提出专题学习目标，组织学习活动，引导学生深入思考、讨论与交流。教师应以自己的阅读经验，平等地参与交流讨论，解答学生的疑惑。"

从这段表述来看，"平等"成为一个重要的前提。在这里，教师已经不再是课堂的"领导者"和"组织者"，而是成为学习的"参与者"。尤其是在整本书阅读方面，教师要尊重学生的认知，鼓励学生的创见，为学生营造思考与交流的氛围。这样的理念，必然带来课堂面貌的变化。

3. 教学从课堂走向课程

"语文课程作为一门实践性课程，应着力在语文实践中培养学生的语言文字运用能力。"

"学习运用祖国语言文字的资源和实践机会无处不在。"

"引导教师开发语文课程资源，有选择地、创造性地实施课程；把握信息时代新特点，积极利用新技术、新手段，建设开放、多样、有序的语文课程。"

在这样的理念指引下，"课程观"必然得到凸显。伴随着"学习任务群"的提出，学习的"过程性"要求也必然会得到强化。以往的"有效教学""高效课堂"的理念，已经无法适应新课程标准的要求。将来教学的着力点应由"优秀课堂"向"优质课程"转换。

二 新理念下的教学构建

《林黛玉进贾府》是高中语文教材中的经典篇目。传统的教学设计一般会关注其作为前五回之一的总纲地位，从而将课堂教学的主要内容定位于"特定环境"及"人物出场"等方面。但是在新的课程理念之下，本课书的教学重点将定位于"通过一篇课文的学习，带动《红楼梦》整本书的阅读"。在这样的理念要求下，教师应该如何构建语文课堂呢？

1. 素读《红楼梦》

从备课的角度说，教师重读《红楼梦》是重要而且必要的。教师只有自己对整本书阅读的内容有充分的了解，才能更好地引导和帮助学生进行阅读和研究。但是，这里的重读，应该是"素读"的方式。

所谓"素读"，就是不参考任何关于《红楼梦》的研究成果，最大限度地回避对认知的干扰。就如同做饭不添加调料，尽量保持食材的原汁原味，这样才更有利于对食材的品鉴，对营养价值的挖掘。同样，"素读"作品，将更有利于读者从自身的角度和立场出发，领悟作品的内容，挖掘作品的内涵。教师的"素读",也将更有利于教师设身处地的贴近学生的立场。

教师以"素读"的方式重读《红楼梦》,要力争有自己的发现,有自己的领悟,争取在教学内容、教学方法或课堂模式上有所突破。教学理念也应该由"要给学生一碗水,教师自己要有一桶水"的量化认知,到"给学生一口井"甚至"让学生自己找到水源"。

2. 笨想重难点

作为经典名著,《红楼梦》的研究成果可以说是铺天盖地。但是,哪些成果适合青年学生的视角,那些成果更有利于促进整本书的阅读,却是需要认真思索的问题。为了能够真正深入文本,发现适合且有价值的"促读"信息,我们应该坚持"笨想"的原则,即在做教学设计之前,先不要互相商量,不急于教研组内的研讨,甚至不看教学参考书,每个人都要进行真正深入的、独自的思考。这就更需要重新审视课标和教材内容,重新确定教学的重点和难点。

3. 找准切入点

要解决这个问题,首先要明确这节课的定位。是读前教、读中教还是读后教?如果是读前教,应该侧重于引导;如果是读中教,应该侧重于交流;如果是读后教,应该侧重于研讨。

其次是关于这节课的定性。以一篇课文、一个章回的学习,带动整本书阅读,这显然是一个宏大命题。不要说整本书阅读,单就《林黛玉进贾府》一篇课文而言,如果没有充分的预习和相关准备,要在一节课完成教学任务,都是很困难的事情。因此,新课程理念下的教学重点不能确定在思想分析和主题挖掘方面,而应该确定在激发学生的阅读、研读或是再读的兴趣上。

再次是关于课堂形式。传统的授课形式显然已经不能适应"整本书阅读"的教学要求。而形式活泼,内容生动的活动式、体验式的学习方式,如知识竞赛、专题辩论、主题演讲、翻转课堂、在线学习等都可以进行尝试。

最后是确定切入点。人物形象的塑造是创作的重点,也是研读的重点。《林黛玉进贾府》作为总纲内容,安排主要人物出场,是这一回小说的重要功能,而男主人公贾宝玉的出场又是重中之重。那么,人物出场之后会怎么样呢？结合这个问题，我们可以确定这节课的教学难点——如何通过贾宝玉这个人物的生活经历、思想性格、情感发展，来激发学生的阅读兴趣。

这样一来，这节课的教学思路也清晰了：抓住一点，兼及其余；以人为纲，纲举目张。"抓住一点"，是贾宝玉的人物形象；"兼及其余"，是和贾宝玉有关系的其他重要人物；"以人为纲"的"人"是贾宝玉，"纲举目张"的"目"是小说中的相关情节。

三 构建之路道阻且长

从实际效果来看，这次教学尝试取得了圆满的成功。但是，一节课的成功，并不意味着"学习任务群"的成功。探索刚刚起步，"整本书阅读"的课程构建之路道阻且长。

首先是课程标准的细化与落实。新课标规定了学习内容和学习时间：

在阅读过程中，探索阅读整本书的门径，形成和积累自己阅读整本书的经验。

在指定范围内选择阅读一部长篇小说。

在指定范围内选择阅读一部学术著作。

利用书中的目录、序跋、注释等，学习检索作者信息、作品背景、相关评价等资料，深入研读作家作品。

联系个人经验，深入理解作品；享受读书的愉悦，从作品中汲取营养，丰富自己的精神世界，逐步形成正确的世界观、人生观和价值观。

本任务群在必修阶段安排 1 学分，18 课时应完成一部长篇小说和一部学术著作的阅读，重在引导学生建构整本书的阅读经验与方法。

这些规定虽然具体，但是落实到实际的教学活动，仍然有一段距离。比如，阅读的书目如何选择？阅读的时间如何安排？18 个课时如何分配和利用？阅读的成果如何呈现……这些都是教师无法回避的问题。

其次是实现课程内涵与课堂外延的统一。随着新课程标准的发布，尤其是"学习任务群"概念的提出，"整本书阅读"又被摆在了第一个学习任务群的显要位置，这个内容引起了广大教师和教学研究人员的极大关注。对于"整本书阅读"的研究，呈现出井喷的趋势。"中国知网"显示，从2017年10月到2018年5月，仅半年时间，关于中学阶段的"整本书阅读"研究论文就有110余篇发表。但是，从研究内容来看，这些论文的角度大多停留在教学策略研究或名著导读的层面，并没有真正体现"学习任务群"的课程内涵，也没有真正深入"整本书阅读"学习规律的研究。

多年来，由于高考指挥棒的影响，高中的老师们对国家课程重视有加，特别是在课堂教学的研究方面，可以说是追求极致。但是，高效课堂追求的是共性质量，让不同的学生有共同的收获，无法满足学生个性发展的要求。《关于深化教育体制机制改革的意见》要求：

> 推进普通高中育人方式改革，深化普通高中教育教学改革，稳妥推进高考改革。
>
> 培养认知能力，引导学生具备独立思考、逻辑推理、信息加工、学会学习、语言表达和文字写作的素养，养成终身学习的意识和能力。

这样的培养目标，传统的课堂教学都是无法有效实现的。未来学校发展的必然趋势是构建高质量的课程，挖掘整个课程结构的潜力而不仅仅是单一课堂教学的潜力，由探索高效率的课堂向构建高质量的课程发展，为不同学生的发展提供不一样的课程支持，满足不同学生的发展需求，实现课程内涵与课堂外延的统一。

再次是关于"整本书阅读"的评价方式。在这个方面，很多省市已经做出了相关的探索。比如北京市已将《平凡的世界》《红楼梦》《呐喊》《边城》《红岩》《老人与海》等十二部名著正式纳入高考必考范围。应该说，这一举措是回归语文教育之本，对于切实提升学生的语文素养非常重要。

但是，"整本书阅读"的意义决不能仅仅停留在应试层面，要让学生

"深入理解作品,享受读书的愉悦,从作品中汲取营养,丰富自己的精神世界,逐步形成正确的世界观、人生观和价值观"。注重过程性的感悟,注重潜移默化的内心陶冶,这样的学习目标,是很难用考试的方式来评价的。尤其是像《红楼梦》这样的经典名著的阅读效果,需要我们探索更为科学合理的评价方式。

最后是教学研究方式的变革。"学习任务群"是基于"大课程"观的学习要求。课程化的学习要求教师有全局性的视野。传统的教研方式,如"说课""议课""听课""评课""同课异构""借班上课"等,都是基于课堂教学进行的。很显然,这种着眼于课堂的传统的教研方式,已经无法适应新课程理念的要求。

从"学习任务群"的角度看,"整本书阅读"应该是一个过程,而一节课很难反映学习的全貌。课程化的学习,不但要求师生之间的配合和交流,要求学习过程的和谐与自然,更要求能够动态地反映学习的效果,全面的评价教学行为。

总之,新课程标准的发布,让广大教师面临着全新的挑战。尤其是"整本书阅读"这个既熟悉又陌生的命题,由理念走向构建还有很长的道路要走。建构的过程必然充满艰辛,但是挑战往往与机遇并存,只要我们能够积极面对,主动作为,全力投入教育改革的大潮,必然会迎来课程建设的又一个春天!

区域特色课程开发的实践与思考

河北区教师进修学校　李淑丽

【摘要】 天津市河北区经过近三年的研究与实践，成功开发出了区域特色课程—《文化河北》。课程以核心素养、地域特色和实践活动为核心理念，依据区域资源特色确定课程结构，以"活动型综合课程"为基本形态，以丰富的实践活动为基本的实施方式，配合基于观察的多维度评价，取得了良好的实践效果。本文还结合区域特色课程实践给出了作者的思考。

【关键词】 区域特色课程；课程理念；实施；思考

区域特色课程是区域教育特色发展的基本载体，是区域教育特色的基本标志。区域特色课程的开发与实施，必须有明确的理念、合理的课程结构和适当的实施与评价方式。

一　区域特色课程开发的理念

课程开发的前提性要素是课程资源。由此，在区域特色课程开发过程中，河北区基于本区丰富的文化资源，经多次研究讨论，确定开发《文化河北》区域特色课程。同时，明确了该课程的开发理念，即核心素养、地域特色、实践活动。

（一）明确核心素养的课程目标

在课程改革背景下，区域特色课程除了要达成传统意义上选拔人才的功能，更多地要考虑新时代课程观——学生核心素养的培养。因此，根据中国学生发展六大核心素养，《文化河北》课程确立了"要让学生了解河北，培养乡土自豪感；积极探索，培养时代责任感；展望未来，培养历史使命感；全人发展，培养多元智能感"的目标。

（二）开发地域特色的课程内容

从地域特色来看，"近代中国看天津、百年天津看河北"，河北区有鲜明的文化资源、厚重的历史人文，很多重大的历史事件都由此发端，这不仅为我们提供了课程开发的资源，也为我们启示了课程开发特色所丰，即充分发掘本区独特的文化资源，引导学生亲寻地域文化。

（三）实施实践活动的课程途径

所谓"素养"者，"素"称为未染色之丝，"养"寓意是长久的育化的意思。这启发我们要实现区域特色课程目标，就必须创设有体系、长期的、丰富的活动。以活动为载体，以学生为主体，以"身"体之，以"心"验之，以达浸润养成之目标。

二 区域特色课程的实施

（一）依据区域资源特色确定课程结构

河北区的史实灿若星辰，浩如烟海，课程资源选择与课程结构设计，需要删繁就简，明确定位。围绕课程核心理念，在史实中，我们将有利于培养学生社会主义核心价值观、爱国主义精神和民族（地域）自信心培养的文化内容编入课程。课程结构明确分为八个独立的单元：

1. 名人故居文化：梁启超、李叔同、曹禺等故居文化；
2. 风貌建筑文化：意式风情区建筑特色文化；
3. 宗教文化：大悲院、望海楼等宗教文化；
4. 红色文化：觉悟社、扶轮中学红色文化；
5. 北洋新政文化：北宁公园、北站、造币总厂文化遗存；
6. 古近代碑刻文化：中山公园历史碑林、李叔同碑林；
7. 教育文化：木斋中学、扶轮中学；

8. 城市历史文化：中山路、三叉河口、曹家花园等遗迹文化。

我们在每一个单元都精心选取了梁启超、中山路等典型案例，以图文材料、幻灯展示、音频视频播放为载体，串联起文献资料、历史人物故事和历史事件的珍贵照片。通俗真实的文字搭配、别具匠心的形式和学生互动活动安排，图文并茂、声光电一体，实现了互联网+电子课程。

（二）以"活动型综合课程"为基本形态

为有效实施《文化河北》课程，我们将它与高中选修课、德育实践课堂、研学旅行等融合，形成了以课内外实践活动为基本形式的"活动型综合课程"。所谓"活动型综合课程"，即在教师的指导下，由学生自主进行的综合性学习活动，基于学生经验，密切联系学生的生活和社会实际，体现对知识综合应用的学习活动。[①]

那么，它的具体实施方式如何呢？以"红色文化"单元内容部分为例，这一部分内容需要学生达成对红色文化内涵、民族精神和时代精神的理解，在日常生活中传承精神、践行社会主义核心价值观。教师设计了《红色河北 文化追梦》主题活动课，并创设了三个活动。第一个活动：历史烙印——由学生自主形成小组，班级分为5个文化小分队，利用活动日时间，按照手机上本课程红色文化路线指引，走进红色文化遗址遗迹，完成对一个文化站点的历史来源、发展的探寻，并将小组成员的所见所闻、所思所悟做整理，在课堂中小组代表展示分享所获。学生在"范例分析"中呈现自己的观点，以此完成课程目标"对红色文化初步了解"。第二个活动：文化思索——教师引导学生打开ipad，再次阅读课程教材，围绕教材设问，展开小组深层次讨论，分析红色文化对个人、国家、社会当时的影响，在延伸挖掘此文化对后人、后世的影响，深化红色文化真正内涵。学生在"价值冲突"中做出识别，完成课程目标"民族精神与时代精神传承"。第三个活动：时代接力——教师提炼本节课红色文化中"爱国"等关键词，展开对社会主义核心价值观的解读，并让学生挑选通过本课学习感悟最深的一个关键词，并追问新时代高中生如何践行，实现课程目标"对社会主义核心价值观的延伸学习"。三个

[①] 张婷：《浅谈综合实践活动与数学学科的有效整合》，《学周刊：下旬》2015年第1期。

活动层层深入，烙印在学生的脑海，对学生日常生活的言行起到指导作用。学生达成了知识性的学习，能力也提升了，团队意识也增强了，全方面促进了自身核心素养的形成与发展。

区域特色课程《文化河北》虽是立足河北区的文化历史而开发，但不仅限于对历史的回顾和对史实的记忆，更重要的在于通过回眸历史发展，理解岁月沧桑，激发爱乡情感，明确报国思想，树立发展信念，使学生产生奋发向上的不竭动力。

（三）基于观察的多维度评价

在《文化河北》课程评价实践中，我们分成三个维度：学生自评、小组互评、教师评价。当然，还可以随着课内外的实践不同，增加评价的维度。评价以课堂观察的测评为科学依据，侧重于学生参与活动的过程，如学生在课堂中的发言次数、在小组讨论中的资料整理记录等。并且，我们运用信息化技术整合，学生登陆区域特色课程学习平台，计算机会对学生的问卷、课堂表现、日常言行等数据进行分析，形成综合评价测试报告。教师还可以提供一些课后延伸的星级任务，学生通过一个个星级闯关任务，有了不同程度的能力延伸，这样教师也可以从学生完成任务的质量判断其有关水平与能力，为下一次课程安排做好准备。这样，既关注学生学习结果，又注重学生学习过程中表现出来的情感与态度，激发他们的求知欲、自信心、进取心，使课程评价评出发展创新的活力。

三 有关区域特色课程实践的思考

（一）完善课程育人功能、强化教师育人意识

通过对区域特色课程的开发，教师自身育人意识得到加强，更关注发掘教材及教育资源的育人功能，同时自身的综合素质、育人能力都在提升，教师自己也成为积极主动的学习者、具有创新反思能力的开创者。这样教师才可能充分发挥课程的育人功能，推进协同育人。因此，在区域课程后期推广中，我们扩展区教研、学片教研、网络教研（微信、博客、QQ）等多种教研形式，不断强化育人理念。我们还不断开辟育人的

平台，着手课程育人共同体建设，积极地与觉悟社、扶轮中学等适合中学生的实践基地联手，开展"小小讲解员系列活动""义工志愿者服务"等，将立德树人的育人要求，真真切切融合到学生生活的点滴中，用核心素养规范其言行，达到育人效果。

（二）加强合作参与度，增强真实推广度

每一门课程都应保持生命的活力，尤其像活动型课堂教学，需要保持持久的吸引力与关注度。如果创设的活动没有深度与新意，如果学生对活动内容不能充分理解，那么课堂活动环节就会出现无序状态或者低效，或者成为个别表现欲强的学生的展示舞台，而其他学生就是观众，长此下去就失去了本课程提升全体学生核心素养的价值。因此，教师就活动本身的设计，以及（面向全体、全员参与、全程参与）三个维度提前预设。比如，活动设计是否符合学生发展规律，是否贴近学生，是否与时俱进；比如，知识学习程度不同、性格不同的学生是否能找到自己在小组中的位置，有自己的任务，是否在小组之间有合作。同时，教师将话语权交还学生，学会倾听与引领，课堂才有闪耀思想的灵性。这样每一位学生都积极地、真实地投入到课堂中，教师能较全面了解学生的认知水平，激发积极情感体验，帮助学生提升能力。这样一堂课就有了它的价值。所以，我们推广的不仅仅是课程本身的内容，而是这类课程设计的理念。

（三）紧跟时代发展脉搏，创新课程实现方式

在对课程的整体设计中，我们非常重视对"互联网+"的应用，与电教中心、软件开发公司保持紧密合作，开发电子课程教材、学生学习互动系统，这样教师可以及时更新电子教材，也可以发布课程任务；学生也可以利用移动终端（手机、ipad、电脑），随时随地登录平台，阅读教材、课时训练、学习效果检测，满足学生个性化学习需求。我们还大力开发相关电子课程（精品课、微课），利用互联网，建设资源共享互动平台；在区域教研中，我们分享各个基层校的实践与信息化系统的具体情况，改进方法，提升区域课程的电子信息化开发和应用。比如，在假期，学生可以跟家人一起走访河北区文化遗址遗迹，打开电子教材，做导游，开始家庭文化之旅，使区域课程成为一部可移动的活课程。

巧用蔬菜造型培养学生综合素养

天津市静海区第二中学　李树军

【摘要】 在我们农村这片广阔的天地里，一些由于长的畸形而被农民们丢弃的蔬菜、水果随处可见。这些材料在生活中虽然不被人们重视，然而作为一名美术教师，我觉得它们具有独特的价值，被随意丢弃非常可惜。它们虽然不能被食用，但它们的形状、颜色、质地、纹理，在我看来都是很美的，具有很高的艺术价值和教学价值。在教学过程中我把它们作为美术教学材料，鼓励学生们展开丰富的想象力，利用蔬菜的自然形状、颜色等进行巧妙构思，创作出一幅幅形态各异的造型作品。这些作品充满生活气息，质朴生动、童趣盎然，展现出学生们非凡的想象力和创造力。教学实践证明，教师应注重引导孩子们从生活中发现美、创造美，慢慢体会艺术源于生活而又高于生活的道理。我觉得这才是我们美术课所追求的最终目的。

【关键词】 发现美；感受美；创造美

根据《新课程标准》的要求和现代育人理念，美术课教学不能只是教会学生们画什么、怎样画，而是通过美术教学培养学生的多种能力，比如观察力、想象力、创造力、探究能力等。为此我在教学实践中根据本地的特点及学生已具有的能力设计开发了用各种蔬菜造型的课程。下面我将自己在教学中的一些具体的想法和做法进行梳理和总结，希望对大家有所启示和借鉴。

一 注重教师引导，促使学生善于联想、大胆表现

教师要发挥蔬菜造型在美术课教学中的艺术价值和育人价值。在生活中蔬菜是我们餐桌上的美味佳肴，而它在艺术上的作用却很少有人知道。蔬菜造型凸显了蔬菜的艺术价值和育人价值，深受学生们喜欢。在教学过程中教师要注重运用形态各异的蔬菜对学生进行引导与启发，鼓励学生发挥想象力，学会与人交流和表达想法，并通过艺术作品大胆表现出来。教师要善于采取多种方法，如通过语言，图片或放映一些动植物的录像等，启发学生说出它们的主要特征及适合哪种蔬菜造型。鼓励学生根据蔬菜的形状、颜色、质地、纹理的独特性质，主动发现与所塑的艺术作品的形状相似，或相联系的地方，选择合适的技法进行造型练习。比如：冬天大白菜的叶子像什么？我请学生展开讨论，有人说像孔雀开屏时美丽的尾羽。我及时抓住这一特点又问："什么蔬菜适合作孔雀的身体呢？"同学们在众多的蔬菜中选择了红萝卜。在他们共同的努力下，果然一只栩栩如生的孔雀出现了。橙黄色的身体，黄绿相间的尾，扣钉做的大眼睛还有三根直别针做的翎毛插在头上，使人觉得它是那么鲜活可爱。接着我又拿出一根长了很多小根须，被农民丢弃的畸形红萝卜，问学生"这像什么？"他们说像章鱼。只是这一句话的提示，过了一会一位学生就给我拿来了他制作完成的两条在大海中自由自在游泳的"小章鱼"。《章鱼》作品，让我真是觉得只要教师善于启发，我们的学生就会产生丰富的想象力，创造出他们喜欢的作品。他们会把我们生活中极其普通的蔬菜变成一件艺术品，展现了神奇的想象力，提高了造型能力和观察能力，增强了艺术表现的意识和能力。

二 自主操作，发展学生创造性思维

由于蔬菜的可塑性很强，它能表现的题材、内容多种多样。比如自然风景，简单的人物、动物造型或者一些抽象的作品。蔬菜造型课程注重引导学生在生活中寻找美的源泉，勇于发现美、表现美、创造美，促

进学生创造能力的发展。在教学过程中教师要充分调动学生的手、眼、大脑等各器官的功能，让学生通过体验，丰富对蔬菜的感性认识，提升对生活中普通事物的审美情趣，培养学生的多种能力，促进其综合素质的提高。教师要指导学生根据蔬菜本身的外形特征、颜色、质地、纹理进行有意识地选择、搭配、组合，加工创造出独具特色的艺术形象，我们把这一过程称之为蔬菜造型艺术。蔬菜造型的操作工具很简单：一把普通的小刀、牙签、直别针和扣钉，而且操作起来也比较简便易学，在教学实践中我们师生共同探索，总结出一套制作方法：

（一）切挖组合法

切挖组合法是根据蔬菜本身的形体特征通过想象进行有意地切挖与组合，使其具有某一形象特征。制作中主要运用一个"巧"字，注意引导学生因材造型，充分发挥想象能力，引发学生对自然形象的联想。比如：作品《温馨》就是用几根长茄子经过简单的切、挖，再进行组合而变成了温馨和美的海豚一家。作品《小顽皮》是由两根萝卜创作而成的。学生根据它本身的形状、颜色、纹理进行有意的切挖，变成了一只顽皮可爱的小猴子。

（二）镂空法

镂空法是根据蔬菜本身的造型镂空而雕出物体的形象。比如：作品《笑看人生》，是学生用一个大南瓜挖去几块瓜皮就变成一位喜笑颜开的老人，弯弯的眼睛和张开的大嘴让人感觉他是那么善良与纯朴，仿佛在给我们讲述人生美好的故事。

（三）雕刻法

雕刻法是运用一些简单的雕刻技法进行造型。（包括圆雕和浮雕）比如用一个汗萝卜，在粉红色的表皮上运用浮雕技法刻出一些图案。如作品《月光曲》反映了一群活泼可爱的中学生，在柔美的月光下翩翩起舞，充满朝气和活力，也给我们带来了青春的气息。圆雕的方法相对难度较大，对一些能力较强的孩子可教他们一些圆雕的方法。圆雕技法比较适合萝卜类的材料来表现。如作品《青春》是用一个白萝卜经过简单雕琢，一位妙龄少女的形象就展现在我们面前,她晶莹剔透仿佛玉石雕制而成。

三 发展立体思维方式,提高空间造型能力

在美术教学中,学生们容易理解和接受平面造型的东西,而对于空间造型的表现则是比较困难。因此在造型课中教师有意识的训练学生的空间思维,使学生们在玩中掌握这一造型难点。比如作品《觅》,就是在训练学生立体思维的过程中创作完成的一幅作品。小兔的形象是学生们熟知的,头可以概括成一个圆球形,身体类似一个椭球体,四肢与尾很短,所突出的就是它那一对灵敏的长耳朵。根据这些特征试着请学生用圆雕的表现手法把小兔的形象表现出来,结果很成功,他们还用树上的小红果子做了小兔的眼睛,又给它放了一个大萝卜。这种循循善诱、层层深入的教学方式是在不知不觉中把学生习惯用的平面思维方式变成立体造型,突破教学难点,有利于学生空间造型能力的形成。

四 发展抽象思维,提高审美能力

一般来说具象的东西容易表现和理解,而抽象的内容不容易表现和被人们所接受。记得曾有人说过,一个圆在幼儿园里孩子们会说出它像很多东西,比如一个娃娃头、大西瓜、太阳等;中学生说它是一个圆;到了大学生就只说它像是英文字母里的 O 了。因此我们初中段的教育要留住孩子的想象,发展他们对抽象事物的感知与理解非常重要。每个人都要有自己不同的想象。比如把红萝卜切成几个圆片再插接起来,这表现的是什么?《生机》。再把圆片换一种组合方式,螺旋状排列。它又像什么?《人生的阶梯》。学生们在讨论中显得有些兴奋,在坚持自己说法的同时也不否认其他同学的意见。就在这种开放、包容的氛围中,使学生们能够大胆想象,乐于表达,促进思维形式的多样性,培养发散式思维能力。使他们能接近现代审美语言,促进审美能力的提高。

通过教学实践,我们发现,蔬菜造型课程有利于学生探究意识、创新意识的发展,而且很受学生们欢迎,课堂气氛活跃,教学效果较好。在教材改革中学生创作的一些作品曾被编入天津地区八年级美术课本。

艺术教育作为一门课程，不仅仅是一种单纯的技能技巧训练，还应是思维方式的锻炼和各种能力的综合培养。运用蔬菜造型教学有利于学生的技能培养，智力开发，对学生的想象力，创造力，空间造型能力及抽象思维能力等都是大有益处的，同时更为重要的是能让学生理解艺术的本质：艺术源于生活，艺术创作与日常生活紧密联系的思想，从而达到对学生综合能力的提高。

初中生物教学培养学生核心素养的五种路径

天津市第六十一中学　李延雨

【摘要】生物作为初中阶段的必修课程，肩负着培养学生核心素养、促进学生全面发展的重要使命。在课程的实施中，教师要从五种路径来实现生物学科的育人价值：即教人求"善"，在生物课学习同时学会做人；教人会"学"，在学习生物知识同时学会学习；教人善"思"，在学习过程中培养理性思维、批判思维和反思意识；寓教于"乐"，激发学生学习兴趣，同时让学生在生物学习中感受到成功地幸福；鼓励践"行"，让学生在实践中探索新知，不断创新，在实践中应用旧知，解决问题。

【关键词】核心素养；初中生物；育人价值；路径

《中国学生发展核心素养》对学生的核心素养做了明确的规定，分别为：人文底蕴、科学精神、学会学习、健康生活、责任担当、实践创新六大素养；这六大素养又具体细化为理性思维、批判质疑、勇于探究、乐学善学、勤于反思、社会责任等十八个基本要点。指明了学生应具备的，能够适应终身发展和社会发展需要的必备品格和关键能力。

曾有声音质疑，所谓"核心"应该是最重要的部分，而这里的素养太全面。我认为其实不然，这个"核心"可以理解为教育价值的核心。"全面发展的人"是教育的核心召唤，大到课程、课标、评价的重构，小到每一位教师的每一个教育行为都应该以此为核心追求。

生物学科是初中阶段必修的国家课程，肩负了培养学生核心素养、促进学生全面发展的重要使命。作为一名生物教师，在实践中，立足核心素养，结合学科教学从"至善""以学""导思""激趣""践行"五种路径，来提升生物学科的育人价值，创建富有生命力的课堂。

一 至善——德育渗透，让课堂发挥人性价值

"至善、质朴、立本、力行"是我校的校训，其中"至善"的含义是善良。教育家李镇西曾说："善良是一切美德的源泉，正义、责任、尊重均由此派生。"我始终坚信"先做教师，然后再做学科教师"。教师不仅仅要教好课，更要教好人。任何一门学科，教人"至善"应为先。

著名教育家杜威曾说过，"我认为道德教育集中在把学校作为一种社会生活方式这个概念上。我相信一切教育都是通过个人参与人类社会意识而形成的"。因此，人的德行和善的行为不是教出来的，而是在社会化的环境中熏出来的。因此，在教学中，要更加注重环境的创设和氛围的营造。我校 2014 年开始尝试小组合作学习模式。目的之一是给学生创造小社交的环境。从我校的小组合作结构上看，其实课堂合作学习只是枝叶，根基在于小组建设。力在培养学生的积极态度、团队意识和责任担当。在扎实的小组建设基础上促进课上合作学习有效开展。同时，课堂教学利用小组，又巩固了小组的德育建设。

在教学中，重视对小组德育附加意义的挖掘。我以小组为单位组织项目学习（如图 1：小组探究任务中组员的分工职责），分工合作完成任务，同时感悟合作的力量；利用小组开展组内帮扶，在异质互助中落实基础，同时学会尊重和友爱；对小组进行捆绑评价，在良性竞争中唤醒课堂活力，同时激发集体意识；对小组进行多元评价，关注学习目标达成的同时关注学习过程和习惯养成。将学习中交流、互助、合作的表现，主动学习的意识以及课堂常规、行为常规落实纳入课堂评价。让评价发挥教育杠杆作用。陶行知曾说"每一个教师都应该是思想品德教师"。小组的德育价值要靠每一个老师，每一节课来挖掘，生物课也不例外。

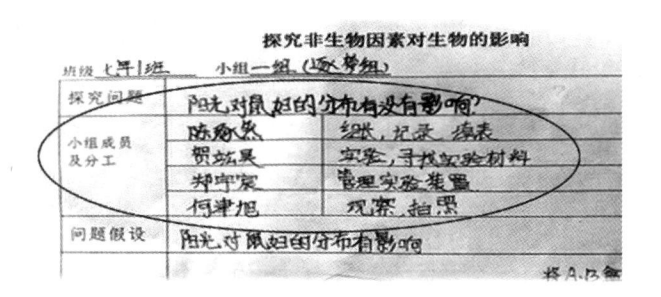

图1 小组探究任务重组员的分工职责

二 以学——授之以渔，让教学发挥长远价值

信息时代，知识更迭速度快，仅仅传授知识的教育已经不能适应未来社会发展的需求。让学生学会学习才能更好地为未来奠基。在生物课堂教学中，有很多学习资源值得挖掘，在学习过程中引导学生学会自学、学会检索、学会分析、学会表达、学会合作、学会总结。

归纳总结是重要的学习能力。善于归纳可以帮助学生将所学的知识构建成知识网络，从而整体把握知识体系。我尝试从初一年级引导学生用概念图对某章节知识进行总结。到八年级末，一些学生可以将某一知识点迅速地在整体知识体系中明确定位，概念图帮助学生理清思路，更好地从整体把握概念以及概念之间的联系。更重要的是通过这种学习方式让学生自主构建知识体系，归纳总结的学习能力得以提高。

学习金字塔理论指出，讲授给他人是最有效的学习方式。我在班级内开展"生物小讲堂"活动，每周1个小组，利用课上五分钟，轮流展讲课内外生物知识。讲，不能随意。规定的标准是讲明白、讲简练、讲生动、全展示。成为"生物小专家"并不容易，为了达到这个标准，小组成员分工备课，去图书馆检索资料并整合信息，甚至要进行试讲、演练。慢慢的，学生们的表达水平提高了，还涌现了一批爱讲，会讲的"小专家"。"小讲堂"成了孩子们最期待的环节。其实表达水平提高的背后是自学、检索、分析资料能力的提高。

为了驱动主动学习，主动合作，我将课堂环节设置成不同任务。首先，任务的设置一定要基于学情难度适中。把任务难度设置在"最近发展区"，太难或太容易的任务都不能有效驱动学习。第二，任务设置要激发学生的兴趣。枯燥的任务只能主导表面主动学习，而有趣的任务才能驱动学生内心的主动。例如学习苔藓结构时，布置看书填写学案的任务就不如拿来实物的观察任务来的有趣。第三，任务呈现要明显，要求和目的要明确、具体。第四，任务的完成要以自学、组内交流、组间展示、组间质疑的顺序展开。自学让每个个体有思维的时间，没有自主学习不能直接进行合作学习。组内交流让思维的火花在小组内碰撞，互相启发解决个性化问题，暴露共性问题。展示环节各个小组围绕共性问题展示，并提出解释、质疑和补充，学习内容渐渐完善。仍无法解决的问题，才是真正的学习难点，教师再予以点拨。让课堂以学为本，重在生成。在先学后教中培养学生自学、合作和表达能力。

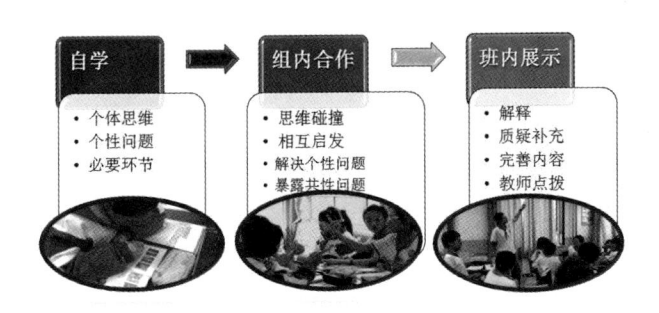

图2　小组合作示意图

三　导思——引导思维，让课堂充满智慧光芒

一方面，培养学生的理性思维。学而不思则罔。学习依赖思维，同时也是促进思维提升的过程。其中最重要的是培养理性思维。初中生正处在从感性思维到理性思维的过渡阶段，是理性思维萌芽期。生物作为自然学科，在学生思维发展的关键阶段渗透和培养理性思维是责无旁贷的。在教学中，我鼓励学生通过观察自然提出问题，通过设计科学的对照试验加以验证设想。例如，在学习非生物因素对生物影响时，各个小

组提出不同的探究问题，并设计科学的实验加以验证。在思考与学习过程中逐渐形成科学、严谨、缜密的思维习惯。

例如，在观察草履虫的生物实验过程中，要引导学生从提出问题到作出假设再到设计实验过程等方面形成自主探究学习的意识，借助对单细胞动物的观察来掌握主要特点，深刻认识到具体的运作过程，既要注重从纸笔测试来评价学生的基础知识能力，又要在具体的试验中让学生掌握草履虫临时装片的制备的能力，借助显微镜来观察草履虫的外形和行动并且对其内部构造有足够深刻的认知。借助不同形式的测试评价形式，让学生注重对生物知识的理解和掌握，并且让学生逐步掌握将这些知识应用到实际生活中去的能力，培养生物学习的长期性和综合性，让学生能够全面提升自身的生物学素养。

另一方面，启发和保护学生的批判思维。"银杏有果实为什么书上说是裸子植物？巴斯德为什么设置鹅颈瓶，盖上瓶盖明明也能阻挡细菌啊？老师说淀粉遇碘变成蓝色，为什么我看到的并不是蓝色？"学生问出这些颠覆课本、质疑老师的问题，折射的是"吾爱吾师，我更爱真理"的实事求是的科学精神，应视作教学中最值得保护的宝贵光芒。

另外，还要激发和培养学生的反思精神。例如，在研究单侧光对蒜苗生长影响时，第三小组的实验并没有呈现预期的结果，班内汇报的时候特别沮丧。于是我鼓励他们，失败不是成功之母，反思才是。在我的鼓励下他们反思了整个实验设计，最终他们发现窗台的单侧光刺激不明显，并设计了改进方案。令全班没想到的是，我把探究任务完成的最高分给了失败的三组，只为在班级中倡导这种反思精神。

四　激趣——创设氛围，让学习洋溢幸福喜悦

知之者不如好之者，兴趣是最好的老师。探索未知是人类的天性，是人类之所以发展的重要因素，学习应该是种内部需求。因此学习过程从本质上看应该是快乐的。

在生物课中，生命的真相、人体的科学、自然的奥秘、生物的行为、科技的发展对孩子们有无限吸引力。我尽可能地将知识与学生的生活相联系，点燃学生的兴趣，努力将课堂教学打造得有声有色有趣。对特别

有兴趣的学生，尽可能地满足他们的好奇心。

例如，在观察细胞的教学中我并没有把观察对象限于书中的材料，我让学生自选生物材料制片观察。显微镜下的生命世界把他们深深吸引，探索欲望完全激发。放学后竟不肯离开学校，背着书包去实验室继续他们的乐趣。

虽然爱好是最好的老师，但是也无法保证每个孩子都对生物感兴趣。但我可以保证的是，尽量让每个人都感到成功的喜悦，发现自己的价值，这也是乐趣的来源。正所谓好之者不如乐知者。

在学习了细胞结构之后我布置了绘制细胞图的作业。第一次按时上交6份。我并没有强迫全班上交，而是对每一幅上交的作品进行了认真批改，用红笔批注优点，用铅笔给出了改进建议。（图3为在生物作业上的鼓励性批注）在课上把每一幅上交的作品展现给全班同学，引导全班发现作品值得学习的闪光点。第二天桌子上放满了孩子们的作品，看着那一张张精心的作品，我知道这背后是渴望肯定的眼睛。为了更好地让孩子们感受成功，我组织他们将作品向全校展示，发动师生给喜欢的作品送上星星。让学生把作业当成作品，我只是满足了他们被认可的愿望。

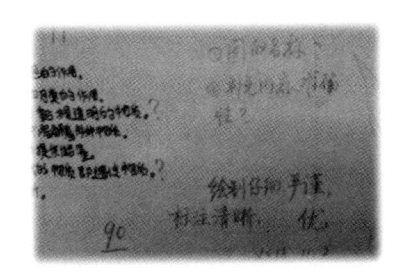

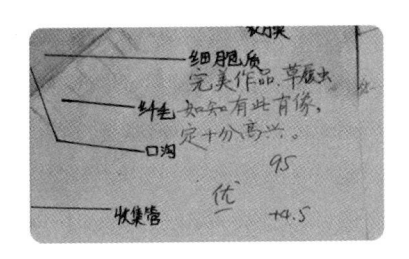

图3 在生物作业上的鼓励性批注

四 践行——鼓励实践，让学习延伸课堂之外

在教学中，鼓励学生们用实践探索新知，用实践应用旧知，用实践感悟自然，用实践体会生命。实践培养坚持和耐心。"植物残骸真的能在分解者的作用下完全消失吗？"面对这个问题我没有给出答案，而是鼓励

学生大胆实践，用事实验证。学生们设计了观察实验，隔日观察，补充水，每周记录现象。实验也许需要持续观察几个月时间。用几个月回答学生的一个问题，也许价值并不在问题本身，而是这个探索实践过程中满满的收获。（图4为学生的观察记录和部分实验现象照片）。

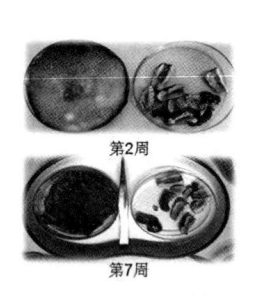

图4 学生的观察记录和部分实验现象照片

大自然是生物课最好的教室。周末，带孩子们一起来到公园，调查并记录身边的植物。在和大自然亲密接触中，亲身体验了一次植物分类学家的工作。

实践需要走进社会。为了更好地了解输血知识和社会献血情况，各小组深入社会开展调查，一组到医院血库向专业人员了解血液知识；二组对大学生展开问卷调查；三组到移动采血车记录献血人次；四组利用图书馆和网络检索信息。纸上得来终觉浅。这些深入社会、深入自然的实践学习意义远远超过了在教室的讲授。

核心素养的落地是一个庞大的工程，课程、评价、教学都要发生改变。而作为一个有担当和使命的新时代教师，不能仅仅被动等待变革，而是要在自己的教学中不断追求育人的真谛，坚定自己的教学价值追求，结合学科特色，努力把课堂创建成富有"人"味的生命课堂。育人路上，且行且思。

新课程标准下高中立体化作文教学模式初探

天津市第一中学　李　媛

【摘要】 为了提升学生的写作水平和语文综合素养，以新课程标准为指引，建构了高中立体化作文教学模式。该模式以学生为主体，教师为主导，通过学生基于生活实践的自我体验，丰富理解感悟；基于高效阅读的自由表达，强化积累运用；基于语文素养的自主思维，促进审美创造。在此基础上，形成文化积淀，实现学生语文综合素养的全面提升。

【关键词】 新课程标准；立体化作文教学模式；语文素养

"高中立体化作文教学模式"是以新课程标准为指引，在开放的教学环境中，以学生为中心，以生活实践为基础，以高效阅读为开拓，以全面提高学生的语文素养为目标建构起来的多维互动立体化作文教学结构框架和活动程序。其模式图是一个拥有长、宽、高三个维度的长方体（如图1所示）。长方体的长是生活实践，宽是高效阅读，高是语文素养，中心是学生。教师指导学生通过基于生活实践的自我体验、基于高效阅读的自由表达和基于语文素养的自主思维，以丰富学生的理解感悟，强化积累运用，促进审美创造。

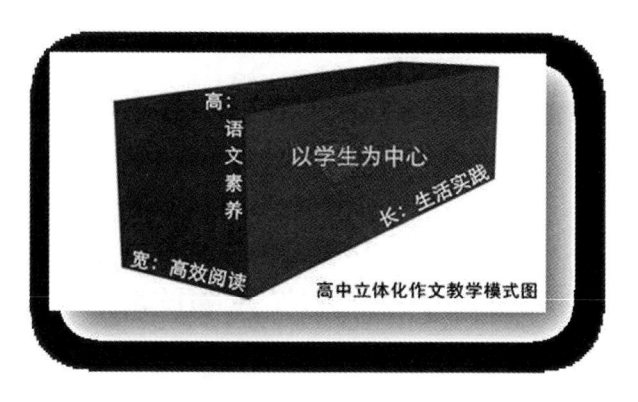

图 1　高中立体化作文教学模式

一　基于生活实践的自我体验，丰富理解感悟

（一）引导多角度观察生活，让学生思考生活之理

《普通高中语文课程标准（2017 年版）》（以下简称《高中课标 2017 年版》）要求："学会多角度地观察生活，丰富生活经历和情感体验，对自然、社会和人生有自己的感受和思考。在生活和学习中多方面地积累素材，多想多写，做到有感而发。"生活是创作的源泉，作文是生活的反映，是生活的积累和体验，观察生活、感悟生活是写好作文的必要条件。高中立体化作文教学就是要鼓励学生用自己的眼睛去观察，用自己的心灵去感受，用自己的大脑去思考，要充分尊重学生的个性体验和独特的情感体悟，努力实现作文与其人格、思想的和谐发展。例如，在学习朱自清的散文《背影》之后，可以启发学生去观察自己父亲的背影。有的学生写父亲的高大、魁梧，让她感到安全；有的学生写父亲的背影是瘦弱的，但却如同一盏明灯，指引他要做知识的强者、国家的英才。一位同学这样写道："他弓着背为我准备一日三餐，他低着头检查我每天的作业，他弯着腰整理我出发前的行囊，他俯下身理平我凌乱的裤脚……而现在，背我长大的他却落下了腰病，再也不能挺直如初。爸爸，您是将全世界缩小成了一个孩子，还是将背上背着的我当作了全世界？！"

（二）利用多媒体创设情境，让学生体验生活之趣

赞可夫说："只有在学生情绪高涨，不断要求向上，想把自己独有的想法表达出来的气氛中，才能产生使儿童的作文丰富多彩的那些思想、感情和词语。"运用多媒体，可以突破时空限制，为学生营造出一个色彩缤纷、声像同步、动静结合的学习情境，使学生的多种感觉受到刺激，从而有效激发写作欲望和情绪，促进其思维能力和语言表达能力的发展，提高语文素养。例如，在进行《回望》一文的写作引导时，可以播放歌曲 VCR《时间都去哪了》，在忧伤的曲词和动人的画面中，学生打开了记忆的闸门，"回望"成长中的点滴，为动笔写作准备好了素材。实践证明，运用多媒体不仅能再现和创设生活情境，调动生活积累，激发写作兴趣，引发思考感悟，而且通过跨媒介学习方式，从电影、歌曲、绘画等不同的艺术表现形式中，体悟写作技巧，也是新课改下高中立体化作文教学模式的有效尝试。

（三）开展多样化语文活动，让学生感悟生活之美

诗歌朗诵、辩论会、课本剧编演等多样化语文活动，有利于调动学生参与生活、感悟生活的主动性和积极性，从而获得独特的审美体验与感受。例如，在母亲节来临之际，开展了"一首小诗报春晖"活动。组织同学们在读诗的基础上拿起自己的笔进行创作，通过课堂交流评选，制作成精美的祝福卡，在微信平台和 QQ 群中推送。学生们感念母亲辛劳，反复修改作品，相互交流赏读，表达能力、思维能力和审美能力都有了明显提升。一位住校的学生这样写道："每天一个苹果/是您对我的叮嘱吗？/每周的行囊总是沉沉的/是您一大早赶往市场采买的鲜果吗？/妈妈，我不爱吃水果/可是住校的日子里/每天我都会捧着红红的苹果/想起您，想起家……"一个单亲的孩子写道："帘外雨潺潺，春意阑珊/一十七载转眼间/多少辛劳，您已承担/多少岁月，我愿与您相伴永远……"

二 基于高效阅读的自由表达，强化积累运用

（一）课内阅读，汲取营养启发表达

《高中课标 2017 年版》明确指出："阅读与写作是学生个性化的外在表现，不应以教师的阅读与比画代替学生的阅读和写作实践活动，而是尽可能让学生在积极主动的思维和情感中深刻地理解和体验，感悟和思考，受到情感熏陶、获得思维启迪、享受审美乐趣，要认真指导和尊重学生的独有感受、感悟和深思。"立体化作文教学首先立足于课堂，灵活运用教材，引导学生品读语言之美，学习写作技法，构建写作素材库，从而形成文化积淀，促进审美创造，为学生的语言运用与思维发展奠定基础。如在学习《人是一根能思想的苇草》一文时，可以引导学生认识人的脆弱和渺小，思想的高贵和伟大。在获得情感熏陶和思维启迪后，让学生以"人因思想而"为题作文，学生们不仅能以作者帕斯卡尔为例，并引用他的名言，而且深入挖掘思想的意义，阐述自己独特的见解，写出了《人因思想而闪光》《人因思想而丰富》和《人因思想而改变》等优秀文章。

（二）主题阅读，开阔视野深化探究

"主题阅读"是以主题为核心，收集阅读材料重构文本学习语境，引导学生通过合作学习、互动交流等方式，在主题文本语境中联系比较、拓展延伸、发现创造，从而实现语文素养全面提升的综合性语文学习方式。其主题可以是立足学生情感体验的人文主题；也可以是立足学生言语生长的能力主题；还可以是立足学生综合学习的实践主题，等等。

在学习人教版高中选修教材《中国古代文化经典研读》中的《论语十则》时，如果仅从字面上进行疏通，学生未必能够理解文本的深层内涵。因此，可以向学生推荐朱熹的《论语集注》、钱穆的《论语新解》、南怀瑾的《论语别裁》等名家注疏；还可以推荐"百家讲坛"于丹、易中天讲《论语》的视频或书籍，让学生在品读《论语》时，不断丰富自己的认知，不断汲取经典和圣人留给我们的精神养料，从而构建良好的

阅读习惯，真正达到"文化理解与传承"的目的。

（三）跨界阅读，打破桎梏走向创新

"跨界"简单说来就是不同领域相互交叉合作的现象，它代表了一种新锐的生活态度与审美融合，给人以独特新颖的立体感和纵深感。在充满挑战和机遇的新媒体时代，阅读教学更应告别单一的知识结构和线性思维，跨越学科、领域、媒介等界限，构建起多元多维立体交叉的阅读方式。如学习《烛之武退秦师》一课，如果教师能够引入"城濮之战"的历史渊源、"秦晋围郑"的地理形势，那么学生对烛之武说服秦君的重要性和高超的思维逻辑就能有更直观、更深入的理解。另外，在指导学生进行描写时，可以引入微电影的特写镜头，观察人物神态、动作的变化，进而使自己的描写丰满起来；在议论文写作教学中，可以让学生观看大中专学生辩论赛的微视频，学习论辩技巧；通过欣赏贝多芬的《命运交响曲》，体会行文的起伏跌宕……

三 基于语文素养的自主思维，促进审美创造

（一）引入"思维导图"激活思维

思维导图（Mind Map 或 Mind Mapping）是英国著名心理学家、脑思维学者托尼·巴赞（Tony Buzan）在 20 世纪 60 年代创造的，也叫"脑图""心智图"。思维导图具有放射性特点，它的结构和大脑神经元结构网络分布十分相似，有助于培养学生的发散思维能力。高中立体化作文教学模式中引入"思维导图"就是为了激活学生思维，促使其多角度、多侧面地主动思考，从而获得创作灵感，提升思维品质。以人教版高中语文教材必修三中的一道作文训练题为例：

道家认为，天下柔者莫过于水，而能攻坚者又莫胜于水。水蕴含着深厚的哲学意味。试从不同角度思考水，并选择其中一个角度写一篇议论文。

学生的思维从核心主题出发，由"水"的形态、特征、作用等方面展开联想。比如：从"水的流动"这一特征又可以想到"时间如流水"，

所以要"惜时";想到"流水不腐",而学习也不可以停止;想到"水往低处流",人要往高处走;想到"勇往直前",做人也要积极进取,百折不挠,等等。教师可引导学生突破收敛性思维的束缚,在由主题引出的不同分支上无限地发散延伸,激发出灵感的火花,产生出创造性的思维方案。学生据此作文,有利于增强文章的逻辑性和层次感。同时,由于主题处在导图的核心位置,便于学生时时关注思考,减少了偏题跑题现象的发生。

(二)引入"头脑风暴"发散思维

"头脑风暴法"也称智力激励法,20世纪30年代末,由美国"创造学之父"奥斯本提出,后来渐渐演变为一种产生新观念、激发新构想的思维方法。头脑风暴非常适用于作文教学,尤其是在启迪习作思路的时候。教师可以创设话题情境,在一段时间内让学生的大脑毫无拘束地就某一个主题进行密集的想象和思考。例如围绕"我说朋友圈"的话题展开头脑风暴,学生分成小组快速构思,然后进行汇报。有的学生认为"朋友圈给我们的生活带来了诸多便利和乐趣,但朋友圈也是个鱼龙混杂的地方,谣言、伪科学比比皆是,因此我们要用理智来看待朋友圈,提高自身的素质和修养";有学生则认为"新媒体时代赋予我们的新型社交关系——'点赞之交',在点赞和评论的过程中,能够产生一种参与朋友生活、贴近朋友内心的自我满足式陶醉";也有学生说"屏蔽功能、秒赞软件,让我们的'朋友圈'不再公开透明,人情好似蒙上了一层冷霜"……学生们发散思维,提出不同的观点,相互交流借鉴;教师适时给予点评,引导和鼓励学生大胆地将个人的意见和想法清楚明确地表述出来。这种方法,有利于增强学生的创作信心,有利于激发学生的创作灵感,也大大丰富了学生的写作内容,能很好地活跃写作课堂的气氛,增加学生学习写作的兴趣,尤其是在写作思路指导的时候,往往起着事半功倍的奇效。

(三)引入"翻转课堂"提升思维

翻转课堂认为知识的学习起点应该是学生的自主学习,而不是教师的解读,因此提出将新知识的学习过程放在课前。学生要根据学习目标和任务利用互联网搜集信息，教师可以提供导学案、微课视频和电子资料等辅助学生自主学习。在这个过程中，学生通过独立思考、探究，可以明确自己在新内容学习中的主要问题；而课堂则是学生进行交流互动和知识巩固的时间，教师也可根据小组合作探究的情况进行适时点拨，使问题得到解决。例如"人物素材积累"活动，就是选择一些学生们感兴趣的、经常用作举例的名人，如马云、霍金、苏轼等，引导学生借助互联网，从不同角度搜集人物事迹，以及巧妙地引用此人物的佳作片段进行学习；然后以所研究的人物为例另辟蹊径展开自主创作，再相互交换，小组评点。在课堂上，小组成员相互交流评点，教师也参与其中，在尊重学生的个性化表达和能力差异的前提下，形成多角度、多层次的多元评价。课后，学生再根据学生间的互评、师生间的点评和自我审视的自评，修改自己的文章，从而提升写作水平和合作探究能力。

实践表明，通过构建更加科学高效的立体化作文教学模式，打破传统"灌输式"教学方法，引入"翻转课堂""头脑风暴""跨界阅读"等先进教学手段，以学生为主体，教师为主导，激发学生创作兴趣，从而更好地引导学生多角度观察生活，增强审美创造，实现了语文综合素养的全面提升。

小学美术国家课程校本化中版画教学研究

天津市津南区咸水沽第七小学　李　中

【摘要】在小学美术课堂中，结合地区美术文化特点，利用版画艺术形式进行国家课程的校本化，不仅挖掘缘起、发展和文化内蕴，更是形成了深入实施既有的版画课程；规范创意拓印类国家课程；拓宽延展工艺制作类美术课程；儿童绘画类课程鼓励学生选择用版画进行表现等校本化策略。在校本化实施中，用"李平凡版画艺术传习室"，提高版画创作在学校的影响；带领学生研习新形式的版画表现方式；将国家美术课程进行板块化处理，以及运用各级版画活动，激发师生关注版画学习等实施策略。使得版画教学在学校美术常规课堂中，科学有序地展开，也使得常规的美术课堂创作更加积极深入推广开来，促进了学校美术特色的形成。

【关键词】小学美术；国家课程；校本化；版画

一　版画的缘起及发展

版画最早起源于中国，鲁迅先生在《木刻纪程》小引中说："中国木刻图画，从唐到明，曾经有过很体面的历史"，明代以戏曲小说插图发展最盛，清代版画没有前代那样繁盛，但是形式开始多样，尤其是木版年画得到普遍发展。天津杨柳青年画就是从这一时期发展起来的，成为现在中国民间艺术的一朵奇葩，闻名遐迩蜚声海内外。天津塘沽、汉沽和大港的版画在国内也具有一定的影响力。世界著名的版画家、版画教育家和艺术活动家李平凡先生是天津津南人，在国内外版画界都有较大影响。他的版画作品简洁、清新、秀丽，具有浓郁的装饰性。他还以热爱生活的真诚情感，创作了许多可亲可爱的儿童形象，非常适合在小学美术课堂中作为版画范本临习。

国画、油画、版画和雕塑是我国美术创作及高等美术教育体系中的四大门类。版画教学是小学美术课程中必有的一个画种，所有国家审定的美术教材中都有版画。可是版画教学在小学阶段的国家美术课程中所占的比重明显的不足。人教版的小学《美术》教材中，专业的版画课程也就是一两节课，如果把和拓印相关的课程都放在一起也就是四五节课左右，使得版画课程在小学阶段存在明显的不足。

二　版画的文化内蕴和育人价值

版画起源于我国，在它上面有深深地中国精神印记。中国优秀传统文化思想在版画上有非常好的展现。首先，在铜版、铝版画、KT版画等的创作中，要想在画面中呈现出点、线和形，在版上就要把这些地方刻下去。这与中国传统文化的"舍得"精神有很大的相似之处——不能舍，怎能得。

再有，在刻板的版画的创作中还有一个画诀叫"大鼻子小眼"。其目的就是事事要给自己留些退路和余地，事不能做绝，要具有前瞻性思维；版画创作的拓印效果，需要学生具有丰富的联想和形象逻辑能力，具有"老吾老以及人之老，幼吾幼以及人之幼"的欲左先右的换位思考方式。

最后还有，传统的版画创作一般是以黑白单色为主，黑白非冷色也非暖色，这种中间色调的审美效果非常符合中国人不偏不倚的"中庸思想"。因此，版画艺术也是对中国优秀传统文化的一种继承和发扬。

同时，版画艺术有其独特的艺术语言和强烈的美术形式感。它的创作是一个程序性强，步骤明确的系统的过程。它从设计、制版到拓印，每个环节对作品的最后呈现都具有决定性影响。版画创作对于学生的创造力、想象力、操作能力和毅力等诸多方面的锻炼效果明显，尤其是在培养学生的专注和认真学习的态度上效果更为突出。

三　版画教学的校本化策略

在本地区实施以版画艺术形式为主的校本化美术教学，既可以体现出对本地区艺术传统的继承，还可以为学生提供一种可以深入钻研的艺术创作形式，以提高学生艺术高度和深度。

结合国家美术教材的内容和版画艺术创作的特点，进行多种形式的整合实验，具体的整合形式有：

（一）深入实施既有的版画课程

在人教版《美术》教材中，最为专业和直接的版画课程是四年级下册的《藏书票》一课，因此就将这节课的教学当做本册教材的一个重点内容实施。首先，让学生了解藏书票的知识，并将藏书票的知识和李平凡版画文化进行整合，用家乡名人文化激励和鼓舞学生学习了解藏书票，创作藏书票。

再有，将藏书票的设计制作与学校的书香校园活动相结合，让学生将藏书票的创作回归到读书和藏书的本源上来。做成了"藏书票＋"系列活动，这个"＋"包括：读书、荐书、藏书、读书心得、藏书票创作和藏书票交流等。将版画课程放大化、深入化、细化和慢化，让它真正成为浸润到心灵的课程，成为"走心"的课程。

（二）规范创意拓印类的美术国家课程，形成小学生版画系列美术教学内容

人教版《美术》课程中的《美丽的印纹》《对印的图形》《天然的斑纹》等拓印类的课程，主要是以肌理和随意图形的感知为主。在这些美术课程的教学中，除了对学生进行必要的美术知识传授的同时，还注重引导学生用这些肌理和印出的画面效果，进行有主观意识的版画艺术创作，在丰富版画创作素材的同时，也使得学生对肌理和对称等知识的理解更加深刻了，对版画语言的认识也就更加直观显现了。

比如，在讲《美丽的印纹》一课时，引导学生感知手指、树叶、蔬果图章等印痕之美的同时，带领学生利用这些印痕，进一步地创作成具有意象之美和富于童趣的美术作品。又如，《对印的图形》一课，不但可以让学生感受色彩对印的肌理之美，还可以感受图案的对称之美。教学拓展活动中，让学生预先设计色彩，针对对印挤压的形状进行创作，还可以进行多次构思添色对印创作，表现出相对具象的画面。对印还可以在玻璃板上进行色彩设计，用宣纸对印的方法进行创作，这样的作品别具中国水墨意蕴。再如，《叶子上的小"血管"》一课，也可以用拓印的方法表现，便于学生更加科学地认识自然，更加清晰地感知叶脉的美感。运用叶子组合，巧妙利用叶脉的效果进行树叶版画创作，学生非常感兴趣，版画效果突出。

（三）拓宽延展工艺制作类的美术课程，发展成为版画课程

小学美术教育中，绘画、工艺、欣赏并重。工艺类美术课程在国家美术课程的设计中，安排了较多的内容。这些课程中呈现的作品不但可以独立成为一种美术表现形式，还可以成为版画创作的制版过程，使之成为纸版、凹凸版和综合版等，使得一种工艺制作的技能技法延展为版画艺术表现形式。

比如，《绒线绕绕》一课中，除了可以让绕出的绒线成为工艺美术作品之外，还可以利用版画拓印的方法更加清晰地表现出毛茸茸的小动物效果。《夸张的脸》一课中，用一些碎纸拼贴人物的脸之后，就成为纸版画的版了，拓印出来的美术作品生动有趣，非常有意思。又如，《重叠的形状》一课，用粘贴拓印的方法，表现重叠效果更佳突出明显，不但让学生了解了上下重叠的艺术效果，而且还从理性和感性上，共同对重叠有了一个更加深刻的认识。像《巧巧手》《变废为宝》等课，都可以成为综合版的制作，使得课程延展为综合版画创作课程。

（四）儿童绘画类课程鼓励学生选择用版画进行表现

在小学国家《美术》教材中，还有一大部分属于儿童绘画创作课程。这样的课程可以直接植入版画创作。比如《校园里的花》和《我的小伙伴》这样的写生类课程，让学生用铅笔在KT版上直接刻板写生创作。这样的写生创作虽然不好修改，但是它可以大大地提升学生在艺术创作上

的专注度，创作起来更加仔细认真，反而使得课堂教学效得到了较大的提高，创作出的作品个性鲜明，艺术效果突出。在《今天我值日》《快乐的回忆》《我心中的未来》《太空里的植物》等课的教学创作中，大部分学生直接就选择了他们喜欢的粉印版画表现方法，将儿童绘画类的课程平移转换成为版画课程。

四　版画教学实施策略

结合现行的国家课程实施计划和版画教学的特点，在实施策略上进行了一些有益的尝试。

（一）用"李平凡版画艺术传习室"活动，提高版画创作在学校的影响

在学校创设了"李平凡版画艺术传习室"，对学生的版画创作高度上有了一个提升。传习室孩子们创作的作品在学校楼道常年进行展览展示。在营造了良好的版画氛围的同时，激励和促进了更多的学生参与到版画创作中来。大大提升了孩子们在美术课上学习版画的内驱力，提高了版画教学效率！

随着社会和时代的发展，版画创作的材料有了很大的变化。传统的木板制版不如当前的橡皮砖制版方便快捷，传统的吹塑纸版画制版不如KT板制版效果好。材料的升级使得版画教学更加方便快捷，更加适合小学生常规的美术课堂教学了。我们将学生的版画作品带到李平凡先生捐建的平凡友好画院以及平凡先生的母校——高庄子小学进行专题版画展览。追根溯源，意义非凡！

（二）化零为整，将小学国家美术课程进行板块化处理

由于当前的小学人教版《美术》课程内容相对独立，在美术教学中会出现连贯性不强的现象。在教学准备和创作思路上跳跃，较难把握其中的规律。所以在教学实践中，可以将零散的教学内容根据版画教学的需要进行章节化板块式重新规划。这样不仅有利于版画教学的开展，更便于师生在同一主题下进行深入探讨，创作出更多优秀作品。

(三) 积极开展各级版画活动，激发师生关注版画学习

开展了以版画创作为主题的美术月活动，在充分发动的前提下，进行比赛创作培训。力求让孩子们创作出让自己感到满意的版画美术作品。对于优秀的学生作品，进行大力表彰，激励孩子们参与到版画的学习中来。带领学校学生积极参加市里和其他区县组织的版画比赛展示活动，让学生的版画作品走出校园，增加了孩子们学习版画的热情和自信心。

小学国家课程校本化可以呈现的形式是多样的，它可以是教学纲要、教案、课例、反思，同样也可以是教材和参考。在美术教学中，紧紧抓住国家美术课程，用它的科学性、系统性和规范性的内容包容学校本位的版画校本课程。用国家课程校本化这一兼容并蓄的环节，使得美术课程教学收放自如，有高度、有深度、有温度。

参考文献

[1] 尹少淳：《小学美术教学策略》，北京师范大学出版社2010年第8期。

[2] 张廷凯、丰力：《校本课程开发指南》，人民教育出版社2004年版。

[3] 常锐伦、唐斌：《美术学科教学》，人民教育出版社2008年版。

[4] 教育部基础教育课程教材专家工作委员会：《义务教育美术课程标准解读（2011年版）》，北京师范大学出版社2012年版。

[5] 宋阳：《版画进入小学美术常规课堂教学的研究》，https：//max.book118.com/html/2017/0718/122833476.shtm。

群体动力学视角下集体教育机理的探讨

天津市河头学校 林 茂

【摘要】 在教育实践中,有的班主任对"集体教育"机理的认知不足,在班级建设中存在一定的疑惑。班主任对集体教育机理的认识程度,在某种程度上影响着他的班级群体建设水平,影响到班主任在班集体建设中运用集体教育的自觉性和自主性,本文通过群体动力学、人际互动的原理和优化班集体人际互动策略来阐释集体教育是互动的教育。

【关键词】 群体动力;集体教育;机理

群体动力学的概念是美国心理学家勒温提出来的。这一理论的目的是从群体心理和社会环境两个方面来寻找和揭示群体行为和个体行为的驱动力,从而找到群体行为和个体行为的驱动力。无论群体还是社会,它们的形成和发展都以人际互动为前提。班集体是一种高级群体,互动是班集体运作的基本形式,是学生个体和班集体发展的基本动力。

一 互动是群体行为的动力

(一)群体动力学的基本观点

群体动力学认为,个体行为是人与环境相互作用的结果。行为是人类和环境的函数。它由函数表示:$B = f(pe)$。这一公式就代表了一个人的生活空间。在这个公式里,B 代表行为,f 是指函数关系,P 是指具体的一个人,E 是指全部的对心理场的解释环境。这个公式说明,人的行为取决于个体的需要和动机及所处环境情景的综合因素。不同的人在同一环境下行为不同，是由于个体内在的需要与动机存在差异。但在个体需要与动机相同的情况下，环境的不同，行为也将是不同的。因此，研究行为规律、行为的预测和控制的关键是研究和掌握 P 变量及 E 变量之间的关系，也就是说个体动机及行为的产生决定于个体当时的需要与群体环境的相互作用。

群体动力学的基本理论，主要集中在以下五个方面：群体凝聚力、群体压力和群体标准、个体动机和群体目标、领导和群体技能以及群体结构。从班集体管理的角度看，研究班级凝聚力、班级气氛、班级目标、班主任、班级结构对班集体建设的影响。勒温群体动力学的主要思想体现在以下几个方面：

群体在群体压力下会形成群体规范。群体压力是群体成员在思想行为与群体规范发生冲突时所感受到的一种无形的心理压力。维持与社会的关系，他们必须遵守群体规范。这种压力可以引起群体成员自我审查意识，及时地调整自己的意识和行为，保证与群体行为的一致，为实现群体目标奠定基础。同时，由于群体是一个具有内在动力的整体，要改变个体首先要设法改变群体，往往通过改变群体而改变个体，比直接改变个体要省力得多。

群体凝聚力影响群体工作效率。群体凝聚力就好比太阳系的各星球对太阳的向心力，太阳一旦失去这一引力，它就会在宇宙中消失。影响群体凝聚力的因素主要有三个方面：群体成员对群体目标的认同程度、群体成员之间的吸引力（他们之间情感投入程度）、群体对成员的吸引力（满足需求的程度）。

群体的规模是影响群体行为的重要因素。勒温认为，当团队的主要任务是做出高质量的决策时，最合适的人数是 7—12 人，有一个正式的领导人；当团队的主要任务是解决冲突和执行协议，最好是 3 到 5 人，不要一个正式的领导者，每个成员都可以充分表达自己的观点并讨论它；当一个团体必须做出高质量的决议并达成一致时，最好是在 5 到 7 人之间。一般来说，高效率的组织是小型的非正式组织。

(二) 互动的内涵及其意义

互动是指彼此联系和相互作用的过程的意思。社会学和心理学认为，互动是指个体与个体、群体与群体之间通过语言或其他信息传播手段进行社会互动和相互依存的行为过程。互动是每个功能系统的功能和心理活动的心理机制。互动的要素包括四个方面：一是多元的互动主体，互动必须发生在两个或以上的人之间；互动主体可以是个人，也可以是群体；二是支撑互动的信息，交互总是在信息交换的基础上进行的。第三，主体之间的积极反馈，双方的互动互不认识和理解，互动无法进行，互动行为相互依存，没有任何相邻的两个人形成社会互动；行为的主体，互动对双方的关系产生影响。

从社会发展的角度看，互动是人类社会存在和发展的基础。互动对个人的意义：第一，提高互动者的自我认识。库利"镜中我"概念表明，一个人的自我意识是在社会互动中形成的。一个人能够从他人获得对自己的评价，也可以对别人的评价进行反应和判断，并且根据自我评价和他人评价、集体评价来不断提高自我认识、调整自我行为。一个没有社会互动交往的人是无法正确客观地认识自我的。第二，满足互动者的需求。互动能实现个体非自足的需要。互动促进个人精神世界的充实和提高；互动扩展个人的社会资源，有利于个人减少社会生活成本；互动有利于提高适应社会的能力；互动有利于开发个人的创造力。

二 班集体中人际互动的方式和策略

(一) 班集体中人际互动的方式

班集体人际互动是一种特殊的人际互动，就是指班集体中所有个体之间发生的一切交互作用和影响。其内容包括思想、道德、性格、知识、能力、心理等方面。班集体人际互动的方式主要有以下方式：

一是竞争。竞争是个人和个人、群体和团体之间的竞争作为一个共同的目标。基本条件是：相对较少或罕见的目标。只有当双方竞争同一目标时，才能形成竞争。竞争中双赢和多赢的局面是人际交往的理想形式。只有遵守竞争规则，充分考虑他人利益，才能实现双赢。

二是合作。在词海中，合作被解释为"社会交往的一种方式"，是指个体或群体为了达到某种目的而通过协调而采取的联合行动。参与者必须有共同的目标、相似的理解和规范。协调的活动，相互信任的气候，才能达到合作的预期效果。在班集体中，合作是班集体生活的基础，有利于班集体成员的相互了解与加深情感，并能促进班集体的形成和发展。

三是冲突。人际冲突是人际交往的一种方式。指个人或群体之间通过交往在某些方面相互反对的一种行为方式。冲突的发生一般是因为双方在利益、价值观和具体意见方面存在着根本的对立，它往往是直接接触中产生的，其目的则是为了压抑、控制、打击或毁灭对方。冲突既可以是积极的，也可以是消极的。冲突的结果取决于如何管理或处理它。

（二）班集体中人际互动的策略

第一是精神关怀。教育的过程实质上是一个精神成长的过程。精神关怀与学生的精神成长和学生的精神净化有关，关注学生内心需要。精神关怀的基本表现是尊重、理解、信任、关爱和引导。尊重是实践中对人的尊严的一种态度和承认；理解是从心理上体验他人的心理需求；关爱是情感的集中体现，教育关爱主要体现在关爱的取向及艺术上；信任是对他人能力的肯定和对学生发展的期待；引领则是在情感的基础上，对学生的思想、行为予以具体帮助与指导。教育故事《一件嫩绿色的衬衣》就是精神关怀的典型案例。班上有一个胆小的小女孩，从来不大声说话，她常年穿一件浅绿色的衬衫。班主任带着疑问走进了她心灵的世界。原来，这件嫩绿色的衬衣是她妈妈用补发的工资给她买的7岁的生日礼物，就在当天晚上，妈妈离开了人世，她穿着这件嫩绿色衬衣送走了妈妈，从此以后，每当她想起妈妈的时候，她就会穿上这件嫩绿色衬衣，向妈妈诉说自己的心声。在她生日当天，在同学们深情的生日祝福的歌声里，班主任捧出了送给小姑娘的礼物——一件合身的嫩绿色衬衣，小姑娘陶醉了，投入到班主任的怀抱中。从此以后，教室里不时传来小姑娘和同学们的欢快的笑声，操场上可以捕捉到她和小伙伴们嬉戏的身影。

第二是激励扬长。动机是通过各种外部激励给予学生适度的积极强化刺激，满足其合法的心理需求，激发动机，使学生自觉地把教育要求内化为个体行为的过程。激励是一种以表扬、期待、觉醒为主要特征的新型教育理念，其核心是尊重、激发兴趣、参与和谐，其支撑是尊重学生的主体地位，满足学生的积极心理。班集体是个激励场，对于形成民主团结、奋斗进取、和谐互动的班级氛围有着无法替代的作用。

三 班集体中人际互动的原则

（一）平等互惠原则

在人际交往中，双方的需求的满足必须是对等的、互惠的，即相互满足，而不是单方面的满意。无论付出和付出多么困难，都不会获得成功的沟通。调查显示，多数学生具有较强的优越感，喜欢表现自己的性格特征或家庭背景，但相关程度较低。那些因为自己良好的社会背景而傲视别人的学生容易脱离集体，造成心理孤独感。人际交往作为人与人之间的心理交流，是主动的、相互的。每个人都有爱和尊重的需要，他们都希望被平等对待，就是平等互惠的需要。

（二）诚实守信原则

诚实守信，人们没有信仰，就没有立场。诚信是社会主义核心价值观在公民个体层面的价值标准。它是中华民族的传统美德和民法原则。诚实守信是公民的"第二代身份证"。如果一个人想在社会上立足，赢得别人的信任，他就必须遵守自己的诺言，对事负责。反之就会产生信任危机，害人害己。在交往中，只有以诚实守信的态度，我们才能理解、接受和信任对方，激发情感共鸣，巩固和发展我们的关系。

（三）理解相容性原则

每个人都有不同的性格，因为他们有不同的起源、经历、文化、思想、习惯和个性。差异的存在容易导致人际交往中的误解和矛盾，影响人际关系的顺利发展。我们采取理解宽容和尊重差异的态度，这就是"宽则得众"道理。要做到心理相容，运用"换位思考"的思维方法，即站在对方的角度看问题，设身处地为别人着想，容得下别人的缺点和不足，尊重差异。交往中应善于求大同存小异，以宽宏大量的头脑赢得公众的理解和支持。

（四）热情适度原则

人际交往中要做到自尊自信、不卑不亢。一方面要热情真诚、谦虚有礼，切忌傲慢无礼、目中无人、冷若冰霜，从而创造出融洽的交际环境；另一方面又要落落大方、自尊自信，保持自己的尊严，体现所特有的自豪感和自信心，从而赢得公众的青睐。但是俗话说"太多太晚了"，任何超过一定界限的好事都会变成坏事，人际交往也是如此。要掌握适度的原则。要注意交往的范围、时间、程度、距离等因素；只有保持适度的交往范围，我们才可能获得真正的友谊和感情。只有适时恰当的沟通才能自我平衡，促进自我价值的实现。只有保持一定的交往程度，才会产生自由空间即"距离产生美"。

移动学习环境下基于数据诊断的精准教学研究

天津市红桥区教育中心 刘 蓓

【摘要】 随着"互联网+"、大数据等技术在教学实践中的推进，精准教学成为技术促进课堂教学相关研究中一项关键问题，传统的课堂模式中教师只能在有限的时间内，依靠主观经验对学生的学习行为进行判断，而大数据等相关技术可以在时间与空间上对学习分析加以延伸，以至更全面地掌握学生的学习情况，有助于对教与学的行为做出正确的判断与决策，以此辅助教师实现精准教学。本文通过对数据时代下教师思维培养新取向进行探讨，分析了教学转变的思路与方向，并对"诊断教学"实现途径进行了探索与研究。

【关键词】 教学评价；数据思维；诊断教学

课堂教学过程是教与学交互的过程，也是一种动态复杂的发展过程。"以学定教"是当前课堂追逐的主要目标，它体现了教学以学生为主体的理念[1]。传统的课堂模式中教师在有限的时间内，更多依靠主观经验对学生的学习行为进行判断，得到的学习数据自然在精准有效上还不太令人满意。

随着信息时代向数据时代演变，在教育教学领域中，信息技术的常态化应用以及数字化教学活动的日常开展等现象已经基本普及，尤其是移动学习环境下基于数据诊断的精准教学，为教育大数据的生成提供了探索与实践的条件，对学习分析技术促进教学质量提升等相关研究提供了现实有效的科学印证。

一　大数据时代下教师思维培养新取向

大数据开启了一个时代的重大转型，每位教师都应该具有数据思维（素养）。精准评价一直是课堂中的难题，有限的时间内掌握学生的学习数据，对教与学的行为做出正确的判断与决策，这是教师们应该逐步培养的数据思维。这种数据思维就是要求教师具有"数据"意识，能够收集、分析、解释不同类型的数据，并转化为改进教学行为的知识和实践能力，以此辅助教师确定教学步骤，开展有效教学[2]。

数据作为一种新的生态要素会逐步出现在教学系统中，并为整个系统的运转提供智慧能量。宏观上说，基于数据诊断的精准教学有助于合理配置教学资源、做出科学决策、构建多元化立体化评价体系、实现个性化学习；微观上说，可以诊断教学中的问题、反馈学生学习数据、探究教育问题、找到问题原因、实现针对性的学法指导、预测学生学习行为等。

二　教学从面向经验向基于数据转变

（一）常态教学中的问题

如果从教学的不同环节来归纳，课堂伊始，教师对学生前置知识的缺失不了解，也就是对学情把握不准；在进程中，教师对学生新学知识的掌握不清楚，造成教学调控缺少；课堂最后，学生基于目标的达成落实不好，形成性评价缺失；作业环节，传统批阅费时，缺失统计分析，对于学生的学习反馈效率低；考试环节中，教师对于学生错误问题的诊断不到位，出现重复训练频发的现象[3]。

如果做个归因的话，我们发现传统方式缺失对已有知识的把握和定位、缺失过程中对学习效果和形成性评价的反馈和分析、缺少对学生错误的统计时间和精力、局限于经验行为，而非数据诊断基础上的科学判断。

例如：同学 A 和同学 B 测验成绩都是 90 分，那么他们的学习水平一样吗？

236　/　探索与创新

我们有的时候不得不承认，我们对学生的了解真的是少而又少。

同样是 90 分，这里面还包含了很多被我们忽视的数据，例如，大题得分、小题得分、每题耗时、作答顺序、何时翻卷子、是否修改过、修改了哪些？

所以课堂单凭经验判断，终结性的结果数据不足以反映学生的真实学习能力，还需要挖掘学习过程中的多元化数据进行科学诊断。

（二）教学质量管理需要数据的支撑

用真实的数据说真话、做决策，对于教学质量监测太重要了。因为数据可以为教学质量的管理与检测提供客观、科学的解释、说明和描述；此外有了丰富的数据支撑，教师可以时刻关注和了解基于经验的常态教学的精准性，通过基于数据的客观分析，进行教学行为的诊断，引导教师自主改善教学方式，自觉改进教学行为。

教学需要通过科学的数据诊断，帮助教师在有限的时间内判断：什么时候学生准备学习下一个主题？什么时候学生落在课程后面？什么时候学生有不能完成的风险？什么时候学生不需要被干预？什么时候学生需要帮助？

科学地诊断学习数据可以让学习更加智慧，充分利用大数据、云计算等先进技术，定期、持续采集各类教育数据，对数据进行深度挖掘，得出更加科学、准确的评价结果，提出更具针对性的发展建议。所以精准的诊断是解决问题的前提，未来的教学，一定要基于精准分析的靶向，实施针对性教学。通过对学习行为的数据分析和精准诊断可以较好弥补传统教学的功能不足[4]。

所以基于数据诊断的精准教学的探索将是促进整个教育生态进化的关键。

三　借助技术工具支撑"诊断教学"

课堂有限时间内，如果教师不借助信息技术，很难收集和分析学生的学习数据，无法实现我们理想化的诊断教学。信息化的不断发展，尤其是移动学习模式在教学中的不断推进，都是为基于数据诊断的精准教学提供可能性。如何解决海量数据处理而解放人力，从基于经验的判断转向科学的诊断？如何借助科学的技术方法获取数据，做出诊断，为教学提供改进策略？这些都是要在实践中不断探索和研究的。

（一）教育质量监测保障。

专业的测评工具可以在宏观层面对教育质量检测提供保障，我们认为有以下几点原则：

1. 提供教学质量的常规分析、诊断服务；
2. 提供基于标准的学科学业发展测量；
3. 提供改进教研工作质量评价的客观标准；
4. 提供学生个体学业评价的科学测量；
5. 提供教育质量发展的过程跟踪；
6. 提供各类教育信息调查的问卷统计模块。

同时质量监测工作也要突出"三个需要"，需要贴近学校的教学实践，确实能诊断薄弱环节，精准指引质量提升的方向；需要注重挖掘数据背后的细节，为教育行政决策、教育教学管理、课程改革推进提供专业化服务；需要立足工作流程的规范，落脚在监测制度的建设，致力于质量监测体系的建构。

目前，能够为区域提供这样专业的测评功能的工具，通常都是收费的。一些地区选择应用"中国教育测评网"等类似的网络评价平台，记录每一次区域质量监测的数据，基于课程标准科学命题、基于信息系统的精准分析、基于疑难问题的有效解决，使区域质量建设从常规数据通报走向了基于问题改进的品质化管理。无论选择什么样的平台，只要能够实现教育数据的采集和分析，长期坚持下去，对于区域教育水平的判断和决策都是非常有价值的。

（二）实施个性化学业辅导

基于课堂教学大数据，教师能够更好地诊断评价学生的课堂学习效果，根据每位学生的学习效果有针对性地布置并进行个性化辅导。

1. 个性化试卷布置与分析

传统环境下，教师为学生准备的课后练习，不论学生个人的学习水平是怎样的，都要按照老师的统一要求完成所有试题。过程中会出现重复性训练，影响了一部分对相应知识点掌握较好者的学习效率；另外，缺少对出现的问题的归类和分析，一些学习者在反复训练下仍然找不准问题的本质。所以，我们认为个性化的试卷，是能够根据学生的实际学习数据，动态推送学习资源，进行更有针对性的训练，例如图1。

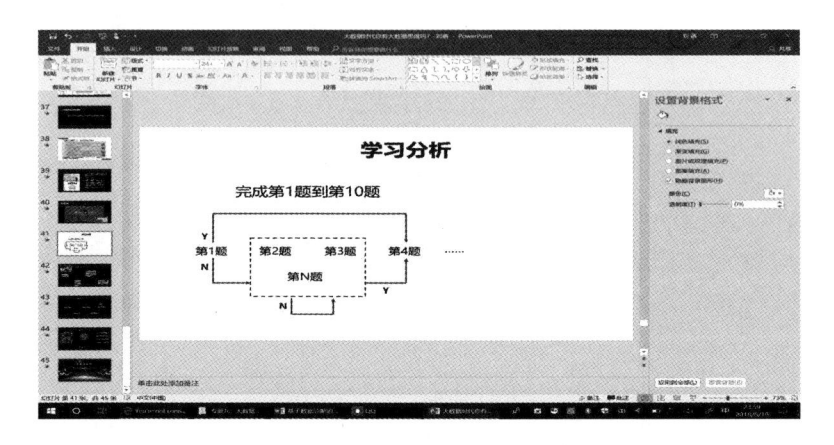

图1　学习资源动态推送路径

这是一个关于逻辑的问题，如图1所示，第1至第3题是一个知识点，如果同学A很顺利地完成了第1题，那么就可以直接做系统自动推送的下一个知识点的第4题，如果第1题做得不对，那么就要反复在相同知识点的题目中强化练习，直到正确，再推送其他知识点的问题。从操作上来说，当试卷都编辑完毕，选择"逻辑"选项，通过导航逐一将逻辑设置好，就可以完成个性化试题的编辑了。当然，既然选择了信息化手段进行评测，就还要能够用信息化手段驾驭这样的学习活动，在收集设置中，教师还可以对于收集的时间、答题的时间、收集的份数等做相关设置。

这样，通过课堂教学大数据和课后辅导大数据间的融通共享，课后辅导教师可以根据学生的课堂表现和学习效果等数据信息，有针对性地进行课后辅导，使辅导更具针对性、持续性，促进学生的个性化成长。

2. 对学习过程的动态关注与调整。

学生通过学业质量测评网能够关注自己的学业水平，并及时调整学习行为，归纳自己的学习方法，对学生的元认知培养有很好的促进作用。并且学业报告与资源的定向推送有机结合，对精准教学行为也有进一步的促进作用（如图2所示）。

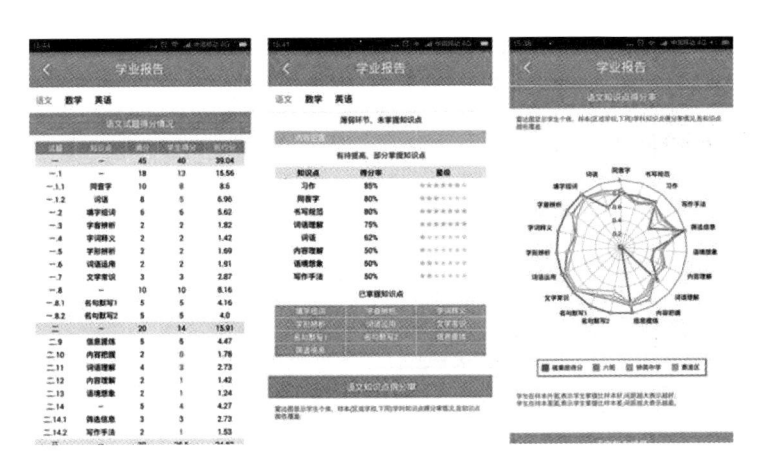

图2 学业质量测评界面

3. 学习资源的个性化推送与生成型交互。

教师将二维码应用到试卷之中，称为"码书"（如图3所示）。学生在自主完成试题的过程中，遇到困难，就可以根据自己的实际需求收看教师的讲解辅导了。学生做完题目，可以针对自己不懂的题目，应用移动终端扫描二维码，就会出现关于这道题的视频讲解，为学生解答题目。实际上这也实现了个性化学习。

总之，大数据将教育研究的视角从阶段性和切片式的部分研究，扩展为全流程、群体性、公众性的全局性和实证化研究，如持续收集数据开展纵深跟踪的价值持续性研究、基于失败数据的教学新问题和新规律的研究、基于多模态生物特征数据的因果性研究等。对于教学研究而言，教师可以从群体取样和面向特定时间段的截断式研究，进入面向整个学生群体和完整教学链条的贯通式分析。全样本、全过程的分析，可以获得全景式的学习情况诊断，透视隐藏在数据背后的学习特征、动态与差异，为教学现象的解释、教学规律的发现、教学意义的评判、教学模式的提炼等提供科学支撑。

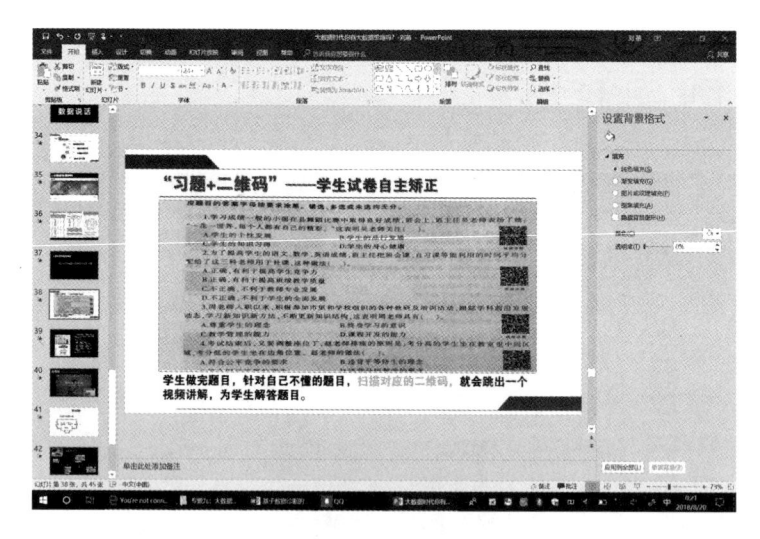

图3　二维码应用

当下信息化的发展，尤其虚拟现实、大数据技术、云计算、传感技术、人工智能等与移动网络、物联网等网络技术高度融合，使智慧教育理念成为今后教育发展的重大趋势。课堂呼唤精准教学、学生希望得到个性化指导，而这些在传统教学模式中都是存在困难的。通过信息技术，实现基于数据诊断的科学研究，是一个需要在实践中不断探索与研究的热点问题。数据说话，教师高效精巧教学，学生指挥灵巧学习，是教学中不断追求的目标。

参考文献

[1] 何克抗：《信息技术与课程深层次整合理论》，北京师范大学出版社2008年版。

[2] 陈玲：《跨越式实现高效课堂》，江苏教育出版社2011年版。

[3] 钟绍春、王伟：《关于信息技术促进教学方法创新的思考》，《中国电化教育》2013年第2期。

[4] 张菊芳：《智慧教育》，清华大学出版社2017年版。

航空科技课程中的多元化教学方式创新

天津市第三中学　刘　超

【摘要】合理开发各类资源，为学生创新多元的学习方式，可以有效提升学生通用技术课程的学习能力。针对航空科技课程，作者提出可以巧用LEGO教具，强化手脑并用，实现学生的创造学习；巧用Moodle平台，提升人文素养，实现学生的开放学习，实现学生的"快乐预习""轻松学习""作业分享""深度应用"；巧设项目教学，践行学科核心素养，实现学生的综合学习。通过创新多元化的教学方式，为学生开启航空科技之门，提升学生有效的创造学习、开放学习、综合学习的能力。

【关键词】航空科技；多元化教学；LEGO教具；Moodle平台；项目教学

随着科学技术突飞猛进地发展，技术素养日益成为当代青少年的基本素养，技术教育成为全面教育和终身教育的基本组成部分。在以培养学生创新精神和实践能力为重点的素质教育背景下，教师扮演了非常重要的角色，既要激发学生对技术的探究欲望，又要培养学生形成理性的技术态度；既要成为技术知识的传授者，又要为提升学生的手脑并用能力提供平台和载体；既要做好课程的引航人，又要大胆放手激发学生的创造性思维能力。基于此，本文就航空科学技术在通用技术教学应用中的多元化教学方式创新做了有益的尝试与探索。

一 巧用 LEGO 教具，强化手脑并用，实现学生的创造学习

著名教育家陶行知先生曾说："人生两个宝，双手与大脑。用脑不用手，快要被打倒。用手不用脑，饭也吃不饱。手脑都会用，才算是开天辟地的大好佬。"陶行知先生从社会和个人发展的需要出发，倡导手脑并用。这也印证了美国教育家提出的"学习金字塔"理论，当学习者将所学习到的内容进行实际演练，真正做到"学中做、做中学"，学习效率将远远大于单纯的阅读与聆听。

LEGO 教具的出现，为实现学生的创造性学习提供了重要的载体。如，在《系统的设计》课堂上，以飞机系统的组成为例，教材中对"系统"一词的解释是，"由相互联系、相互作用、相互依赖和相互制约的若干要素或部分组成的具有特定功能的有机整体"。这个含义学生很难理解，必须利用恰当的案例加以说明。飞机，从外部结构组成来看，它由发动机、仪表（驾驶舱）、机身、尾翼、机翼、起落架这几个部分组成，相当于含义中的"组成要素"。而单单有"组成要素"还不行，这些要素之间必须有一定的关系。在突破这个教学内容时，可以把飞机的这些部位形象化：飞机的心脏——发动机，飞机的耳目——仪表，飞机的躯干——机身，飞机的翅膀——机翼，飞机的尾巴——尾翼，飞机的腿——起落架。当让学生去形象地描述这些内容时，关于飞机这些组成要素的重要作用及其相互之间的关系就一目了然了，对于"系统"的含义也就迎刃而解。

接下来，为了进一步培养学生的技术能力，全班同学分为 5 个小组，以"飞机"为系统的设计对象，利用 LEGO 教具设计属于本小组自己的"飞行器"。学生在搭建的过程中，将日常所学到的设计方法灵活运用，利用 LEGO 教具拼插出变化无穷的造型，使他们在"玩"的过程中自由、快乐地学习和探索，让他们成为"飞机设计师"！

在介绍本小组的作品时，孩子们争先恐后地进行展示。"老师，我们这架飞机就是传说中的机器猫飞行器，它可以在任何地方飞翔，带着我们去实现自己的人生理想。""老师，虽然我们这架飞机在设计上最简单，

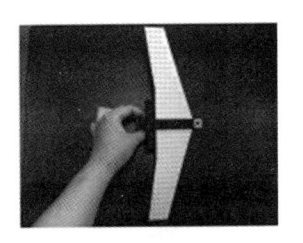

但是它足够大的空间,可以在遇到危难之时,营救更多的人。""老师,我们想让自己的这架飞机,承载六台发动机,这样它就可以飞得更高、更远。""快看,我们这架飞机,它的上部还可以再搭载一架飞机,实现航空技术新突破"……学生作品充分体现了他们对科学技术未来发展的渴望,对实现美好生活的愿望。

随着 LEGO 教具在教学中的不断实践,我们不再局限于规定项目的设计制作,而是尝试让学生自己主动发现生活中的问题,在寻求解决方案的基础上,依据自己个性化的设计想法进行搭建。如,在《发现问题》一课,为了让学生感受发现问题在设计中的重要性,教师引导学生在广泛搜集日常生活中遇到问题的基础上,尝试利用 LEGO 教具提出解决问题的简要方案。就这样,下雨天带有雨刷器可以自动清洗的眼镜、梳头发时可以调节的前后镜、自动吸尘板擦、节省空间的组合插座等作品就在孩子们的手中诞生了。

那一瞬间,学生发现问题、分析问题、解决问题的能力得以提升,创新思维的形成得以实现,特别是学生在进行设计时对社会主义核心价值观的思考与践行,让情感态度价值观目标在通用技术课程中熠熠生辉。

二 巧用 Moodle 平台，提升人文素养，实现学生的开放学习

随着现代信息技术的高速发展和广泛应用，一些虚拟网络平台悄然而生。Moodle 信息化课程平台就是网络环境下兴起的一种学习载体。在 Moodle 平台上，教育者（老师）和学习者（学生）都是平等的主体，双方相互协作，并根据自己已有的经验共同建构知识。Moodle 信息化课程平台的运用，改善着教育和学习的方式，为通用技术教学拓展了无限的发展空间，丰富学生的学习过程，使我们的课堂成为学生主体参与、互动交流、辨析应用、提升人文素养的主阵地。

学生日常的学习过程可以分为四大阶段：课前预习、课上学习、课下作业、实际应用。于是，在 Moodle 平台上，以学生的角度建立自己的教学网站"我的技术学堂"，分别建立"快乐预习""轻松学习""作业分享""深度应用"四大模块，在每一个模块中创设多元的教育主题。

（一）学生通过阅读"活"起来的教科书，实现快乐预习

教师充分利用信息技术的优势，在 Moodle 平台"快乐预习"板块中扩充教材内容，呈现更多鲜活的教育事例，使学生在教育故事中体味学

习的意义，让教材"活"起来。如在介绍我国自主研发的大型客机 C919 之前，教师提前将下载好的视频资料放在"快乐预习"板块中，供同学们快速、高效地进行观看。他们可以在家中使用互联网登录 Moodle 平台即可完成预习，逐渐使该平台成为课程预习的有效途径。

（二）学生通过相互灵"活"的思维碰撞，实现轻松学习

在 Moodle 平台"轻松学习"板块中，教师巧设教学活动，激励学生全员参与，并将活动成果集体分享。学生在学习任务的生成中提升道德修养。如，教学中"系统的特性"一节，将课堂活动内容（学案）呈现在 Moodle 平台上，学生可以按照活动步骤有序进行学习。

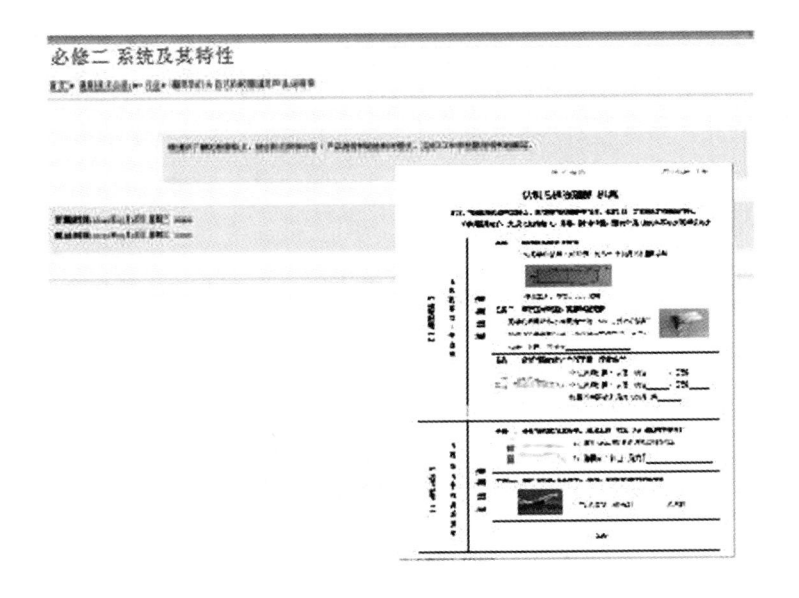

（三）学生通过激发"活"跃的设计思维，实现合作分享

在 Moodle 平台的"合作分享"板块中，学生以小组为单位合作完成作业，并上传到 Moodle 平台的"作业区"。在体会合作、交流的快乐中分享彼此的学习成果。

如：孩子们完成旅行使用的"多功能书包/多功能拉杆箱"的设计，书写设计说明，相互之间选取最喜欢的设计作品，学习经验、取长补短。

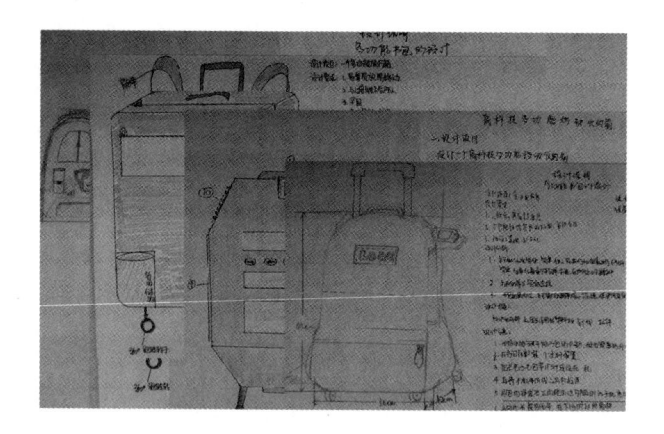

（四）学生通过交流鲜"活"的应用案例，实现深度应用

在 Moodle 平台"深度应用"板块中，同学们通过运用课堂中所学的技术知识，能够有效地解决实际问题，运用技术语言阐述社会现象，从而感悟通用技术课程对现实生活的指导作用。如在《设计中的人机关系》课上，让同学们在 Moodle 平台上观看"新闻热点"影像资料后，在"讨论区"围绕"一位老年人乘坐飞机前，向飞机发动机投掷硬币事件"进行深入讨论。

孩子们的讨论内容令人震撼。他们纷纷在讨论区写下，"一个错误的举动，会给他人带来无限的伤害"，"我们应该对自己、对他人、对社会负责任"，"我们应该以理性的态度、更为负责任的态度去使用和利用技术"……

教师在教学过程中看到了学生对不合理"人机关系"的辨识,对技术两面性的判断,对社会不良现象的评价,感受到技术课程的教育意义;学生在学习过程中则逐步形成了正确的世界观、人生观、价值观。

三 巧设项目教学,践行学科核心素养,实现学生的综合学习

新修订的课标提出技术课程要实现的五大核心素养:技术意识、工程思维、创新设计、图样表达、物化能力。这五大核心素养成为指导教师进行教学的依据和准则。其中,技术意识是基础、是前提,通过技术课程能让学生加深对技术现象及技术问题的感知与体悟,从而形成正确的技术观。

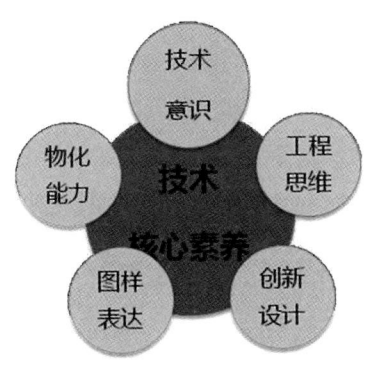

以培养学生较强的技术意识为例,聚焦科技热点、巧设项目教学尤为重要。项目教学最大的特点是"以项目为主线、教师为主导、学生为主体",师生共同完成项目,共同取得进步。每个学期伊始,以"我们的科技大事件"作为第一堂课的项目教学,让学生在充分了解一段时间以来,我国在科技领域取得的重大成就开启新学期的技术课程。

如,2017年5月5日,我国自主研发的首架大型客机C919的首飞成功,标志着我国在航天科技领域取得了又一重大突破。为了让同学们感受我国这一重大的科技成就,教师设计了一堂"雄鹰展翅——认识飞机"的活动课。

课堂上,教师创新项目主题,引领着学生创新学习方式。从学生亲

自操控 IPAD 中"极限着陆"APP 实现飞机模拟起飞的过程，到通过游戏互动"人与小狗赛跑"——速度问题的分析，再到吹纸实验——受力特点的探究，感受飞机机翼飞行时的变化；从遥不可及的飞机飞行原理，到学生可以利用现有的数学、物理知识的综合就可以得出的飞行结论；从熟知的美国波音飞机、欧洲空客飞机，到观看我国自主研发的大型客机 C919 的下线视频；从学生刚刚对飞机的设计原理有所认识，到决心将来要为祖国的航天科技事业奉献自己。课堂上的每一个学习环节，都深深地触动着学生的心灵，感受着在通用技术课程中数学、物理、工程、社会等多学科知识的融会贯通，分享着作为一名中国人的骄傲与自豪。

其实，技术课程在知识的领域中拓展性很广，在学科要实现核心素养的前提下，教师完全可以利用自己的专长，结合学生的实际情况，巧设项目教学，在课堂上启发学生进行自主探究。如：控制电路、农业种植、服装设计、生活技术普及，等等，从而开阔学生的学习视野，促进学生成为全面发展的当代中学生。

参考文献

[1] 洪文峰、刘玉梅、毕广吉:《信息技术教育与多媒体课件制作》,北京理工大学出版社2004年版。

[2] 顾建军:《普通高中课程标准实验教科书通用技》,江苏凤凰教育出版社2015年版。

[3] 李永平:《坐飞机的学问》,国防工业出版社2014年版。

农村学校教师自我成长策略研究

天津市东堤头中学　刘福颖

【摘要】 农村学校教师自我成长的策略研究，从分析当地农村学校教师发展现状着手，经过调查与分析寻求促进教师自我成长的策略——重师德、强师能、扬师长，让教师感觉自身的责任，让教师感到自身的重要，让教师感受职业的尊严与幸福。

【关键词】 重师德；强师能；扬师长

党的十九大报告提出乡村振兴战略，以及"产业兴旺、生态宜居、乡风文明、治理有效、生活富裕"的总要求，加快推进农业农村现代化。实施乡村振兴战略，首先要振兴乡村教育。乡村教育的落后面貌不改变，乡村振兴战略就无法全面落实。

天津市北辰区西堤头镇，距离北辰的中心城区30公里，经济、人文状况在全区九个乡镇中排在最后的位置。天津市东堤头中学作为西堤头镇两所公办初中之一，教育教学质量始终在全区同类校中名列前茅，学生积极乐观主动发展，教师爱岗敬业，没有职业倦怠。东堤头中学已经成为当地百姓交口称赞的教育品牌。

为什么一所没有任何优势的农村校，会成为北辰区，甚至是天津市的优质初中校？究其原因，东堤头中学在如何让农村学校教师做到自我成长上进行多年的研究与探索，在实践中取得了良好的效果，使得教师不仅成长迅速，更是自主自发，不断向前。

一 当地教师、学校发展现状

受地域、环境的影响，一些教师不愿意在西堤头镇工作。西堤头镇距北辰中心城区30多公里，没有班车上下班，包车上班每月需要500元左右。再加上北辰区新入职教师招聘按照分数选学校的政策，那些高分毕业生不愿意到西堤头镇任教。而有些在西堤头镇工作几年之后的成长较快的教师，也在寻求调动，想尽快离开西堤头镇，去中心城区发展。

受经济环境的影响，当地缺少尊师重教的文化氛围，家长素质、学生素质制约教师的发展。镇域内八所学校，均为公办校，其中两所初中，八所小学，在校生4000多人，教职员工近300人。当地八所学校除了东堤头中学教育教学质量较好外，其他几所学校教育教学质量与学校发展水平均处于全区后位。

受学校办学状况的影响，学校缺少为教师专业发展提供有效路径，很多教师靠自身的摸索前行，受外界环境干扰较大。致使一些教师工作几年之后，由于缺乏目标，从而没有干劲，最终将教师职业当成"养家糊口"的饭碗，没有教师职业的荣誉感与使命感。

二 寻找契合当地状况的有效的教师发展策略

东堤头中学1968年建校，在生源、师资起点上和西堤头镇域内其他学校一样，没有任何优势。但每年校长都要带领全校干部挨村走访，了解百姓的实际情况及对学校、对教师的意见与建议。

2017年学校开展了两次调研活动，干部教师与近400个家庭进行交流，发现这些家庭普遍存在四个问题：一是家庭教育缺失，一些家长忙于自己的事，或上班、或自己玩，基本不管孩子，孩子基本靠"散养"；二是五分之四的家庭对孩子成长抱有希望，但只是抱希望，没有适合的教育方式与方法；三是孩子的课余生活非常的单调，要么是被父母圈在家里看电视、打游戏，要么是和同学、伙伴进网吧、游戏厅；四是小学教师对孩子的教育基本属于"看孩子"状态，方法简单。因此很多家长希望教师能够替自己"管孩子",希望老师博学、有爱、有方法。

2017年就学生对教师的满意度进行了两次问卷调查。参加调查问卷的七、八年级学生共220名,有近150名学生希望教师有责任心、为学生着想,占被问卷学生的三分之二。

多次召开不同年龄层次教师的座谈会,了解每一层次教师的心理特点、情感走势、价值变化、哲学定势、发展需求,以便能够更好地把握每一层次教师内心走势,制定适合教师心理需求的制度与策略。在座谈与交流中,教师普遍认为,"离家远,上班路上耗费的精力与体力较大;学生难教、家长难缠,常感到身心疲惫;赚的太少,缺乏作为教师的荣誉感"是让大家不安心工作的主要原因。另外学校近些年取得的成绩,让教师们很自豪,也为学校骄傲,认可学校的管理方式与发展环境,但压力有些大,希望学校能够创造宽松一些的环境,为教师减轻压力,让教师能够身心愉悦地工作与生活;希望学校为教师的成长拓宽平台与空间,让教师们能够得到启发与引领。

基于学生、家长、教师自身对学校、对教师的期待与要求,我们认为教师的专业发展最可贵的是教师自我发展的诉求,要达到这一点,作为学校的管理者要注重对教师教育情怀的引领与塑造。因此学校制定出"重师德、强师能、扬师长"的教师专业发展思路,同时提出"校长是教师专业发展的第一人、干部是教师专业发展的先锋、机制是教师专业发展的风向标、舞台是教师专业发展的训练场、氛围是教师专业发展的催化剂"的主张。

三 东堤头中学教师专业发展策略

1. 重师德

作为校长,我认为教师是学校中最关键的要素,没有好教师,就不会有好学生,更不会有好学校。而对教师而言放在第一位的不是教师的教学技能,而是教师的工作态度与专业精神。所以我们一直把师德养成放在学校重中之重的位置。

学校构建起点、线、面、体的师德建设体系。

"点"为抓住典型教师。挖掘教师的典型事迹,以东中教师故事的形式在全校宣讲，学校领导讲"我看到了什么、我听到了什么、我感受到了什么"，同事讲"我眼中的谁和谁"，学生讲"我和老师的故事"。让每一位教师知道，学校弘扬什么、肯定什么，从而找到自己发展的方向。

比如，在教师的全体会上，校长讲了在东中工作24年现今48岁依旧激情满怀的李文艳老师的教育故事。她说："在教师节庆祝大会上，文艳老师充满激情的朗诵给参会嘉宾留下了深刻印象，会后不少人问我：'李老师多大了？'我说：'可能四十岁'，我的话引起了马老师等几位老教师的惊诧：'不可能，她看着也就三十出头！'马老师的话未落地，就引起很多人的共鸣：'多年轻啊！怎么看她也不像四十岁。'"

这句话我的感受更深，李老师年轻，但是年轻的不是她的生理年龄，而是她的心理年龄！尤其是最近几年，李老师激情四射，不仅仅是在外表上，更是发自内心深处。如今的她在工作中不仅有追求，更有想法，她对知识的归纳与梳理、对学生习惯的培养、对学生语文素养的训练，都非常到位，无论是班主任、年级组长，还是学生、家长都感受到李老师的变化。其实这种改变的前提是心态的改变，人的一生只有短短的几十年，压抑、沉闷并不使我们多什么，快乐、喜悦却会使我们身轻似箭。生活中多得是烦恼，同样一件事需要我们从不同角度去看，尤其是对待工作，只看到繁重、劳累，感受到在受磨难，那么随之而来的是身心俱疲、暗无天日；反之，如果我们开朗、乐观地对事、对人，我们工作中的艰辛、生活中的苦闷就会少许多。所以一个人要学会随时调整身心，不能自己把自己整垮，世间没有跨不过去的坎，更没有解决不了的事，用积极的心态对人对事，用积极的心态对待生活、工作，我们才能永远年轻美丽。像李文艳老师一样，一个个的"点"就如同一个个的发光体，点燃自己，照亮别人。

"线"为学校师德建设的主线。即，东中精神，由"团结协作、奋力拼搏、艰苦奋斗、争创一流"十六个字组成，是学校在多年的发展基础上孕育而成的，是教师行动的指南与方向。为了便于操作跟进时代要求，我们将东中精神继续分解，变成四种具体的精神指南：苦干加实干的拼搏精神；明知有难也迎难而上的亮剑精神；团结互助、互相欣赏、合作共赢的契约精神；敢为人先，与时俱进的创新精神。学校每月评选弘扬东中精神之星，宣讲星级教师的感人事迹。每学期开展围绕东中精神的系列主题活动，让东中精神走进年轻教师的内心，并化为实际行动。

"面"为学校的团队建设。我校推行横纵两条线的"棋格式"团队管理模式，将每个人都凝聚到团队中来，每个团队都有发展目标、管理要求、评价机制。每个人负有不同的责任，互相支持与配合，真正达到1＋1＞2的作用，大大小小三十余个团队，形成三十余个独挡一方的"面"，每一个面都对学校的发展起到支撑作用。

"体"为学校的氛围建设。我们将尊重、公平、民主、大度当作好氛围形成的必要条件。让老师们感受到他们是学校的主人，学校的发展与他们息息相关。

2. 强师能

由于我校教师起点不高，因此教师入职后的专业技能培训就显得尤其重要。我们以学科组建设、备课组建设、课堂建设为平台，以三课（课题、课堂、课程）建设为抓手，构建起东中教师专业培养体系。通过"导、研、碰、讲、展"等五种方式推进学校的校本研修。"导"是我们对教师理念的引导，学校建立起教师学习群，把学到的、看到的、感受到的新理念、新方法、新思路传递给大家。让教师的理念与时俱进，不落伍。"研"，主要是校本教研。我们以课题的形式推动校本研修，每个学科组都根据本组出现的问题，设定研究课题，并围绕课题开展研究工作，如物理组的中考研究，语文组的小组合作的研究，数学组的分层教学研究，英语组的词块写作课研究，等等。"碰"，即碰撞课堂，我们借助于区内外的优秀师资，开展碰撞课堂活动。碰撞分两种，一种为学校之间的课堂碰撞，碰的不仅是课堂教学，更是文化、是理念、是管理、是模式；二是教师之间的碰撞，让我校教师与名师或骨干教师一起上课，让教师们寻找差距与不足，激励教师不断前行。"讲"，即东中教师讲堂，每月开展一次，在讲堂中教师可以讲教育教学的探索与思考，可以讲学习的心得与体会，可以讲自身发展的成果与经验。"展"，即为教师搭建展示的舞台，期末宣讲、课堂展示、外出讲座、班主任沙龙，等等，多层次、多角度为教师提供展示舞台。校本研修让学校充满了浓浓的研究氛围，教师成长迅速。

3. 扬师长

经过多年的发展，学校建立起一套适合本校发展的教师评价机制。

主要包括六个方面：一是每月的星级评价。每月以年级组为单位，从教师中评选出创新精神星与东中精神星，并给予宣传、表彰。二是每年两次的优秀教师评选。第一学期末学校要组织业务骨干评选，即东中星级教师评选，目的是促进教师专业技能的提升。第二学期为"师德标兵"评选，即，东中责任之星的评选，目的是弘扬教师的担当、履责精神。三是强化团队考核，通过捆绑式考核、优秀团队的评选，激励与引导教师。四是绩效考核的发放更趋近于公平、合理。五是将教师一学期的表现以分数的形式进行累计，作为职称评定的参考。六是每学期要举办教师"入档"仪式，让教师把一年来的工作痕迹、取得的成效纳入档案，让每个人的工作痕迹化、榜样化，以此激励教师不断进步。

经过多年的努力，学校教师成长迅速，东中情怀、东中精神、东中智慧已在东中教师心目中生根。十年间学校培养出两位全国模范教师，区内名师、名班主任近十名，有八位教师成为其他学校的正副职校长。五位教师成为天津市学科领航教师。在天津市第九届双优课大赛上，有两位教师获得一等奖、三位教师获得二等奖，在北辰区教育系统举办的多次教师基本功大赛上，东中均获得优异的成绩。

有人说："教育是面向未来的事业，未来正以'更快、更猛、更不可测'的态势向我们呼啸而来"，我们唯有培养出适合未来教育的教师，才能驾驭未来的教育，对于经济比较落后地区的农村学校和薄弱校，我们要找准问题的切入口，有目的、有策略地积极推进，才会产生预期的效果。

东堤头中学的发展不仅为西堤头镇域内其他学校的发展提供了经验与样板，更为天津市、河北省、内蒙古自治区、甘肃省等教育薄弱地区和学校提供经验。在天津市，学校先后在静海区、东丽区、南开区、宝坻区、河北区进行讲座、交流，为这些区教师发展、学校发展提供经验。在全国层面，学校远赴内蒙古、贵州、甘肃、河北等地进行教育交流与讲座。2016年12月17日，我校被天津市教育学会推荐参加在四川成都举办的中国教育学会第二十九届学术年会，并在年会的初中分论坛上做典型发言，受到郭振友等与会专家的高度评价。2017年10月27日，东堤头中学在第四届未来教育家论坛上做专题发言，受到与会的教育同仁高度评价。被天津师范大学、河北师范大学、河北保定学院定为校长和教师培训基地。

参考文献

[1] 刘利平：《教师如何成长——文化视域下教师成长的解释性探索》，教育科学出版社 2012 年版。

[2] 中央深改领导小组：《乡村教师支持计划（2015—2020 年）》，2015 年 4 月 1 日。

[3] 鲁建生：《促进农村中学教师自我更新的对策研究——昆山市一所农村中学的探索》，华东师范大学硕士学位论文，2005 年。

[4] 李政涛：《教师该怎么实现自我成长？》，搜狐网，2018 年 6 月 3 日，http：//www.sohu.com/a/233914538_287574。

[5] 李燕：《教师自主发展性发展校本教研的策略研究》，天津市教育出版社 2016 年版。

[6] 党志平：《农村薄弱学校教师队伍整体素质提升研究》，《教学与管理》2016 年第 3 期。

[7] 曹慧：《未来教师：唤醒生命自觉的践行者》，《未来教育家》2018 年第 Z1 期。

[8] 周鹏：《动其心·忍其性·增其能——激发青年教师职业动力的制度与文化建设》，《人民教育》2017 年第 Z3 期。

[9] [英] 阿尔弗雷德·诺斯·怀特海：《教育的目的》，靳玉乐、刘富利译，中国轻工业出版社 2017 年版。

[10] 邹逸：《走向"卓越之师"：来自上海卓越高中校长的声音》，《中小学管理》2017 年第 6 期。

[11] 李百艳：《对话：教师核心素养的本质、传统与未来》，《中小学管理》2017 年第 6 期。

[12] 李建华：《让中年教师重新看见自我发展的"诗和远方"》，《人民教育》2017 年第 Z3 期。

[13] 杨科：《教师差异发展，教育均衡发展——四川省泸州市江阳区教师教育改革探索》，《人民教育》2017 年第 Z3 期。

[14] 杨尚薇、胡兴迪：《尽情享受生命拔节成长的美妙和愉悦》，

《人民教育》2017年Z3期。

［15］陈俊珂：《对农村薄弱学校教师自主专业发展的思考》，《教育导刊》2012年第7期。

小学生语文学习主动探索的培养策略例谈

天津市静海区大邱庄镇津海小学　刘光月

【摘要】"主动探索"指的是学生在学习过程中有强烈的参与学习的欲望，能积极主动地参与其中，与学习伙伴合作探究，获得学习的快乐，获取必要的知识。本文结合教学案例探讨了小学生语文学习主动探索的培养策略，提出创设质疑问难的情境是引导学生主动探索的前提，提供独立探究时空是引导学生主动探索的保证，注重语文实践应用是引导学生主动探索的关键，关注个体性格的差异是引导学生主动探索的升华。

【关键词】小学生；语文学习；主动探索；培养策略；案例

教育的最终目标并不是在乎学生能考出多高的分数，而是关注他们在学习的过程中掌握了多少学习的方法。他们离开了教师以后，是否还能主动地学习，还能用良好的学习习惯鞭策自己不断地进步。达到这样的目标很不容易，需要教师在日常的教育教学工作中转变理念，把教学的重点由知识的传授向方法的渗透过渡，即引导学生在学习中进行主动探索。这正是"课标"中关于语文课程基本理念的论述。据此，我们要深刻认识"主动探索"策略在教学中的意义，力求使学生在复杂的情境中不断地用探索科学的态度去认识、发现和创造。要让学生的学习为自己将来的人生成长打下坚实的基础。

何谓"主动探索"呢？"主动探索"指的是学生在学习过程中有强烈

的参与学习的欲望，能积极主动地参与其中，与学习伙伴合作探究，获得学习的快乐，获取必要的知识。语文教学中要引导学生成为"探索者"，让他们勇于运用已有的知识信息，对所学敢于从不同角度提出独特的、富于创造性的疑问、见解，并运用各种学习方法、手段，通过教师指导、合作学习等方式，研究分析获取新知，从而增进思考力和创造力。

一 创设质疑问难的情境是引导学生主动探索的前提

霍姆林斯基曾说过："在人的内心深处都会有一种迫切的需要，这种需要就是把自己从一个聆听者变为一个发现者、探究者。这样的转变在孩子的精神世界里是十分重要的。"如果教师善于捕捉每个孩子的这种心理，他就会在备课的过程中特别关注教学情境的创设，以便营造出良好的探索氛围。在这样的情境下，孩子们逐渐卸去了心理上的负担，主动地参与课堂的讨论，主动地与伙伴们交流，想探索，要探索的欲望越来越强。这时，在课堂上教师会把更多的时间交给学生，让他们勇敢地向老师提出问题，甚至向教材进行质疑。

例如，在学习朱自清先生的《春》时，其中一句是："野花遍地是：杂样儿，有名字的，没名字的，散在草丛里像眼睛，像星星，还眨呀眨的。"在汇报小组学习情况时，一组同学说：这句中"散"如果换成"洒"我们觉得既能展现春花盛开的景象，又能体现我们人类的力量，人类改造大自然的志向。我和同学们都被他们的想法所感动，全班起立鼓掌，羡慕崇敬的目光投向了他们。这样因势利导、坚持长久，学生便会试着向老师发问，老师此时应该及时给予表扬，只有学习专心者才能发现问题，这并非狂妄，对一切都不折不扣地承认，那样的脑筋永远是被动的。教师错了，应该坦诚地向同学们承认错误，并及时地改正；学生错了，教师则要带着爱心和耐心，帮助他们寻找出错的原因，并明确地指出改正的方法。慢慢地，学生胆子会大起来，质疑的能力也会随之增强，这样有助于培养学生观察事物、分析问题、判断是非的能力，学生增强了探索的意识和树立了探索的雄心。

美国心理学家斯腾伯格也曾指出："要想让你的学生或孩子具有创造

性的智力，最有效的方法就是把你自己变成一个具有创造力的人。"这样的榜样确立取决于一个宽松、和谐的课堂氛围。小学生的思维是发散的，是纯真的，如果我们的课堂让孩子们成为"问"的主体，成为课堂主要的信息来源，那么他们学习的主动性和创造力将会被大大激发。这是因为每一名学生的质疑总是以自身积极思考为前提的。因此我们说与其不断地向学生发问，不如让他们通过思考，通过质疑产生一个有价值的问题。渐渐的，学生就会在这种质疑问难的情境中逐渐掌握提问的方法，逐渐形成主动质疑的习惯。一个孩子敢于质疑，敢于提出不同的看法，其他孩子的思维也会被激活，这样，大家会更加深入地投入到学习之中，讨论、探究和交流。

二 提供独立探究时空是引导学生主动探索的保证

独立探究的过程，是学生个体根据自身已有的语文知识、经验、体验，用自己擅长的思维方式自主地去思考、去分析、去探究、去发现、去创造阅读知识的过程。学生依托原有的知识经验在探求新知的过程中对所获取的信息进行分析、整理、加工，由此构建新的知识体系。教师应努力创造学生独立探究的时空，让学生主动参与阅读的全过程，从中获得探究成功的体验和快乐。只有充分提供学生独立探究的时空，才能引导学生真正走上"探索者"之路。

例如，教学《七月的天山》时，我先问孩子们打算怎样学习这篇课文，结果他们是"八仙过海，各显其能"。有的说："可以边读课文中有特点的语句，在读的过程中进行想象，然后说说自己的体会。"有的说："可以先画出天山的特点，然后抓住关键词句来体会。"还有的说："我们可以在小组中与伙伴们合作学习交流。"……于是，我依据他们的兴趣点和主动提出的学习的思路，放手让他们自己去学习，去讨论。当全体汇报交流时，他们把各自的学习成果进行了全面的展示：有的声情并茂地朗读；有的通过画画让文字变得生动、形象起来；还有的提炼出了他们认为非常关键的词语，然后结合上下文进行了解释。通过为孩子们提供这样的教学时空，他们主动探索的兴趣愈发浓厚，主动探索的角度愈发丰富，孩子们的自主性真正加强了，头脑不再是简单的储藏知识的容器，而是像被点燃的熊熊燃烧的火把，闪耀出智慧的光芒和个性的亮点。实践证明，适当的自由呼吸，让孩子们对学习方法和学习内容有个人的意愿并能够实现这一良好意愿，才能使他们尝到呼吸自由的滋味。

主动探索打开了学生思考问题的空间，让知识的积累不再单一，而是逐渐形成了知识网络体系。这样的学习过程充分激发了学生的学习兴趣，使他们在课堂上敢于提出自己的问题，并且能够通过与伙伴的交流、合作来解决问题，形成自己的思维链条，发表自己独到的见解。

三 注重语文实践应用是引导学生主动探索的关键

语文课程是教会学生理解和运用祖国的语言文字，这里"运用"才是最终目的。语文是母语，是母亲的语言，我们每天每时都在讲母语，这就是最真实的实践应用。语文教师要有"生活处处皆语文"的观点，要引导学生在生活的实践应用中发现问题，探索问题，解决问题。

结合教材的特点，我设计了很多具有针对性的语文实践活动，目的就是让学生在实践应用中进行主动的探索。低中年级时，我开展了"为身边的店铺做清洗"的语文实践活动。目的就是引导学生在主动探索中规范、正确地使用汉字。生活中很多商店、铺面都有牌匾，为了吸引顾客的眼球，有些店铺滥改成语，乱用诗句，引起了很多的歧义。我就抓住这常见的应用问题让孩子们去观察，去记录，去探索。这家商铺为什么要这样改用成语？怎样才能既让商家正确运用词语，又能吸引顾客呢？这是孩子们在实践过程中产生的疑问。经过一次次的交流和合作，他们渐渐体会到只有规范正确、意境优美的词句才具有真的魅力，才能真的吸引人。

高年级时我设计了"与远方的伙伴手牵手"的实践活动。这个活动的主要目的是教给孩子们怎样正确地写信。当下，书写似乎已经成为古董，与外地的亲朋好友联系，很少有人再提笔写信，而是习惯性地发邮件、发信息、发微信。殊不知，书信有着这些现代化技术不能取代的语言感染力。首先是书写的艺术，孩子们在实践应用时，非常在意对方对自己书写水平的评价，于是很用心地书写。其次是用词组句的艺术，这就需要孩子们进行独特的思考，收信人具有什么性格特点，怎样表达才能做到既尊重对方，又能产生共同的话题，这都是孩子们在应用的过程中主动探索的地方。在写完叠信纸的环节中，我又向他们介绍了叠书信的讲究，给长辈写信该怎样叠，给平辈或晚辈写信又该怎样叠，这些都是知识，都是实践应用。在这样的活动中引导学生主动探索，既有利于他们提高语言文字的运用能力，又能帮助他们从生活应用的角度习得知识，养成良好的书写习惯。

四 关注个体性格的差异是引导学生主动探索的升华

每个学生都因为性格的不同而存在着品性上的差异。他们的性格特点就像天上的繁星一样不尽相同。这就是我们常说的个体性格上的差异。可能每个老师都会有这样的感触，每个班级中都会有个性与众不同的学生，他们的思维和言行总是那么另类，很多时候总会引发同学间的嘲笑和不解。其实这往往是引导学生们进行主动探索的良好契机。因为绝大多数同学的想法一致时，似乎见解独特的学生就被默认成另类。我们不妨引导学生进行再思考，从这个同学的思维角度出发再去想一想，他为什么会这样思考问题？为什么他会产生这样的想法？很多时候当你主动探索你认为不正确的答案时，你往往会有新的发现。这就是关注个体性格上的差异带来的收获。

例如，在教授课文《坐井观天》时，教师讲道："青蛙在井底下不出来，是因为它不知道外面的世界有多精彩……"话没说完，当即有个学生反驳："不，青蛙不出来是因为井底是安全的，因为它一上来，就会被人类抓去，然后做成一道菜被人吃掉，它为了保护自己，所以不敢上来！"这位同学的回答出乎所有人的意料，显得有些格格不入。这时教师应该捕捉到这个难得的契机，尽量保护孩子的个性，以此引导学生讨论。他们通过探索不难得出这样结论：这个孩子是从保护动物、保护生态环境的角度进行的思考，并没有错对之分，只是思考的角度不同罢了。我想其他同学不仅会对这名同学改变看法，而且也将拓宽自己思考问题的角度。

　　学习就是这样，个体的差异不该是我们眼中的另类，而是激发我们再思考、再探索的良机。关注这些个体的差异，是引导学生主动探索的升华，这也是教学理念的升华。

参考文献

［1］中华人民共和国教育部：《义务教育语文课程标准（2011年版）》，北京师范大学出版社2012年版。

［2］田本娜：《小语教学论稿》，首都师范大学出版社2013年版。

［3］钟启泉：《"有效教学"研究的价值》，《教育研究》2007年第6期。

［4］叶圣陶：《叶圣陶语文教育论集》，教育科学出版社2015年版。

"目标主线"体育教学反馈模式构建研究

天津市滨海新区塘沽第一中学初中校区　刘国龙

【摘要】"目标主线"体育教学反馈模式以"控制目标（教学目标）"为主线，教师依据教学目标进行教学，学生依据教学目标进行学习，教师和学生以教学目标为标尺获取反馈信息，完成教学反馈。"目标主线"体育教学反馈模式的操作策略包含控制目标的设计、明确目标、围绕控制目标教学、形成性评价、教师反馈、学生反馈等，策略细致可行，对于体育教学中有效实施体育教学反馈有一定的指导价值。

【关键词】目标主线；体育教学；反馈模式；操作程序

长期以来，学校体育教学中存在着体育教学低效率现象，如学生体育知识技能掌握不够牢固，不同教育阶段的体育教学内容重复，体育教学中"管教不管会"等。造成以上现象的原因是多方面的，其中对体育教学系统缺乏有效控制是主要原因。因此，进行体育教学反馈系统的研究，探讨行之有效的体育教学反馈模式具有重要意义。

一　"目标主线"体育教学反馈模式内涵

"目标主线"体育教学反馈模式以控制论和布鲁姆的掌握学习理论为理论依据。控制论认为，目标是实行控制的根据，是控制的出发点和归宿，控制者要实行控制，首先要有明确的控制目标，否则必然产生盲目性，不能切实有效地控制。体育教学系统实现控制可以通过"前向控制系统"和"反馈控制系统"来实现，"前向控制系统"主要是指教师针对学生实际情况、课程标准等制订的教学目标、选择的教学内容手段方法等，最终的呈现方式是各种教学文件，并在教学过程中应用教学文件实施教学的过程。"反馈控制系统"则是指体育课堂教学实际结果与期望结果进行比较产生误差，教师和学生根据这种误差调整后续教学与学习，使体育教学系统实际结果与期望结果误差逐渐减少。在我们实际的体育教学中普遍存在着过于注重教学计划的制订与实施，也就是"前向控制"，而忽视"反馈控制"的现状，对于教学反馈研究较少，这也是目前体育教学质量不高的主要原因之一。

目标教学法是建立在掌握学习理论基础之上的一种新的教学法，它是以教学目标为核心和主线实施课堂教学的方法。"目标主线"体育教学反馈模式以"控制目标（教学目标）"为主线，教师依据教学目标进行教学，学生依据教学目标进行学习，教师和学生以教学目标为标尺获取反馈信息，完成教学反馈，在实施前向控制（教学实施的过程）以及反馈控制过程中，教学目标贯穿于始终。

二 "目标主线"体育教学反馈模式的结构框架

从控制论的视角看，体育教学系统是一个闭环控制系统。对体育教学系统控制可以通过"前向控制系统"和"反馈控制系统"来实现，前向控制系统为设置控制目标（教学目标）——明确目标——教师依据教学目标进行教学与指导——学生依据教学目标进行学习——形成性评价（教学目标达成）。反馈控制系统包含两条控制通路，即教师反馈通路和学生自我反馈通路，反馈过程中教学目标是进行反馈的重要"标尺"，在"前向控制"和"反馈控制"过程中，教学目标始终是一条主线，"目标主线"体育教学反馈模式具体的结构框架见图1。

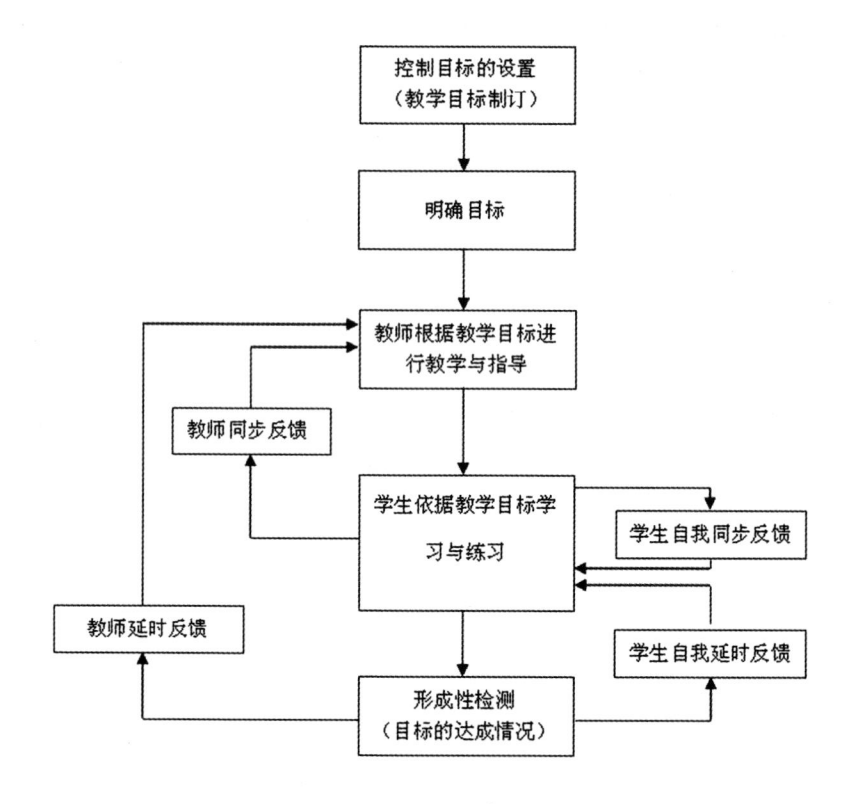

图1　教学反馈的基本模式

三　"目标主线"体育教学反馈模式的操作程序

(一) 控制目标的设计

目标是实行控制的根据，控制者要实行控制首先要有明确的控制目标。这里的控制目标实际上就是教学目标，作为控制目标和教学目标，要具体明确，可观察、可测量才能作为体育教学与反馈的"标尺"。教学目标表述包括四个方面——行为主体、行为动词、行为条件、行为（表现）程度，以八年级排球正面屈体扣球一课为例，设计课程的目标。

案例：八年级排球正面屈体扣球一课教学目标

1. 能做到助跑与起跳衔接流畅，最高点全掌击球的后中上部，有明显的腰腹发力。

2. 运动后有微汗，虽稍感疲乏、肌肉酸痛，但休息后可以消失，次日感觉体力充沛，有运动欲望。

3. 在不断的扣球练习中，敢于面对困难，追求高质量，勇于挑战自我，突破自我。

(二) 明确目标

有了具体明确，可观察、可测量的控制目标（教学目标），还要使师生非常清楚地了解和理解目标，也就是要明确目标。八年级排球正面屈体扣球一课明确目标的具体策略是：第一，利用翻转课堂课前自主学习的方式使学生了解教学目标，通过任务单的形式呈现给学生（图2左），教师通过"班级微信群"布置翻转课堂课前自主学习（图2右），并引导学生自主学习，任务单包含课次的教学目标，学生也可根据自己的实际情况与课次教学目标制订符合自己的目标。第二，教师上课时解读教学目标，使学生进一步理解教学目标，教师可以以提问的形式了解学生自学情况，并用课上应表现出的具体的目标行为来向学生解读教学目标。

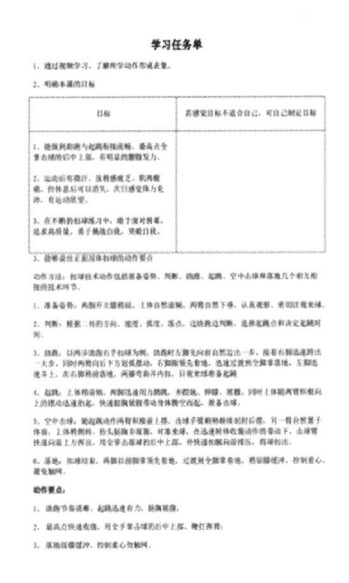

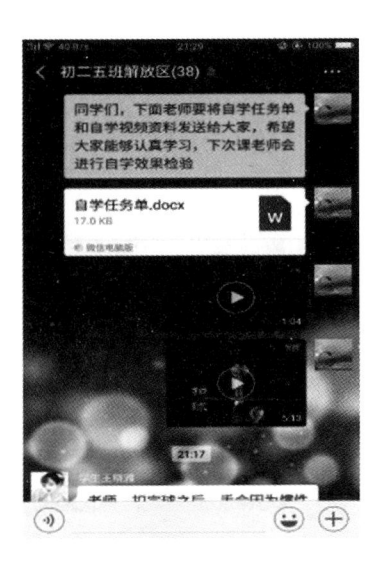

图2　自主学习任务单与班级微信群翻转课堂自主学习

（三）围绕控制目标（教学目标）的教学

课堂教学过程是实施前向控制的重要过程，是达成教学目标的主要过程，无论是教学内容的选择，还是教学方法的运用等都要围绕教学目标进行。

（四）形成性评价

形成性评价是教师和学生了解一节课课堂教学目标达成情况及教学中存在问题的重要环节，也是教师和学生获取反馈信息的重要过程。八年级排球正面屈体扣球一课安排了两次形成性评价与反馈。第一次在教学的尾声，各小组同学听教师的信号依次完成正面屈体扣球的动作，完成形成性评价，同时各组分别用智能手机录制每位同学完成练习的过程。第二次形成性评价安排在课后，利用"班级微信群"以家庭作业的形式布置给学生，学生根据自己在课堂上的体会与感受，参照自己课堂教学中完成练习的视频，对照教师在课前提供的示范视频，运用问卷星完成课后的形成性评价与反馈。布置过程如图3所示。

图3　课后利用班级微信群及问卷星进行自我反馈与评价

(五) 体育教学反馈

体育教学反馈过程是将体育教学系统的实际输出（学生实际目标行为结果）与期望输出（教学目标）进行比较，形成误差（教学目标达成度），教师和学生根据这个误差了解自己的教学与学习效果，并以此调整自己的教学与学习的过程，也是"目标主线"体育教学反馈模式的核心。"目标主线"体育教学反馈模式包括两条反馈通路，即教师反馈通路和学生自我反馈通路。

1. 教师反馈过程

（1）获取实际输出信息途径

教师所获得的信息主要是学生实际的目标行为结果，教师获取信息的途径是多方面的，观察是最简单易行，也是教师们运用最多的一种获取学生行为信息的渠道。观察是指教师在课堂教学中凭借自身感官从课堂上收集信息的方法。随着多媒体设备的普及，利用多媒体设备（如录音录像设备、智能手机、平板电脑）收集信息的方法是较为普遍的方式，除此以外，测验、提问、交谈、调查等也是获取信息的重要渠道。八年级排球正面屈体扣球一课运用了观察、平板电脑与多媒体手机收集信息、提问、问卷等方式。

（2）形成反馈信息

参照控制目标（教学目标），对比学生课堂教学生实际的目标行为结果，形成误差也就是教学目标达成度，使教师和学生了解自己的教学与学习效果，成为他们调整自己后续的教学与学习的主要依据。

（3）反馈信息的应用

反馈信息主要用于教师了解教学效果，调整后续教学，以及提供给学生，使学生了解学习效果、学习存在的问题，以调整后续学习。反馈的时机包含同步反馈和延时反馈。同步反馈在学生学练过程中随时进行，要有一定的反馈密度，同步反馈多以教师观察与语言的提示和教师的肢体语言及教师的保护帮助为主。延时反馈，主要以形成性评价的形式呈现，每节课至少有一次延时反馈，至于反馈的方式，八年级排球正面屈体扣球一课主要运用了语言、多媒体设备录像、问卷等方式，除此以外还可以利用评分、测试等方式。而且反馈后一定要有后续矫正，强化教学行为。

2. 学生自我反馈过程

（1）获取反馈信息途径

学生自我反馈的信息途径包括：通过自己的感觉通道（视觉、听觉、触觉、本体感觉等）可以获得的反馈；同伴提供的练习，可以是语言，也可以是多媒体设备的录像等；教师提供的反馈，可以是语言、多媒体设备录像、问卷、评分、测试、肢体语言及教师的保护帮助等方式。

（2）形成反馈信息

学生参照控制目标（教学目标），对比自己课堂教学实际的目标行为结果，将两者之间的差值作为了解自己学习效果，调整后续学习的主要依据。

（3）反馈信息的应用

反馈信息主要用于学生调整后续学习，反馈的时机同样包含同步反馈和延时反馈。同步反馈在学生学练过程中随时进行，学生要善于获得反馈信息对自己的学习进行矫正与强化。教师在教学中也要注重培养学生自我反馈的能力。

本研究构建的"目标主线"体育教学反馈模式，以教学目标为主线，对体育教学系统实施前向控制与反馈控制，教学目标成为体育教学反馈的参照"标尺"，使得体育教学反馈更有针对性，模式的操作策略细致可行，对于体育教学中有效实施体育教学反馈有一定的指导价值。本研究的不足之处在于，反馈模式与操作策略只是在一节研究课中进行了实践，有一定的局限性，有待在今后的教学实践中进一步完善。

参考文献

[1] 万百五、韩崇昭、蔡远利：《控制论——概念、方法与应用》，清华大学出版社2009年版。

[2] 徐本利：《体育控制论》，四川教育出版社1990年版。

[3] 查有梁：《教育建模》，广西教育出版社1998年版。

[4] 皮连生：《学与教的心理学》，华东师范大学出版社2009年版。

[5] 王皋华：《体育教学技能微格训练》，北京体育大学出版社2005年版。

[6] 王北生:《教学艺术论》,河南大学出版社1989年版。

[7] 杨博明:《精细表述课时教学目标提高课堂教学有效性》,《体育教学》2017年第11期。

初中数学课堂教学中学生核心素养培养策略研究

天津市西青区张家窝中学　刘红红

【摘要】 当今教育界发展的新目标，在于重点提升学生个人的核心素养，教师也需要通过加强交流沟通，借助情境教学与提问设计等渠道，促使学生更全面地接受教学内容，鼓励学生自主思考，灵活运用书本知识；改变教学呈现方式，发展核心素养；探索课堂教学模式，落实核心素养。

【关键词】 初中数学；学生；核心素养；培养策略

2014年3月，教育部发布了《关于全面深化课程改革，落实立德树人根本任务的意见》，提出要将核心素养作为教育重点来推进。为了更好地养成数学核心素养，需要多多锻炼学生在逻辑推断、概念建模、想象创造等方面的能力，并养成学生的动脑习惯，主动进行数据分析，对抽象的数据理念多加理解等。为了更高效率地养成学生的数学核心素养，需要借助课堂动态教学理念，改善教学方式，因材施教。

一　精心设置问题情境，培养核心素养

在进行数学教学时，需要加强对数理内容中"生长点"与"延伸点"的讨论和分析，并在构建完整的知识框架时，融入具体的课本知识，确保知识体系的流畅与概念的层层递进，带动学生主动去进行思考。基于

知识中的"生长点"来展开问题的规划，借助连贯性的问题来打破学生的记忆障碍，使学生更好地理解已学过的知识，也为学习新知识打下坚实的基础。与此同时，要创新教学理念，在学习过程中借助情景问题的方式，来提高学生的思维能力，发展好问题提出、发现、处理这一路径的关系，规划好学生的学习进度。

案例：在进行异分母式加减法教育时，基于人教版的八年级上册的教材，对《义务教育教科书·数学》中15.2.2分式展开提问。

问题：（1）请计算 $\frac{1}{2}+\frac{1}{3}=$（　　），$\frac{1}{2}-\frac{1}{3}=$（　　）

（2）请计算 $\frac{1}{b}+\frac{1}{d}$（　　），$\frac{1}{b}-\frac{1}{d}=$（　　）

（3）请计算 $\frac{a}{b}+\frac{c}{d}=$（　　），$\frac{a}{b}-\frac{c}{d}=$（　　）

请问如何概括异分母式加减法的计算规律？

考虑到学生的数学基础，要将学生的思维由异分母的特殊加减过渡至一般加减，从而使学生在类比的过程中主动思考数学规律。为了有效促进学生对新旧知识点的领悟，建立知识间横向和纵向的联系，在每一个问题的处理上要做出更为细致的问题串的设计。

对于（1）：请计算 $\frac{1}{2}+\frac{1}{3}=$（　　），$\frac{1}{2}-\frac{1}{3}$（　　）的问题串设计：

问题1：$\frac{1}{2}+\frac{1}{3}$ 和 $\frac{1}{2}-\frac{1}{3}$ 的运算是我们所学习的哪类运算？

问题2：要想得到正确的异分母分数加减结果，第一步需要采取什么变形方法？

问题3：这样做的依据是什么？

问题4：进行分数通分的目的是什么？

问题5：请问如何归纳异分母分数加减法的计算规律？

对于（2）：请计算 $\frac{1}{b}+\frac{1}{d}=$（　　），$\frac{1}{b}-\frac{1}{d}$（　　）的设计过程：

先让学生类比 $\frac{1}{2}+\frac{1}{3}$、$\frac{1}{2}-\frac{1}{3}$ 的运算过程说出 $\frac{1}{b}+\frac{1}{d}$、$\frac{1}{b}-\frac{1}{d}$ 的计算过程。

回答以下问题串：

问题1：$\frac{1}{b}+\frac{1}{d}$ 和 $\frac{1}{b}-\frac{1}{d}$ 是否属于异分母分数的加减运算这一分类？是哪类运算？

问题2：想得到正确的异分母分数加减结果，第一步要采取什么变形方法？

问题3：这样做的依据是什么？

问题4：进行分式通分的目的是什么？

问题5：请问如何归纳异分母分数加减法的计算规律？

在逐步递进的问题思维里，学生能够举一反三式处理好（1）与（2）中的思维障碍，在解决

(3) 请计算 $\frac{a}{b}+\frac{c}{d}=$（   ），$\frac{a}{b}-\frac{c}{d}=$（   ）时，

通过类比思想，顺理成章地突出本节课的重点，突破本节课的难点。

二　改变教学呈现方式，发展核心素养

改变教学的呈现方式，需要遵循新课程中的主动合作意识，并培养学生探究的学习心理，激励学生主动学习新知识，自主交流探究学习的乐趣。

（一）猜想——论证的知识呈现方式

借助数学猜想的方式来处理教学活动中所产生的各种问题，能够创新教学理念，丰富学生的思维意识。

在教学设计时，教师需要深入熟悉课本知识，并结合现实生活中的各种数学案例，将新旧知识点融会贯通，引导学生主动思考，锻炼学生的直觉思维能力，鼓励学生对数学逻辑进行推理，丰富学生的想象力与创造力，能够将所见所想付诸实践，并不断创新举一反三，然后验证自己的思维推理。

案例：在解决"一块无限延伸的平面，能被 n 条直线最多划分成几

部分"这种思维逻辑问题时，教师可以将平面类比为学生爱吃的披萨饼，并告诉学生，每一刀切向披萨饼时，都能产生饼块的数量变化。在推理讲解过程中，教师可以问学生："同学们，你们是否也想操刀一试身手？是否也想知道其中奥妙？"然后教师借助一定的手段来烘托课堂气氛，鼓励学生主动参与问题的解答。教师还可以根据问题的解答过程，将学生划分成六人组，组员之间相互合作交流，更好地体验"切饼"的思维逻辑。在小组探讨过程中，组员分别对披萨饼切了1—6刀，切出来的图形参照图1。

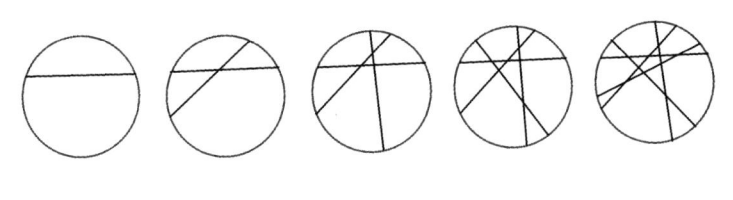

图1

经过学生的切饼行为，然后引导学生进行思考，借助不完全归纳法总结了数学规律：

$2 = 1 + 1\dfrac{1 \times 2}{2} + 1 \quad 4 = 3 + 1\dfrac{2 \times 3}{2} + 1 \quad 7 = 6 + 1\dfrac{3 \times 4}{2} + 1 \quad 11 = 10 + 1\dfrac{4 \times 5}{2} + 1$

……

因此，学生提出了下面的猜想：以一个平面为例，上面存在 n 条直线，而任意两条直线都相交，但是任意三条直线相交不在同一个交点上，那么推出平面有 $\dfrac{n(n+1)2}{2} + 1$ 个部分。

（二）实践——发现的呈现方式

在进行课堂教育时，要收集足够的教学材料，辅助学生对学习内容进行联想，丰富学生的学习领域，激发学生的五感思维，并引导学生手口心并用于学习活动中，培养学生的动手实操能力，使学生能够更全面更理性地感知学习的思维逻辑，提升知识素养，发展自己的认知结构。

图2 矩形图案

案例：为了更好地引导学生学习一元二次方程，将所学知识应用到现实生活，借助图案。如图2所示，在规划长30cm宽20cm的图案时，要设计两横两竖长宽比例为2∶3的彩色矩形图案，若矩形图案面积必须高达总图案面积的四分之一，那么矩形图案的宽为多少。

设计问题后要给学生主动思考沟通的空间。首先请出一位同学借助剪刀，自行设计剪裁出纸片图案来进行问题还原，然后根据图案的原先设定来进行拼接组合，再次计算矩形的长宽，学生需要根据老师的指令，对图案进行剪裁拼接，能够很快得出新图案的长和宽，接着老师对这一过程进行新的提问，学生争抢说出自己发现的新方法。教师借助多媒体的使用，将教学课件中的知识动态播放，并让学生总结剪裁过程中所想到的新的解题思路。

借助实验的教学成果，教师重新设计新的变式，引导学生解答：若将图中的小路变成斜交，或是弯曲的小路，但小路的宽度处处相等，你能求出小路的宽度吗？

这个过程中，教师给予学生独立思考的环境，学生在学习变式解答时，主动思考答题的规律与逻辑，并提出新的解题思路，加深学习印象，培养了学生学习数学的兴趣与思维逻辑

（三）讨论——归纳的知识呈现方式

为了促使学生加深学习印象，教师应该采取内化的手段，引导学生

开发抽象思维能力，更好地理解复杂的知识点，消化新的学习内容，并将所学知识融会贯通，提高学生的自主学习能力。

案例：在学习了一元二次方程及根的判别式后，为了让学生对这部分知识理解得更深刻，更透彻，可以安排这样一道思考题：

当 k 为何值时，判断关于 x 的方程 $(k-2)x-2(k-1)+k+1=0$ 的根的情况？

学生们纷纷发表自己的见解和观点，但是由于学习水平有限，不能总结到位，甚至因为学生答案多样而引发了辩论，部分学生说 k 等于 2 且 k 小于等于 3 时，方程可解出两个不一致的实数根，而 k 大于 3 时，方程无解；部分同学说 k 小于等于 3 时，方程可解出两个实根，而 k 大于 3 时方程无解；还有部分同学说 k 等于 2 时，方程存在一个实数解，而 k 小于等于 3 时方程永远有解。由于答案多种多样，争吵也十分激烈，因此老师依照答案选出了几个小组，由小组代表人对答案分别进行解答，然后所有同学都进行分析，最后由老师对答案进行宣读，学生最后领略到了答题思路，以及题目中的条件不明确，可以有多个解析，并让学生明白 x 的阶次重要性，有利于学生巩固学习成果。

三 探索课堂教学模式，落实核心素养

在我校"目标—问题"引领教学模式的研究下，笔者对核心素养下初中数学教学模式的实施策略也有了一定的思考和探索。

（一）明确目标

基于学生的视角来考虑问题，并设计出更适合学生的发展目标，利用目标的实操要求来针对性地改良教学方法，并不仅仅只是模仿课标里的教学规定。教师要重点关注：1. 通过研究教材、学情，确定每节课的具体目标是什么？2. 目标如何提出，是教师直接给出，还是学生在自学或研讨的基础上生成？3. 目标呈现方式，如多媒体展示、以问题创设情境。

（二）自主学习

教师要投注足够的精力来观察学生的学习行为与学习成果，并结合

学生发展的实际需求，提供足够的空间来鼓励学生发散学习思维。此环节教师应关注：1. 如何通过问题引导课前（课上）的独立学习。2. 学生的学习习惯（笔记、标注等）。3. 学生是否能独立解决部分问题，并提出困惑。4. 教师是否提供了足够的空间来激励学生创新思维。

（三）合作探究

教师需要加强对课本知识的考察，结合学生的学习能力，在采取合作探究的方式时，遵循自主学习、两两交流以及组内分析的规定，最终组内达成共识。同时，组内不能解决的问题，准备在班级反馈、交流。教师应关注：1. 如何根据问题组织引导探究而不流于形式。2. 是按照小组分布进行学习任务划分还是统一讨论总的教学内容。3. 小组内任务分担的合理性。4. 怎样按照学生的学习水平进行评价总结。

（四）展示交流

根据组内研讨情况，小组代表进行成果展示。教师在观察小组的学习状况时，要引导学生多多互动，团结协作，共同处理好学习任务，等到讨论结束，教师再公布成果或问题的答案。重点在于：1. 怎样采取合适的教学方式来提高学生的学习兴趣。2. 如何对学生个体及小组进行评价。3. 怎样满足有无组织目标中的沟通需要，以及怎样评判学习效果。

（五）达标拓展

学习成果的反馈总结应该符合课标规定，提高课堂达标率。练习设置要有梯度，在保证目标达成的基础上，可以适当拓展。回归目标，实现学生对本课重点问题的归纳。教师应重点关注：1. 如何结合目标，设计针对性的达标练习；2. 如何实现多种达标形式与有效性的完美结合。

参考文献

[1] 王红梅：《初中数学课堂中学生核心素养的培养策略研究》，《教学信息》2017 年第 7 期。

[2] 孔磐、李泽广：《分析初中数学教学中学生数学核心素养的培养策略》，《小学教研》2017 年第 3 期。

［3］崔春艳：《核心素养视角下初中数学高效课堂构建策略探究》，《中国校外教育》2016 年第 5 期。

［4］周毅：《浅谈初中数学核心素养有效培养策略》，《数学教学通讯》2017 年第 5 期。

［5］姜晓琳：《数学核心素养下的教学策略》，《读与写》2017 年第 4 期。

［6］王冰：《提高学生数学核心素养的基本策略》，《大连教育学院学报》2016 年第 1 期。

中学生感恩意识缺失的原因及培养路径探析

天津市第四十二中学　刘红杰

【摘要】 中学生感恩意识缺失的主要原因来自于社会、学校和家庭。学校结合中学生感恩意识教育的实际情况，通过加强优秀传统文化教育培养中学生的感恩意识。

【关键词】 中学生；感恩教育；感恩意识；传统文化；路径

"培养什么样的学生、如何培养学生"，这是每所学校的校长都面临的要回答的问题。感恩是中华民族传统文化的基本道德之一，我们也是世界上非常重视感恩的民族，所以我们应该培养具有感恩意识的人。

一　感恩意识缺失的原因

乌鸟私情，愿乞终养。古代就有知恩图报、滴水之恩当涌泉相报的说法，但是当今社会反而缺乏这种感恩之心，个人认为可能有以下几个方面：

（一）社会方面感恩意识的薄弱

社会环境是学生道德成长的土壤，它始终影响着学生的内心。现实社会中的腐败现象、个人主义、拜金主义等不良因素也严重影响着青少年的思想，导致中学生的思想和行为具有明显的功利性。社会上的许多不良观念通过各种途径和手段渗透到中学校园，使一些懵懂的中学生受到一些腐朽观念的侵袭。在经济利益的驱使下，一些青少年对权利、错误、善与恶的意识模棱两可；在享乐主义的影响下，他们不愿意努力工作，追求高消费生活。道德的衰落和感恩的缺失，归根到底是放弃优秀传统文化的结果。

此外，经济全球化以来，西方价值观的影响，一些人盲目追求西方所谓的个性，片面理解所谓的自由，忽视了宝贵的家庭、友情、师生情谊，从而表现出一定的"情感沙漠"。还有，一些以怨报德的现象被暴露出来，严重损害了人们帮助他人的积极性，使人们在感恩的道路上畏缩不前。总之，不好的社会现象严重破坏了青年人的感恩意识，减弱了家庭和学校教育的积极效果，青年人不可避免地会受到感恩淡漠的影响。

再有，受网络的影响，一些中学生过早接触虚拟空间，加上缺乏足够的辨别力和自我控制力，影响了中学生独立人格的形成。一些中学生整日沉溺于网络，弱化了人与人之间的情感交流，从而导致感恩意识的下降。

（二）学校思想道德教育缺失。

在升学压力的指挥下，学校把文化课作为唯一的内容，德育课成为一片绿叶，使孩子的情感教育漏洞变大，孩子进入校门后被套上沉重的桎梏。为了进入一个好的初中、一个好的高中或者一个好的大学，学业成绩、父母的期望、学校的压力，使学生喘不上气来。在高考的指导下，中小学素质教育难以开展。分数已成为衡量学生素质的唯一尺子，这使得原本薄弱的道德教育空空如也，德育内容几乎成了一个口号。教育的目的背离了教学的根本目的，表现出一定的功利性倾向。许多中学只注重科学文化知识的教育，而对中学生的人文教育和道德素质教育漠不关心，甚至没有开设相关课程。

道德教育中的另一个问题是，喜欢理论灌输，轻视道德教育的实践性，重视道德规范教育，忽视道德信仰教育。道德教育已成为一种简单的理论说教，很难成为学生的一种行为习惯。只有把德育的理论和内容化解为青少年的心理需要，才能促进青少年道德素质的提高，而道德实践正是我们青少年所缺乏的。由于市场经济的影响，人们越来越关注利益，理想信念越来越淡薄。正是由于道德教育的薄弱和纯理论说教以及道德教育的"无根"，才造成当代青年人的道德水平下滑，缺乏感恩道德素质和行为习惯。

（三）家庭感恩教育不足

学生感恩缺失的另一主要原因是家庭感恩教育的缺乏。刚开始学习的孩子首先从父母那里学到人生的第一课。俗话说，"三岁看小，七岁看大"，父母在孩子小时候给予的教育对孩子的未来生活会产生非常深刻的影响。中学生生活的幸福与家庭息息相关，尤其与父母的行为和社会责任感密切相关。刚开始懂事的孩子首先接受的是父母教育和家庭影响。现在许多孩子的父母在他们年轻的时候受过苦，他们希望他们的孩子会比他们以前更好，他们担心自己的孩子"会失去起点"，因此，他们尽一切努力为孩子争取更好的条件，宁愿自己受苦，也不愿让孩子受苦。孩子们出生到十几岁，父母是孩子学习的第一个例子。因此，父母行为、学识、道德水平是儿童成才的关键因素。中国的大多数父母都教育过自己的孩子要取代他们。正是他们无原则的放纵养育了一群以自我为中心、缺乏独立意识的孩子。父母愿意默默为自己的孩子奉献。他们不要求他们的孩子给父母感恩和爱。事实上，这样的孩子在成长中并没有感受到爱，而是更多的关心自己的利益。所以说父母过多的爱会导致一种虽曰爱之，其实恨之的结果。这些养成以自我为中心的孩子不知道如何关心别人，不能善待他人，只知道被爱，不知道回报；只知道带走，不知道奉献；只知道受益，却不知道感谢；只知道接受，却不知道责任。

随着独生子女的增加，许多父母和祖父母无原则地放纵子女，使子女自然而然地成为家庭的中心，有无限的权利和零义务。同时，一些家长在思想观念、知识结构等方面存在诸多问题，导致他们的教育方法简单粗鲁，缺乏与孩子的沟通，最重要的是丧失了教育孩子的机会。还有就是留守青少年，他们大多和祖父母生活，或者寄居在其他亲戚的家庭或学校里。由于年龄差异或责任缺失，代替监护的亲属只知道在物质生活上给予照顾，而很少与他们进行情感的沟通，使得孩子缺乏亲情和责任感，不利于孩子形成良好的品行习惯。

三　增强中学生感恩意识的主要路径

（一）通过宣传中华优秀传统文化培养感恩意识

因为传统文化中蕴含着许多感恩内容，所以日常教学与活动中，我们要努力将优秀传统文化元素注入校园文化，让学生天天浸润在传统文化之中。硬件方面：加大投入，完善国学馆一期建设，开始国学馆二期建设，用于彰显中国传统文化的内涵和意蕴。

软件方面：（1）每周利用校园广播播放传统文化中的感恩故事或国学经典音乐；利用校园电视台组织学生观看"百家讲坛""诗歌大赛""今日说法"等栏目；校刊《视点》也有关于感恩文化宣传的固定栏目。（2）利用班校会的方式，开展传统文化感恩教育。明确班校会主题，定期进行班会评比。（3）每年开展校园艺术节，让传统文化感恩教育潜移默化地融入校园艺术生活，突出活动广泛化、故事化、体验化、兴趣化的特点，通过传统绘画、音乐、古典舞蹈、传统服饰表演、传统礼仪、体育等活动，展示同学们的风采，同时进一步宣传感恩教育。

（二）以课堂教育作为感恩意识培养的主要路径

课堂是德育的主阵地，加强优秀传统文化教育在课堂教学中的渗透，突出课堂教学作为学校弘扬和培育感恩意识的主渠道作用，把传统文化教育与学校整体教学工作全面融合起来，对宣传感恩教育有着极为重要的作用。我们在教学中不仅在语文、历史、政治等文科中渗透，还在音乐、体育等学科中渗透。比如在历史课中渗透古代感恩知识，在语文《红楼梦》教学中融入感恩文化主题，等等。鼓励老师积极参加各类传统文化培训；和首都师范大学合作进行师生诵读、吟诵的培训，有意识地培养一批国学教师，从而宣传感恩教育。

（三）加强校园文化建设涵养感恩意识

学校成立弘扬传统文化领导小组，由孔祥连校长负责，由德育校长、德育主任统筹相关工作，各处室具体实施教育教学活动。学校承担两项与传统文化有关的市级"十三五"课题，分别是《中学生优秀传统文化教育研究》和《国学教育对学生养成感恩行为习惯策略的研究》，并以课题作为引领，开展传统文化的各项活动。可以从三个方面进行：

1. 通过学校三风影响感恩意识。良好的校风对提高和固化中学生感恩意识有着重要作用。在进行感恩意识教育实践的过程中，我们可以通过树立良好的校风来引领孩子们的感恩意识和向善意识，让校风、学风起到应有的引导作用，从而不断通过校风熏陶和感染中学生的感恩意识。同时进行多渠道的舆论宣传，营造富有感恩文化的校园环境。

2. 努力开展主题教育活动，寓感恩教育于活动之中。传统文化教育的一项重要内容是国学经典的研读。在学校课题组引导下，挖掘传统经典作品中关于感恩的内容，开设经典研读等国学校本课程，每周一课时。学校将经典内容系列化，初一朗诵《颜氏家训》，初二读唐诗宋词，高一读《古文观止》，高二读《中庸》。在研读中，学生感受到了丰富的家国情怀和社会关爱情怀，这些课程的实施让学校的感恩文化特色更加彰显。

利用河西区中小学国学基地开设书法、国画、京剧、剪纸、棋艺、篆刻等社团。这些技艺社团包含着很多美育元素，可以让学生寓教于乐，提升他们的修为，涵养他们的品性。通过感恩主题的教育活动的开展，有利于形成良好的感恩氛围，还能促进学校良好的校风建设，这与学生良好性格的培养又形成了良性互补。

3. 积极利用各种传统节日，开展各种感恩活动，从而培养学生的感恩意识。每逢民族的传统节日、革命传统节日及国难日，以德育处、校团委、学生会的名义开展纪念活动，用演讲、黑板报、座谈、办讲座等形式，宣传和弘扬以感恩为核心的优秀传统文化。通过开设国学校本课程，编纂校本德育教材《新的旅程——我的道德格言》《弟子规箴言》等，为学校文化精神层面的建设提供坚实的思想道德支撑。通过学习诵读这些儒家经典，同学们懂得了许多为人处世的道理；明白了"达则兼济天下，穷则独善其身""修身、齐家、治国、平天下"的责任。针对学校培养"感恩"的目标，我们除了对学生进行感恩、讲礼、重义、守信等教育外，特别重视爱国情感的熏陶和爱国精神的培育。我们抓住各种契机，开展各种教育活动，营造各种场景让学生体验和感悟感恩情怀。

总之，感恩教育是一个综合性任务，是一次全员、全方位、全过程的育人过程，学校作为感恩教育的主要渠道，在依靠自身力量的同时，还要邀请家庭、社会各方面承担起相应的责任，以形成全社会共同参与的模式，从而使学生随时随地建立起健康向上的感恩意识。

参考文献

[1] 教育部：《完善中华优秀传统文化教育指导纲要》（教社科［2014］3号）。

[2] 余清臣：《现代学校与中国传统文化传承——一种文化生态学的视角》，《浙江社会科学》2008年第7期。

[3] 朱兰芝、孙占元：《立足社会现实批判地继承中国传统文化——我国当前社会主义先进文化建设中的一个关键问题》，《山东师范大学学报》（人文社会科学版）2006年第6期。

[4] 隋竹玉：《经济全球化与中国传统文化继承研究》，《湖北行政学院学报》2007年第4期。

[5] 胡荣：《大学生感恩教育的有效实施》，《教育评论》2007年第2期。

[6] 陶志琼：《关于感恩教育几个问题的探讨》，《教育科学》2004年第4期。

义务教育阶段体育教学质量评价体系构建要素的探讨分析

天津市河北区教师进修学校　刘会宾

【摘要】 学校体育的最高目标是帮助学生更好、更全面的发展，体育教学是实现学校体育目标的主要途径，建立体育教学质量评价体系是监测教师教和学生学的最直接和最有效的手段。通过对评价系统反馈的数据进行分析，可总结出较为合理的教学理念和最适用于学生当前阶段的教学目标，这不仅有助于教学实践手段的完善，更能为学生提高身体素质、建立终身体育意识创造更好的条件。本文采用了文献资料法、数理统计法、分析法对义务教育阶段体育教学质量评价体系构建的影响因素进行了分析探讨，并提出了构建评价体系的主体、内容、方法等要素。

【关键词】 学校体育；教学质量；评价体系构建

体育教学是实现学校体育最终目标的主要手段，如何提升体育教学质量是当前教育部门以及学校和体育教师的热点话题，因此，构建符合学生和教学实际的教学质量评价体系就显得尤为重要。体育教学质量评价体系不仅要有助于教育者对学生的学习状况进行客观评价，还要具备使教师正确反思自身教学问题的功能，从而促进教师的教与学生的学和谐发展。当前对于体育教学质量的评价体系存在结构复杂、监测效率不高、不成系统等问题，不能准确简明地反映教学和学习效果。因此，本文通过对义务教育阶段体育教学质量评价体系构建的影响因素进行分析，期许可以为构建一套系统有效的体育教学评价体系提供理论支持。

一 体育教学质量评价体系构建的必要性分析

（一）响应并落实课程改革的需要

提升教育质量是中国教育改革的主要目标，有效的教学质量评价对于教学质量的提升有着非凡意义。构建体育教学质量评价体系，不仅能有一个较为客观准确的标准来衡量体育课教学是否达成了基本的教学目标，还可以促进学生体育课程学习能力的提升。

（二）有助于考量教师体育技能的全面程度

教师专业需要不断地进行强化和培养。学生的体育测试成绩便可侧面反映教师体育教学质量是否合格。学生测试的成绩能够体现出教师在教学中哪些项目教学效果较好，哪些还较为欠缺，从而及时完善。因此，体现了体育教学质量监测对教师技能和教学质量提升方面有极强的指引作用。

（三）有利于促进教学方法的改进，提升教学质量

实现体育教学质量监测的最高目标便是帮助学生更好、更全面的发展。体育教学质量监测可以对某一学段教学目标的完成情况进行及时诊断，并对学生学成情况进行较为准确的定位，从学生的情感、体能、技能、体育知识多方面综合考量并作出不同性质的评判，作为教学情况的参考数据，从而反思教学的漏洞和不足并加以改进，提升教学质量。

二 体育教学质量评价体系构建的要素探究

（一）从学生的角度进行体育教学质量评价体系构建的探讨

1. 学生体质健康数据在体育教学质量评价体系中的作用

学生的体质健康是体育课最直接和最终的目的，国家体质健康测试内容是义务教育阶段规定的体育课堂教学内容，通过对每年的测试数据进行综合分析，可以反映学生的身体素质的提高程度，从而间接反映体

育教学质量的高低。因此应将评价学生体质是否增强作为制定体育教学质量评价体系的重要构成要素。

国家学生体质的测试成绩能直接反映学生的身体素质现状，测试数据包括身高、体重、肺活量、立定跳远、50米、1000米、仰卧起坐、坐位体前屈成绩等8项。

通过对国家体质健康测试的各项数据进行分析，可以了解学生在体能、技能方面存在哪些不足，以及存在哪些体育课学习方面的劣势，国家体质健康成绩能够反映出教学质量的高低，可以作为体育教学质量监测制定的参考项。

2. 学生对体育知识的掌握在体育教学质量评价体系中的作用

外国学者 Dale 对美国中学生做了体育知识与体育技能之间关系的干预实验，结果表明，体育知识的掌握程度与体育技能的形成呈正相关。国内学者对中国学生也做过类似干预，但是体育知识对学生的体育活动意愿成反向干预，不过并不显著。这一结果的产生，极大可能与我国的现行的教学模式有关，我国往往将体育技能和体育理论知识分开教学，导致理论知识和实践练习脱节，没有起到正确引导学生的效果。

通过以上分析可以看出，适应国情的教学模式会对学生产生正向的影响，创建一套理论与实践有效结合的教学体系会对教学产生积极影响。由此得出，在对体育教学质量进行监测时，有必要将学生对体育知识的掌握与体育能力之间的关系进行相关分析，从而反映教师是否将体育知识和技能教学进行了有效的结合。

3. 学生体育心理素质在体育教学质量评价体系中的作用

在体育比赛或测试中，心理素质往往是比赛时的关键，只有拥有较强的心理素质，才能将自己的最大能力发挥出来。在体育教学时，教师应该注重学生心理素质的培养，在技能和体能达到基本要求的同时，良好的心理素质有助于学生正常或超常发挥出自身的能力。所以，在体育教学质量监测构建过程中，还要考虑体育教师是否在课程的安排中融入了心理素质的强化练习。

（二）从教师角度进行体育教学质量评价体系构建的探讨

1. 教案质量对体育教学质量的影响分析

此次研究，我们对 30 名体育教师进行了关于教案方面的匿名问卷调查（多选）：

表 1　　　　　　教案在教学实践中的作用意见调查表

教案情况	人数（人）
1. 教案是课程高效性的保证，包含了完整的学期计划和单元计划	10
2. 按时完成，但质量无法保证，仅有课时计划	17
3. 逾期完成，基本不按教案教学	3

基于匿名调查，教师表明的态度较为真实。从表 1 的整理数据来看，半数以上的教师对教案的重要程度予以认可，绝大部分教师能够按时完成教案，但是教案质量较低，甚至少数教师没有按照教案进行教学。这反映了，当前体育教师对体育课教学重视程度不够的现状。

教案是教师遵循教材灵活地运用教法来设计的课程流程，以保证课程有效的开展。对待教案的认真程度，直接反映了教师教学时的态度和质量。在进行教学质量监测体系构建时，教师教案情况须作为其中的检测项。

2. 体育教师开展教研情况对体育教学质量评价体系的作用

体育教师教研以周为单位，每周固定一个教研时间供教师们相互学习与进步。体育教师通过教研学习与交流，不仅推动发展了教师的科研能力，包括合理利用多媒体教学，而且使教学内容更加丰富、科学和深刻，从而提高教学质量。

（三）从学校管理和设施角度进行体育教学质量评价体系构建的探讨

1. 课表安排对体育课教学质量的影响

体育课安排是学校教学计划中不可缺少的一环，也是学校体育教育工作的基本体现。体育课时间是否安排合理可以直接对教学造成影响，从而影响体育教学质量。学校是构建体育课程质量检测体系的直接执行单位，学校对课程的时间安排非常重要，建议体育教学质量评价体系中应包含课程安排的考察与反思。

2. 场地器材对体育课授课质量的影响

我们随机对全校中的 300 名学生进行匿名问卷调查，对有效问卷整理并做出以下统计：

表 2　　　　　　影响学生上体育课兴趣的相关因素

选项	数量（人）	百分比（%）
1. 场地器材完善度	77	26
2. 学习压力大，没心思锻炼	75	25
3. 没有喜爱的运动项目	57	19
4. 运动太累	41	14
5. 运动水平太低，怕被取笑	25	8
6. 不喜欢体育老师	3	1
7. 其他	22	7

从表 2 数据可以看出，其中占比重最大的影响上体育课兴趣的因素就是学生对场地器材的要求，说明场地器材不足使许多学生无法全面投入锻炼。学校场地器材的使用效率是学生参与度的直接影响因素，保证器材的质量、数量、规格以及布局是体育教学的重要保障。所以，对于体育课的质量评价，场地器材是保障，也属于体育教学质量评价体系构建的考虑要素之一。

三　结论与建议

（一）结论

1. 体育教学质量评价体系需要学校、教师、学生多方面的指标构成，缺一不可。

2. 学生层面与体育教学质量评价相关的指标包括：学生的体育技能水平、体育知识和心理素质方面的表现和成绩，对这些指标进行综合分析，能够反映体育课程的质量。

3. 教师教案质量可以反映教师对待课程的态度，从而反映教学质量。

4. 体育教学质量评价要包括对教师参与教研情况的考察，教研对教师的培养和教学水平的提高有积极影响。

5. 学校作为体育课的直接实施单位，要对体育课程进行合理安排，完善场地器材，并建立课程质量检测系统，学校的硬件支持力度和课程安排应是首要考察项。

（二）建议

1. 体育教学质量评价体系是一项需要逐步完善、长久规划的任务，要多方位考虑评价标准，建立一套简单有效的评价体系。

2. 体育教学质量评价体系的构建需要学校领导的大力支持，以保证构建过程的顺利进行。

3. 一线体育教师作为教学的主导人和参与者，必须积极思考，共同参与到评价体系建构的研讨中，避免出现讨论意见单一，观点不准确的情况。

参考文献

[1] 周刚：《中小学体育与健康课堂教学质量监测的创新与实践》，《青少年体育》2015 年第 12 期。

[2] 袁鸿祥：《普通高中体育教学质量监控机制研究》，《教学与管理》2015 年第 22 期。

[3] 于素梅：《从三位一体的目标体系谈体育教学质量促进的策略》，《体育学刊》2014 年第 4 期。

[4] 于素梅：《体育教学质量评价标准体系建立的难题及初步构想》，《体育学刊》2014 年第 3 期。

[5] 刘悦：《石家庄市区中学体育场地器材现状及对教学训练的影响研究》，河北师范大学硕士学位论文，2014 年。

[6] 万忠伟：《平顶山农村中学体育场地器材资源现状与开发研究》，吉首大学硕士学位论文，2013 年。

[7] 沈丽群、季浏：《构建我国中小学体育教学质量系统工程的思考》，《体育学刊》2013 年第 2 期。

［8］沈凤达：《小学体育教学质量提高的途径与策略研究》，《学周刊》2012年第1期。

［9］时飞：《北京市城区中小学体育教学环境对体育教学的影响研究》，首都体育学院硕士学位论文，2008年。

［10］高学：《体育达标＋体育加试＋体质监测＝体育教学质量》，《辽宁体育科技》2001年第5期。

语文教学中语商教育初探

天津市和平区教师进修学校　刘立宏

【摘要】 语文教学中开展语商教育具有必要性。学生语商方面存在的问题主要包括：不重视课外阅读，怕写、不知如何写作文现象突出，口语表达能力堪忧。经过长时间的研究和实践，本文提出了提升学生语商的路径：以读写说辩为支点，构建学生修习体验及主题活动体系；围绕表达文化，构建语商教育校本课程系列。

【关键词】 语文教学；语商教育；读写说辩

一　开展语商教育的必要性

2017年底，教育部颁布了普通高中课程方案和学科标准，凝练了学科的核心素养，提出了学业质量标准。语文课标明确了语文课程的基本理念是"要重视课程的隐性价值，通过改革，让学生多经历、体验各类启示性、陶冶性的语文学习活动，引导学生丰富语言积累。培养良好语感，掌握学习语文的基本方法，提高运用祖国语言文字的能力"。语文学科的核心素养之一就是语言的建构与运用，即"学生在丰富的语言实践中，通过主动的积累、梳理和整合，逐步掌握祖国语言文字特点及其运用规律，形成个体言语经验，发展在具体语言情境中正确有效地运用祖国语言文字进行交流沟通的能力"。

不过，目前教学的现状却是听说教学没有得到足够重视。在基础教育阶段，学校教育往往偏重书面作业，忽视对学生进行语言表达能力的培养；课堂教学面貌也堪忧，往往是老师"一言堂"，学生"听"有余，"说"不足，学生很少有机会自主表达自己的思想和观点；考试也大都以笔试成绩"论英雄"。这些做法直接导致学生不敢说、不想说、不能说。此外，手机的日益普及和互联网的铺天盖地，也减少了学生在日常生活中运用"说话"方式进行沟通的机会。手指一动，信息发送，而"说话"的能力却在慢慢退化。

语商（language quotient）是指一个人学习、认识和掌握运用语言能力的商数。具体而言，它是指一个人语言的思辨能力、说话的表达能力和在语言交流中的应变能力，是在长期体验、训练、实践过程中形成的对语言文字的领会和感悟能力。基于上述分析，我们有必要以"读、写、说、辩"为支点，探索在语文教学中提高学生语商的路径，以提升语商为突破点，提高学生的表达、倾听、应对能力，合作精神和人文素养。

二　学生语商方面存在的问题

通过问卷调查，我们发现学生在读、写、说、辩方面存在着一些问题。概括而言，主要体现在以下几个方面：

（一）不重视课外阅读

在被调查的学生当中，把时间放在课外阅读上的学生比例非常有限，学生阅读的目的多趋向自娱。所以，阅读的书籍大多是休闲性杂志或小说，只有很少一部分学生喜欢经典名著，经常读名家散文、文化经典。

（二）怕写、不知如何写作文现象突出

学生对于写作的兴趣处于一种游离状态。真正喜欢写作的学生只占7.6%，大多数学生对于写作的态度是由话题或者老师引导的情形来决定。

学生怕写作文，在写作方面存在很多问题。调查结果显示，写作中最突出的问题是"作文语言不够生动"，所占比例高达49.2%；其次是"看到话题无从下手，不知道该写什么能写什么"，比例达38.8%；而"知道该写什么，却不知该怎么表达"的比例为35.1%。

为什么会出现学生怕写作文,不知道如何写作文呢?在我看来,传统的作文批阅或讲评多是由老师来完成,学生互评互改互学互动的机会比较少,这样就忽略了学生的主体意识,无形中削弱了学生自我生成的机会。

(三) 口语表达能力堪忧

在参与调查的学生中,只有0.38%的同学能在课上积极举手回答老师提出的问题,只有7.5%的同学对自己口语表达能力表示满意。究其原因,主要有以下几个方面:

第一,学生对人际交往的体验相对不足。学生长期生活在相对封闭的环境里,参与人际交往锻炼的机会有限,受到口语表达能力的训练较少,相关文化的熏陶较少。所以,很多学生羞于或怯于口语表达,表达起来很吃力,效果也欠佳。

第二,影响学生口语表达的各种不利因素增加。随着学生年龄的增长,多元文化刺激不断增多,学生接收到的各类信息越来越丰富。加之年级不断增长,学生的口语表达需求虽然依然旺盛,但能力却没有随之增加。所以无论在生活中还是课堂上口语表达方面常常产生无助感、困惑感。

第三,学生缺乏系统高效的口语表达能力训练。在现今的语文教育教学系统内,虽然也设计了相关的口语表达练习,但由于种种条件的限制,实际教学常常忽略了这种与升学成绩关系并不紧密而与学生终生发展至关重要的能力的培养与训练。

第四,缺乏表达自己的平台。学生非常认同辩论这种形式,认为其是形成一个人由内到外综合能力的有效方式,辩论给予学生话语权是建立巩固学生自信心的客观需要。不过,目前没有能够给学生提供一个表达自己价值观的平台,使其可以提升思辨能力、表达能力、应变能力和文化心理素质。

三 提升学生语商的路径

语商不是教出来的,而是经过大量的阅读、系统的表达训练而生成的。语文教学中的读、写、说、辩是培养语商的有效路径，可以让语言的建构与运用贯穿语文学习的始终。

（一）以读写说辩为支点，构建学生修习体验及主题活动体系

1. 读是说的基础

读的目的，就是让学生逐渐喜欢读书，养成习惯，掌握方法，储备知识，锻炼思维，从而提高自身的修养。可以从课内阅读和课外阅读两方面入手，课内重视朗读、背诵，课外阅读制订计划，明确要求，严抓落实。我们为高一高二的同学开具书单，推荐阅读书目，同时改进教学模式，阅读课课表化，确保每周有固定的时间用来阅读；七八年级的阅读侧重形式上的变化创新，晨读、课前读、领读、小组读、亲子阅读……使学生始终保持阅读的兴趣和热度。

在读的内容、方法、应用、测评等方面提出完整的方案，根据学生的身心发展规律和思维特点，立足三年，对学科知识和能力进行整合，分阶段设立培养目标。比如，从高一到高三的阶段性阅读目标是：摘抄句段，积累语言——提纲摘要，内化思维——点评质疑，形成思想，既有宏观把控，又有量化实施。同时，开展读书知识竞赛、经典诵读比赛等活动，做好方法上的指导和行动上的落实。

2. 写是书面表达形式，是对读的强化，是对说的准备

通过写，可以培养语言的严密性、准确性、简洁性、流畅性，也为说与辩做好内容和思维的储备。

根据初高中学生的身心发展规律和能力层级，为不同学段的学生制定不同的写作训练目标和具体的操作流程。初中以词句段篇的仿写、课内话题的拓展延伸和每周的主题周记为主，培养学生观察、体验、叙写的习惯，在写作训练中开阔眼界视野增加阅历。高中在内容和形式上给了学生更多自由的空间，老师不着痕迹的引领点拨使之循序渐进（见表1）。

3. 说是口头表达形式，是提升语商的关键环节

更新教学理念，改进教学方法，把说的权利和时间留给学生。我们要构建宽松、和谐、自由、平等的课堂氛围，鼓励学生敢说、想说、会说，呈现思考的过程，表达自己的观点。

表1　　　　　　　　　高中写作训练目标和具体操作

高一	高二
读写结合从高一抓起 点评——就事论事、触类旁通、由表及里、追根寻源 抄写——深刻、生动、警策（文采） 提纲——模仿和内化 练笔——组织、完篇 自由写作 片段 练习	自由写作 片段 练习 专题训练 ——立意、结构、语言

我们所说的"说"又不止于课堂上的问与答、质疑与讨论、交流与对话，它应该是一种更高层级的"说"——思路清晰完整，表达流畅简洁，仪态自然大方，节奏不疾不徐，声音抑扬顿挫。所以要对学生发言中的声音、语气、简练、完整、流畅、仪态自然等方面随时提出要求。

另外，开展丰富多彩的说的课外活动，如课前演讲、排演课本剧、人物访谈、时鲜素材点评等，突出语言建构与运用方面的训练，让学生真正地参与进来，在活动中学会倾听，学会"表达与交流"。七年级的诗歌朗诵比赛、八年级的演讲比赛、高一年级的辩论会，高二年级的课本剧展演，都取得了良好的效果。

4. 辩是说的最高形式，是提升语商的最有效途径

双方互相竞争，互相促进，对知识储备、倾听能力、反应能力、语言组织能力、心理承受能力、合作能力以及亲和力等，都有很好的促进作用，所以要让辩论赛成为一种高密度的、高效率的常态活动，让尽可能多的学生去体验、训练，从而有所提高。

在高一、高二的语文课堂上，可以利用课内资源提取话题，随时进行微辩论。比如，由语文必修一的《鸿门宴》，可以抛出"问天下谁是英雄"的辩题，让学生即兴辩论，你来我往，唇枪舌剑。

借助学校每年一度的辩论赛选拔辩手的机会，每学期在班内召开两场辩论会，全员参与。同学们通过思想和智慧的交锋，拓展了文化知识，提高了语言表达能力和应变能力，凝聚了团队精神，达到了自我提升的

目的。

除专题训练、日常演练外，开设相关的校本课程，关注表达技巧、表达层次、表达状态，在沟通技巧、演说技能、辩论艺术、情绪控制、情感调动、行止风度等方面给予学生必要的指导和培训。

（二）围绕表达文化，构建语商教育校本课程系列

经过长时间的酝酿和准备，我们围绕语商教育的内涵，相继开设了思维类、拓展类、辩论类、写作类校本课程，并陆续形成了相应的校本课程资源。

1. 校本课程：经典诵读

在高一设置"经典诵读"课程。选择传统人文经典（课外），通过深入浅出的讲解，引导学生理解经典、接受经典、享受经典。结合高中学生特点，我们安排了《笠翁对韵》《论语》《老子》《孟子》《韩非子》《大学》《礼记·学记》、唐宋诗词、元散曲等古代文化经典的选读选背。经过一年的尝试，正在进行选文的调整。

2. 校本课程：人文阅读系列

在高二阶段开设人文阅读系列课程。通过阅读培养学生的"人文精神"，引导学生对人生与社会、历史问题进行多层次的思考。在教学中注意突破应试训练的束缚，通过一系列文质兼美的文章，让学生体验阅读的快乐。当然，在选文上，既考虑中学生的接受能力和兴趣，也兼顾了应考解题的需要，以期在提高阅读能力的同时优化我们的精神结构。

经过几年的探索和积累，选文已经基本完成，在教学过程的主要环节也已进行了一些探索和实践。目前，人文阅读（现代文卷）已经基本编订完成，正在着手进行人文阅读（古诗文卷）的资料收集与编订。

3. 校本课程：辩出智慧

主要进行辩论的知识和技巧训练。结合政治课（哲学部分）的学习，把逻辑学基本知识、辩证唯物主义思想与辩论实践结合起来，指导学生掌握辩论的知识和技巧，如辩题的解析、立论的技巧、怎样质询、如何攻辩……并通过课堂辩论实践和学校辩论赛实践，提高学生的表达能力和论辩说理能力。

基于互联技术的"微翻转与问思行合一"教学模式探究

天津市第十四中学 刘秋蔚

【摘要】信息技术给课堂教学注入了新的生机和活力，自iPad出现以来，智能终端的教育应用受到前所未有的关注，平板电脑越来越多地出现在课堂教学中。从把信息技术引入课堂教学的视角来看，适用于信息技术融合教学的课堂教学模式是需要解决的重要问题。本文探索基于互联技术的高中数学专题复习课课堂教学模式。利用移动设备和信息化辅助，创设合适的教学情境，提出合适的问题，启发学生独立思考或与他人进行有价值的讨论，让学生在掌握知识技能的同时，感悟数学的基本思想，积累数学思维的经验，形成和发展数学核心素养。

【关键词】互联技术；微翻转；问思行；教学模式

自iPad出现以来，智能终端的教育应用受到前所未有的关注，如何让基于翻转课堂、iPad应用、各种数学交互软件等互联技术的教学模式发挥实效呢？几年来，我总结了主要用于高中数学定理新授课的"微翻转与问思行合一"教学模式，又在专题复习课课堂教学中继续实践了这种基于互联技术的教学模式：基于移动设备和信息化辅助，将"微翻转"与"问思行"相结合，教会学生如何思维，培养他们的自主学习能力，最终构建以数学学科素养为指向的专题复习课整体式教学，使教学模式发挥实效。

一　"微翻转与问思行合一"教学模式概述

"问思行"基础教学模式抓住课堂教学这个中心环节，以学生为主体、以教师为主导、以问题为中心，以"问题—探究—行动"的课堂教学小循环，带动课堂教学的大循环，实现知识向能力的转化。对学生而言，构建以问题为中心的学习方式，强调探究；对教师而言，构建以问题为中心的教学方式，强调启发；对学案而言，构建以问题为中心的呈现方式，强调引导。

信息化背景下，翻转课堂以网络教学实施平台为学习空间，以学生为主体、网上和网下学习相结合，为实现常态化学生自主探究学习，结合高中数学难度大课时少的实际，我尝试"微翻转"与"问思行"合一，利用 ipad 硬件环境、作业平台、几何画板软件等让学生开展自主学习。学生课前在平台观看微课、自主学习、平台前测、确定问题；课上师生共解，问题研讨，二次检测，当堂反馈，结合信息技术手段，体验数学思想的运用，最后总结深化，达成目标。形成网上网下多维参与的"微翻转——问思行——再深化"的课堂教学基本环节，让数字化技术成为学生的认知工具，从而为"问思行"基础教学模式插上两翼，实现知识向能力的转化，在学习和应用的过程中逐步形成和发展数学核心素养。

二　"微翻转与问思行合一"复习课教学模式基本流程

下面以人教版普通高中课程标准实验教科书数学必修 2 第三章复习参考题 P114—P115 的教学为例，说明此模式在复习课教学基本环节的具体操作流程。

（一）微翻转（课前引导学生自主学习）

1. 创建（一次备课、发布任务）

复习课中此环节首先是教师在作业平台导入检测题，学生在 iPad 上做题提交到平台。

此环节教师还要对学生发布任务：学生进行第三章知识结构梳理，可以总结知识网络结构、总结数学思想、总结基本方法、总结应注意之处，等等，将章节总结写在白纸上，用 iPad 拍照上传。

教师第一次备课时要把教材"复习参考题三"的题目进行设计变化，有的放在平台进行课前前测，有的课上研讨内化拓展，有的当堂反馈，题目前测和任务发布都很简短，提前设计好，视角要明确，抓住题目间的联系进行变式教学，渗透常用数学思想方法。

2. 学习（自主学习、提交反馈）。学生完成章节总结、上作业平台完成检测提交反馈。

3. 检查（获取学情、二次备课）。学生在线反馈学习问题，教师依据课程标准和学生反馈的问题，确定课上教学内容和教学活动。

此环节要利用网络平台进行督促和管理，在如何学习、提问答疑、发布作品、学习反思、练习测试等方面提供实时反馈。进行全章总结需要学生回忆整理全章知识，规划设计形式框架，矫正补漏加工书写，拍照上传又可以全班共享，潜移默化地培养学生的学科素养，进一步挖掘学习特征信息，为现实课堂的研讨提供依据。

（二）问思行（课上内化知识能力反馈）

"微翻转与问思行合一"得以有效实现，最根本的是学生课前的深度学习真正能将课堂上的互动引向更高层次。课上如何组织学生进行深层次探究性学习是此模式的难点。

1. 展示交流、知识建构。教师针对课前布置的两个任务，开门见山提问学生："通过做知识结构梳理你有什么收获？可以把你的整理体会分享给大家么"，利用展示课前作业的知识网络图引入。学生课前自主完成且上传到平台，夯实基础，形成系统，课上首先利用平台和 ipad 进行全班展示，恰如其分的勾起了学生的求知欲，既锻炼学生能力，又提升了课堂效率。

2. 前测评价、确定目标。教师将课前作业平台布置的前测题目的正确率统计进行反馈．小组提出需解决的问题。教师公布问题整理，确定今天重点研讨内容。课上的重点是交流、释疑、提升，只有当个体进入了提问步骤，他才会试图去理解。只有当学生超越了仅仅记住观察结果的阶段时，他才开始学习。整个课堂是根据学生的个性、共性问题及网上前测反馈开展的，学生的主体性得到体现和展示。

3. 问题研讨、当堂达标。有效的问思行活动要强化"问题引领"的目标意识，教师自己首先对学习目标、学习结果及学习形式等做到心中有数，事先通过教学平台了解学生观看视频后的思维障碍以及可能出现的方法失误，对活动进行充分的预设，以把握数学的本质方向，同时还要以问题指导教学，让学生明确目标，进行定向学习。如此设计定理课能更加保证课上的研讨时间和研讨方向。

【问题1】研讨：求过直线 $x-y+3=0$ 与 $3x+4y-2=0$ 的交点，且垂直于 $3x-2y+4=0$ 的直线方程。

学生活动：组内交流后，学生讲解两种思路方法。

【问题2】研讨：已知平行四边形的两条边所在直线的方程分别是 $x+y-1=0$，$3x-y+4=0$，且它的对角线的交点是 $M(3,3)$，求这个平行四边形其他两边所在直线方程。

学生活动：组内研讨，班内交流，表达研讨结果。

【问题3】复习参考题 A4、A5、A9、A10，做完提交作业平台。

学生活动：学生网上答题提交，平台显示现场答题情况。

4. 变式拓展，提升能力.

【问题4】研讨：已知正方形的中心为点 $M(-1,0)$，一条边所在的直线的方程是 $x+3y-5=0$，求正方形其他三边所在直线的方程。

学生活动：书写关键步骤、小组研讨、全班展示。

（三）再深化（课上拓展能力小结作业）

全章复习课在此环节具体操作步骤为：

1. 知识深化，挖掘内涵。

【问题5】研讨：求直线 $l1：x-y-1=0$ 关于直线 $l2：3x-y+3=0$ 对称的直线 l 的方程。

学生活动：研讨多种方法。

全章复习课在第二环节落实基本要求之后，第三环节要有所拓展。本节课的拓展就是深入研究对称问题的实质，利用对称性解决相关问题。由复习参考题 B1 题开始拓展，关于点对称的直线方程，关于直线对称的直线方程，突破难点，培养转化化归的数学思想。

2. 学生多维度小结。

【问题6】请同学们从知识、能力、思想方法方面进行小结。

3. 布置作业。网上平台布置限时答题作业。

三 "微翻转与问思行合一"教学模式的思考

（一）在复习课中应用此模式可达到的目的

1. 引导学生自主学习。课前发布学习任务：学生在线反馈学习问题、上悠数学平台自学检测反馈。教师查看学生反馈及前测结果，根据反馈问题确定课上教学活动，从新课标的理念上，学生的主体性得到体现和展示。

2. 工具辅助研讨展示。复习课的知识网络图由学生课前自主完成且上传到平台，课上首先利用平台和 ipad 进行全班展示，既锻炼学生能力，又提升了课堂效率。

3. 工具促进有效互动。利用 ipad，有学生的投屏、上传、抢答，有学生操作 ipad 展示和讲解，有小组合作探究和学习，有效互动真正体现交互性。

4. 平台促进及时反馈。悠数学平台的达标检测，实时统计正确率及正确答案，老师可以看到学生现场做题情况，及时反馈，避免问题滞后。

（二）在复习课中应用此模式应关注以下内容

1. 体现学生的主体地位

全章知识网络构建、定理的多法证明与多角度深化，都要有意指导学生如何去发现和探索问题，促使学生对学习做深入细致的观察、思考和探索。同时注意在探究时鼓励学生提出问题，勇于发表自己的见解，在语言表达和书写投屏展示中明确和掌握各个知识点。

学生课前利用"悠数学"平台进行题目前测，能使课堂研讨内容更有针对性，课堂上的时间可以更多地用于答疑解惑，选取的方法不拘泥于课本，能拓展学生的视角，能给予学生更多的研讨和展示机会，深化学生对概念的理解，提高学习效果。

2. 体现教师的指导作用

"课上"设计以问题作为驱动，突出过程教学，教学中，教师要鼓励学生在课本的基础上大胆创新，激发学生思维，渗透转化、方程、分类讨论、数形结合思想，使学生的学习过程成为在教师引导下的探究过程、再创造过程。同时，教学内容的设计既有基础知识的复习、基本题型的联系，又为了满足高考的要求，对教材内容适当拓展，题组教学，强化思维训练，本节课对此进行了归纳和总结。

3. 体现信息化平台的辅助功能

利用 ipad 工具促进有效互动。有学生的投屏共享、上传，答案及操作过程实时呈现，辅助学生展示和讲解，有效互动真正体现交互性，极大地激发了学生的参与热情，学生主体地位得到充分发挥。利用交互式平台课前推送前测题、确定问题，课上通过推送检测题，实时的数据统计便于及时了解学情，及时反馈，实时订正。这样，学生兴趣浓厚，小组内相互交流、补充，才能收获颇丰。

总之，"微翻转问思行合一"教学模式不只是一种基于互联技术的课堂模式，它使信息技术成为学生的认知工具，培养学生在探索的过程中逐渐形成自己的观点，引导学生自主学习、引导学生进行知识建构、引导学生小组合作。我们希望能够通过基于互联技术的"微翻转与问思行合一"的教学实践，教会学生忘不掉的数学思维，点燃学生的数学学习热情，从而培养学生数学核心素养。

宽松式教学策略在小学科学课教学中的应用研究

天津市和平区万全小学　刘树鑫

【摘要】 在小学科学课的课堂教学中，教师应积极创设宽松的课堂环境，激发学生个体与班级整体的积极参与性。教师要尊重学生的意见和想法，更多地给学生以激励、引导，保护学生的热情和信心。在课堂教学中给予学生宽松而丰富的角色扮演机会，促使学生学习的完整性和丰富性，提升学生的交往能力，激发学生的学习潜能。通过有意使用尝试错误的教学策略，使学生体验失败，通过学生在失败中不断改进，可以提升学生的学习能力，得到不同层次的发展。

【关键词】 宽松式教学策略；小学科学课；尊重学生；尝试错误

小学科学课长久以来被认为是众多国家课程中严谨度要求最高的课程，而课堂教学的组织者也一直用"理性"作为学科的"标签"，以"理性"来要求和教育自己的学生。即使有人认为教育应有感性，也往往被认为是属于语文等文科课程的范畴，与科学学科无关。这就使得小学科学课堂教学成为充满理性而少有人文情怀的"真理空间"。事实上，作为学习者的"人"的属性不应被弱化，作为体现人的群居性特征的班级授课方式要求我们在科学课中同样应注重人文关怀，采用宽松式教学策略提升课堂教学效果。

一 集体参与学习的过程中应营造宽松的课堂环境

集体参与学习是指全班中的每名同学都能为课堂中的探究活动想办法、出主意。全班形成合力、组成一个系统，班中每名同学是子系统。各个子系统能为别人的方法找漏洞、想办法，经过全班同学的集体论证，每一种可行的方法，都可以成为最完整、有价值的研究成果。

之所以提出这样的方法，源于笔者在教学实践中的感受。因为现在的学生大多是独生子女，具有很强的自我性。在教学实践中经常会发现，当一名同学提出一个观点或一种方法时，其他同学立即举手说："他说的不对！我的方法是……"学生之间不是互相补充完善，而是求全责备。这样不良的循环使得课堂上研究气氛非常紧张。在这样紧张的研究环境中，不利于培养合作探究的精神和团结协作的态度。全班犹如散沙，无法形成合力，无法发挥班级系统的整体功能。

所以，笔者认为，在集体参与学习的过程中，应创设一种宽松的课堂研究环境，同时调动学生个体和班级整体的积极参与性。学生个体的积极参与强调个人意见的充分发挥，全班的积极参与强调系统的整体协调。两者相互交错、互为支撑、相辅相成，形成良性互动的学习氛围。

二 创设宽松的学习氛围，尊重学生的意见与成果

学生的学习是探索未知的过程，学生探究过程中的行为、做法、意见、想法等必然不是完美的。教师对学生不能求全责备，否则会扼杀学生对探索的热情，使学生在今后的探索过程中会畏难不进、顾虑重重，丧失学生所特有的开拓创新的勇气。我们要给学生的，不仅是科学的知识、追求知识的态度和勇气，还有其独立发现问题、解决问题、学会生存、学会发展的能力。科学知识需要通过学生的亲身经历、体验来获得，所以，教师要尊重学生的意见和想法，关注其长处，更多地给学生以激励、引导，保护他们的热情、树立他们的信心，让学生积极进取。

在学生探究的过程中一定会想出许多种办法，迸发出许多可贵的思维火花。这时，教师不应要求学生的实验方法统一，而是要保护个性，特别是保护那些能坚持自己见解的同学的"个性"。若的确方法或思维存在问题，教师应在保护其积极性的前提下，帮助其修正或改正。

三　给予宽松的角色扮演体验，丰富学生学习层次

在科学课教学过程中，学生会经历不同的学习场景、扮演到不同的角色，而不同的学生之间也可以相互交换扮演角色，从而得到不同的学习体验。例如，在《声音是如何产生》一课中，拨动钢尺的同学和听声音的同学角色之间互换就非常利于学生的观察细致与完整。再如，在探索尺子探出桌边来研究音高的变化时，压住尺子的同学和倾听尺子声音的同学角色互换可以有不同的感受。在研究溶解单元时，教师有意要求放入物质的同学和搅拌的同学在实验中角色互换，从而丰富学生的体验。这些教学环节中，学生不是简单的交换角色，更重要的是让每一名同学都经历一个完整的科学探究的过程。生生互换角色利于学生体会他人的感受，提升学生与人交往的能力。

首先，每位同学可以得到全面技能的训练。在倾听的过程中学生更注重听觉的感受，他会听得非常细心，而在敲击的过程中更注重的是手的敲击感受与眼观察的物质振动的感受，两者缺一不可。教师如果不做这样细心的设计，学生只是本节课中的一种角色，可能他得到的感受就会缺少其中的一个方面。

其次，角色扮演可以使得每位同学感受到在心理上他们都是平等的，人与人之间的平等在孩子心目中是非常重要的。同时，这种交换角色也利于促进学生间的合作，提高学生与人交际的能力。

再次，角色扮演可以激发学生的学习潜能。每个学习个体都具有创造的本能或潜能，正因如此，当学习对象为学习者提供了自我发现、自我欣慰及自我价值实现的机会时，学习个体的内心世界产生强烈的学习动机，从而孜孜不倦地去渴求、去欣赏、去品味。如果他面对的不是很有魅力的学习对象，那么他就不会表现出那么强烈的积极情绪，就很难

产生积极的享受学习的情感体验。

四　通过尝试错误的教学策略让学生体验失败

　　与其他学科比较来说，科学学科更注重实践性和操作性。实践必然会有成功与失败，尝试失败的教学方法，就是事先不必给学生过多指导和框框加以限制，让学生在多次尝试与失败中自我进步。当学生在实践中出现错误时，或出现抵触情绪时，老师不应该责怪、批评学生，而应该意识到这是一个教育的契机，及时给学生以鼓励和引导，帮助学生完成任务，使学生在失败中学到许多东西。尝试错误的教学策略，通常应用于以下几种情况：

　　第一，学生设计有问题的时候。在小学阶段应该允许学生思维的不完整性暂时存在。即允许学生"出错——纠错——改错"的过程，这就是很好的科学教育方式。如在《热是怎样传递的》一课中，在学生间交流自己设计的实验方法时，一名同学设计在一块铁板上放一大块冰，在铁板下用一只小蜡烛做热源。从道理上这个实验方法是成立的。但他说完同学们都笑了，有一名同学指出这个实验的问题："当冰融化后，会有大量的水流到课桌上。"他自己又经过了改进，但还不是很完善。这种不完善是由小学生的年龄特点决定的，绝不能求全责备。能补充完整是最好的，但有一点小瑕疵也无关大局。不要否定，这其中还有情感态度价值观的教育。

　　这样的情况在我们的科学课中俯拾皆是。有的教师就必须让学生们什么时候研讨出最佳方案，什么时候开始实验。笔者认为，教师不妨让学生们在保证方向性和安全性的前提下，有意给予学生一次尝试错误的机会，让学生在做中改，改中做，从而实现螺旋式的上升。

　　第二，学生无法在实验前完全预知，必须在做的过程中完善的。例如：在教学《空气占据空间》一课时，"谁可以使纸团放到水底而不湿呢？"这样提出一个目标，若按照以往的教学模式，只要先指导学生做好实验，教师讲出实验的要求、技巧，实验成功后找出原因就可以了。可是我并没有这样设计，而是仅仅提问："谁可以使纸团放到水底而不湿呢?"学生会很容易失败,学生需要在失败中找成功的方法。

这不是简单的交换一下教学程序,而是有教师的教学理念寓于其中——培养学生的科学素养。若如我们熟悉的实验前讲解,学生做,学生的思维没有得到真正的调动,没有在思维上主动参与。如果学生先有研究目标再做实验,在这样的环节中学生就会有大量的思维参与。学生要先想我要做什么,先干什么、后干什么？由于学生年龄原因,思维不可能全面、缜密,会出现这样或那样的纰漏,失败的几率大于成功的几率。修正又需要思维的参与并且是主动地参与,直至成功。这两次的思维参与就是优于前一种教学模式的鲜明体现。我们必须培养会思考、能动手、想创新的新时代学习型人才。

第三,学生坚持自己的设计的。这种情况可以让学生尝试,但要注意实施步骤:

- 实验前
1. 必须讲清道理,为什么你要这样做?
2. 你预想的效果是怎样的?
3. 与大家的结果有什么不同之处?
4. 优势在哪?
- 实验后
1. 你的结果如何?
2. 和你预想有什么差别?
3. 你有什么感想?

这样的学生一定要在大家汇报实验结果的环节中及时提问,给他以表达的机会。这样的指导既切实又有启发性,但并没有直接教给学生具体的方法,传授给学生的是解决问题的思路。这才是教师应尽的职责,体现了"授人以鱼,不如授人以渔"的道理。

第四,教师有意设置"尝试错误—体验失败"的环节。例如：四年级记录天气日记单元。它的设计目的之一就是"尝试错误—及时纠正"的训练。开始允许学生犯错,经过一个多月的每天坚持记录,学生潜移默化地受到了"尝试错误—及时纠正"的训练。再如：学生种植凤仙花,首先经历的是漫长的等待发芽,只要不发芽学生就感到失败,每多一天都是"煎熬"。其次真不发芽,要与家长、老师找问题及时纠正错误再试种。

科学课堂就是这样一个场所，每个人都可以尝试错误，并从错误中学会正确。科学探究就是由无数的失败和成功联结的，它们是相辅相成的，无论成功还是失败，它都使不同能力的学生有了不同的发展，也使得他们有了层次很不相同的收获。

总而言之，教师必须承认学生的学习是探索未知的过程，创设宽松式教学情境不要苛求学生完美，而要尊重学生的意见和想法，更多地给学生以激励、引导，保护他们的热情、树立他们的信心。同时，创设宽松式研究情境也体现了师生关系的民主性，教师营造一个宽松、平等、民主的科学探究环境。教师尊重学生、听取学生意见、虚心向学生学习；学生尊重教师、接受教师指导、敢于提出自己的见解。教师有意地容错，让学生在做中改，改中做，从而真正提升学生的科学素养和科学能力。

打造"互联网+书法"新模式
构建师生发展新平台

天津市河北区红星路小学　刘　伟

【摘要】 随着数字化时代的到来，为了让书法教学摆脱传统模式的束缚，不再受时间和空间的制约，在坚守书法本体的同时善用科技创新，探索在"互联网+"的背景下，建构"互联网+书法"的教学模式。让书法教育信息化助推我校提升教育教学水平，实现书法教育的三结合。加速教育现代化的进程，全力打造"书法移动课堂"，实现"打开手机，书法学来"的全新理念。利用多元平台搭建起"家校共育"的书法新模式，给传统的书法教学带来了全新的体验。在变革中，提升了学校书法教学的质量，打造了专业的教师队伍，助力学生核心素养的发展。

【关键词】 互联网+；书法；师生发展

红星路小学从1983年建校到现在走过了35年的历程，传承国粹，培育人文精神，积淀学校先进文化，提高学校文化品位，形成了鲜明的办学特色。红星路小学的书法之路应该说是从特色项目发展为办学特色，以特色促进学生的全面发展，促进学校的优质发展，书法成为学校文化之"魂"。学校书法工作成绩斐然，锻造出了一支业务水平过硬的师资队伍，培养出了大批书法技能精湛的优秀人才。随着教育信息化全面推动，红星路小学积极创新"互联网+书法"教学模式，让书法教育信息化助推学校提升教育教学水平，取得了显著的成果。

随着数字化时代的到来，为了让书法教学摆脱传统模式的束缚，不再受时间和空间的制约，红星路小学一面坚守书法本体，一面善用科技创新。2015年学校在红星路小学公众平台上开通"书法移动课堂"，在全校师生和广大家长中引起了极大的反响。学生们尝试在线学习书法，教师们探索网络同步教学，家长们感受书法育人的成果。"书法移动课堂"给传统的书法教学带来了活力，提升了学校书法教学的质量，打造了专业的教师队伍，助力学生核心素养的发展。

一 "互联网+书法"教学模式，成为提升学生核心素养的新平台

（一）变"枯燥"为"快乐"

一提到传统的书法教学，一定是一支粉笔、一块黑板，老师反复地教，学生重复地练。为了改变传统的教育理念，在"每日一赏"中以史为据，生动形象的讲述了笔墨纸砚的知识以及书画家的趣闻轶事，让学生感受书法艺术的魅力。比如我们在讲解《墨池的由来》一段中，将古代著名书法家王羲之设计成了大眼萌娃，通过可爱的萌娃达到思想育人的功效。犹如在《王羲之吃墨》一段中，当孩子们看到王羲之吃得满脸墨汁时，不由得被他专注思考的精神所感动。

（二）变"单一"为"多元"

建校35年来，学校始终将书法确立为校本课程，先后共研发和编著了四套校本教材，多是印刷版本。2016年编写了第五套校本教材——《天天习字》书法练习册，共计14册，分为六个年级和寒暑假篇。不同年级不同内容不同的难度，满足不同类型不同层次学生的需求，确保学生接受公平、全纳的书法教育。为了能更好地指导学生的书写技能，我们在书法移动课堂中推出了本套练习册的名师同步精讲视频，先学后教，从临、赏、品、析中让学生及家长可随时观看与学习，为营造墨香家庭氛围提供最好的平台。书法教育朝着"人人皆学、处处能学、时时可学"发展目标不断迈进。

（三）变"被动参与"为"主动探究"

经过"书法移动课堂"的建构，我校教师录制了 400 多节书法微视频课程。为了便于学生和家长使用，我校研发设置了课程编码系统，输入编码就可以观看想学习的内容，极大地满足了广大学生和家长自主学习的需求。让名师走进家庭、走到身边，让书法从学校内走向学校外，从天津走向全国和世界。实现家庭、学校、社会的全面育人，为构建"学习型社会"开辟了新的途径。

（四）变"注重技能"为"注重育人"

传统的书法教学偏重学生技能技法的训练，过于简单枯燥。我校通过"书法移动课堂"开辟班级在线书法主题活动，实现了"书法育人"的教育理念，让学生们在书法活动中提升素养，让"书法育人"更"育心"。例如开展"美瞳看书法"活动，学生们纷纷将家中的书法条幅、对联、名家名帖、书籍封面、摆设上的雕刻，等等，用相机记录下来，在社区中与伙伴们分享；"端午节——手抄诗词"活动，学生们了解与端午节相关的文化，搜集相关诗词，用漂亮的书法记录下来，在社区中与伙伴们共赏。互联网上的书法移动课堂鲜活多样，班班有主题，人人重参与，将学生的学习过程、实践经历等通过网络空间呈现，实现了网络学习空间"人人通""校校通""班班通"，从而促进我校书法特色建设朝着智能、多元，共通的方向发展。

二 "互联网+书法"教研模式，成为提升教师专业素养的新平台

在《"十三五"国家信息技术规划》中指出，要依托信息技术营造信息化教学环境，促进教学理念、教学模式和教学内容改革，推进信息技术在日常教学中的深入、广泛应用，增强教师在信息化环境下创新教育教学的能力，使信息化教学真正成为书法网络教师教学活动的常态。

（一）以"名师工作室"为核心，提升全体书法教师专业技能

我校在"书法移动课堂"中全力打造"徐莉名师工作室""阎金名师工作室"，将我校教研成果、书法微课、校本教材与全国、全市的书法教师进行深度教研，通过大力推进网络"名师工作室"建设，充分发挥名师的示范、辐射和指导作用，以"名师工作室"等形式组织名师与一定数量的教师结成网络研修共同体，总结归纳出《书法课堂教学专业技法与术语——教师、学生篇》《书法教学专业技法与术语的应用——教师、学生篇》两本专业技能技法手册，力求从两个角度让师生都能在书法课堂上说专业术语，规范专业技能，既教对又学会，让书法课堂更具有专业味道。在骨干教师的主持下，通过网络教研，研讨制定了书法课堂中"以教师为主导，以学生为主体，以练写为主线"的课堂理念，让书法课堂呈现出"导入新课""示范模仿""边讲边练""品成巩固"的新模式。通过深度的书法教研共析，提升广大教师的教学能力和水平，让更多的学生享受到高质量的教育。现如今，借助网络教研的开展，将我校示范课、教科研、微视频、校本教材等上传至书法移动课堂，实现了书法老师在线自主学习与研讨，得到了广大同行高度赞誉。

（二）以"云平台"为阵地，实现全体教师个性化成长

我校借助"互联网＋多媒体"课堂模式的打造，在"书法移动课堂"中开通多媒体云平台，在这个平台中，实现了我校所有书法教师电子白板课件的资源共享，让信息技术为我校书法教育教学质量的提高而服务，为学校长远发展而服务，为促进师生的全面素质的提高而服务。

另外在"书法移动课堂"中，还开启了教师"订单式培训"模式。教师可以根据自身的水平和喜好，在社区中自主选择参与不同的培训内容，与指导老师在线交流学习。比如，新入职的青年教师没有书法基础，就可以选择入门培训课程，加强书写技能技法的练习；书法骨干教师可以学习书写王羲之的《兰亭序》，提升行书水平。在书法移动课堂中，通过临帖创作，个性书体等不同培训内容，促进教师专业化、个性化成长，倡导教师由被动接受到主动选择，由千人一面到一人多面。我们也将这种培训方式运用到全体师生之中，以分层培训的方式固基础、拔尖子，让红星路小学的书法向着更加多元、高端的方向发展。

三 "互联网＋书法"学习模式，成为家校共育协同发展的新平台

(一) 家校共育协同发展

红星路小学在"互联网＋书法"的背景下，通过"书法移动课堂"实现了"打开手机，书法学来"的全新理念，在我校微信公众号上搭建起了"家校共育"的书法移动课堂，让红星路小学的书法教学迎来真正意义上"互联网＋"时代。

在"每日一字"模块中，家长和学生可以共同学习软硬笔书法，让名师走进家庭、走到身边，让家长既能了解孩子的学习进度，也可以自己参与其中，让家庭墨香四溢；在"每日一析"模块中，家长可以跟随指导教师的讲解来对孩子的习字情况进行评价，让家长的辅导更加专业、更加精准、更有实效，从而达到提升学生书写能力的目的；在"每日一展"模块中，第一时间将学生作品、家长作品进行推送分享，为学生和家长提供展示的平台，提升了学生和家长对书法教育的关注度。

通过"书法移动课堂"的建构，使更多的家长了解书法、支持书法，从而与学校形成了合力。在我校的问卷调查中，100%的家长支持学校打造"书法移动课堂"的新模式，87%的学生在家每天通过微视频和老师进行在线学习，其中76.5%的家长与孩子共同练字，一起学习。学生家长在问卷中写道："书法移动课堂让我们的家庭每天晚上不再是捧着手机玩游戏，而是看着手机学书法。""作为家长我们没有办法走进学校，但是通过书法移动课堂实现了我们成人练字的梦想，我们和孩子一边学、一边练，有时遇到问题，孩子还给我当小老师呢！""书法移动课堂不只是孩子的学习，爷爷奶奶也加入到了练字的队伍中来，我们的家庭现在是人人学书法。"在互联网＋时代下，我校借助书法移动课堂，让书法教育更加小、精、微、快。让书法育人的功能延伸到家庭、社区，乃至全社会，从而形成墨香校园、墨香社区、墨香社会，以点带面，以小家带大家，让"认认真真写字，堂堂正正做人"成为每个人的追求。

（二）传统书法教育与"互联网＋书法教育"的数据对比

1. 传统的书法教育情况分析

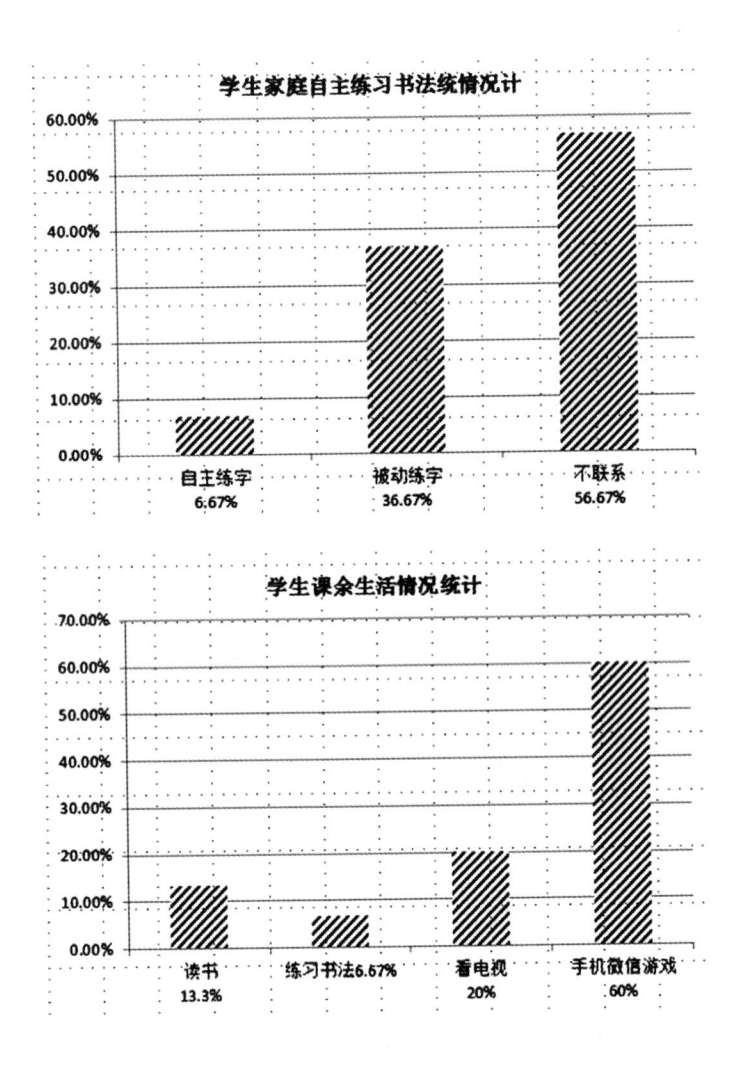

学生家庭自主练习书法统计情况

- 自主练字 6.67%
- 被动练字 36.67%
- 不联系 56.67%

学生课余生活情况统计

- 读书 13.3%
- 练习书法 6.67%
- 看电视 20%
- 手机微信游戏 60%

2. "互联网＋"书法教育情况分析

图标数据分析：通过传统书法教育与互联网＋书法教育的数据对比，印证了我校"互联网＋书法"的教育理念，以信息技术为平台，实现了学生学习方式的变革，大力促进教育公平，让孩子们同在蓝天下共享优质的书法教育。

学生参与线上书法活动统计

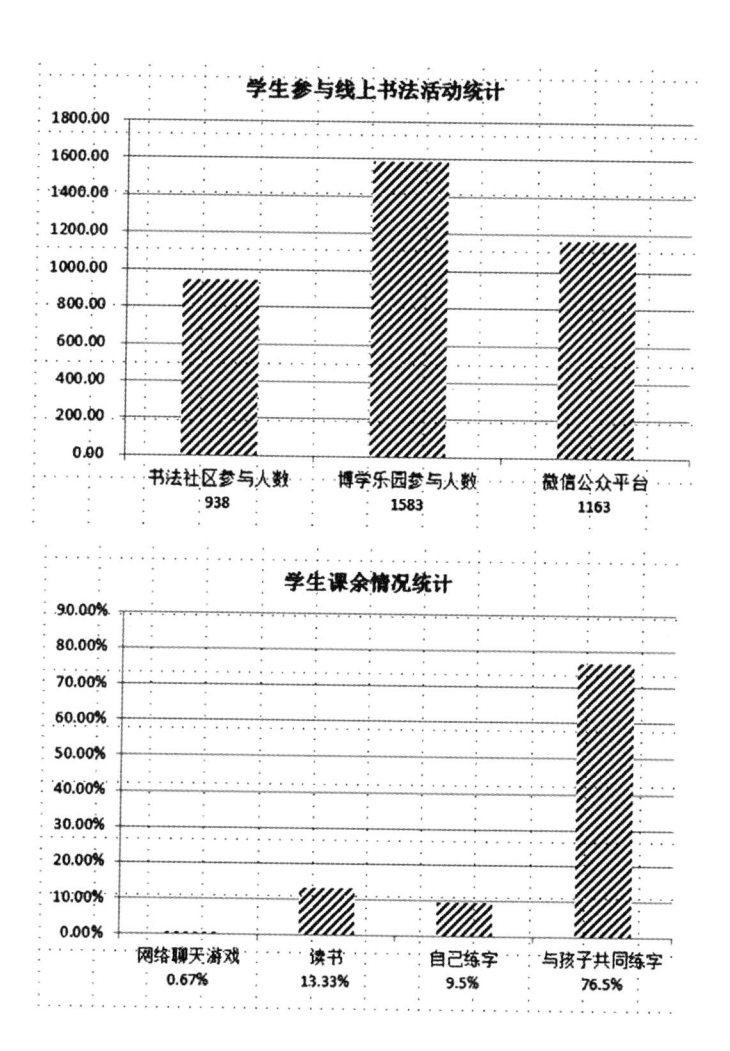

书法社区参与人数	博学乐园参与人数	微信公众平台
938	1583	1163

学生课余情况统计

网络聊天游戏	读书	自己练字	与孩子共同练字
0.67%	13.33%	9.5%	76.5%

随着教育信息化工作的深入推进，红星路小学会坚持促进信息技术与教育教学深度融合的核心理念，坚持应用驱动、机制创新的基本方针，更加深入地致力于"互联网＋书法"模式的建构。让书法教育信息化工作更加贴近教育改革发展中的重大现实问题，融入教育改革发展的核心领域，为教育改革发展增添动力与手段，成为提升学生综合素养和学业水平发展的新途径。

初中数学中核心素养的培养与实践

天津市第四十二中学　刘豫川

【摘要】"中国学生发展核心素养"对素质教育的培养目标进行了精确定位。当"核心素养"作为一个育人目标,它促使我们的教育从传授学科的知识和技能转到对人、自然、社会之间相互关系的关注。因此,在学科教学中培养学生的核心素养就成为学校教育改革的重点。以此为思路,本文总结了四十二中在初中数学教学中培育学生核心素养的经验与思考。

【关键词】初中数学；核心素养；全面发展

一　对核心素养概念教育实践价值的思考

鉴于多年来学校和社会片面追求升学率的误区,当前教育正逐步由"注重知识传授"向"注重核心素养的培养"迈进。"中国学生发展核心素养"概念提出后,即成为课改的高频词汇,引起了广大教育界人士的普遍关注。在这里,"核心素养"被正式界定为"文化基础、自主发展、社会参与"三个维度,每个维度又细化为两个层面,每个层面涵盖三个要点,合计18个要点,从而对我们的素质教育的培养目标进行了精确定位。

当"核心素养"作为一个育人目标出现时,我们的学校教育就迎来了新的压力和挑战,它促使我们的教育真正从学科的知识和技能的传授中跳转到对人、自然、社会之间相互关系的关注,开始思考"自然人"

到"社会人"的过渡和融合问题。因此上，如何在学科教学中培养学生的核心素养就不得不成为学校教育改革与实践的研究重点。

核心素养是"教学""教育"的有机结合。我们的课程教学不光承载着传播知识的作用，更重要的是其蕴含的育人功能。我们应该在课程教学中不断地进行德育渗透和综合能力的培养，让课程助力学生成长，为学生的持续发展奠基。学生核心素养的形成是一个长期的、依赖各个学科协同作用的过程，在这个过程中，各学科独特的育人功能相继凸显，学科特点得到了最大限度地发挥，彰显了学科教育的特色，不断完善了学科教育的内涵。核心素养的培养过程不仅仅是学生全面发展的过程，同时也是教师不断自我修炼、自我完善的过程。在这个过程中，教师自身的核心素养也在不断地翻新、架构，教师的能力在逐步提升，人格不断健全。

我国教育事业的任务是"立德树人"，教育目标即为"培养全面发展的人"。何为"全面发展"？"核心素养"的确立就是将抽象的教育目标进行具象，让我们的教育教学目标更为精准，明确什么是学生必备品格和关键能力，深入回答"立什么德、树什么人"这一根本问题。它将教育的方针转化为便于广大教育工作者理解、实践、探究的教学行为指向，潜移默化地引导广大教师立足课堂，通过教学模式的变革逐步迁移到改革课程设置，重构课程体系，提升课堂的魅力和课程的张力。在这个过程中，"核心素养"将宏观的教育理念和微观的教学实践有机地结合起来，促使教育实践者对在实施素质教育过程中遭遇的问题、困惑，及问题的解决方式进行再思考、再实践，促使我们的教育行为呈现螺旋式的上升。

二 对初中数学核心素养培育的实践

数学是研究数量关系和空间形式的科学，它是一种用特殊符号对客观现象进行抽象、概括的工具。随着现代信息技术的迅猛发展，数学的应用性日渐增强，已经逐步渗透到我们日常生产、生活的各个环节。我们的数学教育除了要帮助学生掌握学习、生活中所必备的数学知识和技能外，还肩负着通过数学学科的学习，培养学生核心素养，为学生的终身发展奠基的重任。

（一）以历史为索引，涵养学生人文底蕴

数学作为一门自然科学，其文化源远流长。数学的发展、演变史实质上也是人类文化的进化史。人们从远古生产实践和生活的需要中，演化出对数的认知，随着算术的发展，代数孕育而生。随之"几何""逻辑"等相应学科分别进入我们的视野，构成了人类文明史的重要环节。在数学教学中，以数学发展史为索引，让学生在学习知识的基础上，丰厚人文底蕴是非常必要的。

例如：初中数学的第一章《有理数》的教学中，我们可以从埃及人的结绳计数开始阐述数的产生和发展。特别是可以介绍一下我国传统数学史上的瑰宝——《九章算术》。《九章算术》成书约在公元前一世纪，它不仅是我们传统数学发展史上的重要节点，也是世界数学史上一项辉煌的成就。它第一次颠覆了人们对数的认知，引入了负数，扩展了数系。《九章算术》中的正负术——正负数的加减法则比起外国对负数的认知要早 800 多年。

伴随着数学的发展，它带给人类各种美的享受，它的简洁美、和谐美、奇异美无时无刻不影响我们的生活。我想没有人能拒绝胡夫金字塔、雅典神庙、维纳斯雕像黄金分割美的诱惑。

（二）以活动为载体，培养学生创新精神

教学活动是教师、学生共同参与的双边活动。有效的教学活动应该是师生积极参与、交往互动、共同发展的活动，它既不能替代学生的主体地位，也不能忽略教师的主导作用。高效的教学活动能实现学生学与教师教的高度统一。学生创新能力的培养绝不是通过一道题、一节课能够造就的，教师应该根据学生的学情，合理地设置数学活动，激发学生兴趣，调动学生积极性，引导学生进行数学思考，继而鼓励学生批判质疑、理性思维。只有这样，才能为学生提供更为广阔的舞台，让学生的思维品质突破时间和空间的限制不受局限地节节攀升。

在我们九年级教材中，有一项测量旗杆高度的数学活动。以往我不太重视教材上的数学活动，认为学生只要会解标杆测高问题即可。但是

实践活动开展时，他们利用相似三角形，构造了多种解题方法（单阴影法、双阴影法、折射法、高度对比法等），完全超出了我的想象。当然，在这众多方法中，高度对比法所得到的测量数据出现了严重的偏差，造成了我们师生的困惑。通过结合物理的光学知识，我们对产生偏差的原因进行了合理的解释，寻找了活动中出现的思维盲点和漏点，学生在质疑思辨、寻找答案的过程中，思维品质得到了大幅提升，同时这种数学活动的设置为跨学科学习奠定了基础。

（三）以问题为导向，引导学生学会学习

"学习始于问题"，问题的设置让学生在感悟数学的简洁美、奇妙性的同时，激发了科学探究精神。例如在"乘方"的教学中我设置了以下两个环节：

1. 情境引入，播放细胞分裂的 flash 视频，通过细胞的快速分裂，感悟数数得出细胞的具体数目的局限性和数据表示的复杂性；

2. 设置数学活动，让每位学生手拿一张厚度只有 0.1 毫米白纸，对比 4 层的教学楼的高度，感知数据的差异的悬殊性，在此基础上，让学生将纸对折、再对折，感知数据增加的速度，并告知学生如此往复 20 次后，其厚度将比 30 层楼房还要高。学生一片哗然，求知欲被点燃，眼睛被点亮。

（四）以先贤为榜样，确立健康生活状态

如果说孩子的幼儿时期是其人生的起点，那么中学阶段就是学生学校生活和社会生活的过渡期，在这一时期，学生将基本实现自己人生观、世界观和价值观的构建。作为教师，我们有义务在课堂教学中，引导学生树立正确的三观，通过核心价值观的引领，敦促学生确立崇高、积极的价值取向，不断完善人格，实现自己的人生价值追求。

例如：一般在讲解勾股定理时，多数的教师常常会自然而然地利用"赵爽弦图"进行证明，既进行爱国教育，激发学生的民族自豪感，又能通过证明的过程让学生充分体会数学的对称美，增加审美情趣。这也正是"赵爽弦图"为何能被确立为 2002 年北京国际数学大会的会徽的原因之所在。而我认为勾股定理的总统证法更应被推荐和传颂。这个鲜活的

事例告诉我们，人的智能是多元存在的，只要我们保有一颗孜孜不倦的探究之心，就能成就不一样的自己。

（五）以融合为目标，强化学生责任担当

学生在初中阶段三观的完善过程中，会逐步学习去处理与国际、社会、国家、个人等关系方面的情感态度。习近平总书记不止一次强调过要大力弘扬爱国主义教育，让爱国主义精神扎根于青少年心中。这是党和国家赋予我们的教育使命，我们有责任、更加有义务通过我们的学科教学让我们的学生"培养爱国之情、砥砺强国之志、实践报国之行"，只有这样，中华民族的伟大复兴才能指日可待。

当然，除了通过利用中华民族悠久的数学史对其进行民族精神教育外，更应注重引导其对西方数学史的学习和认知。特别是对欧式几何的理解和认同。中国灵魂与世界眼光的融合，势必能开阔学生的视野，让学生拥有全球意识和开放的心态，学贯中西，感受世界文化的多元性，增强学生的历史责任感，以主人翁的心态去迎接未知的挑战，为人类命运共同体而奋斗。

（六）以问题解决为抓手，激发学生实践创新

数学作为人们生活、劳动和学习必不可少的工具，能够帮助人们处理数据、进行计算、推理和证明，数学模型可以有效地描述自然现象和社会现象；学生在学习数学的过程中，所经历的观察、实验、猜测、验证、推理和交流等数学活动将有助于培养学生动手实践、自主探究、合作交流的能力。在解决问题的同时，学生的理性思维能力、创新实践能力、问题解决能力也将不断锤炼、提升。例如：利用统计知识解决鱼塘鱼苗、农场树木成活率的估算；利用函数解决超市购物、节水、节电等各种经济问题；利用相似、解直角三角形解决山的高度、海的深度、坡面角度的测量问题；利用图形的变换进行图案设计、道路施工等工程问题。

作为教师，我们带给学生的教育应该是在学生离开校园后，忘却所有在校习得的知识后所留下的东西，也就是与学生生死相随的健康的身心、丰富的情感、坚强的心志、美好的品质……即学生在其摒弃文化基础后，能自主发展、进行社会参与的核心素养，这些具有生命温度和张力的核心素养软实力，才是学生一生取之不尽的宝藏，是社会不断进步发展的不竭动力。

参考文献

［1］张华：《论核心素养的内涵》，《全球教育展望》2016年第4期。

［2］《核心素养如何转化为学生素质》，《光明日报》2015年12月8日。

让"纠错"成为学生进步的阶梯

——基于初中数学教学的探讨

天津市咸水沽第四中学　刘志华

【摘要】 教学中，错误（主要指违反教学结论或数学方法的现象）既可能出现在教师的教这一过程中，也可能出现在学生的学这一环节。正视"错误"，并将其视为一种教学资源，往往能有效地帮助学生获得更大的进步。在纠错教学中，教师要善于总结错因，通过挖掘错误资源、制造有价值的错误、引导学生总结错误、捕捉错误中的亮点，让"错误"成为学生进步的阶梯。

【关键词】 数学教学；纠错；纠错教学

课堂中，每天都有学生出现这样那样的错误，因此引导学生纠错便成为教师义不容辞的责任。然而，如何通过"纠错"帮助学生有效解决自己在知识掌握、方法运用上的问题，却是目前教学实践较普遍存在的弱点。以下本人将以数学教学为例，对"纠错教学"及其实施策略进行探讨。

一　纠错教学的内涵

在教学活动中，错误（主要指违反教学结论或数学方法的现象）往往既可能出现在教师的教这一过程中，也可能出现在学生的学这一环节。是否正视错误，如何通过纠错帮助学生获得更大的进步，这是纠错教学必须积极回应的问题。

所谓纠错教学是根据学生答题情况，充分利用学生答题中生成的错误资源，对学生的错误进行归因分析，对学生创新解法进行提炼，对解题规律进行梳理，以达到纠正错误、拓宽思路、总结规律的目的。好的纠错教学是师生共同探讨解题方法、寻找规律、提高解题能力的有效途径。它往往能帮助学生将已学的知识进行矫正巩固、完善拓展、总结深化。

不论是教师还是学生，均应将纠错视为一种对知识进行再整理、再综合、再运用的过程。进而，应将纠错教学置于与知识教学同等重要的位置。

二 当前纠错教学存在的问题

平时的教学活动中，学生很少有机会积极参与或独立地解决他们在错误中真正面临的问题。他们往往只是被动地将教师写在黑板上的解题过程抄写下来。课堂成了教师的一言堂，气氛一点都不活跃。这样的教学由于忽略了对学生独立思考能力和解决问题能力的培养，往往造成教学低效现象。结合以往的教学实践，笔者将纠错教学存在的问题总结如下：

（一）注重结论呈现，忽视思维过程

在试卷答题、解疑环节中，很多教师往往不太注重试卷批改，而限于"对答案"。这样造成的结果便是淡化了思维的呈现过程，使学生只知其然，而不知其所以然。正是如此，学生不免会出现试卷越做越糊涂的问题。他们没有机会通过自己动手、动脑真正参与到教学活动中来，最终得到的也只是一个答案。整个教学其实收效甚微，而没有任何意义。

（二）注重单向讲授，忽视学生参与

在试卷讲评课中，为加快教学进度，教师们往往会出现以自我为中心的问题，课堂完全变成了教师一人的表演。整个教学过程往往缺乏学生的参与，教师只是将自己的想法和教师自己认为要讲的题向学生一一讲解。最后出现的问题便是：教师重复讲授同类题，而学生却总是不

会做。

（三）注重教学经验，忽视课前准备

实践中，教师有时会出现教学准备不足的问题。比如：在发放错题和讲评错题之间未留足够的时间供学生自主学习；在未对学生答题情况以及暴露出来的不足等进行仔细分析的情况下，就凭借以往经验讲授此题……这种就题论题、缺乏针对性的分析和技术指导的做法，往往导致教师讲的思路背离于学生读题后形成的思路。如此，学生即使认真听了课也不会有什么实质性收获，更不可能形成系统的知识体系和思维方法。由于缺乏教师的具体指导，学生甚至也找不到自己的缺陷。即使他们想向老师请教，也不知怎么问，甚至不知问什么。

三　纠错教学的实施策略

近几年，笔者一直致力于纠错教学的探索，以求让学生纠错有效，事半功倍。并形成了以下经验：

（一）归纳错因，心中有数

在教学中常见的错误通常表现为：学生不理解题意、审题不全面、忽视隐含条件、看错题、概念不清、用错定理、记错法则与公式、偷换概念、解题方法不当、思路受阻、思维定式、考试中慌乱急躁、粗心大意、紧张焦虑等。对于这些错误，教师不仅要知其然还要知其所以然。只有这样，才能帮助学生找到出错根源，治标又治本。这就需要教师引导学生探究错因。当然，前提是帮助学生树立纠错追因意识。

（二）挖掘错误，对症下药

1. 挖掘课堂上的错误资源

如华罗庚先生所言，"天下只有哑巴没有说过错话，天下只有白痴没有想错过问题，天下没有数学家没算错过题的"。因此，对于学生出现的错误，我们不仅要持宽容态度，还要善于把握、挖掘这些错误资源，让学生在找错、析错、改错中体验成功，提高能力。

在新授课后，针对容易出现错误的基础性习题进行训练时，我经常会叫几个学困生写板书（板书很容易暴露多种错误），然后请几位中等水平的学生到黑板前用不同颜色的笔找错、改错，并针对典型错因（如：括号前是负号，去括号时没有变号等）请原来出错的同学进行分析，然后请优等生进行评价。在整个过程中，注意给学生以肯定和鼓励。不同层次的学生在这样的纠错过程中，有着适合自己的纠错任务，可以让错误发挥最大的功效。

2. 挖掘作业中的错误资源

作业是检验学生学习效果的重要途径，而作业中出现的错误更能体现学生学习的盲区。教师可以把作业中的错误转化为有价值的教学资源，通过抓好学生家庭作业纠错这一环节，引导学生形成正确的思考方法，进一步提高教学质量。

在批改作业时，对于共性的急待解决的错误，我除了反思自己在课堂上的教学是否有漏洞外，还会通过换位思考来模拟学生当时解答该问题的各种思维过程，分析学生出错的原因。上课时，我会先让学生把错误的解法抄录在黑板上，而后让出错的同学在讲台上讲解思路，请其他学生或是这个学生本人分析错因。我在旁边作必要的指导和补充，并针对这种错误进行必要的变式训练。对于学困生或是自主性不强的学生，我有时会先对他们的作业进行面批面改。随后，我会给他们传授批改方法（尤其对易错点的识别），让他们对其余的作业进行批改，并做简单的总结：哪题出错率高？为什么出错。如果时间允许，我还会让其他学生找这几个学困生进行回批。这样，既能强化知识、避免再错，又能增进师生关系。

（三）故意出错，防患未然

学生的错误有时是可遇不可求的，如果能创造一些"有价值的错误"，引导学生自己找错、改错，逐步形成主动纠错的意识和习惯，那么对学生的发展将会十分有益。

一次围绕"一元一次方程解法"的课堂上，在巩固训练环节，学生频频出错。这时，我灵机一动，在黑板上编了这样一道题：

有个"小马虎"，下面是他做的题目，我们看看对不对？

(1) 方程 $\frac{x}{2} - \frac{x-1}{4} = 0$ 去分母，得 $2x - x + 1 = 4$

(2) 方程 $1 + \frac{x-1}{3} = \frac{x}{6}$ 去分母，得 $1 + 2x - 2 = x$

(3) 方程 $\frac{x}{2} - \frac{x-1}{6} = \frac{1}{3}$ 去分母，得 $3x - x - 1 = 2$

(4) 方程 $\frac{1}{2} - \frac{x}{3} = x + 1$ 去分母，得 $3 - 2x = 6x + 1$

此时课堂气氛活跃起来，孩子们在我设的"陷阱"里大胆地否定、批判和辨析，教学难点便很快得到了突破。这样的有意"出错"有效地调节了教学气氛，让平淡无奇的课堂变得更具诱惑力。

（四）将错就错，变废为宝

教学应最大限度地满足每一个学生的需要，开启每一个学生的智慧潜能。针对学生的错误进行"将错就错"的训练即能较好地实现这一点。通过引导学生从正、反角度修改错误，不仅能使不同层次的学生发现错误、提高学习的积极性，也可以扬长补短、拓宽思路，训练学生思维的灵活性和创造性。

在学完函数图像后，我给出了这样一道题：李明骑车上学，一开始以某一速度行驶，途中车子发生故障，只好停车修理，车修好后，因怕耽误时间，于是就加快了车速，在下列给出的四个函数示意图象中，符合以上情况的是（　　）

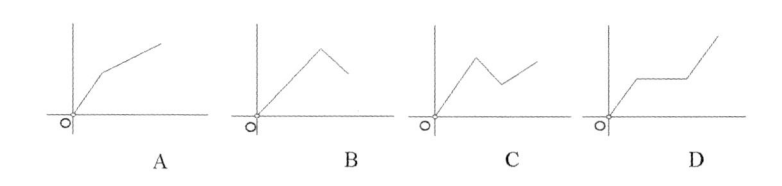

A　　B　　C　　D

学生很快选出 D 是正确的。这时，我"将错就错"，因势利导：如果是其他错的选项，你能改变原题中的条件，改编故事吗？学生的思维就此而打开。这种艺术化的处理方法正是教师转换角度、悦纳课堂"错误"的魅力所在。

（五）纠错行动，贵在自主

数学纠错课是数学评讲课的一种课型。它通常是在学生检测后，教师针对学生普遍存在的问题进行的教学设计与实践。这类课应以学生为主体，教师为主导。

在一次测试之后，我进行了一次以学生自主纠错为主的试卷讲评课。这次课堂的第一个环节是学生自己纠错和互相纠错。我要求学生在十五分钟内，自己回忆当时做错题的过程，并相互讲评优劣，取长补短。之后，学生们有的把试题盖上，模拟考试的样子，再做一遍："哦，原来我没好好观察图像！"；有的捶胸顿足、连连懊悔："条件和结论调换了，我怎么当时转不过弯来？"；有的几个同学互相辩论，以证明自己的方法最好……

第二个环节是师生共同纠错。我提出一个问题：某题和某题难度适中，而得分率却并不高，原因在哪里呢？同学们浏览试卷、冥思苦想，教室里一片沉静。我知道最佳时机已到，便亮出"撒手锏"：出错的学生试卷被我扫描投射在大屏幕上。学生们又惊又喜又怕，每翻一张幻灯片，大家会猜它是谁的？问题出在哪里？全班同学一起当老师来点评此题，找原因……学生的注意力和参与意识明显提高。

（六）梳理错题，反思提升

学生在学习中出现的典型错误会反复出现。为了尽量避免重蹈覆辙，我要求学生设立错题集，将错题一网打尽。首先，我要求学生将产生错误的主要原因（如用错定理、记错法则与公式、偷换概念等）抄录在错题本的首页，并做到了然于胸。然后有意识地指导学生规范纠错格式：课题、日期、题目、错解、错因、正解、反思。

题后反思往往能提高学生的解题能力。反思的内容通常涉及解法是否合理、是否最优、有无规律可循，等等。这一环节的尝试，开始会很难推进，学生大多会嫌麻烦，但经过不断的强化，学生便能意识到，题后反思才是作业的延续与升华。

总之，"错误"是学生思维的真实反映，其中蕴涵着宝贵的教学资源。教师应正确对待这些错误，将其巧妙运用于教学中，让学生通过纠错悟出一些诀窍，进而以此获得更大的进步。

参考文献

[1] 郑毓信：《国际视角下的小学数学教育》，人民教育出版社 2004 年版。

[2] 叶澜：《重建课堂教学过程观》，《教育研究》2002 年第 10 期。

[3] 成尚荣：《教室，一个应允许出错的地方》，《江苏教育研究》2002 年第 12 期。

[4] 郭思乐：《教育走向生本》，人民教育出版社 2005 年版。

语文教学如何培育"思维发展与提升"学科核心素养

天津市中小学教育教学研究室　龙祖胜

【摘要】 文章结合具体课例总结了语文学科提升思维能力的主要途径：要在语言建构与运用中、在语文阅读教学中、在作文教学中提升学生的思维能力；分析了语文学科提升思维能力的基本策略：精心设计具有思维含金量的问题，有效实施问题导学；以学生学习为中心创设具有语文学习价值的语文学习活动，精心实施活动化教学。最后强调语文学科思维能力的培养一定要与语言建构和运用有机结合，切忌将思维方法与策略作为孤零零的知识进行灌输式教学。

【关键词】 语文；学科核心素养；思维发展与提升；途径；策略

尽管思维能力培养的重要性已得到基础教育广大教师的普遍认同，但现实中我们的教育教学往往让孩子们深陷题海之中的状况并未得到根本改变。基于此，笔者从课例出发，就语文课堂教学如何培育"思维发展与提升"学科核心素养加以肤浅分析，以抛砖引玉，就教于大方之家。

一　语文学科思维能力培养的主要途径

2017年版普通高中语文课程标准凝练并提出了语文学科的学科核心素养，强调"思维发展与提升是指学生在语文学习过程中，通过语言运用，获得的直觉思维、形象思维、逻辑思维和创造思维能力的发展，促进深刻性、敏捷性、灵活性、批判性和独创性等思维品质的提升"。我们认为，语文学科教学应该充分借助以下途径来达成这一学科核心素养的培养。

（一）在语言建构与运用中培养学生的思维能力

语言建构与运用是语文独特的课程素养，也是其他语文素养达成的基础。在语文教学中，要引导学生注重理解、积累典型的、常见的语言表达方式，在语言的梳理、积累与整合过程中培养学生的思维能力。比如，在教学鲁迅的《从百草园到三味书屋》时，就应该让学生积累、梳理并仿用其中的一些典型句式。

> "不必说碧绿的菜畦，光滑的石井栏，高大的皂荚树，紫红的桑葚；也不必说鸣蝉在树叶里长吟，肥胖的黄蜂伏在菜花上，轻捷的叫天子（云雀）忽然从草间直窜向云霄里去了。单是周围的短短的泥墙根一带，就有无限趣味。油蛉在这里低唱，蟋蟀们在这里弹琴。"

这一段中，"不必说……也不必说……单是……就……"是值得学生梳理、积累与仿写的一个经典句式，一方面能提升学生的语言运用能力，同时在引导学生理解这样的句式中句与句之间的逻辑关系，进而基于语言建构与运用训练学生的思维能力尤其是逻辑思维能力。教师在教学中如经常引导学生关注句型积累、语段模型积累和文章模型积累并给予及时的指导，学生就易于在语言的积累建构中将课文语言内化为自己的语言，并在语句间逻辑关系的分析中提升自己的思维能力。

（二）在阅读教学中提升学生的思维能力

阅读教学是教师、文本、学生、编者之间的多重对话。教师应该充分利用文本的丰富内涵及多重对话的契机在提升学生阅读能力的同时，努力提升学生的思维能力。比如，余映潮老师执教普希金的《假如生活欺骗了你》一课，整个课堂教学由诗歌学习的《序曲》、品读《假如生活欺骗了你》、品读《假如你欺骗了生活》、以"假如生活重新开头"为题自由写作并品读邵燕祥的《假如生活重新开头》四个板块来设计整个教学活动。整节课，余映潮老师采用"联读"方式，从普希金的《假如生活欺骗了你》这一名作生发开去，精心选取了从内容上与之具有高度思维关联，且具有相同题材的、相同写法的两首课外诗歌和教师的下水诗歌，让学生进行各有侧重的联读，这样可以让学生在反复品读与读写结合中体会到各篇联读文章的语言表达、情感流露、手法运用、思维方法等方面的独到之处，弥补课中短篇教学容量的不足，进而更好地品味作品的主旨意味。同时，还让学生学会了综合比较的阅读与思维方法，并借助文本有效训练了逆向思维、发散思维、联想想象等思维方法，引导学生感受事物或思想的联系与发展。更为人称道的是，在这样的作品联读活动中，通过作品本身对学生进行了价值引领，潜移默化地引导学生不能只是责怪生活欺骗自己，更要悔过自新，砥砺前行。由此可知，本节课无论从教学设计还是教学实施的角度都紧紧围绕语言建构与运用、思维发展与提升，审美鉴赏与创造等语文学科核心素养的培育而进行。

（三）在作文教学中提升学生的思维能力

就写作而言，现实的很多情况也反映，学生下笔无语甚至害怕写作，常常是因为不会思维。叶圣陶先生在《作文论》中曾指出，"作文教学必须重视学生生活的源头，在实际生活里训练思想，培养情感"。所以，教师的责任应该是，一要给学生提供具有思维含金量、易于激发学生思维的话题或命题，给学生留足开放、多元和个性化的思辨空间。二要指导学生学会多角度地观察生活，对自然、社会和人生有自己的感受和思考。要善于将一个话题"化一为万"，进行发散思维。三要对事物进行纵深分析，而不能停留在就事论事的层面。最后要在"化一为万"的基础上，学会"万中选一"，选取最佳立论的角度。因此，作文教学中，要把学生思维能力与品质的提升放在重要的位置上。比如，在作文教学中可以引入这样的生活事件，并触发学生多角度思考后即兴写作。

生活事件：2018年5月14日，川航3U8633飞往拉萨的航班飞机失控。机长刘传健与副驾驶员在瞬间失压和零下四十度的条件下，沉着应对，最终化解险情。媒体纷纷称赞。但很少有人注意到，机长刘传健采访中的两句话：我已经飞了几十年了，无数次飞过这条航线，谁知道下一刻会发生什么，所以当然会提前做了最坏的准备和训练。我才没你们说的那么牛，创造了奇迹，我这只是专业。

教师要深度关注并充分利用这些发生在学生身边的生活事件，引导、启发学生从多角度发散思维、逆向思维、辩证思维：（1）一个人在遇到突发事故的时候，尤其需要沉下心来，冷静思考应对办法，越慌乱越容易出错。（2）积极的情绪和态度在逆境中可以有较强的感染力，人需要自己给自己积极的心理暗示和向上的力量。（3）团队协作很重要，一支筷子易折断，十双筷子抱成团。（4）责任重于泰山，强烈的责任心值得敬重！（5）平时的专注与专业成就了川航机长在关键时刻的力挽狂澜。（6）专业能力源于专业精神支撑之下的自我历练。（7）每一个优秀和成功的背后都凝聚着坚持、奋斗和汗水。（8）从乘客角度分析：乘客们的理性与有序，给予机组人员最大的信任对成功迫降也非常重要。（9）在庆贺的同时，对事故的彻底调查也非常必要。（10）各行各业各司其职，每个人都做好自己的分内之事，就能减少很多事故发生的可能性。（11）与专精相对的是，现实中的我们总是在寻找成功的捷径。在进行"化一为万"的发散思维与辩证思维的基础上，要指导学生联系现实或自己熟悉的素材，选择自己思考最深、最有感触、最有话可写的一个角度进行写作。

二　语文学科思维能力培养的基本策略

（一）精心设计具有思维含金量的问题，有效实施问题导学

在落实"思维发展与提升"学科素养的教学中，我们倡导实施"问题导学法"。所谓"问题导学法"是教师在教学活动中把学习设置到与课堂教学高度关联的问题情境中，通过教师引导学生独立思考、主动学习、合作交流、研究解决真实性问题，形成自主学习能力与解决问题能力的一种教学方法和学习方法。这就要求教师通过具有学习价值的主干问题的提出与解决，不断激发学生的求知欲，教学的重心从让学生寻找固定答案转变成探寻知识中的核心"问题"，以培养学生的思维能力。具体

讲，一是要围绕教学的重难点，精心设计具有启发性和探究性问题。二是要适度强化问题的开放性。具有开放性的探究性、讨论性问题，有利于激发学生的创造性思维进而提高学生解决问题的能力。比如，教学《项脊轩志》一文时，可以设计这样的开放性题目：《项脊轩志》原文有一段话："项脊生曰：'蜀清守丹穴，利甲天下，其后秦皇帝筑女怀清台；刘玄德与曹操争天下，诸葛孔明起陇中。方二人之昧于一隅也，世何足以知之，余区区处败屋中，方扬眉、瞬目，谓有奇景。人知之者，其谓与坎井之蛙何异？'"你认为课文删掉这一段好不好？原因何在？这样的开放性问题，在引导学生探究文本内涵的过程中，对学生的思维具有强烈的挑战性，这种挑战性思维让学生经历探究、体验、发现的过程，进而培养学生的高阶思维品质。

（二）以学生学习为中心创设具有语文学习价值的语文学习活动

由于"语文素养是学生在积极的语言实践活动中积累与构建起来，并在真实的语言运用情境中表现出来的语言运用方式及其品质；是学生在语文学习中获得的语言知识与语言能力，思维方法和思维品质，情感、态度与价值观的综合体现。"所以，培育学生的语文学科素养最好的方式也是语文实践活动，这就要求教师应该从语文学习活动观的视角重新审视课堂教学设计的合理性和有效性，整合课程内容，改变教学方式，为学生设计有情境、有意义、有层次、有实效的语文学习活动。指向语文学科核心素养的语文教学在落实"思维发展与提升"学科核心素养时，要以课文为依托，整合语文知识、文化知识、阅读策略和学习策略等学习内容，创设具有综合性、关联性和实践性的语文学习活动——即语文课堂中要努力使学生都能充分地"读"（朗读、默读等，读出感受，读出理解，读出精彩，读出味道、读出疑问）、"品"（品读文章、揣摩与品味语言、品析思想情感）、"思"（积极思维，自己发现值得揣摩的文字和需要思考的问题，发散思维、辩证性地思维、创造性地思维）、"积"（积累必要的语文知识与方法，积淀思想）、"用"（主动运用流畅、简洁的语言进行口头、书面表达），引导学生通过这些语文学习活动，积极参与文本意义及文本形式与表达效果的探究活动，确保学生语言建构与运用、思维品质、审美鉴赏和学习能力的同步提升。

最后，值得强调的是，在语文学科教学过程中，思维能力的培养一定要与语言建构与运用，与语言训练有机结合，切忌将思维方法与策略作为孤零零的知识进行灌输式教学，把重点放在让学生掌握一堆有关思维方法与策略的死知识上，这是在落实"思维发展与提升"学科核心素养方面必须避免的问题。

参考文献

［1］《普通高中语文课程标准（2017年版)》，人民教育出版社2018年版。

［2］叶圣陶：《叶圣陶教育文集》(3)，人民教育出版社1994年版。

［3］龙祖胜：《阅读教学"流行病"分析及诊治》，《中学语文教学参考》2011年第10期。

在体育与健康课中对学生合作能力培养的实践与思考

天津市武清区杨村第三中学　陆文娟

【摘要】 随着《中国学生发展核心素养》研究成果的发布，引起了教育界新的思考与讨论，现在教育无处不谈核心素养，那么在教学中到底该如何有效的将核心素养融入每一节课中，我们作为教育工作者存在着好多困惑。作为核心素养中核心之一的合作能力，它的培养是至关重要的。合作能力是指一个人在其工作、事业、生活中所需要的协调、协作能力。其最主要的特点是指向工作和事业，这正是目前许多单位、组织十分重视员工合作能力的原因。本文主要通过从合作能力培养的前提、意义、具体方法和思考等方面对体育与健康课中如何培养学生的合作能力进行了阐述。

【关键词】 体育与健康课；学生；合作能力

十八大和十八届三中全会提出的关于立德树人的要求落到实处，2014年教育部研制印发《关于全面深化课程改革落实立德树人根本任务的意见》，提出"教育部将组织研究提出在各学段学生发展核心素养能力，明确学生应具备的适应终身发展和社会发展需要的必备品格和关键能力"。学生发展核心素养，主要指学生应具备的，能够适应终身发展和社会发展需要的必备品格和关键能力。在当前社会发展的趋势下，如何让学生发展核心素养是一个亟须解决的问题，也是适应世界教育改革发展趋势、提升我国教育国际竞争力的迫切需要。作为核心素养中核心之一的合作能力的培养是发展核心素养至关重要的部分。作为体育教师，寻找出在课上如何让学生学会合作，是我们目前需要实践和思考的问题。

一 培养学生合作能力的前提

由于目前受独生子女的影响，孩子与孩子之间的交流习惯了以自我为中心，这样的孩子一般不容易发现别的同学的优点，更不愿意听取别人的意见，所以在一些必须要合作的过程中，会出现为了合作而合作，同伴间缺少交流和协作的能力，并不能真正起到相互帮助，相互配合的作用。从而影响了孩子们的健康成长，造成了中学生团队精神和合作意识比较薄弱。那么我们所培养的学生是否具备了迎接新世界的挑战，是否懂得合作在未来发展中的重要是值得我们每个人深思的。在新时代下，师生的生命有限，教与学的时间有限，我们的教育的确需要突出合作能力的培养。

二 培养学生合作能力的意义

在教学中让学生形成合作精神是民主精神、团队精神和力量的表现，是一个人能否成功的必要条件。教师在课堂上强调学生合作能力的培养，有利于增强学生的灵活思维和语言表达，并能让学生在学习的过程中感受到求知欲、表现欲和成功欲，使学生自觉参与到学习、锻炼中。

在未来的社会中，竞争日益激烈，很多方面的成绩都是要靠团队的力量才能获得，如果学生能在学校生活中学会良好的合作能力，将有利于在未来社会的发展和定位。如果想在未来社会中轻松的生存，个体与个体之间就要学会团结协作，让每一个学生都学会怎样和身边的人相处，学会怎样在团队中发挥力量。

三 学生合作能力在体育与健康课中的培养

在我们的体育课上，合作、交流是一直存在的形式和内容。基于体育与健康课是通过身体练习的特殊性，给学生在学习动作技能的过程中创造了无限的合作机会。作为体育教师要在不同教材中选择适当的合作方法，从而让孩子们体验到不同的合作过程。

（一）锻炼态度的培养

在过去的教学中，我们体育教师一般都是让学生通过观看讲解示范，然后自己模仿练习来学习动作技术，没有想过在学习中让学生养成良好的锻炼态度、兴趣和习惯，有的老师可能都不去想这些。而实际上，如果学生不形成好的锻炼态度，甚至对锻炼没有兴趣，学生又怎么会去掌握体育的基本知识、技术和技能，那就更不会去想是否能实现身体素质的提高。体育教学在室外活动，范围较广，所以必须有一个良好的组织规范，队列队形练习可培养孩子们如何适应集体活动，通过让孩子们在统一口令下协同完成动作，来培养孩子在集体活动中的凝聚力，有凝聚力的团体才有生命力，在做此项练习时，教师应对每个学生的共同目标进行确认和激励，引导学生积极的评价自己和他人，让学生学会欣赏他人的优点，让每一个同学都能为了共同的目标努力，以增强学生间合作的相互理解和友谊，逐步形成与人相处的技能。

（二）友伴帮助

个体项目练习时的友伴帮助有利于学生间相互探讨、相互学习，在教学过程中教师要适时的运用友伴结组，比如在健美操教学过程中，由于身体条件的差异导致对动作技能掌握的情况不一，这时会让一些性格内向，动作不规范的同学失去学习的兴趣。教师如果在出现这样的情况下要求学生当面展示，该同学可能会因此觉得没有面子，以后会再也不喜欢上体育课了。此时教师应采用友伴结组，友伴间的相互帮助会让同学尽快地掌握动作，避免在全体同学面前出现丢脸的现象，这样既可以让友伴间的动作技能较优秀的同学学会帮助别人，也可以帮助体能较差的同学学会欣赏别人的优点，并学会虚心接受别人意见的能力。

（三）器械教材练习

在器械教材练习时，教师要积极主动地采取保护帮助的措施，一开始很多学生对自己小组的同学往往不知道该如何交流，教师应先引导学生学会沟通，例如运用合适的语言"希望我们合作愉快"、表示友好的微笑等，来帮助学生确立彼此之间的信任。这些简单的语言和动作是让小组间相互熟悉、相互信任的开始，这就要求教师要给予及时的引导，从而让学生轻松地体会到合作带来的快乐。

（四）集体项目

体育教学中的集体项目更是很好的培养孩子们之间团结协作的机会，如篮球、足球、排球等集体项目。教师可以通过这样的项目，让学生在参与的过程中体会到合作的重要。在球类的各种配合中，教师要引导学生为每一个完美的配合喝彩，面对队友的失利要学会鼓励，如果学生因为输球出现不开心，教师在此时要让学生明白只有大家相互配合才有可能取胜。

（五）教学方式的多样性

在体育教学中，多数的体育活动都是以集体形式展现，每个人都会和其他人存在着相互沟通的时候，这就要求学生个人所努力实现利益要对自身存在价值同时也要能服务于自己存在的集体。学生在每次活动中都能一起研究计划方案，方案的制定要有利于每个个体优势的发挥，最后达到更好的结果。竞赛、评比、奖励等方法是经常会出现在体育课中的，这些方法可以让学生在参与活动过程中发现责任感、义务感和集体荣誉感，让学生学会协调好个人和集体的关系。体育教师更应该在课上多为学生创设各种合作的机会，让孩子们在玩的过程中慢慢学会配合，使学生在不知不觉中发现合作的作用，让学生了解有些目标就算自己再强大也很难实现，只有得到同伴的帮助和支持才能顺利完成。如在健美操队形的创编、小型游戏的创编、徒手操动作的创编等的体育活动中，作为教师可以及时的引导学生，发挥每个人的特长，这时学生以组为单位进行探讨，各抒己见，每个人都充分发挥自己的才能，提出建设性的意见，但当小组间需要确定最终方案时，就会出现不同的声音，这时教师就要及时的给予引导，取每个人的长处，并教会同学如何将每个人的闪光点进行融合。使学生明白合作在生活中的重要性，促进学生更好的学习。

四 合作能力培养的思考与建议

教师在课堂上要留给学生合理的空间和时间，学生才能在实践中真切地体验到合作的魅力，而不是只做表面功夫。有一些时候教师为了注重课堂组织形式，没有给学生留出合作的机会。在今后的教学过程中，教师在设计教学内容和过程时要考虑学生和教学内容的实际特征。

教师要随时指导学生在合作能力的培养过程中注重总结，将与不同伙伴合作过程中的成功与不足都要进行记录，并在今后的实践过程中有所运用和改进。

总之，在未来社会中很需要既强大又能与人协作的个体，体育与健康学科作为学校教育的重要组成部分之一，体育活动的特点又是大部分课程是在活动的过程中完成的。这样就有更多的交流和合作的机会，同时也要求体育教师要跟上时代发展的脚步，为社会培养既有运动技能又有合作精神的优秀人才，这也是我们体育教师的育人宗旨。

基于核心素养的美术教学思考

天津市河北区教师进修学校　　吕金亮

【摘要】《关于全面深化课程改革落实立德树人根本任务的意见》中提出了"核心素养"的理念。各个学科都在探索学科的核心素养，美术学科以图像识读、美术表现、审美态度、创新能力、文化理解的五大核心素养，多角度培养学生的各项素质与能力。在"双基"和"三维目标"时代，我们没有把知识与技能转化为学生的素养，教学中存在"为知识而知识、为技能而技能"的行为惯性。在核心素养时代，美术教师需要充分调动学生主动学习的积极性和参与性，发挥学生的潜能，让学生在轻松、愉悦的教学情境中认识、感受、体验、欣赏、创造美术作品，发挥美育的育人功能。

【关键词】核心素养；多维；情境；教法

所谓"发展学生的核心素养"，就是更加注重学生的能力培养，使其能够获得适应社会发展和塑造人生优良品格的关键能力，是注重培养学生多维度、多方面的综合能力，是每一名学生获得适应社会发展，学习、工作、生活都需要的不可或缺的共同素养，核心素养的发展注重持续性，在生活和学习的过程中培养学生在今后的一生中不断完善的能力。随着这一概念的提出，各个学科也都在探索本学科的核心素养，美术学科以图像识读和美术表现为基础形成了五大核心素养，这五大核心素养通过视觉形象和美术表现，来润泽学生的审美态度、创新能力、文化理解等各项素质，同时也将核心素养作为重要的学科育人目标。

一　多维教法润泽美术素养

我们的美术课堂教学离不开"学生的学"和"老师的教"。一些教师上课时，只是简单地使用教材上的图片知识内容制作PPT，围绕着单一的美术作品图片，教师设计了关于作者、时代、历史影响等提问，牵制着学生的思维和注意力，被提问的学生也只是照着书本干巴巴地念上两句而已。这样的教学方式，很难调动提问学生的积极性，更不要谈产生学习兴趣。基于学科核心素养的美术教学就是要在现实情境中去引导学生发现问题，明确任务，以自主、合作、研究等方式获取知识技能，将知识技能加以运用来解决问题、完成任务，这是一个基本的教学路径。其中的关键点有两个：一是问题情境，二是知识与技能。而问题情境是指包含问题的生活情境，其旨在激发学生有目的地选择和获取知识与技能。而一个好的情境设计应该满足三个条件：有问题、选择合适的场景、运用知识与技能。

以"装点我的居室"一课为例，教学设计让学生把学习、生活中常见的物品变成美术创作装点生活、扮靓生活的素材，如废弃的笔芯，一次性塑料勺，用过的文件袋等，将材料进行有规律的粘贴，制成装饰品，既环保又可以装点生活。学生觉得很新奇，他们开始发现，原来生活中的美随处可见，随手可得。真正做到教材知识的拓展和延伸，学生感受到了美术对生活的重要性，激发学生学习欲、求知欲的同时也为学生的学习增加了趣味。正是利用设计情境激发了学生求知欲，他们喜欢展现独特的个性，喜欢标新立异，所以只有贴近学生生活的，和他们的兴趣点结合最完美的美术课，才会吸引他们以自主、合作、探究的方式去获取知识与技能，并加以运用来解决问题、完成任务。从学生角度出发，以学生的心理特点和生活实际创设情境，就会发现和挖掘出更多更好的学生感兴趣的内容，让学生更便于用美术的形式表达生活的美好。

在运用教材方面，同样是面对教材中的美术作品，有经验的教师会统筹安排，活用教材中的美术作品，找到教材中这一课出现的美术作品的相同点和不同之处，在PPT课件中将两件或三件美术作品进行展示，再围绕作品中的相同与不同设置问题，这样的提问教学步骤比之前所提到的简单的询问美术作品的作者、时代、历史影响等问题，更能调动学生的参与性，使学生能够认真地观察艺术作品，并且产生思考。这样的教法，有效地培养了学生的图像识读素养，通过两幅甚至多幅美术作品的比较，教师可以很顺畅地引导学生从美术作品的造型、色彩、材质、肌理和空间等方面进行比较。有条件的学校，学生可以利用网络和平板电脑，快速地搜索作品的相关信息，分组进行讨论思考，从而能够更好地识别与解读艺术作品的内涵和意义。

让学生"群策群力"也是一个具体的教学策略，"群策群力"可以帮助学生进行自我表达，体现学生在课堂教学中的主体角色和意识。从这个意义上来说，教师要积极搭建教学平台，给学生参与的机会，要让学生有充分的时间和机会展示。其间，学生在学习过程中产生问题可以推动课程的发展，进而培养学生的美术能力、强化学生的美术习惯、丰富学生的美术经验，使他们形成美术素养。在设计模块的教学中，教师可以展示两件不同的物品，引导学生从物品 A 联想到物品 B。教师通过启发学生进行物品功能性的整合、造型的借鉴等方法，锻炼学生的发散思维和形象思维，并通过绘制草图、制作模型等进行呈现。作品呈现后，进行互动交流，通过学生之间的交流，发现问题，提出改进方案，对作品进行优化。这样的教学实践有效地锻炼了学生的创意实践素养，从而使学生对生活中的物品从造型到功能有了分析和探究的能力，这正是课程改革所倡导的自主探究。运用这节课所学的知识与技能解决问题，学生反复这样做，有了量的积累，慢慢地就会有质的飞跃。

二 多元整合感悟美术魅力

纵观历史，那些在美术领域有较高造诣的人，在综合文化修养上，如：诗、书、音乐的方面也是有所建树的。最近，一档电视节目《中国诗词大会》很受欢迎，节目中有这样一个环节，选手根据在创作中的沙画作品抢猜古诗词，这一环节引发了我的思考，诗词的美是通过其结构、美丽的修辞，产生画面感，将人们带入美的意境之中。而这一过程，很好地调动了学生的想象力。我们在日常的美术教学之中，也可以运用这一手段，先用优美的诗词创造情境，使学生产生联想，从而达到我们的教学目的。我区的美术教师运用这一方法进行着大胆的尝试，在绘画课程上，教师先选取一些优秀的诗词导入，激发学生的想象力，再通过美术的多种表现形式，各种媒材、技术技法来创造视觉形象。一些教师在美术课中也引入沙画这一表现形式，在声、光、电的配合下把一把一把流动的沙子经过有意识的造型通过特殊的技术反映到视频大屏幕上展示给学生，学生们一下子被调动起来，无论是随意的，还是有主题的；学生看到的不仅仅是沙画作品，还有美术教师整个的创作过程，创作的过程是蕴含艺术素养的思维活动，通过演示、观察、构思、表现等环节，学生在不知不觉中感受了美术的魅力。

在教学中使用多媒体教学手段可以实现将虚拟的想象变为现实，使枯燥的课堂变成活生生的生活场景，使抽象的知识变得生动有趣，更加直观地反映生活美，这是仅靠一本课本满足不了的。会动的图画，虚拟的声音等最大程度地刺激着同学们的视觉、听觉，全方位地呈现在学生面前。以往的欣赏课空洞抽象，多媒体实现了数字化图像，画面精美，在帮助他们深入理解作品精神内涵的同时激发学生对美好事物的探究。美术综合探索课程的设置本身就来自生活，但是许多学校因条件限制无法实现校外实地考察，教材中的内容又极其有限，但通过影像的播放，就把真实的画面呈现在学生眼前。《中国民俗文化展》就属于这种类型的课。中国民俗的种类很多，涉及方方面面，只有让学生充分了解我们的民族文化，热爱我们的国家，才能从中体会出劳动人民创造的民俗文化的美在哪？通过将一年中从春节、元宵、清明节、重阳节、中秋节等这些具有中国特色的传统节日，以及相应的庙会，赛龙舟，舞狮，划旱船等民俗活动，以及特色小吃，串在一起编辑，制作成小型纪录片，放给学生看，并加以解说，学生犹如身临其境，感受了一年中的重要传统节日。让民俗活生生地走出课堂，走进他们的生活。

在美术研讨课中，我常鼓励教师引入融合其他艺术门类服务于我们的美术教学，有人说"美术是凝固的音乐，音乐是流动的图画"。音乐是通过声音的高低和质感产生韵律，给人以美的感受。我们在美术教学中可以借鉴两者艺术形式的相通性，调动学生的情感，使其更容易感受获得美的感悟，提升教学有效性。在理解一些西方抽象绘画作品或书法中草书作品和绘画长卷时，在美术教学中常常作为难点，教师可以选取符合作品理解的音乐加以引导欣赏，会收到事半功倍的效果。在欣赏黄公望的《富春山居图》时，我们可以加入贝多芬的交响乐，教师带领学生体会音乐，开始的重音后恢复一段平静，又是一段高潮的音符，又趋于平静，这与画面的节奏相得益彰，给学生带来不一样的审美感觉。在欣赏草书作品时，导入一段李斌权的音乐书法的视频，作者根据音乐的节奏流畅的书写，使学生很直观地感受到了草书的韵律感。

三 核心素养促进美术教研

核心素养强调学生能够积极主动，而且能运用适当的方法获得知识和技能。从人的成长发展与适应未来社会的角度出发，美术教育领域的教学和学习，根本任务是立德树人，促进学生全面而有个性地发展，帮助学生适应社会生活的美术课程，要注重引导学生通过感知、体验、思考、探究、创造和评价等具有美术学科特点的学习活动，发挥美术学科独特的育人功能，培养学生图像识读、美术表现、审美判断、创想实践和文化理解等美术学科核心素养，进而提高学生的整体素养。

美术的核心素养：图像识读、美术表现、审美态度、创新能力和文化理解。这五大核心素养体现了美术感知、理解、创造的基本活动方式，同时美术核心素养也体现了美术教学从"知识立意"到"素养立意"的转变，美术教学不单单要在专业的知识技能上下功夫，更多的是从"学以致用"的角度来进行美术实践，培养学生的学习能力、实践能力。作为一名美术教研员，面对教育课程改革的时代要求，在工作中要树立先行意识。在美术教学上悉心研究，总结和创新教学招法，指导、服务教师在教学工作中上好美术课程，充分调动学生主动学习的积极性和参与性，发挥学生的潜能，让学生在轻松、愉悦的教学情境中去认识、感受、体验、欣赏、创造美术作品，发挥美育的育人功能。围绕立德树人的根本要求，遵循教育的发展规律，不断学习领悟先进的教育思想与教育理念，为提升教育教学质量，为中华优秀传统文化的传承与发展付出自己的努力。

撕纸画校本课程开发过程与实践

天津市梅江中学　吕金云

【摘要】 撕纸画是集绘画、设计、制作为一体的艺术活动。学生们通过学习自由思考自由创作,在寓教于乐的过程中获得成功的体验,进而培养学生的核心素养。本文旨在结合美术课程标准探索教师如何结合自己的专业特长和学校实际情况,开发撕纸画校本课程的过程以及实践。主要从撕纸画校本课程的开发背景、开发过程和实践几方面进行阐述。通过该课程的开发与实践我们发现,撕纸画校本课程(1)促进教师专业发展水平提高;(2)促进学生潜能多样化发展;(3)促进学校特色的形成;(4)有利于剪纸艺术的保护与传承。

【关键词】 撕纸画;校本课程;文化传承

一　撕纸画校本课程的开发背景

《全日制义务教育美术课程标准(实验稿)》明确提出美术教育要"引导学生参与文化的传承与交流,培养学生对祖国优秀美术传统的热爱"。撕纸画俗称手撕画,撕纸与剪纸、刻纸一样,都属于民间剪纸的范畴,三者是同源分流一脉相承的姊妹艺术。手撕画是集绘画、设计、制作为一体的艺术活动。学生们通过学习,自由思考自由创作,在寓教于乐的过程中获得成功的体验,进而培养学生的核心素养。

2013年梅江中学要争创高中艺术特色校,领导要求艺术老师建立自己的工作室、开设校本课程。在这样的背景下，结合自身特长、学校的需要，在剪纸的基础上，以手撕画为突破口，进行教学探索和研究。

二　撕纸画校本课程开发过程

成立兴趣小组，进行教学尝试，开始校本课程开发的探索。

（一）营造氛围

将临摹、创作的手撕画作品装饰在美术教室、走廊。制作一块展牌介绍撕纸画的相关知识。

（二）讲解手撕画基本知识

首先现场为学生制作一幅手撕画作品，激发学生好奇心。接下来通过欣赏优秀作品，向学生介绍手撕画艺术风格。引导学生感受不同纸的性能、练习撕纸的基本手势、动作，尝试撕制不同的纹样。

1. 感受纸的性能

向学生展示不同的纸张，让学生撕不同的纸，感受纸的性能和力度。

2. 掌握撕纸的基本手势与动作

撕纸需要十根手指之间的密切配合。撕纸时人要坐端正，手肘尽量不要靠在桌子上，手腕和纸要悬空。拿起纸张后，左手的拇指和食指夹紧要撕的部位，中指自然靠拢食指，起到固定纸的作用。右手拇指、食指同样持纸，捏住要撕的部位，四指相对，指实掌虚。然后利用右手拇指的指尖对准要撕的部位，拇指食指同时由上向下稍用力，左手拇指食指同时由下往上朝相反方向扭曲，撕破纸张，依次循环逐渐向下移动。左右手动作要协调配合，撕一下，移一步，撕时要稳，要有节奏感，不要贪快，急于求成。撕纸的基本动作有撕、挖、扯、抠、摘、镂、裂、剜、折、叠等。

3. 了解撕纸的基本符号与纹样

撕纸艺术基本的符号元素是点、线、面，它们是构图造型的基础。

（三）撕纸的折叠方法

撕纸与折纸有机结合起来，可以撕出各种各样妙趣横生的形象。

撕纸画的基本类型：对边折（见图1）、五边折（见图2）、平行连续折（见图3）和八边折（见图4）。

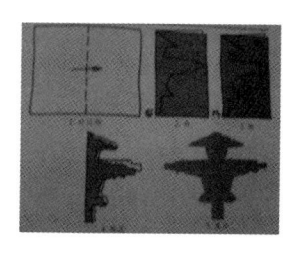

图1　《稻草人》

图2　《雪花》

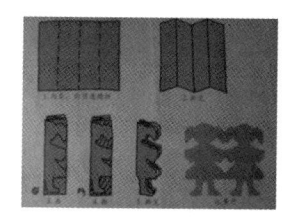

图3　《手拉手》

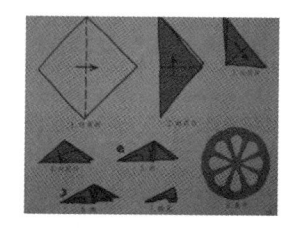

图4　《柠檬》

同学们在了解撕纸画的基本折法以后，尝试进行练习，创作了一些卡通作品（见图5、图6）。

图5　对边折《胖妞》

图6　四边折《耗子》

(四) 临摹

初学撕纸时,可先从模板临摹开始学。将模板放在纸张上面固定,然后用铅笔将轮廓描出,最后按轮廓线撕出即可。

同学们在掌握了撕纸画基本的制作方法以后,根据自己以前学到的色彩知识、比例、构图知识,尝试对大师马蒂斯的作品(图7)进行临摹(见图8)。

图7 马蒂斯《和平鸽》 　　图8 临摹《和平鸽》

(五) 手撕画的制作形式

1. 单色撕纸。也叫纯色撕纸。常用大红纸、蜡光纸、宣纸、彩色复印纸等单色纸来撕作品。"原汁原味"的单色撕纸单纯、清新、简洁和衬底纸相配后,对比强烈,造型突出(见图9)。

2. 彩色撕纸。利用广告、画报、彩页、月历等彩色画页纸张,根据构图和造型需要,通过想象与联想把原有彩色纸的颜色、肌理经构思加工、巧妙融合,以产生自然而有情趣的艺术效果(见图10)。

图9 《少女》 　　图10 《梦境》

3. 拼贴撕纸。它是初学撕纸最常用的制作形式之一。拼贴撕纸追求大写意性的表现手法，让色彩、肌理尽量接近构思的效果，同时注重线条、块面间拼贴的自然衔接和色彩过渡。（见图11）

4. 折叠撕纸。它是撕纸艺术中最常用的制作手法之一。折叠撕纸制作简便、省工、省时，深受人们的喜爱。折叠撕纸题材丰富，有花卉、鱼鸟、几何图案、吉祥符号等，外框可用曲线、花边来连接点缀。（见图12）。

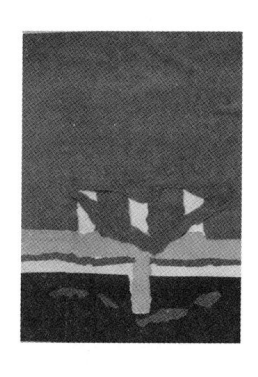

图11　《网》　　　　图12　《鹿群》

5. 影像撕纸。也叫影子撕纸，是用物体、人像的外轮廓来说话的艺术。中国传统艺术中的皮影和汉画像砖就是运用影像手法的经典之作，构图简洁，拙中见巧，气韵生动，写意传神（见图13）

6. 撕字。汉字是我国独特的造型艺术，是我们祖先几千年来的文化艺术结晶。字体有篆书、隶书、楷书、行书、草书等。以这些字体为基础，汲取书法中的运笔、布局、勾勒等技法，成竹在胸，徒手撕出的作品，有立体感强、随意、别致、飘逸等艺术特点（见图14）。

7. 综合撕纸。随着时代的发展以及审美的变化，对于撕纸艺术又有了新的要求，综合撕纸将传统文化与时尚艺术熔于一炉，在撕纸语言形式的基础上，充分融入剪、刻、绘等民间艺术技艺，借鉴各种艺术要素的长处，拓展和丰富撕纸的表现形式，既有传统撕、剪、刻等粗犷古朴的韵味，又有现代绘画的色彩和造型表现力（见图15）。

352 / 探索与创新

图 13 《黄昏》

图 14 《龙》

图 15 《欢呼》

（六）创作

　　从形式上来说，手撕画是具体和抽象的结合，艺术与生活的结合，不追求形的完全相似而是神似。中学生思维活跃，对现代绘画非常感兴趣，经过一段时间的练习，同学们对撕纸画的表现方法已熟练掌握，在教学中注重引导学生，鼓励学生结合生活进行创作。《聚会》这幅画就是同学们根据一次同学聚会时刚见面的寒暄场面，充分发挥想象能力，运用夸张的表现手法，利用剪影的形式进行的创作，添加背景形成一定的故事情节。在制作过程中学生的想象能力和创造能力都得到了发展，激发了学生的原创意识（见图16）。《无题》这幅画是学生在学习了西方抽象主义绘画以后即兴创作的，注重画面的色彩搭配（见图17）。

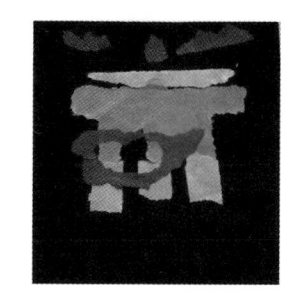

图16 《聚会》　　　　图17 《无题》

三　撕纸画校本课程的实践

经过近两年的实践，积累了一些撕纸画的制作方法和经验，编写了校本教材。现在撕纸画作为校本课程在我校进行推广，真正进入实践阶段。手撕画正为越来越多的同学们所喜爱。在此基础上成立"手撕画语工作室"和"手纸私语社团"（见图18、图19）。在实践中深刻地感悟到校本课程在开发过程中教师的专业水平、学生的个性潜能、学校特色都得以充分发展。

（一）撕纸画校本课程的开发促进教师专业发展水平提高

校本课程开发对教师的课程意识和专业素养提出了更高的要求，同时也为教师专业发展提供了广阔空间，是教师持续性专业发展的有效途径之一。

在撕纸画校本课程开发的过程中，注重理论与实践的有机结合，精心上好每一节课，《民间剪纸》一课作为区研究课对天津市265名骨干教师进行了展示。"手撕画"还获得河西区微课评比二等奖。课余创作了一些手撕画作品赠送给来访客人，参加了河西区工会组织的教师才艺展示、天津市首届剪纸艺术擂台赛。总结教学经验，撰写论文《手纸私语——校本课程撕纸画的开发与实施》获天津市基础教育2018年教育创新论文评选二等奖，申报了市级课题《初中美术校本课程的开发与研究——以剪纸为例》。

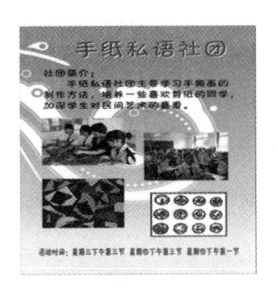

图 18　手撕画语工作室　　　　图 19　手纸私语社团海报

（二）撕纸画校本课程的开发促进学生潜能多样化发展

校本课程开发充分尊重和满足学生的差异性特点和多样化需求。经过一学期的学习，学生能够掌握手撕画的基本制作方法。学校为学生搭建各种展示艺术才华的舞台，师生们利用在校本课程学习中制作的作品，布置艺术长廊、工作室。组织学生到中央电视台成长在线栏目组录制节目，学生现场表演手撕字（见图20）。经常有兄弟学校、外国友人到我校参观学习，学生现场表演手撕画，事先做好礼品送给客人（见图21、22）。组织学生参加各级各类比赛，均取得优异成绩。手纸私语社团两次被评为河西区精品艺术社团的称号。在各种活动中，学生的兴趣、爱好得到充分的保护和发展，提升自信，张扬个性，激发潜能。

图 20　手纸私语社团的学生们在中央电视台
成长在线栏目组现场表演手撕字

图21 学生现场为客人表演手撕字图　　图22 曹市长参观手纸私语工作室

（三）撕纸画校本课程的开发促进学校特色的形成

校本课程开发有助于更好地实现学校教育的目标。有助于学校办学传统和特色的创建与发展，使学校获得健康发展。

2013年梅江中学被天津市教委批准为第二批特色高中实验校，2017年成功通过尚美教育特色学校验收。2017年梅江中学被评为天津市首届、第二批全国中小学中华优秀文化艺术传承学校。

（四）撕纸画校本课程的开发有利于剪纸艺术的保护与传承

梅江中学以天津剪纸——手撕画作为中华优秀文化艺术传承项目，发展学校剪纸特色教育。让学生在耳濡目染中感受剪纸的魅力，不但提高学生的动手、动脑能力，陶冶学生的审美情趣，而且继承民族文化，弘扬剪纸艺术。

虽然撕纸画校本课程的开发取得了一些成绩，但在教学中我也发现了一些有待研究和解决的问题，例如：当学生拿到一张纸后如何引导学生根据纸的颜色、肌理效果、大小经营画面，如何将以前学习的美术知识与撕纸画结合起来，如何通过撕纸画这种艺术形式培养学生的想象能力与创造能力。我将在今后的教学中不断地尝试，逐步解决教学中出现的问题，将撕纸画教学逐步完善。

参考文献

[1] 黄甫全：《现代课程与教学论学程》，人民教育出版社2006年版。

[2] 黄甫全：《课程与教学论》，高等教育出版社2003年版。

［3］徐玉珍：《校本课程开发的理念与案例》，人民教育出版社2003年版。

［4］吴刚平：《校本课程开发》，四川教育出版社2002年版。

［5］崔允漷：《校本课程开发：理论与实践》，教育科学出版社2000年版。

［6］华兴富：《撕纸艺术与技法》，新华出版社2014年版。

［7］中华人民共和国教育部：《义务教育美术课程标准》，北京师范大学出版社2011年版。

让生物课堂成为学生心灵的养成之所

天津市武清区天和城实验中学　吕　炜

【摘要】 生物学是心理学的基础学科，它包含着许多与个体心理发展相关的知识。在高中生物课堂中，学生对学科知识的掌握与其心理素质的发展相辅相成。在生物教学中，教师需关注知识学习与心理疏导的有机结合，帮助学生养成良好的心理素质，促进其综合素养的提升。

【关键词】 高中生物课堂；心理疏导；核心素养

生物学是心理学的基础学科，它包含许多与个体心理发展相关的知识，如神经系统、生殖系统、生长发育、新陈代谢、遗传变异等。某种意义而言，在高中生物课堂中知识的传授与学生心理素养的形成相辅相成。然而，如何在教学实践中合理、有机地整合这些内容，并达到心理教育的效果，使学生除了能掌握学科知识还能正确认识自我、形成良好的心理素质呢？针对这一问题，本文进行了以下探索：

一　充分挖掘教材，寻找教材中有利于心理疏导的生物素材内容

在生物课堂中，需找准心理健康教育的渗透点，让学生在获得知识的同时，又能产生情感的共鸣和认同，逐步提高其心理素质。现行高中生物教材即可以从以下四个方面进行渗透和整合，进而实现对学生心理教育的渗透。它们是：生物学有关的心理学知识、心理学有关的生理学

知识、生命科学的发展史、探究实验和小组活动有关的心理素质。以下举实例进行说明：

实例一：成功是每个人的梦想和追求，对于充满朝气的高中生而言，他们有理想有追求，但却不知道成功的背后需经历很多的失败与挫折。加之，这些学生多是80后与90后，并且是家中的独生子女。他们面临的最大的心理问题就是不能正视成长中的挫折，耐挫能力差。因此，对高中生的心理教育便不能缺失耐挫力的培养。如何培养学生的耐挫力？通过高中生物教学中有关科学成功的经典案例的学习，便有助于培养学生的耐挫能力。例如：遗传学的奠基人孟德尔为了找到遗传的规律，在自己的菜地里不辞辛劳地连续做了8年的豌豆杂交实验，历经了很多失败后才发现了遗传的两大定律，为解决许许多多的遗传问题提供了依据。然而，他在1865年发表的《植物杂交试验》并未引起科学界的重视与认可。62岁时，带着对遗传学无限的眷恋，孟德尔回归了无机世界，直到1900年，孟德尔定律才重新被欧洲的三位科学家发现，遗传学才同这个"再发现"得以一起诞生。诸如此类的例子，教材中很多。教师需要做的是，充分挖掘、利用这些材料，指导学生正确对待生活和学习中的挫折与失败，让学生明白：每个人在成长过程中难免会遭遇挫折和失败，只有勇敢地面对挫折和失败，认真总结经验和教训，树立不达目的不罢休的决心和信心，才能走向成功。不仅如此，借这些事例，我们还可以总结出个体获得成功所需的其他素养：对事情的兴趣与热爱、合作精神、怀疑精神以及成功之后不止步的执着精神。

实例二：中学时代，随着青春期的到来，青少年会面临巨大的心理冲击。这一时期，他们的心理特征既有童年的痕迹，又有成年人成熟心理的萌芽。不仅如此，在这个阶段，随着身体第二性征的显现，学生也会产生性的萌动意识。比如：女生会特别注意外貌，希望通过穿着打扮引起男生注意；男生则出现了和女生亲密接触的愿望。这种意识极易引发早恋，甚至导致学生丧失学习意志，缺乏理想、抱负。此外，还有一些学生由于对自己的身心变化的特点不了解，会出现情绪的不稳定问题。他们往往好激动、善感多疑。面对这些问题，教师在讲授教材中的减数分裂、激素调节、神经调节、人类遗传病的预防、胚胎工程等知识时，便可对学生进行心理疏导。在此过程中，教师要注意启发学生关注自己心理和生理上的变化。比如，在人类遗传病的教学过程中，在感受了遗传病患儿对家庭和社会带来的痛苦之后，教师可以引导学生明白，当生命发育到成熟阶段，结婚与生育才能达到最佳的状态，如果像植物一样，青果采摘的过早，不光食之无味，最终也要被丢弃。就此引导学生在高中阶段把精力放在学业上，注意调节心理。

实例三：在神经系统的结构和功能的教学中，教师可以帮助学生在形态结构和功能方面认识人类的神经系统，特别是人类区别于其他动物的高级神经中枢——大脑皮层，认识到人类的左右脑承担的功能及思维有所不同，左脑主语言文字，右脑主空间逻辑。因此，在日常学习中交替学习文理科知识可以充分利用时间，提高用脑效率。在介绍人脑的高级功能时，教师还可以向学生介绍"艾宾浩斯遗忘曲线"等心理学原理，比如：记忆生物学基本规律提到的，反复记忆十三次能达到永久记忆。通过这些知识的学习，学生便能从根本上认识学习过程的本质，将学习视为一个长期的、需要付出很多努力的过程。

二 在教学目标中明确心理疏导的内容

按照新课程标准，生物学科的教学目标需体现在生命观念、理性思维、科学探究和社会责任四个方面。然而，实际的教学活动中，生命观念和社会责任往往被视为隐性目标，甚至被一些老师当作"软任务"而不予重视。对此，在备课初始，教师便需根据生物学科的特征，将学科知识在这四个方面的体现进行有机整合，考虑全面，将知识讲授与心理健康教育融为一体来设计教学目标，针对性地指导教学。

通过研究《高中生物新课程标准》和生物教材，我们发现，高中生物教材在生命观念和社会责任感以及科学探究精神的培养上存在很多切入点。比如：学习生物体的结构与功能的初步形成过程，可以帮助学生确立局部与整体、多样性与共同性相统一的观点；向学生传达我国生物资源的状况，使学生对我国生物科学和技术发展状况有一定的认识，可以激发学生爱家乡、爱祖国的情感；引导学生认识生物科学的价值，使其乐于学习生物科学，有助于学生养成质疑、求实、创新及勇于实践的科学精神和科学态度；帮助学生认识生物科学和技术的性质，使学生正确理解科学、技术、社会之间的关系，运用生物科学知识和观念参与社会事务的讨论，有助于学生确立积极的生活态度和健康的生活方式。

总之，在教学活动中，教师应有意识地帮助学生形成正确的人生观、价值观。既要掌握学习策略、提高自我调控能力，也要学会认识自我、发展自我，彰显坚毅、勤奋、独立自主的个性品质。同时，还要善于与人沟通交流，乐于合作，养成富有开拓、创新的精神。

三 改变不利于学生发展的教学方式，积极探索实践新型教学模式

新一轮高考改革的目标是要改变传统教学中过于注重知识传授的方式方法，强调帮助学生形成积极主动的学习态度，使其获得基础知识与基本技能的同时，也能够形成正确的价值观。对此，在生物教学中，我们便需改变偏重书本知识的问题，加强教材内容与生活及现代科技发展的联系，关注学生的学习兴趣和经验，促进学生心智的发展。

教学中，教师可以根据自己的教学风格、讲述的知识内容以及学生的实际情况，采用指导—自学式、提问—讨论式、引导—探究式、合作探究式等适合自己的教学模式，并在这些模式上有所创新，以尽可能地解放学生个性、培养学生的发散性思维。这不仅有利于培养学生的独立性、责任心以及应对挫折的能力，还能使学生学会恰当地认识和处理自己与周围人的关系，让学生在班集体中学会与人交往。另外，采用多媒体辅助教学手段，利用声音、图片、动画视频等，不仅有助于引起学生的情感共鸣、激发学生学习生物的兴趣，还可以帮助学生更好地理解教材，对事物形成全新的认识，开阔心胸。

四 在教学过程中优化心理疏导的环境，使学生渴望学习

在一个情绪压抑的环境里学生不可能产生激情和渴望。因此，要提高生物学科教学效率，就必须创造良好的教学环境。一方面，教师应以阳光心态感染学生，帮助学生消除焦虑情绪。一旦进入课堂，便要将个

人生活和工作中的快乐与烦恼抛开，带着愉悦的心情全身心地投入到课堂教学中去，努力欣赏学生，尊重学生，宽容学生。另一方面，要善于发现学生的"闪光点"，创造相互尊重、相互信赖的气氛，针对不同类型的学生，采用灵活多样的方式调动他们的学习积极性，提高学习兴趣。切忌用定式思维来看待学生。对于学习基础差、接受能力差甚至跟不上进度的学生，更应以宽容的心去对待他们，消除其焦虑情绪。教师要细心观察学生的听课表情，在师生答问、作业反馈、个别沟通中获取信息，及时给予学生充满爱意的真诚评价。教师要善于运用言行赞赏法，将丰富多彩、充满情趣的信息传递给学生，增强学生的自我意识，提高学生自信心。

五　将教师的心理疏导优势延伸到课堂之外

成功的欢乐是一种巨大的情绪力量，它可以激发学生的学习愿望。在渗透心理健康教育的过程中，生物学教师要尽量使学生产生成功的愉快体验，减少失败的不愉快体验。所以在布置作业环节，教师一定要根据班级情况设计不同层次的作业，创造学生成功体验的机会，增强不同层次学生的自信心，才能不断激发学生的学习动机和积极性。在批改作业、评价环节上，要实事求是，并且适时加上激励性、鼓励性的评语，例如："你的成功率很高，希望再接再厉""这个答案非常有创意，老师看得出来你认真思考过""相信你下次会做得更好"等，鼓励学生去追求更多更大的成功。考试之后，对于分数的评价，教师一定要理性看待，并且抓住心理疏导的契机。

另外，生物是一门以实验为基础的学科，开展丰富的研究性活动，既是对课堂教学的延续和补充，又可以在活动中充分发挥学生的潜能，在人格品质和心理素质的锤炼上，达到事半功倍的效果。教师可以根据本学校的实际情况，组建生物兴趣小组，为学生提供展示才华的舞台。可以开展生物竞赛、标本收集、社会调查（如遗传病的调查）、建立生物园地等活动，引导学生发挥个性特长，在竞争中不断充实自己、超越自己，形成独立探究、敢于拼搏、自信坚强的人格品质，推动学生心理素质的不断提高。

参考文献

[1] 吕炜:《让学生在生物绿色课堂中体会美好——如何在高中生物课堂进行心理健康教育》,《天津教育》2014 年第 6 期。

[2] 吕樑:《对高中生物教学的几点体会》,《考试周刊》2016 年第 7 期。

[3] 戴本鑫:《高中生物教学中培养学生核心素养研究》,《黑龙江科学》2018 年第 14 期。

中小学语文个性化阅读平台构建探索

天津市红桥区教师进修学校　孟凡云

【摘要】在社会飞速发展、教育形势日新月异的今天，语文作为一门工具性和人文性相统一，体现学习语言文字综合性和实践性的学科，日益受到社会和教育界的重视。然而，阅读作为语言文字综合性和实践性的重要体现，在个性化阅读上却存在许多不尽如人意之处。怎样在中小学语文阅读教学中凸显个性化阅读，从而满足学生多样化学习的需要，促进学生的多层次发展，一直以来是语文教育工作者思考的问题。从语文的特点出发，基于以趣入手、以疑入手、以境入手三要义，对于构建中小学语文个性化阅读平台，促进学生的个性化与多样化发展，具有十分重要的理论与实践意义。

【关键词】中小学；语文；个性化；阅读平台；构建

近些年，社会飞速发展，教育形势日新月异，尤其是党的十八大提出，要建设社会主义文化强国，关键是增强全民族文化创造活力。语文，作为工具性和人文性相统一，体现学习语言文字综合性和实践性的一门学科，在培养学生的人文精神、完善人格、提高情商、开阔视野、改善思维品质，集成发扬祖国的优秀文化传统等方面，具有其他任何学科都无法替代的巨大作用。然而，我们也要看到，在彰显个性，凸显差异性的今天，语文在阅读方面，如何满足学生多样化的需要，如何促进学生的个性化发展，必须成为我们语文教师和语文教育工作者思考的问题。

一 中小学语文个性化阅读平台构建缘起

《义务教育语文课程标准》(2011年版)与《普通高中语文课程标准(2007年版)》均对语文个性化阅读提出了较高的要求。然而,现阶段的中学生阅读能力和中学阅读教学的现状堪忧:

(一)学生层面语文阅读的隐忧

不少学生讨厌读书,厌恶阅读。在商品经济和物质文化生活水平的冲击下,学生群体中很少有那种广泛涉猎、求知若渴的追求,厌烦读书,厌烦学习,大有人在。

中学生的阅读量少、面窄、质差。有人曾经对几个学校的初三应届毕业生的阅读进行过调查。见表1。

表1　　　　　　　某地初三阅读情况调查表

项目	课本推荐名著率	四大名著阅读率	外国名著阅读率	网络小说阅读率
百分比	75%	12%	7%	65%

通过表1,我们可以看出,在学校大力的倡导下,课本推荐名著也只达到了75%,而把我们文化的精粹四大名著读全了的只占12%,外国文学名著就微乎其微了。还有一个现象必须引起我们的注意,学生痴迷于"文化快餐"。网络和新媒体的出现,直接作用于我们的视听,刺激我们的感官,相形之下,"白纸黑字"的文本则显得枯燥、乏味。但是,网络上的阅读也是泥沙俱下,不能不引起我们的警惕。

(二)教师层面阅读教学的困惑

同样,教师的阅读教学情况同样让人忧虑。

1. 教师畏惧阅读教学

因为阅读教学辐射的面大,古今中外,浩如烟海,风格流派,迥然不同,教学难以下手;阅读能力的提高是多种能力长期融合的过程,学生阅读能力难以得到突飞猛进的提高，教学效果不显著；另外，学生害怕阅读，讨厌读书，首先就给阅读教学设置了路障，自然教师就害怕阅读教学，因此，对阅读教学方法未作深层的理论思考和积极的探索，教师的主动性和积极性未真正调动起来。

2. 教学模式的单一化和泛泛化

目前，一部分教师还乐于沿用"填鸭式"的教学方式，这在很大程度上影响了学生的读书爱好，阻碍了学生阅读能力的提高。课改以来的"讨论式"课堂教学方式风靡一时，讨论过程的程式化、讨论内容的肤浅化、讨论结果的趋同化，说到底还是和学生书读得少有密切关系。教师没有立足学生为主体，教师为主导的教学观念，总是为了应付考试，把课文肢解得支离破碎，分析段落大意，概括中心思想，总结艺术特征，没有真正让学生接受美的艺术熏陶，感受作品的思想内容。

3. 阅读教学缺乏科学性、系统性、理论性

由于受"应试教育"的影响，加上一些考试试题的误导，有些教师考什么就教什么，怎么考就怎么教，教育过程完全以升学考试为目的。阅读教学只着眼于那百来篇课文，进行急功近利式的训练。教师没有确立大语文观，没有以课本为依托，有计划地引进课外篇目，课内课外完美结合，缺乏拓展阅读量，最终没能科学有序地把阅读教学作为一个系统工程来抓，循序渐进地提高学生的阅读能力。

可见，无论从学生层面还是从教师层面审视，当下的中小学语文阅读的教与学均存在不尽人意之处，尤其是个性化阅读缺失更是其致命的问题。

二 中小学语文个性化阅读平台构建

《义务教育语文课程标准（2011版）》指出："阅读是学生个性化行为，不应以教师的分析来代替学生的阅读实践。应让学生在积极主动的思维和情感活动中，加深理解和体验，有所感悟和思考，受到情感熏陶，获得思维启迪，享受审美乐趣。要珍视学生的独特感受、体验和理解。"《普通高中语文课程标准（2017年版）》更是强调语文个性化阅读的重要性。为了引导语文阅读走向个性化。在语文教研过程中，我致力于中小

学语文个性化阅读平台的构建。其要义有：

（一）以趣入手，激发学生的阅读欲和学习内驱力

古希腊圣贤亚里士多德说："古往今来人们开始探索，都应起源于对自然万物的惊异。"这种"惊异"是什么，就是人的一种对自然、社会的兴趣。作为学生，他对某一课程的喜欢，甚或是钟爱，都来源于他的兴趣。伟大的教育家蔡元培先生曾提出："我们的教书，并不像注水瓶一样注满了完事，最重要的是引起学生读书的兴趣。做教员时，不可一句一句，或一字一字都讲给学生听，最好是使学生自己去研究"。

如教授《唐雎不辱使命》这一课时，有的教师打破传统的文言文教学方法，让学生根据文中人物特点，分角色朗读并表演。学生在熟读课文的基础上，参与踊跃。尤其是被推选为扮演秦王和唐雎的两位同学，在朗读表演的过程中，他们把不畏强暴、机智勇敢的唐雎和骄横残暴、外强中干的秦王两个截然不同的角色表演得惟妙惟肖，表演完毕，同学们一块儿学习、总结、评价。这样，学生们在演戏的过程中复习了新知，激发了阅读的兴趣，课堂的效果良好。

叶圣陶老先生说过："语文教材无非是个例子，凭这个例子要使学生能够举一反三。"学生每学一篇课文，只要有相关的资料，我们就要向学生介绍与这篇课文有相关内容的课外书，让学生去阅读，并指导学生怎样读，这样也会激发他们的兴趣。例如，在上《隆中对》和《出师表》这两篇课文后，学生对《三国演义》这本名著产生了浓厚的兴趣，纷纷找来阅读，并对其中脍炙人口的故事能够说得头头是道；另外，拓展到《三国志》等书的阅读，提升自己的阅读能力。因此，这种由课内向课外拓展，由任务驱动，任务群的形式出现的阅读方式，一定会让学生的课外阅读兴趣大大提高，读书的热情也会提高。

（二）以疑入手，引导学生自主阅读和个性化学习的发展

"发现问题远比解决问题更重要。"疑问是思维的火种，可以促进思维展开、蔓延。宋代理学家张载说："于无疑处有疑，方是进矣。"设置疑问、解决问题是学生自主阅读和个性化学习的一种简便易行的方法。

1. 教师要有针对性地设置一些疑问，引起学生阅读和思考的兴趣

在高中选修教材中，有《项羽之死》这样一篇课文。有一位教师在授课时，就采用了出乎意料的方法。在上课时，在黑板上写下了一个大大的"英雄"，然后告诉学生今天的教学内容就是探讨项羽是否是英雄的问题。这时候，学生们的情绪调动了起来，很自然的分为了两派：英雄组和非英雄组。他们就此展开了争论：是不是一定要以成败论英雄，英雄是否要不拘小节，英雄是否要儿女情长，英雄的社会责任是什么，等等。整节课，学生非常的活跃。最后老师也从课文中找出了自己的观点，给学生加以示范：（1）人数的变化。刘邦的军队五千人；而项羽的军队，八百骑到二十八骑，杀至最后一人而不言降。（2）个人的气概。全文中项羽都没有屈服投降的想法。（3）能独自逃走而"我何面目见江东父老"自刎乌江。（4）虞姬、乌骓马的衬托。自古美人、宝马配英雄。通过设疑，老师最后的引导，学生思维活跃，出现思维的碰撞，并且促进学生形成自己独立的思考的能力。

2. 教师要采取具体实在的措施去鼓励他们大胆质疑，给他们质疑的机会，同时给予他们更多的关爱

教师要教学生学会"我要说""我要问""我能行"等"学习心语"，让他们主动地进入自觉学习状态。如在教学《孔乙己》时，教师让学生自己去找有些难懂的词句，有学生就提出这样的问题："孔乙己叫什么？"其他同学就笑了，并不假思索地回答道："叫孔乙己。"可是教师觉得这位同学提的问题相当好。她就让学生自己思索，并且反问道："孔乙己是他的名字吗？"学生稍一沉吟，回答道："是绰号。"教师紧接着问了一句："孔乙己读了一辈子书，为什么会没有名字呢？"学生面对这一"反常"现象，沉思起来，教师就在学生这种情绪之中开始讲述课文，营造良好的教学气氛。

（三）以境入手，营造良好的生成式和发散性阅读环境

除了在阅读的教学中这种良好的有利于生发的环境之外，我们要开展丰富多彩的活动，以活动促阅读。

中学生的意志品质正处于逐步形成发展之中，他们往往缺乏坚持阅读的恒心。开展阅读方面的活动，最大的功效就在于激发学生阅读的热

情，引导学生持之以恒，坚持阅读。我们可以通过课外阅读活动，促进学生互相交流阅读心得，进行合作式的阅读。读书交流活动的形式要丰富多彩，可以是专题性的活动。因此，开展"整本书阅读""讲故事""诗歌朗诵比赛""展评优秀的读书笔记""剪贴册""手抄报""比赛查阅资料""知识竞赛""排演戏剧"等生动活泼、形式多样的课外活动，能有效地检查阅读情况、巩固阅读成果，让学生享受阅读的乐趣，激发学生的阅读兴趣、阅读热情，调动学生的阅读积极性，推动阅读步步深入。

应特别指出的是，阅读教学和阅读能力固然非常重要，但是鉴于现实的情形，我们盲目地要求中小学生读"万卷书"是不现实的，也是不切实际的。因此，在构建中小学语文个性化阅读平台过程中，建议以教材"名著导读"中所列篇目为基准范围，视学生阅读的承受力适当加以拓展，再辅以时文阅读，逐步将学生的阅读视角引向深入，形成个性化的阅读体会，这将给学生带去无穷的受用，最终促进学生多样化学习发展。

参考文献

[1] 中华人民共和国教育部：《义务教育语文课程标准（2011年版）》，北京师范大学出版社2012年版。

[2] 中华人民共和国教育部：《全日制普通高级中学语文教学大纲（试验修订版）》，人民教育出版社2002年版。

[3] 中华人民共和国教育部：《普通高中语文课程标准（2017年版）》，北京师范大学出版社2017年版。

[4] 叶圣陶：《叶圣陶语文教育论集》，教育科学出版社1980年版。

[5] 苏霍姆林斯基：《给教师的建议》，教育科学出版社1982年版。

[6] 谭轶斌：《阅读教学田野研究》，上海教育出版社2008年版。

[7] 余映潮：《阅读教学艺术50讲》，陕西师范大学出版社2005年版。

数字化环境下区域特色课程资源建设的实践研究

天津市河西区教育中心　孟广学

【摘要】 运用信息技术手段，借助网络平台，开发具有区域特色的课程资源，是信息化时代背景下课程开发的必然趋势。结合天津市河西区在数字化环境下开发区域特色课程资源的实践，阐述数字化环境下区域特色课程开发的指导理念、具体内容以及实践具体步骤。结合阶段性成果，总结数字化环境下区域特色课程开发过程中需要注意的问题，并对后续发展进行展望。

【关键词】 数字化环境；区域特色课程；资源建设

一　数字化环境下区域特色课程资源开发建设的现状

（一）核心概念辨析

数字化环境是指利用多媒体技术将课程的主要信息资源进行数字化处理，并利用网络平台实现对课程资源的有效管理和区域共享，从而促进教与学方式的转变，拓展学生的学习空间。在数字化学习环境下，利用多媒体技术将课程内容用音频、视频、动画等方式展示，不仅可以激发学生的学习兴趣，更有利于构建高效的知识传授模式。利用网络平台可以实现校内、校外数字化资源的共享和学生间的协作学习。

区域特色课程资源是指在国家课程、地方课程之外，具有一定的区域特色、与区域的政治、经济和文化发展密切相关的资源，包括体现区域教育理念、办学特色，在教育教学实践过程中形成的可利用的课程资源。凡是具有区域独特方式或特点的内容都可以归为特色资源。

（二）区域特色课程资源开发建设的实践需求

特色课程的研究与开发活动必须认真考虑学生的需要、兴趣与经验，课程开发的立足点必须要从学生的健康发展和全面发展角度考虑，选取各学段内与学生水平相适应的、能够拓展学生学习内容的课程主题进行开发。在区域特色课程建设的过程中，既要激发教师和相关开发人员的创造性，也要遵循教育教学规律，加强规范化管理。区域特色课程的设置还应关注各学科所占比例的均衡，为教师和学生提供更多的选择空间，有利于学生德智体美的全面发展。

目前，河西区各中小学校普遍开展了校本课程的建设工作，特色校本课程不断涌现，但作为区域化的特色课程开发还属于空白阶段。校本课程大多为一线教师开发，由于绝大多数教师在课程论和教学理论上还有所欠缺，课程在一定程度上存在盲目性和随意性。作为区级教研部门，有必要将一线教学实践中优秀的课程进行汇总、梳理、提升，以各学校教研员专家引领，让课程开发走向科学、规范，从而完善发展。

（三）区域特色课程资源建设的指导理念

河西区特色课程资源的开发建设，在遵循国家课程实施的要求的前提下，统一规划、分步推进，突出专业引领，加强过程管理。一方面，挖掘本区现有特色校本课程，从中筛选可供进一步开发的课程进行完善并数字化。根据各学科需求，开发新的课程，以满足学生个性化发展的需求。

区域特色课程资源建设是河西区加强教育内涵建设、聚焦发展学生核心素养的成果体现。本次开发建设的特色课程资源将作为国家课程、校本课程有益的补充，面向河西区全体中小学师生开放使用。课程开发的工作也将逐年推进，旨在构建创新型、开放性、个性化的特色课程体系。关注每一位学生的个性特点和学习需要，激发潜能、发展特长、增强社会责任感，培养创新精神和实践能力，让每一位学生都能享受公平而有质量的教育。

二 区域特色课程资源建设的主要内容

区域特色课程资源包括课程实施纲要、教学计划、教材、教学设计和教学辅助材料等。针对课程中的重难点内容以专家讲座、微课、教师示范等方式，综合多种媒体信息开发出集文本教材、多媒体课件、微课视频、教学素材等多种形式于一体的数字化教学资源。通过调研河西区教学现状，最终确定区域特色课程资源每门课的课时数控制在 15 课时以内，便于一线教师选用实施。

（一）文本资源

文本资源包括各学科课程开发团队编写的教材文本，包括封面、目录、章节内容，以 PDF 格式呈现，确保各学科教材文本内容文字清晰，格式规范。文本资源还包括本门课程所对应的全课时教学设计，可供课程实施者参考实施。

（二）微课资源

根据每门课教学内容的需要，确定课时数的 50% 以上录制微课。微课内容包括教师示范讲解、重难点内容分析、实验操作演示等。微课视频定位在"微"，时长控制在 10—13 分钟，不宜超过 15 分钟。内容上要选取本门课程中学生不容易理解的知识点，针对每个知识点有相应的辅助练习。教师要制作相应的教学演示文稿辅助讲解，力求简洁大方、重点突出。视频录制工作由区域统筹安排，搭建专业影棚蓝箱录制，后期统一编辑制作，保证微课的视频质量。

（三）其他学习资源

除课程教材、教学设计、微课视频以外，各学科可根据本门课程需要提供更广泛的学习资源，包括课件、学习辅助材料、拓展阅读资料等。这些资源有助于帮助选学本门课程的学生构建网络化、立体化、综合化的知识体系，使学生开拓思路，涌现创意。

在特色课程资源平台投入使用后，将结合课程实施进行评价研究，包括对课程内容、教学实施和学生发展评估三个方面的评价。在区域特色课程资源网络平台的使用过程中，通过后台数据的分析可以对课程实施进行有效的评价与反馈，从而进一步完善河西区特色课程资源的建设。

三 区域特色课程资源建设的实施步骤

河西区特色课程建设的具体实施过程分为前期准备、资源开发、具体实施和总结分析四个阶段。

（一）前期准备阶段：组建团队，遴选课题

项目建设伊始，河西区成立了区域特色课程开发项目组，项目组由区教研室主任牵头，各学科教研员为课程开发团队首席专家，制定河西区特色课程实施细则与管理措施，整体规划和指导，保证课程建设工作顺利完成。面向全区教师选拔各学科课程开发负责人，全面整合区内教学资源，选拔具有良好专业素质和业余特长的教师组成开发团队，具体研制课程纲要、撰写教材、制定课程实施方案与评价方案。

（二）资源开发阶段：教材编写，资源制作

按照已确定的课程目录，组织相关人员进行教材的编写。用多元、多维参与的方式，组建由教研员、学科骨干教师以及技术人员共同参与的队伍，与教育局和学校加强沟通联系，加大课程建设的力度。针对课程中的重难点内容，在各学科申报的基础上，区级统一规划，由专业人员提供技术支持，集中录制所有课程中所需的微课视频，内容形式包括专家讲座、教师示范、典型案例展示等，将各种资源进行整合，开发建设河西区特色课程资源平台，并面向全区投入使用。

表1　　　　　　　　　　河西区特色课程资源目录

学科	课程题目	学科	课程题目
语文	"速读"为学生终身教育奠基	政治	中国当代名人精神
	创意戏剧		公民与法律
	名著中的谜团		塑造心灵　成就未来
	中国大学先修谭—名著与名片		中学生卫生与保健
	中国古典诗词的吟诵		学与青少年有关的法律
数学	趣味数学		习近平故事里的中华优秀传统文化
英语	English for Travel（环球cool旅）		梦想在这里起飞
	中学英语课外分级阅读		有意思的心理学
化学	化学趣史		中国哲学思想简介
	化学趣味实验探究	生物	健康生活
	神奇的化学材料		环境的保护
	化学与生活	劳动技术	纸艺制作
	化学与健康		丝网花艺
物理	小发明和小制作		PVCBOT机器人
历史	天津名人故居	通用技术	步行机器人
	细说历史		基于3D打印技术的建筑设计与模型制作
地理	银河渡口魅力天津	研究性学习	生活中的仿生设计
	地理与生活	信息技术	智能机器人设计与制作
	旅游地理风光摄影实践活动		虚拟仪器入门
	校园"绿地图"制作		移动应用程序设计基础
	身边地理随手柏		

河西区本阶段开发的中学课程资源中，包括语文、数学、英语、化学、物理、历史、地理、政治、生物、信息技术、劳动技术、研究性学习、通用技术，共13个学科，41门课程。每门课程15课时左右，共615课时，录制微课200余节。详见表1。

（三）具体实施阶段：开放平台，个性选择

在课程资源开发完成后，所有的资源在区级数字化平台"天津市河西区特色课程资源平台"http：//tskc.tjhxec.cn/hxec/上线，面向全区中小学师生开放。所有河西区教师、中小学生均可通过统一认证平台登录，学习课程内容，观看微课视频，下载相关资料。目前，河西区特色课程资源开发已完成 1175 个文本资源和 520 个视频资源的开发，课程内容覆盖中小学 18 门学科。

（四）总结分析阶段：收集反馈，数据分析

在特色课程资源的使用过程中，注意收集资源平台的使用数据，科学准确地掌握课程使用情况。对课程使用过程中的数据进行分析，对使用课程的师生进行问卷调查，根据数据分析和师生反馈对课程资源进行评估。在区域范围内使用课程资源产生的数据进行分析，可以为教师的教学提供更多可参考的依据，也利于课程资源的后续开发完善。

四 思考和展望

数字化环境下的区域特色课程资源建设不仅为教师提供了更多展示的机会，为学生提供了更多自主学习的途径，还丰富了教学内容，完善了教学手段，有助于构建全方位、立体化、开放式教学模式，有助于学科核心素养的落实。随着河西区特色课程资源开发的实践探索，后续课程资源将在数字化平台上线并投入使用，主要有以下几点思考。

（一）配备高质量的课程开发团队

本次课程资源开发由区教育局和教研室领导主抓，各学科教研员牵头、以一线优秀骨干教师为主要力量，组成了一支专业精、能力强、结构合理的开发团队。聘请了天津师范大学课程研究领域的专家为我们的开发团队进行专题培训，确保团队中每个成员能够确立正确的课程观，掌握规范的课程开发方法，为课程开发的顺利实施提供了保障。

（二）构建开放性课程体系

河西区特色课程的选题是在全区校本课程中优中选优，在保证课程内容科学性、适用性的前提下，进行资源整合和深入开发。各学科课程开发团队结合本学科特点及前沿的教学设计理念与方法，重构课程教学

内容。把河西区特色课程作为国家课程、校本课程有益的补充，构建创新型、开放性、个性化的特色课程体系。

(三) 数字化手段丰富课程资源

数字化手段的运用让传统课程有了活力，为学生个性化学习提供了可能，也为教师的教学诊断提供了有力支撑。在河西区特色课程资源平台上，每门课程均提供教材、教学设计、微课视频和配套资源。课程在不同学校的实施过程中，授课教师可以方便地使用，同时也可针对自己学校的学情进一步开发。同时，平台上收集的用户使用数据也可以作为河西区教学研究的依据，为后续课程的开发提供借鉴。

运用信息技术手段，借助网络平台，开发具有区域特色的课程资源，必将促进信息化时代教与学的方式转变。承载地域文化特色和学科思想的课程资源也体现了将立德树人落到实处的教育要求。数字化环境下区域特色课程的开发与应用有助于提升教师的专业化水平，有利于促进区域和学校的特色发展，更有益于培养学生的自主学习能力和创新能力，适应"互联网+"时代的发展需要。

参考文献

[1] 孙曙辉、刘邦奇：《智慧课堂》，北京师范大学出版社2016年版。

[2] 罗滨：《区域精品课程资源建设与实践》，北京师范大学出版社2013年版。

小学数学课堂实施"润物教学"理念的课例解析

天津市蓟州区第六小学　孟庆阳

【摘要】 在小学数学课堂中实施"润物教学"理念，即把教学内容当做教育的媒介和资源，通过学生的思、悟、辩、辨、润，使学生在自主构建知识的过程中提升能力，积累活动经验，发展数学核心素养，同时，受到心灵的浸润和生命的润泽。本文以人教版五年级上册"三角形的面积"一课的教学为例，从以疑导"悟"、以"悟"为径、以育"润"心三个方面对该课堂理念予以解析。

【关键词】 小学数学；润物教学；课堂理念

如何挖掘学科内涵，让学生在知识的习得过程中通过实践、探究、体验、感悟获得发展，这是数学教学的基本要求。笔者尝试构建和实施"润悟教学"的课堂理念——以悟为径，润泽生命，即把教学内容当做教育的媒介和资源，通过学生的思、悟、辩、辨、润，使学生在自主构建知识的过程中提升能力，积累活动经验，发展数学核心素养，同时，受到心灵的浸润和生命的润泽。下面，笔者以人教版五年级上册"三角形的面积"一课的教学为例，对"润物教学"理念予以解析。

一　以疑导"悟"

"疑是思之始，学之端。"在教学中，通过创设问题情境，以疑激思，以疑导学，让学生有意识地进行数学思考，这是让学生的学习真正发生的保障。

创设问题情境的形式虽然多样，但其核心的目的有三个：一是唤醒学生已有的知识经验，二是让学生体会知识间的内在联系，三是引发学生的数学思考。

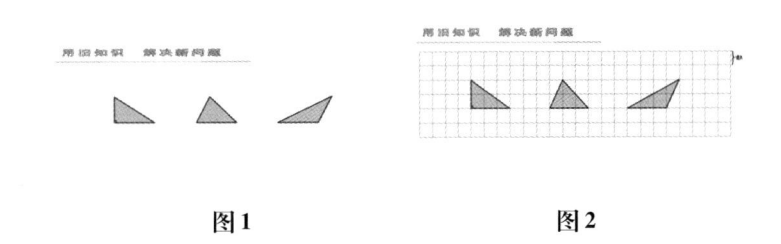

图 1　　　　　　　图 2

例如，在"三角形的面积"的新课伊始，教师开门见山提出问题——如果现在就请大家从图中任选一个三角形，弄清楚它的面积有多大，你能想到方法吗？这就是让学生直面数学问题，寻找解决问题的方法，让学生从习惯性的关注结果，到关注解决问题的策略。教师有意识地给学生思考的机会，在停顿数秒后，教师追问"有些困难对吧，现在呢？"随着教师的提问，课件显示方格，这样一来，不仅为学生提供进一步思考的工具，更为学生创设了思考的问题情境，为充分唤醒学生已有的知识经验创造了条件。

二　以"悟"为径

为学之道在于悟。"悟"的本义是觉醒、明白。《说文·心部》："悟，觉也。""悟"从心，从吾，它强调靠自己的本心去领悟、开悟、觉悟。因此，"悟"是人的一种认识转变过程，即由迷惑到清醒、由错误到正确、由模糊到清楚的认识过程。"悟"的生发离不开"行"，"行"即为做，指学生在学习过程中所经历的操作、实践、分享、辨析、应用的过程。在这个过程中，学生的学习因经历体验、辩论思辨而有所悟，它是一种于无形之中而有形的意会。谓之无形，是因其是学生依靠本心去悟的一种意会体验。谓之有形，是因学生在悟的过程中可以形成自身认识事物的方法。

（一）做中悟"法"

"法"即为方法。史宁中教授曾说过："我们必须清楚，世界上有很多东西是不可传递的，只能靠亲身经历。智慧并不完全依赖知识的多少，而依赖知识的运用、依赖经验，教师只能让学生在实际操作中磨炼。"因此，基于学生的最近发展区，给学生在尝试实践中去悟的机会，这是促进学生学习真正发生的前提，也是帮助学生激活数学思考，感悟数学思想、积累活动经验的必要条件。

例如，让学生借助方格想办法弄清楚一个三角形的面积有多大，就是让学生应用已有知识经验的自主体悟。有的学生根据研究平行四边形面积的经验，借助方格纸用剪拼的方法，得到了直角三角形的面积，有的学生则借助方格纸利用三角形拼组的经验，通过长方形的面积推算出直角三角形的面积（如图3），学生在方格纸上，通过独立动手实践，尝试得到直角三角形的面积。经历了此环节的学习，学生悟到的是对于三角形的面积，可以用剪拼或拼组的方法去尝试获得（如图4），并能把在研究直角三角形面积中的新经验，应用于锐角三角形和钝角三角形面积的探究之中，这样的学习活动基于学生的最近发展区，巧妙地将学生带到对剪拼转化和拼组转化的感悟中，给予每一位学生思考的机会和初步感悟的时空，使学生已有的知识和经验被充分唤醒。在此基础上，教师随意再给一组三角形（图5），让学生再借助方格快速得到它们的面积，则是为学生搭建深入感悟的平台，让学生进一步感悟三角形的面积与什么有关系、三角形的底乘高是谁的面积，进而完善和提升学生对转化思想的认识，引导学生从无意识的操作到有意识的思考，使学生对如何测得一个三角形面积的认识，在不断的自悟自省和自我修正中，逐步从束手无策到形成策略，从朦朦胧胧走向清晰，在思维的自然生长中进行知识构建和经验积累。

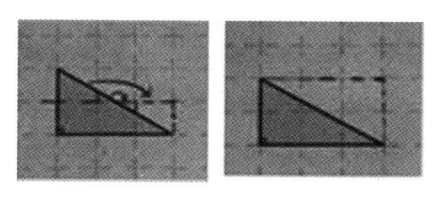

图 3

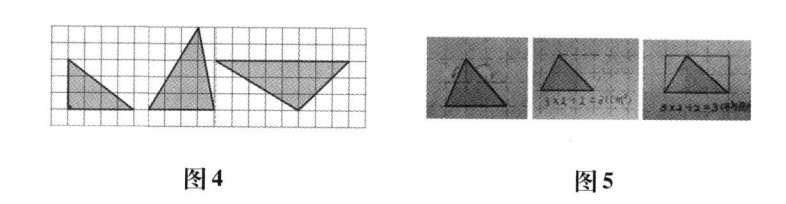

图 4   图 5

(二) 辨中悟"理"

"理"即道理，指数学领域中的知识的本质，它是学生在经历知识的形成过程中获取的。教师将前人的间接经验转化为学生探究的问题，让学生以自身的已有经验和知识背景分析新问题，了解知识的来龙去脉，清晰其逻辑关系，进而深入知识结构，领悟知识本质。辨，即辨析，是学生在经历自主的操作尝试和初步的分享与交流基础上进行的更高层次的思考，其过程往往伴随修正性和完善性的辩论，所以学生往往是因辩而辨。这个过程是将学生碎片化的认知予以系统化、结构化的过程，是学生将旧知纳入新知，提升其知识经验的过程。

例如，经历借助方格纸探索三角形面积的探究活动，学生不仅感悟积累了解决问题的数学方法，而且逐步将认知焦点聚集到计算方法上。此时，教师适时质疑："如果没有了方格，你还能得到一个三角形的面积吗？"以此引导学生感悟抽象三角形面积的计算方法，并追问"三角形有三组底和高对吧？该用哪一组底和高呢？"教师在引导学生辨析的同时，提供两个完全一样的任意三角形作为学生辩论时证明自己观点的工具，借助几何直观帮助学生理解无论用哪一组底和高，底乘高再除以 2 都能求出这个三角形面积的"理"。

三 以育"润"心

（一）互动评价重润情

第斯多惠曾说过这样一句话"教学的艺术不在于传授本领，而在于激励、唤醒、鼓舞"。可见，教学中要提升师生互动的有效性，丰富互动的内容与形式，这就要求互动的主体从一元走向多元。教师要用欣赏的眼光看待学生的思维生成，多采用正向激励的评价，引导学生的思维方向，提升互动的广度与深度。

例如，在《三角形面积》一课教学中，看到有的学生借助方格纸利用剪拼的方法得出直角三角形的面积，我没有急于点评，而是先询问"还有谁也想到了剪拼的方法？"如果在一个学生展示之后就点评，那么只有这一个孩子会有成功的喜悦，同样是抓学生的思维亮点，教师通过询问"还有谁也想到了剪拼的方法？"再进行点评，就让凡是想到这个方法的学生，哪怕是想到了剪拼但却没有成功得出面积的学生也会体验到成功的感觉。教师由纯粹的关注结果转到聚焦策略，使学生认识到思考的过程同样重要，同时，也使更多学生意识到应用以前学过的知识经验去解决问题的思路是正确的，进而让学生积极在大脑中搜索与三角形和面积有关的知识，寻找其他解决问题的途径。

（二）启发点拨重润心

数学中的润心教育就是要让学生动手，动脑，自主探究知识，建构知识，并在探究的过程中，培养兴趣，掌握知识，滋养心灵，提高能力。教师则要根据学生的最近发展区，适时适度地拓展学生经验的宽度和深度，为学生创造实现自我超越的机会。

例如，在学生借助方格纸用拼组的方法研究锐角三角形的面积时，有的学生会萌生出这样的奇思妙想——（如图6），对于这样的方法，那些认为应该在锐角三角形的两侧分别拼上一个小直角三角形组成一个长方形的学生的第一反应一定是不认可的。在很多学生犹豫不定之时，教师自言自语式的追问：这里的 3×2 得的是……后面它也是除以2，这个可以吗？这个锐角三角形的面积怎么可能是这个长方形面积的一半呢？

在教师的引导之下，学生的思维之火被迅速拨亮，有的学生想到借助直角三角形的拼组经验去思考（如图7），有的学生会借助锐角三角形的剪拼经验去解决问题（如图8），更多的学生则是借助三角形的拼组经验，想到通过平移左侧的小三角形说明锐角三角形的确是长方形面积的一半（如图9）。

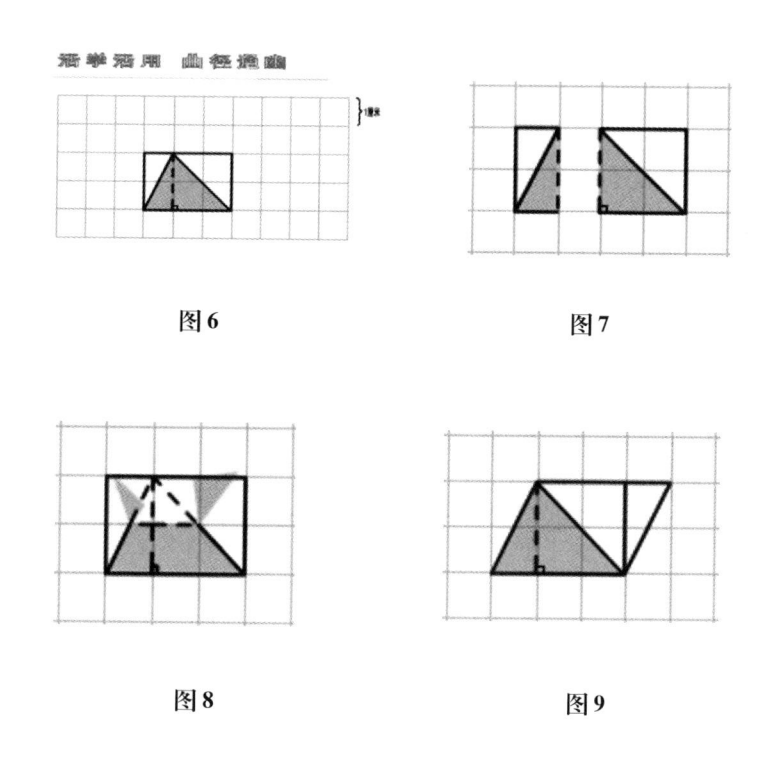

图6

图7

图8

图9

教师适时将某一个学生无意识状态下的思维成果转化为让学生从无意识研究走向有意识思考的导火索，进而让学生思维不断向纵深发展，并在互动的思维分享中对应用三角形的剪拼和拼组解决问题产生一个新的认识，起到了事半功倍的效果。在此，学生不仅经历了一个再深入研究的过程，更经历了一次把认为不可能的事情变成可能的挑战。学生在体味从肤浅走向深邃的喜悦的同时，其心里便自然埋下了创新思变的种子。

参考文献

[1] 朱红伟:《"悟":数学学习的必由之路》,《江苏教育》2011年第4期。

[2] 史宁中、孔凡哲:《"数学教师的素养"对话录》,《人民教育》2008年第21期。

[3] 苏国榜:《课堂教学如何实施激励性评价》,《教育艺术》2005年第12期。

依托"小发明设计"创客空间建设的科普教育实践

天津市滨海新区大港第二中学　祁永成

【摘要】分析"小发明设计"创客空间的教育价值，结合大港第二中学在学校科普教育实践中"小发明设计"创客空间建设的实践成果、应用效果，总结在普通学校推进科普教育长效发展机制：要探究一个个"真"实的现实问题，用"真"实的工具进行实验探究，在"真"实的制度下运行，做出"真"实的有价值的成果。同时，对大港第二中学依托"小发明设计"创客空间建设的科普教育实践活动进行反思，明确改进方向。

【关键词】小发明设计；创客空间；校本课程；科普教育

面对 21 世纪国家现代化建设对新型高素质人才的需求，国家发布了《关于深化教育改革全面推进素质教育的决定》，提出"全面推进素质教育"，以"培养学生的创新精神和实践能力"为重点造就全面发展的人才。在基础教育阶段开展新课程改革推动素质教育不断深入。其中，开展学校科普教育，尤其是依托"小发明设计"具体教育形式，在培养学生的创新精神和实践能力方面发挥了积极作用。近年来，建设创客空间开展创客教育，成为培养学生综合素质的新教育模式，也是学校科普教育工作者面临的新课题。天津市滨海新区大港第二中学依托"小发明设计"创客空间建设，在实施创客教育活动中探索科普教育新路径。

一 "小发明设计"创客空间的教育价值

"小发明设计"创客空间是大港第二中学开展科普教育的实践基地，依托这一创客空间，开展校本课程开发，培养学生创新精神和实践能力。建设"小发明设计"创客空间，对落实国家教育方针、促进学生全面发展，具有重要的实践意义。

(一) 建立创新型国家需要贯彻落实素质教育

我国处于社会主义初级阶段，经济科技总体水平低，自主创新能力低，与发达国家差距大。科技是第一生产力，建设创新型国家，有利于增强综合国力。国家全面推进素质教育，在学校教育中强化对学生创新精神和实践能力的培养，提升公民的科学素养，有利于提升国家的软实力，有利于自主创新能力的提高和经济、社会的发展。

(二) 以人为本促进学生全面发展的现实要求

教育活动的主体是人，以人为本的教育理念就是在以学生的学习生活为根本出发点，倡导活学乐用，构建丰富多彩的学习环境，促进学生维持稳定的学习兴趣，形成积极健康向上的人格。所谓全面发展，是指多方面、多层次和多样化的发展学生的综合素质。培养创新精神和实践能力的关键在课堂。"小发明设计"创客空间就是要积极营造敢想、敢问、敢做、敢说的教学环境，构建适合创造能力的培养机制，让学生在课堂中真正"活"起来，在课堂上"乐于学习、积极主动、思维活跃、相互交流"，促进学生全面发展。

二 "小发明设计"创客空间建设的实践成果

(一) 建成创客空间创新活动平台

大港第二中学建成"小发明设计"创客空间，为科普教育实践活动的持续开展奠定了良好的物质和实践基础。创客空间配备有必要的科学设备，除金工、钳工等传统设备外，新添置创客教育设备有太尔3D打印机、Arduino套件、激光雕刻机、演录放设备等，基本上满足了科普实践的需求。教学团队以学生生活为研究对象，开展"发明设计""模型测试评估优化""模型展示""发明申请专利"等研究性学习活动，学校科学院承担发明设计的模型制作、测试等环节任务，构建了一个集设计、制作、展示、推广为一体的创新活动平台。学校在博雅楼三楼设置专利厅，学生专利、发明作品上墙展示，激发学生的发明热情，营造创新学习氛围。"小发明设计"创客空间成为师生"爱发明，爱生活，爱创造"的载体，成为开展科普教育的有效途径，提升了学校实施素质教育和综合实践活动课程的能力。

（二）形成校本课程并在同类学校推广

创客空间教学团队开发出版的《芝麻开门——让发明发生》校本教材，是"小发明设计"创客教育的主要成果，从教材、课时、教学地点、教学目标、教学评价等方面将"小发明设计"创客教育固化下来，推进学科课程化，取得了积极的教育效果。该校本教材编写体例采用"看一看""读一读""议一议""想一想""做一做""编一编"等模块，符合学生学习特点，学生爱看；内容选取注重广泛性、趣味性，强调让学生通过经历和感受来完成对"科学探究"能力的培养，学生爱做；活动安排有意引导学生从学校生活、社区生活资源入手，让学生感知身边的自然、生态、人文景观的进步，激发学生"爱发明，爱生活，爱创造"感情。《芝麻开门——让发明发生》一书由天津市科学技术出版社出版发行，被多所同类学校选为科普教育教材。2015年10月至2018年4月，在大港徐庄子中学、大港五中、大港沙井子学校等实验单位进行推广应用，反响良好。

（三）构建"芝麻开门"科普活动模式

"小发明设计"创客空间教学团队依托校本教材，构建"芝麻开门"主题科普活动，这一生动的活动模式成为提升学生小发明设计能力的基本实施模式，"芝麻开门"成为开启创新之门的一把钥匙。"芝麻开门"科普活动模式主要包括以下具体活动内容：

"一句话改变人生"利用语言载体，打开创新之门，让学生时刻拥有创新者的内在成长驱动力。"像发明家一样想""像发明家一样做""发明一定有方法",让学生循序渐进,站在"巨人"的肩膀上,朝着成为"发明家"的目标成长。"知识产权与我"展现给学生真实的发明世界,让学生了解发明与经济的关联,激发知识产权保护意识。"学生发明故事"汇集小小发明家的成长故事,告诉学生榜样就在身边,激励学生"我也行"。

(四) 构建"校本课程+校外顾问"制度

学校推进科普教育的课程化。每周安排一节小发明设计课程,在社会实践课中机动实施。课程有统一的教学目标,教师有教案,每学期进行一次小发明设计汇报展示课。为增加科普教育活动的广度和深度,学校创新实施校外科学顾问制度,组建校外科学顾问专家组,指导校本科技教育活动。校外科学顾问的选拔条件是,具有高级及以上职称,在相关专业领域具有较高的学术水平,并在科技创新工作中曾取得重要科研成果的科技工作者。目前学校已经组建成一支含有大学教授、科研院所研究员、基层教研员、科技区域名师的专家团队,保障学校科普教育顺利实施。

三 实践探索学校科普教育长效发展机制

基于学校多年来的科普教育实践,特别是依托"小发明设计"创客空间建设开展的一系列创客教育活动,学校从机制建设的维度进行了深入研究,总结成功经验,探索出适用于普通学校开展科普教育的长效发展机制,我们称之为"四个'真'字规律"。

(一) 要探究"真"实的现实问题

开展科普教育活动要有明确的选题。一个好的选题应从背景、意义和必要性三个方面进行分析,以解决参与对象、内在运行的动力机制及预期成果实现的问题。选题的研发要与当前建设创新型国家,营造"大众创新,万众创业"的局面相一致,与学校的课程改革相一致,与学生的认知水平相一致。

（二）用"真"工具进行实验探究

搞科普，就要让学生用"真"工具进行实验探究。"真"工具是学校科普教育组织设施所需要的物质基础。建立真实的创客空间，让学生有进行实验探究的场地空间和科学工具，否则就科普而科普，只能是纸上谈兵。学校建设"小发明设计"创客空间作为学校科普教育基地，全天候向师生开放，每天开展小发明设计、教育机器人、电子百拼、Arduino电子创意设计、地图测绘、科技小发明在内的十几项科学探究试验活动。

（三）在"真"实的制度下运行

建立一整套包括科普教育课程制度、校内外科学顾问制度在内的科普活动机制，是学校科普教育可持续开展的必要条件。学校开发《芝麻开门——让发明发生》校本教材，将科普教育活动课程化，小发明设计校本课程的开发赋予教师自主权，为教师提供了发挥创造性的空间。师生定期组织实践成果展示会、展示课、主题博客，介绍宣传小发明设计优秀成果。组建稳定的高素质校内外科学顾问团队，保障科普教育活动的持续开展。

（四）做出"真"实的有价值的成果

"真"实的有价值的成果，不仅对以小发明设计为主体的创新教育产生影响，而且对参与对象也具有直接影响。从学校、教师、家长的实际需求出发，开发"小发明设计"校本课程，突显学校的办学特色，使学校实现跨越式发展。通过"小发明设计"创客空间开展创新教育，真正实现师生科普能力的提升，师生形成了用"奥斯本检核表法"的创新角度去观察事物，引发"改善——改进"主题科普实践活动。近年来，146项学生小发明设计获得国家专利，成为彰显学校科普教育的主要标志，学校荣获天津市小发明设计大赛优秀组织单位、天津市知识产权教育示范校。天津多家报纸、广播、电台等新闻媒体报道了学校成果。

四 反思及后续工作改进

科普教育是一个系统工程。以"小发明设计"创客空间建设为依托，带动包括科普顾问建设、科普课程建设、科普教师培养、科普文化培育、科普小组建设、科普竞赛指导等在内的科普教育形成一个系统，需要统筹规划、整体推进。

需要改变传统的学习方式，建立创新教育评价体系，从而保证校本课程实施。教师在教学中组织学生应用积极、生动、自主、合作的学习方式，从生活中出发，发现问题、提出问题，制定计划、探究分析，得出结论、用于实践。建立创新教育评价体系，重视课程管理，定期进行课程诊断。成立研究小组，统一领导，分层管理。

需要建立开放式的教学体系，开发利用多种教育资源。教师应在思想上把握小发明设计教育的内涵，小发明设计教育活动从属于综合实践活动课程范畴。教师应该认识到综合实践活动课具有综合性、自主性、实践性、生成性和开放性的特点。

总之，大港第二中学依托"小发明设计"创客空间建设开展科普教育过程中，对综合实践理念的理解、具体实施指导、课程评价等还存在认识上的偏差，对教学团队建设、师生激励机制建设等方面还存在着有待完善的地方。然而，我们始终坚信"只要思想不滑坡，办法总比问题多"，将继续在科普教育这片沃土上释放出无限的激情和力量。

视觉观看转换对创作力培养的意义

北京师范大学天津附属中学　秦晓明

【摘要】 美术作为视觉艺术，首先是引导学生学会观看，这种观看是创造性地观看。本文通过论述如何观看，论证了创造力的培养意义，以及如何在美术学科领域中培养学生创造能力。

【关键词】 视觉转换；观看；创造力

美术属于视觉艺术范畴，与创造力培养息息相关。在所有学科中，美术学科属于无错误学科，这已经被西方教育家认可。这种无错误的教学培养模式正适合于创造力及想象力培养。很多学科通过考试决定学生的将来，考试必然带来评价，评价就需要科学的判断，这样的教育使学生们习惯于做任何事都要寻找规则，可是往往想象力是没有规则可言的，创造力也恰恰是在想象力基础上出现的。美术作为无错误学科正好符合想象力培养的模式。

在美术创作方面要想有创作力，首先是提高学生的视觉转换能力，从而培养学生的美术观察力、想象力。由于受到生理的制约，我们的眼睛是有局限性的，比如我们在观看眼前的景物时，很难同时注意前面物体和远处的物象，总是有选择的注意，所以我们在观看时只对我们感兴趣的物象进行注意。创作就带有这样一种观看转换的现象。

东西方艺术除了文化上的区别以外，在观看方式上也有着巨大的区别。很多西方现代艺术的巨大变革也是观看方式上的变革。由于西方文艺复兴运动以来很多艺术家、建筑师开始从建筑中发现并提炼出透视法则，人们开始注意到人类眼睛的这种错觉现象。在文艺复兴的初期，一位叫马萨乔的艺术家最先在教堂的墙壁上画出了有后缩感的建筑空间，在耶稣的后面，建筑神奇的后退，我们可以联想到当时人们第一次看到这件作品的感受，有如今天人们第一次在电影院看到电影《阿凡达》时那种冲出电影屏幕3D影效的感受。从文艺复兴到今天的3D电影这几百年中，人们一直努力地把二维画面向后推及向前拉，这种方式在改变着人类的眼睛，但是中世纪时的人们是看不到这样后缩的感觉，人类的绘画一直以来在一种平面的二维世界中进行。

毕加索的立体主义其实不是一种带有后缩感的立体主义作品，他与我们在传统绘画中看到的空间透视完全不一样，他正在引领着观众从单一看画的视角转向多角度的观看，这种观看方式是艺术家通过观察，及发现后的得知。有的时候我们在欣赏完艺术展览作品时，我们的眼睛也会暂时受到艺术家作品的干扰，用作品中的视角重新来看外部世界。比如印象主义大师莫奈在他举办的展览时，有的人对他的作品提出质疑，认为画面中阴影颜色为什么被他画成了蓝紫色，当人们从展览馆走出来的时候，看到建筑物阴影处就是刚才看到莫奈画中的颜色。有的时候，艺术家的作品也会引领观众的视角的改变。

一个幼儿学习绘画的过程也是观察和看见的过程，一旦这个孩子的观看得到改变，他的作品必然会有非常大的变化。很多老师及家长在指导学生学习美术时往往是关注他能否画的像，而很少引导孩子进行观看和指导孩子观看的方式。所以很多学生学习了很长时间，观看仍然停留在最初的状态下。

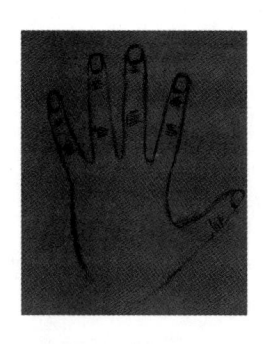

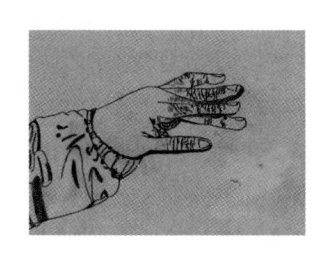

这两件作品是我辅导的学生的前后作品。第一件作品是学生学习之

前能够观看到手的状态，这件作品除了能看到手的基本形态以外，我们看不到任何东西。而第二件作品是通过辅导之后的作品，可以观察到手的其他部分细节，同时也体现出学生能够认识和发现这种细节与自己的某种联系。

同样的学生作品，通过解决了观看方式，视角得到转换，同时也能够利用视觉进行思考而创作。我们可以看到这两只手的形态变化很大，反映了学生的思维发生着不同的变化，这种变化来源于观看的方式转变。

一　观看也非观看

观看行为在普通人眼里是基于观看的需要，但在艺术创作中，则是观看也非观看。因为艺术家创作作品有时是停留在现实世界中，有时会带领观众走到一种神秘的世界中。我们忽而回到现实，忽而回到画家精神世界里去翱翔。创作就带有这样一种观看转换的现象。在吕胜中编著的《造型原本》一书中介绍艺术家除了有普通的眼睛之外还要有心眼，这个心眼就是一种艺术家独有的观看方式。这本书曾经用一种有意思的比喻，讲到他的一个朋友在晚上听完鬼故事的时候，在出门上厕所时忽然看见了不远处有一个像鬼一样的形象，正是他刚刚听的那个故事在他头脑中的形象映射。这个形象怎么会被我们看到呢，这主要是借助我们的心眼看到的形象。艺术家在创作中经常会有大量的心眼在画布上说话及布局。

比如清华美院毕业的学生文娜在她的壁画创作中借助心眼来感受她的创作。电视采访她是如何能画出这么多栩栩如生的画面时，文娜讲，她在画画前，面对巨大的墙壁不是先定稿，也不是打框架起形，而是先用眼睛看这面墙壁，当她头脑中有形象时一会儿就完成了，其实她的创作方式就是借助心眼来观看的。这种心眼不受现实世界的约束，可以天马行空，自由翱翔，尽情地展示艺术家的思想情怀。这也是艺术家与观众交流的平台。

我们只用普通的眼睛观看世界，并通过画笔机械的呈现可见之物，这样的作品不会带给观众新鲜的感觉。观众最想了解的不是他们熟悉的，而是他们熟悉的事物如何在你眼中呈现，这种新奇的视觉转换才具有意义。这样的观看是一种有思想的观看，是我们感知现实世界之后的再看。

凡·高的作品《星空》，在作品的背景中作者大胆的表现出与众不同的星空样子，以至于很多人对此提出质疑。很多人都会对照他们自己从现实中看到的星空的样子，其实凡·高作品反映出艺术家正是借助心眼进行的观看。这里面旋转的笔触正是当时画家面对景物的心里写照。使每个人在欣赏作品时总是把每个人的状态与艺术家联系在一起。假如艺术家按照大家通常的视角看星空，得出的答案不会像现在一样具有这么大的反响。

二 观看是一个人的旅程

观看不是一群人在一起，而是一个人独自与世界交流。任何两个人都不会以同样的方式看待同样的事物，因为每一个人的心理和禀赋各不相同。当我们静下心来仔细观看与快速的观看得出的答案是不一样的。未来主义大师们就是通过快速观看的方式带给我们运动般的感受。在运动时随着你的观看，运动的加速，景物也在不断发生改变。这就好比我们坐在火车上观看远处向后移动的物体。当我们静下心来仔细观看时，我们会从作品中看到不一样的情景。

比如爱德华·韦思顿的摄影作品《辣椒》，这件作品如果观众瞬间观看会以为是一幅人体摄影作品，当我们静下心来观看就会发现这其实是我们最熟悉的辣椒。为什么会出现这样的显现呢？这是由于艺术家近距离观看时发现了辣椒的卷曲的表皮与人体有某些相似之处，所以在摄影拍摄过程中，艺术家就试图通过摄影手段把他发现的两种影像巧妙的捏合到一处，让观众的观看发生改变。

其实在我们日常生活中有很多的细节，都会被我们快速的忽略掉，

在这些细节中会有很多激发我们灵感的物质，对于一名优秀的艺术家来说，善于捕捉细节来自于深入的观察习惯。他将为我们打开创作的大门。

贡布里希讲过："只有当人不再注意事物的实际意义时，才能在我们脑海中破坏事物的恒长性，艺术家这个时候就变得超然。"一个水盆在一定范围也可以变成一个火盆，一个木棍也可以变成擀面杖，当我们沿着事物的本来样子发生联想时，事物才有可能改变它的属性。只有在我们需要它服务于我们时，人们才能扩大自己对可见世界的意识突破。康德拉强调这是人类创造属相的一个侧面，发现形相就是发现世界的多意现象。

这种发现必须是我们保持一种观察的状态，才能潜下心来认真勾起我们对已有事物的回忆然后与新事物之间的重新组合。创造力本身就是一种精细的发现，是艺术家对大自然的观察深入后的释然。艺术家是把这种发现通过画面转换成他头脑构想的模样，然后与观众之间的交流。这种发现也会带给观众在观看上的启迪，并与他之间寻找共鸣。作为学生创造力培养应该注重美术的视觉语言转换，才能提高学生在视觉领域中的创造力。

参考文献

[1] 贡布里希：《秩序感》，广西美术出版社 2015 年版。

[2] 贡布里希：《艺术与错觉》，广西美术出版社 2015 年版。

培养学生语文自主学习能力的几种教学模式刍议

天津大学附属中学　任　虹

【摘要】《普通高中语文课程标准》明确提出了语文学科的四大核心素养，如何将新课程改革要求和培养中学生核心素养要求有效落实在课堂教学之中，从根本上探索学生内在动力、培养学生自主学习习惯和独立思考能力。课堂作为学生接受教育的主阵地，是他们开展素质教育、培养创新精神、提高创新能力的主渠道，因而探索有趣、高效的教学模式是培养高中生语文自主学习能力、促进思维发展的有效途径。

【关键词】语文教学；自主学习；思维发展；教学模式

《普通高中语文课程标准》中明确提出语文学科的四大核心素养及相应的课程目标。如何将新课程改革要求和培养中学生核心素养要求有效落实在课堂教学之中，这是对课堂教学最直接的必然要求，也是有效减负和培养全面发展的人的必然要求。我们试图寻找一条推动高中语文教改的有效路径，探索"学生乐学乐写、生成能力"的方式方法，经过几年的实践探究，笔者认为以下几种教学模式是培养高中生语文自主学习能力和促进思维发展行之有效的方法。

一　启发探究式教学

启发探究式学习方法是教师设计问题，激发并引导学生独立理解和提出问题，通过学生自学和交流探究、师生交流探究等思维碰撞，进一步探究解决问题的教与学的过程。课堂上，教师根据学情、教情，引导学生阅读理解、分析思考问题、探究解决问题和敢于提出问题，使学生在学中思、学中悟、学中交流探究、学中生成。这种课堂教学的关键在于科学巧妙的设计问题和对学生探究的鼓励与放手。

问题的设计与学生生活息息相关，我们既要关注学生的个体差异和学生最近发展区，又要注重问题设计的逐步递进的设计策略；既要启发学生对以往知识、经验的回忆和联想，同时还要有新颖性，能激发学生的探究兴趣，引发学生的思考和创造性思维。鼓励和放手学生课堂上自主探究学习，关键在于鼓励学生自主独立去理解、去联系、去质疑、去发现问题、去分析、去交流合作探究解决问题。应该相信，每一个学生的理解和观点都有其自己内在的思想基础、生活阅历和逻辑联系，都是他们内心中自己的"哈姆雷特"。学生思维能力生成的过程往往是学生的思维由片面到全面整体把握的过程，如果有了学生自主学习和交流探究的过程，就有了超越盲人摸象片面思维的思考过程。

启发探究式教学方式的突出特点是鼓励学生提问，引导学生提问，支持学生提问，肯定学生的不同见解。教师应在质疑的基础上引导学生创新。特别是对于文本阅读的理解，教师应鼓励学生通过多方搜索信息，并在充分了解大量相关信息的前提下，独立思考，辩证分析，勇于提出并表达自己的见解，不畏权威，不人云亦云。我们希望学生有勇气、信念和决心敢于挑战权威。启发探究式教学方式让学生能够独立思考，在学习中发现问题，善于提问，消除疑问，达到领悟理解问题的目的，这比我们语文课上得到一个所谓的正确答案要有价值和更深远的意义。教师有了对学生的尊重、信任和放手，就有了学生在课堂学习中的主动和互动，长此以往，学生渐渐养成了自学、良好思维的习惯，从而产生学习能力，提高了语文核心素养。

二 活动式教学

活动对于学生而言，是最容易激发学生思维的。语文教学作为一门传授人类历史文化精华的间接经验为主的学科，教学活动课程所占的比例比较小，而活动会很好的补充和促进学生的思维发展，是我们要引以为重的。活动式教学方式在语文课中优化了传统的教学模式，活跃了课堂，激活了思维。教师充分挖掘学生潜能，搭建学生展示交流等活动平台，培育其创造思维，促成其多方面能力协调发展。

其中，"巧抓课前，激趣展示，训练积淀，引入状态"的课前五分钟是课堂上主题曲的前奏。它可以调整学生心理，引导学生尽快进入学习状态。课前五分钟的训练形式多种多样，完全由学生根据自己爱好优长而定。这一活动可以给学生以新意，激发学生的学习兴趣；可以有效引导学生养成自主课外阅读的习惯，培养学生阅读能力，同时，增长知识、拓宽视野、陶冶情操、培养语文素养、提高学生各方面的素质。能够发展语文自主学习和促进思维的活动还有很多，"课前五分钟"是我每堂课的常态活动。

我还根据教学内容的差异性，设计风格各异的课堂活动。比如，课本剧演出，主要在小说和戏剧单元采用，学生自排自研自演，从服装到道具，从背景设计到揣摩人物，热情高涨，精彩纷呈。朗诵比赛，主要在诗歌和散文单元进行，学生们从选择背景音乐到背诵诗篇，从舞美设计到情境演出，有板有眼，各显神通。再如，研学活动、社团活动、自办报纸杂志等社会实践活动，让语文课从课内延伸到课外，形成处处为语文教学阵地，处处为语文学习的大语文观教育。每一次活动都促进学生积极主动去学习，去思考，去探究，而这一切都会让自主、合作、创新思维能力得到发展，这是传统课堂无法比拟的。

三　思维导图教学

思维导图是一种可视化思想的方法，是一种表达发散性思维的有效图形思维工具，它使用主题关键词和图像、颜色、逻辑及空间创建内存链接。充分利用思维导图可以发挥人脑整体功能，提高用户的三维思维能力和学习者的整体规划能力，运用记忆、阅读、思维的规律，帮助人们平衡科学与艺术、逻辑与想象之间的发展，从而释放人类大脑的无限潜能。

思维导图的教学方式首先需要教师通过学习相关知识根据课程内容

能制作各种思维导图，为语文课提供有效的思维图形工具，师生共同运用图文并重的技术，打造立体的、生动活泼、自主高效、促进思维发展的高效课堂。其次教师要引导学生构建思维导图，在新课中建构知识结构，在复习课中构建知识体系。这种教学方式会让他们自己动手、思考，开始时可以以小组合作方式，创建展示，取长补短，补充完善。训练几次后，让学生自己设计，培养独立思考能力和深度思维，帮助学生树立信心，逐步养成自主学习能力。通过教学的实践，这种教学方式用于课堂上小组讨论环节、阅读教学、专题复习、作文训练中，效果最好。

思维导图的本质是以立体方式思考文本，既注重整体又联系部分，帮助学生更好地和文本"对话"。在语文阅读教学中，教师可以针对不同的教学内容，选择不同的绘图时机与绘图策略，并使用思维导图来组织阅读材料中最主要的信息。用自己的语言将其转换为一系列图式的模式，以便系统形成层次结构，从而使困难和复杂的内容非常清晰系统地显示出来。

在语言复习课中，由于知识点数量众多，很容易引起学生记忆的混乱。使用思维导图可以将一个单元、一个主题的内容"组合"和"压缩"放入由关键信息及其连接组成的图片中，方便学生整体构建和掌握知识点。在作文教学中，使用思维导图可以向学生呈现写作任务，然后引导学生围绕主题思考，将思考的结果用"思维导图"的方式呈现出来，尤其是高中的议论文更适合用思维导图的方式，指导学生用不同的线条标出思考的"路线"。让学生在积累丰富素材的同时感受和理解这些思维方式。通过这样的准备工作，议论文的构思立意不会缺乏材料，也不会感到混乱、不知从哪里下手。"材料的丰富"达到"广度思考"，"独特的视角"达到"创新思维"，"发散的思考"和"真切的感悟"达到"深度思维"的目的。

思维导图的教学方式给予学生的不只是简单的记忆模式，而是赋予学生更多的自主化、个性化、趣味化的教学，它的直接作用是利于思考、探究和联想。把知识进行整合、联系和联想，采用发散性思维，突破定式思维，进行知识创新，通过这种方式训练，随着时间的推移，学生不仅在思维的深度上发展，而且在不同的领域的思维会有所跳跃。这样文章方会写出新思路，阅读方会读出深度，鉴赏方会赏出异度。

四　整合阅读任务群及跨媒介阅读教学

王宁教授在谈到新课改实施中说：高中语文课程的实施要"把追求语言、技能、知识和思想情感、文化修养等多方面、多层次目标发展的任务，通过情境化、结构化的设计，组合成'群'，争取教学效益的最大化。"现在高中语文教学普遍面临着课时紧张的现实，高一学年需要讲完4本必修教材，而每周只有4课时，这就给语文教师提出一个严峻的挑战，通过学习王宁教授的整合"学习任务"，紧抓"语文实践"的精神内涵，笔者经过实践探索，觉得"整合阅读任务群及跨媒介阅读教学方式"可以有效地解决这一问题。

所谓"整合"，首先整合的是"阅读任务群"，基于教科书的单元布局，每个单元都有明确、综合的语言训练重点。其次整合的是"阅读内容"，是基于教科书，将课文、补充阅读以及必修教材、选修教材加以统整，使教学内容更加丰富，整个的教学过程得到整合和优化；同时开展跨媒介阅读，将媒介载体中的内容与教学目标建立实质性的联系，这种联系在内容、形式、教学效果、效率的综合层面上优于单一媒介，具有多重解读意义的载体，其内容本身可以进行或浅或深多角度的解读，可以作为一种与文字文本搭配的内容进行主题探究的活动。通过比较辨异运用批判性思维审视言语作品，形成对原文本的新理解；以跨媒介的形式创造性地表达自己的审美体验，可以促进多方面的认知，学会尊重多样文化。整合阅读任务群及跨媒介阅读形式新颖，可以提高学生的兴趣与注意力，改善教学效果，培养学生自主性，求同求异、培养批判性思维，并使用阅读材料的母本来辐射更多的阅读材料，提高归类能力、以点带面、寻找规律，培养迁移能力都有很大的作用，是高效低耗的一种语文教学模式。

随着新课程改革的不断深入发展，作为一名高中语文教师，基于高中生思想素质的日趋成熟和学习自主能力的日益提高，我们可以运用更契合其身心特点的高中思维发展与提升的策略，抓住课堂主要培养阵地，深入研究语文核心素养落实的方式方法，强化课程意识、资源意识，努力提高课程资源整合能力和课堂教学的有效性，优化我们的教法，不断培养学生自主学习习惯，优化学生自主学习方式，培养学生自主学习能力，不仅可以促进学生身心发展，提高学生人文素质，还可以提高学生的智力水平，培养学生创新精神，为学生可持续发展奠定良好基础。

历史学习的学情分析探微

天津市武清区教研室 任洪来

【摘要】 我国教育改革的核心是课程改革，新课程改革的核心理念是教育以人为本，即"一切为了每一位学生的发展"，要关注每一位学生；关注学生的情绪生活和情感体验；关注学生的道德生活和人格养成。我们历史教师在教育教学过程中必须贯彻这些理念。本文将从学情分析的必要性、教学设计中的学情分析、课堂教学中的学情分析三个方面展开论述。

【关键词】 学情；认知准备；情感准备；课堂倾听；课堂对话

当前，我国教育改革的核心是课程改革，新课程改革的核心理念是教育以人为本，即"一切为了每一位学生的发展"，要关注每一位学生；关注学生的情绪生活和情感体验；关注学生的道德生活和人格养成。而要真正做到以人为本就必须对学生进行全面的学情分析。提到学情分析，我们头脑中首先闪过的是"学生的基本情况"，进一步追问的话，我们还能想到学生的家庭环境、性格特点、生活经验、知识储备、能力水平、学习兴趣、学习的态度、与教师是否关系融洽方面，等等，如果继续追问还会想到一些。但是我们到底要研究诸多学情中的哪些？如何展开科学有效的学情分析？据此，历史教师应该针对性采取哪些措施？

一 学情分析的必要性

（一）何为学情

程胜教授认为学情是指"影响课堂教学设计与实施并与学生有关的

基本特征和基本情况，如学生在学习方面有何特点、学习方法怎样、习惯怎样、兴趣如何等。"由此可知，不是所有的学生的特征都属于我们要研究的，只有那些影响课堂教学设计与实施的特征因素才是我们要分析的学情。

（二）为什么要进行学情分析

以下是三位历史老师对八年级学生的学情分析

"对历史有一定兴趣（更多限于历史故事），对于较为抽象的史观等问题难以理解，但兴趣不高。不过，在课堂上时常表现出强烈的爱国情感。"

"整体来说，基础较差、接受新知识的能力低，而且部分学生不重视历史学科的学习。"

"经过一年的历史学习，他们对历史课非常的热爱，感兴趣，已有一定的知识储备，懂得如何看书，抓重点，短时间记忆基础知识很到位，能分析一定的历史史料。"

通过见诸笔端的学情分析，我们可以看出几位教师的学情分析大多做出的是结论性经验判断，浅度的描述，如"有""不重视""已有""懂得""能分析"，等等，而较少对学习过程进行学情分析；缺乏有深度的针对学生个体进行差异分析。上述历史教师的学情分析也说明我们在日常教学中过多注重教，忽略学（有的教师在教学设计时甚至没有学情分析）；注重课前学情的分析，忽略课中和课后的学情分析，使课前、课中和课后从一次到多次，从经验到研究型，从静态到动态的一个完整的学情分析体系变成一个静止的摆设。在学情分析中关注学生共性的较多，很多忽略了学生个性的分析。

进行学情分析是历史教师重构课堂教学的需要；是历史教师转变学生的学习方式的需要；进行学情分析是历史教师专业发展的需要。

二 教学设计中的学情分析

美国心理学家布卢姆（B. Bloom）认为学生对新的学习任务的掌握取决于三个因素：认知状态、情感特征和教学质量。只有历史课堂教学尊重了学生的认知准备状态和情感准备状态也即学习准备，才能保证历史教学的质量。

（一）学生的认知准备分析

学生已具备的知识，不仅包括教材中已经出现过的知识，教师讲过的知识，还包括学生真正掌握的知识，学生能够真正运用的知识。我们的历史教学经验表明，当我们把学生所要学习的新的历史知识与学生原有的历史知识结合起来时，学生对新的历史知识的建构就会自然变得更加顺畅。对学生已有历史知识的分析，是历史教师在历史教学设计中需要认真对待的重要任务。

（二）学生的情感准备分析

学生对历史学习任务的情感准备特征，决定着他们为完成历史学习任务想要付出的努力的程度，也部分决定着他们所要克服挫折与困难时的程度。由此可见，学生的情感特征也是历史学习的重要前提条件。

哈佛大学威廉，詹姆斯（W. James）教授发现，在没有学习动机激发的情况下，人通常只发挥 20—30% 的能力，如果给予必要充分的激发，其能力可以发挥到 80—90%。历史新课程所提出的知识与能力，过程和方法，情感、态度与价值观的三维目标，把激发学生历史学习动机作为历史课程改革的目标之一，这就使我们对历史学习动机分析的必要性更加突出。对学生动机状况的调查可以与学生知识准备的前测结合起来开展。

前测是分析学生学习起点的重要手段，该方法是多元的，我们常用的有围绕 "K" "W" "L"，"KWH" 或者 Y 图进行的。

"K"（know）指的是学生对相关主题已经知道哪些；"W"（want to know）指的是学生对相关主题还想知道什么；"L"（learn）指学生对相关主题已经学会了什么。其中 "K" 和 "W" 是前测内容。

围绕 "KWH" 进行的，其中 "K"（know）指的是学生对相关主题已经知道哪些；"W"（want to know）指的是学生对相关主题还想知道什么；"H"（How）指学生想运用这些知识解决怎样的问题。

通过上述方法进行前测，教师就可以将班级里的学生合理地分为三大类：

学习状态	造成原因	采用教学方式	采取具体措施
学习起来很吃力	缺乏必要的前提性知识，他们对要学习的新内容感到很困难	采取补救性的教学	了解学生学习风格偏好，针对性"补课"；小组互助
学习起来正合适	知识准备与新内容正合适	提供一种有效教学	提供学习程序说明（自学时间；小组互动时间；完成任务后应做事情；全班活动时间。）小组行为准则（噪音、活动范围、方式）；何时\以何种方式向教师求助；
没有什么学习难度	自学或家教等原因，提前掌握了将要学习的新内容	采取拓展性教学	布置具有挑战性的学习材料

在教学设计中我们要结合前测，针对不同个性，不同学习风格，不同认知状态和情感特征的学生进行设计以激发其学习动机。

（三）历史统编教材的生本化

优秀历史教师要具有解读学生和教材的两种至关重要的智慧。历史教材是我们历史课堂教学的可能起点，解读历史教材是历史教师根据学生知识理解情况对历史教材进行二次加工。通过有效的历史教学设计实现历史部编教材生本化是我们历史教师应该具备的一项重要任务。通过有效的教学设计使离学生久远的历史知识恢复到"鲜活的状态"，实现符号化、结构化的历史书本知识与学生经验世界和成长需要的沟通，以建立学生对历史学习的信心，激发学习历史兴趣和培养自主探究历史的主动性和能力。

三　课堂教学中的学情分析

（一）课堂倾听与学情分析

我们常常注意到这样的课堂，学生在回答问题时，教师在写板书，或者在低头看教案，或者在距离该生较远的地方注视回答问题的同学。

作为倾听者，是我国基础教育课程改革倡导的新理念之一。倾听是一种观念，一种态度。倾听最重要的特质是尊重、共情与真诚。倾听还是一种技术，我们要掌握一些必要的倾听技巧。倾听的技术可以分为言语性反应和非言语性反应两种。教学中不存在"没有述说的倾听"，也不存在"没有倾听的述说"。

课堂倾听中教师的非言语性反应，指教师借助相应的体态语向学生传递"我正在倾听"的信息，如目光接触。传统的历史课堂教学中教师的"视觉霸权""凝视特权"普遍存在，教师和学生之间存在着"看"与"被看"的关系。教室中教师的讲台位于学生座位的正前方，这种空间有控制的倾向，它必然会降低师生之间的平等交流。

在倾听过程中，我们真诚地注视回答问题的学生可以向学生表明自己正在认真听学生的表达，这种行为也是对学生的尊重。当然，这种注视也不能时间过长，应适当地转移视线，然后再继续师生之间目光的接触，间隔循环地与学生进行目光的交流。再如，肯定性点头与手势、善意的微笑、适当的动作与表情等，都可以向学生传递教师正在用心倾听，也同时表明教师对学生的鼓励与赞赏。

（二）课堂对话与学情分析

教学即是对话，构成对话的话题就是问题，有效的历史问题就是历史课堂对话的前提。没有好的历史问题，就无法真正触及学生的心灵，就无法激发学生的历史思维，历史教师也就无法真正了解学生在历史课堂中的真实情况。要有好的问题，就要注意课堂提问的原则

1. 历史问题要紧扣历史教学内容

历史问题的提出应该是指向历史教学内容的重难点，以利于突出重点，突破难点，否则就失去了在历史教学中的意义。如一位教师讲部编

教材八年级上册第22课《抗日战争的胜利》，当提到国民政府内亲日派头子汪精卫公开叛国投敌时，出示汪精卫的照片，并提问"汪精卫是民国时期四大美男子，你们看他长得怎么样？谁还知道另外三位是谁？"这样的问题既偏离了重点内容，又与学生情感态度价值观相背离。

2. 历史问题应有启发性、探究性

教师提出的历史问题不能只是"是不是""对不对"之类的仅仅停留在较浅的知识与能力层面，而没有关注过程与方法，情感态度和价值观的假问题。设问要问在学生疑难之处，使学生有解决历史知识困惑的渴望；语言要有诱导性，有利于开启学生的历史思维活动。

3. 历史问题的难易要适中

我们根据历史课标提出既具有探究价值又能够激发学生探究欲望的和学生"最近发展区"相适应的问题，使学生经过努力可以得出结论来。如果历史问题的难度过大，学生可能难以回答。如"工农武装割据内容及其相互关系。""评价三民主义。"这样的问题是高中历史内容，对于初中生来说则是超出其"最近发展区"了。

4. 历史问题要与学生的历史学习有直接的关系

历史教师在课堂上提出与学生的历史学习有直接关联的问题，以便有利于调动学生进行积极的历史学习与思考，而不是为了提问而提问，或是单纯地追求提问的次数而不考虑问题的质量。

于友西教授认为，我们在历史教学中提出的问题应该"置问于学生的疑惑处、置问于新旧知识的联系处、置问于历史事件的比较处、置问于教学的关键处、置问于思维的转折处、置问于规律的探索处、置问于知识的引申处"。这些问题都是与学生的学习有着紧密关系的问题，不但使得我们提出的历史问题具有一定的针对性，还能够激发学生探究历史的积极性和主动性。

学情是一个发展变化的过程，我们的教学设计、课堂探究必然要随着学情的变化而变化，这就要求我们历史教师要深入了解学生的一般特征、熟悉教材知识与学生原有知识、经验之间的桥梁。让学生在历史的海洋中滋养自己的人生观、世界观和价值观，为将来的合格公民打好人的基础。

理解教学视角下的高中化学观念建构教学的实践探索

天津市滨海新区大港第一中学　商桂苹

【摘要】 观念建构教学有利于培养高中生科学素养，是落实高中化学核心素养的重要途径。基于"理解力"的高中生化学观念建构教学，运用"逆向设计程序"，旨在促进学生深度学习，真正实现"建构观念、提升思维、形成能力和素养"的课程改革目标。

【关键词】 高中化学；理解力；观念建构教学

一　理解教学对高中化学观念建构教学的启示

"理解力"一词源于美国著名教育学者维金斯和麦克森合著的《理解力的培养与课程设计——一种教学和评价新实践》一书，将理解分为六个维度：解释、释译、应用、洞察、移情、自我认识。该著作提倡进行理解性教学和理解性课程设计，主张教学的最终目的是实现学生的理解，提升学生的理解力。

（一）为什么教学要实现理解

第一点，目前某种低效教学模式的存在：教学设计着重考虑学生学习过程便于课程内容的记忆，教师本身也很小程度地达到，或根本没有达到对教材内容的理解。这样的课堂，课程组织程序就是"教学、考试反复转，希望高分能实现"模式。第二点，学生的发展水平决定了将概念抽象化到什么程度是恰当的，促使学生达到深刻理解是学校教育的一个根本目标。

（二）哪些知识适用于理解教学

超越于课堂之外的具有持久价值的课程内容适用于理解教学，值得持久理解的内容侧重于关键的概念、原则和方法，超越了学科知识为中心的孤立而散乱的事实或技能。简言之，应该具备如下特征：①持久的价值；②学科的中心；③需要发现；④有吸引力。如图1。

（三）如何设计实现理解教学

斯蒂芬在《高效率人的七大习惯》中谈到"首先在大脑中产生一种关于结局的认识意味着对最终目的的清晰理解"。基于此，《理解力的培养与课程设计》一书中提倡运用逆向设计策略完成理解教学（如图2）。基于以下两点：对于学习过程都指向和需要深度学习；归于教学内容都注重核心概念、观念和思维，高中化学理解教学中运用"逆向设计程序"适用于观念建构教学。

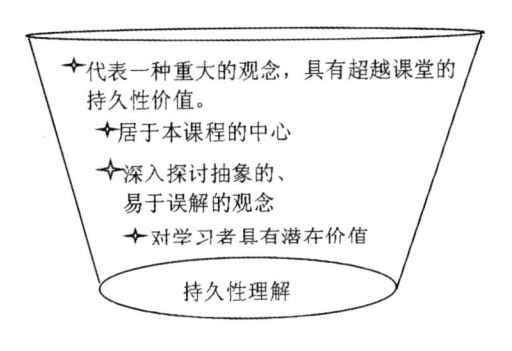

图1　指向理解的课程内容特点

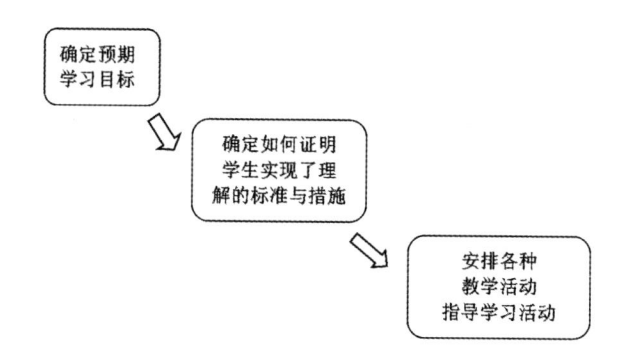

图 2　逆向设计程序

二　观念建构教学是提高高中生科学素养和化学核心素养的重要途径

教育所给予人们的无非是当一切已学过的东西都忘记后所剩下来的东西（劳厄 M. Vonlaue）。不禁思考，当多年以后，学生遗忘掉具体知识以后，在其头脑中"剩下的东西"是什么？无疑是能够从化学的视角认识事物、解决问题的思维、观点和方法，即扎根于学生脑海中的化学基本观念。学生遗忘掉具体的事实性知识后，或者说离开校园多年，还能够自觉地利用化学科学的观点、思维和方法去认识物质及其变化、去分析问题和解决化学问题，我们的教学才真正实现了不是知识的占有而是素养的形成。科学素养的提高不能独立于科学知识的学习和教育，教学也并不单纯的追求对科学事实和信息量的更多占有，而是要求在信息量和科学事实占有过程中对学科核心概念和科学思想的深刻领悟。反思我们的教学现状，很多教师在教学中知识本位，即就知识论知识，忽视了具体知识背后的基本化学思维和观念。结果，学生掌握了许多化学事实性知识，也做了大量的化学相关习题，但是生活、工作中遇到化学实际问题，还是不会运用化学的思维和方法进行思考和解决，没有表现出中学化学教育的预期效果。所以，在教师进行教学设计之初，就要站位高，即超越具体性化学知识，设计使学生掌握学科中最根本的东西，用化学的思维和方法来统摄具体知识，逐步发展和形成科学规范的化学基本观念，由此看来，培养中学生正确的化学基本观念应当成为中学化学教学最有意义的价值追求，也是提高中学生科学素养的根本途径。

高中化学学科核心素养包括：宏观辨识与微观探析、变化观念与平衡思想、证据推理与模型认知、实验探究与创新意识、科学精神与社会责任五个构成要素。这五个方面集中具体体现了化学作为自然科学之一在学生成长和社会发展中的学科价值和育人功能。所谓观念，简单地讲就是"客观事物在人脑里留下的概括性的认识"。化学基本观念，学生在化学课程的学习过程中，学生在深入理解化学学科特征的前提下所获得的对化学的总观性的认识。它具体表现为学生个体能够主动运用化学思想方法，去认识身边事物和处理问题的自觉意识或思维习惯。从化学研究的对象和方法来看，最能体现化学学科特点和核心内容的观念是：分类观、守恒观、微粒观、元素观、转化观，实验观、结构观和科学价值观等。对比以上八种基本观念和五方面化学核心素养，不难发现，化学核心素养实际上是基本观念的重新整合诠释，观念建构为本教学与核心素养培养教学不谋而合，观念建构为本教学即意在培养学生化学学科核心素养。显然，并不绝对，不是说某种观念就绝对对应某种素养培养，只是某种或某些观念更利于某种素养的形成。我们知道，各种观念与各种素养之间的渗透和交叉是自然的。如图3。

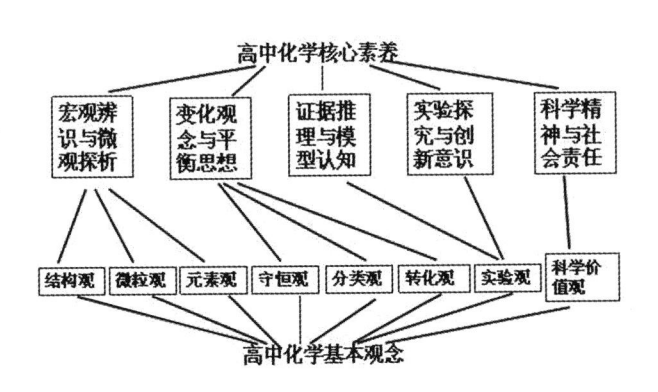

图3 基本观念与核心素养之间的联系

三　遵循逆向设计程序，实施高中化学观念构建教学

"观念建构"教学借助具体知识，以具体知识为载体，教学过程强调化学基本观念的形成。"知识本位"教学通过传授具体化学事实性知识，强调化学知识的系统学习。相对于传统的知识本位、知识授受而言，观念建构教学是超越表层符号教学走向知识内部的逻辑和意义的教学。观念建构教学主张教师引领学生对核心概念和原理的深层理解，观念建构教学应该具备知识深度、思维深度、情感深度等特点。总之，建构化学基本观念的课堂教学宗旨是使学生形成化学基本观念，以此为目标，以化学学科具体知识为载体，设计一系列的有思考价值的师生活动为主线，引导学生概括、反思、提升、深刻思维形成化学基本观念。

高中化学的课程内容很适合采用以"理解力"培养为目的的逆向设计程序，进行以"理解力"培养为目标的观念建构教学。人教版高中化学选修4第四章《电化学基础》，既有宏观上的电能与化学能的相互转化，又有微观层面上的离子、电子的移动和变化，所以特别有利于化学学科核心素养中的"宏观辨识与微观探析"素养的提升，同时也是学生建构"微粒观、能量观"的绝佳素材。

逆向设计主要集中于三个阶段：①确定预期的学习目标；②确定如何证明学生实现理解的标准和措施；③安排各种教学活动并进行学习指导。设计范例中包含了许多设计要素，提出了许多关键性问题，为理解教学和观念建构提供了具体的可操作的路径。下面是在教学实践中运用逆向设计程序对本章进行单元教学设计，力求努力通过设计教学实现学生对"微粒观、能量观"的建构：确定预期的学习目标（以"电化学"为例，图4），确定评估实现理解的课程内容、标准和措施（图5）。

（一）确定预期的学习目标

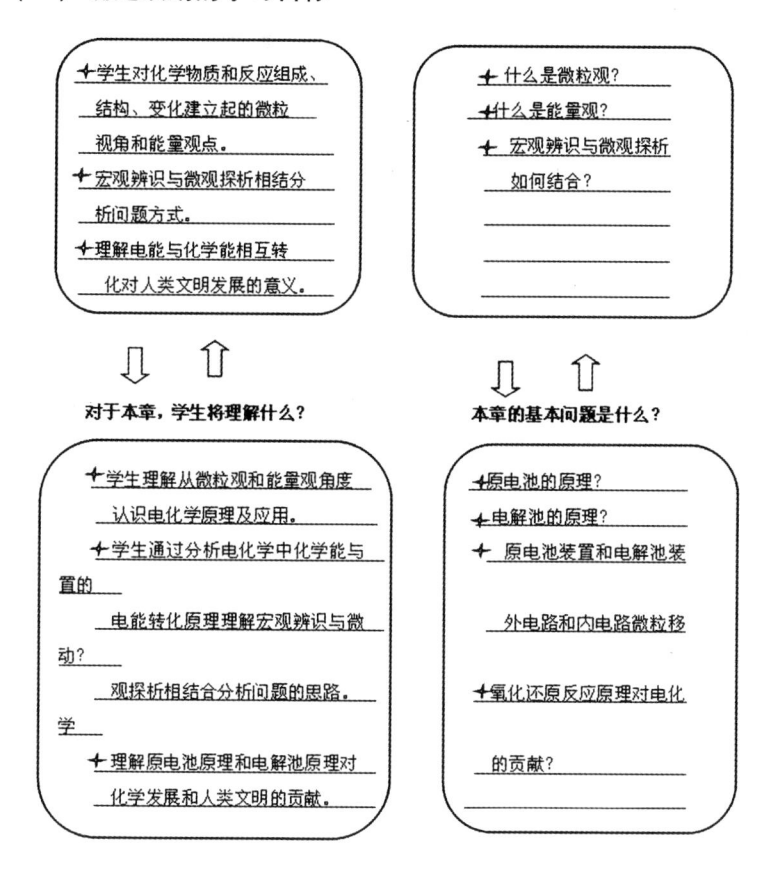

```
┌─────────────────────────┐      ┌─────────────────────────┐
│ ✦学生对化学物质和反应组成、│      │ ✦什么是微粒观？         │
│   结构、变化建立起的微粒  │      │ ✦什么是能量观？         │
│   视角和能量观点。        │      │ ✦宏观辨识与微观探析     │
│ ✦宏观辨识与微观探析相结分│      │   如何结合？            │
│   析问题方式。            │      │                         │
│ ✦理解电能与化学能相互转  │      │                         │
│   化对人类文明发展的意义。│      │                         │
└─────────────────────────┘      └─────────────────────────┘
         ⇓  ⇑                              ⇓  ⇑
   对于本章，学生将理解什么？          本章的基本问题是什么？

┌─────────────────────────┐      ┌─────────────────────────┐
│ ✦学生理解从微粒观和能量观│      │ ✦原电池的原理？         │
│   角度认识电化学原理及应用│      │ ✦电解池的原理？         │
│ ✦学生通过分析电化学中化能│      │ ✦原电池装置和电解池装   │
│   与电能转化原理理解宏观 │      │   置的外电路和内电路微粒│
│   辨识与微观探析相结合分 │      │   移动？                │
│   析问题的思路。          │      │ ✦氧化还原反应原理对电化 │
│ ✦理解原电池原理和电解池  │      │   学的贡献？            │
│   原理对化学发展和人类文 │      │                         │
│   明的贡献。              │      │                         │
└─────────────────────────┘      └─────────────────────────┘
```

图 4　预期的理解目标

（二）确定评估实现理解的课程内容、标准和措施

首先，对本章所学课程内容进行分类，分为持久理解的、着重知道和理解的以及值得熟悉的三类，它们之间的关系以及评估方法（见图5），然后结合课程内容与预期的理解性目标设计"实现理解的标准与措施"（以"电化学"为例，见图6）。

通过什么方式证明：学生理解了电化学对于人类文明发展的意义？

理解了"宏微结合"分析电化学原理和应用的意义？

如何证明学生对于化学学习，建立起了微粒观点能量视角？

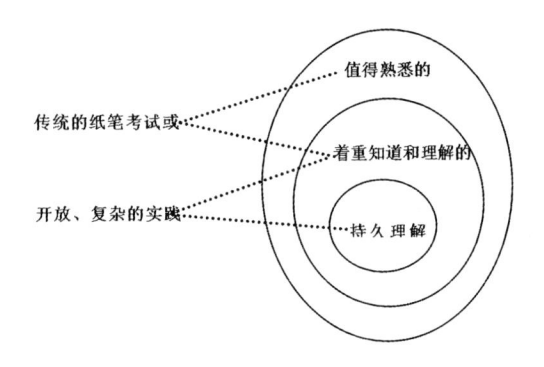

图5　课程内容分类及评估方法

图6　证明学生实现理解的标准与措施

（三）安排相关教学程序

在教学过程中，（以电解池为例）建立电解池原理的思维模型，实施情境化教学流程（以金属腐蚀与防护为例），探索STS结合化学史（以化学电源为例），设计系列化学教学活动。

1. 进行思维建模
2. 情境化教学流程——金属腐蚀与防护
3. STS结合化学史——化学电源

基于"理解力"的高中生化学观念建构教学，根本意旨促进学生深度学习，真正实现"建构观念、提升思维、形成能力和素养"的课程改革目标。在教学中，注重核心观念，积极建构模型，引发学生深度思考

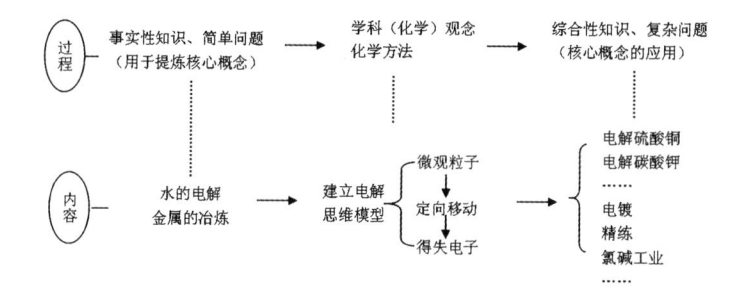

图7　电解池原理的思维模型

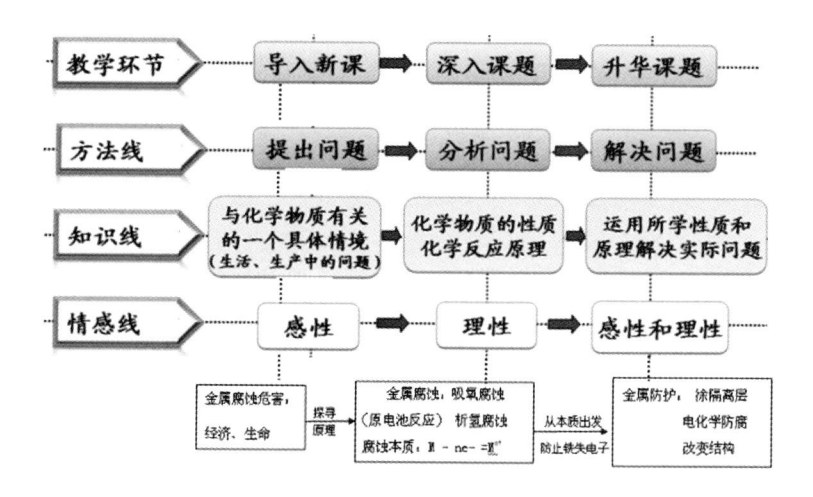

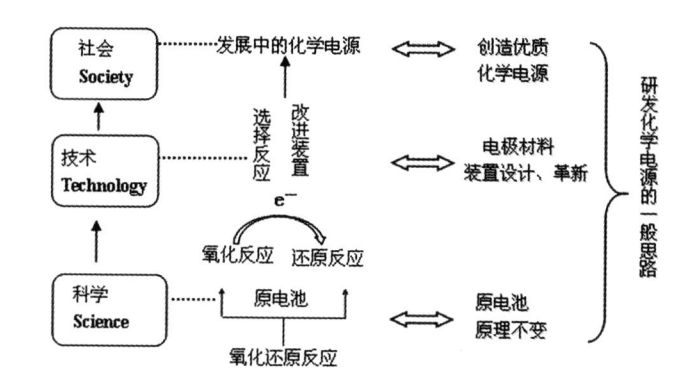

图8　教学方式和活动设计

和深度学习，培养学生学科核心素养和问题解决以及科学探究能力，是我们高中化学教学永恒的追求和价值所在。

参考文献

[1]（美）维金斯、（美）麦克森：《理解力培养与课程设计》，中国轻工业出版社2003年版。

[2] 毕华林：《化学基本观念：内涵分析与教学建构》，《课程·教材·教法》2014第4期。

[3] 王磊等：《观念建构为本的化学教学设计研究》，《化学教育》2008年第6期。

[4] 邵霞：《培养中学生化学基本观念的实践研究》，山东师范大学硕士学位论文，2009年。

[5] 卢巍：《对化学基本观念及"观念建构"教学的认识》，《当代教育科学》2010年第18期。

类比探究在"角的比较与运算"的实践

天津市大港第二中学　沈德辉

【摘要】 类比思想在数学学习中不仅是一种重要的解题思想，也是一种最基本的思维策略，更是一种有效的思维方式。本文以"角的比较与运算"一课为例，通过创设情境，激活类比基础；运用类比，主动参与探究；构建体系，在领悟类比思想等方面展开一系列的探究活动，阐述为什么进行类比学习，怎么进行类比学习。在日常教学时，如何体现学生的主体性，并从课堂开放性，对本课意图和重难点的把握，语言转化的把握，教师应及时进行归纳、总结和提升等方面提出改进本课的建议。

【关键词】 类比思想；角的比较与运算；实践探究

一　问题提出

新课标中明确提出："在数学知识产生、发展以及运用的期间，包涵了丰富的数学思想，其是对数学知识与方法进行更深层次的总结与概括。"基于此，在中小学数学教学期间，老师应该根据实际的教学内容慢慢将数学思想融入当中，进而让学生更好地学习数学。

类比思想是一种很常见的数学思想，其对解决数学问题发挥了巨大的作用。在人们遇到新问题时，他们首先会回想之前已经解决的与之相似的问题，然后再按照之前的解决方法尝试处理这一新问题。类比思想是进行合情推理的重要方法之一，老师在日常教学时，应该积极运用这种思想，其不但可以推动知识能力的迁移，同时还可以反映出知识间的内部联系，对提升学生的创新思维具有重要作用。

二　教学实践

初中阶段能够采用类比方法学习的内容比比皆是，为此，本文以"角的比较与运算"一课为例，拟从如何激活类比对象，如何运用类比学习，如何运用类比方法构建知识体系三个方面进行剖析，并梳理了笔者在新授这节课后的点滴反思，以期与读者共同探讨类比思想在教学中如何应用。

（一）创设情境，激活类比基础

在新课标当中明确指出，学生开展的任何形式的学习都是构建在自己已掌握知识的基础上，这也是他们学习的主要驱动力。老师在教学时，应采取多种方式来提升学生学习的自主性，并鼓励他们主动参与教学活动，进而让他们产生学习的欲望。

本节课是又一个基本图形学习的起始课，在这节内容之前学生的知识经验基础是线段的研究内容和方法。本节可选用线段的有关内容作为引导性教学材料，可以类比线段的相关内容学习角的相关内容，让学生提前思考本章节将会学习哪些知识，进而对所学内容形成一定的了解，对学生构建这方面的知识体系具有重要作用。

基于此，导入环节设计如下：

上堂课学习了角的定义，哪位同学能够回答上节课的主要内容是什么？

接下来将研究什么，我们可以从研究线段得到启发。

问题1：大家想想，关于线段，我们学过哪些知识？

师生活动：学生回想之前学习的线段方面的内容，老师对内容进行归纳总结。

教师关注：学生对所学线段内容的整体认识以及"几何模型——图形——文字——符号"的学习过程。

【设计意图】角的相关概念是本节课的知识基础，线段的研究方法是研究本节课的经验基础。角的比较、角的和与差，以及角的平分线的教学可以类比线段的比较、线段的和差、线段的中点的意义来进行。为了使学生头脑中建立研究问题的方法，不能够直接告诉学生就是按线段的研究方法学习，而应先提问角的相关概念，随后让他们思考需要学习角的哪些知识？从而在头脑中产生一个认知的冲突，激活学生学习欲望。最后，再让学生回想开展本节课之前的先导性材料——先行组织者。先行组织者能够最大程度的激活学生已掌握的知识内容，帮助他们更好地掌握所学的知识以及知识间的内在联系。

（二）运用类比，主动参与探究

数学是工具性较强的学科，其研究方法的应用范围非常广，涉及各个学科与领域。同样，也要用研究方法的相似性来构建数学学科自身的知识体系，如此才可以更好地理清数学知识的前因后果，让学生了解和掌握局部与整体知识间的内在联系，引导他们感受数学的整体性。而在起始阶段，角的比较与运算和线段的比较与运算具有相似性，是极好的素材，按图索骥，引导学生探究学习。

基于此，新授环节设计如下：

问题2：按照线段的学习内容，说一说接下来角应该学习哪些内容？

师生活动：学生大胆猜测，教师梳理总结板书。

【设计意图】线段的学习内容及研究方法是本节课学习内容的先行者，其给本节的教学内容提供了基础架构与线索，发挥着"导游图"的重要作用，可以帮助学生更好地了解即将学习的内容，帮助他们构建积极的学习心向，提高他们的逻辑推理能力，学会运用类比思想来解决实际问题。

接下来按照"导游图"，设计问题串，以启发式开展教学。科学设计合作讨论活动的内容，调动学生主体参与的积极性，这也是所有采用类比学习的通用思路。

问题3：与线段长度的比较进行类比，你觉得应当怎样判断两个角的大小？在纸上绘制出两个角，判断它们的大小，同时阐述你是如何判断的。

问题4：在图1当中总共包含几个角？它们之间除大小关系外，还有哪些运算关系？

问题5：与线段的中点进行类比（如图2），射线 OB 是否存在一个独特的位置，如果存在，这时三个角之间会存在哪些关系？

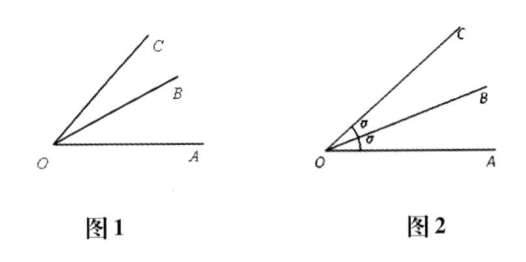

图1　　　　　图2

问题6：与角的平分线相似，一个角还存在三等分线，那么角总共拥有几条三等分线？四等分线呢？

问题7：你可以画出某个角的平分线吗？

【设计意图】《义务教育数学课程标准解读》中强调要让学生知道数学概念、定理和公式是有背景的，有来龙去脉的，同别的数学知识间或者学科间存在关联的；与学生日常、社会生活有联系的；学生才能很好地理解其必要性和重要性，并运用其解决问题。

基于这样的想法，与线段的探究方式进行类比，依据从几何模型转化成文字语言再转化成符号语言这种学习过程，学生经过主动学习、实践操作以及合作探讨等学习形式，构建起线段长度比较同角度大小比较两者间在知识内容和方法上的关联，在比较过程中形成更深入的理解。阐明角度的大小与线段的长短、实数的大小之间有着相似的关系，有且只有下面三种可能，即 $\angle A > \angle B$，$\angle A = \angle B$，$\angle A < \angle B$，为后续分类探究部分关于角度的问题打好基础。将角大小的比较图形（见图2）当作背景，对线段的和差进行类比，给出关于角度和差的问题，把知识从角的大小延伸至角的和差，连接顺畅自然。并且，对相同图形转换观察角度设计问题，能够提升学生的读图能力。借助符号描述角的和差关系，依然遵循从几何模型转化到图形和文字语言再转化成符号语言这一学习流程，构建起图形和等式间的联系，由角度数这一量的层面探究角的和差，

强调体现角的和差所拥有的几何意义和度数在量上的联系，进一步掌握角的和差的含义。由角的和差这一问题当中，把射线 OB 的位置进行独特化，同时与线段中点展开类比，提出角平分线的定义，不但让知识的形成、演变实现顺畅衔接，还反映出数学从普遍到独特，由独特到普遍的探究规律，并且能建立知识间的联系，完善认知结构。整个过程一直模仿线段的研究内容和方法在学习角的内容，在不断的对比学习中让学生积累类比方法学习知识的经验，感悟类比思想，从而培养学生数学核心素养。

（三）构建体系，领悟类比思想

在学生体验知识的产生和运用过程以后，借助类比法加以整理，对学习的知识与技法展开梳理和总结，关键在于强化新旧知识间的比较，感受当中的关联和差别，在脑海当中建构明确的知识框架，构成知识网络，在应用过程中可以灵活提取，提高学生的能力。

基于此，小结设计如下：

问题 8：角的知识又学习了什么？

问题 9：从整体上我们是怎么想到会学习这些内容的？

问题 10：每一个小知识点又是怎么学习的？

问题 11：这种学习新知识的方法你以前经历过吗？请举一个例子。

问题 12：用这种学习方法的策略是什么？以后还会在学习和生活中遇见，记着按照这样的思路解决问题，以不断培养自己的猜测能力、迁移能力和创新能力。

【设计意图】在整理知识的过程中，让学生知道类比思想是实现问题转化、知识构建的有效途径，在逐渐的强化过程中提升了学生解决问题的能力。

三 回顾反思

本节课经过学生自主思考与实践操作，合作交流，学习了角的比较与运算。让学生主动类比线段的相关内容学习角的相关内容，除了在脑海当中构建起明确的知识体系之外，最主要让学生体会研究问题的方法。

这是学生将知识忘记之后，在头脑中留下的最重要的东西，这也是本课的设计意图。但在实施的过程中感到有一些不足。

（一）课堂应该更开放一些

由于角的比较和计算同线段大小的比较，不管在内容方面，还是在探究方式上均非常相似，为了让课堂气氛更为活跃些，可利用比较线段大小的探究方式来类比本节课的内容展开讨论，把主动权转交给学生，充分发挥学生的积极性、自主性，充分让学生学会数学思考和合作探究，效果可能会更好。

（二）对本课意图和重难点的把握

本节课的意图是让学生建立主动类比的意识。实际实施过程中，因为设计的问题思维空间狭窄，所以这个意图没有充分实现。比如引导学生自己点题时就是建立主动运用类比意识的时候，如果不提示"线段的相关知识"，而是让学生将能够想到的可类比对象都想到，然后选择最合适的，效果可能会更好。

（三）语言转化的把握

本节课的困难之处在于图形、文字以及符号三类语言间的彼此转换。在学习比较大小方法之后，不直接呈现图形1，而是先由学生分析两角的关系，然后让他们自己画图，并用符号表示，这样就可以有效练习三种语言的相互转化，效果可能会更好。

（四）教师应及时进行归纳、总结和提升

对数学知识与技法的总结和概括，并非只摆在课堂上的小结环节，而是应当结合教学活动的发展与学习需求加以合理规划或适时引入。诸如，在比较角这一知识的学习后，学生们掌握了度量与叠合两种方法，应当及时展开总结，效果可能会更好。

康德说过：在理智欠缺有效的论证思路的情况下，类比法常常可以引导人们前行。由此可以看出类比在数学思想中的重要性，类比是数学课堂的引路人，引领着学生发现联系与区别；引领着学生用熟悉的方法

解决陌生的问题，开阔视野；引领着学生不由自主的联想；引领着学生学会学习，不断追求真理。总之，让类比推理成为学生的日常思维习惯，不断提升学生的能力。

高中学生体育生活方式研究

天津市滨海新区塘沽教育中心　苏宝明

【摘要】 本文采用问卷调查法，对某校高中生的体育生活方式进行了研究。结果显示，高中学生体育生活方式依次是健康型、愉悦型、社会型、健美型、学习型、挑战型；男生在愉悦型、挑战型、学习型、健康型、自身需求、社会型得分普遍高于女生，而女生健美型得分高于男生。不同年级、学业水平、城乡、文理科学生体育生活方式各维度得分没有差异性；身体良好学生的体育生活方式各维度得分普遍高于身体有病或身体一般学生。针对该问卷调查，提出如下建议：充分利用自然条件，在不同季节、不同天气合理安排体育课堂教学内容和体育联赛；学校层面合理安排各学科课时；适当增加女同学参加比赛项目；采用"掌握学习"的理念优化体育教学方式。

【关键词】 体育生活方式；高中体育教学改革；体育校本课程

一　研究方法

本研究采用问卷调查法，量表采用的是张力为、毛志雄主编《体育科学常用心理量表评定手册》中的体育生活方式问卷。问卷内部一致性信度系数为 0.867，重测信度系数为 0.716，均达到 0.01 的显著水平。

效度检验主要考察内容效度和结构效度，内容效度采用邀请研究生和专家对问卷进行评定，主要对条目是否能反映学生体育生活方式特点、条目与原定内容范围吻合程度、条目语言通俗性、明确性是否恰当、有无歧义等进行判断。结果与本研究构想比较吻合。

结构效度采用因素之间相关矩阵和因素分析,各因素相关系数在0.694—0.856之间,说明各因素既有一定独立性,又反映出相应归属性。

在测试过程中采用以班级为单位集体测试。对发放问卷的施测人员进行集中学习和讲解,保证本次问卷调查的信度。选取本校2014、2015、2016年入学的高一、高二、高三学生为调查对象,本次调查共发放问卷760份,无效问卷为88份,有效回收率为88.4%。在有效问卷中,男生301人,女生371人;高一年级255人,高二年级207人,高三年级210人;有疾病的17人,身体状况一般的282人,身体良好的373人。

二 研究结果与分析

(一)本校高中学生体育生活方式总体概况

表1　　　　　　　不同人群体育生活方式的比率

变量		维度					
		愉悦型	挑战型	学习型	健康型	社会型	健美型
性别	男	0.91	0.69	0.71	0.96	0.88	0.71
	女	0.87	0.43	0.67	0.94	0.87	0.83
组别	学业优秀	0.90	0.51	0.70	0.95	0.89	0.78
	学业良好	0.85	0.57	0.69	0.94	0.86	0.78
	学业一般	0.90	0.57	0.68	0.95	0.88	0.77
年级	高一	0.91	0.56	0.73	0.96	0.88	0.75
	高二	0.89	0.51	0.69	0.96	0.86	0.80
	高三	0.85	0.57	0.65	0.91	0.88	0.80
专业	文科	0.89	0.56	0.67	0.93	0.90	0.80
	理科	0.83	0.51	0.68	0.93	0.83	0.80
是否独子	独子	0.89	0.55	0.68	0.95	0.87	0.79
	非独子	0.88	0.55	0.73	0.93	0.89	0.74

续表

变量	维度					
	愉悦型	挑战型	学习型	健康型	社会型	健美型
健康状况 疾病	0.76	0.47	0.65	0.94	0.65	0.82
健康状况 一般	0.87	0.39	0.57	0.91	0.84	0.72
健康状况 良好	0.90	0.67	0.78	0.97	0.91	0.82
是否有恋人 有	0.83	0.74	0.18	0.95	0.85	0.87
是否有恋人 无	0.89	0.53	0.26	0.95	0.88	0.77
农村	1	0.71	0.71	1	0.86	0.86
城市	0.89	0.55	0.69	0.95	0.88	0.78

量表采用 5 点量表，每种生活方式有 5 个小题组成，均分为 15 分，最高分为 25 分。分数大于 15 分时就为何种体育生活方式。由表 1 可以看出，高中学生体育生活方式排到第一、二位的是健康型、愉悦型；排到三、四位的是社会型、健美型；排到第五、六位的是学习型、挑战型。男生愉悦型、挑战型、学习型比率普遍高于女生，也就是男生运动更偏重于挑战性和愉悦性。男生健美型比率明显低于女生，女生参与体育运动更偏重于健美身体。学业优秀和学业一般学生愉悦型比率普遍高于学业良好学生。随着年级增长学生愉悦型比率逐渐降低，健美型比率逐渐升高，高三年级学生参与体育运动的愉悦型向健美型发展。文科学生愉悦型比率高于理科学生，文科学生社会型比率高于理科学生，说明文科学生的体育生活方式更偏重于学生之间的交往和交流。身体健康状况直接影响学生的体育生活方式，身体越健康越偏重愉悦型生活方式，身体越健康越偏重挑战、对抗性的体育运动，身体越健康的学生越倾向于社会型体育生活方式，身体健康学生愿意和学生交流、人际交往的比率普遍高于身体不健康学生。有恋人的学生愉悦型比率低于没有恋人的学生，有恋人学生更偏重挑战性、对抗性体育项目。农村学生愉悦型比率高于城市学生，农村学生挑战型比率高于城市学生，农村健美型比率高于城市学生，但是农村学生样本量太小，并不能完全说明问题。

(二) 本校不同性别学生体育生活方式概况

由表2可知，男生的体育生活方式在愉悦型、挑战型、学习型、健康型、自身需求上总分高于女生，并存在显著差异性。男生在社会拓展维度总分高于女生，具有差异性。社会型没有差异性。在健美型维度上女生总分高于男生，具有显著差异性。在高中体育模块课程干预下，男生参与体育运动更偏重于体育带给他们愉悦、心情舒畅、良好的精神状态。男生更偏重于挑战性、对抗性、刺激性的开放性体育运动项目，而女生的体育生活方式则不是挑战型。原因是学校开展的篮球联赛、足球联赛、排球联赛、毽球联赛参与更多的是男生，女生参与的只限于健美操、毽球、排球。健康型体育生活方式男生均值普遍高于女生。女生通过体育运动改善体形、控制体重的欲望强于男生，女生更偏重于健美型生活方式。

表2　　　　　　　　　不同性别学生体育生活方式比较

维度		M ± SD	F	t	Sig	
愉悦型	男	20.120 ± 5.092	1.468	2.747	0.006	**
	女	18.714 ± 4.142				
挑战型		17.302 ± 6.660	5.062	7.867	0.000	**
		13.774 ± 4.469				
学习型		16.910 ± 4.470	4.009	2.392	0.017	**
		16.092 ± 4.339				
健康型		24.548 ± 44.662	4.238	1.639	0.102	**
		20.318 ± 3.681				
社会型		18.993 ± 4.324	3.541	1.563	0.119	
		18.493 ± 3.957				
健美型		16.814 ± 4.716	3.869	-4.221	0.000	**
		18.286 ± 4.206				
自身需求		78.784 ± 47.284	6.747	2.747	0.006	**
		71.091 ± 12.416				
社会拓展		35.904 ± 7.759	2.336	2.291	0.022	*
		34.585 ± 7.133				

(三) 不同年级、学业水平、城乡、文理科学生体育生活方式概况

高一、高二、高三年级学生的主要生活方式排位依次是健康型、愉悦型、社会型、健美型、学习型、挑战型，各年级体育生活方式没有差异性。学业优秀学生社会型得分高于学业一般学生，但不存在差异性。学业一般学生挑战型得分高于学业优秀学生，没有差异性。愉悦型、学习型、健康型、健美型、自身需求型、社会拓展型得分均值基本相等，不存在差异性。农村学生在各维度的得分普遍高于城镇学生。在愉悦型、挑战型维度得分文科学生高于理科学生。其他维度得分基本相等。健康型、自身需求型维度中独生子女得分高于非独生子女。其他维度得分保持持平。

(四) 身体健康水平学生体育生活方式概况

身体良好的学生愉悦型得分高于身体一般和身体有病的学生。身体良好学生参与体育活动的愉悦感普遍高于身体一般或身体有病的学生。身体良好学生更喜欢从事激烈对抗或参与有输赢的运动项目。身体良好同学参加体育运动的目的更偏重于学习体育知识技能、体育方法，得分普遍高于身体一般和身体有病的同学，具有显著差异性。身体健康一般的同学更关注体育运动对体能、身体素质、运动能力、健康的影响，身体一般同学健康生活方式得分高于身体良好和身体有病的同学，且具有显著差异性。身体健康状况良好的同学参与体育运动是为了与他人交往、交流、改善人际关系，学生身体健康状况越好，社会型得分越高。身体健康良好的学生自身需求和社会拓展得分普遍高于身体一般和身体有病的同学，且具有显著差异性。

表3　　　　　　　　不同健康水平学生体育生活方式比较

维度	有病 M ± SD	一般 M ± SD	良好 M ± SD
愉悦型	17.00 ± 4.89	18.09 ± 4.16	20.39 ± 4.71　**
挑战型	14.29 ± 4.70	13.83 ± 5.77	16.55 ± 5.63　**

续表

维度	有病 M ± SD	一般 M ± SD	良好 M ± SD	
学习型	15.58 ± 4.11	15.12 ± 3.98	17.51 ± 4.47	**
健康型	19.71 ± 4.12	23.56 ± 3.68	21.31 ± 3.36	**
社会型	15.53 ± 6.04	17.71 ± 3.89	19.62 ± 3.96	**
健美型	17.94 ± 4.52	16.92 ± 4.31	18.13 ± 4.57	**
自身需求	68.94 ± 13.84	72.42 ± 48.74	76.39 ± 13.11	**
社会拓展	31.11 ± 8.27	32.83 ± 7.11	37.13 ± 7.07	**

三 结论与建议

（一）结论

1. 高中学生体育生活方式依次是健康型、愉悦型、社会型、健美型、学习型、挑战型。

2. 男生在愉悦型、挑战型、学习型、健康型、自身需求、社会型得分普遍高于女生；女生健美型得分高于男生。原因是男生参与体育联赛的项目多于女生。

3. 不同年级、学业水平、城乡、文理科学生体育生活方式各维度得分没有差异性。

4. 身体良好学生的体育生活方式各维度得分普遍高于身体有病或身体一般学生。体育模块课程干预改变学生体育生活方式，通过创造体育活动条件、体育活动形式，奠定了学生体育生活方式的基础，更多学生能参与到体育活动中。

（二）建议

1. 充分利用自然条件，在不同季节、不同天气合理安排体育课堂教学内容和体育联赛；合理布局体育场地器材，因地制宜开展适合本校的体育活动或体育竞赛。体育运动受季节影响较大，如冬天天气严寒、下午天黑的较早，给学生体育运动带来困难，所以学校安排体育运动的内容和时间需要因季节、因场地而制宜。

2. 学校层面树立健康第一的思想,合理安排各学科课时,保证每天一小时体育锻炼时间。学校体育活动内容选择是在高中体育课程标准框架下进行的,活动形式包括体育模块教学、校园体育联赛和体育社团、高水平运动队训练。通过这些活动形式促使学生积极参与体育运动,逐渐养成体育锻炼习惯,从而形成可见的、固定的体育生活方式。

3. 适当增加女同学参加比赛项目,促进女生积极参与体育运动,从而改变女同学的体育生活方式。

4. 体育课堂教学、体育联赛、体育运动队训练紧密结合,注重实效,确保学生学会一项体育技能。

5. 采用"掌握学习"的理念优化体育教学方式。"掌握学习"就是在"大多数学生都能掌握"的学习理念指导下,以集体教学为基础,辅之以经常、及时的反馈,为学生提供所需的个别化帮助以及所需的额外学习时间,从而使大多数学生达到教学目标所规定的掌握标准的学习方式。具体到体育教学上,就是教师要给学生参与体育锻炼的时间、空间,通过教师评价反馈、学生自我评价反馈、学生互相评价反馈,最终使学生学会并能运用所学的体育技能进行体育锻炼。

参考文献

[1] 管力、金宇、尹瑞新:《"掌握学习"模式在体育教学中的运用》,《教学与管理》2007年第4期。

[2] 苗大培:《论体育生活方式》,《天津体育学院学报》2000年第9期。

[3] 张玉秀:《生活方式、体育生活方式的界定及其研究状况分析》,《南京体育学院学报》2005年第6期。

[4] 储亚娟:《对中学生体育消费现状及其影响因素的研究》,《山西师大体育学院学报》2007年第2期。

[5] 李永刚:《论学校体育与青少年体育生活方式教育》,《陇东学院学报》2008年第2期。

[6] 张杏波:《生活方式和心理行为对亚健康的影响及对策》,《湖州师范学院学报》2004年第2期。

提高数学课堂效率落实学生核心素养的策略

天津市和平区岳阳道小学　苏　蕊

【摘要】课堂教学是我们培养学生品格和能力的主要途径。在小学数学课堂教学中，可以通过五种方法提高课堂效率，即：加强新旧知识间的联系，充分挖掘教材增加课堂容量，教材贴近生活，课堂联系及时反馈调节，创新作业形式。

【关键词】课堂效率；数学课堂；方法；核心素养

高效的课堂教学是在规定的教学时间内完成规定的教学任务，确保学生无论在对知识的理性认知上，还是对学习的感性情感上，完成从厌学、恢学，到懂学、乐学的转化。高效的课堂教学中，教师不仅能够完成规定的教学内容，而且还能拓宽学生学习的视角和思路，充分调动学生学习的积极性和主动性，学生的兴趣、爱好以及鲜明的个性特征得以充分展现，引导学生不断提高自身自学的能力和水平；同时，还可以减轻学生的课业负担，使学生有更多的时间接受其他教育，不断充实与完善自己的课余生活，实现素质教育的全面开展。由此可见，高效的课堂教学既是要求，也是目标。那么如何在有限的课堂教学时间内提高教学质量，是实施高效教学的核心问题。下面就结合笔者的教学实践，谈谈提高课堂效率的五种方法。

一　加强新旧知识间的紧密联系

任何新知识的学习都是建立在原有的学习基础上的，不受原有认知结构影响的学习几乎是不存在的。数学本身就是一个多层次、多方面的知识体系。在这样一个庞大的知识体系下，运用知识的迁移规律，有利于学生学习新知识、解决新问题。要做到这一点，教师必须深入钻研教材，沟通新旧知识间的联系，对知识进行类化，使之有利于知识的迁移，培养学生应用知识灵活解答问题的能力。

例如，在教学圆的面积公式推导这一环节时，可以先带领学生复习回顾长方形的面积公式和圆的周长公式，当学生通过动手操作将圆等分后，转化成近似的长方形时，发现并总结出，转化前后的图形形状变了，面积没变。近似的长方形的长相当于圆周长的一半，宽相当于圆的半径，长方形的面积等于长乘宽，也就是：

$\frac{1}{2}c \times r = \frac{1}{2} \times 2\pi r \times r = \pi r^2$，所以圆的面积就是 πr^2。

其实，各种平面图形面积公式的复习中，从长方形、正方形，到平行四边形、三角形、梯形，最后到圆形，每种图形的面积推导都与之前所学图形息息相关，而长方形面积则是"面积计算"这棵大树的根基。通过反思回顾，"转化"这一数学思想的精髓跃然呈现，学生受到了强有力的思维冲击和深刻体验。这样，学生既可以对旧知充分回顾，又给新课的学习做好充分铺垫，使得课堂效率得以提高。

二　充分挖掘教材，增大课堂容量

为了提高课堂效率，每一位教师都希望在有限的教学时间内尽可能多地给学生训练的机会，从达到强化的目的。但一个问题紧跟一个问题反复罗列的出示，不仅耽误了教学时间，而且也不利于学生思维的梳理和学习方法的内化。因此，在有限的课堂教学时间内，有效地利用教材并合理地挖掘教材就显得十分重要。

例如，在百分数应用题的复习课中，如果频繁地更换训练题目，学生在接触每一道题时，必然会因读题、分析而失掉宝贵的教学时间。而笔者在复习百分数应用题时，先以典型题目为基础，再通过一系列的变化，使学生达到拓展与训练的目的。我先以统计图的形式给学生出示了这样一道题目：媛媛家每月的支出大约为2560元，支出情况如图：

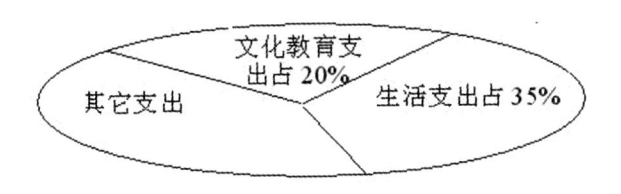

让学生根据题目给出的信息自主提出问题并列出算式，发现学生提出的问题一开始主要集中在求这三项支出各是多少元，以及求其中任意两项支出之和、之差分别是多少元，这样的"求一个数的百分之几是多少"的题目，思维受到了一定的限制。经过我让学生小组再次讨论，学生的思维得到发散，又提出了一些这样的问题，如："文化教育支出是生活支出的百分之几？"学生既可以通过具体数量计算：$(2560 \times 20\%) \div (2560 \times 35\%)$，又可以利用百分率直接计算：$20\% \div 35\%$；又如一组学生极易混淆的对比题目：（1）生活支出比文化教育支出多百分之几？（2）生活支出比文化教育支出多每月全部支出的百分之几？让学生在具体问题中巩固单位"1"的辨析。经过这几组问题的训练，不仅节省了教学时间，使学生达到了训练的目的，而且引发学生多角度、全方位的思考问题，拓展了学生的解体思路。

三 学习材料要贴近学生生活

《义务教育数学课程标准（2011年版）》中指出，数学与人类发展和社会进步息息相关，广泛应用于社会生产和日常生活的各个方面。小学数学教学应立足于小学生身心发展特点，以学生的认知发展水平和已有的经验为基础，面向全体学生，注重启发式和因材施教。因此教师提供的学习材料应更多地取材于现实生活，并且在很大程度上与问题的解决联系在一起，让学生感受到问题的存在，并学会运用材料中提供的各种原始数据进行分析、思考，展开探索，提出假设，进而检验假设，得出结论。

例如教学"位置"这部分内容时，为了让学生充分理解数对的含义，向学生渗透点与数对——对应的关系，课的开始并没有从方格图引入，而是选择了与学生轻松聊天的形式，"如果今天召开家长会，让家长都坐在你们自己位置上，你如何向家长描述呢？"问题的抛出引来学生的种种回答，"我在靠近窗户这排第三个""我在一进门从左数第二排正数第四个""我在第五排倒数第二个"……从学生的回答中，引导学生发现共性——"列"与"行"，随即让学生继续体会描述位置的重要性，寻找生活中的位置，学生的回答跃跃欲试，如地球仪上的经纬线、电影票的座位号、国际象棋的棋盘，等等，学生在具体生活情境中认识"列"与"行"，理解数对的含义，从而使学生经历由具体的实物图到方格图的抽象过程，提高学生的抽象思维能力，体验数学与生活的密切联系，拓宽知识视野，体会数学的价值，进一步增强用数学的眼光观察生活的意识，提高学习数学的兴趣。

四　课堂练习及时反馈和调节

课堂练习是巩固知识的重要阶段，学生已对所学知识建立了初步的表象，而通过练习，可以深化这一表象，以达到对知识的理解、掌握及应用的目的。作为教师，在学生练习的环节中，决不能完全放手，仍要担当引导者的角色，做到及时反馈，引导学生通过思考，自主改正，及时对学生的知识漏洞进行弥补和调节，从而使知识得到充分落实。

例如，在教学正比例的意义一课的练习环节中，为学生设计了这样一组题目：正方形的边长和周长是否成正比例？正方形的边长和面积呢？对于第一个问题，学生很容易得出结论，因为 $\frac{周长}{边长} = 4$（一定），因此，正方形的边长和周长成正比例。但在第二个问题上，学生发生了分歧，多数学生认为正方形的面积是随着边长的扩大而扩大的，因此成正比例，而有的学生却认为求不出面积与边长的比值，判断不出来它们的关系。这时，我鼓励学生借助表格思考：

边长	1	2	3	4	5	……
面积	1	4	9	16	25	……
比值	1	2	3	4	5	……

从而学生不难发现$\frac{面积}{边长}$=边长（不一定），因此正方形的边长和面积不成比例。这样通过学生自主改正，定能印象深刻。以后，对概念不清的错误，要加强对概念的理解。这样，对不易理解的问题或理解能力较弱的学生来说，经过自主改正，反馈环节，使得大多数同学都能够彻底纠错补漏，从而使教学落到实处。

五 创新作业形式，提升学习效能

正因为有了高效的课堂教学，学生基本实现了当堂内化提升所学知识，课后才会有更多时间去做学生喜爱的项目实践、研究性的作业。在课后作业中，笔者力求利用信息化手段，将教材和生活实践相结合，将知识与生活实际相结合，使其知识的学习更加立体化、具体化，将学习拓展到课堂之外，不断打造学生喜欢的个性化数学作业。如推送微课礼物、教做数学游戏、进行数学创想实验、开展项目调查等，一系列信息化手段让学生在好玩的数学中感受学和玩是可以同时存在的，在动手，动脑，画、剪、拼、量中发展思维能力。

比如，为了提高学生的计算准确率，笔者在班内尝试使用"速算总动员"这个APP，在班级微信群里和孩子们共享。每天坚持为学生选择口算题目，学生每天利用2、3分钟的课后作业时间就可以完成训练，对于学生的提交情况和正确率笔者也可以及时得到反馈。便于了解学生阶段性的计算情况，提高学生的计算速度和正确率。

对课堂教学优化的探求是教师永恒不懈的追求。在大力倡导发展学生核心素养的今天，高效的数学课堂教学对教师的教学设计能力和教学实施与自我调控能力提出了更高要求，教师要以有效促进学生的学习为目的，关注学生自主学习能力的培养，关注留给学生充分的思考时间，关注学生探索与体验的过程，关注学生对学习方法的体会与习得。不断优化数学课堂教学，将教学的技术性、艺术性与科学性完美地统一在教育性之下，从而真正为培育学生的未来能力奠基！

微课在研究性学习辅导中的优势及其应用

天津市西青区中北中学　孙腊梅

【摘要】 微课是一种基于教学设计思想、使用多媒体技术在10分钟以内就一个知识点进行针对性讲解的课例片段。它能满足学生个性化的学习要求。研究性学习对于学生自主探究的强调，往往使教师适时适度的辅导成为必须。研究性学习辅导通常存在时间、空间和方法上的难题，而微课的应用则可以帮助教师解决这些难题，为学生提供所需的学习平台，协助学生顺利完成研究任务。

【关键词】 微课；研究性学习辅导；自主学习

随着新兴媒体的应用，微课逐渐成为一种新型的教学形式。因为符合学生的视觉驻留规律和认知学习特点，微课如今已被证实可以满足学生个性化的学习要求。然而，由于起步较晚，加之自身目前存在的缺陷，微课还没有被广泛地运用于教学中。然而，在研究性学习辅导中，微课却以其独特的优势显现了它的价值。

一　微课与研究性学习

（一）何谓微课

所谓"微课"指的是，基于教学设计思想、使用多媒体技术在10分钟以内就一个知识点进行针对性讲解的一段视音频。它具有时间短、内容少、容量小的特点，可以随时随地利用网络终端进行针对性学习。具体体现如下：

1. 教学时间短。根据中小学生的认知特点和学习规律，微课的时长一般为 5—8 分钟左右。相对于传统的 40 或 45 分钟的一节课的教学课例来说，微课可以称之为"课例片段"或"微课例"。

2. 教学内容少。相对于传统课堂，微课的主题更为突出，内容更加精简，其通常会围绕某个学科知识点（如教学中重点、难点、疑点内容）进行教学。

3. 资源容量小。"微课"视频及配套辅助资源的总容量一般在几十兆左右，视频格式须是支持网络在线播放的流媒体格式（rm、wmv、flv 等），师生可在线学习微课，也可灵活方便地将其下载保存到终端设备（如笔记本电脑、手机、MP4 等）上实现移动学习。

（二）何谓研究性学习

研究性学习是学生在教师指导下，从自然、社会和生活中选取和确定专题进行研究，并在研究过程中主动获取知识、应用知识、解决问题的学习活动。

研究性学习的开展并不局限于校园之内，知识获取的途径也没有明确的限定。学生开展探究活动大多为课余时间，空间也从学校拓展到社区、家庭、公共场所及其他领域。因此教师对学生的指导不能像传授学科知识一样。

为了随时给学生提供有效指导，教师便需要根据不同的需求制作微课视频。学生则利用网络终端自由选择不同的微课，学习和掌握相关知识和技能。

二 微课在研究性学习辅导中的优势

在研究性学习的课题选择初期，教师可以组织比较集中的辅导，但在研究中期，教师的专题辅导便很难集中设计。比如有的小组这一阶段选择的是访谈调查法，而有的小组却采用问卷调查法。这个时候，教师进行方法指导时，不能做到面面俱到，只能选择专项内容进行辅导。由于个别小组这一阶段不使用这种研究方法,所以教师辅导时便可能听得不够认真,而过一段时间需要使用此方法时,又遗忘了教师的辅导内容。由于研究性学习没有教材和参考资料,因此学生需要再次学习时便会遇到很多困难。微课的使用则可以有效解决这一问题。

通过微课,教师可以将平时常用的研究方法制作成不同形式的微课,各小组根据本组的研究方案进行自主性、选择性和反复性学习,帮助学生掌握各种研究方法。它的优势体现在以下几个方面:

(一) 为学生自主学习提供资源

自主性是研究性学习的一大特性,微课可以给学生提供自主学习资源,让学生的自主性得到充分发挥。

研究性学习没有教材。尽管网络上有学生的课题研究成果,然而其通常展示的是成果而不是过程,成果背后的研究过程和研究方法很难被我们深入了解。因此,进行研究性学习往往需要教师在各个阶段进行专题辅导。如开题阶段的"提出问题并转化成课题";实施阶段的"各种研究方法的辅导";结题阶段的"结题报告的撰写"。为此,辅导教师可以将各个阶段的辅导要点制作成微课,指导学生通过微课进行自主学习。微课在最短的时间内用最有效的方式讲明关键的问题,学生可以在短时间了解相关内容,解决自己在探究过程中遇到的困难。

(二) 为学生的选择性学习提供机会

教师集中辅导往往不能满足每个课题小组的需求,而微课可以给学生进行自由选择的机会,学生可以根据本组的进程进行选择性的学习。这样的学习目的性更强,也更具实效性。

如果课题组本阶段的主要任务是采访,那么学生可以通过系统学习《个体访谈的步骤及技巧》《访谈中容易出现的问题及解决方法》《如何完成团体访谈任务》等微课,掌握采访的方法和技巧;如果课题组现阶段的任务是问卷调查,则可以通过《如何设计调查问卷》《调查问卷的分析》《问卷调查中出现的问题及解决方法》等微课,学习相关知识和方法,解决常见问题。

（三）为学生反复学习提供平台

研究方法的学习需要过程，其通常难以通过一次相关知识的学习得以达成，而是需要在实践反思后进行深入学习和反复学习。有时教师虽在前期进行了某些研究方法的指导，然而，有的学生受所选课题的局限，并没有亲身体验这些研究方法。一旦后期需要使用此方法，学生便需要教师的再次辅导。而每个小组的情况有所不同，再次学习的内容也有所差异，这个时候，教师要满足每个小组的需求就存在很大的难度。微课则能有效解决这一难题。

微课资源由于"微"和"精"，适宜在手机等移动设备上传播，因而学生可以根据自己的情况随时随地学习，帮助学生有效解决研究中遇到的困难，确保研究工作的顺利开展。

三 研究性学习辅导中的微课类型

微课是一种新型的教学方式。在研究过程中，笔者尝试制作了不同类型的微课，并应用于研究性学习辅导过程中，取得了显著成效。这些微课体现为以下三种类型：

（一）方法指导型微课

此类微课在研究性学习辅导中应用广泛。其主要针对研究性学习中的重点、难点和疑点内容设计而成。内容涉及：将问题转化成课题的方法、观察法、问卷调查法、访谈调查法、调查报告的撰写方法等。这些小专题被设计成微课，教师以讲授的形式向学生介绍重点和难点以及具体操作，帮助学生针对性地学习掌握方法，并将方法应用到研究过程中。

（二）问题解决型微课

学生在研究性学习过程中会遇到各种各样的问题和困难，指导教师要随时发现并帮助学生解决，否则学生会因为困难多而逐渐失去探究的兴趣。辅导教师可以根据学生的情况选择典型问题，给学生介绍具体的解决方法。如学生在学习了调查问卷的设计后，根据自己的课题设计了调查问卷，但是上交后，辅导教师却发现各个环节都存在问题，比如指导语内容不全，问题的设计存在语意不清楚、答案不合理、问题有倾向性等情况。这时，教师可以制作《调查问卷的修改》这一微课，将学生设计问卷中原生态的问题展示出来，然后有针对性地提出修改意见。这样的微课内容源自学生，具有很强的实效性，学生可以根据微课的指导对自己的问卷进行修改，解决实际问题。

（三）成果分享型微课

研究成果的交流和分享也是研究性学习中的一个重要内容。学生在欣赏和评价他人成果的基础上，往往能学会拓展和改进自己的成果。成果分享的微课案例，可以让学生将部分研究成果进行展示，如学生制作的手抄报、倡议书、小视频、调查报告等内容。通过这样的微课，学生不仅可以了解其他小组的研究成果的表现形式，也可以展示和推广本组的研究成果。

四 微课在研究性学习辅导中的不足与改进

作为一种新型的教学形式，微课还在不断的探索过程中，因而还存在很多不足，有待进一步完善：

1. 微课的内容有待进一步丰富。目前，微课的内容主要以方法指导为主，如选题法、观察法、访谈法、问卷法、结题报告撰写法等，关于问题解决的微课还比较少。然而，学生在研究过程中会遇到各种各样的困难，如果困难不能在短时间内解决，学生就会打退堂鼓，研究兴趣就会随之减退。所以后期教师要随时发现学生比较集中的问题，针对问题制作微课，突出指导的针对性和实效性。

2. 微课的形式需更为多样。目前微课的形式大都以教师的讲解为主，与学生的交互较少，对于学生的吸引力还不够，因此微课的形式还应不断变化，创新微课的表现形式，通过新颖的形式提高学生的学习兴趣。

3. 微课的制作需更加全面。目前微课的制作人基本局限于教师，然而受教师制作水平的限制，微课整体的制作水平还不够高，其功能还不能得到充分发挥，进而有待更专业的人员参与到微课制作中来。而让有信息技术基础的学生参与其中便是一个两全其美的办法。学生思考和解决问题的方法与老师有所不同，让学生参与到微课制作中，往往更可能使微课内容具有针对性，进而达到意想不到的效果。

总之，微课还存在不少有待提升、拓展的空间。后期我们需不断汲取、总结经验，进一步充实微课的内容、形式和制作，巧用微课，指导学生学习相关知识和技能，帮助学生解决研究过程中存在的各种困难。相信不久的将来，微课将会作为一种常见的教学模式在研究性学习领域得到广泛应用。

参考文献

[1] 陈伟：《试述对微课的认识》，《教育现代化》2017 年第 50 期。

[2] 陈绯：《微课——高中信息技术教学的新动向》，《中国信息技术教育》2014 年第 22 期。

利用数学错题提高高中生解题能力的策略研究

天津市第五十一中学　孙　琳

【摘要】高中数学教学离不开解题研究，但凡要解题就可能出现错误，如何合理地利用学生认知上的"错误"，科学地挖掘"错误"的教育功能，应成为一线教师教学的不懈追求。本文通过错题研究的必要性、错题搜集的有效途径、错题类型及其教学对策、错题管理的指导性、错题资源的应用性五个方面进行阐述，探索如何对数学错题进行管理利用，最后将错题资源放在实际教学中进行分析，利用错题这一资源，进行科学的分析研究，从而提高高中生的解题能力。

【关键词】错题；解题；研究；策略

高中数学教学离不开解题研究，只有善于解题才能说掌握了数学，解题在数学教学与学习中具有重要意义，而学生的解题就不可避免的犯各种各样的错误。如何有效地利用学生错题资源来提高数学教学的质量和效率，是值得我们研究的一种数学教学过程中的新思维。高中学生在学习数学的过程中，集中的错误说明了一定的问题，反映出了学生知识和思维上的欠缺，同时也反映出了教师在教学中出现的问题。我们要客观对待学生的错误，并将这种对待错误的态度传递给学生，同时反思自己的教学并做出相应的调整，帮助学生分析问题，剖析原因，从而有针对性地解决出现的错误，这样持续的教学往往会收到意想不到的教学效果。

对于高中生经常出现的数学错题这一问题，国内外教育界早有普遍的关注，并试图利用错题这一资源，进行科学的分析研究，从而提高高中生的解题能力。

本文作者基于多年的教学实践经验，总结和积累了一些学生的错题，并进行归纳整理分析，探索如何对数学错题进行管理利用，将研究成果渗透在教育教学实践中，教学效果显著。

一 错题研究的必要性

在平时的教学中，我们的教育同仁经常会有这样的抱怨，"这个题考试之前刚讲过，为什么还不会呢？"或"这个题我都讲了八遍了，怎么还做不对呢？"等等，细细分析这些语言，说明我们的老师自认为通过自己讲解的方式，学生就应该能够掌握，但是结果却让老师很失望，甚或是震惊；说明老师要么对学生了解不到位，要么对知识本身研究不透，或是不知道如何讲解能够达到学生的最近发展区。那么这个时候，我们必须积极面对错题，做一系列有效的研究，将之转化成宝贵的教学资源。

二 错题搜集的有效途径

（一）做教学的有心人

我们在教学中处处可以发现学生的错题，在搜集的过程中要及时，善于记录。搜集错题可以由老师通过学生课上存在的质疑问题、课下学生的作业中出现的集中问题、各种考试中得分率较低的问题，等等。

（二）学生提供具有个性化的错题

学生在学习的过程中积累具有个性化的错题，提供给老师作为素材。

（三）集体备课活动

通过学科组活动或集体备课活动，由教学同仁研讨各班均存在的典型错题。当然在市级区级教研活动中也会集中研讨学生易错问题，等等。

（四）调查问卷

通过对学生的调查问卷汇总错题和出错的原因，通过对高中数学教师的调查问卷汇总学生的错题和出错的原因，等等。

三 错题类型及其教学对策

汇总高中错题，根据笔者积累的大量错题，大致可以分为五种错误类型，即习惯性错误、知识型错误、技能型错误、方法型错误、能力型错误。

（一）习惯性错误及其教学对策

习惯性错误：主要是指学生由于学习习惯不够规范从而出现的错误。如审题不清或解题过程不按照规范作答，偷工减料，从而造成"会而不对"或"对而不全"的结果，由于学生没有对自己出现的错误高度重视，学习态度不够端正，"一错再错"现象经常出现。这种错误一般学生不容易纠正，这是长期学习习惯不良的产物。

（二）知识型错误及其教学对策

知识型错误：由于学生没有理解或掌握某一基本知识而发生的错误。有时学生在学习的过程中对概念等就没有理解到位或理解出现偏差、或记忆等出现错误。

所以要重视基本知识的教学和巩固，让学生能够掌握，及时订正改错。如椭圆的一个焦点坐标是（5，0），则焦距是多少？错误结果是5。说明错误的原因是学生未能掌握焦距与C的关系这样的基本知识，导致错误。

（三）技能型错误及其教学对策

技能型错误：由于学生没有掌握某一项数学基本技能而产生的错误，如"计算错误"等。在课堂上不断示范典型的具体实例，给学生一定数量习题练习，让其在理解的基础上达到熟练的目的。如对于分数运算 $\dfrac{\frac{2}{5}}{\frac{3}{7}}$，学生要么不会做，要么做错，说明学生没有掌握分数运算的技能，只需要分子分母同时乘以 35 即可，结果是 $\dfrac{14}{15}$。教师可以设计类似的专项训练，给予学生巩固，这样的错误会迎刃而解。

（四）方法型错误及其教学对策

方法型错误：由于学生在应用某一数学方法上的欠缺而发生的错误。设计专题课，侧重巩固某一种或者几种数学方法。如已知 $\alpha = \dfrac{\pi}{6}$，若 $\sin(\alpha+\beta) = \dfrac{3}{5}$，$0 < \beta < \dfrac{5\pi}{6}$，求 $\sin\beta$。这个例题，绝大多数学生只是将 $\sin(\alpha+\beta) = \dfrac{3}{5}$ 展开后与 $\sin^2\alpha + \cos^2\beta = 1$ 联立方程组去解，最终大家都会因为计算太过复杂而未得到结果，这就是解题方法选择不当导致的错误。正确的方法应该是利用角的演变 $\sin[(\alpha+\beta)-\alpha]$ 就会得到正确答案，计算简单快捷。

（五）能力型错误及其教学对策

能力型错误：由于学生的能力欠缺而不会做或者解题出现偏差的题目。引导学生注意题型间的类比，典型题在课堂上详细讲解，理清解题思路。如高三复习课中"函数的零点"教学，大部分教师基本上都采用先进行知识回顾，再进行归纳相关题型进行例题讲解。但教学效果是学生遇到已经做过的题仍然出错，究其原因就是，教师这样的教学形式，学生的能力有的时候是不能达到的，从而会极大影响教学效果。建议教师在讲本讲内容的时候要设计有层次的"题组训练"，可以帮助学生突破数学训练方面的难关。设计合理的题组，既可以减轻学生的负担，不再题海战术，也不是一些简单题的模仿和重复，达到学生主动学习、主动思考、主动迁移、主动应用等能力，让学生尽量少犯能力型错误。

四　错题管理的指导性

（一）错题示范性

教师需要将要求学生进行错题管理的整个过程完整地呈现给学生，这样才能激发培养学生去实践同一过程。还可以让错题管理优秀的学生进行经验介绍，不但将错题进行分类记录，而且还利用不同颜色的笔做各类提示，最重要的是在后期的检测中，相同类型题的错误率降低，成绩有所提高。让其他学生能够意识到，科学有效地管理错题对成绩提高非常重要。

（二）错题层次性

由于学生之间普遍存在差异，只有接受这种普遍差异，对学生因材施教，采取不同的指导方式，以促进不同学生的发展。对于学优生，引导他们在详细整理错题集的基础上，对每一道题的思考可以更加深刻，给予一定的课外拓展资料。对于中等生，教师应引导他们完善错误管理的各个环节，适当的布置错题作业反复练习，培养他们准确解题的思维能力。对于学困生，教师应给予他们鼓励，鼓励他们坚持错题的订正，肯定其由错后对的过程和成果。

（三）错题个性化

学生的错题集是个性化的。教师可以在个别辅导中对学生进行有针对性的小练习和小检测。比如对学困生的个别辅导中，可以让其对某一类错题进行反复练习，真正掌握其解题思路与方法，使他们对后续这类问题能完整的自己正确解答。

五　错题资源的应用性

（一）新授课中的应用

学生的错题资源可以应用在新授课的各个环节，如"情境引入""例题精讲""巩固练习"和"总结提升"，等等。预测教学过程中可能出现的典型错误，将易错的知识点融入课堂教学中，被利用的错题资源可以是教师在教学相关内容前，根据所教内容和相关知识特征，利用已经积累的错题经验。

（二）习题课中的应用

合理选题是习题课过程中最关键的环节。习题选择的好坏决定了习题的水平和质量。习题选择的是否具有针对性，直接影响到习题课效率的高低。教师要设计思维陷阱，要让学生暴露错误，所以习题的甄选非常关键。设计母题，在此基础上设计一系列的拓展子题，使其有一定的探究性。在习题课错题教学中，学生自身的说错环节更具有针对性和认同感，能极大提高学生参与课堂教学的积极性。在学生自身"说错"过程中学生的各种能力得到极大的提高，更大地挖掘出学生的学习潜能，不断提高学生的解题能力。

（三）复习课中的应用

复习课需要构建知识体系，提炼数学规律和解题方法，从而使学生对数学知识和方法的认知及应用得以提高和升华。我们可以将学生错题的资源应用在复习课的设计上，从而达到良好的教学效果。归纳错误并进行整理，哪些错误是由于学生对重要概念理解不到位造成的，哪些错误是由于学生没有掌握某种数学方法造成的，等等，而这些数学概念或者数学方法恰恰是这一阶段的重要数学教学内容时，那么我们就要对这些典型错题进行归纳、整理、改编、重组，使之形成体系，在复习课上适当的选用以达到巩固某些概念或方法的目的。

高中数学学习离不开解题，一方面学生对数学概念的理解和掌握往往通过解题来表达和完善，另一方面数学问题也是展现数学方法和能力、锤炼数学思维的重要载体，因此高中解题教学是数学课堂教学的重要部分，需要我们精心设计。但凡要解题就可能出现错误，如何合理地利用学生认知上的"错误"，科学地挖掘"错误"的教育功能，应成为一线教师教学的不懈的追求。作为高中数学教师，我们要潜心研究，既要挖掘教学的真谛，又要善于积累，勤于钻研，观察学生学习的轨迹，发现问题、分析问题、研究问题、应用问题，做教学的智者。

参考文献

［1］常永盛：《利用数学错题提高初中学生解题能力的研究》，《天津教育》2016年第11期。

［2］常国良、王爱斌：《将"防错"进行到底》，《中学数学教学参考》2016年第13期。

［3］吴新强：《一个恒成立问题的正误辨析》，《中学数学月刊》2007年第9期。

［4］章建英：《授之以渔 方能"不用扬鞭自奋蹄"——对一道高三复习题的教学探究》，《中学数学教学》2018年第1期。

［5］李学东、张同语：《"变废为宝"，让错解发挥应有价值——一道月考试题的讲评教学》，《中学数学研究》2015年第3期。

构建有利于高中学生理性选课的校内策略

天津市第二南开学校　孙　茁

【摘要】 新高考改革要求学生在高中阶段根据自己的发展需要进行选课。在学校层面采用何种策略指导学生理性选择适合课程是一个新的问题。本文总结了第二南开学校近年来选课指导的实践经验，对校本生涯规划课程体系建设、校内导师制、智慧校园专项模块在选课辅导中的作用进行了详细介绍。

【关键词】 选课指导；生涯规划；导师制；智慧校园

2014年国务院颁布了《关于深化考试招生制度改革的实施意见》，2017年天津市教委印发了《关于普通高中课程安排指导意见》等四个普通高中课程改革的指导文件。伴随高考改革，学校教育需要帮助学生选择适合自己的学科和课程，完成时代对人才培养的要求。如何帮助学生理性选择是摆在当前教师和学校管理者面前的一个重要问题，需要教育者以研究的视角进行实践的探索。

面对2017年高中新课程改革的到来，学校于2014年开始积极准备，2015年8月成立未来学部，2017年2月高一年级全体学生进行部分时间的选课走班。我们边研究边实践，边探索边推进，我们把课程体系建设和实践探索有机结合，我们认为每一个项目的尝试，都需要提前规划，才能确保学生选课顺利推进。

一 构建校本的生涯规划课程体系，做好学生的选课指导

《国家中长期教育改革和发展规划纲要》指出，"在普通高中建立学生发展指导制度，加强对学生理想、心理、学业等多方面的指导"。学生发展指导是选课走班的重要前提条件，高中生活不仅仅是为考大学做准备，更要为职业选择和终身发展提供方向。为此，学校成立生涯规划项目组，着力进行生涯课程的系统开发和全面实施。高一新生入学后，学校组织进行学生脑 AT 职业潜能测评。高一第一学期的前六周，开设必选课程中的心理素质拓展课程（其中一个模块）及思维导图课程，各 3 课时，共计 6 课时。从第七周至学期末，开始开设选修课程，选修课程是针对未来大学专业方向和未来职业选择而设立的专业解析课程，该课程涉及 14 个学科，每学科由两名教师进行课程的编写和授课，每学科专业解读有 5 课时，以选修的方式，学生可以根据自己的个人需要选择三门感兴趣学科进行走班上课。第二学期学校首先组织学生进行了心理测评，此学期的生涯规划课程为必选课。在规定的统一课时内由多名教师连续上课，课时如下：心理素质拓展 9 课时；DISC 生涯定位 3 课时；团队拓展 3 课时；生命教育 3 课时，第二学期共计 18 学时。以上措施可以帮助学生主动而有针对性进行选课。目前学校的生涯规划课程体系整体分成五步：了解自己—了解专业—了解大学—了解职业—确定方向。

第一步：了解自己。学校依托心理健康教师的专业背景和部分教师的特长爱好，先帮助学生了解自己，开设生涯规划通识内容、生命教育主题知识、思维导图 SWOT 分析、团队拓展训练等课程。学校成立生涯规划教育团队，组织老师编制了校本教材。

第二步：了解专业。开设专业解析课程，专业涵盖高中的各个学科。专业解析教学团队从大学专业排名、未来职业选择、专业职业体验等几方面，向学生全面剖析学科、专业、职业之间的关系，不仅为学生选择专业方向提供意见，更有利于学生一生的职业规划与选择。

第三步：了解大学。学校邀请南开大学、天津大学、河北工业大学、财经大学、商业大学、科技大学和天津城建大学等高校教师到学校进行

讲座，同时学校带领学生走进南开大学和天津大学，考察物理学院、化学学院和生命科学学院等院系，听讲座，跟大学生一起做实验，学生们参与度很高。

第四步：了解职业。当学生明确了未来的职业范围之后，学生可以采用多种形式进行职业考察，比如现场实践、参观访问、搜寻资料，等等。每次寒暑假开始的时候，学校会组织各种职业专场介绍会，例如美术专场、IT 专场和医学专场。

第五步：确定方向。学生通过学习线上线下的生涯规划课程，确定适合自己的方向，做出选择，坚定不移地走下去。

2018 年 1 月，学校在高一年级召开了两次生涯选科咨询指导会，更好地为学生和家长解答选科和选课的疑惑。

二　完善校内的导师实施方案，做好选课的全面辅导

导师制实施的总体架构采用三级管理（学校——年级——班级）和双师并行（班主任作为首席导师 + 任课教师作为学生成长导师）策略。在保留原有职能处室基础上，学校成立学生发展指导中心，全面负责全员导师制工作的启动、实施、评估工作。德育主任和年级组长、班主任具体负责学校、年级、班级三层面学生成长导师制实施的具体工作，做到领导到位，工作到人。

导师的主要任务，不在于"管"，而在于"导"。导师通过与学生朝夕相处，与学生实现心灵对话、学术成长，通过师生和谐融洽的相处模式，唤醒学生内在求知欲，帮助学生身心健康发展。导师在每学期开始时，精心帮助学生自主安排适合于自身特点、能力、素质和成长目标的学习计划，指导学生的课程选择、时间安排、经典阅读、社会交往、社会实践、特长发展等具体问题。日常学习生活中，导师积极引导学生广泛参加学校学生会、团委会、社团和学习团队的活动，更积极鼓励和帮助孩子们利用节假日走出校门，走进社区，广泛参加社会实践活动。导师通过"两册在手"记录学生的点滴变化和导师个人工作的点滴收获。这"两册"一是"学生成长记录册"，成长记录册是纸质版的和电子版的

并行，内容有交叉又分别有所取舍，通过它来记录学生在受导过程中形成的典型事实材料和阶段性成果；二是"导师工作手册"，用它来记录学生的基本信息和导师日常与学生接触过程中的所有工作资料，如包括与学生的谈话记录、导师组活动记录、家校联系记录、学生集体活动记录、学生特殊事件记录、导师工作意见和建议等，通过它带动导师完善自己的工作计划和加强工作反思，不断促进导师的专业发展。

导师制实施至今，学校已逐步完善了十项制度，包括导师选聘制度、导师培训制、师生交流制度、家校联系制度、社会实践家校协议制度、个案研究与会诊制度、突发事件介入制度、学生成长档案制度、导师联席会制度和导师考核评价制度。例如，学校通过制定导师准入的选聘制度，明确导师资格的基本条件，每位受聘教师要填写导师承担意向书。规定了导师的主要职责，如导师要定期与学生学习实践小组开展两周一次的"导师有约"活动并做好记录，日常要随时发现问题，包括学业成绩的起伏、情绪心理的变化、生涯发展的困惑等，导师要针对问题在第一时间内进行有效处理。班主任作为首席导师要利用班会课在学生中做好宣传工作，将班级导师介绍给学生，并让学生初选自己心目中的导师，共选一位导师的学生便自然组成一个"学习实践小组"。成长导师在了解学生的基础上，与受导学生建立相互理解、相互信任的关系，对学生进行全面的发展指导。我们明确导师的主要职责侧重于对学生进行思想引导、学业辅导、生活指导和心理疏导，还要关注学生身心发展的整体规划。

三 搭建智慧校园的专项模块，助力学生的理性选科

2017 年学校进行智慧校园建设，在顶层设计中搭建了选课走班模块、学生综合素质评价、导师有约、心理测评等模块，这些模块为课改顺利实施和学生更好选课提供信息化支持。如考虑到个别学生和家长可能对选课这种模式存在个性化问题，学校在期末考试后会采用网上预约的形式，组织学生和家长来校和教师进行一对一的详细咨询，从根本上解决他们对选课走班的认知盲区。学生选课后，为了保证课表的编制尽量合

理，方法采用行政班＋H＋D三部分、两时段排课模式进行编排，目前排课系统已经经过了一年多的实践性检验。建成的排选课系统可以解决课表编制、分类分项课程选课的要求。在高中选课走班的实施过程中，高一和高二学生通过手环、电子班牌等物联网技术助力选课走班的实施，无论学生走进哪间教室上课，他的手环将随时刷出考勤和自己的专属课表。

学校在智慧校园平台上建立导师制反馈系统，既实现学期末对导师的考核评价，更关注每学年导师制从启动到实施过程的监管调控。学校在智慧校园平台开发的"导师有约"模块中，设置"导师与学生双向选择平台""学习实践小组师生对话空间""导师培训驿站（积分制）"和"期末导师考评系统"，大大提高了导师制管理与实施的工作效率和效果。通过网络平台，既可实现学校、家长和学生三方对话，又为学生科学选课提供数据支持和留下过程记录。

课程改革倡导"以学生发展为本"的理念，以学生为主体——让学生成为学习与成长的主人。然而，每个学生都是不同的，是有差异的。这种差异，必然带来对教与学的不同需求，而选课会让学生自主选择学习内容、学习时空、学习路径、学习进程和学习的水平层次，学校只有在高中新课程改革中，通过建立生涯规划的校本课程体系，完善导师制实施方案，搭建各类专项模块，才能帮助学生理性地选课、规划好学业、从而能够让学生学会选择、学会负责。

参考文献

［1］陈平：《教育学基础》，贵州人民出版社2006年版。

［2］陈新宇、腾鲁阳：《中学教育学》，重庆出版社2008年版。

［3］董毅、邬旭东：《新课程理论与实践的反思》，合肥工业大学出版社2005年版。

［4］顾明远、孟繁华：《国际教育新理念》，海南出版社2001年版。

［5］丁献：《美国对按能力分班（组）教学效果的研究》，《外国教育动态》1990年第2期。

［6］郝志军：《我国教学理论的时代重建》，《教育理论与实践》2003年第5期。

［7］黄晓颖:《国外分层教学的历史发展》,《内蒙古科技与经济》2004年第17期。

［8］刘晓芳、骆毅:《我国分层教学的历史发展》,《南都学坛》2006年第2期。

浅谈核心力量练习在初中田径教学中的应用

天津市河东区第八十二中学　唐广训

【摘要】 投掷是中学田径教学中的基本内容之一，双手前掷实心球是国家体质健康标准的测试项目，也是天津市体育中考的项目之一。当前初中学生投掷实心球的成绩不甚理想，核心力量欠缺是一个重要原因。核心力量训练是功能性训练的一个部分，源于运动医学领域，基本思路是帮助运动员重返健康的训练，也是保持和改善健康的最佳练习。因此，本文尝试将核心力量训练引入投掷教学中，主要解析核心力量在前掷实心球教学的作用，介绍核心力量练习方法以及教学中核心力量训练的安排和注意事项等，为今后中学生前掷实心球教学提供参考。

【关键词】 核心力量；投掷；前掷实心球；体育教学

投掷是中学田径教学中的基本内容之一，主要是指"通过各种投掷物的投掷练习，发展学生的投掷能力和上下肢力量以及腰背肌力量，以及全身协调用力等身体素质"。初中阶段投掷的主要教学项目是双手头上前掷实心球，同时，该项目也是国家体质健康标准的测试项目和天津市体育中考的考试项目。但是，近几年学生在此项目的得分情况不甚理想，其中一个很重要的原因就是核心力量欠缺。核心力量即人体核心区的肌肉群在神经支配下收缩所产生的力量。提高核心力量可以直接提高核心部位的稳定性，保持身体姿态，提高身体的控制能力和平衡能力，传递并提高肌力。因此，加强核心力量练习，对于提升学生体质健康水平和提高投掷项目体育成绩都具有重要的现实意义。

一 核心力量在前掷实心球教学中的重要作用

中学田径教学中的双手前掷实心球技术动作以身体中心肌群为核心，在完整的投掷技术动作过程中需要不同关节和肌肉群协同工作，构成一个完整的动力链。核心肌群主要的作用就是保证学生在投掷实心球的过程中，改善对身体的控制力和平衡性，预防运动损伤，提高身体能量传递效率，使整个身体协调配合起来，确保学生在整个投掷实心球的过程中身体核心区域肌群发挥稳定身体姿态、限制躯干旋转、有效传递上下肢力量等作用。

（一）保持身体姿态的稳定性

保持正确的投掷动作姿态可以达成投掷结果的最佳化，还可以促使人体的踝、膝、髋、腰椎、胸椎、肩、肘等关节所构成的动力链产生最佳效能。核心区的肌肉不仅影响上下肢的运动，还起着负责控制全身姿态的重要任务，特别是深层肌群的多裂肌、腹内斜肌、盆带肌群等力量缺失，会影响身体运动的稳定性。而核心区域力量的强大对投掷实心球过程中身体姿态和技术动作的运用起着稳定和支持的作用。从力量和坚固性上来看脊柱区域是身体较为薄弱的环节，只有加强该区域力量才能达到运动时增强稳定和支撑的目的。

（二）为投掷实心球创造支撑点

在投掷实心球时，核心力量可以将身体不同的关节和肌肉群的发力整合起来，形成符合投掷力学规律的动力链，为身体四肢末端的发力创造条件。核心区域肌肉的稳定性为投掷实心球大发力建立有效的支撑点，还可提高四肢力量发挥的效果，为投掷时上下肢力量传递创造条件，既可巩固投掷作用力的支点，又可控制技术动作的正确性。

（三）提高能量由核心向肢体的输出

投掷实心球时，核心力量可以稳定和强化核心区域肌肉力量转换时能量的输出，有利于提高身体的变向和移动速率。投掷实心球时是以下肢蹬地开始，通过髋部（臀肌、腘绳肌等肌群）的伸展为基础动作的发力，力量通过核心区域传递到双臂，最后经过双手这个末端将球投出，因此加强核心力量练习就能够提高核心向肢体末端能量的传递。

（四）减少能量泄漏提高投掷传递效率

体能专家尹军认为"人体各个环节的运动是互相连接的，任何一个环节的运动都会影响其他一个甚至几个环节的状态，这一运动链就是能量传递的过程，即力量的产生（躯干支柱）——力量的分配（躯干—远端四肢）＝运动最佳性能及运动损伤预防。"大量运动实践证明，通过强化核心区域肌肉力量训练进一步提高肩关节、脊柱、髋关节的稳定性，在投掷实心球的过程中，当下肢发力时候，核心肌群将能量从下至上通过身体核心区域向上肢进行有效传导，能够有效减少投掷实心球时能量的泄漏，从而提高投掷实心球技术动作效能。

此外，强有力的核心力量可以对身体起到保护作用，有效预防运动损伤的发生。

二 核心力量在中学田径教学中的练习方法

（一）平板支撑

平板支撑的作用主要是发展腹肌、臀肌、肩部肌群及躯干控制能力。训练要点包括：学生俯卧于垫子上，双手或双肘支撑于胸部正下方两腿伸直，整个身体呈一条直线，躯干保持不动，收紧臀肌、股四头肌和深层腹肌，保持均匀呼吸。

增加难度的练习主要包括四种：1. 身体拉锯。开始时身体像拉锯一样，肩部前后来回移动，前侧核心压力增加，可视为动态平板支撑，整个过程中身体保持平直，目的就是增加核心稳定性挑战。2. 三点平板支撑。采用单腿（或单手）与双手（或双腿）支撑，构成三个支撑点，一手（腿）高抬，身体保持成一条直线，静止不动。3. 健腹轮推拉。初次使用健腹轮练习可能会拉伤腹部，所以一定要根据自身水平坚持循序渐进。4. 时钟式平板支撑．直臂平板支撑开始，双手从 12 点位置开始，围绕一个想象的钟面移动，双手每侧触碰地面 7 次，从 12 点到 6 点位置为一组。练习过程中当有斜向的旋转力存在时，核心区域的肌肉和肩胛部位肌肉的稳定性得到训练。

（二）侧平板支撑

侧平板支撑的作用主要是发展腹斜肌及躯干控制能力，其动作要点包括：侧卧于垫子上，用单手或者前臂与于胸部侧面支撑，两腿并拢，下面一脚侧面为支撑点，身体成一条直线，躯干保持不动，呼吸均匀。增加难度的练习，可以抬高在上的腿，与地面平行，保持静止不动。

（三）用臀桥打造健康的腘绳肌

用臀桥打造健康的腘绳肌的作用主要是发展腰方肌、竖脊肌、臀肌、腘绳肌及躯干控制能力，动作要点是：仰卧姿势开始，两脚跟蹬着地面，脚尖朝上，把髋抬起，使肩、髋、膝呈一条直线，收缩臀肌和腘绳肌来完成和保持这个姿势（5 秒）。

增加难度的练习包括：1. 臀桥交替跨步。仰卧于地面，一只脚跟蹬在地面上，脚尖抬起，另一条腿伸直抬起垂直于地面。双臂伸直呈 45°放在体侧地面，一侧腿用力向上提髋，双腿交替练习。2. 双肘四点支撑伸髋。呈双肘伸直双膝跪于地面姿势，腹部收紧，双臂推起躯干，保持屈膝姿势，向上举起左脚，保持躯干平直，避免腰部过伸。3. 双肘四点支撑交替抬起。呈双肘伸直双膝跪于地面姿势，腹部收紧，双臂推起躯干，手臂和腿部交替做抬起动作。这是一个高级练习，初学的学生避免尝试。

（四）实心球训练

对于发展全身力量、旋转爆发力和前侧核心爆发力来说，实心球可能是最简单、最安全的工具。各种投掷实心球的技术动作教会学生如何将地面的所有作用力通过腿部、核心，最终通过双臂传出去。

1. 正向推掷实心球

正向面对墙壁，双手持实心球于右肩上方，双脚左右开立，躯干转向右侧，左脚向前迈出一小步，右腿蹬伸，躯干向左侧旋转，右手将实心球快速推向墙壁，动作过程中保持躯干平直。

2. 站姿过头摔砸实心球

两脚左右开立，双手持实心球置于头上，保持核心收紧，完全展开身体，将实心球猛摔砸至体前（0.5—1米）的位置上。

3. 站姿过头抛球

正向面对墙壁，基本动作与站姿过头摔砸实心球相同，类似足球的掷界外球，保持核心收紧，完全展开身体，将实心球迅速抛向体前墙壁，抛掷球时多利用躯干而不是利用双臂。

4. 跪姿过头抛球

正向面对墙壁，基本动作与站姿过头抛实心球相同，区别在于该动作是双膝跪地的姿势来完成，保持核心收紧，完全展开身体，将实心球迅速抛向体前墙壁，抛掷球时强调上肢力量，强化髋关节与双臂之间的力量衔接。

三 核心力量训练的注意事项

在投掷实心球的教学中进行核心力量训练应根据初中学生的身心特点安排练习内容，遵循循序渐进的原则，逐渐增加练习的难度和运动量。根据投掷项目的特点和核心力量训练内容的不同，在体育课堂教学中可以安排在准备活动之中进行，也可和其他身体素质训练安排在一起。投掷教学中每次可以选择4—6个核心力量动作进行练习，每个动作练习2—4组，每组8—12次（30—60秒），组间休息30—90秒。

（一）技术动作要规范合理

核心力量属于功能性训练一部分，因此核心力量训练的所有的运动技术都应符合生物力学原理，具有相应的技术标准和规格。教学中必须强调动作质量，技术动作的规范准确，技术细节必须准确到位，不要用练习数量要求学生，重点强调学练中技术的规范性，为以后的教学打下坚实的基础，否则可能出现伤害事故。

（二）与上下肢均衡发展

初中阶段核心力量训练主要是依靠自体重进行练习，强调不同肌肉间协作能力。因为"动作模式训练就是围绕如何增强神经对肌肉的支配能力"，所以在进行投掷教学时既要考虑核心力量与上下肢力量的均衡发展的问题，还要有上肢活动和下肢力量练习，合理安排练习密度和强度，避免因身体局部负担过重而出现无效练习现象的发生。

（三）注意难易程度和运动负荷

核心力量训练内容也有难易之分，在教学中要根据学生的实际水平将练习难易统筹合理进行安排，既要让有能力的学生"吃饱"，也要让水平一般的学生"吃好"，做到区别对待合理安排"进阶和退阶"，避免给教学带来不利影响。教学中要保证一定的运动密度、练习密度和运动强度，教师可通过运动次数、间歇时间和练习时间来调控运动负荷的大小。

（四）注意开发场地器材课程资源

核心力量训练有很多工具，负重背心和负重腰带、泡沫轴、瑞士球等训练器材和组合器械等。但是，通常由于受资金等条件限制，经常会无法满足教学的需要。因此，教师要充分开发和利用现有的场地器材资源，因地制宜开展核心力量训练活动。例如教学中的体操垫、跳绳、足球和实心球等器材的应用，或者利用学校的体操器械区进行核心力量训练，单双杠的悬吊练习等，既丰富了教学方法和组织形式，又可有效地调动学生积极性，培养学生的兴趣。

参考文献

[1] 耿培新：《体育与健康教师用教学用书（7—9年级全一册）》，人民教育出版社2010年版。

[2] 杨世勇：《体能训练》，人民体育出版社2012年版。

[3] 尹军：《躯干支柱力量与动力链的能量传递》，《中国体育教练员》2012年第3期。

［4］尹军、宸铮：《提高中小学生投掷能力的练习方法》，《体育教学》2016年第2期。

［5］胡安·卡洛斯：《功能性训练——提升运动表现的动作练习和方案设计》，王雄、袁守龙译，人民邮电出版社2017年版。

［6］潘迎旭、尹军：《身体运动功能动作模式与专项技术动作之间的关系》，《体育教学》2017年第2期。

学科素养导向下"初中历史项目式学习"情境创设策略

天津市第十九中学 田红彩

【摘要】 项目式学习是一种知行合一的学习方式。其实施需要依据历史学科的核心素养，正确理解项目式学习的精神和内涵，合理创设教学情境。本文以"经济体制改革"项目式学习为例，分析了教学情境在"初中历史项目式学习"实施中的教学价值，提炼出核心素养导向下"初中历史项目式学习"教学情境的创设策略：补充背景知识创设情境、利用图文材料创设情境、借助历史实物创设情境、联系学生生活创设情境。

【关键词】 初中历史项目式学习；情境；策略

初中历史项目式学习是让学生围绕历史教学中某一具体的项目主题，充分挖掘、选择和利用各种学习资源，在实际体验、自主探究、内化吸收的过程中，以合作形式完成一系列相互关联的历史学习任务，完成项目作品要求或达成最终目标的一种学习方式。

在初中历史项目式学习实施过程中，正确理解项目式学习的精神和内涵，合理创设教学情境对于初中历史项目式学习的创新发展与核心素养的落地具有重要意义。笔者以"经济体制改革"为项目式学习主题，通过合理创设教学情境展开了对项目式学习、落实历史学科核心素养的实践，对核心素养导向下初中历史项目式学习教学情境创设策略有了一定的思考。

一　教学情境在"初中历史项目式学习"实施中的教学价值

教学情境是教师在教学过程中所创设的知识与情感氛围。它通过赋予历史人物、历史事件、历史现象和历史认识以情和境，使原本抽象、晦涩的历史知识和认知变得具体化，有利于启发学生的历史思维，培养学生的历史意识，使学生更加主动、深入地参与教学过程，提高课堂教学的有效性。

（一）情境是沟通历史与现实的桥梁

初中历史项目式学习中，需要学生识记、梳理的历史知识较为系统、严谨，学习难度相对较高，很容易使学生产生畏难情绪，难以发挥史学的教育功能。教学情境正是沟通历史与现实的桥梁，它将历史与现实相联系，使学生认识到历史就在我们身边。这不仅能提高学生参与项目学习的热情，更有利于其认识学习历史是为了理解现实、把握今朝。

（二）情境是历史知识转化为学科素养的途径

历史知识是素养形成的媒介和手段。历史学科核心素养不是学生先天具有的，也不是靠历史教师直接进行知识灌输教出来的。它是在长时段教学过程中，"借助具体的教学情境，在问题解决的实践中不断积累、逐步培养出来的"。学科素养导向的初中历史教学，要求历史教师在教学过程中创设特定的教学情境，将学生难以理解认知的历史问题与尽可能真实的历史情境相结合，为学生搭建利用已有知识和经验解决问题的平台，促进学生优化认知过程，在构建历史知识结构的基础上训练和发展学生的学科素养。

（三）情境是项目式学习开展和深入的前提

历史学习不是简单被动地接收信息，而是主动地建构历史知识的意义。学科素养导向的历史教学，要求教师从重视知识传递走向重视知识建构，引导学生通过分析、比较，揭示历史概念的共性与个性，分析历史事件的联系与区别，根据因果关系和逻辑联系重构历史知识，加深历史理解。在初中历史项目式学习的过程中，教学情境正是组织和调控项目推进过程的主线，是学生探究、解决核心问题，实现对历史学科重点知识的学习和核心素养培育的关键。

二 核心素养导向下"初中历史项目式学习"情境创设策略

（一）补充背景知识创设情境

背景知识是指与教材内容相关联的知识的总称。项目式学习作为一种典型的建构性学习，要求学生在教师的帮助下，以一定的经验、知识为背景，在一定的情境中思考、探索、建构自己的新知识。没有必要的背景知识，历史教学往往无法进行。然而，由于篇幅所限，教材对于历史事件发生的背景、原因、具体经过等着墨不多。而这些恰恰是学生建构历史知识、开展项目式学习的必要前提。我们可以通过搜集相关背景材料，对教材内容进行补充，创设情境，设计问题，培养学生提取有效信息，分析、解决问题的能力。

在学习家庭联产承包责任制这一内容时，教材上对于为什么改革首先在农村开始，因何在安徽取得突破没有提及。因此，在"经济体制改革"这一项目式学习开展过程中，笔者为第一项目组设计的探究主题是"问题与困惑"，并提供了两则补充材料来创设情境，设计问题，引导第一项目组进一步论证和阐释教材的观点。第一则材料是20世纪50年代至80年代的中国人口数量变化；第二则是这一期间中国粮、棉、油、甘蔗等主要农产品的产量变化。

探究以下问题：

1. 请同学浏览材料一的关键字，说出这段时间我国人口发展呈现怎样的趋势和特点？

2. 通览材料二，说出产量最高的是哪种农产品？粮食产量的变化趋势和特点？两则材料看，又有什么新发现？

通过这两则背景材料的补充和教学情境的创设，第一项目组同学分析出20世纪50年代到80年代这段时间农产品的增产产量由增长的人口消耗掉了，粮食的人均产量在近30年里几乎没有增加。并推算出1980年粮食人均日产量大约是1.7斤。而正常人一天的消耗包括粮食、肉、蛋、奶等总和大概2.3斤，人均每天1.7斤粮食是很难满足需要的。由此对粮票的发行和计划经济体制有了更深刻的理解，对改革因何在农村首先突破有了准确的分析。

在此基础上，为了让学生了解农村改革为何在安徽省首先突破，又补充了以下背景知识。材料三、四介绍了1977年万里主政安徽省后，下乡调查发现，全省农民严重温饱不足的状况。

请学生根据材料三、四回答：当时我国面临的最大问题是什么？面对这样的国情，我国的改革将在哪里突破？以怎样的方式突破？

这些背景材料创设的情境，将学生带入真实的问题情境中，运用所学知识分析问题，解决问题，构建起学习内容框架体系，使历史学科核心素养在这一体系中找到落点，大大提高了项目式学习的效果，加深历史理解的同时，提高了历史解释能力。

（二）利用图文材料创设情境

图文材料是中学历史教学的常用资料。将相关图文材料运用于新的学习情境的创设，有利于调动学生的视觉、听觉等多种感官，激发学生的想象和联想，使学生在新的语境中感受问题，引发思考，培养学生积极探索问题的创新意识及创新思维，促进历史学科核心素养的培育。

在学习《经济体制改革》一课时，笔者为第二项目组同学提供了小岗村18位社员签字并按下红手印的那张搞大包干契约的图片及这份契约书的具体内容。利用图文材料创设了教学情境。

请学生在观察图片的基础上阅读以上文字材料，用四个字概括这份契约的核心内容是什么？并指出这种做法在当时是否符合政策规定？为什么？

通过对图片的观察和文字材料的研读，第二项目组同学回到历史现场，去经历当事人的那种壮举，感受小岗村村民当年签订契约时的复杂心情，从而体会历史每前进一步，都会付出巨大的艰辛。正是小岗村农民写下的这一生死文书，拉开了中国农村经济体制改革的序幕，从中体会小岗村村民"敢为天下先"的改革精神。

(三) 借助历史实物创设情境

历史教学中的实物主要指模型、教具等直观形象的材料。在"初中历史项目式学习"中，利用实物模拟生活情境进行辅助教学，能迅速引起学生的注意，进而引发思考，有助于调动学生参与项目探究的欲望，激活学生的形象思维，从而突破难点、强化理解，产生较好的学习效果。

在学习《经济体制改革》一课时，笔者引导第一项目组同学收集改革开放前的粮票，引导他们观察粮票上的信息。并利用粮票这一实物，让学生思考：粮票的发行反映了当时人们怎样的生活状况？从侧面又反映了哪些问题？

粮票是计划经济时代的重要反映。通过呈现粮票这一实物史料，帮助学生体验计划经济时代人们的生活，同时也加深学生对计划经济体制特征的理解，推动项目学习高效开展的同时掌握史料分析的方法，培养史料实证意识。通过这一探究过程，学生认识到计划供应和限地区使用的政策，其发行和使用正是当时农产品短缺和物质匮乏的一个侧面反映。

(四) 联系学生生活创设情境

为学生构建贴近其生活实际的问题情境，使学习的内容与学生已有知识和生活经验相联系，是项目式学习取得成功的又一关键因素。

在学习《经济体制改革》一课时，为了帮助第四项目组同学突破"社会主义市场经济的建立及其影响"这一难点，笔者指导第四项目组同学走出家门，走进市场、超市、商场进行实地考察，并登上淘宝、京东等购物平台开展购物体验。在此基础上创设情境："在这些购物、消费场所或平台上进行消费，你的直观感受有哪些？对比之前人们持粮票等票据进行抢购的场景，购物环境和购物体验有哪些不同？结合今天所学，想一想是什么改变了人们的生活？"通过这样的活动和问题设计引导学生了解历史，说出改革开放以来发生在日常生活中的变化，并分析产生这些变化的原因，促进学生在项目探究活动中体验历史、感悟成长。

这种情境的创设和问题的设计以学生熟悉、关注、感兴趣的题材作为载体与材料，拉近了历史与现实的距离，引导学生主动的思考和探求，使他们深刻体验到，对比之前的物资匮乏、票据所代表的计划经济时代，正是改革创造了经济社会发展的"中国速度",是改革改变了人们的生活。

反思"经济体制改革"这一项目式学习的设计与实施过程,笔者对核心素养导向下"初中历史项目式学习"教学情境的创设策略有了以下认识。

第1,"初中历史项目式学习"有利于学生历史学科核心素养的培育。教学情境的创设是沟通历史与现实的桥梁,是学生由个体的被动学习转向协同的能动学习,由表层学习转向深入学习,由知识学习转化为素养提升的关键。

第二,核心素养导向下初中历史项目式学习要求教师在创设教学情境时从学生的生活实际出发,指向历史课程的教学目标和育人价值,设计具有一定的探索性和开放度的问题情境,实现项目式学习与历史学科知识学习、能力提升、素养发展的有机统整。

第三,教学情境是多种多样的,对它的解读和定义也是多元的。教师可以通过补充背景知识,借助实物、图片、文字等不同类型的材料,将历史学习与学生的生活、经验、情感、生命相联系,引导学生在知识建构、问题解决中推进项目式学习的深入开展,在构建历史学科基础知识结构的基础上,培养学生的学科素养。

参考文献

[1] 田红彩:《初中历史"项目式学习"与学科核心素养的培育》,《历史教学》(上半月刊) 2018 年第 1 期。

[2] 胡书英:《基于学生核心素养的教师教学方式的转变》,《教育科学论坛》2016 年第 20 期。

新课改下的初中语文拓展阅读教学刍议

天津市第九十中学　田　勤

【摘要】语文学科以其人文性与工具性兼具的特征品质，在培养人的综合素质中具有重大价值和意义。为了适应新时代人才培养的需要，语文教学应向着更加开放、民主、自由和活跃的方向发展。为了实现课程标准中语文课"应密切关注现代社会发展的需要，拓宽语文学习和运用的领域，使学生形成良好的语文素养"的要求，加强语文教学从课内到课外阅读的延伸，丰富语文阅读教学内容势在必行。本文重点从初中语文拓展阅读教学的背景、拓展阅读概念的提出和拓展阅读的策略等方面对新课改下的初中语文拓展阅读教学进行了探讨，以期对教学实践产生积极影响。

【关键词】新课改；初中语文；拓展阅读教学

一　语文拓展阅读教学的背景

语文学科因其人文性与工具性相统一的学科特点，在人才培养中具有非常重要的特殊作用。阅读教学因其可以为学生提供大量的具有思想光芒、人格魅力的经典文本，在学生的成长过程中起到重要的精神引领、情感熏陶、人格塑造的作用。

现代社会要求公民具备良好的人文素养和科学素养，具备包括阅读理解与表达交流在内的多方面的基本能力等。而阅读优秀的文学作品，可以超越时空的界限，聆听先贤古圣，对话名家大师，在潜移默化中丰富人文底蕴，培养良好的审美情趣、责任意识，接受精神熏陶、灵魂洗礼、人格塑造。故而，更大程度地进行语文拓展阅读，激发学生的阅读兴趣，培养学生良好的阅读习惯，发挥阅读的积极效应显得尤为重要。

二　语文拓展阅读概念的提出

语文拓展阅读就是教师从体裁、题材、写作手法、创作时间、作家等维度，以课内文章为范本，在大量丰富阅读基础上，甄选出适合学生身心特点、符合学生阅读层次的课外阅读作品，进行联系与对比、发现与创造，达到通过扩展语文阅读量而促进学生身心发展的目的。这种教学模式，立足于课内教材，在教师的有效引领下，使学生的阅读实现由课内向课外的延伸，关注学生阅读量的积累和阅读体系的构建，注重学生的思维提升、价值取向和心灵成长。

三　语文拓展阅读的策略

（一）依据课内文章，进行相关性拓展阅读

1. 相同主题的拓展阅读

现行的人教版初中教材，主要是按照主题进行遴选组合而成的教学单元。鉴于此，我们可以从主题入手进行选文。如，人教版七年级下册第一单元是围绕"成长"话题组织一组文章，题材相近，但体裁各异，通过本单元的学习，学生可以了解同样的内容能运用不同的写作方式来表达。我在进行这一单元教学时，翻阅大量的阅读材料，特别是历届中考阅读真题，编选了一组类文，有《我的童年才是真正的童年》《刀爱》《孤独之旅》《成长的桥》《陈际泰》，这些文章反映的生活不受时空拘囿，在进行类文阅读教学的同时，不是单纯地进行独立篇目的阅读教学，而是把它们进行比较，找出主题内容的异同。

2. 相关写法的拓展阅读

抓住某篇文章的典型写作手法，筛选类文进行阅读，以强化学生对这一写法的掌握。比如在学习鲁迅作品《阿长与〈山海经〉》时，文章先是记叙了阿长的诸多琐事，比如写过年时阿长强迫孩子说吉祥话、吃福橘，写阿长有很多繁文缛节、礼仪禁忌等，在这些地方，学生看到的是阿长的迷信多事、愚昧粗俗。而在事件的叙述中，逐渐进入到"阿长买《山海经》"令我震悚和感动，从而使读者逐渐清晰地看到一个地位低下、愚昧迷信却又对生活充满了热望，尤其是对孩子充满诚挚的爱的保姆形象。为了让学生对欲扬先抑这一比较陌生的写作手法有更深入的理解，我遴选了一组运用这一写作手法的文章，有《荔枝蜜》《丑石》《牡丹花水》《伯父从台湾归来》《阿麻的故事》《父亲》等，这几篇文章文体各不相同，写作内容也是丰富多样，有的写景状物，有的记人叙事，但它们都运用了欲扬先抑的手法。

3. 对同一作家或同一作品的拓展阅读

为了全面了解和把握一位写作者、一部作品的创作风格，还可以尝试着以写作者和作品为中心进行选文。在学习了宗璞的《紫藤萝瀑布》后，我推荐学生阅读作者的《好一朵木槿花》《丁香结》《秋韵》等散文。《丁香结》中，宗璞赋予"丁香结"馨香与愁怨的文化意蕴，从而揭示出生命给你芬芳的同时也给你幽怨的道理，快乐与痛苦相生相成便是生活的意义。《好一朵木槿花》通过讲述木槿花的两次开放意在展现勇于面对厄运，顽强挣扎，不畏艰难，振作精神投身到沸腾的新生活中的积极昂扬的精神面貌。通过对同一位作家作品的系列阅读，学生对作家的人品、文品都有了更透彻的把握和理解。

选无定法，除上述三种常见的选文方法外，还可以从体裁、语言风格、写作者性别（地域、时代等）、谋篇布局等维度进行选文，进行拓展阅读。

（二）树立大语文观念，形成拓展阅读习惯

语文教育不仅仅在于培养学生良好的语言表达能力，更在于帮助学生形成良好的思维方式、基本的文化建构、良好的人文底蕴。教师作为拓展阅读教学的指导者，应该着眼于学生的终身发展，积极地引导学生在阅读过程中注重文化的积累。在初中阶段进行的拓展阅读，要遵循由形式到内容、由浅显到深刻、由单一到系统的原则，根据学生的认知水平和知识起点逐步推进。七年级学生可以进行知识性的积累和拓展。例如，学习了《从百草园到三味书屋》中的景物描写的次序，可在课后再

阅读几篇写景的文章，学习不同的写景顺序。还可以开展课前五分钟交流展示，请学生分享阅读到的成语故事和历史典故。到了八年级，应更加注重能力的拓展培养。例如，在学习了韩愈的《马说》之后，可以顺势学习《龙说》，既可以对文言知识进行巩固学习，更可以进一步了解韩愈彼时的生活状态和思想情绪。到了初三，随着学生积累的增加，可以更加注重拓展阅读中的文化建构。比如，学习了《香菱学诗》要再阅读《红楼梦》中的其他经典章节，体会中国最杰出小说的独特魅力。

（三）创设多种途径，丰富拓展阅读形式

《义务教育语文课程标准》指出，语文课程课外学习资源还包括电影、电视、广播、网络、报告会、演讲会、辩论会、研讨会、戏剧表演以及生产劳动与社会实践场所，等等。这就给我们以更加充分的启发，以更加灵活的形式开展拓展阅读。

为了激发学生的阅读兴趣，可以结合学生的实际情况，倡导学生通过观看名著电影、名著电视剧等方式减轻最初阅读带来的障碍和负担，通过班级中召开的交流会、辩论会、模仿秀以及手抄报展示等多种形式逐步培养学生对文学作品的兴趣，继而引发学生对原著阅读的兴趣。

例如，对《杨修之死》的拓展阅读，可以通过进行课本剧表演的形式再现人物形象加深学生的理解。更可以布置课外观看《三国演义》原著或是电视剧中有关曹操的经典片段，进一步了解曹操其人。再通过撰写人物品析的小论文、开展"奸雄与英雄"的辩论会等活动，丰富拓展阅读的形式，创设良好的阅读氛围，使学生看到自己的阅读效果，激发阅读兴趣，更好地理解作品形象。

（四）鼓励学生的个性化拓展阅读

《义务教育语文课程标准》指出，"阅读是学生的个性化行为""阅读的过程是富有创造性的过程""不应以教师的分析代替学生的理解"。教师在阅读教学中，应该起到引导的作用，使学生在正确的思维方向上去深入思考、细细体悟，甚至是大胆的想象和创新。教师要尽量避免以自己的解读完全取代学生的理解，要充分尊重学生的阅读主体地位，使学生成为阅读的主人，勿以教师或是参考资料的所谓的标准式解答束缚

学生的个性化理解，从而摧残学生的阅读兴趣，戕害学生的创造性思维。

例如，在学习郑振铎的散文《猫》时，文章叙写了三只猫，它们外形没有高下之分，但却性格迥异，以致家人对它们的态度不同，尤其是第三只花白猫忧郁懒散，家人都不喜欢，当家中的芙蓉鸟不知被什么咬死后，家人一致认为是这只猫所为，"我"对猫的一顿暴打致使它很快死去了，但事后却发现原来是一只黑猫干的，从而使我一直懊悔不堪，永不养猫。学习本文，要求学生把握三个主题："我"知错就改，勇于自责的态度；要热爱小生命，同情弱小；不能凭个人好恶主观行事。对这三个主题的探究并不困难。但是，有的学生却深入思考"三只猫外形并没有高下之分，为何主人的态度截然不同，以至于它们的命运也完全不同呢？难道责任都在人吗？"通过深入讨论，学生们的思维再次扩展，意识到事物往往存在两面性，人固然有责任，猫自身也存在问题，是它的懒散忧郁的性格致使它不可能被喜欢，从而决定了它悲惨的命运。由此，学生们认识到"性格决定命运"的道理，使文章的主题得以丰富，更使学生关注到良好性格培养的重要意义。这样的阅读，尽管超出了固有的传统理解，但是分析理解的有深度、有价值、不牵强，作为教师就该接纳和鼓励。

阅读是一个个性化的思维过程，一千个读者便有一千部《红楼梦》。在阅读这个充满个人色彩的创造性过程中，教师要敢于放手，勇于接纳，以更加开放包容的心态去面对每一个鲜活生命的本真、深刻与多彩，给予学生更加积极的支持，鼓励他们去感受和探索文本，促进学生真正地与文本对话，从而在深度的阅读中不断地去发现、思考、探究、成长。

拓展阅读是促进学生课内阅读学习向课外延伸的桥梁，是激发学生阅读兴趣、培养阅读习惯的有力途径。对于义务教育阶段的学生来说，作用尤其明显和重要。不仅仅是语文教师，更是学校管理者，甚至是全社会都要用心用力做好的关乎国民综合素质的工程。

参考文献

[1] 中华人民共和国教育部：《全日制义务教育语文课程标准》，北京师范大学出版社2011年版。

[2] 刘永康：《语文课程与教学新论》，高等教育出版社2011年版。

［3］朱绍禹：《中学语文课程与教学论》，高等教育出版社2005年版。

［4］孙衍明：《语文阅读教学三步曲（中小学特级教师专著）》，首都师范大学出版社2016年版。

［5］郑萍：《初中语文拓展性阅读策略研究》，杭州师范大学出版社2013年版。

［6］吴颍惠、丛立新等：《教学的稳与变》，教育科学出版社2013年版。

［7］钟启泉：《对话与文本：教学规范的转型》，华东师范大学出版社2009年版。

基于学情的阶梯式项目教学模式研究

天津市武清区教育教学研究室 王国强

【摘要】阶梯式项目教学是教师依据学生现有的基本理论知识、基本能力水平和潜力倾向把学生分成不同层次，依据不同层次学生的"最近发展区"，设计难度不同的技术实践项目，针对不同的实践项目采用不同的教学方式，使不同层次的学生都能很好地找到与自己能力相匹配的契合点，从而快速进入自主学习探究状态的项目教学的拓展。本文结合教师在日常教学中的教学实践，阐述了阶梯式项目教学的内涵、实施及实效性。

【关键词】阶梯式；项目；阶段；教学模式

"案例分析及项目制作"作为高中通用技术的本质特征之一，承载着强大而深刻的育人功能。特别是在通用技术核心素养落实的新时代大背景下，物化能力已经成为每个人的必备素养之一。作为通用技术教师如何在通用技术教学中升华动手实践内涵，改善学生的认知体验，凸显技术学科特征，发展学生核心素养，是值得每位教师探究并付诸实践的重要课题。

一 阶梯式项目教学模式的内涵

项目教学诞生于 20 世纪 80 年代。它是以学生的自主性、探索性学习为基础，采用类似科学研究及实践的方法，促进学生主动积极发展的一种新型的教学方法。在教学方式上教师围绕项目组织教学内容，开展教学活动，最后完成项目任务。在实际教学中，项目教学方法也通过实施完整的"项目"，在高中通用技术教学中得到了很好的应用。让学生在"学中做"和"做中学"，完成知识和技能的建构，实现知识和技能向实际应用的转移，培养学生的技术素养，但是在项目教学的实施过程中，我们发现，少部分学生在教学初期在基本技能与基本知识方面掌握上不是很扎实，导致面对任务无从下手，有制作与设计上的畏难情绪，从而产生学习上的消极思想，不能达到全员参与、人人参与的教学主旨。究其原因，这种教学模式强调学生自主学习，教师在教学实施中只采用传统、单一的"自主学习—制作体验—教师讲解"模式，实际上是许多学生不能接受的，这是因为"工欲善其事，必先利其器"，学生独立学习的前提是在掌握一定的操作技能和理解基本原理的基础上，有一个好的有效的学习方法。为了更好地解决项目教学中"学生无从下手"的问题而提出的"阶梯式项目教学"，可以针对不同层次的学生设计不同的项目，通过针对性的项目练习可以提高不同层次学生的技术思维和技能水平，从而达到提高不同层次学生核心素养的目的。教学侧重点的不同必然导致教学方式转变，因此教师在深入了解学情的基础上设置不同难度的项目案例，同时针对不同阶段项目案例采用不同的教学方式，既能够使理念水平和实践能力相对较差的学生通过基础项目有很好的提升，又能够使理论水平和实践能力相对较好的学生通过基础项目的练习得到升华。

二 阶梯式项目教学模式项目设计标准

阶梯式项目教学是教师依据学生现有的基本理论知识、实践能力水平把学生分成不同层次，依据不同层次学生的"最近发展区"，设计难度稍高于低层次水平的技术实践项目，针对以上实践项目采用"任务驱动"的教学方式，使不同层次的学生都能够通过项目实践有所收获，从而快速进入学习探究状态。这就要求教师在项目的选择和使用上，要精益求精。经过一段时间的教学实践，我们总结出项目选择过程中应遵循的基本标准。具体如下：

（1）所开发的项目是否符合课程标准

（2）所开发的项目是否引发学生独立思维和创造性思维

（3）项目教学过程中的教学方式是否适应不同的参与者水平并提供多样化的认知挑战

（4）项目的探究过程是否使基本的知识和技能的运用成为必要

（5）项目的开发是否反映了学生试图建构自己的理解和解释

三 阶梯式项目教学模式的具体实施

阶梯式项目教学分三个阶段，分别为第一阶段"讲—做—思"，第二阶段"做—学—讲"，第三阶段"学—做—讲"。

第一阶段：俗称"找平"。在实践教学中我们发现高中学生的技术理论基础和技术能力相对薄弱且参差不齐，学生在课程进行初期缺乏基本概念和知识结构，大多数学生自学能力和实践能力较低，不能独立地进行项目的探究学习，所以在此阶段的课程教授过程中通过学习教师设置的项目使基础差学生掌握基本知识和提高基本技能，使有一定基础的学生对原有知识和技能进行巩固，通过第一阶段以项目为引领的学习最终使学生的基本知识和技能处于同一起点，为后面的自主学习打好基础。因此在此阶段我们应采用"教—学—做"模式。例如在教授流程及其设计模块，教师在第一阶段选择"简单串联电路焊接"项目

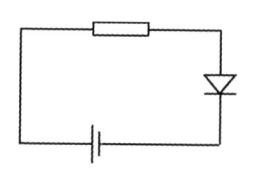

（一）案例名称：简单串联电路焊接

（二）案例提供者

（三）教学目标

1. 通过电路组装及元件焊接操作，理解流程设计应考虑的因素。
2. 能对影响电路组装及元件焊接操作的因素进行分析，并用框图、

文字、表格等表达简单的流程。

（四）教学资源

1. 场地：通用技术专用教室
2. 材料：简易电路板、二极管、10 欧姆电阻、导线、焊锡、电池
3. 工具：电烙铁、固定架、介质活动支持材料、铅笔
4. 其他：备好外伤常用急救药品

（五）活动实施

1. 理论知识传授

解释和分析课堂上完成项目所涉及的理论知识：从工作原理、线路板结构，元件的工作特性到组成和分析典型电路组成的元件。

2. 安排任务，提问，指导讨论

教师为学生提供项目制作所需的电路原理图，组织学生分析讨论电路的组成，原理和应用，帮助学生分析电路的测试结果和可能的故障。

3. 做出产品，完成测试

指导学生根据项目任务要求设计布局，完成电路生产，上电调试，测试相关数据或波形，引导学生根据测试结果将理论与实践相结合。第一阶段的整个过程是让学生了解"分析电路从划分基本单元电路开始，分析单元电路从理解元件开始。"在这个教学过程中，教师应该把重点放在教学方法和分析思想上。

（六）教学评价

1. 项目要求：15分钟内，以小组为单位，对电路组装并对组装好的电路元件进行焊接操作，电路连接正确并能够实现电路功能（二极管发光）且焊接点完整、规范者胜出。

2. 评价方案：根据通用技术实践操作要求，结合通用技术课程的特点，本次体验项目评价内容分为设计评价、操作评价与效果评价三个部分：设计评价部分每个学生需要写一份设计报告，占评价总分的30%；操作评价部分主要评价学生参与小组制作过程的表现，占评价总分的30%；效果评价部分主要评价以学习小组为单位制作的项目，占评价总分的40%。

通过第一阶段的学习，学生掌握了相关的基本原理，形成了分析问题的基本思路。为第二阶段的教学提供了很好的理论及实践基础。

第二阶段：俗称"播种"，学生根据教师交给的项目任务体验过程——发现问题——探究答案。简称"做—学—教"模式。例如在教授流程及其设计模块，教师在第二阶段选择"光控小灯制作技术体验"项目。

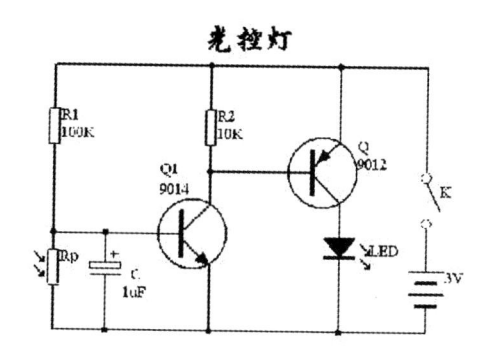

（一）主动实践，发现问题

教师将电路原理图呈现给学生，接到任务后，学生首先根据教师提供的电路原理图完成电路元件的布局设计——电路焊接制作——电路调试——电路测试，然后根据实际操作过程和测试结果找出问题并提出问题。

(二)教师引导，合作探究

针对学生在实践操作过程中出现的问题，老师引导学生从多个角度讨论问题，学生可以利用现有的知识经验或收集的信息和材料做出合理的猜测，并通过电路改正验证自己的猜测，最终找到正确的解决方法。

(三)教师小结，提炼认知

最后，教师将总结和评估每个小组的讨论结果，反映理论知识，总结关键点和难点，实现"知道为什么"，学习整个教学设计的目的是从实践中总结理论，追溯教学的源泉。该过程使学生能够学会发现问题，分析问题，处理信息，并对提出的假设进行理论证明，培养学生从实践升华到理论的能力。

第三阶段：学—做—教。这个阶段的教学重点是让学生独立学习，教师只做辅助工作。这个教学过程也是通过三个环节来实现的。

(一)布置任务，提出问题

教师可以根据实际情况将学生分成几个小组，每组4—6人。老师提出需要研究的问题，并提供解决问题所需的资料和材料。学生利用现有的知识，经验或收集的信息来设计问题的解决方案。小组成员有明确的分工，共同完成任务。教师在此阶段起到监督、指导过程、服务的作用。

(二)交流探讨，反馈小结

教师组织学生交流展示各组的项目方案，帮助分析这些项目的创新与不足，确定合理的方案。

(三)改进成果，交流分享

学生根据不同的结果进行相互学习，改进各组的项目方案及模型，寻求最佳解决方案，此阶段教师起到指导，组织的作用。积极的知识建构者要求教师成为学生自主学习的推动者，是课堂教学的组织者和指导者。

四 阶梯式教学过程的效果

（一）各阶段重点、任务分明

阶梯式项目教学模式每个阶段的关键点和任务都很清楚。第一阶段侧重于推动水平较差学生的理论水平和实践能力的提升；第二阶段侧重于引导学生使用知识点的能力和提高学生发展技能的能力。第三阶段侧重于锻炼培养学生应用知识，独立分析问题、解决问题的能力。

（二）教学的渐进式

在阶梯式项目教学的三个阶段中，第一阶段侧重于知识的学习，是基础知识和基本技能获取的阶段。在第二阶段，知识开始应用，一些知识仍然是基础性的，其中一部分是第一阶段学到的知识的延伸。它不仅达到了学习和巩固学习知识的效果，而且实现了知识结构的重构和重组，增强了学生的实践水平，提高了学生从实践中总结理论的能力。第三阶段是实现学生升华知识的能力，独立分析和解决问题。它是前两个教学阶段的升华，它使以学生为中心的教学模式得以实现。

（三）多种教学方式的融合

阶梯式项目教学模式教学设计结合了教学方法中的合作学习，情境教学和讨论教学等各种教学方法。在不同的阶段，教师的教学方式也随着学情变化而变化，充分体现了以学论教的教学理念。

五 小结

阶梯项目教学，在课程的不同阶段实施三种教学模式，在展开教学过程中多种教学方法的综合应用，使得"教学融为一体"，这种教学模式与传统的课堂教学模式相辅相成，两者相得益彰。

参考文献

［1］姚申萌：《高中通用技术必修课与科技创新实践活动的整合》，

http：//www.doc88.com/p-6631235692615.html。

[2] 白宗刚：《高中通用技术模型制作课教学研究》，http：//cdmd.cnki.com.cn/Article/CDMD-10319-1015670156.htm。

[3] 林宏华、陈长亚：《直击新课程学科教学疑难》，教育科学出版社2015年版。

关于中学语文课堂"寓德于教"的调查研究

天津市西青区杨柳青第二中学 王 杰

【摘要】 语文课堂教学是实施学科德育的有效阵地，有着得天独厚的条件。新版部编教材与老人教版语文教材的一个显著区别就在于，它更强调"立德树人、语文素养、阅读体系、多方共建"的理念。但从目前中学语文课堂教学的现状来看，寓德于教的效果并不理想。本文通过自编问卷的方式，对区内初中语文的课堂教学现状进行问卷调查，从中发现真实语文课堂教学中落实"立德树人"根本任务方面存在的主要问题，并进行深入的原因剖析，在此基础上，结合自身实践，提出切实提高语文学科德育实效的对策建议。

【关键词】 立德树人；寓德于教；学科德育；语文教学

一 现状调查：语文教学落实"立德树人"存在的问题

通过采取自编问卷的方式，对我区初中语文教师就课堂教学中落实立德树人任务的情况进行了问卷调查。通过调查发现，语文教学中将学科教育与品德教育相结合方面存在以下三个问题。

（一）个人思维与行动相矛盾

大部分语文教师都认同"立德树人"的重要性。关于"您认为现在的语文学科教学中，还需要强调对学生的品德教育吗？"90%的教师认为"非常需要"，10%的教师认为"需要"。但是在实际的语文教学中，教师们往往"重智轻德"，大部分的语文教师在教学中只注重传授学科知识，而忽视对学生的品德教育。关于"语文学科知识教学与品德教育的比重"，47%的教师认为学科应知识占90%，51%的教师认为学科知识应占70%以上，仅有2%的教师认为应当各占一半。

可见，语文教师的认知本身就很矛盾。一方面，他们想借助学科教学促进学生的全面发展、提升道德水平；另一方面，他们又因为种种因素，例如考试压力、自身认知水平有限等，而忽略情感、态度、价值观的教育。

（二）对他人的认知不够准确

现实教学中，很多教师总是习惯用"欣赏"的眼光看待自己，而习惯用"挑剔"的眼光看待他人。所以，在听评课活动中，明明是自己的教学在"立德树人"方面设计有欠缺，却总是将问题推脱给他人，自我麻痹，总是给自己找"不去做"的借口。如果说，个人思维与行动的矛盾是出于一种无奈的话，那么对他人认知的不准确则是一种"障眼法"，迷惑了自己的思维和心灵。

（三）教学方式单一不成系统

从调查结果来看，很多语文教师仍然主要采用传统的说教形式进行品德教育。关于"在语文教学中，您会以什么样的形式对学生进行品德教育？（可多选）"95%的教师选择"言语教授"，52%的教师选择"让学生谈感受"，仅有9%的教师选择"结合课文内容布置活动（写作等）"。在语文教学中，关于教师"经常会借助什么手段对学生进行品德教育？（可多选）"99%的教师选择会"借助文字材料，如名人故事、格言等"；67%的教师选择会"借助信息技术，如相关音视频材料等"；仅有8%的教师选择"走进生活，如找寻身边的道德榜样等"。

此外，关于"教学中，在语文学科与立德树人的结合方面，有没有做具体的教学计划？"仅有2%的教师选择"做过，而且非常系统"，88%的教师选择"没有计划，在课堂教学中随意地穿插品德教育"，还有

10%的教师则是在课堂教学中"几乎没有品德教育的环节"。

（四）语文学科德育实效调查

关于"语文课堂教学对学生进行品德教育产生的影响"，仅8%的教师认为"影响很大，对树立学生正确的价值观有帮助"；43%的教师选择"有些影响，能够让学生形成积极向上的心态"；还有49%的教师认为"没有什么影响"。

关于"在语文课堂上，对学生进行品德教育活动时，学生接受的程度如何"，仅15%的教师选择学生"乐于接受，且通过眼神、语言等外在行为与教师有情感的交流"，50%的教师认为"接受人数约占班级总数的一半左右"，还有35%的教师则选择"学生只对学科内容感兴趣，觉得品德教育没有必要放在课堂上"。

二 原因剖析：语文学科德育教学效果不佳的深入思考

（一）教师深入研读教材的意识不足

语文教学和教材一直在改革，可对于有些教师而言，并没有积极应对这种变化，而是采取"以不变应万变"的消极态度。所以，纵观语文课堂教学的现状，虽然比以前有了一定的提升，但并未取得令人满意的效果。有的教师在课堂上看似费力地讲，甚至累得精疲力竭，但并没有抓到课堂教学的精髓，缺乏对教材的深入研读。所以，教师应深入研读教材，用自己的慧眼找寻贯穿教材的德育主线，要挖掘出每一篇文章"寓德于教"的学科德育结合点，才能真正使立德树人根本任务落实到学科教学中。

（二）教师生动灵活教学的意识不强

课程改革的目的就是要在21世纪逐步构建起符合素质教育要求的课程体系。社会的发展、知识的更新，都需要教师具有终身学习的意识，特别是在"寓德于教"方面，如果仅固守着"说教"的方式，绝不会取得好的效果。因此，我们要采用生动灵活的教学方式进行语文教学。例如：学习《沁园春·雪》时，可以设计开展毛泽东诗词诵读比赛环节，引导学生理解伟人情怀，感受无产阶级抱负。此外，我们还可以开展丰富多彩的综合性实践活动，带领学生走出校园，走进社区，等等，主动发现身边的美。

（三）学校家庭社会多方共建的育人氛围不浓

对学生进行品德教育，不只是学校或者教师的职责，更需要家长和社会共同的配合。学校领导对课堂教学的评价导向能够影响教师的教育教学观，家长的行为示范引领能够促进学生良好品格的形成，特别是家长、社会对教师工作的支持能够给予教师前行的动力。所以说，"立德树人"不单纯是语文教师的责任，更应该是家庭和社会共同的目标。但是，这种氛围需要从细节处开始，语文课堂教学中的一个动情点、家庭教育中的一个教育点、社会生活中的一个触动点，都会像"蝴蝶效应"一样给学生带来意象不到的效果。

三 突破困境：采取有效措施提升学科德育实效

（一）挖掘语文教材中"寓德于教"的结合点，并形成系统

日常的语文教学中，我们可以借助字词、语句、段落、篇章的赏析等教学让学生理解课文内容和言语特点。同时，我们也可以通过组织学生以讨论的形式，理解、发掘课文中所蕴藏的对于学生思想品德教育的内容，这样将有利于培学生正确的人生观和价值观，提高学生学习的积极性。当然，这一切必须是基于教师对文本进行深刻理解的基础之上。如以部编七年级上册教材第一单元的语文教学为例，经过认真琢磨，可以挖掘出如下的"寓德于教"的结合点：

课文	结合点
春	1. 搜集描写春天的诗文，感受传统文化魅力。 2. 朗读课文，感受自然勃勃生机。 3. 进行仿写，张开想象翅膀，再现春景，涤荡心灵。

续表

课文	结合点
济南的冬天	1. 生动观察，形成对事物细微观察的习惯。 2. 补充背景，感受作者对济南的热爱。
雨的四季	1. 积累描写"雨"的诗文，感受传统文化魅力。 2. 体会并尝试运用侧面描写体现真情。
古代诗歌四首 《观沧海》 《闻王昌龄左迁龙标遥有此寄》 《次北固山下》《天净沙·秋思》	1. 朗读诗歌，净化心灵，激发对中华优秀传统文化的热爱。 2. 读出文字背后的情感。

同时，语文教师自身除应具备高超的学科素养外，更应作为道德典范，并做一个有心人，通过将教材中每篇文章的德育启发点挖掘出来，并与课堂教学实践实现深度融合，定会让学生逐步养成良好的道德品质。点滴之水经过日积月累，必能积成江河。

（二）课堂上采用多种方式促进学科教育与德育的有机结合

初中阶段的学生已经形成了自己独特的认知，而且勇于表达自己的见解，单纯的说教对学生品德的形成起不到很好的效果。教师对文本的理解是教师自己的认知，如果将自己的认知直白地表述给学生，只是生硬的、机械的空谈。与其如此，不如让学生结合自己对文本的理解谈出自己的认知。同时，教师应结合语文教材所选课文恰当地运用多种手段进行品德渗透。例如：选择名人事例、播放感人至深的视频、开展丰富多彩的语文实践活动。当然，这些材料的选择必须是基于与教师所授课文有一定的联系。语文课终究是语文课，我们不能将之上成思想政治课，"立德树人"必须是"润物无声"的对学生进行潜移默化的影响。

（三）凸显语文学科优势，让优秀的传统文化在校内外活动中绽放异彩

语文学科承担着培养学生正确的思想观念、科学的思维方式、高尚的道德情操、健康的审美情趣和积极的人生态度的责任。语文课程标准指出：语文学科要善于通过专题学习等方式，沟通课堂内外，沟通听说读写,增加学生语文实践的机会。部编语文教材中几乎每册都涉及三个综合性学习和两个名著导读的内容,这些都是对学生进行德育熏陶的很好的材料。因此,在日常语文教学中,教师应积极开展中华文化经典诵读、诗词大会等传承中华优秀文化的活动,特别是要善于抓住契机,结合中国的传统节日开展相应的语文活动。例如:了解除夕的由来,说说端午粽中情,搜集中秋诗词等活动的开展,都能促进学生浓浓的爱国情。又如《有朋自远方来》可以帮助学生了解朋友的内涵,认清自我,学会与别人交朋友;《少年正是读书时》可了解读书典故,聆听名人读书故事,积累读书名言,学习读书方法让学生意识到要把握青春,不要荒废了自己读书的黄金时代;《孝亲敬老,从我做起》让学生走进生活,传承中华民族传统美德,学会感恩父母;《西游记》《骆驼祥子》《钢铁是怎样炼成的》等名著则更是对学生意志品质的激发。

(四)充分发挥写作教学作用,让品德外化于行、内化于心

写作不仅是一个结果、一个过程,它更应该是一种真实或具体语境下的社会交流和意义建构。当学生经过自己的亲身体验,内心产生强烈的写作愿望不吐不快时,学生必然有话可说,而且必定是真情实感。因而,语文教师要善于抓住课堂内外的机会,让学生在写作中思、在写作中悟。如"我眼中的行道树"可以让学生深刻体会到行道树的默默无闻和无私奉献,"中学生应该穿?衣"可规范学生的言行,等等。如此,在一次次的写作练习中,实现学生写作水平与人格修养共同的提升。

总之,语文学科要构建整体氛围,全面将落实"立德树人"根本任务贯穿于语文教学中,真正实现课程育人、文化育人、活动育人、实践育人。在学科教学过程中,不仅要完成学科教学目标与德育教育,更重要的是实现"寓德于教",让"智"与"德"和谐共生。

参考文献

[1] 陈林:《结合语文学科特点,抓好学生思想品德教育》,《读与写(教育教学刊)》2009年第5期。

[2] 荣维东:《谈写作课程的三大范式》,《课程·教材·教法》2010年第5期。

整合式中学美术课程的实践研究

天津市第一〇二中学　王　津

【摘要】整合式中学美术课程新模式，充分发挥了美术这一人文学科的独特的优势特点，紧扣学生的终身发展和社会的长远发展，强调知识技能与人文主题的结合，强调美术与生活、美术与文化、美术与科学的创新整合的新的教学模式，强调培养学生美术能力与提升学生人文素养的目的。实施整合式美术课程新模式是时代的呼唤、历史的必然，更是学生终身发展的需要，具有非常重要的现实意义。

【关键词】整合创新；美术教育；核心素养

一　整合式中学美术课程：提升学生核心素养的主线

所谓整合式美术课程，就是按照新课程的理念，打破传统分科的界限，使学生在美术学习和实践中，注重音乐、美术、戏剧和舞蹈等不同艺术门类的融合，还注重美术领域与其他非美术领域的联系；强调知识技能与人文主题的结合，构建重基础、多样化、有层次、综合性的课程结构，最终达到培养学生美术能力与人文素养整合发展的目的，实施整合式美术课程是时代的呼唤、历史的必然，更是学生终身发展的需要。

为了使得美术课程更加综合化，更贴近学生生活实际，我们的美术课堂不断加强美术学科与其他学科之间的整合，如美术与科学、与生活、与文化等方面的整合，从学生发展出发，以发展观为思想基础，提出融美术与其他学科、其他知识融合于一体的新的教学模式，全面提高教学质量，提高学习效率，既发展了学生动手实践能力，更培养了学生人文底蕴的核心素养，构建满足学生个性发展、终身发展的"大教育观"，从而为学生终身幸福发展奠基。

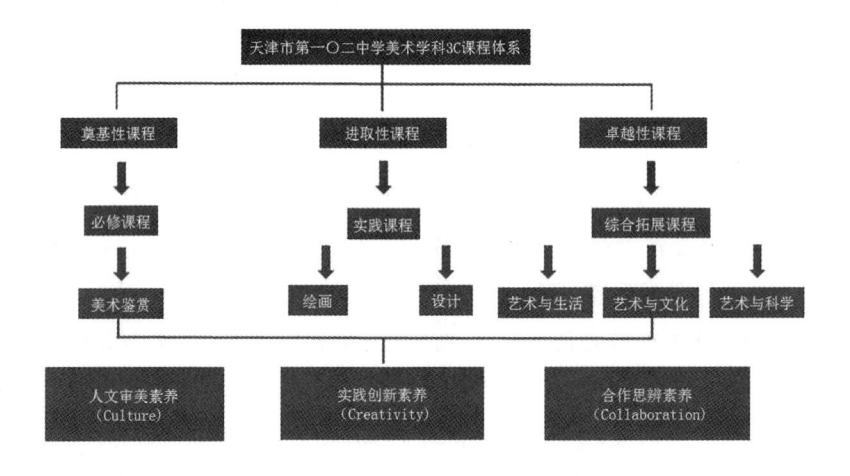

整合式美术课程体系

二 整合式中学美术课程教学实施的三种新模式

（一）模块一：美术与生活

艺术起源于生活，授课时，设置教学目标为：学生通过观察生活中的美术设计作品，认识美术在生活中的应用及其体现的审美价值，引导学生用美术形式设计生活用品。

如设置设计课程：《实用又美观的产品设计》。在《实用又美观的产品设计》一课中，教师设计了"创境激趣—案例分析—创意点拨—自主探究—多元评价—拓展提升"的递进式教学模式。首先，创设情境，通过学生的生活体验来导入新课，使学生了解生活中设计无处不在，案例分析直观有效。这样既激发了学生的学习兴趣，又充分体现了本次学习内容的实际应用价值。而后，我会带动学生与我一起直观演示创作流程，采取理论讲授和实践辅导相结合的方式，加深学生对教学内容的认识与理解，鼓励学生举一反三。还可以通过校外参观，引导学生意识到，产品设计除了要实用、经济外，越来越重视美观。如家用电器漂亮的外观、形形色色的灯具以及风格和造型各异的手机电话、各式各样的文具，等等，这些衣食住行的案例都是大家所熟知的。还有产品的包装、商标的设计、书籍装帧和邮票的设计等，这些实践内容把学生的研究阵地从课内拓展到课外，有利于挖掘学生的潜能，使学生用艺术的眼光分析生活中的作品，提升他们的审美情趣。

为了更好地突破重难点，我还采用自主合作探究法，强调以学生为主体，使学生能够自觉、主动、深层次地参与其中，体验并分享成功的快乐，提高了动手实践能力和创造能力，发展了他们的创意表达素养。在多元评价环节，带领学生赏析其他同学的作品。学生结合所学知识用语言表述设计意图，同时评述他人的作品，而后教师采取专业点评和激励评价相结合的形式，使学生在知识掌握、思维拓展、技能提升和情感体悟等方面都得到发展和提升。

学生设计的多功能光电车　　　　学生获得的国家专利证书

（二）模块二：美术与文化

艺术是人类文化的精华，设置教学目标为：通过学生在美术与文化的模块学习中，使学生感受文化的独特魅力，尊重文化多样性，理解多元文化。

如设置鉴赏课程：《古典与浪漫的追忆》。通过积极地参与感受和体验古典主义和浪漫主义时期的音乐及绘画作品，使学生了解这两个时期

根据五岔口交通难问题，学生设计了《五环立交桥》，
作品在中央电视台播出，受到专家的肯定

的文化，主动进行相关的学习与探究活动。能总结出欧洲18、19世纪古典主义和浪漫主义的特点，对古典主义的严谨、完美、均衡理性及浪漫主义的新颖细腻、灵巧自由等特点有一定的认识。让学生自我内心的想法得到展现，让学生有意识地进行批判质疑，有自信提出自己的见解，有能力进行自主探究。为此，教师采用了"激趣引导—自主探究—解疑导拨—实践合作—激励评价—拓展提升"的叙述式教学模式。

首先在授课前，教师对鉴赏课的知识点进行梳理和归纳。然后在教学过程中先展示作品，不急于说明所示作品的精妙之处。而是介绍作品的相关背景材料（如拍卖会上的场景等），这时学生的注意力便容易转移到作品上来，激发了学生的学习兴趣。

第二步，鼓励学生采取自主探究的学习方法，利用网络资源收集、筛选、分析、整理图像和相关背景资料，扩展学习资源。然后将这些通过自主学习学到的和收集到的知识、信息自我消化，形成自己看问题的视角，尽情表达自己对作品的好恶和观点。这时，学生的创新思维便被激发出来。

流派	产生年代	艺术特征	主要体裁	代表艺术家
古典主义	1750—1820	优美、均衡、自信、理性、艺术形式完美	交响乐、协奏曲、奏鸣曲、《荷拉斯兄弟之誓》等	海顿、莫扎特、贝多芬、大卫、安格尔

续表

流派	产生年代	艺术特征	主要体裁	代表艺术家
浪漫主义	1820—1900	结构自由、新颖细腻、灵巧自由、激情奔放	标题化的多、单乐章交响乐、随想曲、狂想曲、《自由引导人民》等	门德尔松、舒曼、肖邦、李斯特、德拉克洛瓦、籍里柯

第三步，教师进行解答点拨，而后提出问题，让学生带着问题做进一步深入的探究学习。在这个过程中，教师进行巡视辅导，并为学生进行自主学习、个性化学习、研究性学习做好必要的铺垫和服务工作。比如：根据情境配备优美的乐曲，帮助学生们完全融入艺术美的氛围中，体验学习的乐趣，用心体会、感受艺术所带来的震撼。

最后拓展，经过一段时间的学习后，学生们的个性思想开始显露，表达能力加强。这时，教师可以采取网络与课堂相结合的方式，组织学生进行交流和讨论，引导和鼓励学生总结古典主义与浪漫主义在音乐与美术不同的表现形式上的规律，这节课取得了良好的教学效果。

（三）模块三：美术与科学

艺术与科学密切相关，艺术的发展为科学技术的进步提供了创意。设置教学目标为：通过本模块的学习，可以使学生发现美术与科学之间的联系，能够了解科学技术在美术表现中的应用，并可以使用多媒体进行艺术创造，从而提升学生的创新实践能力。

如设置绘画课程：《科幻画的创作》。教师可以采用"激趣导入—观察分析—直观演示—实践探究—展示评价—拓展探索"的创意式教学模式。在创作课上，我们要求学生根据已有的知识大胆想象，体验科技与艺术的融合交流；在作画的过程中，在灵感闪烁的时刻，感悟科学的神通广大。让学生通过对未来科学发展的畅想和展望，利用绘画的形式表现出未来人类生产和生活情景的绘画作品。在知识和经验的基础上，选定主题，通过科学想象，运用绘画的艺术语言创造性的表达出对宇宙万物，未来人类社会生活发展、科学技术的遐想而绘制出来的"科学幻想绘画"。

学生们创作的科幻画作品,在天津市青少年
科技创新大赛中获奖

教师可以引导学生注意构图要美观,注重其科学性,注意细节的描绘,可以采用不同的表现形式。这样会使学生更加热爱科学、关注生活,善于用美的规律表现自我。最后的评价阶段,以学生自评、互评,教师点评的方法进行,注重培养学生创新的勇气和智慧,让学生在良好的创新氛围中发掘自我、表现自我进行独立思考、自主创作。评价时首先肯定画中的优点和创意的闪光点,然后再阐明不足,充分发挥学生的想象力,不束缚学生的思维,大胆想象、敢于创造,用我们手中的画笔,去描绘设计未来的蓝图,用我们勤劳的双手和智慧的头脑去创造我们美好的明天。

三 效果与反思

基于核心素养的整合式中学美术课程的实践研究,我们力求在教学的每个环节、不同课型,于潜移默化中培养,于润物无声中达成,使每个学生都能提升审美情趣和创新实践能力,从而全面发展学生的美术能力、提升学生的人文底蕴素养。

首先,通过整合式美术课程的学习,使学生在人文性、综合性、创造性和愉悦性的美术学习中,在体验与感受、创造与表现、反思与评价等活动的过程中,实现培养发展美术能力与提升人文素养的目标。

第二,通过整合式美术课程的学习,使学生完善了自己的人格,逐渐形成了一个可以自我更新,自我发展的体系,为学生终身发展奠定了基础。

第三，通过整合式美术课程的学习，使教师的教学模式发生了变化。一是从单向传授知识转向师生互动，二是在教学流程的设计上，由偏重美术知识技能传授的"工艺性"逐段递进，转向关注每一学段中，学生美术整合能力和多种素养的培养。

第四，通过整合式美术课程的学习，使教师树立了新的课程意识，极大地拓展了教师的学术视野和表现创造的能力。通过不断的探究实践，教师已经开始学习从课程出发，改变了过去的或是照本宣科教教材，或是课堂教学带有很大随意性，逐渐转变到主动创设课程，形成自己的教学思路，教学新模式，从而也提升了教师的专业素养，形成了一套可操作、可复制、有效果、可推广的完整的教学模式。

未来，我将继续深入探究——整合式美术课程更优化的模式，争取让每位学生都能得到符合自身特点的最优化发展，使学生通过整合式美术课程的实践学习，找到不同知识之间的关联，进行创新发展，提高学生表现力与创造力，挖掘学生潜能，培养学生健康的审美情趣，提升人文情怀，从而增强学生人文底蕴、实践创新等综合素养。

参考文献

[1] 窦桂梅、胡兰：《基于学生核心素养发展的"1+X"课程建构与实施》，《课程·教材·教法》2015年第1期。

[2] 辛涛、姜宇、刘霞：《我国义务教育阶段学生核心素养模型的构建》，《北京师范大学学报》（社会科学版）2013年第1期。

[3] 尹少淳：《从核心素养到美术学科核心素养——中国基础教育美术课程的大变轨》，《美术观察》2017年第4期。

[4] 中华人民共和国教育部：《中学教师专业标准（试行）》，2011年12月。

[5] 郑勤砚：《以审美素养和创造力为核心的美术教育》，《美术观察》2017年第4期。

小学科学课培养学生问题意识的策略

宝坻区教研室　王　娟

【摘要】当前，小学生的问题意识正在随年龄增长悄然弱化。对此，教师要重视对学生问题意识的培养，如在教学中，应采用多种方法，为学生创设问题情境；并要指导学生掌握有效的提问方法。

【关键词】小学科学课；问题意识；问题情境；提问方法

一　学生提问意识悄然弱化

近日，笔者针对当前学生的课堂提问情况，专门做了一项调研，其结果发人深省。当被问及：上课听讲遇到问题当场举手提出来时，一、二年级孩子的认同度是69.8%；三、四年级是42.1%；五、六年级是19.3%，随年级增长，孩子的提问意识明显减低，这个结果不得不让人关注。其中58%的学生认为，课堂气氛宽松时敢于提问；有18%的学生希望老师有意识地培养提问的技巧和方法才敢于提问；有22%的学生从不主动提问甚至根本就发现不了问题。

为此，我们要反思：是谁压制了孩子的好问天性，阻滞了他们好问的心？通过和孩子的面对面谈话以及对身边教育现象的观察所获得的信息，我认为至少有以下几方面的原因：

1. 应试教育的阴影依然挥之不去。随着年龄的增长，儿童接触的东西越来越多，任务也越来越重，用于思考的时间越来越少，好奇心也就逐渐减弱了。

2. 随着年龄的增长，儿童思想逐渐变得复杂起来，儿童开始产生羞耻心，在表达自己的好奇心方面，顾虑也多了起来，不再那么大胆和自然了，他们渐渐学会了用沉默来掩饰自己的无知。

3. 老师是教案的忠实奴仆，孩子的提问可能会打断自己的教学思路和计划，从而漠视孩子的问题。

4. 缺乏指导，导致学生发现和提出问题的能力（洞察力）无法获得提升。

5. 教师在教学中对学生提问的环节训练不充足，不善于抓住孩子们提问的闪光点，评价机制跟不上。

6. 即使孩子们有问题提出，但不够深入，缺少理性思考与批判性思维。

"学起于思，思源于疑"，古人早就认识到了问题对学习的价值，指出质疑是学习的源头。孩子们对提出问题有着天生的能力，在四周岁以前，孩子就会指着各种东西问：这是什么？那是什么？随着年龄的增长，他们还会问"为什么？"到了最高层次的好奇心，体现为求知欲，也就是探寻事物背后的规律，探求未知世界的欲望。

所以，儿童来到世界初始，便有一种探究潜力，需要开发这种潜力，激发儿童的探究欲望，就要在儿童的头脑中形成问题意识。那么怎样呵护孩子的好奇心，并使他们随着年龄的逐渐增长，能不断发现并提出更有价值的问题？并能深入思考呢？

二 利用多种方法在课堂中创设问题情境

环境和良好的问题氛围是帮助孩子们提高问题意识的关键。在实践教学中，教师应利用多种方法创设问题情境，激发学生好问的心，在课堂形成一个充满灵感与质疑的科学环境。

（一）在谈话交流中创设问题情境

语言是教师赖以完成教学任务的主要媒介，是师生教与学信息交流的主要手段和途径。教师与学生之间的亲切谈话，友好的交流，可以最大限度地缩短教师与学生之间的距离，学生在轻松愉快之中认真思考、积极思维，学生的自主性会被充分地调动起来，同时利用谈话方式创设问题情境也是最实在、实用的方法。

例如：在讲《蚯蚓》一课时，某位教师创设了这样的问题情境。

师：2010年的世博会在上海举行，这次盛会吸引着世界各国的人都来参观，每天的客流量都在40—50万人之间。这样，每天产生的垃圾也是难以数计的。而用火烧、用土埋等都会造成环境的污染。其实在动物王国里，有一个成员可以轻松地解决垃圾问题，你们知道是谁吗？

生：是大象，因为大象力气大，一次就可以搬走很多东西。

生：是蚂蚁吧？因为我们学过蚂蚁最团结，它们可以在洞里储存食物。

生：是老鼠吧？因为老鼠最爱偷吃。

师：大家都猜错了，我告诉你们，是蚯蚓。（学生很吃惊）确实是蚯蚓，别看它小，可是本领可大了，每10亿条蚯蚓一天就可以吃掉10吨垃圾！今天我们就一起研究蚯蚓。

教师利用谈话方式进行教学时，要每时每刻都与学生进行心灵接触和感情沟通。教师教得热情，学生学得认真，才可以使课堂呈现生气勃勃的教学情境。

（二）围绕直接经验创设问题情境

儿童的科学是个值得研究的课题。每一个孩子在上每一堂科学课时，都不是一张简单的白纸，他们对这个世界已经有了自己的直接经验与实践能力。但每一个人又存在着个体差异。对现实世界的认知也是通过直接经验获得的，这就是所谓的"前概念"。孩子们的前概念有时候是错误的、有时候是模棱两可的、有时候是一知半解的，而我们的科学课正是将学生"前概念"转变成"科学概念"的发展过程，所以探知学生的前概念对教师教学有着重要的地位和作用。因此，我们要力求从学生身边的点滴出发，从身边的事物入手寻找科学问题，从学生的直接经验开始，关注点滴细节，让学生自己提出问题、自己做出研究的方案、自己进行操作与观察，从而架构自己的知识体系。

例如：《蚂蚁》一课，课堂教学片段

师：昨天老师让大家去屋外捉蚂蚁，同学们，都捉到蚂蚁了吗？

生：（摇摇自己手中的瓶子，）得意扬扬地说："捉到了。"

师：老师知道，大家都很喜欢小动物，那么关于蚂蚁，你们想研究些什么呢？

生1：我想知道蚂蚁到底爱吃什么？

师：你为什么想研究这个问题呢？

生1：因为我为了捉到更多的蚂蚁，就把我爱吃的肉骨头和青菜放在蚂蚁窝附近，结果肉骨头上爬了好多蚂蚁，而青菜上几乎没有蚂蚁。

师：嗯，这是个值得研究的问题。

生2：我想研究蚂蚁是怎样说话的？因为我发现经常有两只蚂蚁把头靠在一起，它们是在干什么呢？交谈吗？

生3：我想研究蚂蚁有没有翅膀。

这个问题引起学生议论纷纷，有学生认为蚂蚁没有翅膀，有的学生说曾经看过长翅膀的"大蚂蚁"。

生4：我想研究为什么蚂蚁搬家，就预示着天要下雨？

师：嗯，这个问题也是老师想知道的。

生4：老师，我在屋外捉蚂蚁的时候，旁边的老奶奶告诉我，千万别伤害蚂蚁，她说蚂蚁聪明着呢，能搬动比它大好多倍的东西，而且下雨前能把家搬到高处，这又是为什么呢？

这段课堂实录真实地反映出天真好奇的孩子们对探究蚂蚁的生活习性有着丰富的直接经验。我们上的每一堂科学课，不仅是为了得到更多的知识，同时也要呵护孩子们这份好奇而又不断问问题的思维。不仅要让学生知道做什么，还要让学生知道怎么做？为什么？只有在探究前确定探究目标，才能调动学生思维的发散性，学生才能在探究过程中进行思考。学生课前参与了捕捉蚂蚁的活动，他们对蚂蚁有了感性认识，围绕蚂蚁提出了这么多值得研究的科学性问题，这才是探究的前提，激发了学生的探究欲望与兴趣，让科学课堂迸发出智慧的火花。

（三）依托主体活动创设问题情境

学生生性好动，小学科学课倡导学生在"做中学""玩中学"。这是他们感兴趣的，同时只有在主体的实践活动中，学生才会有意外的收获，能够提出更多更值得研究的问题。这是符合学生的认知规律和天性的。在活动中，通过试一试、看一看、玩一玩、动一动，在这样的过程中，学生会生出各种各样新奇的问题，会有更多的灵感，同时更能激起学生探知的热情。

例如：《气体的热胀冷缩》一课，开始教师创设了这样一个问题情境：

师：同学们，今天我和张老师打乒乓球时一不小心把我的脚踩到球上，把球踩瘪了，但是没有破，谁能帮老师想想办法，让瘪了的乒乓球鼓起来后还能继续使用呢？

生：用热水烫一下试试。

师：好，那么你来试试吧。

学生兴奋地演示把乒乓球放热水中，每一个小眼睛都仔细地盯着，结果球真的鼓起来了。

师：老师为你们的聪明做法感到很高兴。同学们，当你看到眼前的这个现象，这到底是怎么回事呢？你们想提出什么问题呢？

生：为什么球会恢复成圆形？

生：能不能用凉水试一下？

生：是不是水越热越好？

师：请同学们开动脑筋，你认为是什么原因使球重新鼓起来了？

在这一段教学中，教师利用生活中出现的现象来激发学生兴趣，巧设悬念，学生开动脑筋，并渴望再试一试、做一做，看到底是什么原因使乒乓球出现这样的状况。甚至有的学生联想到其他的物体，如果出现破损，能不能用同样的方法来解决。这大大地激发了孩子们探究的好奇心，想一探究竟，挖掘出现象背后隐藏的秘密。

三　指导学生掌握有效的提问方法

往往孩子们提出来的问题是杂乱的、不得章法的。课堂的时间如此宝贵，如何在最短的时间内，在教师的引导下，让学生提出适合而有价值的科学问题呢？同样值得我们关注。

（一）把"无价值的问题"转化为"有价值的问题"

在教学过程的初始阶段，老师往往会遇到这样的问题。当请学生就某个主题提出自己想要研究的问题时，他们往往问得最多的是"是什么""为什么"之类的问题，这些问题有时是可以直接得出答案的，有时是不适合深入探究的。不仅耗费了宝贵有限的课堂时光，而且长此下去，学生会养成提问题随心所欲的不良习惯。在这种情况下，教师就要进一步"把低级而又无价值的问题或者不能研究的问题转化为核心问题"。这就是引导孩子把"为什么"的问题转化为"怎么样"的问题。例如：在教学《谁流动的更快一些》一课时，有的学生会问："为什么液体都会流动？""为什么有的液体是透明的而有的液体是不透明的？"就这些问题本身来说是很难于研究的，可如果教师这样引导学生提出："液体流动时的速度是怎样的？"就使研究的问题发生了转变，变成了"液体流动快慢与它的黏度的关系"的问题。学生就可以通过实验进行探究了。

（二）训练学生理性逻辑思维和深度思考

学生在确定完要研究的主题后，就会为解决这个问题而进行实际探究。在实践研究的过程中，通过观察、实验的现象和数据总结规律进而解决问题，但往往这个时候，就会出现学生轻易下定论的结果，这是不符合科学发展规律的。教师应该在学生表述观点的时候这样训练："我的观点是……因为……"；"我同意……因为……；我不同意……因为……；我补充……；我质疑……因为……；观察到……的现象，说明了……；我预测……因为……"。在这种训练的方法下，学生会逐渐形成理性的逻辑思考定式，有助于孩子们问题意识的培养。

（三）问题解决后，启发学生再质疑

发现问题——分析问题——解决问题后，科学探究并没有完结，探究应该是个永无止境的过程。应该让学生继续去发现问题，进而分析与解决问题。如此循环往复，启发学生在探究过程中发现问题，在解决问题后再产生问题。一个问题的解决并不代表本课内容学习的结束，要让学生养成带着问题上课，带着问题下课的学习习惯，激发探究欲望，体验成功的喜悦。

总之，要培养学生的问题意识、形成"问题链"式的"脚手架"帮助学生达成教学目标，这是一项长期、艰巨而又意义深远的训练任务。针对这个问题，还需要继续形成"问题探究"学习模式，认真深入地研究这项课题，为提高科学课堂教学的高效性打下坚实的基础。

浅谈初中数学教学中培养学生反思能力的策略

天津市红桥区教师进修学校　王凯歌

【摘要】反思对于提高学生数学学习的效率、培养学生的数学思维能力都有极大的帮助。教师在教学的每个环节中都应注意培养学生反思的意识，帮助学生逐步提高自身的反思能力，让学生养成反思的习惯，促进学生的可持续发展。

【关键词】初中数学教学；反思能力；策略

初中学生由于年龄特征及数学认知结构水平的限制，反思意识相对薄弱。学生往往不会通过总结活动经验、归纳数学概念、提炼思想方法、优化探索过程深化自己的认知结构；不会积极主动地去回顾学习过程、检查学习策略，来反省自己的学习过程和结果，这样的状态对学生数学思维能力的培养是非常不利的。因此，教师在日常教学的实践中需要逐步培养学生的反思意识和能力，进而提高学生的数学素养。

一　反思对数学学习的意义

著名数学教育家弗赖登塔尔（H. Freudenthal）指出："反思是数学思维活动的核心和动力。""没有反思，学生的理解水平不可能从一个水平升华到更高的水平。"可见，在数学教学中提升学生的反思能力有着非常重要的意义。

（一）有助于提升学生的数学素养

受传统教学模式的影响，当前的初中数学课堂教学中以教师为中心的现象仍然大量存在，教师过于注重理论知识的传授，忽视学生活动经验的积累和数学思想方法的归纳、总结和提炼。在这样的教学方式下，学生只是在教师的"安排"下被动参与到课堂教学中，在"秩序井然""面貌良好""落实到位"的表象下，学生学习数学的兴趣、热情和质疑精神被逐渐磨灭。加强学生反思能力的培养，引导学生通过反思将所学的数学基础知识、基本技能内化成自己的能力，对提高学生数学课程学习的效果、提升学生的数学素养有着非常重要的意义。

（二）有助于发展学生的理性思维

初中学生学习数学的过程，是一个从感性思维到理性思维逐步发展、转变的过程，和小学数学课程相比更加侧重于理性思维的培养。加强学生反思能力的培养，可以引导学生不断反思自己在学习过程中出现的问题与不足，了解自身存在的知识和能力的缺陷，不断总结经验教训、取得进步，使自己的逻辑思维能力得以提升、理性思维得到发展。

（三）有助于培养学生的创新精神

反思能够使学生从常规、模式化的思维定式中解放出来，以一种积极、开放和理性的心态思考问题，主动地提出问题、改进实践，而不是墨守成规、满足现状。善于反思的人往往能够发现别人难以察觉的问题和方式方法，能够突破常规和一成不变的行为模式和思考问题的方式。因此，培养学生的反思能力，能够帮助学生从习惯和想当然的状态中走出来，更富有大胆质疑的精神和创新能力。

二　培养学生反思能力的策略

（一）创设问题情境，激发学生反思意识

苏联著名的教育家苏霍姆林斯基说："创设良好的学习问题情境，可以使学生成为发现问题、分析问题、解决问题的主人，具有主人翁意

识。"学生的反思起源于教学时创设的问题情境。好的问题情境不仅可以激发学生的学习兴趣，激起学生的好奇心和求知欲，还可以让学生产生"愤悱"之感，这也是初步培养学生反思能力的源泉。教师在教学实践中可以给学生创设适宜的数学问题情境，让学生更加积极主动地参与到课堂教学活动中来，引发学生反思自己已具有的知识基础和解决问题的方法，激起学生探索和解决问题的积极性，在教师的引导下，及时发现自己学习中存在的问题并进行完善和改进。

（二）经历形成过程，认识反思的必要性

初中数学课程比较注重从生活中的具体实例出发，提出数学问题，并引导学生发现、归纳出这些问题共同的本质特征，进而抽象出相应的数学概念、定理、性质等数学知识。在教学实践中，教师往往对于这个抽象过程的处理过于简单或流于形式，而将知识本身作为教学的重点，甚至仅仅停留在记忆层面。这种教学方式造成的结果是学生对知识的掌握仅局限于表面，而在应用知识解决具体问题时学生却感到非常困难，其主要原因是学生对知识的内涵和外延缺乏深层次的理解和认识。事实上，从多个具有个性的实际问题中发现其共性是一个从具体到抽象的过程，需要经过反复的思考、提炼和完善，才能最终形成数学结论。教学中只有让学生亲身经历和体验这一过程，才能加深学生对知识的理解和掌握、更好的认识知识的本质特征，让学生认识到反思不仅是个人进步的途径，对于学科知识的形成与发展也是非常必要的。

例如在函数的图像的教学中，有教师为了"提高"教学效率，压缩学生课上动手作图的时间，自己包办代替或用现代媒体技术一画了之。事实上，学生作图的过程其实也正是学生深入理解函数本质的过程，列表是从数的角度让学生感受自变量与因变量之间的对应关系，描点是从形的角度使这种对应关系得到更加直观的体现，两者的结合则是数形结合数学思想的渗透过程，连线则体现了从特殊到一般的数学思维方式。因此在教学中一定要给学生提供充分的时间和空间，给学生创造"做"的机会。

（三）注重习题剖析，渗透反思基本方法

习题教学是初中数学教学的重要环节之一。教学实践中，教师要精选习题，通过习题教学渗透进行反思教学。首先，在课堂教学中要留给学生充分的时间，让学生经历独立思考、解决问题的过程；其次，教师要引导学生进行如下的探讨：本题的命题意图是什么？本题考查了哪些基础知识和基本技能？本题解决的过程中用到了哪些方法，体现出哪些数学思想？还有没有其他的解法？对于不同的解法你如何评价？在这个过程中要让学生充分发表见解，并给予客观、积极的评价；最后，引导学生重新审视自己的解答过程，及时进行纠正、指导和解惑，加深学生对数学知识的理解与深化，提高学生解题的技巧及分析问题和解决问题的能力。

例如，在反比例函数的图像与性质一节中，教科书有这样一个例题。

如图是反比例函数 $y = \dfrac{m-5}{x}$ 图像的一支，根据图像，回答下列问题：

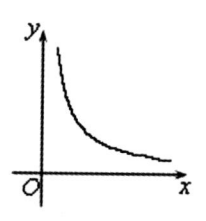

（1）图像的另一支位于哪个象限？常数 m 的取值范围是什么？

（2）在这个函数图像的某一支上任取点 $A(x_1, y_1)$ 和点 $B(x_2, y_2)$。如果 $x_1 > x_2$，那么 y_1 和 y_2 有怎样的大小关系？

本题主要考查反比例的图像与增减性的应用。反比例函数的图像只有两种可能：位于一、三象限，或者位于二、四象限。本题中所给图像的一支位于第一象限，所以另一支必位于第三象限。由形的特征反映到解析式中，即反比例函数的解析式 $y = \dfrac{k}{x}$ 中的常数 k 应满足 $k > 0$，所以 $m - 5 > 0$，解得 $m > 5$。在问题（1）的教学中，要注意引导学生完成由

"形"到"数"的转换。问题（2）是在问题（1）的基础上，利用反比例函数的增减性根据自变量的大小比较函数值的大小，在教学过程中可引导学生在图像上作出点 A，点 B，并作出这两点在 x 轴、y 轴的投影，观察 y_1，y_2 的大小关系，让学生经历由"数"到"形"再到"数"的转换过程。

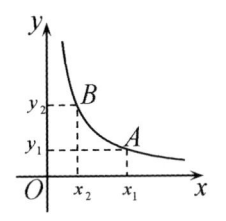

本题还可以进一步引发学生思考，如果在已知条件中不给出函数图像，问题（2）能否求解？借此问题进一步向学生渗透分类讨论的数学思想。进一步追问，如果设点 $P(x，y)$ 是双曲线上的点，当 $x_2 < x < x_1$ 时，y 的取值范围是什么？借此问题帮助学生反思总结解决利用函数增减性比较大小、求取值范围等一类问题的方法和策略。学生通过此题所获得的方法策略经验还可以应用到解决与一次函数、二次函数相关的问题中。

（四）利用错误资源，提高学生反思能力

初中学生在学习数学时往往不求甚解、粗心大意，忽视对结论的反思和再认识，满足于一知半解。在课堂教学中，教师可以依据课堂教学的需要，适当利用学生学习过程中出现的错误资源，或者借助有针对性的错例，指导学生自觉地检验结果，在纠正错误的过程中掌握基础知识，理解基本概念，在思想方法层面上进行反思。教学实践中，教师可首先引导学生进行重新审题，注意发掘题目中的隐含条件，及时改进和调整解题的思路和策略；其次，引导学生在纠错之后重新梳理解题的基本思路和方法，再现思考的全过程；最后，让学生保留错误的解法，在错解的旁边写出反思的过程，再将错题整理在错题本上。这样一方面纠正了学生对知识的错误理解和认识，另一方面通过不断反思，提高了学生学

习数学的能力和效率。

（五）搭建交流平台，拓展学生反思方式

在教学实践中，教师需要营造民主、平等、和谐的课堂氛围，努力创设一个学生勇于反思、敢于表达的教学环境，利用多种途径拓展学生反思的方式。教师首先要转变教学观念，在课堂上适当增加学生反思交流的机会，学生在表达自己的观点和解题思路时，教师应学会静静聆听，并对学生进行积极的引导和评价。教师还可以采用小组合作学习的教学方式，引导学生在小组内进行反思交流，或者利用课堂小结的环节，引导学生对本节课的学习在知识内容、思想方法、个性发展等方面进行反思，不断提升学生的反思能力。

综上所述，反思作为人的一种能力，在教学中已越来越被人们所重视。在教师实践中加强对学生反思能力的培养，对提高学生数学学习的效率、培养学生的思维能力都有极大的帮助。教师应注意培养学生反思的意识，让学生掌握反思的基本技巧，帮助学生逐步提高自身的反思能力，进而培养学生的独立思考及创新能力。

参考文献

[1] 周波：《初中数学教学中学生反思能力培养探讨》，《成功》（教育）2012年第9期。

[2] 马建文：《初中数学教学中学生反思能力的培养研究》，《西部素质教育》2017年第5期。

[3] 张艳萍：《浅谈初中数学教学中学生反思能力的培养》，《学周刊》2016年第28期。

[4] 辛金飞：《浅谈初中数学解题反思能力培养》，《中国校外教育》2012年第10期。

[5] 孙银柱：《"解题反思"在初中数学教学中的作用》，《教育现代化》2017年第46期。

[6] 樊生丽：《浅谈初中数学课堂中学生反思习惯的培养》，《学周刊》2018年第5期。

[7] 周浩：《培养数学反思能力 提高学生核心素养》，《江苏教育研

究》2016 年第 28 期。

［8］姚林群：《论反思能力及其培养》，《教育研究与实验》2014 年第 1 期。

［9］中华人民共和国教育部：《义务教育数学课程标准（2011 年版）》，北京师范大学出版社 2012 年版。

信息化背景下进阶式教师教育资源的开发与实践

天津市南开区教育中心 王 立

【摘要】 信息技术的迅猛发展带来了思维方式和活动方式的改变，同样对传统的教师教育活动也提出了挑战。在教师教育实践探索的基础上，凭借信息化技术和平台，提出了进阶式教师资源的开发。进阶式教师教育资源的开发与实践在信息技术及其平台的支持下，基于教师发展的需求和主题，不断设计和开发更加多元有效的资源，使教师发展的时间、空间更加灵活和扩展，也最大程度地实现了资源的共享和思维的交流。

【关键词】 信息化；教师教育资源；进阶式

2018年1月中共中央国务院出台了《关于全面深化新时代教师队伍建设改革的意见》（以下简称《意见》），《意见》中指出："大力振兴教师教育，不断提升教师专业素质能力，全面提高中小学教师质量，建设一支高素质专业化的教师队伍。"这是新中国成立以来党中央第一个专门面向教师队伍建设的政策文件，对于教师队伍发展具有里程碑式的意义。同时，《意见》中对教师培训也提出了具体的要求。在教师培训的过程中，应为教师的终身学习和专业发展服务，积极探索和改变培训方式，促进利用信息技术与教师培训的融合，实现线上线下结合的混合研修方式。培训内容要紧密结合教育教学一线实际，提高培训质量，使教师能够通过培训活动静心钻研教学，切实提升教学水平。信息技术与教师教育深度融合已成为趋势，如何有效地利用信息化开展多元化的教师教育资源开发，将成为今后一个时期教师教育的重点研究问题。

一 教育信息化给教师教育提出新的要求

信息技术的迅猛发展给教育提供了更多的工具和方式，同样对传统的教师教育活动提出了挑战。传统的教师教育活动方式单一，多依靠传统交流技术，相对封闭，无论是广泛度还是高效性都有局限。特别是当前教师队伍结构十分复杂，教师知识水平、教学能力以及综合素质等参差不齐，因此对教研部门的教师教育质量提出了更高的要求。而目前的教师教育无论从形式到内容，都不能满足教师专业发展和培训的需要。如何建立一个适应信息化社会的教育教学研究模式是一大挑战。因此，从学习方式、呈现方式等多个角度对传统的教师教育活动进行改造，将信息技术与教师教育深度融合，探索教育信息化背景下的教育教学研究资源和方式，势在必行。

二 基于信息化的进阶式教师教育资源的提出

与传统教师发展资源相比，基于信息技术的教师教育资源，有着鲜明的特征和要求。一是强调教育资源生成的多样化。教师教育的资源不再局限于教材、教师、课堂，生产生活中的各种信息都会基于网络成为教育资源。二是强调时间和空间范围的自由性。相较于传统的教师发展而言，基于信息化的教师发展在资源的利用上，在时间上也更加灵活，而非必须局限在某一特定的时间内；空间上更加拓宽，从一个群体到一片区域，而今已经跨越国界，有效的资源与信息可以实现全球共享和及时更新。三是强调教育方式和手段的多元化。面对面的讲授不再是唯一的教育方式，信息技术背景下，教师获取和更新知识的途径是多样的。

基于此，我们提出了进阶式教师教育资源的开发。这一开发设计关注不同层次教师的需求，认真研究不同阶段教师专业成长规律和阶段性特征，明确不同发展阶段教师的专业发展需求，以此构建符合教育教学发展方向、结构合理、满足教师专业发展需求的教师教育资源系统。进阶式教师教育资源开发，顾名思义就是分层次的资源，我们依据两点进行分层和设计，分别是：基于需求的进阶教师教育资源设计，基于课标主题的系统教师教育资源设计。

（一）基于需求的进阶教师教育资源设计

资源的建设基于已有的研究实践和教师需求，系统梳理初中化学课程的教学关键问题，先期提炼了15个学科关键问题，从对解读关键问题的形成原因，探寻解决问题的思路和方法，并通过教学案例呈现具体过程。切实帮助教师将课程理念落实到日常的教学行为中，系统提升教师进行教学内容分析和学习者分析的能力，提高教师进行教学设计和实施的能力，增强教师的职业自信心。

每个进阶的主题下分设不同的研究主题，每个研究主题下设3—5个微教研视频，视频长度在5—12分钟，视频内容包括问题解读或微课例（说课和上课片段）或微课例点评，同时还会以无声微课作为教师研修效果的反馈，即制作与研修主题相关的无声微视频（PPT制作相关教学内容，用录屏软件录制），教师在主题研修后结合自己学习去自主诠释配音讲解。

如，围绕着"初中化学中如何基于化学史进行探究教学？"这一关键问题，开发了系列资源，包含专家讲座、《化学会客室》专题研讨、课堂实施、课后访谈、成品微课、实验创新、课后说课等涵盖课前研讨、课上的实施和课后评价的多维度全方面不同视角的资源，同时还以关键问题的研讨为契机，积累了可供学生学习的微课资源。

表1　　　　　　初中化学学科关键问题清单（部分样例）

序号	学科关键问题编码及表述	对应课（案）例
1	TS1 初中化学中培养学生的学科素养应关注什么？	讲座、资源挖掘
2	TS2 初中化学学习中应如何培养学生的科学探究能力？	说课、方法策略
3	TS3 通过初中化学学习应使学生对化学与社会的哪些基本认识？	资源挖掘、方法策略
4	TS4 初中化学中如何有效的开发和利用课程资源？	说课、方案设计
5	SJ1 初中化学中如何基于化学史进行探究教学？	质量守恒定律

（二）基于课标主题的系统教师教育资源设计

我们主要以课标的一、二级主题和教学设计与实施两个维度，以《中小学幼儿园教师培训课程指导标准》为依据进行设计，即从科学探究，身边的化学物质、物质构成的奥秘、物质的化学变化、化学与社会发展五个课标一级主题，从主题分析、学生分析、目标设定、教学实施等方面进行全面的阐述，并结合相应案例进行解读，从不同的角度设计，系统覆盖此主题涉及的教学内容，从化学核心观念角度统筹设计教学实施行为。共计提炼了 30 个关键问题。

表2　　　　　　　　　学科关键问题编码及表述

序号	学科关键问题编码及表述
1	SJ1 如何增进对科学探究的理解
2	SJ2 如何在教学中开展有效的探究活动
3	SJ3 如何挖掘生活中的实验应用于课堂研究
4	SJ4 如何通过实验探究树立学生的微观意识
5	SJ5 如何在初中化学教学中开展微型化实验探究
6	SJ6 如何在实验探究的中树立学生的环保意识
7	SJ7 如何在身边的化学物质主题教学中建立学生的化学元素观
8	SJ8 如何运用 solo 理论构建和内化核心知识网络——以"金属、氧化物，酸碱盐的反应关系"为例
9	SJ9 "双主互动"教学模式下的探究课—以金属的化学性质为例
10	SJ10 如何在身边的化学物质教学中培养学生解决问题的能力
11	SJ11 如何通过有效提问提升课堂教学的时效性——以"身边的化学物质"教学为例
12	SJ12 如何构建"控制变量"的学科思维
13	SJ13 如何构建溶液知识的概念结构及促进学生认识发展的教学模型
14	SJ14 为什么要构建微粒观
15	SJ15 基于微观角度进行物质分类的研究
16	SJ16 如何基于微粒观开展化学变化的教学
17	SJ17 如何基于微粒观开展化学用语的教学
18	SJ18 如何基于微粒观开展化学式计算的教学
19	SJ19 如何基于微粒观开展质量守恒定律的教学

续表

序号	学科关键问题编码及表述
20	SJ20 如何引领学生从宏观和微观角度认识化学变化
21	SJ21 如何发展学生从能量观的角度认识化学反应
22	SJ22 如何启迪和引领学生从系统和具体两个角度理解化学反应
23	SJ23 如何启发学生从"宏观—微观—符号"的角度完整表述化学反应
24	SJ24 如何发展学生从定性和定量的角度认识化学反应
25	SJ25 如何基于学生对化学变化的认识进行反应类型的教学
26	SJ26 如何通过范例教学进行中和反应教学研究
27	SJ27 如何在初中化学教学中实施 STS 教育
28	SJ28 初中化学情境教学的应用和思考
29	SJ29 如何通过活动教学提升学生对化学与社会发展的理解
30	SJ30 如何通过创设微项目教学提升学生对化学与社会发展的理解

三 信息化背景下进阶式教师教育资源的开发实践

一是组建开发团队。进阶式教师教育资源的开发中团队是很重要的。我们的团队融合了高校专家、教研员、骨干教师和教育技术人员，在专家的指导下，将一线教育教学实践经验进行理论提炼和梳理，成为可复制的教学成果；同时借助技术人员支持，利用专业技术进行录制及呈现，这是开发高水平教师教育资源的保障。

二是研究开发流程。资源内容和方案初稿的审定是进阶式教师教育资源开发的第一步，也是重要的一步；之后就是资源内容和方案的确定；方案确定之后是开发团队的培训，确保团队对开发目标、原则等的明确，保障开发的质量和方向；之后就是明确资源脚本撰写、微教研视频具体分工，之后依次是资源脚本撰写初稿上交、分组审定、脚本改进、分组录制课程、视频剪辑修订、视频上线使用、调研反馈和改进完善。

三是资源的呈现方式。信息化背景下的进阶式教师教育资源的呈现是以微视频为呈现载体的，通过录制微课程，视频长度为 5—12 分钟，内容包括：说课视频、授课视频、教学反思视频、点评视频、就某一问题的研讨视频、教师访谈视频等。将它们按照教师教育资源的整体设计共同组成一个结构化的主题式资源。

四是资源的使用和发布。以区域的"云动"网站平台作为教师教育资源线上的发布平台，组织教师开展线上学习、线下讨论，协同采用在线培训、混合式培训等方式。

在实践中也证明，信息化背景下进阶式教师资源具有层次性、系统性、主题性：资源建构系统完整，且为进阶式设计，满足不同教师的专业发展需求，教师可根据自身发展需求自主选择学习端口。打破时间空间限制：教师可自主选择学习的时间地点。且交流性、自主性强：教师可在技术平台的支持下及时交流信息，发表自己对某一问题的看法并予以论证。

优化初中京剧欣赏教学的实践探索

——以《梨园金曲》单位教学为例

天津市第四十一中学 王 倩

【摘要】 京剧是中华民族的艺术瑰宝,被誉为我国的国粹之一。如今的中学生对京剧并不十分了解,对京剧在世界上的影响,更难有深刻的认识,无法做到珍视中华传统文化——京剧。2008年2月,教育部办公厅发布《关于开展京剧进中小学课堂试点工作的通知》,京剧教学逐步走进中小学课堂。在初中音乐教学过程中,创设问题情境,激发京剧学习兴趣;体验学习,掌握京剧学习的方法;优化教学结构,提升京剧学习的实效;渗透德育目标,展现京剧育人的魅力。

【关键词】 京剧;欣赏教学;京剧欣赏教学

京剧是中华民族的艺术瑰宝,被誉为我国的国粹之一,迄今已有200多年的历史。它内容丰富、博采众长,形成了生、旦、净、丑四大行当和唱、念、做、打有机结合的艺术体系。京剧的唱腔有的悠扬委婉,有的铿锵有力,表演上富有鲜明的舞蹈性和强烈的节奏感。2008年2月,教育部办公厅发布《关于开展京剧进中小学课堂试点工作的通知》,将京剧纳入九年义务教育阶段音乐课程,将15首京剧经典唱段列为教学内容,并将北京、黑龙江、天津、江苏、江西、浙江、湖北、广东、甘肃十省市中小学列为开展京剧进课堂的试点。让京剧走进课堂,既让学生欣赏到了京剧的美,也改变了教育观念,开辟了素质教育的又一个试验。

从心理上分析，中学阶段的学生已经基本具有独立发现问题、分析问题、解决问题的能力，这是重要的心理基础。但是如今的中学生对京剧并不十分了解，对京剧在世界上的影响，更难有深刻的认识，无法做到珍视中华传统文化——京剧。音乐课堂就是我们立足本民族，大力弘扬国粹艺术的主要阵地。如何让他们能看得懂、听得懂京剧，亲近京剧并激发学生对于京剧学习的兴趣，逐渐喜欢京剧这门课，作为音乐教师，需要进行一些有益的探索。

中学阶段的音乐教学内容比较丰富，涉及古今中外的音乐艺术形式很多，对于京剧这门艺术也安排了一个独立的单元——《梨园金曲》进行相对全面的介绍，这足以证明京剧艺术的重要地位和对学生终身发展的深远影响。《梨园金曲》这个单元中涉及传统京剧、现代京剧和戏歌几个部分，教学内容十分丰富，作为初中阶段的欣赏单元地位十分重要，是学生对于京剧这门艺术进行认知的起点，是弘扬京剧艺术的窗口。但是每当进行本单元教学时，由于教师对于京剧的了解并不多，总是蜻蜓点水式的讲解对于京剧知识也是一带而过。因此，在多年的教学过程中《梨园金曲》这一单元几乎成为大部分音乐教师的"软肋"。

一　创设问题情境，激发京剧学习兴趣

对于每一堂课问题情境的设立都是至关重要的，问题太难或者过于简单，都不利于教师顺利地开展教学。而问题情境恰到好处，所提问题能真正吸引学生注意，才能有效地激发并维持学生的学习兴趣，为课堂教学创设一种紧张、活跃、和谐、生动、张弛有效的理想气氛。例如，在进行京剧单元教学的第一节课时，精心设计了一个教学导入环节。课前，为学生分别准备了三张照片：当前最流行的韩国明星"鸟叔"、京剧大师梅兰芳以及京剧四大名旦的合影。大屏幕中提出问题"他是谁?"让学生通过举手的方式进行回答。第一张"鸟叔"的照片学生的认识率为100%，第二张梅兰芳先生的照片学生的认识率开始下降，最后四大名旦的合影认识的同学就寥寥无几了。这时候，我没有从学生的认识率逐渐下降的现象入手进入本课，而是请一直举手的一位同学对三张照片进行讲解从而揭开了本节课的面纱。这样的问题情境导入设计，首先吸引了

学生的注意力，提醒大部分学生对于传统艺术的关注还不够，同时也鼓励学生向热爱传统艺术的同学学习。导入问题设计的不落俗套，德育思想蕴含其中。

二　体验学习，掌握京剧学习的方法

如果把京剧知识比作水，那么教师想给学生"一碗水"，教师要拥有"一桶水"。丰富的京剧知识、对京剧浓厚的兴趣是教师开展京剧欣赏教学的基础。任何文化的传承都需要一双发现文化精华的眼睛，更离不开科学有效的方法。教师如何发现京剧的美，是将京剧的美传递给学生的前提。要想发现京剧的美，教师首先要走进京剧世界，去欣赏、去感受、去模仿。虽然教师在模仿京剧演唱的环节中会遇到很多问题，演唱的味道也各不相同，但是只要教师敢于演唱，就是成功引导学生向京剧世界迈出的第一步！教师是学生的典范，是学生的榜样，是学生努力的方向，因此，弘扬国粹，开展京剧欣赏教学，教师参与是第一步！

为了保持同学们的兴趣，京剧常识一定不能讲得过于深奥，尽量通俗易懂，举例和欣赏同时进行，比如京剧的唱腔是个比较难讲的地方。因此，在教学过程中，让学生真正成为摄取知识的主体地位就必须让学生积极参与其中，在体验中学习。

亲身体验过的知识要比从他人处听到的要深刻。例如，在进行传统京剧《我不挂帅谁挂帅》这一唱段的学习中我就让学生通过体验、对比、分析、总结出演唱京剧的韵味。教师首先按照京剧的"行腔"进行教唱，（"行腔"即严格按谱子教唱不带变化音），然后教师用"润腔"（即个别唱词进行装饰）演唱这一乐句，学生对比、欣赏之后发现教师演唱的变化，第二遍教师再教唱这句中的"润腔"时，学生很快就能演唱出一点京剧的味道了。通过自己对比、分析、实践的学习成果，会使学生记忆深刻。

三　优化教学结构，提升京剧学习的实效

科学的课堂教学结构，灵活多样的课堂教学设计，也是开展京剧欣

赏教学的保证。课堂教学结构是否优化直接关系到一节课的教学目标能否完成以及能否调动学生的学习积极性。课堂教学结构不是固定不变的，而是随教学目标、教学策略、学习评价的不同而变化的。进行《梨园金曲》这一单元的教学时，首先宏观分析教材内容，将教材中的传统京剧、现代京剧、戏歌三个部分进行分类、总结，有的内容加以丰富，有的内容加以整合，用三课时时间带领学生走进京剧世界，使每一部分都有丰富的京剧知识、生动有趣的音乐活动、深刻入心的精神升华。

京剧欣赏教学不同于其他内容的教学，它内容丰富、自成体系，教师在教学过程中往往会有无从下手的感觉，讲的多了学生不爱听，教学过程枯燥无味；讲的少了学生了解的京剧知识就会少之又少，不能起到培养学生喜欢京剧的目的。这时候，一个优化的教学环节可以帮助教师解决一些实际问题。在《梨园金曲》这一单元的传统京剧欣赏中，设计了"探究——发现——体验——发展"的教学环节。其中"探究"主要体现在京剧声腔的听辨和京剧板式的学习过程中。学唱京剧唱腔的环节主要体现学生通过欣赏、对比"发现"京剧的韵味。"体验"在本课中运用较多，体验板式特点、体验京剧唱腔、体验创作唱词的乐趣等。学生通过本课的学习能够拉近自己和京剧的距离，愿意感受京剧艺术的美，并通过创编、演唱新唱词，发展和提升了学生的欣赏品质。教学环节是教师更好地实现教学目标的前提和保证，选择、运用好正确的教学环节可以帮助教师优化教学过程，最终实现高效教学。

京剧艺术博大精深，是中华民族艺术的瑰宝，是中华民族艺术屹立于世界之林的象征，作为音乐教师我们有义务、有能力让学生继承和发展好京剧这门传统艺术！

四 渗透德育目标，展现京剧育人的魅力

教学归根结底就是塑造人的活动，对于音乐学科来说，对学生进行审美教育，就是使学生学会分辨事物的美和丑，培养学生发现美、创造美、继承美的能力。这一点，在京剧欣赏教学中尤为重要。在《梨园金曲》这一单元的传统京剧部分，由于作品是梅兰芳先生的代表曲目，大胆地为这节课起了一个副标题——《踏"雪"寻"梅"》。"踏雪"，即指

我们在传统艺术的普及上历经坎坷终需坚持的历程；"寻梅"一语双关，既指了解京剧大师梅兰芳了解"梅派"特点，又指京剧这门独立风雪百年依然沁人心扉的传统艺术需要我们去继承和发展，课题别致、新颖，首先就使人眼前一亮，吸引了学生的注意，德育目标蕴含其中。

在学唱《我不挂帅谁挂帅》这段传统京剧时，结合故事情节和唱词内容，以及京剧大师梅兰芳先生在抗日战争时期"蓄须明志"这一爱国之举，结合当前实事师生共同创编、演唱新唱词，让爱国主义情感在音乐中得以升华。

"梦回莺啭，唱不尽西皮二黄如水声情，

咀英撷华，勾勒出国粹艺术世代相承……"

浅谈基于语文学科的校园文学建设

天津市南开中学　王　蕊

【摘要】 在高考制度改革及与之相适应的普通高中课程改革背景下，如何继承百年来南开学校的教育文化，实践"允公允能、日新月异"的南开校训，需要突破传统学科，培养学生核心素养。就语文素养来说，"校园文学"凝聚了学校一切文学活动，是培养学生语文核心素养的基本载体。由此，学校需要聚焦"校园文学"，打造特色课程。

【关键词】 南开中学；语文学科；校园文学

在高考招生制度改革及与之相适应的普通高中课程改革背景下，学校教育以立德树人为导向，致力于发展学生核心素养。那么，如何实施最新的课程，特别是如何使新课程标准实实在在的落地入课堂呢？就南开中学的语文学科来说，如何继承百年来南开学校的教育文化，实践"允公允能、日新月异"的南开校训呢？需要突破传统的语文学科，关注基于语文学科的"校园文学"。

"校园文学"是学校一切文学活动的总称或者总和，它是发生在校园内的、以师生为主体与对象的具体的文学形式与内容。校园不能缺少文学，语文课堂更不能缺失文学。因此，关注核心素养、促进学生全面发展，需要聚焦"校园文学"，彰显校园文化，打造特色课程。

一　南开中学语文学科的独特传统

南开学校创办于1904年，是一所拥有着悠久文学教育传统的学校。

1929年学校自拟的教学大纲中，就明确国文科自初中三年级即学习治学态度与治学方法、中国学术思想论述、文学理论、《水经注》《左传》《三国志》《资治通鉴》等，学习各种不同体裁的文学作品，如散文、小品、杂文、新诗等。自高二起，设选修课，分为四种：一为文学，选讲《诗经》《楚辞》以及历代文学名著；二为诸子，选讲孔孟及战国诸家代表作品；三为新文学，选讲五四以来鲁迅等名家代表作；四为应用文，选讲古今各类实用文章。

  社团活动更是丰富多彩。南开新剧团为学生提供了实践的平台，创校之初，校董严修、校长张伯苓即着力倡导新剧，支持创建了新剧团，提倡话剧"练习演说、改良社会"之用。张伯苓校长的胞弟张彭春作为"清国直接留美生"远赴重洋，留学海外，回国后将西方戏剧的精华引入，回到南开担任新剧团副团长。周恩来在校期间也是新剧团骨干成员，他参演的《一元钱》在北京公演之际，也得到社会各界的高度赞誉。张彭春、周恩来、曹禺等人都积极投身于话剧的编演，使南开话剧闻名遐迩，对话剧这种艺术形式在中国的传播与推广起到至关重要的作用。

  南开中学语文学科的创新传统，为中国文坛输送了一批优秀的创作者、一批优秀的开拓者。学校曾培养出戏剧家曹禺、红学家周汝昌、著名编剧作家黄宗江、诗人穆旦、小说家端木蕻良、散文家黄裳等中国现代文学史上熠熠发光的文学明星。

二　南开中学"大语文"观下的校园文学

  当下，南开中学语文学科继承大语文观理念，传承南开中学校园文学传统，进一步开展校园文学课程的研究和建设。一方面，着力校园文学与综合素养类语文校本课程教材的开发研究，既传承百年来南开的语文学科特色，又总结经验、开拓创新，扩展了语文教育的深度与广度。另一方面，在校本课程上不断开拓研究领域，拓宽研究思路。学科开设《南开校园中的文化蕴藏》，包含"周恩来南开中学作文研究""南开的爱国主义情怀教育""周恩来与南开戏剧""中国现代文学中的南开作家群""红楼一梦在南开""南开校园新闻采访""南开国际学生的文学教育"等专题。

当下，天津南开中学语文学科秉承文学课堂与文学实践的传统，继承南开中学大语文观理念，依托专业知识背景，结合学生学习特点，开设知识含量丰富、文化底蕴浓厚的系列课程。相继开设《南开校园中的文化蕴藏》《中国古代文学作品欣赏》《古诗文的传统吟诵》《古琴基础知识与曲目》《京剧昆曲经典剧目的欣赏与学唱》《格律诗的规则与写作》《走进古典文学的世界》《陶渊明诗文研究与赏析》《新闻采访与写作》《电影评论》等文学与文化课程。

南开中学语文学科注重文道统一，弘扬开放型教育理念，以校园文学综合素养类校本课程、国家课程文学传播为实践窗口，进行有意义的尝试，开展文学鉴赏类课堂，力求通过"文学课堂"的实践，整合校园文学活动，重构语文课程教学。只有让学生从学习、活动和不断的研究思考中受到文学的滋养，不断提高文学修养，才能达到实现语文核心素养，传承中华优秀传统文化的教育目标。

三　南开中学的校园文学实践

南开中学语文学科积极筹办校园文学类社团，指导学生参加活动，开展校园文学综合性学习实践活动。语文课程标准提出："语文是实践性很强的课程"，"沟通课堂内外，拓宽学生的学习空间，增加学生语文实践的机会"。校园文学综合性学习实践就是"培养学生主动探究、团结合作、勇于创新精神的重要途径"。因此，校园文学活动正适应了新课标的要求。当下，活跃于校园的包括菁莪语言艺术团、凭轩文学社等诸多校园文学类社团。通过组织开展多彩活动，带动经典阅读与校园创作的蓬勃风尚。

开展校园文学综合性学习实践活动，学生活动课堂是其中的特色之一。之所以开展活动课堂研究，思考实践对学生核心素养的培养，在于对新形势下的教育改革的关注。一所学校之所以拥有生命力，在于其拥有独特的校园文化。独特的校园文化会为学生的终生发展留下可贵的精神财富。它可以成为一种信仰、一种力量、一份青春的纪念册，成为人生行走过程中的风度气质，它会融入血液，带上理想的印记。南开的学生活动课堂以学生为主体，踏实践行和弘扬南开中学一主三自的优秀教育传统。将学生阅读、学生戏剧、学生诵读、学生学术论文研究、学生习作等结合在一起，通过小组展示、集中表演等方式呈现，真正为学生搭建研读、交流、思考、表达的开放性活动课堂平台。通过活动课堂，我们深深地感受到学生对语文学习的兴趣不断浓厚，对经典文本阅读不断增加广度、增强深度，学生们的实践能力增强了，语文核心素养得到切实提升。

一所学校的活力，恰恰体现于独特的校园文化活动所彰显的魅力中。因此，在指导学生实践活动方面，我们将南开独特的校园文化融入科学方法，体现学科特色，成为具有南开属性、天津味道、中国风尚的特色课程，用以指导学生校园文学活动课堂实践。

而更重要的一点，在于理念与方法的引领。具体来说，在方法上：要读懂一篇作品，了解一个作家，经历一种人生，走近一个时代，触摸一颗灵魂。在内容上，1. 几乎每位南开作家在后来都留下过深情回忆南开的文字。通过查找作家的回忆性文章，还原作家的南开生活，触摸一个真实的时代。2. 广泛搜集作家在南开时代创作的作品，了解学校教育对形成作家早期人格和风格起到的重要影响。3. 阅读一篇代表作，体会同为同龄人不一样的时代和选择，寻找南开作家的共性。

综上，南开的特色学生活动课堂，正在形成一个师生、生生互动的动态教学模式——我们的语文课会变得生机勃勃，我们的语文学习会充满无穷的乐趣。于是，关于语文的核心素养便融入于独特的校园文化中，而这属于南开的也是属于中国的南开校园文化也将不断的滋养一代又一代的学子，使他们成为大写的中国人。而教师本身，也将成为富有文学魅力和文化品位的教师——享受文学，享受语文，享受教师职业的幸福感。

教育使我们富有，文学使我们高贵。大力推广校园文学建设，是在致力于一项伟大的事业。南开人将不断努力，关注核心素养，促进全面发展；继承传承百年南开优秀文学文化传统，创新实践特色校本课程研究、加强国家课程有效落实，推进语文课程改革；关注语文课程的实践性，提升语文教学效率，探索文学教育途径，促进文化繁荣，助力文学绽放。

习主席说：教育是对中华民族伟大复兴具有决定性意义的事业。学校是文化的高地，也是思维的殿堂。通过南开中学语文学科校园文学建设研究，我们希望，与各方专家、实践者、研究者一起，真真正正的为中国教育，为语文教育，为民族文化的继承与发展，为人的培养奉献力量。

高中生物学概念教学实践研究

天津市南开区教育中心　王　霞

【摘要】 本课题研究高中生物学前科学概念，文本策略、直观教学法等在高中生物学概念教学中的实践应用，以及概念教学对教师和学生行为方面的影响。通过对高中生物学概念教学的实践研究，展示高中生物学概念的产生、发展、演变过程，渗透概念所负载的科学研究方法，体现生物学概念所蕴涵的价值，从而更为有效地帮助学生建构生物学概念体系。同时，教师在行动反思过程中，不断寻求适合学生学情的高中生物概念教学的策略方法，促进教育教学质量的提升，进一步提高学生生物科学素养。

【关键词】 高中生物学；概念教学；实践

一　问题的提出

生物学概念是生物学理论的基础和精髓，也是思维过程的核心。近年来，人们对生物概念教学的研究多集中于如何识记、辨别、掌握概念等，很少涉及有关理论指导下的概念教学研究，如前概念的剖析与矫正，概念的有效建构等。而且目前对生物概念教学的认识与实践尚存在一定的偏差：如重视概念的记忆而非概念的理解；追求各种教学形式的改变而忽视重要概念的落实；错把信息当作概念讲授……此外，已有研究显示，国内外在物理学科、化学学科有关概念教学的研究成果较多，但在生物学科，特别是高中学段生物概念教学的研究较少。基于上述种种错误认识和实践上的偏差以及相关研究现状，本课题从以下几个方面对高中生物学概念教学进行研究：第一，高中生物学前科学概念研究；第二，尝试不同策略、方法，深化高中概念教学的实践；第三，探讨概念教学（学习）对教师和学生教学（学习）行为影响。力求通过对高中生物概念教学系统、全面、具体的分析、研究与实践，从而总结出高中生物概念教学的一般规律，有效提高教学效益，帮助学生对高中生物学知识进行深入理解并灵活迁移应用。

二 研究内容、方法与过程

（一）理论基础及现实需求

概念教学是培养学生科学素养的一种重要途径，它注重于对学生前科学概念的了解，在此基础上根据学生的认知设计教学，从而促进学生建构概念。其中的前科学概念（以下简称"前概念"）是存在于人们头脑中相对于新知识的已有的认知，可能是正确的，也可能是片面的或错误的。前概念的成因，主要是日常生活中的经验及正确或错误认识的积累。正确的前概念是学习生物学概念的良好基础和铺垫，它的正迁移作用可成为生物学概念学习的资源和概念学习新的增长点；而片面或错误的前概念会成为生物学概念学习的障碍，错误的前概念如果得不到及时矫正，将影响对生物学概念的同化，使学生形成错误的思维。

高中教师在应试压力之下往往对概念教学缺乏深入思考，对于学生概念学习的困境究竟源于何处以及该如何化解缺乏相应的理论研究。另一方面，将以往概念教学的体会，如何识记、辨别、掌握概念等上升到理论指导下的概念教学研究，促成概念的有效建构，都需要课题组成员以及广大一线教师的不断探索与实践。

（二）研究内容及目标

1. 理论层面：编制"高中生物前概念问卷"，通过调查分析不同群体高中学生在生物学前科学概念上的差异，为研究高中学生生物学前科学概念的来源、相关因素以及转变策略奠定基础。

2. 实践层面：高中生物学概念在课堂教学中的有效建构，深化高中概念教学的实践，如文本策略、概念图策略、直观教学法在概念教学中的运用，探寻高中生物教学创新与发展的有效途径。

（三）研究对象

课题选取本区课题组成员所在学校高二年级学生为研究对象。

（四）研究方法

本课题主要采用调查法、行动研究法等，对高中生物学前概念、高中生物学概念教学的策略、方法等一系列问题进行研究与实践。

第一阶段主要研究方法：调查法。

调查测量对象：本区课题组成员所在学校即将升入高二年级学生（涉及市级重点学校、区级重点学校、普通校）。

调查测量工具：自编"高中生物学前概念问卷（必修1、2、3）"。

调查测量结果与分析：

1. 归纳学生已有的生物学前科学概念；

2. 针对不同层次（市级重点学校、区级重点学校、普通校）高中学生生物学前科学概念的统计分析。

第二阶段主要研究方法：行动研究法。

研究参与对象：课题组主要成员及所在学校学科组（或备课组）生物学科教师。

研究手段：班级教学现场观察记录（听课记录、录像）、访谈等。

研究方式：以学科组（备课组）为单位，选取高中生物学核心概念，以"计划—行动—观察—反思"的方式进行实践层面研究。

研究成果表达形式：教学案例、课例等。

（五）研究步骤

第一阶段：制定计划，明确分工。本阶段以对概念及概念教学的理论学习为重点，同时进行学生高中生物学前概念的抽样调查、分析。

第二阶段：研究实践阶段。主要通过行动研究的方法对高中生物学概念教学的策略、方法进行研究、实践；伴随研究进程，适时组织相关教学课例、案例的交流展示。

第三阶段：结题准备。深化已有研究，收集整理研究成果，进行各阶段成果的交流展示资料的汇总。

三　研究成果

（一）理论层面

本课题在已有初中生物学前科学概念的研究基础上，编制出"高中生物（必修1、必修2、必修3）前概念测量问卷"，通过调查分析不同群体高中学生在生物学前科学概念上具有的差异，为研究高中学生生物学前科学概念的来源、相关因素以及转变策略提供依据。同时，选取初、高中学段均涉及的核心概念（如光合作用、呼吸作用、激素调节、生态系统等）进行比较式研究。

调查研究中，选取区域内课题组成员所在学校即将升入高二年级学生800余名参与"高中生物（必修1、必修2、必修3）前概念测量问卷"调查。通过调查，整体归纳出学生已有的生物学前科学概念，同时针对不同层次（市级重点学校、区级重点学校、普通校）高中学生生物学前科学概念进行统计分析，获得不同群体高中学生在生物学前科学概念上具有的差异。

通过调查及比较式研究显示：高中生物学概念较之初中更走向生命的本质，概念术语化、专业性更强。例如"细胞"范畴中的"ATP""ADP""扩散""渗透""胞吞""胞吐"等，这些概念与日常生活距离很远，不能望文生义，因此高中学生生物学前概念及来源的多样性更为丰富。此外，高中学生更加注重意义学习的认知特点以及批判精神和质疑能力的增强，都影响到学生对待自己所拥有的生物学前概念的态度，影响到高中生物学教师对其生物学前概念的揭示和转变。

（二）操作层面

在第一阶段理论学习和调查分析的基础上，课题组成员在课题研究的第二阶段展开实践层面的研究。以所在学科组（备课组）为单位，选取高中生物学核心概念，以"计划—行动—观察—反思"的方式进行听课、访谈、研讨等活动，实践探索适合自身所授学生学情的高中生物概念教学的策略方法，例如文本策略、概念图策略、直观教学法等，在此仅选取部分典型性的策略方法加以阐述。

1. 文本策略。教学基本流程为：教师使学生明确学习任务（包含需获取的概念）→学生独立与文本对话→学生小组协作会话→小组代表交流学习认识→教师帮助学生对知识进行分析、归纳、概括→概念整合→评价反馈。其中"明确学习任务"指教师向学生明确"对话任务"，涵盖"文本对话"和"协作会话"要解决的具体问题（需获取的概念），通过学生与文本对话、学生与学生对话、学生与教师对话，以及学生与环境对话等构建概念。例："有丝分裂"是高中生物学中的核心概念，作为一个完整的细胞增殖过程，其核心就是染色体的形态和数量变化。教师在课上设置了"示意图排序—曲线图示描述—意义概括"的系列任务，其中看图排序任务就让学生将文字转化为图像，用一种顺序的方式建构一种模糊的分裂过程。学生想要完成这个任务必须进行详尽的文本对话，找关键词，并通过小组内部的协作会话取长补短，共同呈现在每组汇报同学的语言表达中。对于不同班次的教学试验显示：给予学生研读教材及讨论时间越充分，学生所呈现的表述效果就越好。由此整体建构出的分裂过程为后续学习任务铺平了道路。

2. 直观教学法——物理模型建构在生物概念教学中的应用。课题组成员结合普通高中校学生更倾向于感性认识的认知特点，将物理模型建构引入高中生物学概念教学实践。通过模型建构活动，将高中生物学抽象、复杂的概念借助模型化抽象为具体，在物理模型的建构中培养学生的抽象思维能力，深化概念学习。以下为师生共同制作的部分模型照片。

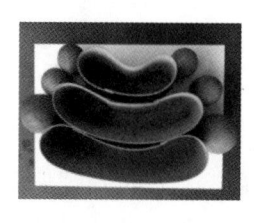

高尔基体模型 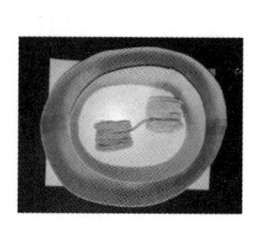　　　　叶绿体模型 　　　　细胞核模型

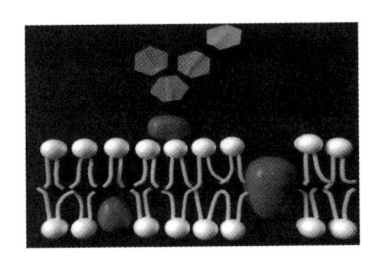

细胞膜流动镶嵌模型（平面） 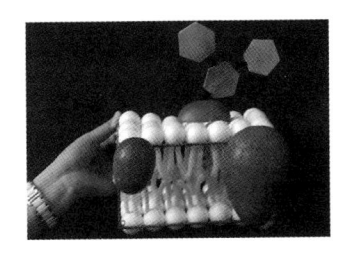　　　细胞膜流动镶嵌模型（立体）

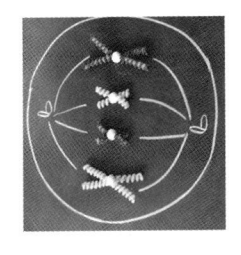

有丝分裂中期模型 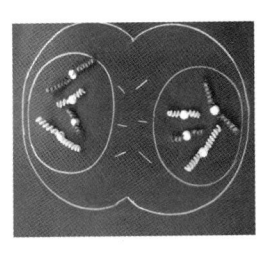　　　有丝分裂后期模型 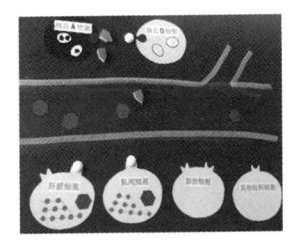　　　血糖调节模型

在师生共同构建模型的过程中，学生能从模型出发，通过对原型的未知属性、事实的推测，发现问题从而认识事物中所蕴含的规律；在模型建构活动中体验探索生物科学的乐趣，学会观察、归纳、演绎等方法。运用模型和模型建构进行教学有助于学生认知水平的发展，能有效促进学生对知识的理解，帮助学生建立良好的知识结构体系。

（三）实践层面

课题组成员通过多种方式，从不同维度进行高中生物概念教学的研究与实践，收获颇丰。其中，课题组成员及所在学科组教师共进行市、区级观摩课、经验介绍、专题讲座十余场；撰写的多篇相关论文、教学设计发表于《天津教研》《天津师范大学学报》，并有多篇论文在市级论文评比中获奖；多节概念教学课例被天津市网络教研平台推荐为国家级"一师一课"优秀课例。

四　结论与讨论

通过对高中生物学概念教学的实践研究，展示高中生物学概念的产生、发展、演变过程，渗透概念所负载的科学研究方法，体现生物学概念所蕴涵的价值，从而更为有效地帮助学生建构生物学概念体系。同时，教师在行动反思过程中，不断寻求适合所授学生学情的高中生物概念教学的策略方法，促进教育教学质量的提升，进一步提高学生生物科学素养。

本课题还有一些问题有待在今后的实践研究中拓展、深化。如：具有一定技术含量的高中生物学前概念的诊断策略可进一步完善；多样化和专一性的高中生物学前概念转变策略可继续深入研究和实践；高中生物教师的前概念对概念教学影响等都可成为本课题的延伸加以深入研究。

参考文献

[1] 中华人民共和国教育部：《普通高中生物学课程标准（2017年版）》，人民教育出版社2018年版。

[2] 钟启泉、郑晓惠：《生物课程与教学论》，浙江教育出版社2003年版。

[3] 刘恩山：《中学生物教学论》，高等教育出版社2003年版。

[4] 李高峰：《初中生物学前科学概念研究》，北京师范大学出版社2011年版。

浅议微写作训练在培养初中生议论表达方式轨范中的作用

天津市津南区双桥中学　王　鑫

【摘要】 初中作文教学中"重文体、轻表达"的问题较为突出，导致学生不能熟练掌握并在不同文体灵活运用议论表达方式轨范。通过微写作训练，能够积极有效地培养初中学生的议论表达方式从"记叙+议论"轨范到"总分"或"分总"轨范，再到"拓展—评价"轨范逐步提升，实现从"会写"到"善写"再到"乐写"的根本性转变。

【关键词】 微写作；初中生；作文教学；议论表达能力；轨范

当前，初中作文教学中"重文体、轻表达"的问题较为突出。教师在文章体式上强调写作动机、素材、立意、提纲、修改的同时，却没有拆分成适合学生练习的小步子循序渐进，导致学生不能熟练掌握并在不同文体灵活运用议论表达方式轨范，进而造成了学生在写作中想表达、乐于表达，但又无从下笔、无计可施的尴尬困境。

轨范，也称"范轨"。所谓"轨"，车辙也，这里指议论表达方式训练中行文的套路；所谓"范"，模子也，这里指议论表达方式训练中行文结构的典范、法则。轨范与模式的最大区别就在于，前者在标准的基础上注重每一标准间横、纵向的联系，力求层次鲜明、循序渐进，侧重实践层面；后者虽也是一种标准、样式，但彼此间往往相对独立，侧重理论层面。而通过微写作训练，能够积极有效地培养初中学生的议论表达方式从"记叙+议论"轨范到"总分"或"分总"轨范，再到"拓展—评价"轨范逐步提升，实现从"会写"到"善写"再到"乐写"的根本性转变。

一 微写作培养"记叙+议论"轨范，让学生会写

（一）"会写"的界定

"会写"指的是建立在学生"师其意，不师其辞"的"模仿"这一链索上的"改写"和"借鉴"，即"逐渐摆脱模仿痕迹而向创造过渡的桥梁"。这一环节其实就是对阅读内容可议论部分的深入整理与挖掘，一句话语、一个故事、一幅照片、一段视频，都有值得议论的地方。"会写"的理想境界是，"学生会立意、树立自己正确的观点。多关注一些社会、生活之事，多看一看生活百态，多审视一下自我，多角度思考问题，就会得出最本真的、新颖而又深刻的观点"。

（二）开展"记叙+议论"轨范下的微写作训练

在学生阅读阶段已具备的"因事而议"的口语表达能力基础上，对学生进行300字左右的，"一事一议"或"一事多议"的议论性微写作训练。形式上借鉴"记""说"等古代文体，初步采取"记叙+议论"的轨范，即"记叙（概括话题内容）+议论（论点—论据—论证）"轨范。字数上不宜过多，以期最大化地调动孩子议论微写作的积极性。

如在阅读鲁迅先生名篇《二十四孝图》的基础上，用两节连上的作文课开展"传统二十四孝的优与劣"微写作训练。第一课时让学生深入阅读《二十四孝图》中鲁迅先生对"老莱娱亲"和"郭巨埋儿"这种不乏虚伪和残酷的封建孝道的抨击段落，体会其独特视角和论说智慧，并在小组间交流读后感。第二课时让学生借鉴鲁迅文中的笔法仿写批判封建孝道的段落，找出另外二十二孝中自己有感悟的孝道故事，力求让学生学习鲁迅的思维特点，遵循议论规律，进行由浅入深的仿写训练。这样就较好地将名著阅读与议论表达方式微写作训练结合了起来，使学生在理论基础上，学会了"记叙+议论"模式并得以熟练运用。

温儒敏教授曾说："模仿式的作文教学作为一种初级写作教学的办法，对于学会一般的文字表达，也不无好处。不过，如何让学生对这种反复训练有兴趣，能坚持下去，并和现今课改的措施结合，是个关键。我建议在模仿套式，提高技能的同时，引导学生大量阅读，要回到阅读这个'原点'上来。即使学习范文，也要以学经典的文字为主。"而通过仿写的反复训练，学生就会上升到会写的更高层面——善写。

二 微写作培养"总分"或"分总"轨范，让学生善写

（一）"善写"的界定

特级教师于漪曾指出："语文学科作为一门人文应用学科，应该是语文工具训练与人文教育的综合。"所以，语文活动是从知、情、意、人格、情感、性格、心理品质等方面入手的教育阐述活动，必须凸显"人文教育"的意义。如果说写作的工具性更多体现在学生的会写层面，那么写作的人文性则更多体现在学生的善写层面。只有坚持和彰显初中语文课标中的"情感、态度和价值观"教学目标，才能大大提高作文的人文性和吸引力，练就学生们善写的能力。

（二）开展"总分"或"分总"轨范下的微写作训练

在"记叙+议论"模式烂熟于胸后，根据材料和议论习惯的不同，可采取"观点+材料+分析"或"材料+分析+观点"的议论轨范，即培养"总分"或"分总"轨范。这种模式比之前的"会写"阶段的模式更丰富更具层次，议论手法也更纯熟自然，形式也更自由灵活。

教师要引导初中生多关注社会民生，体会人生百态，多角度提炼恰当、新颖、深刻、本真的论点，倚靠充足的论据，在论证中做到言之有理、言之有序、言之有度、言之有节。对于一些问题类的议论，教师一定要在写作训练中带领学生阐述一个或一些有建设性的、有合理说服力的意见或建议，同时遵循"主张合理、理由充分、措施可行"三原则。只有做到这些，议论表达方式训练的微写作才会有分量、有深度、有价值。

如采用"看图写作"的微写作训练形式，让学生细心观察社会众相，品人生百味，发表独到见解。先让学生仔细观察图画，然后根据图画的内容或意思来写一篇作文。学生的议论文字让师生产生了共鸣，学生的议论能力在潜移默化中得到提升。同时强化学生准确地表述论点，充分地占据材料，有力地展开论证，重点落在学生情感的触发和理性思维的拓展上。学生在简单的描写、记叙、说明中加以或犀利、或感人、或明朗、或含蓄的议论表达方式，佐之以抒情，学生们微写作中的佳作层出不穷，深入有效的让议论为佳作增色不少。而待学生对于善写的轨范驾轻就熟后，就会进一步上升到更高层面——乐写。

三 微写作培养"拓展—评价"轨范，让学生乐写

（一）"乐写"的界定

乐写是写作者建立在善写的基础上，主观上乐于写作，并通过写作实践充分激发自己的写作欲望进而感受到创作的愉悦与成功的一种写作状态。相对于"命题式"作文而言，"触发式"作文是对人、事、物发自内心的情感体验式的作文命题形式。写作者在观察、采访、阅读或接受信息的过程中，自主找寻写作对象，激发写作欲望，形成写作的初始感情、态度、认识。从命题形式看，写作者没有受到固定的主题限制，一般自主选择自己喜欢或擅长的题目或话题，写作过程更自由灵活，主动性较强，写作过程也会产生持久、稳定的创作快感，并激发学生继续从事写作，我们称之为"拓展—评价"轨范。

（二）开展"拓展—评价"轨范下的微写作训练

1. 注意思维的拓展性，正面激发写作兴趣

学生自由表达和创意表达都应该建立在思维充分拓展的基础上。"思维是人类特有的认识过程。客观外界的东西首先通过眼、耳、口、鼻、手这五个感官反映到头脑中，形成感性认识。感性认识能否转化成理性认识，靠的就是大脑的特殊活动——思维。"初中生是一个特定的思维群体，和高中生一样正处在思维发展的交叉口上。学生们的思维方式中记

叙表达方式为主的形象思维业已形成优势，而与议论表达方式相匹配的抽象逻辑思维尚处于形成和发展阶段。教学实践中，周记和随笔化写作是语文教师提高学生议论功底的好抓手。尤其是写日记、写周记及赏析与点评，都是初中生行之有效的思维拓展训练方式。当然，这也是一项长期而艰辛的训练过程。

2. 注重评价的多元化，侧面激发写作兴趣

传统的考试作文评价机制往往从作文习作的思想内容和写作特点切入，但教学习作评价与考试习作评价并不完全相同。应注重评价的多元化和开放性，重视对学生思维发展、情感变化、情感体验方面的评价。教师应灵活调整评价策略，采取学生小组互动批改周记或微作文，组间交流展示佳作，教师点评，使学生在批改他人作文中去粗取精、取长补短，以期达到提高议论功底的目的。一个阶段中可采取班级辩论赛、作文大赛、手抄报、板报等形式，以活动代训练，让学生当评委，成为评价的主人，树立他们的议论自信心，增加写作兴趣。同时，教师要学会借势，调动各方面力量及时、积极地给予肯定、表扬和奖励，颁发奖杯、奖牌和证书，并将留影照片张贴至宣传栏，使学生从中获得写作成就感。

参考文献

[1] 钱梦龙:《一条读写结合的"链索"——模仿、改写、借鉴、博采、评析》，载裴跃进《教学名家系列谈：教学名家谈作文》，北京师范大学出版社2013年版。

[2] 李春燕:《初中生议论文写作立意指导》，《语文天地》（初中版）2014年第8期。

[3] 温儒敏:《温儒敏论语文教育》，北京大学出版社2012年版。

[4] 于漪:《关于语文教育人文性的对话》，《文汇报》1996年4月15日。

[5] 陈钟梁、张振华:《作文与思维训练》，杭州大学出版社1996年版。

教育信息化背景下如何演绎精彩思想品德课堂

天津市第四十一中学　王雪萌

【摘要】教育信息化大背景对中学教师开展教育教学活动提出了更高的要求与挑战。思想品德课是初中阶段的重要学科，更是促进青少年健康成长的重要一课。初中思想品德课教师可以采用对教材资源的自主创新和再开发、师生合作共建形成资源库、依据思想品德课教学价值定位分析选择信息、综合运用信息积极开展课后实践活动等途径，将本学科的课程理论与现代信息技术不断融合，演绎精彩思想品德课堂，积极推进教育信息化建设，提升思想品德课育人效果，促进青少年健康成长。

【关键词】教育信息化；精彩思想品；德课堂

当今时代，随着教育信息化建设的不断推进和中学生信息素养的进一步提升，对学科教师开展教育教学活动提出了更高的要求。初中思想品德课是中学阶段的重要学科，更是促进青少年健康成长的重要一课，这一作用是其他任何学科都不能代替的。教师如何将本学科的课程理论与现代信息技术不断融合，对于提升思想品德课育人效果，演绎精彩思想品德课堂，积极推进教育信息化建设，具有重要的现实意义。

一　信息化大背景下机遇与挑战并存

初中思想品德课是一门具有很强时代性和针对性的学科，它"从生活中来，到生活中去"，与中学生的现实生活有着密不可分的关系，本应是趣味盎然，极富感染力的一门学科，但传统思想品德课教学授课方式单一，教学的概念原理比较抽象，教学偏重灌输，束缚了学生的思维。

当今世界，科技进步日新月异，社会建设进入了一个新的历史阶段。信息时代，学生获取信息的途径多元化、便捷化，智能手机、平板电脑等实现了足不出户就可以获取到大量信息的需求，这无疑是对于传统思想品德课教学的巨大挑战。但机遇总是与挑战并存，信息化的大背景下，如果教师能够加强学习，准确把握时代脉搏，联系社会生活实际，运用多媒体技术，为学生提供形象生动、内容丰富、直观具体、感染力强的感性认识材料，创设和展示有意义的情景，构建模拟学习环境，这样，教育信息化大背景对于课堂教学无疑又是一个巨大的发展机遇。

同时，国家基础教育课程改革纲要（试行）也指出："教学过程要大力推进信息技术在教学中的普遍应用，促进信息技术与学科课程整合；逐步实现教学内容呈现方式、学生学习的方式、教师教学方式和师生互动方式的改革，充分发挥信息技术的优势，为学生的学习和发展提供丰富多彩的教育环境和有力的学习工具。"教育信息化为思想品德课教学带来了巨大的发展机遇，关键在于教师在教学中如何运用资源，在教育信息化的大趋势下不断提升思想品德课育人效果。

二 多措并举，演绎精彩思想品德课堂

（一）教师对教材资源的自主创新和再开发

我们所使用的思想品德教材（人教版）以初中学生逐步扩展的生活为基础，以学生成长过程中需要处理的关系为线索，教材中精选的典型事例，恰如其分地反映了道德原则或规范的本质。教师要紧紧抓住教材中的这些典型事例，巧妙设计问题，循序渐进、由现象到本质，引导学生主动参与，发表见解，形成科学的认识，同时也不断培养学生透过现象看本质的道德智慧。

信息化背景下，教师可以以教材中的典型事例为蓝本，注重对教材资源的自主创新和再开发，以多媒体呈现教学内容的方式创设与教学内容相吻合的教学情境，不断激发学生的学习兴趣和求知欲，引导学生主

动参与，充分表达见解，以收到更好的教学效果。例如，使用教材中"支教模范白芳礼老人"的故事，如何呈现最精彩，带给学生最多的感悟与思考？白芳礼老人是感动中国人物，事迹非常感人，但是如果采用让学生看教材事例这种呈现方式可能不仅达不到预期的效果，学生们普遍的反应也可能就是无所谓。思考之后，我在网上查找了大量的图文资料，发现北京电视台《非常向上》节目制作的"白芳礼老人幸福苦旅"这一期节目的视频资料非常感人，节目中对老人的家人、受资助对象的采访让学生们了解到了一个全面又震撼人心的支教模范，在课堂教学中使用后，效果非常好，不仅很好的完成了这部分内容的教学，也传达给学生们更多的正能量。

（二）师生合作共建形成资源库

教育信息化背景下，思想品德课教师要不断创新，打破以往的授课模式，以课文内容为基础，设计开放性的补充资料环节，师生合作共建形成资源库，往往能够收到非常好的效果，也是我在教学实践中经常用到的。

思想品德课上我在课后作业环节，围绕要学习的内容设计相关课后思考问题，学生带着这些问题从生活中收集信息，包括自己亲身经历的事件、看到的网络新闻、娱乐节目——培养他们观察生活，自觉搜集信息的良好习惯。如讲授未成年人保护法中四大保护部分内容时，课前同学们已经以小组自主学习的方式了解了《中华人民共和国未成年人保护法》的相关内容，并且从不同途径搜集了很多相关资料，例如，假期和父母参观天津市科技馆的资料、社区组织图书交流活动的资料、学校要求同学们制作的安全手抄报、学校校园网上同学们活动的资料，等等。

教学中长期坚持下来，从没有收集信息的习惯、收集不到很多有效信息，到在教学中，学生能够侃侃而谈，锻炼了学生收集信息的能力，不断扩大和丰富了信息量。在学生形成了初步的独立获取信息能力后，老师再指导学生们根据搜集上来的相关信息，按照信息的不同内容进行分类、整理、归纳成册，建立起"班级资源库"，并且实现"班班资源共享，合理运用"。

教育信息化背景下，教师更应注意积累生活中各种扑面而来的信息，积累的过程也是学习和筛选信息的过程，形成个人的或是年级组的资源库，在教学中应用起来，不仅非常便利，更是对于促进思想品德课核心素养的培养起到了积极推动作用。

（三）依据思想品德课教学价值定位分析选择信息

准确把握初中思想品德课教学的价值定位，是教师教和学生学的巨大内在驱动力。从各种文献资料中分析，初中思想品德课教学的价值主要体现在：思想品德课是激发学生追求向真、向善、向美的课程，能够激活学生情感，提供一种道德智慧，帮助学生在今后面对道德困惑时能够自主抉择并付诸行动的课程。

有了对思想品德课教学价值的准确定位，教师在分析和选择信息时就有了一条非常明确的标准，在课堂上运用的资料才能够不断促进学生良好的智慧的形成。例如，"重庆女孩摔婴事件"一出，引发各方媒体的关注与报道，当时，我保留了一部分视频资料，存入"资源库"，在讲到生命健康权中关于如何关爱他人生命内容时，我引用了当时保留的视频资料，同学们在谴责这位女孩的同时，也能够关注到女孩家庭教育的缺失，在同学们广泛表达观点的同时，教师适时引导，提供给学生们一种道德智慧。

准确把握思想品德课教学价值定位，在这一基础上分析选择紧跟时代并且适合中学生浏览的信息，学生思想品德课的核心素养不断提升，学生们学会了用唯物史观辩证地看待事物的方法，道德认识在潜移默化中逐步提高。

（四）综合运用信息积极开展课后实践活动

有了课堂的积累，广大初中思想品德课教师不要把思想品德课囿于课堂一隅，而要有目的、有计划地积极组织学生开展课后实践活动，把理论与实践、课内与课外有机结合起来，不断鼓励学生进行课堂学习的延伸。这样的课后实践活动，学生获得的不仅是综合能力的提升，更重要的是在信息的搜集处理过程中，加强了书本知识同现实生活的联系，开阔了视野。对他们今后走向社会，形成正确的人生观价值观打下了良好的基础，长此以往，对于学生的发展必将起到积极作用。

例如，九年级讲到文化这部分内容之时，在课堂学习延伸环节，我要求同学们将思想品德课所学与班级社会实践活动相结合，根据班级社会实践活动的分组，利用双休日走上街头，向路人分发提前自制的问卷、走访天津五大道周边的居民，获取有关天津市文物保护方面的信息，写出有关天津市文物的保护现状和对策的小调查报告。学生在这一过程中，感受很多，有些人给予了学生友好的配合，包括天津本地居民、外地游客和外国友人；而有些人却以各种理由拒绝，甚至有的学生还被误会为是骗子。回到课堂，总结这一学习过程时，学生们都认为非常有收获，不仅获得了知识，也使自己的心理素质得到了一次考验、锻炼和升华，例如，如何说服他人以获得帮助，如何学会承受一次次地被拒绝，如何克服胆怯心理与陌生人交谈等。

又如，学习了未成年人保护法之后，我引导学生利用课余时间深入生活的社区，了解未成年人的生活状况，有些同学发现，在城市中生活的外来务工人员由于无暇顾及孩子，并不能很好的照顾孩子的学习和生活，我鼓励同学们与社区居委会合作，共同开展未成年人保护法的宣传和讲解工作，不仅帮助了需要关爱的群体，同学们的社会责任意识也得到提升。

中学思想品德课关系到中学生的健康成长和发展，思想品德课的教学是教师人格魅力呈现的过程，是学生和老师心灵沟通、思想碰撞的平台。我们意识到，教育信息化为我们带来巨大挑战的同时也给了我们前所未有的发展机遇和历史使命，不断学习，才能提高自己的教学能力、掌握丰富的时代发展信息和形成渊博的知识体系，把这些展现给学生，我们要做学生成长道路上的真正引路人！

初中化学课堂培养学生学科核心素养的实践研究

天津市第二中学　魏建颖

【摘要】 化学学科与人类的生产生活密切相关，化学是培养学生科学素养的重要学科。即使学生将来不从事与化学相关的工作，在化学课堂中学生获得的能力、素养也会对其产生深远的影响。本研究通过综合传统教学和信息教学，运用现代教育理论，应用现代教学手段，初步探索适合本校实际的信息技术环境下的教学模式，运用多种教学方式，创设情境，提供条件，让学生亲自进行实验，从而形成课内外自主学习、主动探究的学习氛围，培养学生的创新意识和实践能力。

【关键词】 核心素养；课堂教学；学生发展

2016年人民日报发表的《中国学生发展核心素养》中指出学生发展核心素养主要指学生应具备的，能够适应终身发展和社会发展需要的必备品格和关键能力。中国学生发展核心素养具体细化为国家认同的十八个基本要点。人教版《高中化学新课程标准》指出高中化学学科核心素养包括"宏观辨识与微观探析""变化观念与平衡思想""证据推理与模型认知""科学探究与创新意识""科学态度与社会责任"5个方面。

由于初中化学是化学的启蒙阶段，而高中化学则是对初中化学的进一步深化与完善，因此初中化学核心素养和高中化学核心素养不可能完全相同。所以初中化学课堂教学中把科学精神和社会责任等作为初中化学教学中的核心素养。把面向全体学生，培养学生对化学的兴趣放在重要的位置。在初中化学课堂教学过程中，我们也探讨了一些在化学课堂上与学生核心素养相融合的策略、途径与方法，并积累了丰富的经验。

一 探索适合我校的信息技术环境下提升学生的核心素养

信息时代的来临，我们在不断地接受新事物，新思维，课堂中辅助着我们教学的东西越来越多，我们可以轻松地把课堂外的信息引入到教学中，而这需要硬件环境和技术支持。我校应用的是金硕公司开发研制的乐恩课堂互动系统与 classroommanagement 互动系统。与平板电脑配合使用的主要功能有：在线测试与实时反馈、学生活动监控（全屏或分屏展示）、抢答器、各类文件的发送、随机或既定分组等功能。虽然互动系统的功能比较单一，但是结合平板电脑、各种 app 的使用，互动系统就可以为学生提供强大的技术支持，并且可以有效开展复习和习题教学，提高复习质量和效益。让每个学生按照自己的速度学习，在一些与生活实际相结合较多的化学课中，我们举行开放日，邀请家长一起参加学习，可以更好地关注孩子的学习情况，同时也让家长和学生一起体会信息技术给教学活动带来的巨大变革和创新。

（1）基本概念和原理的教学：

对于化学概念教学重在理解概念的内涵、外延以及相似概念间的区别与联系，尤其是建构的思想。利用互动系统配以思维导图 app，为枯燥的概念教学增加不同的色彩。重点研究，为不同的概念体系配以丰富的思维导图。利用分组功能，进行小组间的讨论研究，帮助学生互相学习理解概念。重点研究利用交互系统的分组学习、小组讨论进行概念的分析。任何概念的提出都离不开化学实验，利用互动系统配以实验，开展实验探究与实验创新的研究。

（2）化学计算教学：

化学计算的学习重点是培养学习利用化学的思想进行定量分析的一种能力，利用化学计算分析解决生活中的实际问题。而且，化学计算一直是化学教学中的难点。那么，互动系统的在线测试实时反馈功能就有很强大的作用。可以当场评价，掌握学生的学习进度，实现分层教学。教师可以根据不同学生的学习情况调整教学进度。并配以小组竞赛、抢答等教学环节的设计创设教学情境，激发学习兴趣。重点研究抢答器、在线测试等功能在化学计算教学中的作用，开发更佳有效的互动系统新功能。

二 营造和谐的课堂氛围，培养学生的科学态度与社会责任，增强学生学习化学的幸福感

营造和谐的课堂氛围需做到两个方面：一是和谐的情境，二是和谐的师生关系。

（一）和谐的情境

教师是学生心灵的开启者。学生灵魂所需要的不是被"塑造"，而是被"唤醒""激发"和"升华"。教师的责任就是创造优越的条件，促进学生被"唤醒""激发"和"升华"。在教学设计时，我根据学生的年龄、心理特点创设了一些有趣的学习情境。

例一，创设语言情境，如讲授爱护水资源时，以"不要让地球上最后一滴水成为人类的眼泪"作为激情导入。为了加深学生们的印象，我搜集了大量资料，从介绍全世界的储水量到我们国家的解决措施及节水意识的建立，使学生在这节课中采集到了大量的信息，从而也让他们自主建立了知识体系与环保意识。同时配合了中考关注生活，贴近社会的特点。

例二，创设多媒体情境，如在市级公开课《二氧化碳》中我以网页课件获得全市教师的好评，并由此获得了全国化学优质课一等奖，在全国化学优质课大赛中，在《燃烧与灭火》课题中，我利用自己创意的"切利亚地下煤火纪录片"启发诱导。这节课在初中阶段是一节很简单的新授课。鉴于这点，我大胆地对教材内容进行改动，完全颠覆了以往的授课模式，利用中央电视台科学与探索栏目播出的印度切利亚地下煤火引起的人间炼狱为切入点，带领学生深入火灾现场，让他们亲自体会燃烧给当地居民带来的灾难，并逐步探究出燃烧产生的原因。并激发他们的社会责任感，让每一名学生都充当消防员和科学家的角色，帮助切利亚的居民消灭地下煤火，从而让学生自己探索出灭火的方法。这些教学设计有效地消化了这节课的重点，并使这节课的内容在深度和广度上都有了提高。

例三，创设生活情境，如在市级展示课《生活中的酸和碱》中，以生活中的花、草、叶、菜为原料，设置指示剂的制取、叶脉书签、化学魔术等多个环节，激发学生的学习热情，突破难点。同时课堂上我也常常把"小试牛刀""过关斩将""大显身手"等游戏引入课堂，贯穿始终。让学生始终以乐观、积极的态度参与学习全过程。

（二）和谐的师生关系

孔子言："知之者不如好之者，好之者不如乐之者。"这里的好之、乐之，其实指的就是兴趣了，而浓厚兴趣的产生依赖于融洽和谐的生生、师生关系，正所谓"亲其师，信其道"。因此我们要利用我们教师人格的魅力吸引学生，让学生喜爱化学这一学科，所以教师要主动与学生沟通，了解他们的所思所想，使学生能够向你敞开心扉激发他们的求知欲和上进心，只有这样，学生才会投入地学，从而取得良好的教学效果。而正因为如此，我认真备课，上好每一节课，把自己所有的知识全部传授给每一个学生，主动赢得学生的尊敬和信任，努力创造和谐、乐学、互相信任、心情愉悦的课堂教学氛围，这样才能使学生的个性潜能得到释放，让学生愉快的学习。

三 化学实验的创新，让学生学会学习、学会合作。

实验室的仪器设备，多数是设计合理，便于操作，但也存在一些设计陈旧，操作性不强的设备，这些设备需要改进。教师可以根据需要，自行设计改进器材，对于较为简单的器材，还可以引导学生积极参与自制，不仅为学生实验教学提供了一定数量的实验仪器，为化学教学创设了良好的实验条件，而且学生通过自制教具和学具，增长了才干，提高了动手能力。如爆炸实验中，改变为用玻璃管套上一个小保鲜袋收集氢气，点燃再听到爆鸣声，既简单，现象又明显，同时，还可以让学生通过所学知识自制教具，不仅提高了兴趣，同时提高了教学效率。

四 利用环保活动和化学实验推进德育课堂，培养学生健康生活

（通过各学科的整合，实现整个过程的优化）运用多种教学方式，创设情境，提供条件，让学生亲自进行实验。

（一）化学与生物实验的整合

随着这几年雾霾的影响，对我们的空气造成了很大的影响，我们利用生物和化学学科的特点，由老师指导，学生亲自采集和测算，深切体会到了雾霾对我们生活的影响。

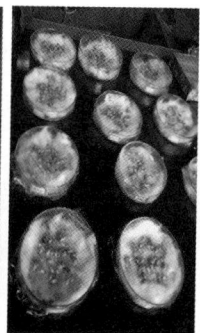

（二）家庭小实验的设计

化学是一门与现实生活密切相关的学科，理论联系实际的探究，更有助于学生兴趣的激发和能力的培养，通过对这些身边问题的探究，结合开展家庭化学小实验，如自制豆腐方案、水果电池趣味实验、苹果皮变色等，同学们可以从不同的角度、不同的层面，选择不同的器材，采用不同的方法进行设计，教师适时的指导，鼓励学生撰写小论文，使课堂得以继续、扩展和深化。促进了知识向能力的转化，增强了学生自主学习意识和创新素质。结合教学内容布置贴近生活实际，有关生命教育的课外活动，使学生在完成研究的同时受到真切的生命教育。

（三）在课堂中渗透生命教育

由于化学学科的特点，更容易对学生进行珍爱生命的教育。与德育处共同开展《远离毒品，真爱生命》《感恩》等主题班会，对学生进行生命教育，为化学学科生命教育校本课程积累素材。

根据培养学生核心素养的行动策略研究的总体思路，利用新型的师生关系，建构与创新教学模式。这三方面不应孤立运用，要有机结合，相互配合与促进，努力构建学生核心素养发展的长效机制。

参考文献

［1］《〈中国学生发展核心素养〉发布》，《上海教育科研》2016年第10期。

［2］张华：《论核心素养的内涵》，《全球教育展望》2016年第4期。

［3］褚宏启：《核心素养的国际视野与中国立场——21世纪中国的国民素质提升与教育目标转型》，《教育研究》2016年第11期。

［4］王蕾：《学生发展核心素养的考试和评价——以PISA2015创新考查领域"协作问题解决"为例》，《全球教育展望》2016年第8期。

［5］叶澜、郑金洲、卜玉华：《教育理论与学校实践》，高等教育出版社2000年版。

［6］辛涛、姜宇、刘霞：《我国义务教育阶段学生核心素养模型的构建》，《北京师范大学学报》（社会科学版）2013年第1期。

[7] 施久铭:《核心素养:为了培养"全面发展的人"》,《人民教育》2014年第10期。

[8] 邵朝友、周文叶、崔允漷:《基于核心素养的课程标准研制:国际经验与启示》,《全球教育展望》2015年第8期。

基于 STEM 和创客理念的实践项目研究

——以通用技术教学应用为例

天津市第四十七中学　吴连江

【摘要】 随着社会的发展以及新课程改革逐渐深化，培养学生的核心素养成为一维重要且长期的教学取向，为信息技术支撑教学效果研究提出了新的挑战。通用技术教学因能力指向明确，与客观实际联系紧密等特点，在技术与教学融合方式、方法层面上更需要进行科学、深入的探讨。本研究把基于 STEM 教育和创客教育理念的优秀实践项目案例引入通用技术实践教学，并探索其与课程知识体系相融合的方法，最后开发出基于培养学生核心学科素养的项目案例及与之相配合的教学模式。

【关键词】 STEM 教育；创客教育；项目教学；通用技术

引　言

当下，新课程改革已步入深化阶段，为落实十九大立德树人的根本任务，教育部明确了学生应具备的适应终身发展和社会发展需要的必备品格和关键能力，即中国学生发展的核心素养，它是党的教育方针的具体化、细化。2017 版高中通用技术课程标准提出普通高中通用技术以提高技术学科核心素养为主旨，以设计学习、操作学习为主要特征，是一门立足实践、注重创造、体现科技与人文相统一的课程。基于学科本质，通用技术学科凝练了包括技术意识、工程思维、创新设计、图样表达、物化能力五个方面的学科核心素养。

如何培养学生的学科核心素养，让其在教学实践中落地，是我们一线教师必须思考和面对的问题。通用技术课程以设计学习和操作学习为主要特征，立足实践，适合通过项目教学法促进学生学科核心素养的培养。

一　STEM 教育与创客教育

（一）基本概念

STEM（Science，Technology，Engineering，Mathematics）教育，是以设计和探索为手段，运用科学与数学的思想，通过应用技术手段，在解决实际问题中进行知识的学习。STEM 教育的九大核心特征：跨学科、趣味性、体验性、情境性、协作性、设计性、艺术性、实证性和技术增强性等。创客教育通过基于项目的学习方式，综合运用不同学科的理论，实现跨领域的融合，通过不断降低使用门槛的数字化工具进行设计创造实践活动，培养学生基于问题解决的核心素养，是发展学生核心素养的良好路径。

STEM 教育和创客教育都以项目学习为主要形式，学生的核心素养培养指向明确，本研究通过引入基于 STEM 教育和创客教育理念的实践项目，探讨其与通用技术知识体系融合的方式，以达到培养学生的学科核心素养的目的，为实现立德树人以及学生成为全面发展的人等根本目标奠定基础。

（二）实践类型

国内对于 STEM 教育和创客教育的研究尚处在较为初级的阶段，研究内容还比较零散。很多中小学已经进行了探索与研究，本研究将两类教育形式的开展总结为以下几种类型，第一类，以校本课程和社团活动的形式独立进行，有自己独立的课程体系。第二类，以科技创新大赛、机器人比赛等比赛为导向的技术类平台推动 STEM 教育和创客教育。如乐高的 FLL 和 VEX，WER 等赛事。第三类，在学科课程中，创设真实的问题情境，让学生从工程师的角度去思考和设计，运用融合所学知识去解决实际问题，并在这一过程中使学科的本体知识内化，进而促进学生学科核心素养的形成和提高。通过知网检索显示，前两类情况较多，第三类鲜有提及。本文主要是对第三种进行进一步研究，结合新通用技术课程标准的要求，把 STEM 教育和创客教育的理念运用到通用技术课堂教学特别是实践教学当中。从而更好地培养学生的学科核心素养，让核心素养在教学中真正落地。

二　实践项目的开发与设计

（一）实践项目的特征及开发策略

1. 实践项目的特征

STEM 教育和创客教育主要是以项目学习为基础，以整合的教学方式培养学生运用所学知识和技能，通过协作进行创造、设计、建构来解决现实生活中的实际问题，就需要把通用技术学科的本体知识和育人价值与 stem 教育和创客教育理念方法有机融合到实践项目之中。融合后的项目具有以下特点：项目的起始一定是一个真实的技术问题情景，学生围绕这个问题的解决，运用数字化工具和快速成型设备，以工程师的思维模式进行设计、创造、构建来解决问题。学生在参与项目过程中习得所需的知识和技能，在这一过程中技术意识、工程思维、创新设计、图样表达、物化能力都会得到培养提高。为了更好更快完成任务，学生会自发进行讨论交流，分工协作，从而增强合作意识和团队意识，变被动学习为主动学习。

2. 实践项目的开发策略

（1）项目的设计要根据学生发展的特点精心设计，要符合学生认知发展的特点，在了解学生最近发展区的基础上循序渐进，例如在项目实施过程中，设计一个个阶段性小目标，使学生不断获得成就感，在成就动机的激发下，持续保持学习热情。

（2）项目的设计要为学生营造一个真实的学习情境，让学生在一个民主的学习氛围中充分动手、动脑的去设计与创造，突显学生在学习中的主体地位。

（3）项目问题情景的设计要有趣味性。首先问题情景选择要贴近学生的生活实际，教师可引导学生体验身边生活中的应用，寻找适合的项目。例如家里的普通开关的灯，能不能设计成自动控制的，引导学生从感兴趣的声控、红外、手势控制等不同的控制方式上进行设计改进，从而增强项目的趣味性。

（4）项目设计要注意难度的控制，项目需要在课堂上完成，在时间和效率上有一定的要求，我们要依据学生的情况和教学目标，适度的帮助学生消减部分障碍，从而优化学生项目学习的体验，更好地完成教学任务

（二）实践项目的实施策略。

1. 项目实施的硬件配置策略

（1）专用教室的配置要求

普通通用技术教室添置一些设备就可满足项目实施的要求。一是要添置一定数量的电脑，通过实际验证，本研究认为设备数量需要保证最低标准为每两人一台。

（2）开源硬件开发平台的选择

开源硬件平台有很多，各具特色。本研究采用 Arduino 平台，硬件包含各种型号的 Arduino 开发板（较常用的型号是 Arduino UNO）和各种电子元件、传感器、扩展板等配件。通过分析，Arduino 系统有以下几点优势：价格方面，容易获得，淘宝网很多，入门套件（包含开发板、各种常用传感器、电机等配件）仅售一二百元，可以完成大多数制作需求；操作方面，容易上手，官方开发工具是 Arduino IDE，配合图形化插件，可以积木搭建式编写 Arduino 应用程序，大大降低了学习门槛，可以让零基础的学生快速掌握，并用其进行开发创作。本研究采用北师大编写的第三方图形化插件 mixly，其特点比较符合中国人的认知习惯，教学效果很好；用户方面，有很多公司都开发了 Arduino 套件，方便易用，并开发了相应的课程资源，网上大量的学习论坛和网络社区，有海量示例和教程，对于想深入学习的学生是很重要的。

2. 项目实施策略

（1）恰当分组，让学生体验团队的力量。

在项目实施过程中，学生分组是一个重要的环节。要考虑到学生的不同情况。可自由组合，人数在 2—4 人之间，每个小组的成员要搭配平衡，能形成优势互补，以便在项目学习过程中能更好地合作，充分发挥团队的力量和智慧完成项目任务。

（2）整体布局，为学生学科核心素养的提升助力。

教师在项目设计上要统筹安排，循序渐进，要经历讲授新知到项目模仿，最后实现项目创新三个阶段。

用创客数字化的工具解决问题，需要学生知道这些工具能做什么，并会使用它们。最初的一些项目设计应该是为了帮助学生快速掌握这些工具。新知讲解的目的在于排除学生在项目学习过程中的知识障碍，为创新创造打下基础。在学生初步掌握了工具的使用之后，就进入了模仿阶段，这一阶段的项目以锻炼学生的动手能力为主，让学生模仿教师的任务解决过程，进行亲身体验，并能在此基础上进行简单的拓展，增强工具的使用能力。在这一阶段教师要注意难度控制，避免学生因质疑自己的能力而产生挫败感。经历前两阶段学生对工具的运用有了基础，项目重点就应该是项目创新，激发学生的创新思维。教师要做的就是给学生营造一个更为宽松自由的项目学习环境，让学生围绕问题情景，自由发挥。教师的角色也由之前学生学习的掌控者向学生学习的支持者转变，这一阶段也是学科素养培养的重要阶段。

（3）分享交流，培养学生乐于分享的精神。

展示、分享、交流环节实施的好坏对项目教学效果有着重要影响，通过学生动口、动手、动脑来展示本组设计作品，可以活跃学生思维，锻炼学生勇气，增强学生表达能力，树立学生乐于分享的精神。展示交流的内容形式要精心设计，除了让学生对本组的作品进行展示介绍外，还应交流项目学习中的一些得失、感悟。要有学生提问交流的环节，教师要有针对性地进行适当点评，并给出指导意见。

（4）多元评价，主推学生快速成长。

项目教学是以项目为中心的学习，在评价方案的设计上要尽量多元化，学生自评、互评和教师评价结合，过程性评价和终结性评价相结合。

应尽量发挥评价的诊断和促进学习的功能，对学生的表现给予充分的肯定，尽量避免批评。这样才能够不断激发学生在项目学习中的兴趣，保护学生的自尊和创新热情，让他们更加自信。

三　总结与展望

近一年，在通用技术实践教学中引入基于 STEM 教育和创客教育理念的实践项目，进行教学设计，实践证明是可行的，教学效果有明显的提升。但在实施的过程中仍然存在一些问题和不足，项目与通用技术本体知识融合上差强人意等问题还需要进一步的深入研究实践。

参考文献

［1］《普通高中通用技术课程标准（2017 年版）》，人民教育出版社 2018 年第 1 期。

［2］余胜泉：《跨学科是 STEM 的核心特征》，http：//www. caigou. com. cn/news/2016090643. shtml。

［3］雒亮：《开源硬件：撬动创客教育实践的杠杆》，《中国电化教育》2015 年第 4 期。

［4］张丽芳：《基于 STEM 的 Arduino 机器人教学项目设计研究》，南京师范大学硕士学位论文，2015 年。

现代信息技术在学校体育教学中的应用

天津市静海区杨成庄乡中学　信　岗

【摘要】 在学校体育教学中，信息技术已经得到广泛的使用，它为学校体育的教与学开辟了一条新的捷径，打开了一个新窗口。智能软件的使用为学生在课前、课中、课后的学习提供了保障，既激发了学生的学习兴趣，又促进了学生学习的主动性。课后体育作业在信息技术的辅助下，真正取得了事半功倍的效果。信息技术背景下，体育教师要积极提升自身的能力，主动更新教育教学方法和手段，更新自身的知识结构体系，以此来推动体育教学改革的发展，促进学校素质教育的提高。

【关键词】 信息化；大数据；体育教学

在学校体育教学中，信息技术已经得到广泛的使用，它为学校体育的教与学开辟了一条新的捷径，打开了一个新窗口。在信息化高速发展的今天，国家提出建设体育强国，要不断探求信息化与体育教学的深度融合，不仅优化教师的"教"和"导"，更要改变学生的"学"和"练"。聚焦新时代对体育人才培养的新需求，强调以能力为先的人才培养理念，探索基于信息化、大数据的体育发展之路。

一　利用信息网络平台，实现体育教学与信息化的深度融合

（一）利用移动终端提供专业技术保障

由于体育学科自身特点，体育教学上使用率较高的还是轻便易携带

的智能手机、i-paid、运动手环、心率带等智能移动终端设备，基于学科教学需要，室外场地和运动场馆都要通过 WLAN 信号放大器实现无线网络全覆盖，课上体育教师可利用平板、智能手机等，通过链接希沃授课助手等智能软件和投屏技术实时为课堂服务，为体育教学移动使用移动终端设备提供保障。

（二）利用大数据平台实现互联互通

1. 体育室内课网上学习

为便于学生理解，我们通过仔细推敲和认真思考，因地制宜的设计了一套比较完备的室内教学内容。比如利用大屏幕为学生进行各项技术动作的视频展示，让学生更能直观地了解要学习的技术动作的细节，为以后的教学做铺垫；再比如为学生展示标准的队形队列视频，让他们知道各种队形变换方法和组织纪律性在体育课中的重要性，也为日后室外体育课程奠定了良好的基础。

2. 网络体育课程互动学习

天津市电教馆开展校际网络同步教学活动是基于室内校际网络同步教学项目平台和设备。通过网络活动学习，使师生在同一时间不同地点可以针对同一专题内容彼此进行交流、讨论、合作，可以让薄弱校的学生同步享受优质资源，促进教育公平，更延伸了体育教师的眼睛，拓展了体育教学的神经，让体育教学交流成为可触可感的心灵载体。如：河北区体育教研室将《如何发展体能》这节体育课程移到了教室进行，实现了两个学校学生共同上一堂体育课的愿望。学生们通过大屏幕的实时录像、声音、画面同步传达，既为两校学生营造了互相切磋的平台，同时又提高了学生们的学习兴趣和学习热情，培养了体育精神和竞争意识。

（三）利用信息化体育课程辅助互动学习

信息化时代给予体育课程中老师和学生们更多的互动契机，同时互动方式也突破了课堂中一位教师应对全班学生的模式，可以借助观看视频后的集体点播、校际网络间的生生互动和微课程巧妙贯穿体育课程等方式，实现多元化互动学习以期提高体育技能的掌握效率。以下是体育教学中几种常用的软件：

1. Focusky FS 动画演示大师是一款免费易上手的幻灯片制作软件，它拥有 3D 缩放旋转转场特效，精美模板，超多动画场景，可轻松做出精彩的演示效果，推荐老师们使用尝试。

2. Smart 交互式电子白板的功能非常强大，它可以让学生最大限度的利用课堂时间，由单项"灌输"转为双向的"对话"互动。Smart 可以完成生成性板书，通过 Smart 白板创设相关教学情境，让教学内容鲜活起来。我也是在观摩了一节英语课后，突发奇想，想要利用它的拖、拉、移、拽等功能创设情境让我的体育课堂活起来。通过实践，反响不错，推荐老师们使用。

3. 皮影课是一款帮助我们快速制作动画的产品。它将动画制作的过程模块化，分为场景、分镜、人物、动作、对话等模块，只需要通过简单的操作将这些模块组合，就可以制作一个动画。皮影课动画可以自行配音，孩子们在观看动画后，也可通过 smart 白板设置猜词游戏，寓教于乐，潜移默化的普及体育运动知识，老师也可以在室内课时尝试使用。

这些精心设计的信息化作品可以根据作品的大小利用微信、QQ、百度云盘、微信公众号推荐四类传播平台向学生进行推送。利用信息化技术巧妙地将文字、图形、图像、声音、动画等有机地结合在一起，来呈现在学生面前，让兴奋状态在学生的大脑中交替进行着，再给他们创设一个思维比较活跃的学习环境，让体育教学的核心素养得以充分体现。由此，体育教学更丰富了感官综合作用，让体育与健康教育实现多角度成型。

二 布置体育家庭作业，培养学生终身体育意识

2016 年 5 月，由国务院办公厅印发了《关于强化学校体育促进学生身心健康全面发展的意见》，就推动学校体育改革发展和强化学校体育工作作出全面部署。《意见》明确提出：学校应鼓励学生积极参加校外全民健身运动，中小学校要合理安排家庭"体育作业"，形成覆盖校内外的学生课外体育锻炼体系。随后教育部颁布《关于减轻学生过重课业负担的十项规定》，在此背景下，如何利用移动终端布置体育家庭作业，以此来增强学生体育意识，形成体育锻炼的好习惯，使学生主动走向操场，走

进大自然，走到和煦阳光下，进而提高学生的体质健康水平，提高学生的终身体育意识，也成为我们亟待研究的重要课题。

体育家庭作业的内容可以分理论性质和实践性质两大类，动静结合，让体育作业既有来自于学生生活的游戏，又有课堂教学的延伸；有硬性的定量作业，又有开拓性的创新作业。例如：我们的理论课篮球比赛规则，我们可以利用观看视频制作手抄报，这就是静态的作业。又有动态的身体练习类作业，例如：国家学生体质达标测试中的一分钟跳绳、立定跳远、仰卧起坐等项目，大部分同学都可以在家里完成，我们可以利用移动终端技术布置一些动态的作业，使体育课堂教学得以延伸至课外，是体育教学的补充，达到了课内外相结合的目的。拿跳绳来说，我们可以设计亲子双人跳，对水平不同的孩子可以提高亲子配合能力及孩子耐力、协调能力和兴趣。课堂教学通过这一方法顺理成章地延伸到家庭、社会和学生的生活中，把更多的参与和展示机会留给了学生，学生的运动技能和体育品德都得到了不同程度的提高。

为了丰富体育课后作业的形式，我们也可通过体育健身 APP 推荐一些健身方法，如：通过家长微信群推送一些体育赛事的通知，让家长和孩子共同通过网络观赛，提高对体育赛事的关注度和对竞赛规则的理解和认识，激发孩子的健身意识和主动参与体育锻炼的兴趣。体育家庭作业充分发挥了学生在家庭运动共同体的主体作用，培养了学生的运动兴趣，使"每天锻炼一小时"有了保障，形成健康的生活方式和终身体育观念。

三　利用体育微课慕课，创新体育教学模式

教学活动不仅要注重课前"预设"，还要特别注重课堂的"动态生成"。体育教学与其他学科相比最大的特点是动态与静态属性相结合，室内教学任务与室外教学任务相统一，教师不仅要传授学生运动理论知识，还要提高学生运动技能水平。特别是在室外运动场地，教学内容以身体运动为主，而有些运动项目动作难度大、危险系数高，传统的教学方法受到空间和场地条件的限制，教师很难做到位，无法让学生准确地模仿，容易造成错误认识，信息技术教学很好地解决了尴尬的局面，通过多媒体可以

将每个难点细节全方位地展现出来,再加上教师精心的点拨,让学生更深刻的领悟动作要领,提高学生技能水平。信息技术的应用丰富了教学内容,弥补了感性材料缺乏的不足,充分调动学生的多重感官思维,激发学生创新思维和创造潜能,准确掌握各项运动技能,形成系统的知识体系,优化教学结构,让学生养成坚持锻炼和终身锻炼的意识,实现"终身体育"的教学目标。

体育课中的"微课"是把出发点定位在某个运动项目的技能掌握上,教师把所录制的单个技能学习的步骤、方法及重难点制作成视频,以此为载体,让学生在课前或者课后对这些碎片化的知识进行自主学习的一项教学活动。而相比传统教学,网络信息教学工具有着"主题清,内容精,交互强,应用广"等特点。下面,介绍两点体育微课的实际应用。

(一) 体育微课程的应用

在体育技术动作的教学中,利用微课程来突显教材的重难点效果明显。微课程的特点是趣味性强,动作可以重复播放,细节处可以慢放,能更加直观的解析动作,播停自如,让人不容易遗忘,随时可以点看。这对于传统的讲解示范的教学方式,从形式上更吸引学生,从获取知识方面更具体抽象,学生对动作的理解更加透彻,更能节省教学时间,并逐渐培养学生主动健身意识。。

(二) 微课在体育规则上的应用

体育课中的技术动作图片、规则图片、影音资料等都可以通过微课媒体进行展示,让学生更为直观,更为具体,更为细致的获取知识技能。其中文字注释在图片和影音中,也为学习提供了便捷的方式,利用微课来讲解体育规则,会大大提高体育课的时效性。

体育微课可以通过校园网和微信平台向家长和学生进行推送,孩子们可以根据自己的情况确定观看微课的时间,作为体育学科自身具有的特殊性,微课可在课前、课中和课后三个时段应用,课前,通过观看视频可以自主的尝试了解动作技术要求,课中,学生练习时通过微课视频慢放可以反复观看,提高练习效果,课后,可以巩固学生训练,为再学习提供了保障。

总之，信息技术作为一种辅助教学工具，对提高教师的教学水平起到了很大的推动作用，同时，作为职业学校体育教师，要不断加强自身的专业素养和信息技术水平，创新课堂教学方法，设计新颖有趣的教学课件，充分激发学生的学习兴趣，将体育传统教学与信息技术教学完美整合起来，使两者在相辅相成、互相促进中结出累累硕果。

美术教学中以视觉传达发展小学生的视觉素养

天津市武清区教育教学研究室　严　瑞

【摘要】美术教学中的视觉传达是指在课堂教学中美术教师将视觉素材以特定的形式传达给学生，引导学生展开相应的视觉感知、分析和解读活动，并创造新颖的视觉形象，发展学生的视觉感知、视觉思维和视觉创造能力，从而提升学生的审美素养。美术教学中的视觉传达，具有教学直观性和形象审美性的双重特点。通过视觉传达，提升审美感受、发展形象思维，关注美术现象，让美术课程的视觉性得到充分的发挥，不仅增强美术课堂的人文内涵和时代气息，更凸显美术课程的视觉属性。

【关键词】美术教学；视觉传达；视觉素养

视觉性作为美术课程的本质特征之一，承载着强大而深刻的育人功能。特别在视觉文化时代的背景下，视觉素养已成为每个人必备的素养之一。作为美术教师如何在美术教学中突显视觉艺术的特质，通过视觉传达，丰富学生的审美感受，改善学生的认知体验，凸显美术的学科特征，发展学生的视觉素养，是值得每一名美术教师思考并付诸实践的重要课题。

一 以视觉传达提升学生的审美感受

(一) 素材呈现——注重审美感受

素材呈现是指视觉素材的呈现方式,包括从不同层次与角度对教学内容的呈现,呈现的方式要经过精心的设计,运用一定的形式与方法,突显视觉上的美感,同时给予学生心灵上的陶冶。因此,教师在呈现教学素材时,要结合教学内容及视觉元素,设计页面的风格、色调、构图和意向,调动学生的视听感受,使学生得到审美体验。如《学画山水画》一课以画轴的形式呈现素材,色调清新素雅,突出画面的意境;《我国古代建筑》一课以古代建筑的青砖黛瓦、雕花木门为背景边框,透过木门展现出古代的各种建筑。通过精心设计素材的呈现方式,使视觉效果情景交融、意趣生动,让学生在视觉形象的欣赏中获得强烈的审美感受。

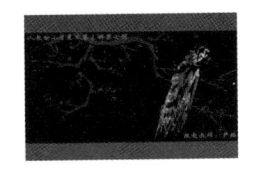

(二) 素材欣赏——选择经典作品

在美术教学活动中,教师要对视觉素材进行精心的筛选,根据教学内容的需要,根据学生的身心发展特点,将人类历史发展长河中遗留下来的经典美术作品贯穿于教学之中。或作专题品鉴,或作随常欣赏。让学生在接触经典、感悟艺术的过程中,获得审美情趣的发展。如《画家凡·高》一课,课堂上以凡·高一生的艺术发展为教学线索,每个阶段均呈现具有代表性的作品,再以典型作品的赏析。通过经典作品的赏析,学生不仅深刻感受到凡·高作品中每一块色彩、每一痕笔触所蕴含的炽烈情感,也对画家的艺术人生有了完整的了解和深刻的认识。

(三) 素材选择——关照民族艺术

美术教材中教学内容的设置,为教师的个性化处理提供了多种可能。

教师可根据教学内容的需要，对视觉素材进行选择与提炼，从某一角度或某一层面展现视觉素材，加深学生的认识与体验。在处理教学内容时，素材的选择不妨关照民族文化，让美术课堂呈现出别样的面貌，让学生得到民族文化的浸染。如进行《色彩的对比》一课的教学，考虑到素材的呈现不能过于庞杂，要形成课堂教学的主线，将欣赏素材确定为民间艺术，因为民间艺术在色彩上正符合对比强烈、色彩鲜明这一特点。于是课堂上呈现在学生眼前的是面塑、虎头鞋、染色剪纸、年画、皮影等民间艺术作品。这些朴实、浓烈的艺术形象，在带给学生强烈视觉感受的同时，也让学生欣赏到我国民间艺术的丰富与美妙。

二　以视觉传达发展学生的视觉思维

（一）视觉感知——关注形象细节

在视觉欣赏过程中，教师提供视觉素材，学生可以快速形成直觉表象，对物象的一般特征作出概括性的认识。这种直觉非常重要，它可以帮助学生在较短时间内把握事物的大体特征。然而，要让学生对事物有较深刻的认识，还需要关注细节，对视觉形象进行精细地观察与赏析，并在这一过程中，发展学生的思维和认识。如《叶子上的小"血管"》一课，教师不仅展示直观的叶脉（叶片局部放大）图像，还将叶脉标本（叶片经过腐蚀处理，去除叶肉，只保留叶脉）提供给学生，引导他们将标本捏于指间，细细观赏，并鼓励学生表述自己的发现。在这样的细节赏析中，学生直观地认识了叶脉循环往复、错综复杂的组织形式，感受到叶脉线条细密交织、错落有致的独特美感。这种对视觉形象的精细赏析，可以将学生的思维向更细微层次引领，使学生获得更深入的认识。

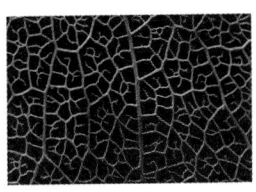

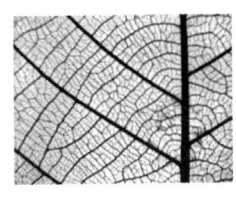

（二）视觉分析——注重逐层递进

教师在带领学生对视觉形象进行观察、分析的时候，要结合学生的认知规律，进行有层次的、递进式的引导，引领学生逐步认识事物的特征。如《形的魅力》一课，为使学生对形的特点有充分认识，教师组织学生做图形的分类游戏，游戏分两个层次进行：第一层次，鼓励学生将教师提供的混杂在一起的各种形根据"直线形""曲线形"的特点进行分类；第二层次，在之前分类的基础上再分出"直线几何形""直线自由形""曲线几何形""曲线自由形"，之后对各类型的美感特征进行概括。在分类游戏过程中，学生要经过观察、分析、判断、归类等一系列活动，而视觉思维则是促使这一过程完成的保障。

学生对视觉形象的深入感知，有赖于教师的引导，教师引导的过程，则有赖于问题的提出。因此，美术教师在带领学生进行视觉分析时，要依据视觉图像的观察要点，设置清晰、明确的问题，引导学生逐层深入地感知图像内涵。如《我国古代建筑艺术》这一欣赏课业，为使学生对古建筑屋顶上的艺术构件有深入的了解，教师为每组学生提供了不同构件的相关图片（鸱吻、瑞兽、悬鱼、脊饰、瓦当和滴水），组织学生围绕四个问题（1. 这种构件装饰在屋顶的什么位置？2. 这种构件是怎样一种形象？3. 这种构件的制作工艺如何？给你怎样的感受？4. 这种构件安放在屋顶上有什么作用？）逐个进行观察和探讨，然后在问题交流中认知古建屋顶艺术构件的形象特征和文化内涵。视觉分析的问题设置要由浅入深、由易到难，将学生的思维逐步引向深入。

（三）视觉解读——运用美术语言

美术教学视觉解读要切合美术学科特点，引导学生针对视觉形象从造型要素、形式美感等方面进行观察分析，并运用美术语言加以描述。如《微观世界》一课，在感知日常的微观事物时，引导学生从三方面进行欣赏、描述：1. 这是什么（引导学生从显示的图片中猜出是哪种事物）；2. 是由哪些要素组成的（在教师的启发下概括出点、线、面等造型要素）；3. 美在哪里（引导学生观察，感受点、线、面组合所构成图案的秩序之美、变化之美、韵律之美）。美术学科的视觉解读，重点在于引导学生在观察中发现造型要素，在发现中运用美术语言加以表述，从而对视觉形象的形式美感产生认知感悟，并逐步形成对视觉形象的解读能力。

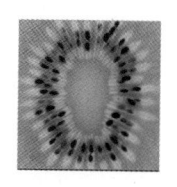

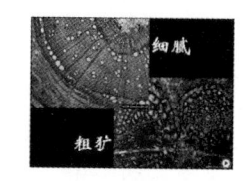

三 以视觉传达关注身边的美术现象

（一）美术现象融入课堂

美术欣赏教学，无论是专题欣赏，还是随堂欣赏，教师都要精选恰当的视觉素材引导学生欣赏、评析。在选择这些视觉图像时，便可有意识地融入当代美术作品。如《微观世界》一课，欣赏当代艺术作品，这些作品虽然不是表现"微观世界"主题，但其美术元素的组织形式可为学生提供方法指引，同时独特的画面效果也给予学生新奇的视觉感受。

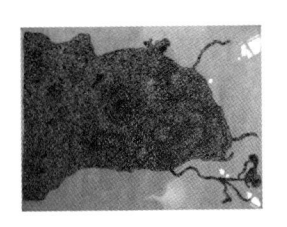

（二）美术现象随心而谈

对于当代小学生来说，他们思维活跃、信息渠道广泛、接受力强，对现代多元、开放的艺术形式抱有浓厚的探知兴趣。因此，教师需要在欣赏教学中提供当代美术视觉素材，提出探讨话题，引导学生展开交流、讨论。在这个过程中，要注意三点问题：一要选择内容健康的作品；二要重交流、轻结果，交流中鼓励学生表达自己真实的理解、感受，可以有意见交锋，但不作对错评判；三要形式丰富，根据欣赏主题及具体情况，可采用语言交流、分组辩论、书面表述等形式，激活学生的思维，促使观点表达，形成欣赏节奏。针对小学高年级的学生，教师设计了《经典艺术形象的现代演绎》一课，通过图片对比的形式，引导学生围绕"传统的经典艺术形象在现代美术作品中的表现，你是否欣赏？"这一问题表达看法。有学生认为这种新的表现方法，使那些经典艺术形象失去了原有的庄严和美感，不值得提倡；而更多学生则认为：虽然现代这种表现方式对原作有一定的扭曲变形，但是让人感觉更加新颖、独特、富于趣味，艺术不再高不可攀，而是和自己离得很近。通过学生对美术现象的自由探讨，可以培养学生思维的开放性与包容性，有效地促进学生的个性发展。

（三）美术现象围绕身边

作为美术教师，应当引导学生关注生活，留心发现生活中的美术现象，并积极地审视、评价，形成视觉形象的认知与理解。寻找美术现象渠道广泛，如：上网（浏览视觉中国、艺术中国等前卫艺术网站），观展（参观展馆、艺术区等），街拍（随时、随处拍摄发现的美术现象）。教师鼓励学生结合个人收集的视觉图像，用文字记录自己的感受、观点，内容可多可少，制成电子文稿，在美术课上展示成果、交流观点。在寻找美术现象过程中，学生们发现了许多原本忽略的视觉现象，如新奇而富于含义的展品，展馆、广场的主题雕塑，标新立异的装置，餐厅的特色墙饰，风情街的招贴，等等。通过这样的活动，激发了学生探寻艺术踪迹的热情，使他们更加关注身边的美术现象，同时也乐于表达自己独特的见解。

以视觉传达为基础的美术教育，通过教师对视觉形象的创意呈现和独到解构，不仅增强了美术课堂的人文内涵和时代气息，更凸显了美术课程的视觉属性。以视觉传达为基础的美术教育，促使学生用一种全新的视角来认识美术，理解美术，同时也提升了他们的视知觉和形象思维

水平，对学生视觉素养的形成具有积极的促进作用。

参考文献

［1］中华人民共和国教育部：《义务教育美术课程标准（2011年版）》，北京师范大学出版社2012年版。

［2］D. 鲍里奇：《有效教学方法》，江苏教育出版社2002年版。

［3］崔允漷：《有效教学》，华东师范大学出版社2009年版。

［4］尹少淳：《小学美术教学策略》，北京师范大学出版社2010年版。

［5］尹少淳：《尹少淳谈美术教育》，人民美术出版社2016年版。

［6］李力加：《唤起知觉经验的美术学习》，山东美术出版社2013年版。

［7］李力加：《走向多元的美术教学》，湖南美术出版社2009年版。

［8］杨景芝：《中国当代儿童绘画解析与教程》，科学普及出版社2013年版。

从"差异教学"原则出发推动音乐教学改革

天津市第二十一中学　阎　宏

【摘要】 音乐教师都使用过"差异教学"原则指导自己的教学实践。所谓"差异教学"是指教师主动针对教学班内多数学生与少数学生的认知能力差异，施以相应的教育，目的是使每个学生都能够得到相应的、充分的发展。"差异教学"原则正逐渐成为一种指导音乐教师教学实践的重要原则，这个原则对于音乐教学改革具有重要意义。

【关键词】 差异原则；面向全体；个性发展；因材施教

随着基础教育音乐学科教学改革的深入，人们对有益于实施新课程的教学原则与方法越来越重视。从教学的形式来说，我国目前义务教育阶段的学校音乐教学还是以"班级授课制"为主要形式。音乐课程标准中"面向全体学生，注重个性发展"的课程理念为"班级授课制"下的学校音乐教学改革指明了方向。音乐教师要在"班级授课"的教学形式下贯彻"面向全体学生，注重个性发展"的课程理念，就必然要在教学过程中对学生施以差异性的教学，这样才能满足不同层次学生学习的需求。这种差异性教学的实施有利于学生个体与群体音乐认知水平的提高。可见这种"差异教学"现象的产生不是偶然的。

音乐教师可能都用过"差异教学"原则指导自己的教学实践。例如：在唱歌教学过程中，教师会对擅长歌唱、不擅长歌唱的学生采取不同的教学方法、为他们设计不同的学习目标、对他们采用不同的评价尺度；在欣赏教学过程中，教师也会对音乐欣赏水平不同的学生采取不同教学方法、给他们提出不同的欣赏要求、对他们采用不同的评价尺度。其实，这时候我们利用的就是"差异教学"原则，使用的就是"差异教学"方法。然而，由于教师在教学过程中往往只关注学生的学习效果，因此这种"差异教学"现象也就常常发生在我们不经意之间，不被大家所重视。

透过这种"差异教学"现象，我们会发现"差异教学"原则正逐渐成为一种指导音乐教师教学实践的重要原则。这个原则对于音乐教学改革具有重要意义。

一 音乐教师运用"差异教学"原则的必要性

从学生方面讲，由于学生学习的主观能动性差别，使他们当中有的人学习动机强、有的人学习动机弱，这两种现象的存在需要教师对学生实施分层"差异教学"，来引导学生树立正确的学习观念。又由于学生音乐审美差异的产生包含着音乐审美欣赏主体主观上的因素，"其一，音乐审美欣赏主体的世界观和审美观，对于形成音乐审美欣赏主体的偏爱现象有重大影响。其二，音乐审美欣赏主体由于各自的生活经验和阅历的不同，音乐审美经验和知识结构的不同，在音乐审美欣赏活动中，所进行的音乐审美再创造，总是带有不同程度的选择性和倾向性，进而产生音乐审美欣赏者的偏爱现象，这也是音乐审美欣赏主体方面的一个主观上的因素。其三，音乐审美欣赏者的心境特点，对音乐审美欣赏的偏爱现象的产生也起着很大作用。"这要求教师对学生实施分层"差异教学"，来适应他们不同审美需求。再有，就是以班级为单位的学生群体与个体音乐知识、技能差异要求教师对学生实施分层"差异教学"，使他们将来都能达到或超过社会平均音乐素养水平。

从教师角度讲，由于教师教学的主观能动性差别，使他们当中有的人教书的动机是为了谋生、对自己没有太高的要求，有的人教书的动机是因为热爱教育事业、对教学工作有不懈的追求，这两种现象的存在，造就了一小部分音乐教育匠人（只会对学生进行机械的专业训练），也造就了一大批能够针对学生实际情况，运用分层"差异教学"方法落实新课程的专家型教师。

从教学内容角度讲，落实新的音乐课程、实现音乐课程的三级管理、贯彻"面向全体学生，注重个性发展"的课程理念，都需要教师对学生实施分层"差异教学"。

从教学形式角度讲，在"班级授课"的形式下进行教学，要想促进学生去主动的学习，教师就应该主动的对学生实施分层"差异教学"。

从目前国内教育形势来看，音乐教师对学生实施分层"差异教学"，是实施素质教育的需要。

从目前国际教育形势来看，"全纳教育"是国际教育发展的趋势。就"全纳教育"和我们所提到"差异教学"原则之间的关系来说，有的学者认为："'差异教学'和'全纳教育'有共同的价值取向和共同的教育教学理念，只是'差异教学'通过具体的教学策略和方法将理念与价值追求具体化了。'全纳教育'强调要为每个学生提供均等的有效的教育教学，而均等有效的教学正是'差异教学'所能体现的。"这说明"差异教学"原则与"全纳教育"思想是一致的，它符合国际教育形势的发展趋势。

总之，从"差异教学"原则出发推动音乐教学改革，是21世纪音乐教育工作者做好教学工作的一条途径。

教师只有通过不断的自我完善和相互取长补短，才能提高自身的教学水平，为运用分层"差异教学"方法进行教学打下良好的基础。

二　实施"差异教学"原则的要点分析

（一）选择有利于实施分层"差异教学"的教学内容

例如：根据不同学段学生的特点选择相应学校课程，由于"7—9年级从音乐教学角度看，学生的音乐兴趣取向表现出了多样化的特征，其音乐经验和能力也得到了较大的丰富和提高。"所以我们应针对此学段的学生特点，选择那些能够引发学生学习兴趣的、相对学生实际情况有一定深度，但通过努力能够被学生掌握的学习内容作为学校课程来使用。

（二）针对学生情况，实施分层"差异教学"可以从六个方面考虑

（1）可以根据学生的生理差异实施分层"差异教学"。一般情况下：男生多喜欢力量型的音乐作品，女生多喜欢抒情性的音乐作品；高年级的学生多喜欢相对来说有一些深度的音乐作品，而低年级学生则与其相反。

（2）可以根据学生的心理差异实施分层"差异教学"教学。一般情况下：能力强、性格外向的学生多喜欢学习热情奔放的音乐作品，反之则多喜欢学习委婉、抒情的音乐作品。

（3）可以根据学生的学科知识、技能的水平差异实施分层"差异教学"，一般来说，一个班学生的音乐知识基础可以划分为好、中、差三个层次。

（4）可以根据学生的道德准则水平实施分层"差异教学"，一般来说，道德水平高的学生多喜欢积极向上的音乐作品，反之则多喜欢一些较低级、庸俗的音乐作品。

（5）可以根据学生的家庭环境差异实施分层"差异教学"，一般来说，家境好、家庭关系和谐的学生多喜欢对美好生活憧憬的音乐作品，反之则多喜欢发泄郁闷心情的音乐作品。

（6）可以根据学生生活的社会环境差异实施分层"差异教学"，一般来说学生生存的社会环境良好，他们对于音乐的爱好程度往往高于社会生存环境较差的学生。

教师从这六个方面为学生设计有层次的学习目标、选取有层次的教学内容、对学生采用不同的评价标准时，应注意把握正确的方向和尺度，这样才更有利于我们教学目标的落实。

（三）设计有层次的教学目标、实施分层"差异教学"

例如：在学习歌曲《保卫黄河》时，对重点校的教师来说使用两层"差异教学"即可。因为这类学校的生源质量较好，对于这些学校的学生来说，《保卫黄河》这首歌的难度不大，所以教师如果从性别角度实施"差异教学"的话，可以要求班级内男同学熟练的、有力度的演唱这首歌，女同学能熟练演唱即可；而对于普通中学的教师来说要在两层分类

的基础上，针对学生轮唱能力不强的实际情况再加一层"轮唱教学"的训练目标，这时教师采用的就是三层"差异教学"了。

（四）利用"差异教学"原则，应该把握一定的尺度

我认为将分层"差异教学"目标设计成两到三层最为合理。因为，两到三层的教学目标不仅有利于教师课上的落实，也有利于学生减少课上学习目标间的冲突，完成自身的学习任务。无论是利用"差异教学"原则制定学校课程，还是针对学生情况从国家、地方课程的教学内容出发，采用分层"差异教学"的方法进行教学，音乐教师都应该把握好一定的尺度，以"差异教学"原则为指导，使"差异教学"方法更适合音乐课堂教学的实际情况。

（五）合理使用辅助教学手段，实施分层"差异教学"

教师在运用各种辅助的现代化教学手段时，应该以有利于学生的学习和教师的教学为前提条件。

"教育活动存在许多二元和多元的关系，许多是互补的，不能从一个极端走向另一个极端"。在音乐教学中利用"差异教学"原则也不例外。所以，我们在看到分层"差异教学"作为一种教学原则和方法具有其科学性一面的同时，也应该看到它在教学实践过程中还存在着一定的局限性。因为教育对象、教育内容、教育手段、教师等因素的差别决定了音乐教学方法不是单一的、不是一成不变的，而是一个多元的变化的综合体。我们有时可能在一节音乐课中采用一种教学方法就能使学生达到最佳的学习效果；有时可能在一节音乐课中只有使用几种教学方法的综合体，才能使学生达到最佳的学习效果。作为音乐教师只有将理论与实践相结合，通过不懈的努力，才能真正推动音乐教学改革的进程。

参考文献

[1] 王道俊、王汉澜：《教育学》，人民教育出版社2005年版。

[2] 杨和平：《音乐审美问题研究》，河南文艺出版社2012年版。

[3] 华国栋：《中国基础教育发展研究报告（2004—2005）》，教育科学出版社2005年版。

[4]教育部基础教育司、音乐课程研制组:《音乐课程标准解读》,北京师范大学出版社2012年版。

[5]王逢贤:《中国基础教育发展研究报告(2004—2005)》,北京教育科学出版社2005年版。

初中物理拼切式教研的研究与实践

天津市津南区教研室　阎学辉

【摘要】 本文以区域性物理教师队伍中存在的实际问题为切入点，对问题进行剖析，力图通过教研提升教师的能力和教学水平，改变课堂面貌，打造优质高效的教师队伍。尝试在区域教研中，通过改进方法来改变教师的观念，从而促进教师专业能力的提高，结合本区教师的特点创造出拼切式教研方式。本文就如何开展拼切式教研进行了详细的阐述，并用案例列举了拼切式教研的具体操作流程，为区域教研提供了可参考的模式。

【关键词】 初中物理；拼切式；教学研究

教师队伍的整体素质影响着学校的教学质量和学生的能力发展，虽然不是每一名教师进入课堂就是优秀教师，但都有被塑造、被提升的空间和意愿。由于多方面的原因，很多教师的潜能并没有真正地被挖掘并发挥出来，在日积月累的工作中做着周而复始的循环，久而久之便成为教师个人的教学习惯，导致部分教师出现教学水平不高、思路狭隘、课堂效率低下、使学生学习负担加重的情况。笔者通过深入调查，利用拼切式教研开展针对性的教研活动，深入挖掘教师的潜力，激发工作热情，提升教师个人的研究和教学能力，并取得了一定的效果。

一　深入学校，了解教研状况

笔者近几年承担津南区初中物理教研工作，通过调研发现初中物理教研存在一些问题。

（一）校内教研氛围欠缺

多数教师由于繁杂的学校工作而疏于教学研究，在校本教研中为了应付学校的检查走走过场，有的学校只要成绩不看过程，有的学校基本就是零教研。为了追求教学成绩在课堂内外搞题海战术，靠拼体力来赢得分数，形成单打独斗的局面。在这样没有交流、没有教研的群体中，教师是很难发现自己存在的问题的。长此以往，教师就只能成为教书的机器而不会出现智慧的引领，学生也只能在日渐堆起的题海中失去对物理的兴趣。

（二）教研活动方式单一

在校内教师间开展的教研多数是根据学校的要求进行的献课活动，往往是做课人为了完成任务，课前的研讨准备简化为简单的备课，课后也没有认真地反思，听课人只敷衍几句，一片好好声中匆匆结束。教师对教研的意识不到位，进而导致教研态度和行动的欠缺。

在此研究之前，全区多数的大型教研活动也基本停留在一人说多人听，一人准备多人享用，一人表态全员通过的形式上，不利于所有老师的参与，更没有把所有人的热情和能力调动发挥出来，所以力求通过教研方式的改变促进教师间的交流和提升，从而最大化地提升教师能力。

二 寻找方法，解决实际问题

参与是最好的学习方式，当一个人融入环境中，并自发地进行思考的时候，这个人一定是在用心学习。为了让老师们能够积极参与到教研中，真正提高老师们的教学能力，更好地解决当前存在的问题，笔者利用全区教研活动时间对全体参训人员开展了拼切式教研培训。

拼切式教研源于一种学习方式：即拼切式合作学习。拼切式合作学习设计的理念，是一种合作学习的模式，能够提高学生的学习兴趣。把这种方式，嫁接移植成为面向教师的教研方式，可以提升参训教师的参与度，让老师们在参与中思考，在参与中活动，在参与中提高。

三 拼切式教研的流程

(一) 设置教研内容

拼切式教研的目的是提升所有参训教师的研究能力和教学水平，而作为教研活动的组织者必须针对教育教学的问题和教师存在的问题进行有针对性的内容设定，同时教研内容还必须符合所有参训人员的需求。

(二) 合理分组

拼切的字面意思就是先组成一个整体后再将此整体重新组合，再拼成一个新的整体。所以要了解每位教师的能力和水平，以便于第一次的组合。

以一个48人的参训团队为例，可以将其等额分成三个大组，每组再等额分成人数相等的4个基础组，为每位参训人员编上号码（如下表所示）。

(三) 分配任务

任务以上述48人教研为例。第一次组合：基础组的四人就自己研究的问题与组内成员进行交流，这样基础组内的4人就有了关于四个问题的答案。同时每位成员可以对其他人的成果产生怀疑或就相关问题进行提问，组内几人共同解决疑问。

第二次组合：大组内的每个基础组尾号为1的成员进行组合，可以将之前交流的四个问题的答案与其他组内的人员进行交流，集大家的智慧，在规定的时间内完成规定的任务。这样每个人就有了16个问题的答案。

第三次组合：大组内后两位数字相同大组号不同的三人组成新的一组，可以将之前交流的16个问题的答案与其他组内成员进行交流，在学习小组里，每位教师要把习得的成果，对重新组建的小组成员进行学习成果的讲解、辅导与分享，这样每个人就有了48个问题的答案。分组要随着内容和人数的不同不断地变换，这样才能灵活的将其运用于教研中。

分组表

总人数	大组	基础组	组员编号	拼切内容
48人	A组	A-1	A-1-1	每人分配一个问题
			A-1-2	
			A-1-3	
			A-1-4	
		A-2	A-2-1	
			A-2-2	
			A-2-3	
			A-2-4	
		A-3	A-3-1	
			A-3-2	
			A-3-3	
			A-3-4	
		A-4	A-4-1	
			A-4-2	
			A-4-3	
			A-4-4	
	B组	设置同A	设置同A	设置同A
	C组	设置同A	设置同A	设置同A

（四）交流总结

在这个环节中，由组长负责将其组内的研究成果进行集结，可以是文字的体会，也可以是微课的形式展出，还可以是课堂的展示，更可以是培训前后教学对比反思，形式可以多样化，但不能将其作为硬性的任务，一定是结合具体情况和教研的内容进行布置。

四 应用案例：利用拼切式教研分析九年级教材

（一）设置此内容的缘由

1. 开学初对教师任课情况进行调研获知，时届初三任课教师中有32人，其中3/4为青年教师，而且有1/4的教师是没有初三教学经历的年轻教师，这些教师对初三教学的把握有待提高。

2. 通过对中考试卷的分析发现，百分之七十的基础题来源于课本的文字，图片和课后习题，剩余 30% 的考题中所蕴含涵的物理模型和物理思维也是从书本知识及教学中所能获悉到的，但如果没有做好对教材的深入研究和讨论，很多新教师第一次把握教材的时候，就会把知识作为重点，而忽略了对学生能力的培养。

3. 老教师的观念比较保守，如果将教材分析作为任务分配的话，教师从心里觉得压力比较大，进而产生畏难情绪。同时如果每个人都进行分析，时间上也不允许。

（二）具体内容

1. 由于本次培训人员青年教师较多，力图更加精细和深入的原则，给每组分配一节的内容，以初中物理课程标准"内容与要求"为依据，按照"抓住主线、突出重点、分散难点、安排有序"的指导思路，确立一节的教学策略。

2. 结合以往教学中的经验，分析学生学习的困难及教学中的重难点，对本节教学进行深入研究并寻找解决的方法，制定相应的教学建议。

3. 联系学生实际补充鲜活的内容。针对学生的生活经验，选取一些学生能了解的社会知识充实课堂教学内容，培养学生理论知识与社会实际相联系的思想方法。要正确处理知识的"预设性"和"生成性"关系，使教学内容鲜活和生动。

4. 根据本节的内容设置课后习题，每一节的习题数量在 5 题至 10 题之间，题型可以根据历年中考题和学生存在问题较多的地方入手进行设计。

（三）分组情况

此次教研人数为 32 人，且新青年教师较多，将其均匀拼成 8 个小组，本着老中青结合，打破学校界限的原则进行拼组。同一学校的教师很多的习惯有共性，教学的创新点也会比较狭隘。老中青相结合既能让老同志将经验传授给年轻的老师，同时青年教师的新思想也会促进老教师对新事物的学习，达到以老带新，以新促老，进而共同提高的目的。

（四）实施过程

1. 根据本组分到的任务开展交流并做好相应的记录。

2. 在组内交流任务完成后，再次进行组合（1至4组中编号相同的重新组合成新组，5至8组中编号相同的重新组合成新组），进行第二次交流，通过两次交流老师们对四节的知识体系、教学策略有了深入的了解。

3. 经过两次交流后每位教师都对所有的任务掌握了50%，最后再进行第三次重组，这次两个人一组（1，5组，2，6组，3，7组，4，8组每两组中编号相同的两个人为一组）进行最后的交流，通过本次交流，所有参训老师基本掌握了八节的教学内容。

五 成效与启示

（一）教师的研究意识得到提升

参训教师的角色发生了变化，从最初的参训者变成了培训者，由于要交流自己的成果，激发了教师研究教学的积极性。参训教师这样写道"在教研员老师的引领和组织下，我们进行拼切式物理教研活动。活动以教材分析为主线，以拼切模式为载体，我感觉这种教研活动不但形式新颖，而且能让我在有限的时间内对教材有了更深刻的认识。尤其对于一位年轻教师，只有深入钻研教材，探究教法，以教会学生为根本，让学生在观察体会中把知识理解掌握，才能让学生由学会变成会学；课堂由教堂变为学堂；学生由让他学变成他要学。"从教师的体会中能感受到这种教研方式让老师们意识到研究的重要性，更加明确了学生在学习中主体地位的重要性。

（二）教师的教学行为得到改善

教研方式的改革，使教师的备课理念不断提升，将交流中习得的经验和成果运用到教学中，使教学行为发生了很大的变化，教师们有了符合自己教学风格的研究成果。参训教师这样写道"通过这次教研活动，我在思索，我也可以将这种拼切式教研的模式挪到我的课堂上，采取学生拼切式小组合作学习，以此打造高效课堂，全面提升自身教学水平，使学生受益，从而做到把以教定学变为以学定教，使学生由观众变为演员，教师由演员变为导演。这样的课堂我相信是每个学生都善学、向学、乐学的。"很多教师将这种方式应用在教学中，极大地提高了课堂效率，学生的学习热情也被点燃。

（三）教师的专业能力得到提高

打破了区域间、校际间的界限，让所有教师能够相互学习，尤其对部分青年教师集中的学校很好地促进了青年教师的成长，同时发挥了骨干教师的最大作用。参训教师这样写道"拼切法是一种新型的方法，在教研中初次接触，感到新颖、独特、有创造力。大家在活动中能各抒己见、畅所欲言、取长补短，这对我们新教师有很大的帮助。（说心里话，我觉得有点像水果拼盘，能品尝到各种水果的精华，对我们这种渴望学习的人来说，真的感到很解渴。）"。

参与是最好的学习方式和手段，学生如此，教师也是如此。在拼切式教研中参与者之间智慧与智慧的交流，思想与思想的碰撞，一次次点燃了教师教学的热情，焕发了课堂的新生命。这样的教研方式真正做到了"实效、合作、创新"，实现了教研的目的——为教师搭建平台，促进教师的成长，建设高效、创新、过硬的教师队伍。

小学语文群文阅读教学刍议

天津市红桥区外国语小学　杨丽萍

【摘要】小学语文群文阅读教学可以提升阅读乐趣，奠定写作基础，丰富阅读方式，拓宽阅读空间，改变阅读弊端，提升精神境界。小学语文群文阅读教学与单篇阅读教学在阅读方式、阅读角度、阅读主体与阅读形式上存在不同。其流程包括：有主题的选文入群；讲方法的有序阅读；有技巧的策略指导；有创新的探究问题；有张力的拓展阅读等。

【关键词】小学；语文；群文阅读；教学；阅读教学

《义务教育语文课程标准（2011年版）》中提出："在理解课文的基础上，提倡多角度、有创意的阅读，利用阅读期待、阅读反思和批判等环节，拓展思维空间，提高阅读质量。"可见，阅读教学在小学语文教学中的地位是不容小觑的。

一　小学语文群文阅读教学的意义

（一）提升阅读乐趣

群文阅读是让学生自己在阅读中学习阅读。教师不能讲得那么深，那么透彻，要腾出更多的时间让学生思考和感悟，这样才可以拓展学生的自主阅读空间，在"阅读"与"理解"的过程中，增强课堂能力，拓展课堂内涵，享受课堂乐趣。

(二) 奠定写作基础

教师在指导群文阅读时，从"一篇"到"一组"，帮助学生在大量的篇章面前，找寻篇章结构、特点以及作者对语言的润色，让学生在多篇不同作家、不同体裁和不同内容的文章阅读中进行比较归纳、分析综合，从而深入思考，为学生学会阅读和写作奠定夯实基础。

(三) 丰富阅读方式

群文阅读的教学方式不是一步一步地从字词到句子，再到结构和内容的讨论学起，而是通过大量速读、批判性阅读、研究性阅读、校对等多种阅读方式，抓住重点，突出"质"的飞跃，从而体现群文阅读的教学价值。

(四) 拓宽阅读空间

群文阅读拓宽了学生的自主阅读空间，使学生在欣赏中享受阅读。"阅读"与"理解"的结合，使学生在阅读和理解中提高阅读兴趣，拓展阅读空间，从而增强课堂能力，拓展课堂内涵。

(五) 改变阅读弊端

在实际阅读教学中，我们常常忽视文本之间的关联和相似之处，造成单一文本的教学。这就需要将课内与课外阅读有机地结合起来，从"一篇"到"一组"，实现群文阅读。这样，阅读的教学价值就不只是课堂阅读形式中"量"的叠加，而是由阅读篇幅的增加到阅读质量的飞跃。

(六) 提升精神境界

朱永新教授曾说：一个人的精神发育史，实质上就是一个人的阅读史；一个民族的精神境界，在很大程度上取决于全民族的阅读。实际上，借助群文阅读这一路径能够提升每位小学生的个体境界，进而提升中华民族的精神境界。

二 小学语文群文阅读教学的概念

(一) 群文阅读教学的定义

所谓群文阅读,就是以一定的方式组合一组文章,引导学生阅读,并在阅读中形成自己的观点,不断提高阅读和思考能力,进而提升精神境界的活动。

所谓小学群文阅读教学,就是教师围绕一个或多个问题选择一组文章的过程,然后引导小学生围绕问题阅读和思考,进而提升小学生阅读素养的过程。

(二) 群文阅读教学与单篇阅读教学的区别

1. 阅读方式不同

单篇阅读教学强调逐字阅读、朗读和审美阅读。阅读教学的研究都注重情感的阅读,课堂上大量宝贵的时间用来练习情感朗读,把句子读美和读得有韵味,然后再理解作者表达的情感。

群文阅读是可以只依靠眼睛,不需要依赖阅读的声音,可以使用大量的阅读、速读、批判性阅读、闲暇阅读、研究性阅读、校对等多种阅读方式。

2. 阅读角度不同

单篇课文教学,如字词识别、句型掌握、文本组织、理解等,往往是一层一层、一步一步、前后一回的结合。它是精妙细腻的课堂,这样的课堂间接侵占了孩子阅读自我理解的时间。群文阅读则发展"让学",让学生自己读,让学生自己在阅读中学习阅读。教师不能那么深,那么透彻地去分析文章。它不能一步一步地从字词学习开始,通过句子,结构和内容的讨论学起。群文阅读要学会放弃这些细嚼慢咽,腾出更多的时间给予学生思考和感悟。

3. 阅读主体不同

群文阅读教学希望突破教师讲课,学生倾听的课堂模式,将阅读的自主性还给学生,重视"让学习"与"要学习"。让学习,就是创设情境,提供群文,让学生自主阅读,让学生能在自己的阅读中学会阅读。

要学习,就是引导学生由教师要我学、要我阅读走向我要学、我要阅读,实现阅读境界的飞跃。

4. 阅读形式不同

群文阅读教学希望突破教师精讲课文的课堂模式,通过引导学生掌握与运用多种阅读方式:默读、浏览、阅读、思考和略读等来完成的。例如,在教授四年级下册作家笔下的动物一组文章中,共有《白鹅》《白公鹅》《猫》和《母鸡》四篇文章,要想利用短暂的时间进行整组文章的阅读理解,在一般的精读课上,不可能在段落中进行分析、操练和朗读,引导学生掌握信息,理解整体。课堂上,提出高质量的探究性提问是课堂教学的关键。简单地说,富有成果的阅读和浏览总是伴随着"好的问题",否则,它就是流于形式。群文阅读中教师的引领问题很关键,每一个问题都要求学生高水平地阅读,这对学生的知识储备和思维提出了巨大的挑战。

三 小学语文群文阅读的课堂教学流程

(一) 有主题的选文入群

选好文章进入群组是群文阅读的关键。群文选择不同于教材中的主题文章,它有更为广阔的空间,展现的是文章的原貌。我们既可以选择一个作者的多篇文章,又可以选择故事的篇章结构相同的文章,还可以选择体裁相同、描写方法相近、甚至感情表达方法相通的文章组合成一组群文。

例如,在教授四年级下册作家笔下的动物一组文章中,共有《白鹅》《白公鹅》《猫》和《母鸡》四篇文章,其中,前两篇文章虽然都在写鹅,对比其中写鹅的步态,丰子恺先生以自己的生活经验,笔下的鹅如京剧里的净角出场,而俄国耶诺索夫用他的生活经验把鹅比喻成海军上将。虽然都写鹅,但是生活经验不同,地域文化不同,所以表达的方式也有所不同。后两篇文章作者都是老舍,《猫》的全文都洋溢着作者的喜爱之情,而母鸡呢?作者先写讨厌它,再写喜欢它,运用先抑后扬的写法。这都是作者表达真情实感的方式,虽然不同,但都突出对动物的喜爱之情。我们可以把它们归为一组,让学生通过比较阅读,感受作者语言特点，写法上的区别，从而学会对动物类文章的叙写。总之，有利于学生在群文中找到相同的学习阅读的方法和感受的，都可以入群。

（二）讲方法的有序阅读

群文阅读是讲究方法和顺序的。在群文阅读时，学生将在阅读中逐一进行横向比较。在对水平结构的比较阅读中，学生将继续提出问题并找出它们的异同。

群文阅读丰富了学习内容，增加了阅读量，增加了学习难度。如果我们不掌握正确的阅读顺序，很容易在阅读过程中混淆知识。因此，根据文章的结构来阅读是非常重要的。在进行文本阅读时，教师必须根据文章的水平、难度、篇幅、语言深度等，引导学生进行循序渐进的学习，避免对数量的追求。考虑到不同层次的学生的学习能力，教师要坚持以人为本的教学理念，采取指导和引导的教学方法，合情合理地开展群文阅读。

阅读鲁迅撰写的一组文章，比如《朝花夕拾》《呐喊》《野草》《二心集》，就可以根据文章的篇幅顺序，以适应学生的接受能力和理解能力，先从鲁迅的家乡及本人背景加以介绍，对人物产生兴趣以后，初步了解人物的性格特点后，再读他写的文章，就会加深印象，便于掌握文章的主题，深研其中的含义，从而保证教学的有效性。

（三）有技巧的策略指导

群文阅读，在选好文章的基础上，还要相应设计合理的教学活动，群文阅读同样需要阅读策略。群文阅读策略的实施是需要技巧的，要通过教师的教学活动、步骤和程序来完成。

比如，在讲成语"破釜沉舟"时，推荐学生们阅读了一系列写战事的文章，引领学生们谈一谈项羽其人其事，让我们来谈谈描述战争场面的方法，然后读关于战争的成语。随后，教师再引领学生一起了解了介绍历史上以少胜多的著名战役的文章，由一个点散发而开，从成语，到词句，再学描写，谈对人、事、物的看法，学生们就会兴趣盎然，收获极大。

（四）有创新的探究问题

群文阅读教学中，不同体裁、不同的表现形式、不同的语言风格、不同的作者组合成的群组文章，给学生丰富的信息量和更大的空间自由度，学生独立思考和质疑的时间会长一些。这些疑惑很难完全理解，需要在交流和讨论中加以澄清。在群文阅读教学中，教师要讲究教学策略，有意识地渗透提问和讨论，鼓励学生从不同角度看问题，来表达自己的观点，提出自己的问题，并与其他人一起讨论。例如，一份报告说饭前吃水果有益于消化，而另一篇报道却说饭后吃水果可以加速胃肠吸收，这样的文章放在一起，读完以后，学生就会产生疑惑，进而去发现，探索和辨析。

（五）有张力的拓展阅读

课堂教学只相当于给学生提供了一个实验场，要想给学生更为丰富多彩的世界，就需要借助于课外阅读。课外阅读可以增加学生的阅读量，同时，使用群文阅读，多些质疑和思考，从而让学生愿意去探索和深钻文本带来的奥妙。拓展阅读中，可以放手让学生学着选文，找出所选文章的共性和个性，带着问题去阅读，去思考，这样有目的的阅读，才能最终解惑。

比如，我们选择一组关于"爱"的文章：《掌声》《一次成功的实验》《给予树》，然后，让学生选择课外关于爱的主题的文章，像莫怀戚的《散步》、朱自清的《背影》等，加以比较阅读，学生会通过群文阅读，发现文章中选材角度不同，表达爱的方式也不同，进而引导学生思考，如果是你，该怎样选择角度，又如何表达你的爱？

简言之，在群文阅读教学中，把握好教学流程，会让学生思路更加清晰，加大阅读量，却不感到有压力，反而在充分的阅读中，师生、生生共同探讨，丰富思想，感受群文阅读带来的乐趣。

参考文献

[1] 谢丹：《群文阅读教学在小学语文中的有效性探究》，《读书文摘》2014 年第 10 期。

[2]李庆忠：《小学群文阅读的价值及教学策略》，《读与写杂志》2014年第11期。

[3]李晖：《链接生活，点击教学——小学语文群文阅读教学的实践探索》，《学周刊》2015年第4期。

[4]林琼：《群文阅读教学：一种新型的阅读课型》，《教育探究》2014年第6期。

[5]李忠琼：《小学语文教学中"群文阅读"教学模式初探》，《中小学教学研究》2014年第9期。

[6]宋春晓：《群文阅读教学策略面面观》，《语文学刊》2014年第24期。

[7]罗士琰、宋乃庆等：《基于实证的小学语文阅读素养研究：内涵、价值及表现形式》，《中国教育学刊》2016年第10期。

[8]倪文锦：《语文核心素养视野中的群文阅读》，《课程·教材·教法》2017年第6期。

浅析"语篇型语法填空"答题分析在提升高中英语教学效果中的作用

天津市南开区南开中学　姚卫盛

【摘要】 传统高中英语教学的目标追求较为片面，要么强调语言形式，要么强调语言意义。语篇型语法填空题是基于语篇阅读的，旨在考查学生英语语言能力的题型，能较好地将语言形式和语言意义统一于语言使用中，更有效地考查学生的综合语言运用能力。分析研究这一题型的答题情况，尤其是通过"基于使用的语言理论"分析题项难易的原因，有助于高中英语教师树立恰当的语言教学观，评估英语课堂教学效果，反思教学问题。

【关键词】 语篇型语法填空题；高中英语教学；教学效果

语言学习存在"形式"与"意义"两种定位，这就使得高中英语教学产生了两种目标追求：一是强调语言形式，追求形式准确；二是强调语言意义，追求流利表达。但现实中两种目标往往不能"兼容"，导致高中英语教学及其效果常常出现钟摆效应，顾此失彼。对此，《普通高中英语课程标准（实验）》中明确提出"高中阶段的语法教学，应从语言运用的角度出发，把语言的形式，意义和用法有机地结合起来，引导学生在语境中了解和掌握语法的表意功能。"

2014年高考英语全国课标 I 卷和 II 卷出现的语篇型语法填空题，有着单句型语言知识运用无可比拟的若干优势，能更有效的考查考生对语言知识的运用能力。分析研究这一题型的答题情况，有助于高中英语教师树立恰当的语言教学观,将语言形式和语言意义统一于语言使用中,评估英语课堂教学效果,反思教学问题。

一 语篇型语法填空题的抽样调查

选择2014年高考英语全国课标Ⅰ卷和Ⅱ卷中的语篇型语法填空题,在某示范高中2018届高三学生进入高三年级两个月后进行测试,从试测试卷中随机分别抽取120份填出1到3空的卷子划为低分组、120份填出4到7空的卷子划为中间组、120份填出8到10空的卷子划为高分组。并在试测后就学生答题情况和部分学生进行了座谈,进一步了解学生的答题情况。

课标Ⅰ卷中该项题型文长191词(含给出提示7词),课标Ⅱ卷中该项题型文长184词(含给出提示7词)。该题的形式为在语篇中留出10处空白,部分空白的后面给出单词的基本形式,要求考生根据上下文填写空白处所需的内容或所提供单词的正确形式,所填写词语不得多于3个单词。考生须灵活运用语法知识,如单词词性、动词时态、名词单复数、连接词、代词、冠词等判断各空白处应填写的内容。因此该项题型主要考查学生运用语法知识的能力。

二 抽样结果的综合分析

根据抽样所得的360份试测试卷,对三组学生的答题正确率进行梳理(见表1、表2),并找出10道题中考生改正率最高的三道题划为易题,改正率最低的3道题划为难题。

表1 各组学生在全国Ⅰ卷语篇型语法填空中各题的正确率

试卷类型+原题号 +参考答案	低分组 人数/正确率	中间组 人数/正确率	高分组 人数/正确率	总体组 人数/正确率
I61. was	25/20.8%	78/65%	95/79.2%	198/55%
I62. actually	47/39.2%	118/98.3%	120/100%	285/79.2%

续表

试卷类型+原题号 +参考答案	低分组 人数/正确率	中间组 人数/正确率	高分组 人数/正确率	总体组 人数/正确率
I63. the	62/51.7%	117/97.5%	120/100%	299/83.1%
I64. or	14/11.7%	23/19.2%	44/36.7%	81/22.5%
I65. to reduce	21/17.5%	50/41.7%	72/60%	143/39.7%
I66. cleaner	20/16.7%	61/50.8%	86/71.7%	167/46.4%
I67. which/that	27/22.5%	90/75%	104/86.7%	221/61.4%
I68. amazing	30/25%	89/74.2%	111/92.5%	230/63.9%
I69. changes	1/0.8%	16/13.3%	39/32.5%	56/15.6%
I70. patient	22/18.3%	74/61.7%	92/79.2%	188/52.2%

表2　各组学生在全国 II 卷语篇型语法填空中各题的正确率

试卷类型+原题号 +参考答案	低分组 人数/正确率	中间组 人数/正确率	高分组 人数/正确率	总体组 人数/正确率
II61. being	34/28.3%	96/80%	115/95.8%	245/68%
II62. and	8/2.2%	30/25%	68/56.7%	106/29.4%
II63. disappointed	20/16.7%	84/70%	94/78.3%	198/55%
II64. to	45/37.5%	110/91.6%	120/100%	275/76.4%
II65. caught	6/5%	24/20%	54/45%	84/23.2%
II66. to stop	25/20.8%	90/75%	110/91.7%	225/62.5%
II67. riding	26/21.7%	85/70.8%	109/90.8%	220/61.1%
II68. Did	0	7/5.8%	40/33.3%	47/13%
II69. mine/me	60/50%	117/97.5%	120/100%	297/82.5%
II70. suddenly	48/40%	115/95.8%	120/100%	283/78.6%

通过对易题的分析我们发现，在课标 I 卷中最容易的三个题分别考查定冠词的用法、形容词转化成副词和动词转化为形容词；在课标 II 卷中最容易的三个题分别考查形容词转化为副词、代词和介词。这说明，输入"频率（frequency）"在语言学习过程中有着重要的意义，输入频率高的语言项目必然更有可能引起学习者的注意，而且反复输入也会促使语言项目的深度习得，并达到使用自动化。如代词宾格和物主代词是最基

础的英语语法知识，学习者一开始学习英语就会接触到，而且构成规则简单易学。

通过对难题的分析我们发现，在课标Ⅰ卷中最难的三个题目分别考查名词的单复数、连词和动词不定式；在课标Ⅱ卷中最难的三个题目分别考查助动词、动词的过去式和连词。呈现出部分学生或没有理解句意，或只关注到语言形式，没有考虑到相关结构的意义和使用，或没有正确判断时态等问题。说明中学阶段的英语学习应在基于使用的基础上，在有效输入中提高语言的输出，而不能单纯依靠语言规则生成词汇，需要在理解语言意义的基础上重视语言形式的准确性。

而且，基于使用的语言学习理论认为，语言学习是一个从简到繁、自下而上，数据驱动的统计学习过程，反映形式与功能匹配的发生概率。在学习过程中，语言输入及其分布特征，如频率等起着关键性的作用，通常情况下高频结构要比低频结构易于习得，说明学生较早接触的并且经常接触的语言结构，能够有较好的输出。

三　给高中英语教学带来的启示

语篇型语法填空旨在考查学生在阅读理解的基础上对语法和语用知识的掌握情况，着重考查学生的综合语言运用能力。通过抽样结果的综合分析，我们应在今后的高中英语教学中重视以下三方面的工作：

（一）高中英语教学应注重语言形式、意义和使用的统一

语言结构不是一套脱离意义与语境的，自足的符号规则，词法与句法之间无明显的界限，从词、短语到句子都是包含了形式、意义与使用三个维度的构式。形式是指一项结构的语音及语法形态，如动词的过去式的规则变化是在动词原形后加－ed；意义指结构表达的语义，如动词的过去式用于描述过去发生的事件；使用指结构的语用功能，如一般过去时与现在完成时均可描述过去的事件，但二者的语用功能却大相径庭。所以，语言的形式、意义和使用在语言的有效输出中都很重要。

从试测学生的答题情况可以看出，有些错误是因为学生不能准确理解语言的意义，进而无法准确地使用语言形式造成的。同时，在有些题

项中，学生，特别是中间组和高分组的学生，能够理解语言的意义，但不能准确使用语言形式，出现了错误。因此，形式和意义作为语言使用的两个重要因素，在高中英语教学中都不能被忽视。高中英语教师应当坚持探索语言形式与意义的内在关系，不断实践，将语言形式和意义的教学与训练贯穿于高中英语教学的全过程，提高学生的语言使用能力。同时，教师要充分关注学生在语言使用过程中的错误，既要允许学生犯错，亦应当及时指出学生的错误并帮助学生改正。

（二）关注"频率"在语言学习和教学中的作用

基于使用的语言理论认为，语言学习是一种统计学习，语言规则是在对语言使用经验分析的过程中呈现出来的，反映了语言形式和意义匹配的发生概率。频率是语言习得的关键，因为语言规则来源于学习者终身对于语言输入分布特点的分析。从试测学生对语篇型语法填空的答题情况可以看出，学生答题的正确率与语言现象在输入中的出现频率密切相关，高频结构的正确率高于低频结构。因此，高中英语教师在教学中要重视语言常见语言现象的输入频率，对于在高中阶段出现频率低但又重要的语言现象给予关注，通过操控教学材料等手段提高其在语言输入中的频次，帮助学生更加有效地学习。

（三）重视培养学生的英语阅读能力

从语言的学习规律来看，综合英语运用能力的提高是学生不断地积累吸收语言材料、进行语言实践的结果。阅读能够使学生对书面信息产生最基本的认知和理解，是综合语言运用能力的体现。高考语篇型语法填空在语篇层面考查学生的语法和语用能力，通过分析试测学生的错误，发现有些学生没有能够正确作答的原因是没有理解文章的信息。因此，提高精细阅读能力有助于学生提高语用能力。高中英语教师应加强对学生阅读的指导，注重方法，引导学生在阅读中关注语言的形式和意义，通过语言形式和意义的结合提高学生的文本理解能力。

参考文献

[1] 刘庆思、程蒙蒙：《关于高考英语科启用语篇型语法填空题的研

究》,《中小学外语教学》2013 年第 11 期。

［2］Ellis, "Language acquisition as rational contingency learning", *Applied Linguistics*, 2006, 27（1）.

［3］Behrens, "Usage-based and emergentist approaches to language acquisition", *Linguistics*, 2009, 47（2）.

［4］高育松、薛小梅:《从高考短文改错看中学英语教学中形式、意义与使用的统一》,《中小学外语教学》2013 年第 12 期。

［5］Ellis, "Frequency effects in language processing: A review with implications for theories of implicit and explicit language acquisition", *Studies in Second Language Acquisition*, 2002（24）.

以多途径读写活动培育语文核心素养的实践研究

天津市实验中学　于金倩

【摘要】 语文能力需由阅读与写作有机结合、深度融合、切适配合方能实现。针对目前语文教学中常见的读写分割脱节、形式简单固化及学习浅表化状态，本文旨在探索多途径读写活动的科学有效策略，使之成为促进学生自主深度学习、利于培育核心素养的实在做法，从而切实提升语文教学的品质。

【关键词】 读写活动；多种途径；核心素养

语文教学的重要任务是促进学生"精神与言语的双重创造"，而真正能使学生终身受益的语文能力必须经由阅读和写作的深度融合、切适配合才能形成。随着新一轮课程改革的广泛开展和不断深入，虽然语文界对阅读、写作教学高效模式的探索越来越重视，但直至目前，语文教学仍然存在一些明显问题，需要我们去探索改革。

一　当前语文教学的典型问题

（一）过程与结论的对立

我国教育与发达国家相比，主要落后在学生的实践能力上。一个重要原因是我们的基础教育一向多"传递""输出"式教学，少"实践""体验"性过程。语文教学低效的主因之一便是重视"结论教学"，造成过程缺失。往往是把让学生获得已有的结论作为教学目的任务。阅读教学常常是把教参和各类资料中关于文章理解分析的结果直接或间接传递给学生；写作教学则是不同的题目学生不断地写，教师循环地打分数、下结论性标签评语。如此重结果轻过程的学习只能使学生得到短暂停留于脑海中的死知识，只能使学生日益厌弃语文学习的死板化。

(二) 教与学相脱节

新一轮高考改革的局面渐进铺开，和以往不同，此次改革是以"考试"的改革倒逼"教学"的改革，主要是因为现行考试模式下的教学存在弊端。在高考指挥棒的影响下，老师们已然练就了一套应对考试的"神功"，研究视野往往局限于一方试卷，只需搞清答题模式再让学生依葫芦画瓢即可。语文课基本停留在形式的、技术的、技能的层面，缺少认识、精神、思维等更深层次的推进，最终无法形成阅读核心能力。在写作教学方面，我们同样偏重于纯技术层面的东西，很少从学生的角度出发，将写作这种本来极具开放性的思维方式变成了僵化无趣的闭门造车。教师过度关注"教"而忽略了学生"学"的过程，这种缺少互动、体验的课堂是没有生命力的，而连接"教"与"学"的最好纽带就是读写活动的有机深度融合。

(三) 读与写的割裂

由于文本创作的特异性及语言表达的千变万化，使得许多语文课堂的读写教学只能看到零散的阅读写作的单一模仿，而且往往局限于对个别文本的局部学习而未成体系，文本阅读的规律性和课堂知识的体系性呈现不出来，读写结合形式单一固化，造成语文教学读写关联度较低、用时比例相当悬殊，学习浅表化倾向严重，效果不尽如人意。

二 以多途径读写活动为载体的语文教学变革

真正有价值有实效的读写活动，是把读的过程和写的过程紧密联系以培养学生的语文能力。读为写提供了话题，提供了具体的场景，提供了典型的借鉴。围绕有意义的主题，在教师的有效引导之下，形成学生沉浸其中、深度品读、读写并进的局面，是值得我们去努力探索的高效教学之路。它能有效改善语文教学阅读与写作的半脱节状态，扭转阅读浮光掠影，写作生涩干瘪的困境。在读写活动中，唤醒学生创作的欲望，点燃学生创作的激情，触发他们的创作灵感。语文学科任务就是要本着为了学生未来发展来规划语文学科的教学目的，构建培养语言运用能力的学科核心素养。以读写活动为课堂教学策略，是一种有意义的探索实践。

（一）感悟式读写活动

感悟式读写引导学生在"速读"时代重返"素读"，通过开展沉浸式个性化自主阅读，在沉潜中与作品、作者、自己真正相遇，用自然流淌的真实感受焕发写作的热情，实现真正意义的创作。如在赏析《囚绿记》第五段时，学生沉入文本，仿佛与作者心灵相通了，他们不由自主地写下了下面的感悟：

读到此处，脑海中不由出现了一个瘦弱斯文的读书人形象，他一定性格内向，因为一个外向的人绝不可能和一棵默默无闻的青藤对话，更不可能产生如此细腻动人的感情交流。（武晓晓）

在这里，人与自然的隔阂消失了，无须语言，知音间总是有一种天赐的共鸣，他们两相对视，无声地倾诉一路走来的困倦与失意。

因为一片绿色，作者与那个小房间结下了不解之缘；因为一份对绿的执着，作者迷恋于窗外那普普通通的绿藤；因为对生命、希望、慰安、快乐的追求，他成了一名"绿囚"。（王钰）

（二）评点式读写活动

评点式读写即围绕阅读中的主要问题进行批注评点，深挖细品、边读边写。教师可根据教学主目标设计一两个对课文而言最有价值，可统摄全局，具备牵一发而动全身之功效，对学生而言可引发深层次多维度思考探究的问题。如：

在赏析张抗抗《埃菲尔铁塔沉思》一文时，我把主目标之一聚焦在它独特的写作技巧上，设计了这样一个问题："作者主要运用了哪些独特的语言和技巧写出独属于张抗抗的沉思体验的？"这样学生的批注着眼点就会落在"独特"二字上。他们有很多令人惊喜的发现，下面摘录一二：

1. 语言陌生化的新奇效果。文章一大特色是遣词造句上的新颖。第6段写到电梯上升时，作者错以为是下降，为了表现那时的绝望，她用了一连串的"无"字开头的词语，如"无遮无拦""无法无天""无可攀挂""无可扶靠""无可呼救"，读者尽管没有身临现场，但也深深地被震撼着，惊恐着，那是一个怎样的"绝境"！第7段，上升过程中的错觉，生动写出上升速度之快，带给作者的恐惧感之强。因为作者追求陌生化的语言，也使得文字给人紧绷绷的感觉，仿佛是随着作者一起乘梯上升，有一种窒息的坚持，不想却又不得不坚持下去的感觉。

2. 虚实结合的手法。第6—9段作者随着铁塔一起飞翔中的所见所感所思最为精彩。这一部分之所以能给人带来震撼关键在于两种手法的运用：一是作者采用了一般散文中极少见到的西方现代主义的创作手法——超现实，描写了登塔过程中的幻觉甚至错觉，把她极为个人化的独特体验很带有撞击力地彰显出来。二是她又把这种超现实的写法融入我们中国很传统的虚实结合的框架中。作者把幻觉错觉也加入到"虚"的行列中，强化凸显个人化独特体验，这样就把中外写作技巧很完美地融合到了一起，创造了一个真正只属于张抗抗的"沉思"的世界。

聚焦主要问题，学生批注就会焦点集中，探索深入，真正研有所获。

（三）模仿式读写活动

借鉴课本中的经典案例，在仿改续写中模仿借鉴、探索创新。教材中所选文本都是几经筛选的经典作品，其中隐含着许多策略性的写作知识，有助于学生在更为直观的体验中提高写作能力。语文课上，善于针对文本特点巧妙设置情境进行仿写、改写、续写，锻炼想象联想能力的同时，自然提升学生的学习兴趣和写作水平。

如：学习《庖丁解牛》一文，我结合两段"解牛"的场面描写让学生进行仿写。学生的联想能力不容小觑，过生日时互抹蛋糕的游戏、上下学时拥挤的地铁、午餐时间食堂打饭的场景、球场上比赛的场面、安静紧张的考场都被他们信手拈来，再现得活灵活现。

讲授苏轼《定风波》时我写下下面的文字：

"碧空高歌伴秋风，万里浮云自在行。千古悠悠何处觅，曾忆，明月把酒笑平生。菊黄柳残皆凋零,莫忘,南雁北归春相迎。信步苏堤经行处,望去,也曾风雨也曾晴。"

用自己仿写的苏词来表达对先生的崇仰之情和抒发由文本得到的感悟,极大吸引了学生的创作兴趣,他们纷纷选取自己喜欢的词牌进行创作,热情高涨。

四 参较式读写活动

重组整合部分教材内容及课外经典篇目,构建循序渐进的写作序列,通过参悟比较拓展思维、探究规律。阅读和写作能力的一个重要关联点是学生须具备理性思辨的逻辑推理能力和熟悉运用丰富的异质文化的能力。据此,教师可以通过引导学生比较分析,使他们的思维向多维攀升。比较分析,就是把此事物与其他某种有联系的事物作比较,在比较中找出相同或差异,进而对所论事物做出评价和判断。对不同文本质性异同的评判,不但丰富学生探究的视域,加深思维层次,而且利于自主发现规律性的东西,引导学生真正学有所获。

比如《短歌行》《滕王阁序》《赤壁赋》《兰亭集序》四篇,学生探究发现它们的共同点在于:都认识到宇宙无穷人生短暂,饱含悲凉感慨。不同点在于他们消解方式的差异:《短歌行》《滕王阁序》是以生命有限渴求建功立业来消解;《兰亭集序》是以立言求不朽;而《赤壁赋》则上升到哲学层面,认识到渺小个体与无穷宇宙之间的辩证关系,及时乐享自然。教师还可进一步引导学生比较评判上述解决方法的高下。有学生写道:"如果从事功角度看,奋发向上积极有为当然值得肯定;如果从魏晋玄学大兴的背景下看,会理解羲之先生做法自有其价值;如果从老庄哲学看,东坡先生则具有非凡大智慧。"这些不同角度背景下的评价互有龃龉,但恰是这种龃龉,将学生引向深度思考,生发个人见解。

五 专题式读写活动

鼓励学生围绕名篇名著开展专题探讨,自选角度、创意研究。早在20世纪,就已经有了"整本书阅读"的概念,近一个世纪过去了,因为学业压力等诸多原因，中学生基于整本书的阅读和基于专题的研究还处在一个提议和畅想阶段，与升入大学以后的论文写作间尚有一道难以逾越的沟壑。须知一切学习本质上都是自我学习探索，只有这样生成的东西才能真正拥有。为此，我们采用的做法是由单篇作品辐射到作者有代表性的其他作品，由片段文本辐射到整部著作，由一个作家作品辐射到与之相似或截然相反的其他作家作品……从学生终身发展的角度去设计学习体系，引导自主阅读，奠基论文写作。

学习《林教头风雪山神庙》我由风雪、火这些意象的作用拓展到"武松打虎"中的"哨棒"，进而引导学生体会《水浒》草蛇灰线的构思艺术，由文章一波三折的结构引导阅读《水浒》其他经典章节，学生通过"鲁提辖拳打镇关西""智取生辰纲""武松打虎""林冲水寨大并火"等情节挖掘学习作者讲故事的技巧。这种"整体"的意识是引领学生由"轻文本"向"大部头"过渡转化的桥梁，使学生逐渐由愿学、会学到善学，为大学以后的论文写作乃至终身发展打下坚实的基础。

读写结合的学习机制就是培育学生由习得到实践，由读到写，由写再到读，循环往复，使学生的读写活动成为一个和谐共生的"场"。在这个场里，学生掌握的不仅仅是知识技能和方法，更为重要的是通过不同方向的努力，实现深度探究，全面提高学习和生活品质，不断超越自我，最终形成可持续自主发展的核心素养。

统编语文教材"1+X"阅读策略研究

天津市南开区教育中心　袁小园

【摘要】"部编本"初中语文教材提倡由课内到课外整组文章的拓展阅读,也称"1+X"阅读。其中"1"是指教材中的某一篇课文是拓展阅读"X"篇的基础性文章。"1+X"阅读策略的实践研究有助于更好地实现阅读目标,促进经典诵读、海量阅读与教材阅读同步;对于在语文教学实践中拓宽阅读范围、发展智力和提升语文素养具有积极的指导意义。

【关键词】初中语文;"1+X"阅读;阅读策略;学科素养

"部编本"初中语文教材已经在全国范围内推广两年。针对语文教学中普遍存在的"学生读书少"问题,"部编本"语文教材在使用过程中注重"阅读向课外延伸到生活",更加重视读书方法的指导。把课外阅读纳入教材教学体系,体现了对《语文课程标准》所提出的"多读书,读好书,好读书,读整本书"等具体要求的落实。然而,增加语文阅读教学中学生的阅读量也不免会遇到一些困难,比如应如何促进课内阅读目标的实现?可采取哪些具体方法?"1+X"阅读策略研究在日常教学中具有一定的指导意义和实践价值。

一　"1+X"阅读目标及意义

(一)"1+X"阅读目标

"1+X"阅读即在学习单篇课文的过程中,附加若干篇课外阅读文章，使独立的课文教学获得最大可能性的阅读拓展。以促进经典诵读、海量阅读与教材阅读同步。实现广读博览，进一步提升语文素养。"1+X"阅读立足于巩固课内习得的各种阅读知识，注重拓宽知识领域，陶冶情操品行，提升综合能力，为终身学习奠定坚实的基础。

"1+X"阅读过程着眼于充分发挥语文教学在培养学生语文素养方面的作用，注重拓宽学生阅读范围和知识面，促进学生形成兼具世界眼光和现代意识，成长为健康和谐全面发展的人。具体目标包括三个内容：一是培养阅读兴趣，促进广泛阅读，养成良好阅读习惯；二是科学选择，丰富阅读体验，提升领悟能力；三是彰显个性阅读，体验审美乐趣，为健康成长奠基。

(二)"1+X"阅读的意义

随着网络的飞速发展与更新，阅读方式也发生了巨大改变，随时随地可以进行的数字化阅读在方便、快捷的同时，也随之表现出碎片化、快餐化特点。如何在海量阅读信息里通过有效提取、整合，实现阅读效益最大化，是当前语文教学在综合提高阅读能力、充分发挥文化选择教育功能等方面所面临的巨大挑战。

长期以来，语文教材所提供的阅读素材主要是课文，而课文数量有限，阅读量远远不够。语文阅读教学比较偏重精读，在默读、浏览、跳读、猜读、比较阅读等方面的指导力略显单薄，结果是多数学生因只会精读而表现出阅读速度慢，阅读方法单一等问题。语文阅读教学中，迫切需要在提高阅读选择力方面进行教学改革。"部编本"新教材力图把教读、自读和课外阅读三者结合起来，此外还需要教师在阅读教学过程中不断拓宽学生的阅读范围，在海量阅读的拓展实践中，只有以学生作为阅读主体，才有可能不断深化语文课程改革。

"1+X"阅读重在引领学生主动建构自我阅读体系，学会搜集、分析相关信息和资料，将阅读内容所反映出来的各类信息和已知经验间建立起联系，并对这种联系加以分析，促进阅读能力的形成与发展。丰富的文本资源是学生进行阅读的前提和载体。试想，如果教师组织学生对同一主题领域的素材进行宽泛阅读，一定会有助于学生提高阅读兴趣，丰富感性认识，提升思维品质，开阔视野。

二 "1+X"阅读有效策略

"部编本"初中语文教材提倡由课内到课外整组文章的拓展阅读，提倡整本书阅读。"1+X"的方式实现了课内与课外阅读内容的联动，实现了一篇课文和几篇文章或几本书的联动阅读。"1+X"的阅读意义，主要表现在语文外延的拓展，引领学生走进更加宽广的生活，面向更加开阔的世界，认识更加真实的自己。因此，"1+X"阅读路径的研究是提高阅读有效性的重要策略，其中"1"是指教材中的某一篇课文，是拓展阅读"X"篇的基础性文章，选文具有经典型、时代性、语文性、适用性等特点。"1+X"阅读策略方法的探索，目的在于突破教材课文阅读单一化的特点，建立起以整体性、联动性、探究性为特征的整组文章阅读网络。

策略一，基于教材"三位一体"阅读编写理念，建立"教读课文—课外阅读—整本书自读"的"三位一体"的课外阅读路径。具体流程如图1：

图1 "教读课"构建"三位一体"的阅读流程图

以七年级语文下册第五单元教读课《紫藤萝瀑布》为例，开展"三位一体"课外阅读活动，具体设计如图2：

图2 《紫藤萝瀑布》"三位一体"阅读路径说明表

策略二，基于教材"双线组元"结构编写理念，合理设计单元教学计划，逐步建立"双线组元"的课外阅读路径，遵循教材单元人文主题和语文要素的"双线组元"结构特点，合理安排阅读过程。下面是七年级上册第二单元，在教学中所开展的"双线组元"课外阅读路径开发的实践探索，如表1：

表1　　　　七年级上册第二单元"1+X"阅读内容说明

	课文题目	"双线组元"路径"1+X"阅读内容
七年级上册第二单元	《秋天的怀念》	本单元的课外拓展阅读分为两部分。 第一部分：选自《泰戈尔诗选》和《繁星》《春水》中的6—8篇作品。 第二部分：阅读4—6则《世说新语》小故事。
	《散步》	
	散文诗两首 《金色花》《荷叶·母亲》	
	《世说新语》二则 《咏雪》《陈太丘与友期行》	

策略三，基于"阅读领域相对窄化"的教学现状，探索文本开发的若干角度，逐步建立"多元拓展"的课外阅读路径。注重"文本拓展角度多元化"。图3是以《秋天的怀念》为例，所开展的2课时"文本拓展多元角度"的实践。

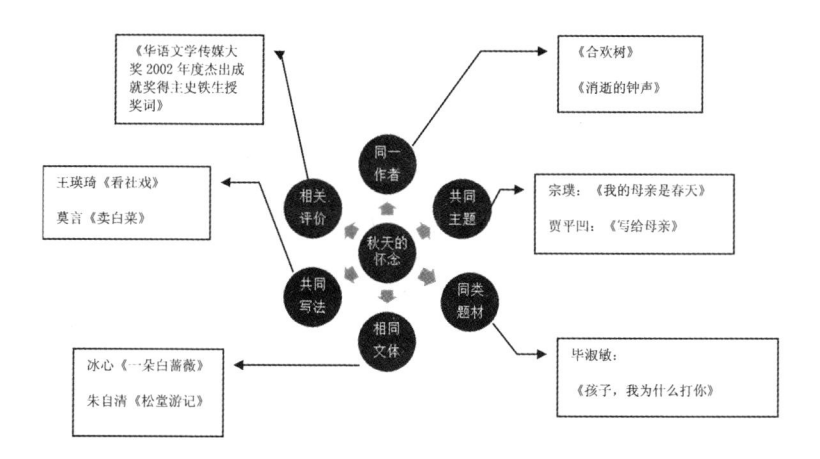

图3　《秋天的怀念》"多元拓展"的课外阅读路径实践说明表

策略四，以每一篇教材为阅读起点，整体规划出拓展阅读的具体篇目或书目,保障阅读时间。下面(表2)是在学习《从百草园到三味书屋》时,所开展的拓展阅读实践——《朝花夕拾》十篇文章的整本书阅读,总体安排6课时。

表2 《从百草园到三味书屋》之拓展阅读《朝花夕拾》实践说明表

研读阶段	第一阶段			第二阶段	第三阶段
	第一周	第二周	第三周	第四周	第五周
阅读主题	儿时回忆与人交往	求学经历	生活感悟思想触动	鲁迅印象	鲁迅印象
阅读任务	《阿长与山海经》《五猖会》《范爱农》	《从百草园到三味书屋》《琐记》《藤野先生》	《二十四孝图》《无常》《狗·猫·鼠》《父亲的病》	经典语段回顾	汇报交流
课时	一课时	一课时	一课时	一课时	二课时
阅读方法	精读做批注	精读做批注	精读做批注	略读整理读书笔记	

三 "1+X"阅读方法指导

教师应加强对学生阅读过程的方法指导,善于通过师生共读、同伴助读等形式帮助学生关注自己阅读过程中的理解、评价、感悟等思维活动,还要特别关注对学生进行"比较阅读意识"的培养,分析其相同点和不同点,促进阅读思考更加充分、深刻。

一是鼓励做好阅读批注。批注,是一种对自己的见解、鉴赏与评价随时做好阅读记录的行为表现。这种读书方法,有直入文本,直观表达自我感受的特点。所批注的内容,可以是对自我颇有感触的阅读内容进行圈点勾画;可以是对疑难词汇、俗语、作品出处的查阅记录;可以是对阅读感悟、产生疑问、触发联想、鉴赏评价等内容的随笔记录。

二是重视总结读书笔记。读书笔记的形式多样:美文摘抄、词汇积累、警句辑录、写故事梗概、读后感、人物简析、归纳写作特点，等等。随着读书笔记积累的日渐丰富，还可以加强分类整理，如：摘抄类、札记类、文学类、哲学类、实用类、小说、诗歌等。

三是灵活选择读书方法。在实际阅读中，不可能面面俱到，应该重点突出、讲究实效。每一篇文章不一定都要精读细赏，而需灵活调用浏览、泛读、速读、精读等不同的方法。在阅读中，要指导学生学会根据不同文体、不同读书目的以及自我需要，采用不同的读书方法。例如，议论文阅读，如果阅读目的是为写议论文积累论据，那么名言警句、典型事例都应该注重精读；阅读文学作品，如果阅读目的是为了学习塑造人物形象的方法，那么对主要人物的主要事件就应该精读，而次要人物及事件就可以略读。

四是培养辅助阅读意识。在"1＋X"阅读过程中，有一些阅读篇目在知识、文法等方面会存在一定阅读难度。例如，七年级下册第六单元开展"1＋X"阅读活动，其中一篇选文是《滑铁卢的一分钟》，所涉及的人物、地点、时间等背景资料都是学生比较陌生的。这就需要及时补充相关的辅助介绍，以帮助学生在阅读中清晰了解其历史事件、人物等内容。

五是注重"重复阅读"过程。"重复阅读"大多应用于解决文本阅读中对字词的自动化识别，随着阅读次数的增加，通过反复阅读，逐渐降低字词辨认的错误率，增强阅读流畅性，促进阅读的理解率。在"1＋X"拓展阅读中，实践"重复阅读"的理念，主要是针对那些蕴意深刻的文本，通过重复阅读，实现理解层面的不断深入，体会其内涵与价值。为此，教师要善于帮助学生创造"重复阅读"的机会，在"温故知新"的过程中，鼓励学生养成"不动笔墨不读书""学而不思则罔，思而不学则殆"的阅读习惯。

六是合理安排"序列"阅读。"1＋X"的阅读篇目是一组文章，教师要指导学生在阅读活动中树立"序列阅读"的意识。例如，对于推介的系列篇目，可以先网络浏览内容概要、评价分析，然后列出自己感兴趣的序列：或以发表时间先后为序，或以篇幅长短为序，或以阅读次数的高低为序，或以自己喜欢的程度为序，等等。这样就可以便于结合自己的阅读兴趣，促进阅读效果最优化。

在"1+X"的阅读过程中，学生是阅读主体，学生在阅读中所表现出的积极性、主动性和创造性，将学生已有的阅读经验和未知阅读领域联系起来。探索"1+X"阅读目标及实施策略，要立足于引导学生建立自我阅读体系，不断促进学生语言建构与运用、思维发展与提升、审美鉴赏与创造、文化传承与理解等语文核心素养的提升。

参考文献

[1] 温儒敏：《"部编本"语文教材的编写理念、特色与使用建议》，《课程·教材·教法》2016年第11期。

[2] 王本华：《从八大关键词看"部编本"语文教材的编写理念》，《课程教学研究》2017年第5期。

培养学生自主健体能力有效教学模式的研究

天津市红桥区实验小学　袁秀华

【摘要】 在体育课堂教学中如何激发学生主动参与体育锻炼和技能的学习是体育教育关注的重要问题。本研究以建构自主健体教学模式为切入点，通过教学实验，将一套适应学生发展的自主健体教学理念和方法融入课程实践。实验结果表明方法是可行的，能够充分调动学生主动参与体育锻炼和学习的积极性，提高了课堂教学效率，增强了学生的身体素质，学生的核心素养有所提高。通过研究构建起一套适应学生发展的自主健体模式。

【关键词】 自主健体；教学模式

一　培养学生自主健体能力的意义

根据新课标小学体育课特点和小学生身心发展的要求，在体育课堂教学中如何激发学生主动参与体育锻炼和技能的学习是体育教育关注的重要问题。学生自主健体能力有利于培养学生牢固树立健康第一的思想和终身体育意识，有利于培养学生核心素养。

对学生自主健体能力有效途径和教学模式的研究能够提高学校对体育教学工作的认识和重视程度。把学校体育作为实施素质教育的重要突破口，有助于促进学生全面发展。以自主健体教学模式为切入点改善体育课堂现有面貌，能够调动学生主动参与体育锻炼和学习的积极性，提高课堂教学质量，增强身体素质，提高学生核心素养，促进学校体育教学工作再上新水平。

二　构建促进学生自主健体能力发展的体育教学模式

（一）树立"适应学生发展"的教学理念

培养身心健康、体魄强健、意志坚强、充满活力的青少年群体，不仅关系青少年个人健康成长和幸福生活，而且关系到整个民族的未来和国家的竞争力。加强体育锻炼和体育运动，不仅可以增强学生体质，而且对学生的思想、品德、智力、审美素养的形成都具有非常重要的作用。

（二）运用"激励教法"模式开展教学

传统的教育教学方法多以说教、管制和约束为主，导致学生参与的情绪不高。在教学实践中，为了激发学生练习的欲望、提高课堂教学效率，体育课上充分利用五年级学生每周 3 课时的时间，采用环境激励、情感激励和评价激励等方法进行课堂实验，达到了很好的调动学生积极性的作用。在愉悦的气氛中，学生身心得到了锻炼，脸上露出了笑容。新课标要求的运动参与、身体健康领域目标得以实现。

1. 环境激励

学校投资两百多万元修建了两块学生运动场——一块大约 5000 平方米的全塑胶场地，一块是大约 2500 平方米的人造草皮场地。整洁、平整、漂亮的运动场激发了学生的运动情趣，学生一到操场就跃跃欲试，在上面奔跑雀跃、躺卧翻滚。所以课题组成员利用场地的优势编排了地板操、功夫扇、足球操等适应了学生要与场地亲昵的心理需求，达到了一种环境育人的效果。

2. 情感激励

在整个课堂教学过程中，我们设计和保持了一种平等、祥和、融洽的师生关系，教师运用富于启发性、激励性的语言与学生沟通与交流。如："我们都是好样的，个个都像小运动员"，"老师看谁做的动作最标准、最棒、练习最认真"等，另外还有作为奖励内容的分组游戏。师生交流、生生交流使学生成为课堂的主人。

3. 评价激励

评价是刺激竞争的手段，在课堂教学过程中，制定了一系列的评价标准和评价方法，努力按标准去做。我们的做法是双向评价制，即体育教师评价任课班级，班级学生代表和教师评价体育教师，体育教师根据对班级评价的标准，对各班体育课上的表现每天进行检查并记录，并及时反馈到各班。每周有总评，报学校德育处，在评比栏中公布。学校每学期组织班级学生代表和班主任对体育教师的教学水平、责任心、评价准确度等进行评价，结果记入教师考核档案。这样就调动了班级学生和体育教师两方面的积极性，促进了体育课堂高效教学的发展、前进。

（三）优化体育课堂，促自主健体能力的提高

学校体育教学工作的主阵地在体育课堂，要提高教学效果必须努力搞好课堂改革。在确定教学目标、选择教学内容、运用组织教法时，教师必须充分考虑要如何做才有利于全体学生都愿参与，都能参与，都可充分参与，从而为学生的自主学习创造良好的条件。

1. 运用"引、导、收、放"四环节教学法

学校一直倡导学生主动发展，在新课程的指引下，犹如一股春风吹入了我们的体育课堂。经过一段时间的实验，教师积极实践，总结出了"引、导、收、放"四环节课堂教学模式，促进了学生自主学习，充分发挥了学生的主动性、积极性、创造性，既有利于知识的学习和能力的培养，又有利于学生主体作用的发挥，同时，不仅可以提高教学质量，更重要的是能够提高学生的学习效率。

2. 运用"主题式情境"教学法

体育主题式情境教学模式就是结合体育教学育心、育智、育体过程，在原有体育情境教学实践的基础上所产生的一种新型教学法，它注重对人的全面发展过程的开发。通过创设具有鲜明特色的主题情境氛围，学生的学习动机和求知欲望被大大激发，学生的学习动机与教师的教学产生共鸣，从而高效地实现教学目标，使学生在预设的情境中能够主动地参与到体育技能练习中来。

3. 运用从重教学结果到重学习过程转变的"反馈"教学法

在教学中，注重结果的优化固然重要，但注重过程的优化则更能达到优化结果的目的。我们在前馈、及时反馈和延时反馈三个环节上进行研究与实验。实践证明，反馈法达到了优化体育教学的效果，提高了课堂教学的实效性，大大节省了时间。

4. 运用注重师生互动的"互动式"教学法

在教学中，我们克服那种传统教与学模式中以灌输为主的"讲解、示范、指导"的单向交流，创设条件进行师生互动和生生互动。我们设计的生生互动有三种形式：研讨式；互助式；互评式。无论哪种形式，都给了学生自由的空间，有效地完成预期教学任务。提高了新课标心理健康与社会适应领域目标的达成度。

5. 运用"兴趣——发展——兴趣"的教学法

兴趣是推动人认识事物、探索真理的重要动机，在人的实践活动中具有重要的意义，可以使人集中注意。兴趣在教学中可以调动学生的积极性与主动性，再通过激发、诱导、引导使学生在不知不觉中过渡到教学内容之中来。发展是通过体育教学内容，运用学生掌握教学内容的基本知识与技能技巧，体验成功的快乐，合作的愉悦，创造的神奇。后边的兴趣是学生把体育课的快乐体验延伸到课外、社会生活中，乃至迁移到其他学科。使学生对生活、学习与创造产生积极主动向上的动力，产生练习的欲望是过程的延伸。

三 运用促进学生自主健体能力发展的体育教学模式优化体育课堂

1. 实验对象与方法

为了检验以上教学模式对学生自主健体能力发展的有效性，在2018年3月底——2018年8月底为期一个学期的时间段，以红桥区实验小学五年级学生为实验对象，开展教学方法比对实验。年级共258人，其中实验组（五年1—4班）130人、对照组（五年5—8班）128人。经前测检验，实验组与对照组初始身体素质指标水平无差异、同质性较好。

2. 实验内容

对照班基本按照原先传统的模式进行课堂体育教学；实验班按照新课标内容采用多渠道教学模式，在每个单元教学内容完成后对学生的自评、互评和师生互评等评价方式进行学习效果评定。

实验班教学突出以学生为主体的教育思想。

（1）自主选择。在教师有计划的指导下自主选择：学生在练习同一教学内容时，根据学生个体的实际情况，对练习手段、练习难度、练习伙伴进行选择。

（2）自主练习。通过学生自己选择后，学生根据教师设置的教学内容和学习环境，自主选择练习伙伴，为学生提供更多的交往与合作的机会。

（3）自我评价。依据教师设计的评价标准，由学生对自己掌握的技术、运动能力、学习效果进行教学过程的形成性评价，学生可以根据不同练习难度的评价标准，在练习小组中进行自我评价，还可以采用本小组成员之间互相评价，以及小组间的互评，通过分析讨论总结出个人的优缺点，找出存在的问题和原因，提出改进措施方法。

3. 实验效果

在一个学期的实验教学中，实验组的班级在体育课中将促进学生自主健体能力发展的体育教学模式理念和方法融入教学实践。学生自主选择、自主练习、自主结合、自主评价和互评不但给学生带来快乐的笑容，而且大大提高了课堂教学效果。

经过一段时间的实践后，用课堂测试方法了解各班的成绩情况。如表1所示，实验组与对照组的体育测试成绩呈显著性差异。实验组教学效果和质量明显高于对照组。这说明了成绩的提高与体育课的教学方式有密切联系。学生能够根据自己的实际情况选择练习的项目和内容进行练习，在学习中的自觉性、积极性增强，练习时间也相应增加了，因此成绩有了大幅度的提高。

表1　　　　　　　　　两组学生体育测试成绩对照

项目内容	优秀率	良好率	及格率	不及格率
实验组（130）	25%	62%	99.5%	0.5%
对照组（128）	13.7%	38.3%	85.2%	14.8%

四、结论与建议

（一）结论

1. 通过对促进学生自主健体能力发展的体育教学模式的理论与实践研究，证明自主锻炼教学模式保证了学生在课堂中的参与面和参与度；学生的学习自觉性、积极性增强，练习时间增加；学生的身体状况有所提高，学生成为课堂的真正主人。因此此方法是一套行之有效的教学模式。

2. 教师利用激励、自主、主题情境、反馈、互动、情趣发展等教学手段，既调动了学生锻炼的积极性，又使学生在课堂中体会到快乐与成功，达到了优化课堂教学的效果，提高了课堂教学的实效性。

（二）建议

1. 继续实施科研引路课题牵动的策略，强化在研究状态下工作，在实践中进一步检验该课题成果，继续开展"自主健体能力教学模式与实施途径"可操作性研究。

2. 作为体育教师要不断提升自身综合素养，要具有驾驭课堂的能力、丰富的语言表达能力，自身言行要有魅力，并具备较强的创新能力，通过自身综合素质的提高来激发学生投入体育锻炼的热情。

参考文献

[1] 毛振明：《体育情境教学法的应用》，《体育教学》2006年第4期。

[2] 庞学光：《主动教育理论构建》，天津人民出版社2000年版。

[3]季浏:《小学体育新课程教学法》,高等教育出版社2003年版。

[4]中华人民共和国教育部:《体育与健康课程标准》,北京师范大学出版社2012年版。

[5]体育与健康理论教程编委会:《体育与健康理论教程》,高等教育出版社2001年版。

[6]莫豪庆:《探索区域体育教师专业发展的途径》,《中国学校体育》2015年第1期。

[7]朱建华:《以教师发展为核心推进区域体育教研》,《体育教学》2015年第12期。

[8]骆东升:《教师专业发展区域推进模式思考》,《中小学教师培训》2008年第4期。

小学原创水墨画教学的探索与实践

天津市北辰区实验小学　轧乃君

【摘要】 水和墨的碰撞与相容，对儿童来说，就是变化无穷的梦幻游戏，它往往能够激发儿童内心深处用形象表现生活感受的欲望。小学原创性水墨画教学，较强调儿童的情趣、质朴的情感与直觉思维，力求在学习过程中引导儿童表达自己对外部世界的视觉体验与心灵感知。通过原创性水墨画教学，不仅可以强化学生的感官体验，也能够促使学生积极思考，提升其思维能力，还能培养学生欣赏美、表现美的能力，使学生在快乐中感受传统艺术的无穷魅力。

【关键词】 小学美术教育；原创水墨画；传统文化

当前，我们已进入一个科技高度发展、世界文化空前交融的时代。在这个时代，不仅艺术的表现形式变得纷繁复杂，艺术创作素材也更为丰富、多元。对小学美术教育而言，这无疑为培养学生想象力、创造力提供了更多可延伸的空间。然而，美术教育要真正达到"育人"效果，却不能仅仅局限于审美能力的培养，还需兼顾学生情感、想象力、创造力的提升。尤其在"全球一体化"浪潮的影响下，我们更需强化对传统艺术的学习与继承，在继承与创新之间寻求结合点。这不仅能够增强学生艺术创作的本土意识，提升其创造力，也有助于传统文化精神的传承。正是如此，在小学美术教学中进行创意式的水墨画教学，便成为本人研究与实践探索的重点。探索中我发现，进行水墨画学习与创作，不仅可以强化学生的感官体验，也能够促使学生积极思考，进而提升其思维能力。同时，还培养了学生欣赏美、表现美的习惯和能力，提高学生的审美素养和精神境界，促进学生情与智的发展。

一　从大自然中寻找素材，发掘儿童运用水墨的意识与灵感

美术教学应充分发挥每个学生的主体性和创造性，让学生在美术学习中释放自我，并在综合素养提升方面有所得、有所获。对此，我们便需致力于创设一种原创性的教育方法和模式。这种方法、模式不仅要适合儿童自身的年龄特征，也要顾及不同学生的个性差异。同时，还要考虑形式、内容上的自由性，避免内容枯燥、方法单一。水墨画教学便是较理想的途径。

水和墨的碰撞与相容，对充满好奇心的儿童来说，就是变化无穷的梦幻游戏，它往往能够激发儿童内心深处用形象表现生活感受的欲望。小学阶段的水墨画教学，较强调儿童的情趣、质朴的情感与直觉思维，力求在学习过程中引导儿童表达自己对外部世界的视觉体验与心灵感知。要实现这一点，首要的一步还在于，引导儿童从大自然的一草、一木、一水中去感受、体验生活之美。

对于最初接触水墨画的儿童，需首先引导他们学会描绘小雨、雷阵雨、龙卷风等熟悉的自然景象，从而感受水墨交融下点、线、面的神奇变化。让学生有成就感，不再惧怕水墨画，在简单的练习中感受传统文化的博大精深，感受中国画的语言魅力，逐渐形成技能技巧。

二　依托图腾符号开展水墨画线训练，提升儿童的书写表现力

儿童水墨画教学最大的问题是如何传承与创新。所谓传承与创新，根本上应该是对中国传统文化元素的渲染、提炼、延续和升华，而非线条、笔触痕迹的引导和实践训练。

儿童学习水墨画，首先要进行驾驭毛笔、墨汁、宣纸等画材的实战训练。在此阶段，教师需帮助、支持学生在具体的学习中掌握最基本的元素——中国式线条与表现的象征符号。为此，可以尝试让儿童以游戏

的方式书写（但这一绘画形式的书写绝非是技法、技能的统一模式化的演练）甲骨文和中国古器上的图腾符号。

甲骨文与史前中国彩陶图案都是古人类对自然界、生活的真实表达与记忆描叙，儿童以此为参照进行笔墨线条的描摹，在学习水墨国画的起始很容易进入自我水墨作品创作的个性线条的发挥之中，也能有效地促进学生驾驭笔、墨、宣纸与水等材料，提高书写表现的能力。

实践中我们发现，引导学生进入水墨画线的训练和体验之中，不仅能较好地提升学生驾驭水墨画材的能力，也能较好地锻炼他们对水墨画的线条笔触的感知力。此外，游戏式线条的自由书写，也充分调动了儿童接触水墨的积极性，进一步激发、延展儿童对于水墨的体验与感悟。

三 创设问题情境，激发儿童绘画情趣

美术创意教学意向性较强。通过创意式的美术活动，不仅能丰富学生的视觉经验、审美体验，提高学生美术创意和再造想象力，还能在意象构建过程中形成一种充满情感、生命和富有个性的意向，使学生学会欣赏美、追求美、创造美。

兴趣是最好的老师，它往往能调动学生储存在内心的力量。因此，在水墨画教学中，兴趣的激发尤为重要。当小学低年级的孩子初步接触水墨画时，如果按照传统的模式进行教学，机械地临摹范画，重复地跟着老师练习，学生很容易觉得枯燥，从而讨厌画国画。为了避免这一问题，在首次进行的水墨画教学中，我便以不小心将墨滴在生宣纸上为切入点导入新课。当看到宣纸上的墨点时我表现出很焦急的样子，并借机让学生帮我想办法来弥补这个失误。这时学生会告诉我：你可以画蝌蚪、瓢虫……随着答案的出现，我及时地添画，这不仅让学生感受到水墨画技法的多样性，也大大激发了他们对水墨学习的兴趣。

四 鼓励大胆创作，引导儿童用水墨 表达自己的情绪和想法

美术原创性教学的特别之处在于追求创意的趣味性，并使其成为儿

童学习活动中的常态。在这样的美术课堂，丰富的教学内容、充满趣味性的教学形式、多变的教学方法，加之师生之间较为频繁的情感互动，都容易促使师生为达成学习愿望和目标积极、主动、充满趣味地投入学习和创造中。

玩是儿童的天性。他们天生好动、敢想敢干，更敢于真实地表达自己的情感。所以，教师需巧妙地利用这一特点，通过欣赏图片、视频等直观素材，激发学生想象，使他们在创作过程中产生联想、大胆表现。比如：在教学生画"瓶花"时，我们以小组为单位，每组放一瓶花，先让孩子们认真观察，找到自己认为"美"的地方。然后鼓励学生大胆地与水墨做游戏，让水墨交融变为绚烂的瓶花。在这样的练习中，孩子们的作品是放松的，但也会是混乱的。然而，我们并不要求学生以临摹的形式去创作，而只要求他们创作的作品是花即可。我们更多的要求在于，让学生大胆创作，在绘画中自然地表达自己的情绪和想法。正是如此，通过学生生动、率性的画作，我们完全能够捕捉到，这些孩子中谁此刻是兴奋的，谁是沮丧的，还有谁是谨慎的。带孩子们到生命的田园里去播种水墨的种子，必定是播下一颗童心、一颗良心、一颗自然之心。

五 引导儿童感受生活之美，增强水墨表达的感染力

小学艺术教育的重要目标在于使儿童在创造过程中变得更富有创造力。要激发这种创造力，绘画就不能被当作一种技能或技法的训练，而应被视为一种潜能激发的过程，让儿童自发地、以他们喜欢的方式进行绘画表现。在绘画中，儿童喜欢反映自身生活的视觉表现活动和真情实感，这本身也是艺术创作不可或缺的一部分。如果没有碰撞出儿童对自身生活情感的表现火花，就不会生成真正属于儿童自己的绘画。正是如此，在儿童水墨画教学中，丰富儿童表现生活的内容和形式至关重要。

传统的儿童水墨画教学不外乎依葫芦画瓢，照着名作画或跟着老师一起画，内容更是离不开人物、动物、花鸟、山水等内容。这往往背离了艺术教育的初衷。鉴于此，在小学水墨画教学中，我尤为强调学生以质朴的情感和直觉思维去表达他们对外界事物的视觉体验与心灵感知。

引导他们从大自然的一草、一木、一水中去感受、体验生活之美。春天我们去和柳枝嬉戏、观察破土而出的小草,以此感受和表现春的生机;夏天我们走近荷塘,去触碰荷花的婀娜,去感受青蛙的活泼,从而感受和表现夏的热情;秋天我们摆上一盆凋谢的花,让学生近距离观察花瓣的凋零,表达对秋的怀念;冬天我们奔向雪地,用指尖轻触雪花的轻柔,从而感受冬的纯净。通过无所顾忌的挥毫泼墨,孩子们表达着自己对事物的真切感受。这一过程是愉快的、动情的、生动的。

总之,中国水墨画博大精深,是我们取之不尽的艺术源泉。探索中我们发现,只要给予儿童充足的时间和帮助,让他们获得与创造性材料接触的机会,而不是被迫接受成人的模式和规范,那么每个儿童都能成为艺术创造的小能手。水墨画教学亦是如此。在小学美术教学中坚持用原创性教学法进行水墨画教学能让你感受到,无束缚的线条有时似悠然的山谷、小草与花儿,烂漫、耀眼夺目;有时又似孩子们睡意中可爱的笑容。水与墨在动感、静止之间相辅相融,有时似朦胧春雨自然飘落,有时又似电闪雷鸣与风雨碰撞后从雨夜划向黎明的一道彩虹……在这种原创性水墨画的教学中,学生往往在快乐中感受着传统艺术的无穷魅力。

参考文献

[1] 尹少淳:《核心素养大家谈》,湖南美术出版社2018年版。

[2] 杨景芝:《儿童原创艺术引导》,长江出版传媒、湖北美术出版社2016年版。

浅谈小学美术教学中如何培养学科核心素养

天津市河北区育婴里小学　张海涛

【摘要】小学美术学科的教学目标，主要是培养学生的观察能力、表现能力，发挥学生的想象力、创造力，使学生能力全面提高并且主动发展。美术学科的核心素养，主要包括图像识读、美术表现、审美判断、创意实践和文化理解等。在小学美术学科教学中，需要深度融入学科核心素养的培养。本文选择从培养学生创新精神为切入点，基于多年教学实践经验，逐步探索出"创境探究，个性表现"的课堂教学模式，并总结出从图像识读、创意实践、美术表现三方面入手，培养学生美术核心素养的教学方法。

【关键词】美术教学；核心素养；图像识读；创意实践；美术表现

"核心素养"是"个体在面对复杂的、不确定的现实生活情景时，能够综合运用特定学习方式下所孕育出来的学科观念、思维模式和探究技能，以及结构化的学科知识和技能，分析情景、提出问题、解决问题、交流结果过程中表现出来的综合品质。"美术学科提出五大核心素养，即图像识读、美术表现、审美判断、创意实践、文化理解。近年来，伴随着新课程改革的不断深入，无论是从"双基"教学到"三维目标"教学，再到"核心素养"教学，都是要教会学生学习的方法，更重要的是要改变学生的学习方式。将学科核心素养深度融入课堂教学中，不仅需要教师在课前的准备过程中充分分析教材、学生，制定适合有效的教学策略，更需要在课堂教学过程中通过多种不同的教育教学方式，创设有效的学习氛围，调动和激发学生热情。下面我就结合自己执教中的部分课堂教学实例，介绍一些现适应核心素养培养的教学方式方法。

一　图像识读：激发学生丰富的想象力

图像识读是指对美术作品、图形、影像及其视觉符号的观看、识别和解读。图像识读素养的表现是：能以联系、比较的方法进行整体观看，感受图像的造型、色彩、材质、肌理和空间等形式特征；能以阅读、搜索、思考和讨论等方式，识别与解读图像的内涵和意义；能从维度、材料、技法、风格及发展脉络等方面识别图像的类别；知道图像在学习、生活和工作中的作用与价值，辨析和解读现实生活中的视觉文化现象和信息。

（一）挖掘趣味因素，创设有效学习情境

美术教学强调通过综合的美术活动，引导学生主动探求，研究创造，运用综合性知识技能去制作、表现和展示生活中的美，以唤起学生对未知领域的探求欲望，体验愉悦和成就感。为了使学生能够在课堂教学直观的学习情境中发现美、表现美、创造美，可以通过图像识读为学生创设有效的学习情境，让学生能够更直接的感受美术学习的乐趣，同时激发学生的想象力。我在教学实践中，注重挖掘教材中的趣味因素，使学生对学习内容能够尽快了解，产生主动的学习热情，明确学习的目标。

如在执教《仙人掌》一课时，为了使低年级的学生认识野生仙人掌，并对其形成鲜明的表象，我使用多媒体技术创设了一个情境，一只小熊在一次跳伞过程中误入一片长有仙人掌的空地，随之发生一连串被仙人掌折磨的可笑遭遇。学生通过观看不仅见到了沙漠中野生的仙人掌，同时似乎也与小熊一样对仙人掌的尖刺产生了切身的感受。通过使用多媒体教学手段，创设出生动的学习情境，动静结合导入主题，充分丰富了学生的感官，使学生产生了浓厚的学习兴趣，为后面画出充满童趣的作品打下了良好的基础。

（二）演示环节充分引导，鼓励学生展开丰富想象

学生想象力的培养，要从孩子们的心理特征、知识、社会环境、自然环境等方面出发，引导他们张开想象的翅膀，创造更新、更奇的图画。我在演示环节注重引导学生多进行添画、组画、记忆画等练习，激发学生的想象力，同时教会学生运用简洁的线条、鲜明的色彩，大胆动笔表现主题，将本课学习内容进行拓展并延伸。

如教学四年级《有趣的漫画形象》一课时，学生画得"像"与"不像"，我认为不是主要的，关键还是学生的想象、对画面的布局、环境的衬托以及色彩的搭配等。因此，我先给学生讲清楚人物大比例，再启发他们表现人物的不同姿态：如跑、跳、蹲、坐和站立等。同时我在课件中画出动态线进行引导。学生们看得兴致勃勃，自然会跃跃欲试。通过动态、夸张、概括的表现方式，逐渐掌握漫画的基本表现方法，大胆的动笔去表现。一幅幅虽显稚嫩但却不乏生动，极富趣味又个性鲜明的漫画作品便展现在大家的面前。

二 创意实践：培养学生主动参与能力

创意实践是指由创新意识主导的思维和行动。创意实践素养的表现是：养成创新意识，学习和借鉴美术作品中的创意和方法，运用形象思维，大胆想象，尝试创造有创意的美术作品；能通过各种方式搜集信息，进行分析、思考和探究，联系现实生活，对物品和环境进行符合实用功能与审美要求的创意构想，并通过草图、模型等予以呈现，与他人交流，不断加以改进和优化。

学习的过程首先是学生主动参与学习活动的过程。日常教学中，每节课我对各个教学环节都要进行预设，精心设计所提问题，引导学生主动思考，让学生在探究过程中主体意识得以充分发展。在同学的相互评价和教师的点拨指导下，最终能够解决问题，并收获新的发现和启迪，逐步提高发现问题和解决问题的本领和能力。

如在执教《笔的世界》一课中，我主要是以基于学生的生活场景，让学生立足于实用和美观两个方面进行思考。四年级的学生已经有了一定的绘画基础，造型能力比较强，但是理性思维能力较弱。对于设计课程，要让学生懂得站在使用者的角度去思考问题。所以这节课我更加注重引导学生在问题情境中发现问题，先让学生有设计的意识，并且了解设计是为了什么。教学中，从画一支笔到设计一只具有实用、美观的多功能笔，更多是引导学生学会观察和分析，体会设计在人们生活中的重要作用和以人为本的设计的理念。通过对几种笔的重点部位进行观察，既解决了教学的重点和难点，又培养了学生善于观察的能力。学生在进行设计练习的时候，就能够针对特定的人，设计具有不同功能的笔。

这节课紧密联系生活实际，从导入过程中就引导学生思考，让学生描述生活中见过的最酷炫的笔，不仅激发学生兴趣，而且对笔有了一定的想象和认知。再到探究分析中欣赏奇特的笔，从为谁设计等问题来思考设计的功能和造型，指导学生总结出设计作品的三个要点——造型、颜色和功能。如给老师设计的笔，不仅能自动检索错误，还可以自动修改，同时音乐播放功能可以让老师休息放松；给医生设计的笔，要具有血压心率检测功能，紧急时刻还可以进行体外除颤，抢救危重病人，等等。学生们的作业设计充满了奇思妙想和天真的童趣，有时为了一个新颖的设计，学生会把自己掌握的不同学科知识融入设计，设计图中的图像尺寸就用到了数学度量知识，材料和功能的文字介绍也体现了学生的文字表达能力。这节课学生收获的不仅仅是一幅幅优秀的美术作品，也表达了对美好生活的向往、对知识的尊重和对科学技术的展望。这些不仅是情感态度和价值观在教学中的体现，更是学生运用知识与技能在解决问题的过程中养成核心素养的生动呈现。

三 美术表现：引导学生富有个性的自我表现

美术表现是指运用传统与现代媒材、技术和美术语言创造视觉形象。

美术表现素养的表现是：具有一定的空间意识和造型意识；了解并能运用传统与现代媒材、技术，结合美术语言，通过观察、想象、构思、表现等过程，创造有意味的视觉形象，表达自己的意图、思想和情感；能联系现实生活，结合其他学科知识，自觉运用美术表现力，解决学习、生活和工作中的问题。

（一）综合运用多元感知，学会表达

美术活动是眼、手、脑密切配合的智力活动，要将感知到的具体事物通过认真观察加深印象，反复比较，找出基本特征，运用线条、形状、体积、色彩等表现出来。通过对具体事物的观察、记忆、比较来发展学生的认识能力，让学生在高效的课堂上既善于动脑，又善于动手。如何有效地向学生传授美术知识和绘画技能，就要在课堂高效的技能训练中来体现，通过训练学生用线条、色彩、图像等多元手段，充分表现自己的所感所想。

例如在五年级教学《有序的排列》一课中，在向学生传授知识过程中，为了让学生更好地联系已学知识，我利用《摆一摆 挪一挪》导入到新课，屏幕飞出的卡通笑脸图案吸引了学生的注意力，20张图片以不同的方式摆放，产生了截然不同的视觉效果。学生通过直观地比较，很容易说出自己的感受，继续学习的兴趣也随之逐步被调动起来。接下来，我又用举几种生活中与排列有关的事例的方式，让学生加以辨析从而加深对有序排列的理解。最后，再以虚拟的"夜空闪烁的繁星"为例，让学生在一个虚拟的画面中直观感受到排列有序的乐趣。在用课件演示图案排列和翻转形成新的图案的过程中，同时使用交互功能与学生互动，让学生可以尽情施展想象的翅膀，每一个想法都能在第一时间得到印证。学生们的创新热情不断高涨，这样自然容易收到理想的教学效果。

（二）巧设作品呈现展示，充分张扬学生的自我表现

技能训练环节是学生主体性实践和认识活动阶段，是学生对所学知识的巩固和深化的过程。伴随其中的教师指导，一方面要让每个学生的能力进一步提高，另一方面又要顾及层次不同学生的表现状况，有针对性的辅导，使学生对提高自己的能力获取信心。通常一节美术课的尾声，

学生作品的呈现展示环节永远都是师生最为期待的，因为它总能把课堂教学推向最高潮。我认为通过之前各个环节的有效预设作为铺垫，美术课堂生成的亮点——富有个性的发挥表现便会随之出现。

如在一年级教学《看谁涂得最好看》一课时，课件中出现一幅画面，利用动画的交互功能让学生将喜欢的颜色在图案中随意填充。随即，学生便可以使用自己喜欢的涂色方法不断尝试，发现深色与浅色的搭配效果好，明白了色彩的对比使画面更加精彩。不出十分钟，学生的作业画好后剪下来，陆续展示在黑板上的"展示窗"中。通过添画、剪贴，一幅幅色彩美妙、奇幻的作品展现在孩子们面前。"展示窗"中的"成就"吸引了学生，并不由自主的发出赞叹之声。不但实现了既定的教学目标，也使学生对色彩协调搭配这一学习重点有了很好的理解，既突破了渐变涂色方法的学习难点又调动了学生的丰富色彩想象力，巩固了涂色方法的学习。

总之，在实践核心素养的教学探索之路上，我们才刚刚起步。正如美术特级教师魏瑞江老师所说："对于'核心素养'这个新概念，对其认识、理解与接受、践行需要一个学习的过程。作为美术教师，要树立终身学习的理念。面对每天都在变的学生，教师需要在重复的过程中不断创造和不断完善，才能适应核心素养时期的美术教学。"在实践中进行不懈探索，发现适应核心素养培养的教学方式方法。让培养美术核心素养成为美术课堂教学中的关键，将永远是我们实施美术学科教育不变的价值追求！

参考文献

[1] 李艺、钟柏昌：《谈"核心素养"》，《教育研究》2015 年第 9 期。

[2] 尹少淳：《美术核心素养大家谈》，湖南美术出版社 2018 年版。

智能手机在小学科学教学中的应用

天津市芦北口小学　张　晖

【摘要】 智能手机作为一种现代化通信工具，其功能非常强大。但很多学校禁止学生在课堂上使用手机，在教学中的功能得不到应有的运用。在小学科学教学中，教师应当灵活运用智能手机，提高课堂教学质量：智能手机可以充当摄像头；能够将教室资源无限扩大，整合资源，视频答疑，跨越空间，使学生身临其境；强化学生科学实验的操作技能，用模拟动画代替危险实验，用视频学习引导教学；在课堂上利用微信群汇报交流，收集汇报学习资料，微信上传学习结果，及时评价，节省时间。

【关键词】 智能手机；小学科学；教学效率；教学质量

随着社会科学技术的进步，多媒体技术教学正逐步进入课堂，在欠发达地区、农村地区，如何更好地运用现代化手段辅助课堂教学，是值得思考的问题。我们作为一线教师，要运用自己的聪明智慧，整合身边的资源，上好每一节课。智能手机作为一种现代化通信工具，其功能非常强大。但由于手机给学生带来的危害，很多学校使用"堵"的办法禁止学生携带智能手机，这是对资源的一大浪费。如果能把智能手机运用到教学中来，使用"疏"的方法引导学生正确使用，那么就会对提高科学课教学质量带来十分可观的影响。

一 智能手机在教学中应用的阻力及解决办法

（一）学校禁止学生在课堂上使用手机

很多学校禁止学生带手机上学，更禁止学生在课堂上使用手机。因为许多学生在课堂上利用智能手机聊天，玩游戏，看视频，不但极大的影响着学生本人的课堂听讲效率，还会影响到其他同学的学习。不仅如此，高年级还时常有学生用智能手机抄袭作业、考试作弊。由于学生使用手机的弊端和危害，很多学校禁止学生在课堂上使用手机，但对智能手机在课堂上的正确运用提高课堂教学质量缺乏必要的思考。

（二）针对禁止的解决办法

我认为在学生使用智能手机这一问题上不能一味地"堵"，我们作为教育者，有效的管理才是最负责的方式。所以我同意学生把智能手机带进学校和带进课堂。当然，允许学生把手机带到学校也不能让手机存放在学生手中，为了避免学生在课上玩手机从而影响课堂秩序和听课效率，可以以班级为单位将手机统一管理。比如可以在教室的墙壁上，设置一个手机存放角，给每个学生准备一个手机存放袋，编号或写上学生的姓名，学生进到教室后，首先把自己的手机放到手机存放袋中，除在课上经老师允许统一使用之外，不允许自行拿取。

二 智能手机在小学科学教学中的应用

对于农村学校，现代化教学硬件配备并不是非常完善，比如没有IPAD教室，但是学生几乎人手一部智能手机，即使不允许带到学校，学生在家里也经常使用，不需要进行特别的操作培训。智能手机功能非常强大，不仅可以拍照、录音、录像，还可以通过微信或QQ发送文件，通过视频聊天进行实时面对面的对话，所以智能手机可以实现很多IPAD的功能。我们在小学科学教学中要灵活运用智能手机，提高科学教学的质量。

(一) 充当可移动摄像头

在小学科学教学中，手机可以充当可移动摄像头替代实物投影解决拍摄角度受限问题。实物投影作为课堂辅助教学的工具使用非常普遍，但它有一定的局限性，对于特殊角度或移动物体的拍摄不方便，这时我们可以通过手机的摄像头，利用手机微信或其他软件和教室的计算机连接，将手机摄像头拍摄的内容投射在大屏上，这样不仅拍摄的角度和位置灵活，还可以控制上传的时间。

例如在学习地球自转的方向时，学生首先要弄清"哪边是东，哪边是西？"站在地球上看地图或向地球外看，我们会说："上北下南左西右东。"但是如果我们站在地球上，面向中午的太阳，则："前面是正南，左边是东，右边是西。"这是本节课的难点，所以为了让学生彻底理解这个问题，我在黑板上贴上太阳，用地球仪代表地球，在中国的位置上，贴上一个面向太阳的小人，让小人儿"替我们站在中国的土地上"，通过手机的摄像头拍摄，同步把影像投屏到大屏上。同学们就能很清楚地看到，这时候我们的方位是："前南后北左东右西。"这样就突破了本课的难点。

又如：在学生分组实验阶段，有时可能会出现一些操作性错误，造成数据误差较大，如果这些操作错误较为普遍，教师就可以用手机马上把学生的操作过程拍摄下来，临时叫停实验，把拍摄内容在大屏上播放，全班同学一起找问题纠正错误，然后再继续实验。这样能保证数据的准确性。如果是个别组存在的错误，教师也可以随时用手机把学生的实验过程拍摄下来，在分析实验数据的过程中，学生就会发现这组数据和其他组的数据差别较大，在找原因的过程中把录制的实验过程播放出来，让实验过程的情景再现，全班每个同学都可以看到这组同学的实验操作。大家一起找到这组同学操作上的错误，找出数据差别大的原因，这样就提高了教学效率。

(二) 将教室空间无限扩大

1. 整合资源，视频答疑

小学科学知识量非常大，由于现代信息发达，孩子们掌握的知识量也非常大，有时教师不一定能及时解决学生在课堂上提出的问题，网络上的答案也不一定准确，这时可以通过微信视频，把场外专家请到教室里为老师和同学答疑解惑。

在学习"谁先迎来黎明"这一课时，学生通过模拟实验确定我们看到太阳东升西落实际上是太阳不动，而地球自西向东转动产生的视觉差。这时有学生提出来："老师，我在一本科普杂志上看到太阳实际上是在动的，那为什么说太阳不动呢？"对于这个学生提出的这个生成性问题，我当时没有预料到，而凭我的知识储备我也不清楚正确的解释。这时，我想到了请教原天津市教研室科学教研员刘堂玉老师。刘老是小学科学教育的专家，我平时在教学上有什么问题会经常请教他老人家，刘老都会第一时间为我答疑解惑。于是，我对同学们说："这位同学提出的问题非常好，我也不能完全解释清楚，但是我们现在可以连线场外专家，我的老师，你们的师爷——刘老师，请他老人家给我们讲解。"我拨通了刘老的微信视频电话并提出了问题，刘老不仅清晰地解答了孩子提出的疑问，还给我们发送了一段小视频，通过小视频，孩子们可以清楚地看到太阳和几大行星之间的关系，整个太阳系是如何运动的，为什么说太阳运动是相对的等一系列问题。这节课之后，我和学生们对太阳系的运动规律都有了深入了解，印象深刻。这样，老师利用微信视频解决学生提出的问题，极大地提高了教学质量。孩子们听课更加集中精力，而且因为是自己提出的问题，又迫切地想要知道答案，也就更加专注。

2. 跨越空间，身临其境

在学习完时区的知识后，学生通过计算得出"天津比乌鲁木齐早两个小时"。现实生活中的情况是什么样子的呢？这时我通过微信视频和新疆乌鲁木齐的朋友连线：当时是上午九点半左右，我们天津的小朋友在上第二节课，而同学们在微信视频连线中真实地看到乌鲁木齐的小朋友刚刚背着书包纷纷走进学校。之后又通过微信跟美国洛杉矶的朋友视频连线，同学们看到那里是晚上十点左右，人们已经准备休息了。

因此，对我来说，智能手机在课堂的应用是一个打开了学生视野，完善学生知识的过程，使学生们不仅了解了书本知识，而且与外界世界现实世界相结合，了解更有趣的知识。所以，智能手机扩大了教室的空间。

(三) 强化学生科学实验操作的技能

智能手机应用于小学科学实验教学，不仅能克服实验条件的限制，还能提高实验的演示可见度，增强演示实验的有效性，加强实验操作的规范性、正确性，最大限度地发挥实验的作用，从而达到优化实验的目的。

1. 模拟动画代替危险实验

在小学科学教学中，教师不正确的酒精灯使用方法会引起酒精灯爆炸，非常危险。但是这一危险不可能通过实验来向学生展示。所以我在网络上搜索下载了 flash 动画，把用嘴吹灭酒精灯、用酒精灯对火引起酒精灯内燃进而爆炸，造成人员伤亡的惨象展示在学生面前。当爆炸的那一幕出现时，很多学生不由自主"哇!"地尖叫起来。看了这样一幕之后，在后期的使用酒精灯的过程中没有一个学生用不正确的方法操作。

2. 视频学习引导教学

对于一些装置和操作学生感到困难的科学实验，我录制了小视频，发到专门为上科学课建的"科学课堂"微信群。如果在实验前或试验中，有学生对实验方法还有疑惑，就可以打开"科学课堂"微信群中的"实验操作指导"小视频进行学习，然后再进行实验。

如"测量泡沫塑料块受到的浮力"，虽然在实验前指导了注意事项，但在实验中，有些学生还是会犯这样或那样的小错误。于是，我录制了"实验操作指导"小视频，把实验步骤和注意事项清晰地展现出来。学生在实验的时候如果出现问题，可以及时打开微信视频学习，这样自己有针对性的学习不仅能正确操作，保证了实验的成功率，还节省了时间，提高了效率。

(四) 利用班级微信群汇报交流

1. 收集资料汇报资料

学生可以用手机在网络上将所需要的学习资料搜集并提前下载，在手机上整理之后发到班级"科学课堂"微信群，实现班级资源共享，特别是在汇报的时候，在大屏幕上显示自己搜集的资料，讲的同学边演示边讲解，听的同学边看边听，这样讲得清楚，听得明白。

2. 本组微信上传，节省时间

实验结束后，老师要将各小组的实验报告单同时呈现出来，形成大数据墙，以便全班学生交流总结，得出实验结论。以往的做法是：各组同学将本组的数据誊写在黑板上的"班级大报告单"上，或者教师将各组报告单拍照，然后一一传到电脑上，再利用白板整理，组建成一幅画面呈现在学生面前，以便于分析交流。一般情况下，一个班级要有8到10个小组，而往往各组完成实验的时间，几乎是相同的，教师一一拍照需要花掉几分钟的时间，这样不仅费时，还占用了教师指导其他学生实验的时间。如果学生每组都有手机，实验后各自拍照上传到班级群中，教师直接在微信群中下载整理，这样就节省了时间。

综上所述，智能手机只要管理得当，使用得当，不仅不会影响学生的学习，还可以提高课堂教学的效率。我们可以把智能手机看作是"缩小版的多媒体"，它的功能在小学科学教学中的运用正等待我们去开发。

参考文献

[1]刘良华:《教育研究方法》（第二版），华东师范大学出版社2015年版。

[2]钟志贤:《信息化教学模式：理论建构与实践例说》，教育科学出版社2005年版。

提升教师对幼儿发展评价能力的策略研究

天津市滨海新区大港教师进修学校　　张　丽

【摘要】 教师对幼儿发展评价能力的提升，对促进幼儿身心发展和教师专业发展都具有重要的作用。本文从区域教研的角度，阐述三个有效提升教师对幼儿发展评价能力的策略，一是寻找真实的水平和问题，基于原点提升教师评价能力；二是创造真实的环境和条件，在课程实施中提升教师的评价能力；三是提供适宜的技术和支持，在实际运用中提升教师的评价能力。

【关键词】 教师评价能力；幼儿发展；策略

一直以来"评价"都是教育中的难题，其重要性在被广泛认知的同时又被有意或无意地边缘化。《幼儿园教育指导纲要》指出："评价的过程，是教师运用专业知识审视教育实践，发现、分析、研究、解决问题的过程，也是其自我成长的重要途径。"因此，无论是从促进教师个人发展的角度还是促进教师自我成长的角度，提高教师的评价能力都势在必行。

一　寻找真实的水平和问题，基于原点提升教师评价能力

评价的关键是评价人持有怎样的观念、具备怎样的评价能力和水平，

也正因此，不能单单就幼儿发展评价而研究幼儿发展评价，应该把对教师的了解作为研究的关键，让研究始于真实的水平和问题。然而实际水平和问题如何得来？借鉴中医的"望、闻、问、切"来获取教师的真实水平和问题。

（一）望——看现场、看行为

1. 定人望

确定三类教师，持续跟进观察。在区域范围内分别从三类幼儿园即示范性幼儿园、一级幼儿园、二级幼儿园中的职初教师、经验型教师和骨干教师中各选三人进行观察，被称为"三三三型观察"。这样的观察舍弃数量求质量，因为典型所以是具有一定代表性的。

2. 定时望

在定人的基础上，采用月末定时观察法。因为观察之后，会给予教师指导，一个月后再次观察，便会有新的改观和发现。对教师的评估也应是动态评估，评价的目的之一就是帮助教师获得成长。

3. 随机望

在定人、定时之外，随机的观察也是获取问题的很好途径。因为随机是基于常态，也会遭遇偶然，而偶然也蕴含着必然，通过常态的时间、地点、事件而发现的问题具有普遍性的。

（二）闻——听故事、听困惑

1. 闲谈说困惑

聊天既能缩短研究人员和教师的心理距离，又能获得真实的信息。面对面、微信、电话都是很好的方式。

2. 课后说反思

每一次调研、每一次观摩、每一次评优都有一个反思的时间。反思不一定是个人的，也有班组成员共同的，甚至园内年级组、教研组成员一起的反思。从反思中我们可以听到老师们对孩子行为的解读、环境创设材料提供的解释，等等，以此判断其对教学规律、教育行为、儿童发展的理解以及对幼儿的关注和解读。

3. 视频说故事

要求每个教师在一定的时间周期内，通过自己对幼儿观察的记录视频讲述游戏故事。这样便可从录制的视角、选择的事件、对事件的解读中尝试寻找教师的原有水平和问题所在。

（三）问——问所想、问所疑

1. 推挡式问答

根据近阶段的研究，确定一个内容，比如"如何确定游戏中的观察项目"，之后有目的地选择一个或一组案例（案例是现场的或是描述的），研究人员和教师都可以成为问题的发起者，在推挡式的问答中，诊断其水平、认识、理解和问题所在。

2. 导向型问卷

问卷是一场无声的对话，不是仅仅得到一个答案这么简单，而是题目本身即为希望和方向。比如：你对游戏中幼儿的行为观察通常是多长时间？A. 五分钟左右；B. 十分钟左右；C. 十五分钟左右；D. 更长。这道题目本身通过选择，既可了解教师观察的时间长短，又可暗示教师游戏是观察的良好情境，观察时间不宜过短。当然，问卷调查的意义更在数据统计之上。

（四）切——提炼问题、确定方法

通过"望闻问切"四种方式的诊断，我们提出"教师对幼儿发展水平的评价"最为典型的几个问题和现象有：1. 具有初步的观察意识，但在具体实践情境中落实观察计划的行动力不足 2. 了解多种观察方法，但根据观察目的选择观察方法的适切性不足 3. 能够记录所观察到的内容，但是记录的客观性以及辨认捕捉有效信息的能力不足 4. 教师具有从儿童角度分析观察信息的意识，但是，分析时运用理论做科学支撑以及恪守客观真实性原则上存在不足。5. 具有"接过孩子抛过来的球，并抛回去"的意识，但在实际与幼儿的互动中，无法及时分析孩子语言、行为等背后的缘由，因此也无法有效回应。6. 观察评价或基于不真实的情境或错失真实情境中的真实瞬间，其结果更多的是误解误读儿童的能力与发展。以上教师原点水平的获得，为制定研究步骤、方式、措施提供了依据。

二 创造真实的环境和条件，在课程实施中提升教师的评价能力

观察评价，需以"真实"为前提，否则便不具备任何意义。只有在真实的情境里孩子们才会有真实的表现，教师才会看到真实的儿童，获取真实的发展信息。而真实，则以课程为母体孕育，因此，"让评价相伴课程""在真实情境中进行评价"既是理念也是策略。

（一）改革课程设计与实施方法，将评价纳入其中

很多教学改革如同行为艺术，即便教师暂时还未能理解这样做的深意，只要进入行为序列，也便不知不觉向着既定目标前进。随着课程的发展，评价已经成为瓶颈问题，其质量高低直接决定了课程整体的进程和质量。因此，我们将评价直接融入课程设计和实施的六个步骤中。1. 自主建构，基于幼儿水平、兴趣、能力、现有资源、环境材料等的评价设计课程。2. 课程评议，向教研组提交课程设计方案，进行集体评价。3. 调整梳理，根据大家的意见和建议，再次设计并反思评价活动设计。4. 家长动员，让家长了解课程，为共同的观察评价幼儿做好铺垫。5. 课程实施，实施的过程也是观察孩子的行为表现的过程，根据对孩子活动的观察评估而不断调整补充活动课程内容和资源，使教学活动更符合孩子兴趣、需要和发展水平。6. 课程评价，对活动进行总体的回顾和评估，并与之前相对照，以了解幼儿的发展、检视教师、家长在其中的行为和指导的有效性。如此，课程实施便成为一个"活动——评价——调整——活动"的历程，可以说评价伴随课程的始终，成为课程不可或缺的一部分，推动课程的发展。

（二）调整丰富课程内容，为多元评价提供条件

改变过去表面是主题活动实际仍是分科教学的散沙式课程模式，让注重经验衔接和完整的"主题·游戏"活动成为课程主线，辅之以典型活动，如音乐漫步（音乐）、闻香活动（语言）、纸间艺术（纸工）、百草园活动（健康）；生活活动，如清洁日、自主餐、鲜果时光，构成立体

丰富的课程内容，为幼儿提供广阔、真实、自然的发展空间，教师变指挥者、传道者、管理者为支持者、陪伴者、欣赏者，置身其中和孩子一起生活、游戏和学习，也就获得更多观察了解孩子多元智能发展状况的机会。

（三）改革一日生活作息，为观察了解幼儿提供条件。

我们调整了幼儿的一日生活作息安排，幼儿有了大段、完整做事的时间和宽松、自由、自主的游戏和工作环境，个性得以尽情彰显，教师只需一双爱和欣赏的眼睛就能轻易捕捉到幼儿发展的信息，而这在以前的一日生活中、在以教师为主导的课程模式中是很难做到的。

三 提供适宜的技术和支持，在运用中提升教师的评价能力

（一）适时的学习跟进保证评价的方向

为了正确的目的而评价，为了正确的评价而使用正确的方法，学习永远是最佳路径。我们分析评价所需要的基础理论和心理学、教育学知识，有目的、分阶段循序渐进地进行学习。我们确定了几种典型的学习和书目，一是通识性理论学习，如《3—6岁儿童学习与发展指南》《幼儿园教育指导纲要》《幼儿园美术教育》等。二是基础性理论学习，如《幼儿发展心理学》等。三是聚焦性理论学习，如《另一种评价：学习故事》《聚焦式观察》等。四是案例学习，如，教学视频实录、文本案例学习等，学习记录的方法、如何解读。我们明确了几种常规的学习方式，主要包括集体全员学习、分组学习、自学、追踪学习、聚焦学习等。我们经常使用的有效的学习方法有案例解读、现场观摩、沙龙研讨、竞比演说等。

（二）适度的评价要求保障评价的质量

明确的要求是帮助教师检视约束自己的一面镜子，适合提醒自己如何去做，如何做会更好。比如，我们明确提出观察的时间要求：驻足十分钟。因为时间太少有可能获得偏颇片面的信息，希望老师们能有更多

时间静静地去欣赏孩子。空间要求：适度疏离。不要过多介入、不善意干扰。太近的距离会对孩子的心理造成影响，有可能发生不真实的行为。我们对教师语言评价的要求：不轻易批评，也不轻易表扬；永远不对孩子说"你错了"等。明确而持之以恒的要求，可以成为老师们行为的依据、方向的引领，逐步形成一种教育习惯。

（三）适宜的工具载体提高评价的效力

1. 电子档案

电子档案替代文本的幼儿发展档案，成为一个绿色、高效的评价载体。档案以主题开展的进程为评价单元，过程中合理分工，教师提供原始素材，家长整理归纳，家长、教师、幼儿共同评价。过程要点是：（1）教师将主题活动的计划发送给每位家长，家长自行下载。（2）教师建立班级微信群，每天将孩子活动的照片、录像发送到群里，家长将与自己孩子有关的内容下载并和孩子一起来观看、讨论或者询问照片的内容，并作记录。（3）家长根据教师的提示，定期将孩子的立体作品、平面作品、表演、游戏等拍照或录像进行留存。（4）其他如孩子在家的表现、趣事等也一并入档。（5）主题结束后，教师会根据档案中的记录、日常的观察，对幼儿在该主题的学习中获得了哪些经验和发展、存在哪些问题、预期解决的方法做出总结和评价。（6）家长根据自己的观察了解对幼儿提出希望和建议。（7）可做成PPT、电子相册等留存。

2. 主题分享会

在每个主题结束后，教师要根据教学故事对整个主题开展的过程进行梳理和总结，以此来评价课程的有效性以及教师、幼儿、家长在过程中的发展。并用主题故事分享会的方法向园所管理者、同伴以及家长汇报交流。这个方法基于日常的教学故事、随机或表格的记录，用PPT的方式，真实、便捷、直观、生动。

此外，我们还根据不同的活动设计了适合的量化表，这些量化表主旨清晰，简约、明快，老师们拿到后就可上手使用，增强了评价的有效性。

例谈新课程理念下高中物理概念规律的教学策略

天津市咸水沽第一中学　张绍桂

【摘要】 物理概念的授受过程为学生物理观的形成提供了间接经验，物理概念、规律的习得过程为发展学生的思维能力提供了契机，物理概念、规律的内化过程是培养学生科学精神的有效途径。高中物理概念、规律的教学策略主要有四种：借助生活情境内化概念；在理解规律的基础上学习概念；活用类比，生发概念学习；鼓励学生自我表述概念等。

【关键词】 例谈；高中物理；概念；规律；教学策略

物理概念既是物理学大厦的基石，也是物理教学的重点。任何一个概念的形成过程都是学习者自我认知的一种表达，是一个学习不断内化的过程。物理规律，是反映物质运动变化过程中各个因素之间的本质联系，揭示物理现象、物理过程在一定条件下必然发生、发展和变化的规律。学生认识物理规律的过程也相当于一个探索与研究的过程。因此，物理规律的教学方法与物理学的研究方法应大体一致。

一　物理概念、规律在物理学中的地位

（一）物理概念的授受过程为学生物理观的形成提供了间接经验

世界由物质构成，物质在不停地运动且广泛地相互作用着。习得概

念的过程是学生由表及里地揭示物理现象的本质,不断体会物理现象的"物"性,参透物之"理",体会物质的客观存在性的过程。

(二) 物理概念、规律的习得过程为发展学生的思维能力提供了契机

学生从已有的认知出发,以日常经验为认知起点,运用多种物理方法,往往要经历"观察—比较—概括—抽象"的科学思维过程,有时要反复经历,不断尝试,才能习得并深化对概念的认识。而这些方法是学生思维能力发展的重要基础。

(三) 物理概念、规律的内化过程是培养学生科学精神的有效途径

物理概念、规律的内化是学生结合已有认知,通过多元互动,去伪存真,不断完善认知结构的过程。这一过程既能让学生发现自我认知的缺陷,纠正自己已有的错误认识,不断思考、不断提升,有助于培养他们求真务实、规范严谨的科学态度,养成坚忍顽强、一丝不苟、追求完美的科学精神。

二 高中物理概念、规律的教学策略

按照《普通高中物理课程标准》关于物理概念和规律学业质量要求,结合教学实践经验,高中物理概念、规律的教学策略,主要有以下四种,下面通过实例分述之。

(一) 借助生活情境内化概念

以培养学生物理学科核心素养为目标的概念教学,应强化物理情景的创设,体现"物"性;要有意识地引导学生自我建构,凸显"人"性。

联系现实生活,挖掘生活中的有用素材,建立与概念的联系,把抽象晦涩的物理概念融入生活化的教学情境之中,为学生的物理概念学习增添趣味,调动学生参与的积极性,从而使学生了解物理概念的形成过程,深刻理解物理概念,高效实现物理概念的教学目标,提升学生核心素养。

例如,在学习"摩擦力"时,高中生对于生活中存在的摩擦力现象

已经积累了一些认识，但其中也难免存在着一些错误认识，如"摩擦力的存在对人类的生活造成了很多不利影响""只要物体静止不动就没有摩擦力"等。为了帮助学生深刻认识理解摩擦力，可以结合学生的实际生活和经验，这些涉及的现象都是摩擦力在生活中的存在的实例。

借助视频、图片，还原生活中的摩擦力场景：传送带、推箱子不动、鞋底条纹、下雪后在结冰的路面上走路会很容易摔倒，还可以借助滑板做拔河的小游戏，引发学生思考，这些来自身边的问题可以激起学生的学习兴趣。

（二）在理解规律的基础上学习概念

物理规律借助物理量反映了物理概念之间的相互联系和相互制约关系。一方面，理解物理概念是把握好物理规律的前提。另一方面，理解物理规律也能帮助学生建立、理解物理概念。

如重力势能概念就是在理解"功是能量转化的量度"，"有做功过程就有不同形式能量间的相互转化"的基础上建立起来的，在对功能关系的理解基础上突出学生的主体作用，引导和启发学生去学习和思考。自主建立重力势能概念的过程也贯穿在后面的动能、电势能的学习中。

关于重力势能的学习，可以采用设疑引课的方式，让学生在讨论中充分体会到不同性质的力做功会引起不同形式的能量变化。可以以图1为例，让学生充分体会到重力做功才会引起重力势能的变化。再引领学生利用已有的恒力做功的计算方法比较教材上给出的几种情况下重力做功的关系以及定性描述重力势能的变化情况，得到重力做功的表达式 $W_G = mgh_1 - mgh_2$，从而确定重力势能的表达式。

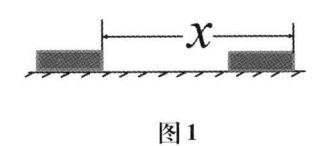

图1

这样，在理解"功是能量转化的量度"的基础上，通过"接受—理解—深化—应用"的教学过程，符合学生的认知规律，注重了学生的主体作用。

（三）活用类比，生发概念学习

"类比"是一种探究式思维方法。从具体实例分析类比在"形成概念、建构知识、深化理解、解决问题、培养能力"等方面所起的作用。

科学发展史告诉我们：很多关键时刻，科学家巧妙地运用了类比思维，提出科学假说，从而获得巨大成功。康德说过："每当理智缺乏可靠论证的思路时，类比这个方法往往指引我们前进。"

例："电动势"的教学方法

1. 设置认知冲突，引入概念

转变错误前概念有利于学生在原有知识储备的基础上形成科学认识，这对提高概念教学的效率大有裨益。

展示生活中熟悉的一些电池，提出问题：电池上的1.5V、3V、3.7V等标志有什么含义？学生这时候的回答一定是"电源电压"。

实验1：按图2所示连接电路，将一节标有1.5v的干电池与电压表接入电路。闭合开关，观察电压表的读数。

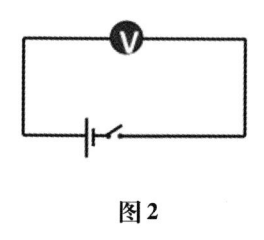

图2

实验2：再接上一个小灯泡，按如图3所示连接电路。闭合开关，观察到电压表的读数变小。还可以再并联几个小灯泡，发现并联的灯泡越多，电压表的读数越小。

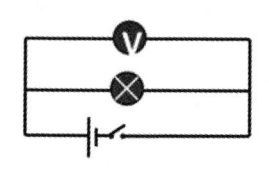

图3

学生会对实验2的结果感到惊讶，产生强烈的认知冲突，利于激发本节课的思维活动。电动势是描述电源特性的物理量，而电路恰是电源表现这种特性的环境。电动势反映了电源的内部本质。而路端电压是电源的这种内在性质在电路中的外在表现。由外在表现深入内部本质，符合科学概念产生和发展的规律，也符合学生的学习心理。这样引入教学，为后面建立电动势概念，认识电动势与电压概念的区别，创设了良好的思维情境。

2. 通过类比思维，建立概念

类比作为一种思维方式，是中学物理教学中广泛采用的类比教学法的重要基础。

认识"非静电力"是理解电动势概念内涵的关键。图4中小孩从滑梯A点自由下滑到达底端B。若要循环此过程，须通过"非重力"做功再由B点回到A。将此力学过程与闭合电路中的电学过程进行类比，引入"非静电力"。通过非重力做功和非静电力做功的类比，形成电动势的概念。

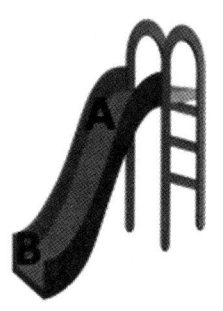

图4

3. 通过辩证思维，理解概念

电动势虽然是个抽象的物理概念，但又是一个可测量的物理量。这恰恰是电源的内在特征和外在表现两者之间矛盾的统一。围绕这对矛盾的辩证关系，可引导学生设计实验。探究闭合电路中外电路电阻与路端电压的变化关系。

将电路中的小灯泡换成滑动变阻器，如图5所示。闭合开关，调节滑动变阻器的滑片，观察到电压表读数随之变化。

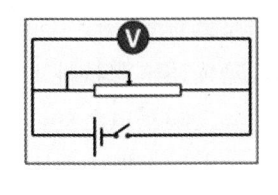

图 5

问题 1：可以将电源两端的"电压"理解为电源的"电动势"吗？为什么？

问题 2：电源两端的"电压"和电源的"电动势"有可能在数值上相等吗？

路端电压的变化是由于外电路电阻与电源内阻的比例关系发生变化而导致的，在"做"实验的过程中形成了电源内阻的概念，同时引导学生思考此变化关系的本质——电源提供给整个电路的能量分配关系，从而站在电路的视角，认识电动势的物理意义。

4. 通过批判性思维，深化概念理解

实验 3 的探究完成之后，学生在实验 1 与实验 2 的比较中产生的认知冲突得到了化解。实现了由前概念到科学概念的转变。在问题 1 和问题 2 的基础上，通过批判性思维的加工，可提出下面的问题：

问题 3：电源两端的"电压"不能理解为电源的"电动势"，是因为两者在数值上可能不相等吗？

问题 4："电压"与"电动势"在本质上有什么区别吗？

问题 5：实验 1 真的可以测量电源的电动势吗？

问题 6：有办法准确测量电源电动势吗？

通过问题 3 和问题 4，引发对于"电动势"与"电压"本质区别的思考。其关键是基于功和能的观点，从做功的力与能量转化的方向两个方面，对电动势与电压两个概念进行辨析，深化概念的理解。问题 5 和问题 6 通过反思实验过程，激发学生进一步钻研的兴趣，使本节课中思维品质的教育价值得到充分挖掘和体现。

通过设置难度适中的问题，组织学生自主探究，让学生拥有成就体验，这是培养学生科学精神的需要，是培养学生科学兴趣的需要，更是培养他们思维能力的需要。学生在形成新的物理概念的过程中，需要经历丰富的思维活动，获得充实的思维体验。

在高中物理规律教学课堂中，尽可能创造机会让学生参与所学物理规律的探究活动。如"合力一定时分力大小与两力夹角的关系"的教学中，让学生利用两根相同的细线如图6吊起一个重物，在保持重物平衡的前提下逐渐增大两绳之间的夹角，体会拉力 T_1 和 T_2 的变化，直至细线被拉断，这样不仅可以活跃课堂教学气氛，而且可以充分调动学生的学习兴趣，让新知识的教学顺理成章的进行，进而也加深学生对物理规律的理解。

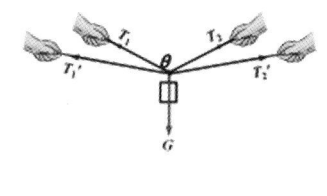

图6

（四）鼓励学生自我表述概念，建构科学的认知结构

语言是思维的向导，重组语言能促成个体认知的重构，概念、规律学习的本质是培养思维与重构认知的过程，学生自述有利于同化所学的物理概念，加深对相关规律的理解。

可以通过学生对概念和规律的自我表述判断学生是否已形成了科学的物理概念，掌握了相关的规律。要求学生"不得照搬原文"，要用自己的语言重新描述概念和规律的内容，有助于促进学生对所学知识的内化。

小学美术创意思维导学方法三论

天津市滨海新区大港上古林小学　张玉杰

【摘要】 当下的小学美术课堂教学明显存在单纯重视美术专业知识与技能的讲授和练习而忽略创意思维培养的问题。基础教育两大美术课程标准特别重视培养小学生的创造力与创意实践。仔细分析，小学生的创造力与创意实践的基石是创意思维。所谓创意思维，也称创造性思维，就是以新颖独特的思维活动揭示客观事物本质及内在联系并去获得对问题的新的解释，从而产生前所未有的思维成果。笔者在小学美术课堂教学中采取形象记忆导学、发现联想导学与互动示范导学，达到了创意思维准备、启迪与豁朗的效果。

【关键词】 小学；美术；创造力；创意思维；导学方法

《义务教育阶段美术课程标准（2011版）》中指出："当代社会的发展对国民素质提出了新的要求，学习图像传达与交流的方法、形成视觉文化的意识和建构面向21世纪的创造力已成为当代美术课程的基本取向。"当前课程改革在培养学生核心素养的大背景下，美术学科提出的核心素养包括：图像识读、美术表现、审美判断、创意实践和文化理解。由上可见，培养小学生的创造力与创意实践已经成为美术学科教学的应然。仔细分析，小学生的创造力与创意实践的基石是创意思维。所谓创意思维，也称创造性思维，就是以新颖独特的思维活动揭示客观事物本质及内在联系并去获得对问题的新的解释，从而产生前所未有的思维成果。然而，当下的小学美术课堂教学明显存在单纯强调或拘泥于美术专业知识与技能的讲授和练习的现象，如何通过小学美术创意思维导学培养小学生的创意思维，进而提高其创造力，养成其创意实践这一核心素养，就成了小学美术课堂教学改革的理想追求。笔者在小学美术课堂教学中采用多种导学方法，培养小学生的创意思维，取得了较好的成效。

一　形象记忆导学中的创意思维准备

美术课程标准中指出"美术课程以对视觉形象的感知、理解和创造为特性，凸显视觉性。"形象是视觉感知的主要因素，创意思维绝不是凭空联想，而是通过提取形象记忆信息转换思维而形成的，那么形象记忆就是以感知过的事物为内容的记忆，是形成创意思维的最初动因之一。

（一）画出记忆中的形象

记忆是人思维的基础，形象记忆在记忆中是最清晰的，人的头脑中只有具有某种形象的认知或刺激，才能为创意思维发展提供有效的素材。

如：在小学美术三年级《变幻无穷的形象》一课时，我采用记忆游戏方式引导学生积极参与绘画活动。首先课件快速滚动播放生活中的常见物品形象图片，请学生认真观察并开始记忆，图片停止播放后，请学生在1分钟之内快速用线描的方式画出记忆的形象。这样既调动了学生的兴趣，又能检测学生的绘画表达能力。因为时间紧凑节奏感强，学生很兴奋，都会积极主动地参与活动。

在教学导入环节设置形象记忆导学，让学生感受记忆形象，用绘画手段再现形象，从而为发展创意思维做好准备。

（二）说出记忆中的形象

形象记忆环节中，也可以采用让学生语言描述某个形象的具体特征或特性，如：形状、线条、颜色、质地、机理等美术要素，语言描述能进一步加深对某一事物的认知。如：描述人物、动植物的形态、习性以及自己的新发现。

（三）模仿记忆中的形象

孩子天生具有模仿能力，形象记忆环节中还可以采用模仿。如：孩子们喜欢的卡通形象、动漫、神话中的形象。通过学生肢体语言动作再现形象。记忆思维导学，首先调动学生的积极性，使学生能在课堂有限的时间内精力集中迅速进入学习状态，从而为教学下一环节打下良好的开端。

二　发现联想导学中的创意思维启迪

联想是人的头脑中记忆和想象联系的纽带。由人对事物的记忆而引发出思维的联想，记忆的许多片段通过联想形式进行衔接，转换为新的想法。主动的、有意识的联想能够积极而有效地促进人的记忆与创意思维。发现联想是美术课堂教学走向深处的关键所在。学生在教师的指导下，在发现事物发展变化中感受、比较、思辨，在经历联想思维的过程中，感悟美术知识和创意的方法，从而酝酿和激发思维中的创意。

（一）形与形的联想

形是一切物象受外缘轮廓限制而存在的平面或立体的视觉形态，是人对各种事物的感知认识与评价，创意的形是一种思维也是一种有意义的形，而且是充满深厚含义的形。如：在学习《变幻无穷的想象》一课中，学生在感受了物体基本形态后，已经对常见基本形有了深入的体会，这时候，教师引导学生将常见物品的形态调转方向，进行联想。如：将雨伞的形象变换成把朝上，盖朝下。通过将雨伞变换方向，孩子们立刻在头脑中产生了新的形象。有的说像一个小孩穿着裙子，还有的说雨伞的把像一个水龙头，更有的学生联想到像一只小天鹅在跳舞。根据形的联想，孩子们的思维被打开了，而且每个人的想法都不同。人的思维活动往往是在具体形态变化中产生剧烈变化的。根据形的变化，拓展思维的发散点，从而改变原有的思维定式。

（二）形与意的联想

在日常生活中人对事物产生的感知形成了特有的印象，而视觉形象的感受又随着人的思维活动形成了知觉与感觉形象的联系。因此，当某一个形象出现时，人的大脑会立即兴奋起来，随着它进行一系列的变化产生联想。如：教师展示多个常见物品的组合形象，两个打开的雨伞头对头的摆放。这本是常见的，但在联想的驱动下，孩子们呈现出了很多奇思妙想，有的说，像蝴蝶张开翅膀翩翩起舞，有的说，像两条小鱼在说悄悄话，还有的说，像一个咬了两口的苹果……，图形组合中产生了新的意境，因此说，在极其平常的图形中感受到不同意义，这就将思维的独创性引入了一个无限开放的空间。

（三）添画中的联想

运用画笔表达情感、表述思维的创意，是小学生最喜欢的活动。图形添画是拓展创意思维最好的载体。在形的联想中学生已经深谙形体组合所表达的意境，当把各种形体呈现出来的时候，他们自然会将自我独特的思维创意表达在具体线条、块面中，这就形成了将思维独创性呈现为作品的形式。这样为教师与学生在思维互动中提供了相互借鉴的依据，并为教学引向深处埋下伏笔。

三　互动示范导学中的创意思维豁朗

美术教学是一种交流互动，思维导学中的互动不同于一般的互动，这种互动强调的是互相启发、思维联动。这就需要教师把握由记忆、联想、添画等成果的形成的动因和效果，从而将思维创意的具体成果，通过相互交流示范传递出更具独特的思维成果。

（一）直观感受，引导思维扩展

美术课堂中教师示范是十分必要的。但教师示范往往具有局限性，究其原因就是怕学生按着教师的思维方法禁锢自己的思维。互动导学意在启发学生发现建构思维的创新点，教师要多采用直观感受方法并在示范导学中蕴含多个目标或多个结果，这样既能启发学生的思维发散从而引导创新思维，又能树立学生对自我创造的认同和信心。

如在：《红色、黄的和蓝色的画》一课中教学中，我有意识地将两课内容合为一节课来上，因为两节课都是解决认知感受色调的问题。因为对于红色的画、黄色的画和蓝色的画，学生的理解也许是狭隘的，局限在表象文字的感念上，于是我请大家思考，如何理解红色、黄的和蓝色的画？这个问题看似简单但其中隐含着对色彩的理解和认识。学生对于究竟什么是红的、黄的和蓝色的画产生了强烈的好奇心，都想弄个究竟。有学生说：红色的画是看起来红红的画，还有的说是用红颜色画的，等等各种理解。其实不同颜色给人的感觉是不一样的，此时我并没有迅速解答学生的问题，而是利用课件让大家直观感受日本画家东山魁夷的风景和法国后期印象派画家凡·高的《向日葵》，让学生欣赏大师的作品中的色彩，让大家谈一谈画面中的色彩带来的感受。一个学生说东山魁夷的风景很美，蓝蓝的颜色感觉很静很静，有个学生说，凡·高的向日葵黄黄的颜色就像一个个的小太阳黄黄的很暖和。学生对艺术作品呈现出的整体色调有了进一步认识后，我用课件展示红、黄、蓝、紫……等色调的向日葵，这时学生一下子明白了色调是画面呈现的主要颜色，其一个色调中还会有别的颜色夹杂其中。

（二）直观体验，创意思辨

体验能加深人对事物的理解和认识，教学示范中的体验要关注到学生思维的变化和创新。如：示范中，我在黑板上用乱线画成了一团，我请学生也在黑板上随意的画出一些线。我问：大家觉得我们画的是什么？这一举动让班里炸开了锅，老师你画的什么啊，乱七八糟的。一个同学说老师我觉得你画的像一团乱毛线，她这样一说，有的学生紧接着说，我觉得像鸟窝，学生们纷纷发表自己的意见。我及时发问：我乱画一团的东西，大家都能在里面看到许多东西，这是瞎画吗？这时班里又热闹起来，几乎听不到谁在说什么。看来这画引起了分歧。我利用这种分歧马上做出同意瞎画的和同意好好画的进行辩论。我发现赞成好好画的同学不多只占少数，赞成瞎画的占多数，大家各有说辞。赞成好好画的同学说，老师你画的乱线让我们联想到了很多东西，这其实也不叫是乱画，再添加一下就能变出好多东西。经过这个同学的联想，班里同学纷纷发言，像拉面、像海里的漩涡、时光隧道，还有点像烫发……我在刚才一团乱线上稍加添加，一只可爱的鸵鸟立刻活灵活现地呈现出来。我又在乱线上添加变成了一个烫发的女人，我又添加变成了一个鸟窝，几只小鸟张着大嘴等着喂食……作品中呈现出的形象在学生各自理解中变幻出了奇思妙想，教师在这一过程中与学生亲历交流思辨，达到了引导学生思维拓展发展创新的目的。

美术教学中，教师与学生是在相互的学习互通。也就是说，教与学同样在吸纳、互通中达到相互促进共同成长。美术是视觉艺术，是人对客观事物和形象加工创造后达到的一种审美需求，因此教师要深入挖掘美术教学中的形象视觉因素，通过多种手段引导学生在记忆、感受、体验、思辨中形成思维的创意，从而为学生学习过程中发展美术思维提供有效的载体。

我们着眼于"视觉形象"这一美术学科的"立科之本"，以美术学科核心素养覆盖美术的基本活动方式——感知（观察、观赏）、理解（解读、阐释）、创造（表现）。在基于核心素养的美术教学中，探索培养学生美术思维发展为教学方式的变革。从宏观上来看，鉴于"核心素养"是指向人"必备品格"和"关键能力"的属性，因此其相应的教育行为应更应着眼于学习者"思维习惯"和"思维品质"的培养。

参考文献

[1] 中华人民共和国教育部：《义务教育美术课程标准（2011年版）》，北京师范大学出版社2012年版。

[2] 中华人民共和国教育部：《普通高中美术课程标准（2017年版）》，北京师范大学出版社2017年版。

[3] 尹少淳：《尹少淳谈美术教育》，人民美术出版社2016年版。

[4] 尹少淳：《美术核心素养大家谈》，湖南美术出版社2018年版。

[5] 金伟民：《中小学美术教育新论》，浙江大学出版社2017年版。

[6] 尹少淳：《小学美术教学策略》，北京师范大学出版社2010年版。

幼儿园生态文明教育课程研究

天津市东丽区和顺幼儿园　张长燕

【摘要】在幼儿园进行生态文明教育课程的开发与实施，开展生态文明教育，是国家加强生态文明建设、提高幼儿生态文明素养的需要，是全面提升生态理念背景下幼儿园教育质量的需要。和顺幼儿园以生态文化建设为基点，以《3—6岁儿童学习与发展指南》为指导，以提升幼儿生态文明素养为目标，构建幼儿园生态文明教育课程体系。具体包括，构建科学的生态文明教育课程目标体系，完善幼儿生态文明教育的课程内容体系，多种课程实施途径的整合，建立多元的生态文明教育课程评价体系等。

【关键词】幼儿园；生态文明；课程

当今，我国社会越来越意识到生态文明建设的重要性，生态文明教育也成为立德树人过程中的重要内容。国家教育事业发展"十三五"规划在全面落实立德树人任务中提出"增强学生生态文明素养"，要求我们强化生态文明教育，将生态文明理念融入教育全过程，鼓励学校开发生态文明相关课程。和顺幼儿园将创办绿色生态幼儿园作为办园目标，以生态文化建设为基点，深入开展生态文明教育研究，将生态文明教育与五大领域的教育相融合，构建幼儿园、家庭、社区三位一体的生态教育模式，全面促进幼儿生态文明素养的提升。

一 培育生态文化，为生态文明教育课程建设奠定文化基础

（一）生机盎然、绿色环保的物质文化

幼儿园物质环境创设为生态文明课程建设和幼儿文明素养提升提供空间。幼儿园整体环境以绿色为总基调，充分利用幼儿室内外空间进行绿化、美化，形成生态文明教育绿色空间格局。室外树林、果园、茶园、草地、花坛、种植园、玩沙池、戏水池，室内自然角、种植长廊、标本长廊、饲养角、泥工坊等开放性绿色空间为幼儿提供了亲近自然、探索自然的环境，满足幼儿亲水、亲沙、亲泥的天性。噪音检测仪、净水玩具、天气观察仪、树木年轮、放大镜、显微镜等操作性玩具支持幼儿对自然的探索行为，幼儿在与自然的真切互动中能够不断感受自然、亲近自然、探索自然、热爱自然。

（二）宽松和谐、自然平等的精神文化

良好的生态精神文化氛围，是实施生态文明教育课程提升幼儿生态文明素养的人文基础。和顺幼儿园在"创办绿色生态幼儿园"的办园目标指引下，追求教育中的要素按照客观规律发展，谋求教育要素之间和谐发展。将"共创教育生态，共享成长快乐"的美好愿景融入幼儿园文化的建设。培育自然、和谐、求实、创新的园风和关注、支持、尊重、平等的教风。以太阳和雨滴组成的园徽，"绿色希望"为主题的园歌象征幼儿作为大自然的孩子与自然和谐相处、自然快乐成长。将"蜜蜂"形象作为幼儿和教师形象，体现蜜蜂精神。用自然、快乐、勤劳、勇敢、探索、创新、合作、奉献的蜜蜂精神激励成长。

（三）高效民主、科学精细的制度文化

在依法治园的背景下，探索生态化幼儿园管理模式。动态健全管理制度，完善制度管理体系，将节水、节电节约各类资源，爱绿、护绿、垃圾分类管理等内容管理纳入制度体系建设，强化制度的落实，为园所课程开发与实施提供科学保证。尝试在管理中推行项目负责制，用扁平

化管理方式提升整体管理的效益。幼儿园鼓励教师成为生态发展的设计师、工程师、建造师，成为和顺幼儿园生态文化的滋养者、践行者，在充满生机、活力而又生态和谐的磁场中实施生态文明教育，激发和促进每一个和顺幼儿生态发展。

二 以提升幼儿生态文明素养为目标，构建幼儿园生态文明教育课程体系

（一）构建科学的生态文明教育课程目标体系

在生态文明教育课程开发过程中，我们依据幼儿的学习兴趣、生活经验和年龄特点，结合本地区自然资源和环境特点，以培养全体幼儿的生态文明素养为总目标，科学制定小班、中班、大班等各年龄段幼儿生态文明教育目标体系。使每个年龄段教育目标具有系统性，每个年龄段涵盖生态文明情感培养目标、生态文明认知目标、生态文明行为表现目标三个维度。情感态度维度重在培养各年龄段幼儿热爱大自然的美好情感，保护环境的责任感，乐于探索的愿望；认知目标方面使幼儿了解关于常见自然现象、动植物、空气、天气等与环境相关的知识，帮助幼儿形成科学认知；行为表现维度关注养成幼儿亲自然、保护环境的良好意识和行为习惯。每个维度都设有二级指标，为教育内容的选择和科学的评价提供依据。

（二）完善幼儿生态文明教育的课程内容体系

在三个维度的目标体系下，每个年龄段都有丰富的内容体系。从爱护动物、植物，到节约粮食、节约资源，再到爱护环境、了解农耕文化，以及通过标本看世界，每一类教育内容都紧紧围绕幼儿的兴趣、特点和生活经验，结合实际生活学习来选择。教师还应注重生成性内容的选择与组织指导，在预成的活动中，尊重幼儿的探索发现，关注幼儿变化的兴趣点，在适宜的时机生成新的活动内容。

（三）整合理念下生态文明教育课程的实施

1. 一日生活中融入生态文明教育

生活中均蕴含着许多生态文明教育的契机，教师应及时把握契机，

开展教育。如喝水、洗手时，教育幼儿不浪费水，珍惜水资源，帮助幼儿形成节约用水的良好习惯。在生活活动中，教会幼儿垃圾分类的方法。在季节和天气变化时引导幼儿观察、发现自然与人类生活的关系，建立尊重自然、爱护环境的初步意识和行为。每天为幼儿留有自然角时间，幼儿在自由活动中自主观察、照顾植物，培养责任意识和探索欲望。

2. 在各领域教学活动中渗透生态文明教育

五大领域的教育也往往包含着生态文明教育的内容。教师在掌握生态知识的前提下，将生态文明教育有机渗透在各领域教育活动之中。如在健康领域教育中，培养幼儿爱惜粮食、不挑食、不偏食，同时渗透粮食种植的相关知识，渗透农耕文化的教育内容。在语言领域教学中，教师可通过儿歌、故事使幼儿知道有关动物、植物的知识，使他们懂得爱护环境的知识。在科学领域教学中，教师为幼儿探索自然提供时间、空间及材料支持，帮助幼儿在与自然环境的有效互动中，不断发现问题和形成对自然探索的兴趣和方法。在社会领域教育中，融入环境保护责任感的教育，激发幼儿对环境的热爱和持续关注，引导幼儿判断分析环境保护的重要性。在艺术领域，可以充分利用身边的自然材料，开展艺术创作、展示活动，也可以以自然和环境保护为主题开展音乐、美术活动，提高幼儿的审美情趣。

3. 利用"节日活动"开展生态文明教育

"节日活动"是幼儿园教育的重要形式之一，对幼儿的生态文明教育具有重要意义。利用植树节、爱鸟周、世界无烟日、世界水日、世界粮食日等主题节日，将生态文明教育的目标融入其中。以世界无烟日为例，我们开展了"吸烟有害健康"话题大讨论、家长签约活动、"禁烟小卫士"宣传活动、家长沙龙等系列活动，家园共育，增强了活动的影响力。系列活动的开展，使幼儿深刻地认识到世界环境问题是每一个人都应该重视的问题，懂得了世界环境与每个人的生活、生命息息相关，爱护环境就是爱护生命的道理。幼儿在不同主题的"节日活动"中感受和体验自然的多样性，人类赖以生存的环境的多样性。

4. 寓生态文明教育于幼儿游戏之中

幼儿在游戏中有着积极的情感体验，在游戏过程中融入幼儿生态文明教育，能够促进幼儿学习兴趣的形成和积极的情感态度的养成，有利于幼儿在快乐的氛围中掌握必要的生态文明知识，养成一定的文明习惯。在户外活动中，教师组织幼儿开展"地球小卫士""采花蜜""种小树"等体育游戏，幼儿一边玩，一边懂得了爱护环境的重要，体验了亲近自然的快乐。有的教师还充分利用报纸、布头、瓶瓶罐罐、纸盒等废旧物品制成体育器械，组织幼儿开展户外体育游戏，体验一物多玩的快乐，同时帮助幼儿懂得自然物品和生活中废旧物品可以变废为宝的道理。在室内游戏中，放大镜、显微镜下的探索游戏，废旧瓶子的套娃游戏，扑克牌、废旧纸杯开展的搭建游戏，垃圾分类游戏等都是幼儿园开展生态文明教育的有效方式。

5. 综合利用各种教育资源开展生态文明教育

幼儿园、教师、家庭、社区都是重要的教育资源，应以开放的理念综合运用，以期实现幼儿园生态文明教育的三维目标。幼儿园通过创设多元丰富的生态化环境，为开展生态文明教育和幼儿参与各类活动提供必要的物质环境与条件。幼儿每天在充满生机的绿色环境中生活学习，潜移默化形成对大自然的热爱，对环境的热爱。教师也是重要的教育资源，应该将培养具有生态理念的教师作为课程建设的重要一环，引导和组织教师学习生态文明建设的相关知识，使其形成完善的生态文明教育知识体系，并对生态文明教育充满热情和责任感，在此基础上，提升教师多项技能，提高课程实施能力。家庭教育是生态文明教育的重要组成，我们组织家长普及生态文明知识，帮助家长掌握科学的教育方法，以"大手拉小手"的方式构建生态文明家庭、促进生态文明社区建设。我们还充分利用社区周边资源、社会资源开展生态文明建设，如开展到周边公园绿地的远足宣传活动，农业种植、花卉种植基地的参观活动，社区居民宣传教育活动，将生态文明教育扩展到社区，影响更多的家庭。

（四）建立生态文明教育课程评价体系

建立科学的评价体系，采用多元评价的方式，促进幼儿生态文明素养不断提升，促进生态文明教育课程体系的不断完善。我们制定了课程评价方案，建立以幼儿为主体，教师、家长、社区人员共同参与的评价机制，开展幼儿自我评价、教师评价、家长评价，以及社区人员评价。我们注重过程性评价，每学年开展阶段性评价。通过多元的评价，促进幼儿形成亲近自然、热爱自然环境的积极情感和态度，促进幼儿了解和掌握必要的生态知识，形成热爱自然、保护环境的意识和行为，进一步促进课程的有效性、科学性和适宜性。

初中学生地理实践力培养存在问题及实施策略探究

天津市武清区教育教学研究室　张　震

【摘要】从培养学生地理学科核心素养的角度看培养初中生地理实践力是地理教学的重要任务，在教学实践中学生、教师及学校管理三方面均存在着诸多的问题，针对存在的问题，初中地理教学中要培养学生地理实践力宜遵循八种教学策略。

【关键词】地理核心素养；地理实践力；问题分析；培养策略

地理核心素养是指学生借助地理学习过程中形成的解决实际问题所需要的最有用的地理知识、最关键的地理能力、最需要满足终身发展所必备的地理思维。其主要内容包括人地协调观、综合思维、区域认知和地理实践力等。

实践力，简言之就是实际动手能力或理论应用于设计生活中的能力。是在发展过程中升华形成的人的基本活动技能。它包含收集处理信息的能力、获取新知识的能力、合作能力、交际能力、社会活动能力；观察事物、发现问题；汇总现象、提出问题；体验实践、分析问题；思维参与、解决问题；发展提高、交流成果等。

地理实践力是指人们在考察、调查和实验等地理实践活动中所具备的意志品质和行动能力。他强调地理课程落实在"考察、调查、模拟试验"等实践活动中，让学生在"真实情境中观察、感悟、理解地理环境及其与人类活动的关系"。地理实践力的培养，倡导学生多接触大自然，多体验实际生活，注重野外地理能力的培养。

一 初中地理教学中学生地理实践力培养存在的问题及原因分析

通过对我区城镇和乡村多所初中学校的学生、教师和学校管理人员进行问卷调查发现，当前在初中学生地理实践力培养过程中存在诸多问题，严重制约着中学生地理实践力的培养。

（一）从学生角度看，主要问题有：

1. 借助阅读图文资料获取相关地理信息能力差
2. 多数学生不具备根据实际需要选择合适地图的应用能力
3. 学以致用能力差，不能利用所学地理知识解决生活中的实际问题
4. 动手操作能力差
5. 缺乏科学规范使用地理语言精准表达的能力
6. 在日常生活中缺乏足够的环境保护意识

（二）从教师和学校管理者角度看，主要问题有：

1. 他们不完全了解地理核心素养内容及地理实践力的准确内涵
2. 教师在地理教学中欠缺对学生地理实践力培养的手段途径和策略
3. 当前制约初中地理教学中，学生地理实践力培养的主要原因包括：

（1）功利教学思想严重。初中地理学科作为非中考学科，不能引起社会、学校、师生和家长的足够重视。

（2）初中学生地理实践力的培养，缺乏社会实践活动平台和校本课程的开发研究。

（3）欠缺科学合理的学习方法。学生对地理学科的学习认知仅停留在死记硬背的层面，不懂得参加有利于地理实践力培养实践活动的意义，严重制约学生地理学科学习的可持续发展。

（4）目前在大多数初中学校地理教师队伍中，非地理专业教师兼课代课现象较为普遍，地理教学缺乏专业性、科学性。在地理实践力培养教学实践中缺乏可借鉴的示范案例。

（5）应试教育思想毒瘤，使多数学校管理者不能保障提供地理实践活动的硬件设施，不能保证有效组织地理实践力培养的课内外实践活动。

二 初中地理教学中学生地理实践力培养的实施策略

（一）课堂和课外模拟实验策略

教师首先依据教材选取适用于本策略的教学内容，制定出可实施的活动方案，准备实验所需要的器材，选取合适的实验场地。然后指导学生明确实验的目的和任务，并将学生进行合理分组。在学生分组实验过程中，教师进行巡视指导。如：在板块挤压运动的模拟实验中，为了让学生了解板块挤压运动所产生的地理现象，可以用书本代表板块，用双手模拟板块相向运动的力，观察实验现象，并得出实验结论。通过实验，学生可以直观的理解抽象的地理原理，通过小组模拟实验，学生的合作、动手、观察、归纳等地理实践力得到充分的培养。

（二）小组讨论、角色表演策略

本策略适用于与生活密切相关，适合多人参与的教学内容。有些活动内容可作为课堂教学片段，如：七大洲相对位置的表演、南方地区与北方地区地理事物的角色表演、对雨林开发和保护的讨论、播报天气预报等。此类活动与教材结合紧密，贴近学生生活，开展起来简单易行。此外，如地震逃生演习等活动，不仅需要学生全员参与，还需要学校进行严密组织，制定安全预案。此类活动，把课本的相关知识灵活转化到课外实践活动中，培养了学生的安全意识、社会责任意识、合作意识等，促进个人、社会的可持续发展。

（三）设计地理小制作策略

这类活动的开展实施包括三个步骤：课前准备、课上操作、课后反思，参与活动的主体包括老师和学生。（1）课前准备阶段，老师首先要选取活动的课题，如：制作简易地球仪，等高线模型的制作，自制中国政区图拼图，家庭节水器具的制作，变废为宝小发明等。然后制定详实的活动方案，包括活动的具体时间，课时安排，学生分组，预设可能会出现的问题等。再准备必要的活动材料和器具。学生依据教师布置的课题，明确任务，做好预习。（2）课上操作阶段，老师再次强调注意事项，学生按照任务，分组活动。制作完成后将作品进行展示交流，师生互评。在操作过程中，学生通过合作交流，可以提高动手能力，合作学习能力，发现问题、解决问题的能力也得到相应的提升，有效培养学生地理实践力，为社会输送具有综合素质的人才做好准备。（3）课后反思阶段，老师根据活动进展情况总结反思，尤其对于发现的问题进行调整。学生将作品完善上交，作为地理活动成果展示，增强学生的自信心、成就感。

（四）科学实验策略

本策略是在真实环境下，教师开展的课堂以外培养学生地理实践力的活动，学生通过实验、记录，得出一定地理结论，从而在实践过程中获得一定的知识、技能和方法。相关科学实验设计应充分考虑初中学生的年龄特点，所具备的地理知识与技能，确定科学实验的课题。科学实验的设计应难度适中，具有可操作性，可对比性强。例如：在校园内，通过让学生测量正午时旗杆的影子长度，计算出正午太阳高度角，记录下不同季节的相关数据，对比研究正午太阳高度角的变化与地球运动之间的关系。作为课堂教学中关于"地球运动"部分知识的实践拓展，有效激发学生的学习兴趣，通过自己参与科学实验，验证科学真理。测量可以锻炼学生的动手能力，小组合作可以培养学生的合作意识、互助精神，对测量结果的计算体现了地理学科与其他学科的相互融合，活动由课内延伸到课外，体现了课内外的互补。对比研究锻炼了学生的逻辑推理能力。

（五）集体综合实践策略

本策略适用于大型集体实践活动，场地的选取可以在校内，也可以在校外。活动形式可以包括科普讲座、科技竞赛、集体参观等。活动开展一般以学校或年级为单位，提前做好活动预案和安全预案，并向上级主管部门申请报备，经批准后召开预备会向全体师生逐级传达活动内容及要求。如果是校内活动，需要以班级为单位确定活动负责人，明确分工和责任，并通知学生活动时间、活动地点、活动流程、注意事项等相关事宜。活动时要求学生注意安全，遵守纪律，积极参与，确保活动有序进行。如果是校外活动，还需要确定出行路线和出行方式，以小组为单位，统一行动，听从指挥。活动中，开拓了学生视野，锻炼了自理能力，亲近大自然、热爱家乡，师生间互相关爱，增进感情交流。

（六）地理野外考察策略

本策略是地理课外实践活动的重要组成部分。如学校农训基地实践活动、太空种子种植实验等。准备阶段，制定好活动预案，确保安全出行。地理教师将活动任务细化，准备好北方地区气温分布图、降水分布图、土壤图、农作物分布图等资料，并让学生做好预习。活动中，分组行动，采集样本，拍照记录，查阅资料，分析成因。活动结束后，分享活动收获。在欢乐的氛围中，学生接触大自然、亲近大自然，将课本上学到的地理知识与实际结合起来，增强了发现问题、分析问题、解决问题的能力，提高了学生的地理实践力。

（七）问卷调查访谈策略

问卷调查访谈类策略适用于节约资源、保护环境为主题的活动。教师选题时要考虑活动开展的难度和广度，在校园内、家庭开展的调查更有可操作性。从时间上看，利用寒暑假进行调查可以调查的更充分。例如：组织学生利用暑假进行居住地用水量、用电量情况调查。可由学生自己制定调查计划、设计调查问卷，确定调查人员，汇总调查结果，分析数据，得出调查结论，提出合理化建议和对策。活动调动了学生学习地理的积极性，锻炼了学生搜集、整理和分析地理信息的能力，有效培养了学生的地理实践力。

（八）研学旅行策略

随着人们社会生活水平的提高，中学生有更多的机会走出学校，到全国各地甚至国外，参与不同主题的研学旅行。此策略适用于具备一定地理知识、技能和素养的学生，他们具有随时随地发现生活中的地理现象的素质，在旅行中善于收集、积累与地理相关的素材，具备一定的归纳和表达能力。教师为他们搭建与其他同学分享交流的平台，以再次提升这些高水平学生的地理实践力。同时，也影响和带动其他同学主动参与这种社会实践活动。

通过地理核心素养培养下初中地理教学实践和探索，提炼出上述八类有效提升学生地理实践力的实施策略。这些教学策略，便于在课堂内外操作实施。一方面可以有效促进初中学生地理实践力的培养，进而有利于地理核心素养的逐步养成。另一方面课堂内外地理实践力培养实施案例的科学设计研制，弥补了本区域内初中学生地理实践力培养在课堂内外具体操作实施的不足。为一定区域内培养初中学生地理实践力为主题，进行校本教材研制，乃至制定区域内"初中学生地理实践力培养"的校本课程提供了科学的理论和实践依据。

参考文献

[1] 教育部基础教育课程教材专家工作委员会、普通高中课程标准修订组：《普通高中地理课程标准》，人民教育出版社2017年版。

[2] 刘磊、傅维利：《实践能力的含义、结构及培养对策》，《教育科学》2005年第2期。

[3] 陈澄、林培英：《义务教育地理课程标准（2011年版）解读》，高等教育出版社2012期。

小学数学"四性"课堂的思考与探索

天津市北辰区瑞景小学　赵　琳

【摘要】 数学课堂是学生掌握知识、习得方法、积累经验的场所，更是学生发展思维、提升素养的场所。在数学课堂中，应要充分考虑小学生数学学习的特点，让学生成为学习的主人，让学生自主经历学习活动，完成对新知的自主建构，让数学课堂体现思考性、主体性、生成性、深刻性，让学生真正经历数学学习的过程，让数学学习更富有实效。

【关键词】 数学课堂；"四性"课堂；数学学习

数学课堂是学生掌握知识、习得方法、积累经验的场所，更是学生发展思维、提升素养的场所。在课堂教学中，应要充分考虑小学生数学学习的特点，数学课堂体现思考性、主体性、生成性、深刻性，让学生成为学习的主人，让学生自主经历学习活动，完成对新知的自主建构，让学生真正经历数学学习的过程，让数学学习更有实效。

一　设计操作活动，让数学课堂体现思考性

数学思考是数学教学中最有价值的行为，是学生进行数学学习的核心，有思考才会有质疑，有发现，才能实现发展与提升。小学生具有旺盛的好奇心和强烈的求知欲望，在课堂中对动手操作有着浓厚的兴趣。这就要求教师要多让学生在动手操作中理解数学知识，让数学中抽象的概念、公式等在学生动手活动中去验证，让学生的思维过程在实际动手

操作过程中得到培养。

《1000以内数的认识》一课中，在学生借助计数器数数和拨数的活动后，提出了这样一个问题：如果再添一颗珠子，表示的数是多少？学生们顺理成章地会想到在个位上再添一颗珠子，此时老师并不急于否定或者启发，而是为学生提供充分的独立的时间和空间，引发进一步地思考。慢慢地，开始有同学想到上一个活动是用计数器一百一百地数，那么就有可能是在百位上再添一颗珠子。面对学生的猜测，教师依然不置可否，用等待和沉默鼓励学生继续打开思路，让数学本质在思考中悄然绽放。终于，有的学生喊出："有几种可能！"在他的启发下，在他们的交流中，学生逐渐达成共识，可以添个位上的一颗珠子，也可以添十位上或者百位上的一颗珠子，会产生不同的结果，进而感悟到一颗珠子在不同的数位上表示不同的意义。这种开放性的问题本身，极具思考性和挑战性，激发了学生学习数学的原动力。而等待与沉默，为学生搭建了更广阔的思考平台，使学生对位值制的作用与价值有了更深刻的领悟，从而事半功倍地达成了教学目标。

二　开放学习方式，让数学课堂体现主体性

在数学课堂上体现主体性，让学生在这节课上学会学习，学会思考，学会用数学的方法指导自己的各种活动，比掌握一个概念更有价值。

《复式统计表》一课，"实验小学要开设社团活动啦！请大家来帮校长献计献策，到底开设哪些社团活动呢？"本节课以这样的问题引发思考，引导学生投入解决问题的过程当中。学生从不同的角度展开交流讨论：如何获取数据？如何在数据中提取信息？如何设计科学可行的调查方案？如何有效的收集、记录、整理数据？根据学校实际情况需要考虑哪些因素？……这样的学习方式，这样的思考交流活动有利于培养学生系统性地思考问题，有利于学生养成良好的思维习惯，有助于帮助学生积累基本活动经验，包括思维的经验和实践的经验。要收集实验小学同学们喜欢各项社团活动的数据，课堂上有的学生提议将全校同学集中到操场上进行现场调查，有的学生想到按照学段或性别分组了解，也有的同学觉得分班调查更好一些。关于统计的方法，也生成了举手、投票、

画正字、写问卷等方式。而在接下来的调查活动中，学生自主发现要根据问题背景和具体情况进行优化，选择更合适的方式。

描述统计是针对调查的数据本身进行表述，为了对调查数据进行清晰表达和有效分析，可以将结果呈现在统计表中，复式统计表的建构和生成过程，也是学生发现问题，提出问题，分析问题，解决问题的过程。面对学生最初的作品——数据累加型，有的同学马上指出，这样表示方法并不能看到两个班学生喜欢社团活动的具体情况，从而进一步明确任务要求，在创造与反思中逐层进行比较、优化，生成规范的复式统计表。这样的学习过程与学生认识事物与思考问题的过程相一致，有利于揭示复式统计表的复杂结构，有助于学生理解复式统计表的实质。学生经历了创造复式统计表的过程，在自主建构中进一步认识到，无论是反映出全校情况的单式统计表，还是呈现各个年级情况的复式统计表，都有其各自的特点和优势，不同的描述数据的方式，并没有绝对的好坏优劣，而是基于不同的标准和需求下，产生相对的合理性和必要性。分栏格是复式统计表的核心，也是学习难点，在分栏格产生、完善的过程中，学生逐渐体会到分栏格实际上就是分类，是有两个维度的分类，涉及两个变量，分类合理才能有效进行统计。同时，自主生成了读取复式统计表数据的方法：横栏和纵列对应一个点就是一个数据，这个数据就是统计情况。在这样的学习活动中，以数学背景和现实问题作支持，以真实的统计数据为基础，学生在数据分析观念统领下发现问题、提出问题，更多地将数学思维变成自己观察问题、分析问题、解决问题的一种有效武器。

三 把握核心问题，让数学课堂体现生成性

学生的数学学习过程是一个不断发现问题和解决问题的过程，应该将要解决的数学问题作为目标、动力和途径，引领学习的发生、展开和深入，通过核心问题，引发学生的学习需求，引发学生的深度思考，引发学生的探索与创造。

如《复式条形统计图》一课，首先呈现出天津一中某年级学生上学交通方式情况调查，学生根据已有经验和认知基础将调查数据整理成统

计表和统计图，回忆起两个单式统计表合并成复式统计表的过程和方法，教师顺势引导学生进行猜想：我们看到，两个单式统计表能合成一个复式统计表，那么两个单式统计图是不是能合在一起呢？该怎么合呢？通过这样的核心问题让学生展开猜想，产生尝试体验的愿望，在这样的愿望驱使下，学生进行充分的思考、尝试、探究，才会产生多样化的生成。学生对核心问题的探究欲望是创造活动的出发点和内在动力，是培养创造性思维的前提。接下来的集体交流评价环节，从学生生成作品的不断比较、完善、改进、优化的过程中，对复式条形统计图形成正确的认知。

再如，《1000以内数的认识》一课，数数是本节课的第一个学习活动，学生数100个圆点和1000个圆点的目的，在于复习计数单位以及相邻计数单位间的进率。接下来出示235个圆点，提出操作要求：让学生数一数，并通过圈一圈、画一画，"让大家可以看出你数的结果"。以这样一个核心问题做引领，学生操作尝试，呈现出多样化的生成。第一层，学生随意地数数，并任意圈出大小不同的圈儿。第二层，学生会根据前面数数活动中头脑中留下的表象，在图中分区域均匀地圈圈儿，如20个圈一圈儿，25个一圈儿，或50个一圈儿。第三层，学生在数和圈的过程中，想到了计数单位。1个1个地圈，10个10个地圈，100个一圈，甚至有一个学生，开始是10个一圈，后来又在10个小圈外画了一个大圈，即第一个百是大圈儿套小圈儿，而第二个百直接画大圈……学生们的反馈让我们清晰地认识到，这个环节的目标正是引导学生自觉地用合适的计数单位数数，体会用计数单位数数的合理性和必要性。学生在几种用不同计数单位数法的比较中，逐渐体会到，数量比较大时一百一百地数，不够百时一十一十地数，用合适的计数单位数数，方便准确，便于交流。显然，学生一边圈一边数的过程，其价值一定大于圈的结果。将学生的数学学习过程，学生的生成资源放进人类数学史的宏大背景下，让他们的研究有依据、有载体，和学生一起再现数学史的进化过程，让学习活动变成学生发现问题后真实的再创造。10个一圈，100个一圈的统一，会不会就是很久以前人们为了便于研究交流生成的一种规定，而十进制的形成也许就是在这样的情况下产生需求的。

四 彰显学科本质，让数学课堂体现深刻性

每节数学课都应该有一个"课魂"，《1000 以内数的认识》一课，课前调研二年级的学生，大多数孩子对于千以内数读法和写法已经掌握，认数、数数也具备了一定的基础，但是对于读写法的本质、数的意义和组成，学生了解得并不多。让学生经历由直观到抽象的认数过程，感知、理解"十进制""位值制"两个基本概念，感受数学表达的简洁，便是本质。因此，将这节课的"课魂"定位为"抽象"——以位值制为导向，以计数单位为核心，以抽象为线索，引导学生用不同的数数模型来表征出同一个数。那么，是不是可以将引领学生经历"计数器"的再创造过程来打通几个数学活动呢？安排数圆点、摆小棒、皮筋等学习活动之后，再用几个珠子让学生看到位值制形成的原生态，以简洁化的视角让学生亲历数学史的发展和数学工具的形成过程。大小、形状、颜色完全相同的 10 颗珠子，还能表示出 235 吗？学生在矛盾与冲突中引发思辨，引发其对数学本质的思考，在探索、交流中，经历了计数器的生成过程，亲历了由实物计数到符号计数的进化过程。"十进制""位值制"概念也变得具体，而有意义。接下来，比较圈圆圈、摆小棒、拨珠子的方法表示 235，体会其区别与联系后，再引发思考：能不能用更简单的方法表示出 235？进而对照计数器抽象出 235 的读法和写法。用不同模型表示出同一个数，逐层强化学生对数的内部结构的认识，并使其逐渐体会读数、写数的方法和本质。

总之，课从根本生，教在所需处。以学生已有的经验为起点，从学科本质出发，设计真正启发学生数学思维的活动，为学生打开空间，使其经历知识形成和体验探索规律的过程，才能实现"真思考"和"真学习"，实现对学生数学素养的培养，才能体现数学课堂的价值所在。

高中生物"智美生命"校本课程群建设实践研究

天津市河西区新华中学　赵　焱

【摘要】 高中生物学科兼顾文科感性之美与理科逻辑之美，应在"智美生命"的课程理念下，按照"生命之美""生命智慧"两个系列，"养正""培优""扬长"三个层次加强高中生物校本课程群的建设，针对不同学生的不同发展需求设计不同学时、内容和形式的课程，以期实现师生共同创生课程内容，共同积累课程资源，共同提升学科素养。

【关键词】 高中生物；"智美生命"；校本课程群；实践

高中生物学科兼顾文科感性之美与理科逻辑之美，与人类自身息息相关，应该是最具吸引力也是最易学的学科。然而长期以来，生物学科对于高中学生逐渐变成了死记硬背的代名词，不但概念抽象、知识繁杂，而且学生难以在设定情境下，运用生物学原理解决实际问题，一度成为学生心目中难学、难考的学科。

对此，2017年新颁布的《普通高中课程方案》明确指出，高中生物课程是提高学生核心素养、树立社会主义核心价值观、实现"立德树人"根本任务的重要载体之一。高中生物课程由必修课程、选择性必修课程、校本选修课程组成。这也就意味着，生物课不再只是一门学科课程，而是要建立以生命科学为基础的必修及选修课程群。只有进行系统化的生物学科课程群建设，尤其是更贴近实际的校本课程群建设，才能充分挖掘生物学科的魅力，提升高中学生的学习兴趣。

一 "智美生命"——高中生物校本课程群建设的核心理念

学科群建设必须要有主线的引导，对于高中生物学科而言，其文理兼顾的特性应是重要的切入点，而"智美生命"教育则与之最为贴切。

"智美生命"生物校本课程，旨在从生命最具魅力的"智"与"美"为切入点，挖掘生命科学的学科魅力。在"智美生命"理念及其衍生出的"智美教师""智美课堂""智美学生""智美课程"等概念的指引下，创设新型的学习环境，以智启智、以美育美，吸引学生对生命科学的关注，激发学生学习生命科学的兴趣，提升学生对生命科学的理性思维和感性认识，培养学生主动学习生命科学、自主探究生命规律的学习品质，引导学生感受生命之美，养成尊重生命和谐共处的精神品质。促进学生的全面发展和有个性的发展，为学生适应社会生活、高等教育和职业发展做准备，为学生的终身发展奠定基础，在实践过程中赋予"智美"学科育人特色和实际意义。

二 "两系三层"——高中生物校本课程群建设的主要内容

学科群建设必须要以尊重个性发展为根本，以满足不同学生的发展需求为首要目标。因此，"智美生命"生物校本课程其实是一个由"两个系列、三个层次"组成的课程群（见表1），通过"生命之美"和"生命智慧"两个系列，涵盖多个学科内容；通过"养正系列""培优系列""扬长系列"三个层次，满足全体学生、部分学生和个别学生的不同发展需求。

"生命之美"系列课程，面向全体学生选学选修，提升学生的生物学科核心素养，不受限于生物学科知识体系的完整传授。侧重于展示生命的结构美、形态美、逻辑美、和谐美，通过挖掘学生喜闻乐见的学习素材，创设代入感强烈的学习环境，在给学生感官上美的享受的同时，激发学生的学习兴趣，培养学生的学科核心素养，促使学生因对生命"美"的感受而产生对生命"智"的思考，从而热爱生命、尊重生命，与生命和谐共处。

表1　　　　　　　"智美生命"高中生物校本课程群

系列	课程群	知识领域	学生群体	核心素养
学科指导课	《生命科学发展指导课》《生物校本课程推介课》	生命科学概述 学生发展指导	全体学生	生命观念 社会责任 科学思维 科学探究
生命之美	《探究人体奥秘》《校园中的生命伙伴》《设计家庭生态花园》《醉美葡萄酒》《显微镜下的美丽新世界》《建筑的生命之美》《分子的美味之旅》……	人体生理学 植物学 生态学 生物技术 微生物学 仿生学 分子生物学	全体学生 自主选择 综合素质	
生命智慧	《科幻电影中的生命科学》《生物的生存智慧》《探寻生物学家的创意设计》……	现代生物技术 生物进化 生物实验设计	部分学生 生物方向 优势发展	
	《生物学大学先修系列课程（10门课）》（植物学、植物生理、动物学、动物生理生化、遗传、细胞、生态、进化、微生物）《生物学综合实验（5大类实验）》（植物、动物、生化、遗传、生态）	普通生物学 生物学实验	个别学生 学科人才 个性发展	

"生命智慧"系列课程，面向具有一定生物学基础知识和实验能力的部分学生，以及立志于向生命科学领域继续发展的少数学生。注重生物学科知识体系的建构及完善，充分展示生命科学的理科逻辑。通过带领学生深入探究生命规律，引导学生由对生命"智"的探索激发对生命"美"的感受，培养学生理科思维和探究能力，促使学生在深刻感受到科技改变生活的强大力量后，发自内心地去享受生物科学学习给自己带来的乐趣，自主自觉地奠定坚实的生物学基础。

三 "长短互补"——高中生物校本课程群建设的主要措施

"生命之美"课程系列，以主题鲜明的短周期课程为主。主要实施措施有：①充分调动学生积极性。教师要整合自身专业特长，根据不同学生的发展需求，寻找学生学习生活中密切接触的素材资料，设计主题课程情境，采取灵活多样的教学形式，如沙龙、讲座、实践活动、研究性学习、社团活动等。②遵循创生取向。给学生提供围绕课程主题的"微课题"，整合研究性学习，促进学生系统深入地参与课程学习，与学生共同丰富课程素材，共同积累课程资源，共同提升学科素养。③充分利用社会资源。通过与社会文化机构，如中科院、自然博物馆、天津科技馆等联合共建课程基地，共同开发课程资源。④做好课程在不同界别学生间的传承、借鉴、补充、完善。校本课程注重学生体验式学习、合作学习，学生评价也形式多样，如研究性学习的研究报告、设计作品、小综述、编剧剧本、实验报告，等等。

"生命智慧"系列课程以长周期课程为主，部分课程还会依学生个人的发展需要进行订单式设计。主要实施措施有：①注重专业知识的更新和深化。生物教师要紧跟生命科学知识和成果的更新脚步，努力为那些立志于在生物领域深入学习和探究的学生构建更为完整的生命科学知识体系。②取得校外专业支持。与高校和科研院所紧密合作，获取及时、准确、给力的智力支持和技术支持，如聘请学科教授为有需求的学生开设大学先修课程，让学生走进高校实验中心，切实增强学生的专业基础与实验能力。不仅有利于学生更加积极主动地投入到生命科学领域的学习研究中，也有利于为其今后投身于生物相关职业奠定扎实的基础。

其他措施还包括：①每个主题课程由2—3位教师共同承担，便于教师之间进行合作探讨，有利于课程的不断优化。②建立课程资源库、信息互动平台和网络教育平台，创设学生的学科学习场域。③建设具有生命科学特色的学习环境。在环境布置上注重体现生命的智与美，如建设学科教室、学科实验室、作品展示廊、互动生态园等，给学生提供自主学习、自主探究的学习空间。④完善课程开发的过程管理。教师要明确课程主题、课程资源、组织形式、评价方式、课时需求等信息，精心设计课程学生反馈信息表，完善课程信息档案，等等。

参考文献

[1] 靳玉东：《新课程下教学方式转变》，西南师范大学出版社 2012 年版。

[2] 石中英：《知识转型与教育改革》，教育科学出版社 2013 年版。

[3] [美] 鲍里奇：《有效教学方法》，易东平译，江苏教育出版社 2011 年版。

[4] 龚雷雨：《高中生物课程基地：师生共长的新课程、活课堂》，《中学生物教学》2015 年第 13 期。

[5] 华激文：《实用设计与特色发展——生物课程基地建设在教育现实中的应然追求》，《中学生物教学》2015 年第 11 期。

[6] 窦勇兵：《建设充分释放师生潜能的省生物课程基地的实践》，《中学生物教学》2017 年第 9 期。

[7] 倪娟：《江苏课程基地建设的经验、问题与建设》，《江苏教育》2016 年第 Z2 期。

[8] 赵云：《借力课程基地建设，全面提升办学水平——江苏省扬州市建设省课程基地的探索》，《江苏教育》2016 年第 Z2 期。

[9] [美] 约翰·富兰克林·博比特：《课程》，刘幸译，教育科学出版社 2017 年版。

[10] 王升：《如何形成教学艺术》，教育科学出版社 2012 年版。

现代信息技术在中学生物课堂教学中的应用

天津市河北区教师进修学校　朱　丹

【摘要】 随着社会的发展与进步，传统的教学方法和手段不断受到冲击，已逐渐不能适应现实的教学需要。本文对如何合理的应用现代信息技术手段，特别是微课及翻转课堂的教学模式开展中学生物教学进行研究，探讨了在生物教学过程中制作微课的意义及方法。文章阐述了如何利用微课引导学生自主学习，并在此基础上应用翻转课堂教学模式进行中学生物教学，探索利用新的教学方法和教学模式解决传统教学中存在的问题。

【关键词】 现代信息技术；翻转课堂；微课；中学生物教学

根据《高中生物课程标准的要求》（以下简称《课标》），高中生物课程的核心任务是提高学生的生物科学素养即发展学生的科学探究能力，帮助学生理解生物科学、技术和社会的相互关系，增强学生对自然和社会的责任感，促进学生形成正确的世界观和价值观。

信息技术不断发展，新课改的推进，课堂教学中信息技术的应用越来越广泛。在传统教学方法的基础上，通过信息技术与教学内容、教学方法进行整合，优化教学结构，突出教学内容的重点难点，充分发挥学生作为教学主体的作用，激发学生的创新思维能力、综合分析能力，促进学生的全面发展。针对前述生物学科概念细碎难以理解及实验较多且不易操作等问题，可以从以下几个方面合理利用信息技术手段进行辅助。

一　利用现代信息技术手段制作概念图改善概念教学

利用概念图方式进行概念教学，以概念的关键词作为节点，以概念间的相关联系作为链接，并给出适当的文字标注，对学生形象的理解概念的形成、概念的内涵与外延及准确把握概念间的联系都有重要的作用。

利用相关软件制作概念图准确、迅速，同时可以根据软件提供的图标、图例对概念图中不同级别，不同属别概念的显示分门别类进行标识，使学生对概念之间的联系和统属关系一目了然，利于学生理解掌握。

更为重要的是制作软件可以动态的分步骤展示概念图，教师可以根据教学内容和学生实际情况进行自主设计，由任意一个节点入手，结合教学过程逐步展开概念图，使学生在课堂学习的过程中随着概念图的展开，一步步分析思考，真正的掌握概念的产生，理解概念所包含的完整含义及与相关概念的联系，这一点对培养学生科学思维的核心素养极为关键。

当然教师在使用概念图进行教学的过程中，首先要研究电子概念图制作方法，概念图中知识点间的联系方式；其次必须就如何在适当的时机合理的播放动态概念图，通过课堂教学的实践进行探索。不同层次的学生能够理解的概念图也是有区别的，所以针对不同层次学校的学生制作不同的概念图也是教师要研讨的问题。同时制作概念图必须透彻理解概念间关系，这也进一步促进教师深入教材研究知识的呈现方式和相互联系，从而深入挖掘教材内容，这一过程也提升了教师特别是青年教师的教材分析能力。因此利用软件制作概念图完成教学不但有利于学生对概念的理解，也有利于教师教学水平的提升。

二　利用录屏软件的现代信息技术手段制作微课，探索翻转式教学

微课又名"微课程"，是"微型视频网络课程"的简称，这种教学方法近年来逐渐开始流行，并成为一种重要的辅助课堂教学的方法。微课

主要是以微视频作为主要载体,以某个学科知识点或教学环节为内容核心,设计制作核心视频,还可以辅以支持多种学习方式的在线资源。狭义的微课,则专指用于学习和辅助教学的,针对某个知识点进行讲解的,时间在5—8分钟之内的"微视频"。

随着移动互联时代的到来,学生每天通过利用移动终端上网的可能性已经大大增加。手机,平板电脑等信息化移动终端的大量使用为微课应用提供了物质基础,学生课余可以利用碎片化的时间从网络上获取微课等学习资源。大数据时代,短小精炼的信息更容易吸引人们的眼球。这使学生原有的学习习惯、学习行为发生了极大地改变。

这种情况的出现利于我们引导学生在中学生物学科进行自主学习。中学生物学科的特点是知识来源于客观实际,而这些客观实际往往是微观的、肉眼不可见的,而从客观实际中提升出的概念具有较强的抽象性,因此学生在学习过程中普遍认为生物学科概念较为抽象,而微观现象不易观察难于记忆,生物学原理又非常繁杂,需要理解掌握的知识点多。同时生物学又是一门实验学科,生物课程中的大量演示实验和分组实验的实验操作和现象观察也是学生学习过程中的难点。

针对以上问题,教师可以制作相关的微课,微课的时长不要超过10分钟,目的主要是针对某一教学中重点知识或难点知识进行讲解,启发学生思考,也可以分享相关的教学资源。通过视频的方式呈现知识给学生不仅会更生动,而且有助于学生更好地控制自己学习的进度,学生可以随时暂停进行思考或者在已掌握的部分快进以加快学习进程。与利用书本相比,教师制作微课视频可以将知识内容更好地系统化并浓缩进化、突出重点,让学生在短时间内理解重点知识,有更多的时间练习和分析,从而提高学习的效率。

制作微课首先要注意教学内容的选择,并非所有的教学内容都有制作成微课的必要。对于生物教学来讲,教学的重点或难点知识,特别是抽象的难以理解的知识点或微观的不易观察的内容适于通过微课视频引导学生在课前观看,主动学习。如高中生物教材必修一中"分泌蛋白的合成""细胞如何进行有氧呼吸""光合作用的具体过程";必修二中"分析理解分离定律""分析自由组合定律""转录与翻译是什么""DNA如何进行复制"等,这些知识点都是高中生物课程的重点或难点问题,学生理解有困难。将这些内容制作成微课引导学生主动学习，通过观看微课发现其中的问题，再通过自身思考和教师有针对性的帮助解决疑难，可以提高学习效率，突破难点。教材中一些相对复杂的实验操作步骤也可以制作成微课，引导学生观看，提前熟悉操作过程与注意事项，特别是学生可以根据自身情况反复观看熟悉操作，减少实际实验过程的操作时间，提高实验教学过程中的效率和效果。

当然，学生观看微课的技巧也需要教师进行指导与培训，在学生观看微课视频前给学生布置问题，带着小任务去观看视频是非常有必要的。同时可以配合相关的练习，在学生观看微课后自我检测学习的效果。使学生通过观看微课进行学习，知道自己哪些知识已经理解掌握了，哪些还不是太明白，需要老师进一步进行帮助。

需要注意的是，微课视频的作用只是介绍某一个知识点，很难让学生完全理解透某一块知识，学生只需要对知识点有所了解即可，对于学生不能理解的知识或没看懂的部分还要通过课堂教学进行必要的解释。而这时的课堂教学即可引入翻转课堂的教学模式来完成。

在实际的教学过程中，知识的内化往往要进行多次才能达到效果。而在传统课堂教学过程中，由于课堂上教学时间非常有限，无法完整的完成知识内化并转化为新的认知结构的过程，学生知识的内化主要依靠大量的复习与作业，而在课后遇到问题时又不能及时得到有针对性的解决，从而积累大量问题，无法及时解决甚至导致最终无法掌握应学会的知识。翻转课堂的教学模式中，学生通过观看视频开始进行知识的同化，而这种同化过程不会因课堂时间的限制只进行一次，而是可以根据自身的实际情况通过对微课视频的重复观看，暂停思考等方式多次重复同化的过程，将新知识吸收到原有的认知结构之中，并在此基础上通过完成教师提前布置的小任务或练习修改原有的认知结构或建立新的认知结构，完成顺应过程，将知识内化。即便有些问题无法当时解决，也可以在课堂上通过同学间的交流或教师的解释与辅导，再次完成内化过程，从而真正理解和掌握知识。

由此可见在进行生物教学的过程中利用翻转课堂的教学模式，是以学生的学习为中心，使不同层次的学生都能得到有效的帮助，从而提高学习的效果。当然这种方式不意味着学生可以完全脱离教师的指导进行学习。事实上，在翻转课堂的学习过程中教师需要完成设计课程、呈现教学内容、制定教学任务、帮助学生学习等多重任务，使学生通过教师的帮助达到自主学习和对学习控制之间的一种动态合理的平衡状态。

三 利用信息技术优化实验教学，实现生物学教学由微观向宏观的转换

中学生物学的学习内容，主要是微观生物学，例如细胞是构成生命的基本单位，细胞的结构、功能、增殖、分化、衰老等均属于微观生物学。微观是中学生物学的特征，亦是重难点。微观性，学生难以理解，教学困难较大，学生会出现畏难以及厌烦情绪。传统教学方法中，一般是教师讲述，再配以挂图、板书辅助教学，最后由学生记忆而完成学习，完全是一个被动接受的过程。而运用信息技术，则可将一些亚显微结构采用动图、色彩以及音效进行展现，如将细胞质与细胞器进行区分，并将各个具体的结构进行局部特写放大，给学生以视觉与听觉的刺激，学生能通过观察、感知而留有一个整体的印象，让学生通过积极探究、自主发现，从而理解并真正掌握线粒体的结构和功能，并掌握各个亚显微结构的结构和功能。

实验教学是中学生物教学的重要组成部分。但在实际教学中，实验经常会受到多方面条件的限制，如有的实验过程太快，只能看到实验结果而无法观察到中间的过程；有的实验耗时而缓慢，在课堂上无法完成；有的因场景太大或常有危险而无法进行。现代信息技术的发展，为中学生物实验教学发展提供了广阔的空间，亦为我们解决这些难题提供了技术条件。把信息技术有机地整合到中学生物实验教学中去，优化了实验过程，拓展了实验教学渠道，大大提高了实验教学的效果。